LE CHOIX DU SUCCES®

Collection dirigée par Franck ATTELAN

5 000

QUESTIONS ET QCM DE CULTURE GENERALE

PREPARAZ VOS EXAMENS ET CONCOURS
EVALUEZ VOTRE CULTURE GENERALE

Aurélie OHAYON et Henri DE LA GUERONNIERE

A Shalom, Tamar et Jonas.
Aurélie Ohayon

A ma mère qui sut me guider sur le chemin du savoir.
Henri de La Guéronnière

Merci à toi Julie pour la relecture méticuleuse.
Franck Attelan

PRESENTATION DE L'OUVRAGE

Franck Attelan
Directeur de la Prépa AURLOM

TOUT D'ABORD, DES REMERCIEMENTS !

Un grand merci à **Julie LESELLIER** qui n'a eu de cesse de lire, relire et mettre à jour – quand il le fallait – chacune des questions de cet ouvrage. Ses talents de relectrice sont très appréciables et toujours appréciés.

Je tiens également à saluer le remarquable travail d'harmonisation assuré par **Deborah Lopez** des ***Editions Studyrama***. Deborah est toujours soucieuse d'optimiser le confort d'usage de ses lecteurs et elle apporte sans compter ces petits « plus » qui font toute la différence.

LA PLUS GRANDE COMPILATION ACTUELLE DE QUESTIONS DE CULTURE GENERALE

J'ai eu beaucoup de plaisir à encadrer le travail titanesque d'**Aurélie OHAYON** et **Henri de LA GUERONNIERE** ; deux auteurs ambitieux et chevronnés qui n'ont pas hésité à relever le défi de circonscrire au sein d'un seul et même ouvrage 5 000 questions parmi celles qui sont les plus fréquemment posées dans le cadre de tests, examens et concours où figure une épreuve de culture générale. Cet ouvrage est actuellement la plus grande compilation de questions de culture générale sur laquelle il vous sera donnée de travailler.

25 CHAPITRES

Il n'a pas été simple de créer les questions… Encore moins de les choisir, de les trier, de les classer ! Au final, ce sont 25 chapitres qui ont été arrêtés, 25 chapitres qui doivent vous permettre de « faire le tour » des grandes questions de culture générale, des plus classiques et attendues aux plus difficiles et pointues. 25 chapitres qui agrègent les questions récurrentes des examens et concours de l'enseignement supérieur… Ces questions auxquelles l'on ne peut raisonnablement échapper si l'on souhaite mettre toutes les chances de son côté.

Chaque *chapitre* a été découpé en plusieurs *sections* indépendantes et autonomes destinées à faciliter votre apprentissage. Et dans la grande majorité des chapitres, c'est l'ordre chronologique qui a défini le classement. Nous pensons qu'il est tout à fait possible de progresser en culture générale et de se constituer un socle solide de connaissances par le biais d'un découpage en plusieurs sections cohérentes qui convoquent un apprentissage « intelligent », qui suit le fil des événements, le fil des périodes, le fil du temps.

Vous découvrirez dans cet ouvrage que rien n'a été laissé au hasard. Les auteurs ont ainsi pris le soin d'intégrer des *Questions d'actualité* pour les années 2012, 2013, 2014 et début 2015 ainsi que des questions de *Logique*, de *Calcul* ou d'*Expression française* que l'on retrouve aujourd'hui dans beaucoup de concours.

COMMENT TIRER LE MEILLEUR PROFIT DE CET OUVRAGE ?

Idéalement, nous vous conseillons de traiter un chapitre dans sa totalité avant de découvrir les solutions. Chaque chapitre a été conçu de telle sorte que vous puissiez apprendre en découvrant au fur et à mesure les questions et les propositions de réponses d'une même section. Dans le cas de certains chapitres longs et denses, essayez dans tous les cas de terminer une section avant de découvrir les solutions. Vous serez ainsi en mesure d'identifier clairement vos points forts et vos lacunes, et saurez ainsi sur quels thèmes vous devrez encore travailler.

WWW.AURLOM.COM

Pour terminer, nous sommes conscients qu'en tant que lecteur, vous jouerez un rôle essentiel dans le succès de cet ouvrage. Pourquoi ? Tout simplement parce que vous serez à même de nous dire ce qui vous a plus au fil de votre lecture mais aussi ce qui vous a moins plu.

Vos questions, vos remarques, vos éclairages nous seront précieux. Ce contact privilégié que nous souhaitons tisser avec vous nous permettra assurément d'offrir aux futurs lecteurs un contenu qui répond toujours mieux à leurs attentes.

Pour cela rendez-vous sur **www.aurlom.com** à la rubrique ***Livres***.

Il ne me reste plus qu'à vous souhaiter à toutes et à tous une bonne lecture !

CULTURE GENERALE ET CONCOURS

De nombreux concours incluent une épreuve de culture générale. Cette épreuve pèse parfois très lourd en termes de coefficients et il ne faut donc guère la négliger.

Voici une liste non exhaustive des tests et concours où vous devrez répondre à des questions ou QCM de culture générale.

LES CONCOURS DE LA FONCTION PUBLIQUE

- Concours de CATEGORIE A
- Concours de CATEGORIE B
- Concours de CATEGORIE C

LES CONCOURS DES METIERS DE LA SANTE

- Concours INFIRMIERS
- Concours ORTHOPHONISTES
- Concours SANITAIRES et SOCIAUX

LES CONCOURS COMMERCIAUX

- Concours post-bac ACCES
- Concours PASS
- Concours PRISM
- Concours IPAG
- SCORE IAE MESSAGE
- Epreuves orales de culture générale (ex. : HEC, AUDENCIA, LINK)
- Epreuves orales d'entretien au cours desquelles la culture générale des candidats est très souvent mise à l'épreuve.

ET LE PLAISIR DANS TOUT ÇA ?

Même si cet ouvrage est d'abord destiné à des étudiants et candidats à des examens, tests et concours de l'enseignement supérieur, il n'en demeure pas moins qu'il a aussi été conçu pour répondre aux attentes de lecteurs passionnés et exigeants, résolument décidés à évaluer leur niveau de culture générale. Nous espérons que vous trouverez dans cet ouvrage de quoi nourrir agréablement votre curiosité.

SOMMAIRE

1. UNIVERS ET PLANETE TERRE

Ce chapitre est composé de **4 sections** pour un total de **150 questions**.

1. L'univers
2. Catastrophes naturelles et écologiques
3. Ecologie
4. Géologie et nature

[A SAVOIR !]

110 Les numéros de questions de ce type signifient qu'il n'y a qu'une seule et unique réponse juste à la question posée.

111 Les numéros de questions de ce type signifient qu'il y a **plusieurs (2 ou plus) réponses possibles justes à la question.**

[UN CONSEIL IMPORTANT]

Nous vous conseillons vivement de répondre à toutes les questions d'une section avant d'en découvrir les solutions. L'erreur consiste en effet généralement à traiter une question et à vérifier aussitôt la réponse parce que l'on veut s'assurer d'avoir trouvé la réponse juste ou parce que l'on est impatient de la découvrir dans le cas où on ne la connaît pas. Si vous souhaitez sérieusement progresser, vous devez absolument vous imprégner du thème traité par la section et répondre d'un trait à toutes les questions d'une section.

[QUELQUES MOTS SUR...]

1. L'Univers [WIKIPEDIA]

L'Univers est l'ensemble de tout ce qui existe, régi par un certain nombre de lois.

La *cosmologie* cherche à appréhender l'Univers d'un point de vue scientifique, comme l'ensemble de la matière distribuée dans le temps et dans l'espace. Pour sa part, la *cosmogonie* vise à établir une théorie de la création de l'Univers sur des bases philosophiques ou religieuses.

Selon le modèle standard, on ne connaît au plus que 5 % de la matière de l'Univers ; le reste se composerait de 25 % de matière noire et de 70 % d'énergie noire. Selon le modèle alternatif avec antimatière soutenu notamment par Gabriel Chardin et Stephen Hawking, la quantité de matière présente dans l'Univers est quinze fois plus abondante que dans le modèle conventionnel.

2. La planète TERRE [WIKIPEDIA]

La Terre est la troisième planète du Système solaire par ordre de distance croissante au Soleil, et la quatrième par taille et par masse croissantes. Il s'agit de la plus grande et la plus massive des quatre planètes telluriques (du mode de la Terre), les trois autres étant Mercure, Vénus et Mars. La Terre se trouve dans la zone habitable du Système solaire. Elle est couramment appelée en français Terre, planète Terre, planète bleue ou encore Monde.

La Terre s'est formée il y a 4,54 milliards d'années environ et la vie apparut moins d'un milliard d'années plus tard. La planète abrite des millions d'espèces dont les humains. La biosphère de la Terre a fortement modifié l'atmosphère et les autres caractéristiques abiotique de la planète, permettant la prolifération d'organismes aérobies de même que la formation d'une couche d'ozone, qui associée au champ magnétique terrestre, bloque une partie des rayonnements solaires permettant ainsi la vie sur Terre. Les propriétés physiques de la Terre de même que son histoire géologique et son orbite ont permis à la vie de subsister durant cette période et la Terre devrait pouvoir supporter la vie durant encore au moins 500 millions d'années.

3. L'écologie [LAROUSSE]

Le terme « écologie » fut créé en 1866 par le biologiste et naturaliste allemand Ernst Haeckel (1834-1919). Il fait également référence à un mouvement associatif et politique, qui connaît un important développement depuis les années 1970, en faveur d'une meilleure prise en compte de l'environnement dans les sociétés humaines, de l'amélioration de la qualité de la vie, du respect de l'équilibre des milieux naturels et d'une gestion durable de leurs ressources. L'écologie s'est développée en intégrant les connaissances de la biologie et d'autres sciences, aussi diverses que la climatologie, la géologie ou l'économie.

Science très vaste, l'écologie rassemble un assez grand nombre de disciplines, qui ont parfois acquis une certaine indépendance. Il existe, en effet, de multiples façons d'aborder les problèmes écologiques, selon que l'on s'intéresse à un milieu naturel dans son ensemble, ou seulement à une partie des espèces qui le peuplent, ou encore à une seule espèce. Un scientifique qui choisit, par exemple, d'étudier l'écologie d'un petit bois des régions tempérées essaiera d'en faire l'inventaire floristique et faunique. Or il est quasi impossible d'effectuer un tel inventaire, tant est grande la variété des plantes et des insectes, sans oublier celle des organismes microscopiques. Il doit se limiter à un inventaire sommaire, ou faire appel à des chercheurs spécialistes de groupes zoologiques vastes. De plus, une véritable étude écologique ne se résume pas à dresser une liste d'espèces, mais essaie d'établir l'abondance, ou la rareté, des populations et la variation des effectifs au cours de l'année. En été, les effectifs sont en général maximaux, après la période de reproduction. L'hiver, au contraire, beaucoup d'espèces sont absentes, soit parce qu'elles hibernent, soit parce qu'elles migrent. Quant à la végétation, de nombreuses espèces ont un cycle annuel.

1. L'UNIVERS

1 En quelle année la théorie du Big Bang est-elle émise pour la première fois ?

- ☐ A. 1853
- ☐ B. 1927
- ☐ C. 1946

2 La science des lois physiques de l'univers porte le nom de :

- ☐ A. Cosmologie
- ☐ B. Cosmographie
- ☐ C. Cosmogonie
- ☐ D. Récit cosmopolite

3 Un récit mythique lié à la formation de l'univers se nomme :

- ☐ A. Cosmologie
- ☐ B. Cosmographie
- ☐ C. Cosmogonie
- ☐ D. Récit cosmopolite

4 Qu'est-ce qu'une galaxie ?

- ☐ A. Un ensemble d'étoiles, de gaz, de poussières et de matière noire
- ☐ B. Un ensemble de planètes, de soleil et de trous noirs
- ☐ C. Un ensemble de météorites, de poussières et de trous noirs

5 Laquelle de ces affirmations est fausse ?

- ☐ A. Il existe des galaxies elliptiques
- ☐ B. La matière noire est un trou noir
- ☐ C. Le soleil est une naine jaune

6 Notre galaxie se nomme la « Voie lactée » :

- ☐ A. Vrai
- ☐ B. Faux

7 Laquelle de ces morphologies n'est pas caractéristique d'une galaxie :

- ☐ A. Elliptique
- ☐ B. Spirale
- ☐ C. Irrégulière
- ☐ D. Hélicoïdale

8 Qu'est-ce qu'une exoplanète ?

- ☐ A. Une planète en formation
- ☐ B. Une planète de notre système solaire
- ☐ C. Une planète hors de notre système solaire

9 La distance entre la Terre et le Soleil est de :

- ☐ A. 150 000 km
- ☐ B. 15 millions de km
- ☐ C. 150 millions de km
- ☐ D. 1 000 millions de km

10 Une année-lumière équivaut à :

- ☐ A. 1 000 milliards de kilomètres
- ☐ B. 10 000 milliards de kilomètres
- ☐ C. 50 000 milliards de kilomètres

11 Qu'est-ce qu'un astre brillant fait de glace et de poussière ?

- ☐ A. Une comète
- ☐ B. Une étoile
- ☐ C. Un météore

12 Qu'est-ce qu'une céphéide ?

☐ A. Une étoile géante
☐ B. Une comète
☐ C. Un trou noir

13 Quel est le résultat d'une agrégation de poussière dans un disque, suivie ou non d'une accrétion gazeuse ?

☐ A. Une planète
☐ B. Un trou noir
☐ C. Une étoile
☐ D. Aucune de ces réponses n'est bonne

14 Sachant que la révolution est le mouvement de la Terre autour du Soleil, en combien de temps celle-ci s'effectue-t-elle ?

☐ A. Un jour
☐ B. Un mois
☐ C. Un semestre
☒ D. Un an
☐ E. Aucune de ces réponses n'est bonne

15 Combien y a-t-il de planètes dans le système solaire ?

☐ A. 7
☐ B. 8
☐ C. 9
☐ D. Aucune de ces réponses n'est bonne

16 Je suis la 7e planète du système solaire. Je suis une planète géante gazeuse. Je suis la 3e par la taille et la 4e par la masse. Qui suis-je ?

☐ A. Uranus
☐ B. Vénus
☐ C. Saturne
☐ D. Neptune

17 Quelle est la planète la plus grosse ?

☐ A. Saturne
☐ B. Vénus
☐ C. Jupiter
☐ D. Mars

18 La planète la plus proche du Soleil est :

☐ A. Jupiter
☐ B. Saturne
☐ C. Mercure
☐ D. Vénus

19 Quelle est la planète la plus éloignée du Soleil ?

☐ A. La Terre
☐ B. Neptune
☐ C. Pluton

20 Quelle est la planète la plus chaude du système solaire ?

☐ A. Saturne
☐ B. Uranus
☐ C. Mercure
☐ D. Vénus

21 Quelle est la planète la plus froide du système solaire ?

☐ A. Vénus
☐ B. Mars
☐ C. Neptune
☐ D. Pluton

22 Laquelle de ces planètes n'est pas tellurique ?

- ☐ A. Mercure
- ☐ B. Vénus
- ☐ C. Uranus
- ☐ D. Mars

23 Concernant la Lune :

- ☐ A. C'est un satellite naturel de la Terre
- ☐ B. La distance Terre Lune est d'environ 500 000 km
- ☐ C. La Lune ne tourne pas autour de la Terre
- ☐ D. La température de la Lune au Soleil est d'environ 100 °C
- ☐ E. La température de la Lune à l'ombre est d'environ -150 °C

24 Quelles sont les planètes naines ?

- ☐ A. Eris
- ☐ B. Mars
- ☐ C. Pluton
- ☐ D. La Lune

25 Quel est l'autre nom de la planète Vénus ?

- ☐ A. La planète rouge
- ☐ B. L'Etoile du berger
- ☐ C. Orion
- ☐ D. La planète jaune

26 Jupiter est une planète :

- ☐ A. Gazeuse
- ☐ B. Nébuleuse
- ☐ C. Tellurique

27 Parmi ces planètes, laquelle n'a aucun satellite naturel ?

- ☐ A. Mars
- ☐ B. Mercure
- ☐ C. Neptune
- ☐ D. Pluton

28 Combien de satellites sont recensés dans le système solaire ?

- ☐ A. 60
- ☐ B. 600
- ☐ C. 1 600

11/28

2. Catastrophes naturelles et ecologiques

29 En l'an 79, une célèbre catastrophe frappe le sud de l'Europe. Il s'agit :

- ☐ A. D'une éruption volcanique
- ☐ B. D'un tremblement de terre
- ☐ C. D'un raz-de-marée

30 Le tremblement de terre qui détruisit la ville de San Francisco s'est produit en :

- ☐ A. 1896
- ☐ B. 1906
- ☐ C. 1929
- ☐ D. 1936

31 Quand a eu lieu la marée noire de l'Amoco Cadiz sur les côtes bretonnes ?

- ☐ A. Mars 1978
- ☐ B. Octobre 1979
- ☐ C. Février 1980

32 Dans quel Etat américain a eu lieu la catastrophe nucléaire de *Three Mile Island* ?

- ☐ A. Californie
- ☐ B. Ohio
- ☐ C. Nouvelle-Orléans
- ☐ D. Pennsylvanie
- ☐ E. Alaska

33 Outre l'accident de Tchernobyl, quelle est la catastrophe écologique majeure de l'ex-URSS depuis les années quatre-vingt ?

- ☐ A. L'assèchement du lac Baïkal
- ☐ B. L'assèchement de la mer d'Aral
- ☐ C. Les inondations en Sibérie

34 Le 3 décembre 1984, en Inde, un accident dans une usine chimique provoque des milliers de morts. Dans quelle ville se déroule cette catastrophe ?

- ☐ A. Delhi
- ☐ B. Calcutta
- ☐ C. Bhopal

35 La grande catastrophe qui eut lieu à Tchernobyl est :

- ☐ A. Un incendie dans les dépôts de carburant
- ☐ B. Un tremblement de terre
- ☐ C. Une inondation
- ☐ D. L'explosion du cœur du réacteur de la centrale nucléaire

36 Quel est le nom de l'ouragan qui a dévasté plusieurs Etats aux Etats-Unis en 2005 ?

- ☐ A. Gonu
- ☐ B. Wilma
- ☐ C. Katrina
- ☐ D. Morakot

37 Comment se nomme le typhon qui frappe les Philippines, Taïwan et la Chine du 6 au 11 août 2009 ?

- ☐ A. Gonu
- ☐ B. Wilma
- ☐ C. Katrina
- ☐ D. Morakot

38 Au Chili, lors du tragique éboulement du 5 août 2010, combien de mineurs sont ensevelis à plus de 600 mètres de profondeur ?

- ☐ A. 8
- ☐ B. 13
- ☐ C. 33
- ☐ D. 63

39 Où a lieu la grande marée noire de 2010 ?

- ☐ A. Dans la mer Méditerranée
- ☐ B. Dans le golfe du Mexique
- ☐ C. Dans la mer Morte
- ☐ D. Dans la mer Noire

40 Qu'évoque le site de Fukushima ?

- ☐ A. Une marée noire
- ☐ B. Des algues toxiques
- ☐ C. Un grave accident nucléaire
- ☐ D. Une explosion dans une usine chimique

41 De quelle amplitude est le séisme qui a eu lieu le 11 mars 2011 au Japon ?

☐ A. 5,2 sur l'échelle de Richter
☐ B. 6,3 sur l'échelle de Richter
☐ C. 8,9 sur l'échelle de Richter
☐ D. 9,7 sur l'échelle de Richter

42 A quoi correspondent les évènements suivants ?

1. Catastrophe du Pinatubo
2. Catastrophe de Tchernobyl
3. Catastrophe de l'Amoco Cadiz
4. Catastrophe de Bhopal

a. Eruption d'un volcan philippin
b. Accident dans une usine chimique indienne
c. Accident dans une usine nucléaire ukrainienne
d. Marée noire sur les côtes bretonnes

☐ A. 1a – 2d – 3c – 4b
☐ B. 1a – 2c – 3d – 4b
☐ C. 1b – 2c – 3d – 4a
☐ D. 1b – 2a – 3c – 4d

43 Qu'est-ce qu'un tsunami ?

☐ A. Un raz-de-marée
☐ B. Une pollution atmosphérique
☐ C. Une éruption volcanique

44 Le bradysisme est :

☐ A. Un soulèvement ou un abaissement du terrain dans une zone limitée
☐ B. L'écartement de deux plaques lithosphériques
☐ C. Le glissement de deux plaques lithosphériques l'une sous l'autre

45 Que sont les pluies acides ?

☐ A. La pluie, la neige ou le brouillard pollués par des composés soufrés et azotés
☐ B. Les pluies polluées par les gaz et les émissions volcaniques
☐ C. Les pluies acidifiées par les émissions d'aérosols dans l'atmosphère

46 L'intoxication par le plomb se nomme :

☐ A. La silicose
☐ B. La silicone
☐ C. Le saturnisme

47 Combien de degrés comporte l'échelle de Richter permettant de mesurer l'énergie libérée lors d'un séisme ?

☐ A. 7 degrés
☐ B. 9 degrés
☐ C. En théorie, un nombre illimité

48 Le plan ORSEC a pour but de :

☐ A. Pallier les catastrophes naturelles ou les accidents techniques
☐ B. Venir en aide aux personnes économiquement faibles
☐ C. Etudier les besoins des handicapés
☐ D. Gérer les bassins d'emploi
☐ E. Protéger la population en cas de risque terroriste

49 Comment s'appelle le fonds créé pour indemniser les victimes de dégâts dus à la pollution par les hydrocarbures ?

☐ A. Fipol
☐ B. Ifremer
☐ C. Polmar

3. Ecologie

50 Quel est le jour de l'année décrété jour de la Terre ?

☐ A. Le 1er janvier
☐ B. Le 22 mars
☐ C. Le 22 avril

51 Comment est nommée l'opération de sensibilisation contre le réchauffement climatique qui consiste à éteindre l'éclairage des grands monuments touristiques mondiaux pendant une heure ?

☐ A. L'opération « Planète Bleue »
☐ B. L'opération « Respire »
☐ C. L'opération « One Hour Pour Un Monde Meilleur »
☐ D. L'opération « Earth Hour »

52 La première conférence internationale sur l'environnement se tient en 1913 à :

☐ A. Bruxelles
☐ B. Paris
☐ C. Berne

53 Pour assurer la protection de ses côtes, la France a créé en 1975 :

☐ A. Le conservatoire du littoral
☐ B. La mission interministérielle des côtes
☐ C. L'organisme de protection maritime
☐ D. Le cabinet du littoral

54 La directive nationale relative à la protection de l'aménagement du littoral, parue en 1979, interdit :

☐ A. Le maintien en l'état des marais et zones humides
☐ B. Les constructions, les campings et les caravanings partout à moins de 100 mètres du rivage
☐ C. Le classement des espaces boisés
☐ D. Le libre accès aux plages de moins de 100 mètres en méditerranée et sur les lacs

55 Où le mouvement écologiste Greenpeace est-il fondé ?

☐ A. New York
☐ B. Vancouver
☐ C. Toronto

56 Quand apparaît la notion de développement durable ?

☐ A. Dans les années cinquante
☐ B. Dans les années soixante-dix
☐ C. Dans les années quatre-vingt

57 Quelle conférence lance concrètement le principe du développement durable ?

☐ A. La conférence de Rio
☐ B. La conférence de Johannesburg
☐ C. La conférence de Kyoto

58 Le « trou » de la couche d'ozone dont les médias révèlent l'existence en 1985 se situe dans l'atmosphère au-dessus de :

☐ A. L'Equateur
☐ B. L'Arctique
☐ C. L'Antarctique
☐ D. L'Angleterre

59 **Quel traité signé en 1997, lors d'une conférence regroupant 150 pays, entre en application le 16 février 2005 ?**

☐ A. La charte de l'environnement
☐ B. Le protocole de Kyoto sur la réduction des émissions de gaz à effet de serre
☐ C. Le traité relatif à l'organisation mondiale du commerce
☐ D. Le traité créant l'agence des nations unies pour l'environnement
☐ E. Toutes les solutions proposées sont bonnes
☐ F. Aucune de ces réponses n'est bonne

60 **Quel pays, premier pollueur mondial en CO_2, refuse de signer le protocole de Kyoto en 1997 ?**

☐ A. La France
☐ B. Le Japon
☐ C. Les Etats-Unis

61 **Le GIEC est une organisation qui est mise en place en 1988 dans le cadre du programme des Nations unies pour l'environnement, à la demande du G7 (groupe des 7 pays les plus riches) : Etats-Unis, Japon, Allemagne, France, Grande-Bretagne, Canada et Italie. Pour quelle mission, notamment, cette organisation – conjointement avec l'ancien vice-président américain Al Gore – reçoit-elle le prix Nobel en 2007 ?**

☐ A. Collecter des fonds pour lutter contre une agriculture transgénique
☐ B. Constituer une meilleure connaissance sur le changement climatique
☐ C. Promouvoir le microcrédit pour des projets à vocation écologique
☐ D. Répertorier les espèces animales et végétales dans une étude biologique

62 **Quel est le rôle de l'ADEME ?**

☐ A. Elle organise la sécurité des installations nucléaires
☐ B. Elle gère les activités relatives à la protection de la nature et des animaux
☐ C. Elle intervient en matière de protection de l'environnement et de maîtrise de l'énergie

63 **L'Agence européenne de l'environnement siège à :**

☐ A. Paris
☐ B. Londres
☐ C. Copenhague
☐ D. Madrid

64 **Dans quelle proportion l'Union européenne entend-elle faire baisser l'émission de gaz à effet de serre avant 2020 ?**

☐ A. 8 %
☐ B. 20 %
☐ C. 30 %
☐ D. 80 %

65 **Qu'est-ce qui est exact ?**

☐ A. La qualité de l'air, comme l'eau, fait partie du patrimoine commun de la nation
☐ B. Est reconnu par la loi le droit pour chacun de respirer un air qui ne nuise pas à sa santé
☐ C. La commune a la responsabilité principale en matière d'élimination des déchets ménagers

66 **Qu'appelle-t-on l'effet de serre ?**

☐ A. La multiplication des catastrophes naturelles au cours des dernières années
☐ B. En agriculture, le fait que la culture sous serre a un rendement plus élevé que la culture en plein air
☐ C. Le réchauffement de la planète
☐ D. L'augmentation de la construction de serres consacrées à la culture de fruits et légumes sans pesticides

67 **Quelle est essentiellement la cause de l'effet de serre ?**

☐ A. La fonte des glaces polaires
☐ B. Le recours à la climatisation intensive
☐ C. Les émissions de gaz carbonique

68 **On appelle énergies renouvelables des sources d'énergie :**

☐ A. Qui ne s'épuisent pas
☐ B. Que l'on peut réutiliser
☐ C. Que l'on n'exploite pas encore
☐ D. Qu'on ne peut stocker

69 **La production d'énergie tend à se diversifier. Après l'exploitation des gisements fossiles et de la force hydraulique, puis la production d'énergie nucléaire, les énergies renouvelables sont aujourd'hui à l'honneur. Parmi les propositions suivantes, vous indiquerez laquelle est erronée.**

☐ A. L'énergie nucléaire n'est pas une énergie renouvelable
☐ B. La production d'énergies renouvelables engendre moins de rejets de gaz à effet de serre dans l'atmosphère que la production des énergies fossiles
☐ C. Les énergies renouvelables sont issues entre autres de l'exploitation de la géothermie, de la force éolienne, du rayonnement solaire et du gaz naturel
☐ D. Toutes les solutions proposées sont bonnes

70 **Cochez les énergies dites renouvelables :**

☐ A. Le bois
☐ B. Le pétrole
☐ C. La géothermie
☐ D. Le solaire

71 **L'énergie éolienne est fournie par :**

☐ A. L'eau
☐ B. L'uranium
☐ C. Le charbon
☐ D. Le vent

72 L'écobuage c'est :

☐ A. Un travail effectué avec ardeur
☐ B. Un mode de fertilisation
☐ C. L'action de brûler la couche herbue du sol
☐ D. L'action d'empiler des bûches de bois dans le sens de la longueur

73 Parmi ces quatre plantes OGM, laquelle est la plus cultivée dans le monde ?

☐ A. Le maïs
☐ B. Le colza
☐ C. Le soja
☐ D. Le coton

74 A quelle date l'Allemagne prévoit-elle de sortir totalement du nucléaire ?

☐ A. 2017
☐ B. 2018
☐ C. 2022
☐ D. 2025
☐ E. 2030

4. Geologie et nature

75 Quel est le diamètre de la Terre ?

☐ A. 12 742 km
☐ B. 6 856 km
☐ C. 25 156 km
☐ D. 18 056 km

76 Quel âge a la Terre ?

☐ A. 6 500 millions d'années
☐ B. 2,10 milliards d'années
☐ C. 4,54 milliards d'années
☐ D. 7,22 milliards d'années
☐ E. 58 milliards d'années

77 Qu'est-ce que la géologie structurale ?

☐ A. L'étude des fossiles microscopiques contenus dans les sédiments
☐ B. L'étude de la structure et de la nature interne de la terre avec des outils de la physique
☐ C. L'étude des sédiments archéologiques et des dépôts de l'ère quaternaire
☐ D. L'étude des déformations des roches

78 Que renferme le granite ?

☐ A. Du quartz
☐ B. Du calcaire
☐ C. Du carbone
☐ D. Du sel

79 La craie est une roche :

☐ A. Dure
☐ B. Imperméable
☐ C. Sombre
☐ D. Poreuse

80 Parmi ces roches ignées, quelle est celle d'origine intrusive (dont la cristallisation s'est produite à l'intérieur de la croûte terrestre) ?

☐ A. Le granite
☐ B. Le basalte
☐ C. L'andésite

81 Le granite est une roche :

☐ A. Sédimentaire
☐ B. Magmatique
☐ C. Métamorphique

82 L'or noir désigne :

- ☐ A. Le charbon
- ☐ B. Le pétrole
- ☐ C. Le basalte

83 Quelle roche est très répandue dans la région des volcans d'Auvergne ?

- ☐ A. Le basalte
- ☐ B. Le gypse
- ☐ C. La calcite

84 Les supports calcaires construits par les coraux s'appellent :

- ☐ A. Les polypiers
- ☐ B. Les serpules
- ☐ C. Les faluns
- ☐ D. Les globigérines

85 Quelle roche est de l'argile pure ?

- ☐ A. Les schistes
- ☐ B. L'ardoise
- ☐ C. Les marnes
- ☐ D. Le kaolin

86 Le marbre est une roche :

- ☐ A. Métamorphique
- ☐ B. Magmatique
- ☐ C. Sédimentaire

87 A quelle famille de pierres appartient l'ardoise ?

- ☐ A. Schiste
- ☐ B. Grès
- ☐ C. Basalte
- ☐ D. Calcaire

88 En France, le granite est abondant :

- ☐ A. En Bretagne
- ☐ B. En Ile-de-France
- ☐ C. En Picardie
- ☐ D. Dans les Ardennes

89 Le cirque de Gavarnie (Hautes-Pyrénées) a alimenté des :

- ☐ A. Glaciers de vallées
- ☐ B. Glaciers suspendus
- ☐ C. Inlandsis

90 Dans les glaciers de type alpin, les séracs sont :

- ☐ A. Les fronts des glaciers
- ☐ B. Les eaux de fusion
- ☐ C. Les blocs de glace formés par la fracturation d'un glacier
- ☐ D. Les anciens bassins d'alimentation

91 Dans les glaciers de type alpin, la langue glaciaire se détache :

- ☐ A. Du sommet des montagnes
- ☐ B. Du front de la langue glaciaire
- ☐ C. Du bassin d'alimentation

92 Les gros rochers transportés par le glacier loin de leur lieu d'origine sont appelés :

- ☐ A. Les moraines
- ☐ B. Les roches moutonnées
- ☐ C. Les argiles à blocaux
- ☐ D. Les blocs erratiques

93 La fusion de la glace d'un glacier est ralentie par :

- ☐ A. Les moulins glaciaires
- ☐ B. Les tables glaciaires
- ☐ C. Le névé

94 Les stalactites et les stalagmites sont formées par :

- ☐ A. Le dépôt de carbonate de chaux laissé par les eaux d'infiltration calcaires
- ☐ B. Le gel des eaux d'infiltration
- ☐ C. L'érosion due aux eaux d'infiltration

95 En Norvège, les anciennes vallées glaciaires inondées par la mer forment :

- ☐ A. Les calanques
- ☐ B. Les rias
- ☐ C. Les fjords

96 Quelle est la vallée jeune, à profil transversale en V ?

- ☐ A. La vallée de la Seine (aux Andelys dans l'Eure)
- ☐ B. La vallée du Cher (à Chenonceau)
- ☐ C. La vallée du Drac (aux environs de La Mure)
- ☐ D. La vallée de la Loire (à Orléans)

97 Quel est le nom de la forêt de conifères située au Nord de l'Eurasie ?

- ☐ A. La toundra
- ☐ B. La taïga
- ☐ C. La pampa

98 Où se situe la plate-forme littorale ?

- ☐ A. Sur la falaise littorale
- ☐ B. Au pied de la falaise
- ☐ C. Au pied des récifs

99 Dans quel département de France voit-on des cheminées de fée ?

- ☐ A. Le Loiret
- ☐ B. Les Hautes-Alpes
- ☐ C. Les Pyrénées-Atlantiques
- ☐ D. Les Côtes-d'Armor

100 Les abysses sont :

- ☐ A. Des fosses sous-marines
- ☐ B. Des grottes préhistoriques
- ☐ C. Des crevasses entre deux glaciers
- ☐ D. Des îles grecques

101 Quel volcan est surnommé « La vieille dame » ?

- ☐ A. L'Etna
- ☐ B. Le Cotopaxi
- ☐ C. Le Stromboli
- ☐ D. La Soufrière

102 Quel volcan se trouve en Sicile ?

- ☐ A. L'Etna
- ☐ B. Le Vésuve
- ☐ C. Le Stromboli
- ☐ D. Le Vulcan

103 Lequel de ces volcans n'est pas en activité ?

- ☐ A. Le Puy de Dôme
- ☐ B. La Montagne Pelée
- ☐ C. La Soufrière
- ☐ D. Le Piton de la Fournaise

104 Les phénomènes volcaniques sont :

- ☐ A. Actuellement détectables à la surface de toutes les planètes
- ☐ B. Preuve de l'activité interne d'une planète
- ☐ C. A l'origine du dioxygène présent dans l'atmosphère des planètes
- ☐ D. Source de la chaleur indispensable à la vie sur la Terre
- ☐ E. Aucune de ces réponses n'est bonne

105 Comment s'appelle la zone plus ou moins visqueuse d'où remonte le magma ?

- ☐ A. Le manteau
- ☐ B. La croûte terrestre
- ☐ C. Le noyau externe
- ☐ D. Le noyau interne

106 Une roche microlitique est :

- ☐ A. Une roche éruptive constituée par le verre
- ☐ B. Une roche éruptive formée de gros cristaux et de petits cristaux contenus dans une pâte
- ☐ C. Une roche éruptive cristalline dont tous les cristaux sont visibles à l'œil nu

107 Sur les pentes du volcan, les gaz qui sortent par les fissures sont :

- ☐ A. Les fumerolles
- ☐ B. Les geysers
- ☐ C. Les soufflards

108 Pour obtenir de la terre de bruyère, on ajoute aux débris de végétaux transformés en terreau :

- ☐ A. De la potasse
- ☐ B. Du sable
- ☐ C. De la terre argileuse

109 Les coraux vivent à des températures :

- ☐ A. Inférieures à 20 °C
- ☐ B. Inférieures à 10 °C
- ☐ C. Supérieures à 20 °C

110 Le cycle de la chaîne alimentaire commence avec :

- ☐ A. Les herbivores
- ☐ B. Les prédateurs
- ☐ C. Les plantes

111 On nomme les champignons responsables des fermentations :

- ☐ A. Les levures
- ☐ B. Les moisissures
- ☐ C. Les bactéries

112 En France, au début du XXe siècle, le phylloxéra a détruit :

- ☐ A. Les vignobles
- ☐ B. Les champs de pomme de terre
- ☐ C. Les champs de blé
- ☐ D. Les champs de betteraves sucrières
- ☐ E. Aucune de ces réponses n'est bonne

113 Dans le tronc d'un arbre, quel est le tissu spécialisé qui assure la conduction de la sève élaborée des feuilles aux autres organes ?

- ☐ A. Le cœur
- ☐ B. Le bois
- ☐ C. Le liber
- ☐ D. Le phloème

114 Quelle plante n'est pas vasculaire ?

- ☐ A. L'algue
- ☐ B. La mousse
- ☐ C. La fougère

115 Quel végétal est dépourvu de chlorophylle ?

- ☐ A. La plante verte
- ☐ B. Le champignon
- ☐ C. L'algue

116 Quel est l'élément extérieur que les végétaux chlorophylliens utilisent avec le dioxyde de carbone pour la photosynthèse ?

- ☐ A. Le rayonnement du soleil
- ☐ B. L'oxygène
- ☐ C. L'eau
- ☐ D. La terre

117 Qui donne naissance au bourgeon ?

- ☐ A. Le tégument
- ☐ B. Le cotylédon
- ☐ C. La radicule
- ☐ D. La gemmule

118 Dans une fleur, les organes mâles sont :

- ☐ A. Les étamines
- ☐ B. Le pistil
- ☐ C. Les sépales
- ☐ D. Les pétales

119 Chassez l'intrus :

- ☐ A. Le cèpe
- ☐ B. Le bolet
- ☐ C. La fougère
- ☐ D. La morille

120 Comment appelle-t-on une plante qui aime le sel ?

- ☐ A. Salophile
- ☐ B. Halophile
- ☐ C. Selophile

121 Laquelle de ces plantes n'est pas aquatique ?

- ☐ A. Le lotus
- ☐ B. Le nénuphar blanc
- ☐ C. L'amaryllis
- ☐ D. Aucune de ces réponses n'est bonne

122 Quelle est la définition la plus complète d'une plante carnivore ?

- ☐ A. Végétal qui se nourrit d'insectes morts et capable de les assimiler pour subvenir à ses besoins
- ☐ B. Végétal qui attire et capture des proies afin d'éviter que ces proies nuisent à sa croissance
- ☐ C. Végétal muni de dents qui se nourrit de protéines afin de subvenir à ses besoins
- ☐ D. Végétal capable d'attirer et de capturer des proies puis d'en assimiler tout ou partie afin de subvenir à ses besoins

123 Quel légume est aussi appelé « bringelle » à la Réunion ?

- ☐ A. L'aubergine
- ☐ B. La carotte
- ☐ C. La tomate
- ☐ D. Aucune de ces réponses n'est bonne

124 Quel est le nom plus connu du gommier ?

- ☐ A. L'eucalyptus
- ☐ B. Le caoutchouc
- ☐ C. Le séquoia
- ☐ D. Aucune de ces réponses n'est bonne

125 Son vrai nom est *euterpe oléracea*, on l'appelle aussi pinot ou wassei, c'est un :

- ☐ A. Palmier
- ☐ B. Conifère
- ☐ C. Baobab

126 Un chêne-liège capte le CO_2 :

- ☐ A. 2 fois moins que les autres arbres
- ☐ B. 2 fois plus que les autres arbres
- ☐ C. 3 fois plus que les autres arbres

127 Quel arbre fruitier produit des bigarreaux ?

- ☐ A. Le pommier
- ☐ B. Le cerisier
- ☐ C. L'oranger

128 Quel est l'intrus ?

- ☐ A. Carotte
- ☐ B. Laitue
- ☐ C. Pomme de terre
- ☐ D. Betterave

129 Quel est l'intrus ?

- ☐ A. Lentille
- ☐ B. Pois chiche
- ☐ C. Petit pois
- ☐ D. Aucune de ces réponses n'est bonne

130 Quel est l'intrus ?

- ☐ A. Tomate
- ☐ B. Concombre
- ☐ C. Olive
- ☐ D. Aucune de ces réponses n'est bonne

131 Les orties et les pissenlits sont des plantes comestibles :

- ☐ A. Vrai
- ☐ B. Faux
- ☐ C. Cela dépend de la variété de chacune des ces plantes

132 Une eau dure est :

- ☐ A. Une eau non adoucie
- ☐ B. Une eau sans calcaire
- ☐ C. Une eau riche en calcaire et sels minéraux

133 Les dinosaures ont disparu il y a :

- ☐ A. 65 millions d'années
- ☐ B. 20 millions d'années
- ☐ C. 100 millions d'années

134 Quel oiseau, dans les montagnes d'Europe, peut vivre à des altitudes supérieures à 2 000 mètres ?

- ☐ A. La mouette
- ☐ B. Le crave
- ☐ C. Le busard
- ☐ D. L'épervier

135 Lequel de ces noms ne désigne pas une variété de chouette ?

- ☐ A. Roussette
- ☐ B. Chevêche
- ☐ C. Lapone
- ☐ D. Effraie

136 Les (...) vivent dans des eaux claires et vives, on les trouve principalement en Amérique du Nord, en Europe dans le nord de l'Asie et dans les rivières de l'Atlas au Maroc. Elles ont été également introduites en Australie et en Nouvelle-Zélande au XIXe siècle. Selon les espèces, la durée de vie peut varier de 7 ans à plusieurs dizaines d'années. Certains individus atteignent une trentaine de kilogrammes (source : Wikipedia). Remplacez (...)

- ☐ A. truites
- ☐ B. sardines
- ☐ C. thons
- ☐ D. saumons

137 Parmi ces animaux, lesquels sont des mammifères marins ?

- ☐ A. Le cachalot
- ☐ B. L'orque
- ☐ C. La loutre
- ☐ D. Le requin

138 Qui possède des défenses :

- ☐ A. Le morse
- ☐ B. Le phoque
- ☐ C. L'éléphant
- ☐ D. Le narval

139 Quel animal chante ?

- ☐ A. La baleine
- ☐ B. La colombe
- ☐ C. Le geai

140 A quoi reconnaît-on un cheval zain ?

- ☐ A. Il est en excellente santé
- ☐ B. Il est noir sans aucun poil blanc
- ☐ C. Il a les dents jaunes
- ☐ D. Il est dressé

141 Comment s'appelle la toilette du cheval ?

- ☐ A. Le décrottage
- ☐ B. Le pansage
- ☐ C. L'époussetage

142 Quelle sorte d'animal est le chien de prairie ?

- ☐ A. Un chien sauvage
- ☐ B. Un rongeur
- ☐ C. Un félin

143 Quel est le plus gros mammifère au monde ?

- ☐ A. L'éléphant d'Asie
- ☐ B. L'éléphant d'Afrique
- ☐ C. La baleine bleue
- ☐ D. Aucune de ces réponses n'est bonne

144 Quel mammifère pond des œufs ?

- ☐ A. L'ornithorynque
- ☐ B. Le crocodile
- ☐ C. Aucun mammifère ne pond des œufs
- ☐ D. Aucune de ces réponses n'est bonne

145 Comment s'appelle le petit du chameau ?

- ☐ A. Le chamois
- ☐ B. Le chamoteau
- ☐ C. Le chamelon
- ☐ D. Le lapereau

146 Quel est le plus petit animal du monde, qui pèse seulement 2 grammes ?

- ☐ A. La musaraigne étrusque
- ☐ B. Le gecko
- ☐ C. La taupe marsupiale
- ☐ D. Aucune de ces réponses n'est bonne

147 Parmi ces propositions, laquelle n'est pas un sous-ordre de la catégorie des reptiliens ?

- ☐ A. Les crocodiliens
- ☐ B. Les squamates
- ☐ C. Les testudinés
- ☐ D. Les squaliformes

148 Parmi ces quatre espèces, laquelle n'est pas une espèce disparue ?

- ☐ A. Le loup de Tasmanie
- ☐ B. Le castor géant d'Amérique
- ☐ C. Le lynx
- ☐ D. Le dodo
- ☐ E. Aucune de ces réponses n'est bonne

149 Parmi ces insectes, lesquels sont particulièrement venimeux :

- ☐ A. La fourmi de feu
- ☐ B. L'avette
- ☐ C. Le centipède
- ☐ D. La chenille lonomia

150 Les guêpes construisent leurs nids avec :

- ☐ A. De la cire
- ☐ B. Des fibres végétales
- ☐ C. Des déchets organiques

2. MYTHOLOGIES ET RELIGIONS

Ce chapitre est composé de **6 sections** pour un total de **220 questions**.

1. **Mythologie grecque**
2. **Mythologie romaine**
3. **Autres mythologies et croyances**
4. **Les religions monothéistes**
5. **Religions polythéistes et philosophies religieuses**
6. **Les religions à travers le temps et le monde**

[A SAVOIR !]

110 Les numéros de questions de ce type signifient qu'il n'y a qu'une seule et unique réponse juste à la question posée.

111 Les numéros de questions de ce type signifient qu'il y a **plusieurs (2 ou plus) réponses possibles justes à la question**.

[UN CONSEIL IMPORTANT]

Nous vous conseillons vivement de répondre à toutes les questions d'une section avant d'en découvrir les solutions. L'erreur consiste en effet généralement à traiter une question et à vérifier aussitôt la réponse parce que l'on veut s'assurer d'avoir trouvé la réponse juste ou parce que l'on est impatient de la découvrir dans le cas où on ne la connaît pas. Si vous souhaitez sérieusement progresser, vous devez absolument vous imprégner du thème traité par la section et répondre d'un trait à toutes les questions d'une section.

[QUELQUES MOTS SUR...]

1. La mythologie grecque [WIKIPEDIA]

La mythologie grecque, c'est-à-dire l'ensemble organisé des mythes provenant de la Grèce antique, se développe au cours d'une très longue période allant de la civilisation mycénienne jusqu'à la domination romaine. La mythologie grecque nous est parvenue grâce à un vaste ensemble de textes dont les plus anciens sont les épopées d'Homère et les poèmes d'Hésiode, principalement la Théogonie, mais aussi par les arts picturaux comme la céramique.

2. La mythologie romaine [WIKIPEDIA]

La mythologie romaine est l'ensemble des légendes et des mythes de la Rome antique.

D'origine indo-européenne, la mythologie romaine a emprunté au fil des siècles des conceptions religieuses et culturelles aux pays qui ont été peu à peu intégrés dans la sphère de Rome : la Grèce, l'Egypte, la Syrie, etc. Les Romains se sont appropriés puis ont adapté ces mythologies pour créer un ensemble syncrétique qui se manifeste dans la religion romaine.

Si on considère à tort la mythologie romaine comme négligeable par rapport à la mythologie grecque, c'est parce que les mythes romains portent principalement sur l'histoire de Rome, tandis que les mythes grecs sont axés sur les dieux et les héros.

3. Les autres mythologies et croyances [LAROUSSE]

Le développement des trois acceptions majeures de la croyance nous a fait passer de l'époque antique à l'époque classique. Or nous avons feint de croire que ce développement se bornait à exploiter le fonds grec de la notion et des notions avoisinantes.

4. Les religions monothéistes [WIKIPEDIA]

Un monothéisme est une religion qui affirme l'existence d'un Dieu unique et la transcendance de Dieu, créateur du monde. Dans cette acception exclusive, l'histoire des religions suit une définition précise. « Dans la mesure où l'on entend le monothéisme au sens strict (non seulement comme croyance en un seul Dieu, mais comme négation explicite de tous les autres dieux), il n'y a pour l'histoire des religions que quatre grandes religions monothéistes : la religion d'Israël, la religion de Zarathoustra (mazdéisme), le christianisme et l'islam.

5. Les religions polythéistes et philosophies religieuses [WIKIPEDIA]

Le polythéisme est un système religieux qui admet l'existence de plus d'un dieu. La religion polythéiste la plus répandue est l'hindouisme. Les religions répondant en première approche à ce critère depuis l'Antiquité jusqu'à nos jours sont nombreuses. Le terme, né dans l'ensemble judéo-chrétien pour les distinguer du monothéisme, constitue un qualificatif commode pour une classification large et peu précise, mais montre ses limites lors des études plus poussées. On prête en général aux divers dieux des relations de type familial ou social (subordonné/supérieur hiérarchique). L'ensemble des dieux d'une religion est appelé panthéon. Ces panthéons peuvent présenter des variantes ; il n'est pas rare que des groupes ayant les mêmes dieux ne leur prêtent pas exactement les mêmes relations. Ils ne sont pas figés, pouvant accueillir de nouvelles divinités ou admettre une redéfinition des rapports entre dieux.

6. Les religions dans l'Epoque moderne [WIKIPEDIA]

Depuis l'Antiquité jusqu'au seuil de l'Epoque moderne, le terme religion au singulier désignait une vertu. Avec Cicéron, Augustin ou Thomas d'Aquin, la religion pouvait ainsi se comprendre comme une disposition humaine à connaître une nature supérieure, lui rendre le culte qui convient et chercher à agir selon ses lois. La religion ainsi envisagée est présente partout où se trouve l'humanité et n'a pas d'assise territoriale particulière.

1. Mythologie grecque

151 Œdipe appartient à la famille des :

- ☐ A. Atrides
- ☐ B. Aréopages
- ☐ C. Erinnynes
- ☐ D. Labdacides

152 Agamemnon appartient à la famille des :

- ☐ A. Atrides
- ☐ B. Aréopages
- ☐ C. Erinnynes
- ☐ D. Labdacides

153 Dionysos est un dieu grec associé :

- ☐ A. A la guerre
- ☐ B. A l'harmonie
- ☐ C. Au désordre et à l'ivresse
- ☐ D. A la raison

154 Arès est un dieu grec associé :

- ☐ A. A la guerre
- ☐ B. A l'harmonie
- ☐ C. Au désordre et à l'ivresse
- ☐ D. A la raison

155 Quel est le nom grec de Vénus ?

- ☐ A. Aphrodite
- ☐ B. Athéna
- ☐ C. Déméter
- ☐ D. Perséphone

156 Parmi ces dieux, lequel n'est pas grec ?

- ☐ A. Apollon
- ☐ B. Neptune
- ☐ C. Dionysos
- ☐ D. Pan

157 Dans la mythologie gréco-romaine, les dieux se réunissent sur :

- ☐ A. Le mont Sinaï
- ☐ B. Le Vésuve
- ☐ C. Le mont Olympe

158 Comment s'appelle le breuvage des dieux qui rendait immortel ?

- ☐ A. La cervoise
- ☐ B. L'hydromel
- ☐ C. Le nectar
- ☐ D. L'ambroisie

159 Le père de Zeus est :

- ☐ A. Ouranos
- ☐ B. Gaïa
- ☐ C. Cronos
- ☐ D. Rhéa
- ☐ E. Héra

160 Quel lien Héra a-t-elle avec Zeus ?

- ☐ A. Elle était sa femme
- ☐ B. Elle était sa mère
- ☐ C. Elle était sa sœur

161 Lequel de ces dieux n'est pas le frère de Zeus ?

- ☐ A. Hadès
- ☐ B. Poséidon
- ☐ C. Hermès

162 Quel est le lien de parenté de Déméter avec Zeus ?

- ☐ A. Elle est son épouse
- ☐ B. Elle est sa mère
- ☐ C. Elle est sa sœur

163 **D'où Athéna naît-elle ?**

- ☐ A. De la jambe de Zeus
- ☐ B. De la cuisse de Zeus
- ☐ C. Du crâne de Zeus
- ☐ D. De l'omoplate de Zeus

164 **Quel est l'emblème d'Athéna ?**

- ☐ A. Le hibou
- ☐ B. La chouette
- ☐ C. L'aigle

165 **Dans la mythologie grecque, Pégase est :**

- ☐ A. Un taureau ailé
- ☐ B. Un homme avec une tête d'aigle
- ☐ C. Un géant
- ☐ D. Un cheval ailé

166 **Comment s'appelle dans la mythologie grecque le dieu romain Mercure ?**

- ☐ A. Apollon
- ☐ B. Dionysos
- ☐ C. Hermès
- ☐ D. Poséidon

167 **Qui est dans la mythologie grecque le dieu du chant, de la musique et de la poésie ?**

- ☐ A. Dionysos
- ☐ B. Hermès
- ☐ C. Poséidon
- ☐ D. Apollon

168 **Quel dieu de la mythologie grecque est l'inventeur des poids et des mesures, le gardien des routes et des carrefours, des voyageurs et des voleurs ?**

- ☐ A. Apollon
- ☐ B. Dionysos
- ☐ C. Hermès
- ☐ D. Poséidon

169 **Qui est Poséidon ?**

- ☐ A. Le dieu grec des mers et des océans en furie
- ☐ B. Le dieu grec gardien des routes et des carrefours, des voyageurs et des voleurs
- ☐ C. Le dieu des morts et des enfers
- ☐ D. Le dieu du feu

170 **Que donne Prométhée aux hommes, cet acte lui valant le châtiment de Zeus ?**

- ☐ A. La science
- ☐ B. La longévité
- ☐ C. L'amour
- ☐ D. Le feu

171 **Il est condamné à faire rouler éternellement un rocher sur la pente d'une montagne. Au sommet, le rocher retombe et il doit recommencer son labeur. Ce personnage de la mythologie grecque a donné son nom à un mythe souvent repris en littérature. Camus, par exemple, en a fait le thème central de l'une de ses œuvres. De qui s'agit-il ?**

- ☐ A. Narcisse
- ☐ B. Œdipe
- ☐ C. Sisyphe
- ☐ D. Pygmalion

172 Quelle est la mission d'Atlas ?

- ☐ A. Il doit protéger le jardin des Hespérides
- ☐ B. Il doit supporter le ciel sur ses épaules
- ☐ C. Il garde l'entrée des enfers

173 Qui est responsable de tous les maux de la Terre ?

- ☐ A. Pandore qui trop curieuse ouvrit l'amphore dans laquelle Zeus avait enfermé toutes les calamités
- ☐ B. Zeus qui voulut punir les hommes qui ne le respectaient plus assez et décida de leur envoyer toutes sortes de maux
- ☐ C. Hercule, qui échoua à effectuer son treizième travail

174 Quel est le supplice de Tantale ?

- ☐ A. Rester éternellement assoiffé et affamé
- ☐ B. Mourir et renaître sans cesse
- ☐ C. Avoir le foie dévoré par un aigle

175 Qui donne à Thésée le fil qui lui permet de retrouver son chemin dans le labyrinthe après avoir libéré les Athéniens du joug du minotaure ?

- ☐ A. Ariane
- ☐ B. Aphrodite
- ☐ C. Pénélope

176 Quel héros de la mythologie grecque provoque la mort du Sphinx en répondant à son énigme ?

- ☐ A. Œdipe
- ☐ B. Achille
- ☐ C. Jason
- ☐ D. Sisyphe

177 Qui vainc Méduse ?

- ☐ A. Achille
- ☐ B. Persée
- ☐ C. Hercule

178 L'Iliade d'Homère raconte :

- ☐ A. La destruction de Carthage
- ☐ B. La guerre de Troie
- ☐ C. La naissance de Rome
- ☐ D. Le voyage de retour d'Ulysse

179 Pourquoi le talon d'Achille est-il son point faible ?

- ☐ A. C'était le seul endroit non protégé par son armure
- ☐ B. Lorsque Thétis l'a plongé dans le fleuve des enfers pour le rendre invulnérable, elle le tenait par cette partie du corps
- ☐ C. Il avait été mordu jeune par un serpent

180 Selon la légende, qui doit rapporter la toison d'or ?

- ☐ A. Thésée
- ☐ B. Ulysse
- ☐ C. Jason
- ☐ D. Agamemnon

181 Pénélope est connue dans la mythologie grecque pour être :

- ☐ A. La première épouse de Prométhée
- ☐ B. La mère d'Alexandre le Grand
- ☐ C. L'épouse d'Ulysse
- ☐ D. La veuve d'Hector de Troie

182 Le nom Europe tire son origine :

- ☐ A. D'une héroïne mythologique grecque enlevée par Zeus
- ☐ B. De l'une des neuf Muses
- ☐ C. De l'une des trois Grâces
- ☐ D. D'une héroïne de l'Enéide

183 Selon la légende, Midas avait reçu de Dionysos la faculté de changer en or tout ce qu'il toucherait. Hélas, l'eau et la nourriture se métamorphosaient également en métal précieux. Midas condamné à mourir de faim et de soif, supplia Dionysos de lui retirer ce don. Ce dernier lui conseilla de se baigner dans la source d'un fleuve qui, de ce jour, se mit à rouler des paillettes d'or dans son cours. Comment s'appelle ce fleuve ?

- ☐ A. Le Pactole
- ☐ B. Le Crésus
- ☐ C. Le Trésor

184 Qui est Circé ?

- ☐ A. La fille d'Ulysse
- ☐ B. La reine des sirènes
- ☐ C. Une magicienne dont les philtres avaient le pouvoir de transformer en animaux tous ceux qui pénétraient sur son territoire

185 Quelle est la particularité du dieu Janus ?

- ☐ A. Il était représenté avec deux visages barbus opposés, symbolisant le don qui lui permettait d'avoir la vision du passé comme de l'avenir
- ☐ B. Il se transformait en oiseau pour visiter les mortels
- ☐ C. Il se nourrissait exclusivement d'idées

186 Ce roi de Chypre avait sculpté une statue dont il tomba fou amoureux. Il obtint d'Aphrodite qu'elle donnât la vie à sa créature et il l'épousa. Aujourd'hui, le nom de ce roi désigne une personne qui intervient de façon décisive dans l'éducation ou l'évolution de quelqu'un qu'il a pris sous sa protection.

- ☐ A. Mentor
- ☐ B. Pygmalion
- ☐ C. Narcisse

187 Qui est Mentor ?

- ☐ A. Le conseiller personnel de Zeus
- ☐ B. Celui qui devait veiller aux intérêts et à l'éducation de Télémaque fils d'Ulysse en l'absence de son père
- ☐ C. Le précepteur d'Hélène de Troie

188 C'est un oiseau unique de la taille d'un aigle royal qui est dans l'impossibilité de se reproduire mais il a en revanche le pouvoir de renaître de ses cendres après s'être fait brûler lui-même sur le bûcher qu'on appelle immortalité. C'est :

- ☐ A. La méduse
- ☐ B. Le phénix
- ☐ C. Le sphinx
- ☐ D. La chimière

189 Dans la mythologie grecque, comment s'appellent les géants dotés d'un seul œil au milieu du front ?

- ☐ A. Les molosses
- ☐ B. Les cyclopes
- ☐ C. Les sphinx
- ☐ D. Les myrmidons

190 Qui est roi des titans et des titanes, et fils d'Ouranos et de Gaïa ?

- ☐ A. Japet
- ☐ B. Océan
- ☐ C. Cronos

191 Que sont les Gorgones ?

- ☐ A. Des créatures malfaisantes de la mythologie
- ☐ B. Des déesses animales
- ☐ C. Des esprits bienveillants
- ☐ D. Des sages protecteurs

192 Qui est une Muse ?

- ☐ A. Pandore
- ☐ B. Mélusine
- ☐ C. Electre
- ☐ D. Uranie

193 Clio est connue pour être la muse de :

- ☐ A. L'Histoire
- ☐ B. La poésie épique
- ☐ C. La poésie lyrique
- ☐ D. La méditation

194 Qui est la muse de la musique ?

- ☐ A. Euterpe
- ☐ B. Polymnie
- ☐ C. Thalie
- ☐ D. Melpomène

195 Quel est le nom actuel de la Colchide, ce pays mythique que recherchent Jason et ses compagnons ?

- ☐ A. La Géorgie
- ☐ B. La Roumanie
- ☐ C. L'Ukraine

196 Qui est l'oracle d'Apollon ?

- ☐ A. Tirésias
- ☐ B. La Pythie
- ☐ C. Cassandre

2. Mythologie romaine

197 Selon la légende, Romus et Romulus, les fondateurs de Rome, sont allaités par :

- ☐ A. Une chèvre
- ☐ B. Une lionne
- ☐ C. Une louve

198 Quel est le nom romain de Zeus ?

- ☐ A. Saturne
- ☐ B. Jupiter
- ☐ C. Héphaïstos
- ☐ D. Dionysos

199 Dans la mythologie romaine, Jupiter est le dieu :

- ☐ A. Du ciel
- ☐ B. De la terre
- ☐ C. De la mer
- ☐ D. Du feu

200 Dans la mythologie romaine, qui est Vulcain ?

- ☐ A. Le dieu de la fertilité et du progrès
- ☐ B. Le dieu des enfers et de la mort
- ☐ C. Le dieu du feu et le forgeron des dieux
- ☐ D. Le dieu du soleil

201 A quelle déesse Athéna est-elle identifiée dans la mythologie romaine ?

- ☐ A. Cérès
- ☐ B. Minerve
- ☐ C. Vénus
- ☐ D. Vesta

202 Qui est Enée ?

- ☐ A. Le fils de Remus
- ☐ B. Le fils de Romulus
- ☐ C. Le fils de César
- ☐ D. Le fils de Cléopâtre
- ☐ E. Le fils d'Aphrodite

203 Selon la mythologie romaine, le dieu des enfers est :

- ☐ A. Pluton
- ☐ B. Dante
- ☐ C. Hadès
- ☐ D. Vulcain
- ☐ E. Aucune de ces réponses n'est bonne

204 Qui est le dieu de la vigne dans la mythologie romaine ?

- ☐ A. Angita
- ☐ B. Bacchus
- ☐ C. Cybèle
- ☐ D. Janus

205 Qui est Cerbère dans la mythologie romaine ?

- ☐ A. Le minotaure prisonnier du labyrinthe de Dédale
- ☐ B. Le chien qui veille sur l'armée romaine
- ☐ C. Le dieu de la guerre
- ☐ D. Le protecteur de la porte des Enfers

206 Combien de têtes possède le cerbère ?

- ☐ A. 1
- ☐ B. 2
- ☐ C. 3
- ☐ D. 5

207 La capture de Cerbère vivant est un des douze travaux d'Hercule ?

- ☐ A. Vrai
- ☐ B. Faux

208 Qui est Neptune dans la mythologie romaine ?

- ☐ A. Le dieu de l'univers
- ☐ B. Le dieu des planètes
- ☐ C. Le dieu des mers et des océans
- ☐ D. Le dieu des volcans

209 Qui est le dieu de la guerre dans la mythologie romaine ?

- ☐ A. Mars
- ☐ B. Jupiter
- ☐ C. Janus
- ☐ D. Orcus

210 Qui est le messager des dieux dans la mythologie romaine ?

- ☐ A. Mars
- ☐ B. Mercure
- ☐ C. Bacchus
- ☐ D. Neptune

211 Qui étaient les frères de Neptune ?

- ☐ A. Mercure
- ☐ B. Jupiter
- ☐ C. Pluton
- ☐ D. Vulcain

212 Pour régner à la place de son frère Titan, Saturne s'engage :

- ☐ A. A rester célibataire
- ☐ B. A faire périr sa descendance
- ☐ C. A donner son épouse
- ☐ D. A ne jamais faire la guerre

213 Qu'est-ce que la roche tarpéienne ?

- ☐ A. Le rocher du haut duquel Icare s'envola
- ☐ B. L'endroit d'où l'on précipitait les traîtres à Rome
- ☐ C. Le nom donné au rocher de Sisyphe, condamné à le pousser infiniment au sommet d'une montagne

3. Autres mythologies et croyances

214 Dans la mythologie égyptienne, le dieu Bastet est représenté sous la forme :

- ☐ A. D'un chacal
- ☐ B. D'un loup
- ☐ C. D'un chat
- ☐ D. D'un lion

215 Qui est le dieu du soleil dans l'ancienne Egypte ?

- ☐ A. Rî
- ☐ B. Rê
- ☐ C. Rû

216 Sous quelle forme représente-t-on, en général, le dieu égyptien Horus ?

- ☐ A. Un chat
- ☐ B. Un singe
- ☐ C. Un faucon

217 Chez les Egyptiens, qui est cette divinité, dieu des morts et juge des âmes, représentée sous les traits d'un homme à tête de chacal ?

- ☐ A. Anubis
- ☐ B. Hathor
- ☐ C. Thot

218 Qui est Isis ?

- ☐ A. Une pharaonne de la IIIe dynastie
- ☐ B. Une déesse protectrice et salvatrice de la mythologie égyptienne
- ☐ C. Une déesse à tête de chat

219 Dans la mythologie égyptienne, qui est la déesse de la musique, de la danse et de l'amour ?

- ☐ A. Isis
- ☐ B. Hathor
- ☐ C. Horus

220 Comment se nomment, dans l'ancienne Egypte, ces petits objets à caractère magique qui ont pour rôle de protéger, aussi bien les vivants que les momies, des divers dangers, maladies ou malédictions ?

- ☐ A. Les gris-gris
- ☐ B. Les amulettes
- ☐ C. Les attributs

221 Chez les Romains le dieu majeur s'appelle Jupiter. Mais qui est le dieu suprême des Gaulois ?

- ☐ A. Wotan
- ☐ B. Taranis
- ☐ C. Thor
- ☐ D. Toutatis

222 Quel arbre est vénéré par les druides ?

- ☐ A. Le chêne
- ☐ B. Le hêtre
- ☐ C. Le sureau

223 Dans quelle religion trouve-t-on un dieu appelé Toutatis ?

- ☐ A. Celte
- ☐ B. Grecque
- ☐ C. Romaine

224 Qui est le dieu du tonnerre dans la mythologie germanique ?

- ☐ A. Thor
- ☐ B. Odin
- ☐ C. Freyr
- ☐ D. Tyr

225 Qui incarne le dieu de la guerre pour les scandinaves ?

- ☐ A. Odin
- ☐ B. Thor
- ☐ C. Wotan
- ☐ D. Aucune de ces réponses n'est bonne

226 Combien de pattes possède le cheval d'Odin ?

- ☐ A. 2
- ☐ B. 4
- ☐ C. 6
- ☐ D. 8

227 Dans la mythologie aztèque, que représente Quetzalcoatl ?

- ☐ A. La force de la vie
- ☐ B. La guerre et la mort
- ☐ C. La pluie

228 Dans la mythologie chinoise, comment Pangu crée-t-il le monde ?

- ☐ A. En cassant un œuf en deux
- ☐ B. Avec une des ses larmes
- ☐ C. En prenant une partie de son mollet gauche

229 Dans quelle mythologie s'affrontent Ahura Mazda symbole du bien, et Angra Mainyu symbole de l'obscurité et du mal ?

- ☐ A. La mythologie perse
- ☐ B. La mythologie inca
- ☐ C. La mythologie grecque

230 Amaterasu est la déesse du soleil dans la mythologie japonaise :

- ☐ A. Vrai
- ☐ B. Faux, Amaterasu est la déesse de la lune
- ☐ C. Amaterasu n'existe pas
- ☐ D. Amaterasu n'est pas une déesse
- ☐ E. Faux, Amaterasu est la déesse du soleil dans la mythologie chinoise

231 Laquelle de ses affirmations concernant les rastafaris est fausse ?

- ☐ A. Les rastafaris sont végétariens
- ☐ B. Les rastafaris ne doivent ni couper ni coiffer leurs cheveux
- ☐ C. Les rastafaris doivent consommer des substances hallucinogènes pour prier
- ☐ D. Aucune de ses réponses n'est bonne

232 Quel est le pays de la reine de Saba ?

- ☐ A. Le Yémen
- ☐ B. L'Egypte
- ☐ C. L'Irak
- ☐ D. La Syrie

233 Comment est représentée une Chimère ?

- ☐ A. Une tête de lion avec un corps de chèvre et une queue de serpent
- ☐ B. Une tête d'aigle avec un corps de lion et une queue de serpent
- ☐ C. Un buste de femme avec un corps de lion et des ailes d'oiseau

234 Une de ses affirmations sur les Amazones est fausse. Laquelle ?

- ☐ A. Elles se coupent le sein droit pour mieux tirer à l'arc
- ☐ B. Elles vivent au cœur de la forêt amazonienne
- ☐ C. Elles tuent leurs enfants mâles

235 Le lycanthrope est l'autre nom donné :

- ☐ A. Au loup-garou
- ☐ B. Au vampire
- ☐ C. A la gargouille

236 Parmi les propositions suivantes, laquelle ne contient pas un personnage mythologique ou imaginaire ?

- ☐ A. Bismarck – Crésus – Platon
- ☐ B. Dante – Euclide – Ubu
- ☐ C. Cervantès – Héraclès – Pantagruel
- ☐ D. Lacan – Malthus – Narcisse

4. Les religions monotheistes

237 Comment appelle-t-on la version latine de la Bible, faite par saint Jérôme au Ve siècle et longtemps en usage dans l'Eglise catholique ?

- ☐ A. Le Nouveau Testament
- ☐ B. La vulgate
- ☐ C. Les litanies

238 Qu'est-ce qu'une épître ?

- ☐ A. Une lettre
- ☐ B. Un fragment de l'Ecriture sainte
- ☐ C. Un court traité philosophique

239 Lequel de ces personnages n'est pas un personnage de la Bible ?

- ☐ A. Gorgone
- ☐ B. Hénoch
- ☐ C. Jézabel
- ☐ D. Myriam

240 Il est le fils du patriarche Abraham et le père des jumeaux Jacob et Esaü. De qui s'agit-il ?

- ☐ A. Terah
- ☐ B. Gabriel
- ☐ C. Isaac
- ☐ D. Joseph
- ☐ E. Moïse

241 Dans l'Ancien Testament, de qui David est-il le fils ?

- ☐ A. Jessé
- ☐ B. Salomon
- ☐ C. Saul
- ☐ D. David était le fils d'un berger dont le nom n'est pas mentionné dans la Bible

242 Le Lévitique est :

- ☐ A. Un monstre biblique
- ☐ B. Un des livres de la Bible (Ancien Testament)
- ☐ C. L'ensemble des règles à suivre pendant le carême
- ☐ D. Une exégèse (commentaire) de la Bible (Ancien Testament)

243 Dans la Bible, quel est le châtiment divin infligé aux hommes pour avoir construit la tour de Babel afin de se rapprocher des cieux ?

- ☐ A. Un tremblement de terre
- ☐ B. Les sept plaies d'Egypte
- ☐ C. La diversité des langues dans le monde
- ☐ D. Le déluge

244 Dans la Genèse, Sodome et Gomorrhe sont :

- ☐ A. Deux frères
- ☐ B. Deux navires
- ☐ C. Deux rois
- ☐ D. Deux villes

245 Selon l'Ancien Testament, que représente le mont Sinaï ?

- ☐ A. Le lieu où Caïn tua son frère Abel
- ☐ B. Le mont duquel la colombe rapporta à Noé le rameau d'olivier lui signalant que la terre était désormais accessible
- ☐ C. Le lieu où dieu a demandé à Abraham de sacrifier son fils Isaac
- ☐ D. L'endroit où Moïse reçut les dix commandements

246 Parmi ces 4 personnages bibliques, qui est le petit-fils d'Isaac ?

- ☐ A. Adam
- ☐ B. Jacob
- ☐ C. Joseph
- ☐ D. Noé

247 Qui est le fils de Jacques, l'un des douze disciples qui ont suivi Jésus-Christ ?

- ☐ A. André
- ☐ B. Simon
- ☐ C. Philippe
- ☐ D. Jude

248 Parmi ces prénoms, lequel ne correspond pas à celui d'un des douze disciples qui ont suivi Jésus-Christ ?

- ☐ A. Barthélemy
- ☐ B. Alexandre
- ☐ C. Jacques
- ☐ D. Pierre

249 Dans quelle ville Jésus-Christ change-t-il l'eau en vin durant des noces ?

- ☐ A. Jérusalem
- ☐ B. Cana
- ☐ C. Jéricho
- ☐ D. Nazareth

250 Dans quelle ville Jésus-Christ chasse-t-il les marchands du temple ?

- ☐ A. Jéricho
- ☐ B. Capharnaüm
- ☐ C. Bethléem
- ☐ D. Jérusalem

251 Quelle est la parole exacte de Jésus-Christ inscrite dans la Bible :

- ☐ A. Il est plus facile pour un chat de passer par le trou d'une serrure que pour un riche d'entrer au royaume des cieux
- ☐ B. Il est plus facile pour un chameau de passer par le chas d'une aiguille que pour un riche d'entrer au royaume des cieux
- ☐ C. Il est plus facile pour un chat de passer par le chas d'une aiguille que pour un riche d'entrer au royaume des cieux
- ☐ D. Il est plus facile pour un chameau de passer par le trou d'une serrure que pour un riche d'entrer au royaume des cieux

252 Qui Jésus-Christ ressuscite-t-il ?

- ☐ A. Jean
- ☐ B. Marc
- ☐ C. Josué
- ☐ D. Lazare

253 Quel est le disciple qui vend Jésus-Christ pour 30 pièces d'argent ?

- ☐ A. Jean
- ☐ B. Judas
- ☐ C. Jacques
- ☐ D. Paul

254 Qui est le gouverneur romain de Judée lors de la crucifixion de Jésus-Christ ?

- ☐ A. Hérode le Grand
- ☐ B. Jules César
- ☐ C. Ponce Pilate
- ☐ D. Tibère

255 Où Jésus-Christ prie-t-il avant sa passion ?

- ☐ A. Le Golgotha
- ☐ B. Le mont des Oliviers
- ☐ C. Gethsémani
- ☐ D. Le mont Sinaï

256 Où les Evangiles placent-elles la mort de Jésus-Christ ?

- ☐ A. A Bethléem
- ☐ B. Au bord du lac de Tibériade
- ☐ C. A Jérusalem sur le mont Golgotha

257 Qui est l'auteur d'un discours contre les chrétiens en 178 ?

- ☐ A. Plotin
- ☐ B. Le marquis de Sade
- ☐ C. Celse
- ☐ D. Erasme

258 Les frères prêcheurs désignent :

- ☐ A. Les franciscains
- ☐ B. Les pères blancs
- ☐ C. Les bénédictins
- ☐ D. Les dominicains

259 Qui est caractérisé par la pauvreté évangélique ?

- ☐ A. Les franciscains
- ☐ B. Les pères blancs
- ☐ C. Les bénédictins
- ☐ D. Les dominicains

260 Le fondateur des jésuites est :

- ☐ A. Jean-Baptiste de la Salle
- ☐ B. Monseigneur Escrivá de Balaguer
- ☐ C. Saint Ignace de Loyola
- ☐ D. L'abbé Pierre

261 L'abbaye de Cluny appartient a l'ordre des :

- ☐ A. Jésuites
- ☐ B. Bénédictins
- ☐ C. Dominicains
- ☐ D. Cisterciens
- ☐ E. Aucune de ces réponses n'est bonne

262 Qui représente l'humanisme chrétien ?

- ☐ A. Plotin
- ☐ B. Le marquis de Sade
- ☐ C. Celse
- ☐ D. Erasme

263 Comment appelle-t-on l'enseignement des pères de l'Eglise ?

- ☐ A. La patrologie
- ☐ B. Le paternalisme
- ☐ C. Le patronage
- ☐ D. La patristique

264 Comment appelle-t-on une collection des œuvres des pères de l'Eglise ?

- ☐ A. La patrologie
- ☐ B. Le paternalisme
- ☐ C. Le patronage
- ☐ D. La patristique

265 L'individu en tant « qu'entité autonome » naît du christianisme :

- ☐ A. Vrai
- ☐ B. Faux

266 Quel animal symbolique associe-t-on à l'évangéliste saint Marc ?

- ☐ A. Un taureau
- ☐ B. Un lion
- ☐ C. Un agneau
- ☐ D. Un aigle

267 Où s'installe la papauté entre 1378 et 1423 ?

- ☐ A. A Avignon
- ☐ B. A Aix-la-Chapelle
- ☐ C. A Venise

268 De quand date le schisme entre catholiques et protestants ?

- ☐ A. 1515
- ☐ B. 1517
- ☐ C. 1550

269 La contre-réforme catholique :

- ☐ A. Accepte la *Sola Scriptura* et la *Sola Fide*
- ☐ B. Est contemporaine du développement de la Compagnie de Jésus
- ☐ C. Est liée au concile de Nicée
- ☐ D. Organise séminaires et catéchisme

270 Le dogme de l'infaillibilité pontificale est établi par le concile de :

- ☐ A. Nicée en 325
- ☐ B. Lyon en 1724
- ☐ C. Trente (1545-1563)
- ☐ D. Rome – Vatican I – 1870
- ☐ E. Rome – Vatican II – 1962

271 Le concile de Vatican II, en 1962, a pour thème principal :

- ☐ A. La nécessité d'une majorité des deux tiers du conclave pour élire un nouveau pape
- ☐ B. L'œcuménisme, c'est-à-dire la recherche d'une unité entre les confessions chrétiennes et d'un dialogue entre les religions
- ☐ C. Le refus de la foi seule sans les œuvres

272 Comment s'appelle en juillet 2014 le Pape de l'église catholique ?

- ☐ A. François
- ☐ B. Paul II
- ☐ C. Benoit XVI
- ☐ D. Julien

273 Donnez l'ordre chronologique des pontificats de :

1. Léon XIII
2. Pie XII
3. Benoît XV
4. Jean XXIII

☐ A. 1 – 3 – 2 – 4
☐ B. 3 – 1 – 2 – 4
☐ C. 1 – 2 – 4 – 3
☐ D. 1 – 2 – 3 – 4

274 Quel pape succède à Paul VI ?

☐ A. Jean-Paul Ier
☐ B. Jean-Paul II
☐ C. Jean XXIII
☐ D. Pie VII
☐ E. Aucune de ces réponses n'est bonne

275 Qui précède Jean-Paul II ?

☐ A. Jean XXII
☐ B. Jean-Paul Ier
☐ C. Paul VI
☐ D. Pie XII

276 Combien de temps dure le pontificat de Jean-Paul II ?

☐ A. 19 ans
☐ B. 22 ans
☐ C. 26 ans
☐ D. 31 ans

277 Quel est le nom du pape succédant à Jean-Paul II ?

☐ A. Jean-Paul III
☐ B. Innocent X
☐ C. Benoît XVI
☐ D. Clément V

278 Quel signe annonce l'élection d'un nouveau pape ?

☐ A. Une fumée blanche
☐ B. Un vol de colombes
☐ C. La présentation du Saint Chrême
☐ D. Une procession de la statue de Saint-Pierre

279 Laquelle de ces listes suit l'ordre hiérarchique du clergé catholique (en partant du plus dignitaire) ?

☐ A. Archevêque – cardinal – diacre – prêtre
☐ B. Archevêque – cardinal – prêtre – diacre
☐ C. Cardinal – archevêque – diacre – prêtre
☐ D. Cardinal – archevêque – prêtre – diacre

280 Quel est le nom de la congrégation de religieuses fondée par mère Teresa ?

☐ A. Les missionnaires de la charité
☐ B. Les petites sœurs des pauvres
☐ C. Les sœurs de la foi
☐ D. Aucune de ces réponses n'est bonne : mère Teresa faisait partie d'une congrégation qu'elle n'a pas fondée

281 Comment s'appelle l'organisation caritative laïque fondée par l'Abbé Pierre ?

☐ A. Le mouvement Emmaüs
☐ B. Action contre la faim
☐ C. Le secours populaire

282 Selon la tradition chrétienne, qu'est-ce que le Saint-Graal ?

☐ A. Une coupe contenant le sang de Jésus-Christ
☐ B. Un bijou précieux
☐ C. Un texte écrit de la main de Jésus-Christ

283 Quelle fête catholique célèbre la fin de la présence terrestre de Jésus-Christ ?

- ☐ A. La Toussaint
- ☐ B. Pâques
- ☐ C. L'Ascension
- ☐ D. La Pentecôte

284 Pendant l'office, la partie de l'église réservée au clergé est :

- ☐ A. La nef
- ☐ B. L'abside
- ☐ C. Le transept
- ☐ D. Le chœur

285 Que fête-t-on le 15 août ?

- ☐ A. Le triomphe de Jésus-Christ
- ☐ B. Les saints chrétiens
- ☐ C. Les évêques et les prêtres
- ☐ D. La Vierge Marie

286 Qu'est ce qu'un néophyte dans la religion chrétienne ?

- ☐ A. Un chrétien novice
- ☐ B. Un chrétien qui vient juste d'être baptisé
- ☐ C. Un chrétien qui vient d'entrer dans les ordres

287 Quand le protestantisme apparaît-il ?

- ☐ A. Au IIIe siècle
- ☐ B. Au Xe siècle
- ☐ C. Au XVIe siècle
- ☐ D. Au XVIIIe siècle

288 De quel mouvement Martin Luther est-il le fondateur ?

- ☐ A. L'adventisme
- ☐ B. L'orthodoxie
- ☐ C. Le protestantisme
- ☐ D. L'évangélisme

289 Parmi ces groupes religieux, lequel n'est pas issu de la réforme initiée par Luther ?

- ☐ A. Les baptistes
- ☐ B. Les pentecôtistes
- ☐ C. Les presbytériens
- ☐ D. Aucune de ces réponses n'est bonne : ces trois mouvements ont chacun pour fondement la réforme

290 Parmi ces confessions, lesquelles se rattachent au protestantisme ?

- ☐ A. Les méthodistes
- ☐ B. Les baptistes
- ☐ C. Les anglicans
- ☐ D. Les luthériens

291 Le presbytérianisme est une forme du protestantisme liée à :

- ☐ A. L'Irlande
- ☐ B. L'Ecosse
- ☐ C. Le pays de Galles
- ☐ D. L'Angleterre

292 Les Eglises chrétiennes d'Orient qui n'admettaient plus l'autorité de Rome se séparent de l'Eglise romaine en :

- ☐ A. 324
- ☐ B. 1054
- ☐ C. 1453
- ☐ D. 1520

293 Quel est l'autre nom de l'Eglise orthodoxe ?

☐ A. L'Eglise nestorienne
☐ B. L'Eglise assyrienne
☐ C. L'Eglise des 7 conciles
☐ D. L'Eglise préchalcédonienne

294 Quel nom donne-t-on aux prêtres de l'Eglise orthodoxe ?

☐ A. Les lévites
☐ B. Les patriarches
☐ C. Les pontifes
☐ D. Les popes

295 Comment nomme-t-on les évêques dans l'Eglise orthodoxe ?

☐ A. Les acolytes
☐ B. Les archidiacres
☐ C. Les métropolites
☐ D. Les patriarches

296 L'icône est représentative de l'art :

☐ A. Flamand
☐ B. Indien
☐ C. Russo-byzantin

297 Comment s'appelle la religion officielle britannique ?

☐ A. L'anglicisme
☐ B. L'anglicanisme
☐ C. Le gallicanisme

298 Dans quelle ville des Etats-Unis vit la plus grande communauté mormone ?

☐ A. San Diego
☐ B. Detroit
☐ C. San Francisco
☐ D. Salt Lake City

299 Quel est l'autre nom de l'Eglise des mormons ?

☐ A. L'Eglise de Jésus-Christ des saints des derniers jours
☐ B. Les témoins de Jéhovah
☐ C. *Moorish science temple of America*
☐ D. Coalition chrétienne d'Amérique

300 Quel mouvement chrétien se réfère à la doctrine de la deuxième venue de Jésus-Christ ?

☐ A. L'adventisme
☐ B. L'orthodoxie
☐ C. Le protestantisme
☐ D. L'évangélisme

301 Le judaïsme naît de l'alliance entre :

☐ A. Dieu et Jésus
☐ B. Dieu et Moïse
☐ C. Dieu et Abraham
☐ D. Dieu et Isaac

302 Comment s'appelle le texte fondateur du judaïsme ?

☐ A. La Torah
☐ B. Le Talmud
☐ C. Le Shemot

303 Quel est le lieu de culte du judaïsme ?

☐ A. La basilique
☐ B. Le temple
☐ C. La synagogue

304 En quelle langue est rédigée la Torah ?

☐ A. En arabe
☐ B. En grec
☐ C. En hébreu
☐ D. En yiddish

305 Combien de livres composent la Torah ?

☐ A. 2
☐ B. 5
☐ C. 10

306 Le yiddish est la langue de quelle religion ?

☐ A. La religion musulmane
☐ B. La religion catholique
☐ C. La religion orthodoxe
☐ D. La religion juive

307 Quel roi hébreu fait construire à Jérusalem un temple pour y placer l'arche d'alliance ?

☐ A. David
☐ B. Abraham
☐ C. Salomon

308 Comment nomme-t-on la pâque juive en hébreu ?

☐ A. Chavouoth
☐ B. Pessah
☐ C. Soukkot
☐ D. Zeved habat

309 A quoi correspond la fête de Yom Kippour dans la religion juive ?

☐ A. C'est la journée de l'expiation des péchés
☐ B. C'est le jour de la commémoration de la vie des hébreux dans le désert du Sinaï
☐ C. C'est la journée du nouvel an du calendrier hébraïque
☐ D. C'est le jour de la commémoration de la libération du peuple juif par Esther

310 L'année 2014 correspond dans le calendrier juif à l'année :

☐ A. 1768
☐ B. 3034
☐ C. 5775
☐ D. 6329

311 Mahomet est le fondateur de l'islam. Il a vécu au :

☐ A. VIIe siècle avant notre ère
☐ B. Ier siècle
☐ C. VIIe siècle

312 L'Hégire, le début de l'ère musulmane, se produit :

☐ A. En 622, lorsque Mahomet quitte La Mecque pour Médine
☐ B. En 630, lorsque La Mecque se soumet à Mahomet
☐ C. En 609, lorsque l'ange Gabriel apparaît à Mahomet pour la première fois
☐ D. En 632, à la mort de Mahomet

313 Qu'est-ce que l'oumma ?

☐ A. Un texte sacré musulman
☐ B. Un chef religieux musulman
☐ C. La communauté des musulmans

314 De quand date le Coran ?

- ☐ A. Du XIIe siècle avant notre ère
- ☐ B. Du IIe siècle avant notre ère
- ☐ C. Du IIe après notre ère
- ☐ D. Du VIIe après notre ère

315 Combien y a-t-il de sourates (chapitres) dans le Coran ?

- ☐ A. 56
- ☐ B. 82
- ☐ C. 114
- ☐ D. 138

316 Laquelle de ces pratiques musulmanes ne fait pas partie des cinq piliers de l'islam ?

- ☐ A. L'aumône
- ☐ B. La nourriture hallal
- ☐ C. Le pèlerinage à la Mecque
- ☐ D. Les cinq prières quotidiennes
- ☐ E. Le jeûne durant le mois du ramadan

317 Qu'est-ce que le fiqh dans la religion musulmane ?

- ☐ A. Les règles et coutumes observées par le croyant
- ☐ B. L'enseignement de Mahomet
- ☐ C. Le jeûne du ramadan

318 Où se trouve mentionné pour la première fois, au Proche-Orient, le port obligatoire du voile pour les femmes ?

- ☐ A. Dans le Coran
- ☐ B. Dans l'Ancien Testament
- ☐ C. Dans les lois assyriennes

319 Pendant le ramadan, il est interdit de :

- ☐ A. Faire ripaille après le coucher du soleil
- ☐ B. Travailler du lever au coucher du soleil
- ☐ C. S'alimenter après le lever du soleil
- ☐ D. Faire du sport pendant quarante jours

320 A quel mois du calendrier islamique correspond le ramadan ?

- ☐ A. Le premier
- ☐ B. Le cinquième
- ☐ C. Le neuvième
- ☐ D. Le douzième

321 La pierre noire évoque :

- ☐ A. Un concept du mal
- ☐ B. Un bijou religieux
- ☐ C. Un lieu de pèlerinage

322 Comment nomme-t-on un saint dans la religion musulmane ?

- ☐ A. Un muezzin
- ☐ B. Un marabout
- ☐ C. Un imam

323 L'ayatollah est un chef religieux :

- ☐ A. Chiite
- ☐ B. Sunnite
- ☐ C. Wahhabite
- ☐ D. Aucune de ces réponses n'est bonne : l'ayatollah est un chef religieux commun à toutes les branches de l'islam

324 Quel est le nom arabe de la direction vers laquelle doit se tourner un musulman pour prier ?

- ☐ A. La madrasa
- ☐ B. Une médina
- ☐ C. La kaaba
- ☐ D. Toutes les réponses sont bonnes

325 Qu'est ce qu'une zaouïa ?

- ☐ A. Une école coranique
- ☐ B. Un édifice religieux musulman
- ☐ C. Un vêtement religieux
- ☐ D. Le centre historique d'une ville

326 Quel est le courant religieux majoritaire de l'islam ?

- ☐ A. Le chiisme
- ☐ B. Le sunnisme
- ☐ C. Le wahhabisme
- ☐ D. Le kharidjisme

327 Qu'est-ce que le wahhabisme ?

- ☐ A. Une forme de bouddhisme
- ☐ B. Un fondamentalisme musulman sunnite
- ☐ C. Un fondamentalisme musulman chiite
- ☐ D. La doctrine des derviches tourneurs

5. Les religions polytheistes et philosophies religieuses

328 Avant d'être nommé Bouddha, comment s'appelait le fondateur du bouddhisme ?

- ☐ A. Gautama
- ☐ B. Sakya
- ☐ C. Sakyamuni
- ☐ D. Shuddhodana

329 Quelle épithète attribue-t-on à Bouddha ?

- ☐ A. L'éveillé
- ☐ B. L'instruit
- ☐ C. Le prophète
- ☐ D. Le sage

330 A quelle période Bouddha vit-il ?

- ☐ A. IIe siècle avant notre ère
- ☐ B. Ve siècle avant notre ère
- ☐ C. Ve siècle

331 Dans quel pays a lieu la fête de la Perahera, au cours de laquelle la relique de la dent de Bouddha fait l'objet d'une procession ?

- ☐ A. Au Cambodge
- ☐ B. En Inde
- ☐ C. Au Népal
- ☐ D. Au Sri Lanka
- ☐ E. Au Tibet

332 Quelle est la religion du Dalaï-Lama ?

- ☐ A. Hindouisme
- ☐ B. Bouddhisme
- ☐ C. Confucianisme
- ☐ D. Taoïsme

333 Le Dalaï-Lama est :

- ☐ A. Le chef spirituel des animistes
- ☐ B. Le chef spirituel des bouddhistes tibétains
- ☐ C. Le chef spirituel des taoïstes

334 Comment les dalaï-lamas se succèdent-ils ?

- ☐ A. Le futur dalaï-lama est choisi par son prédécesseur
- ☐ B. Le dalaï-lama est choisi par le panchen-lama
- ☐ C. Le dalaï-lama est élu par un collège de lamas
- ☐ D. Aucune de ces réponses n'est bonne

335 Qu'est-ce que le shintoïsme ?

- ☐ A. La religion thaïe
- ☐ B. Un courant de la pensée maoïste
- ☐ C. Une religion japonaise

336 Le taoïsme est une philosophie et une religion :

- ☐ A. Japonaise
- ☐ B. Coréenne
- ☐ C. Chinoise
- ☐ D. Hindoue

337 Quel est le nom de la religion fondée dans les années vingt au Vietnam par Ngô van Chiêu, un fonctionnaire vietnamien ?

- ☐ A. Le jaïnisme
- ☐ B. Le caodaïsme
- ☐ C. Le bahaïsme

338 Comment nomme-t-on un maître spirituel dans la religion hindoue ?

- ☐ A. Un gourou
- ☐ B. Un chaman
- ☐ C. Un brahmane

339 Comment s'appelle la croyance qui attribue une âme à tous les phénomènes naturels ?

- ☐ A. Le bouddhisme
- ☐ B. L'animisme
- ☐ C. L'hindouisme

340 L'hindouisme n'a ni prophète ni dogme mais croit en l'autorité des :

- ☐ A. Vedas
- ☐ B. Tantras
- ☐ C. Krishnas

341 Quel est le dieu créateur de l'hindouisme ?

- ☐ A. Vishnu
- ☐ B. Shiva
- ☐ C. Brahma
- ☐ D. Veda

342 Ganesh, le dieu hindou de la sagesse, est représenté avec :

- ☐ A. Une tête de cobra
- ☐ B. Une tête d'éléphant
- ☐ C. Une tête de hibou
- ☐ D. Quatre têtes

343 A qui dédie-t-on le temple d'Angkor Vat lorsqu'il est érigé au XIIe siècle ?

- ☐ A. Bouddha
- ☐ B. Brahma
- ☐ C. Shiva
- ☐ D. Vishnou

344 Quel dieu ne fait pas partie de la trinité védique ?

- ☐ A. Agni
- ☐ B. Vâyu
- ☐ C. Sûrya
- ☐ D. Rudra

345 Le brahmanisme se rattache :

- ☐ A. Au bouddhisme
- ☐ B. A l'hindouisme
- ☐ C. Au judaïsme
- ☐ D. Au taôisme

346 Le vaudou est une religion originaire :

- ☐ A. Du Mali
- ☐ B. Du Bénin
- ☐ C. D'Haïti

347 Quel nom portent les chef spirituels haïtiens vaudous ?

- ☐ A. Iwa
- ☐ B. Oufo
- ☐ C. Oungan
- ☐ D. Vévé

348 Comment s'appelle le dieu suprême du vaudou ?

- ☐ A. Lwas
- ☐ B. Mawu
- ☐ C. Eshu
- ☐ D. Gu

349 Quel est le nom du principal dieu des Incas ?

- ☐ A. Inti
- ☐ B. Pachamama
- ☐ C. Taguapica
- ☐ D. Viracocha

350 Parmi ces fêtes religieuses romaines, lesquelles sont également célébrées en Grèce ?

- ☐ A. Les bacchanales
- ☐ B. Les équirria
- ☐ C. Les lupercales
- ☐ D. Les saturnales

351 Sur quel écrivain de science-fiction s'appuie l'église de scientologie ?

- ☐ A. Izaac Asimov
- ☐ B. Ron Hubbard
- ☐ C. Aldous Huxley

6. Les religions a travers le temps et le monde

352 Comment appelle-t-on l'étude des textes sacrés ?

- ☐ A. L'hagiographie
- ☐ B. La théologie
- ☐ C. L'exégèse

353 Un texte hagiographique traite :

- ☐ A. Des textes sacrés
- ☐ B. Des lois juridiques se fondant sur la religion
- ☐ C. De la vie d'un prophète
- ☐ D. De la vie d'un saint

354 Le mouvement gnostique concerne :

- ☐ A. La représentation de Dieu dans l'islam
- ☐ B. Le culte des images saintes
- ☐ C. La filiation entre les trois personnes divines
- ☐ D. L'existence ontologique du mal

355 Le constantinisme :

- ☐ A. Attribue un pouvoir religieux à l'empereur
- ☐ B. Dit que tout pouvoir humain est corrompu
- ☐ C. Dit que l'état est une réalité naturelle
- ☐ D. Est favorable au paganisme antique

356 Quelle doctrine justifie dieu contre l'objection du mal et contre ceux qui en tirent argument contre sa bonté ?

- ☐ A. La disputacio
- ☐ B. La théodicée
- ☐ C. La scolastique
- ☐ D. Le millénarisme, le messianisme

357 Quelle religion compte le plus grand nombre d'adeptes ?

- ☐ A. Le bouddhisme
- ☐ B. L'islam
- ☐ C. Le christianisme

358 Combien y a-t-il d'hindouistes dans le monde ?

- ☐ A. 1 million
- ☐ B. 100 millions
- ☐ C. 1 milliard

359 A quelle église appartient la majorité des grecs ?

- ☐ A. Catholique
- ☐ B. Protestante
- ☐ C. Orthodoxe

360 Quelle est la religion officielle de la Malaisie ?

- ☐ A. L'islam
- ☐ B. Le bouddhisme
- ☐ C. Le taoïsme

361 Dans quel pays trouve-t-on autant de moines bouddhistes que de religieux catholiques ?

- ☐ A. La Birmanie
- ☐ B. Le Laos
- ☐ C. Le Vietnam

362 Quelle religion ne fait pas partie du christianisme ?

- ☐ A. Le bouddhisme
- ☐ B. Le catholicisme
- ☐ C. L'orthodoxie
- ☐ D. Le protestantisme

363 Laquelle de ces religions ne se réfère pas à Abraham ?

- ☐ A. L'animisme
- ☐ B. Le christianisme
- ☐ C. L'islam
- ☐ D. Le judaïsme

364 Parmi ces confessions, laquelle ne rattache-t-on pas à la religion chrétienne ?

- ☐ A. L'adventisme
- ☐ B. L'orthodoxie
- ☐ C. Le protestantisme
- ☐ D. Le soufisme

365 L'une de ces religions n'est pas indienne, laquelle ?

- ☐ A. Le taoïsme
- ☐ B. Le vishnouisme
- ☐ C. Le tantrisme
- ☐ D. Le bouddhisme
- ☐ E. Aucune de ces réponses n'est bonne

366 Lequel de ces mots ne désigne pas un monothéisme ?

- ☐ A. Le judaïsme
- ☐ B. Le bouddhisme
- ☐ C. L'islam
- ☐ D. Le christianisme

367 Parmi ces religions, laquelle est la plus ancienne ?

- ☐ A. Le christianisme
- ☐ B. L'hindouisme
- ☐ C. Le judaïsme
- ☐ D. Le shintoïsme

368 Parmi ces édifices, lequel ne désigne pas un lieu de culte ?

- ☐ A. Une pagode
- ☐ B. Un stupa
- ☐ C. Un wayang
- ☐ D. Une ziggourat

369 De quelle religion le chiisme est-il un courant ?

- ☐ A. L'islam
- ☐ B. Le judaïsme
- ☐ C. Le christianisme
- ☐ D. L'hindouisme

370 Quelle ville européenne n'est pas un grand centre de pèlerinage religieux ?

- ☐ A. Fatima
- ☐ B. Lourdes
- ☐ C. Czestochowa
- ☐ D. Athènes

3. DE LA PREHISTOIRE JUSQU'A LA REVOLUTION FRANÇAISE

Ce chapitre est composé de **4 sections** pour un total de **160 questions**.

1. La Préhistoire
2. L'Antiquité
3. Le Moyen Age
4. Epoque moderne

[A SAVOIR !]

110 Les numéros de questions de ce type signifient qu'il n'y a qu'une seule et unique réponse juste à la question posée.

111 Les numéros de questions de ce type signifient qu'il y a **plusieurs (2 ou plus) réponses possibles justes à la question.**

[UN CONSEIL IMPORTANT]

Nous vous conseillons vivement de répondre à toutes les questions d'une section avant d'en découvrir les solutions. L'erreur consiste en effet généralement à traiter une question et à vérifier aussitôt la réponse parce que l'on veut s'assurer d'avoir trouvé la réponse juste ou parce que l'on est impatient de la découvrir dans le cas où on ne la connaît pas. Si vous souhaitez sérieusement progresser, vous devez absolument vous imprégner du thème traité par la section et répondre d'un trait à toutes les questions d'une section.

[QUELQUES MOTS SUR...]

1. La Préhistoire [LAROUSSE]

Selon que l'on considère que l'Homme est représenté par le seul genre Homo ou également par le genre Australopithecus, la Préhistoire débute donc respectivement il y a environ 3 Ma ou il y a environ 5 Ma.

2. L'Antiquité [WIKIPEDIA]

L'Antiquité est la première des époques de l'Histoire connue. Pour une civilisation, l'Antiquité commence avec le développement ou l'adoption de l'écriture. Le passage à l'Antiquité s'est donc produit à différentes périodes pour les différents peuples. L'Antiquité suit la période de la Préhistoire. De la même manière, l'Antiquité se termine à différentes dates pour différentes régions du monde, et précède le Moyen Age ou l'Epoque moderne, selon la civilisation.

En histoire européenne, l'Antiquité désigne la période des civilisations de l'écriture autour de la Méditerranée et au Moyen-Orient, après la Préhistoire, et avant le Moyen Age. La majorité des historiens estime que l'Antiquité y commence au IVe millénaire av. J.-C. (–3500, –3000 avant J.-C.) avec l'invention de l'écriture en Mésopotamie et en Egypte, et voit sa fin durant les grandes migrations eurasiennes autour du Ve siècle (300 à 600). La date symbolique est relative à une civilisation ou une nation. La déposition du dernier empereur romain d'Occident en 476 est un repère conventionnel pour l'Europe occidentale, mais d'autres bornes peuvent être significatives de la fin du monde antique.

3. Le Moyen Age [WIKIPEDIA]]

Le Moyen Age est une époque de l'Histoire située entre l'Antiquité et l'Epoque moderne. Elle s'étend donc sur une durée de près de mille ans. Le trait caractéristique du Moyen Age, qui lui confère une unité relative, est l'importance de la religion, avant que ne s'amorce le processus de sécularisation au début de l'Epoque moderne. Les arts tenaient également une place tout à fait significative. Les relations entre les différentes religions ont souvent été source de tensions et de conflits, encore qu'il y eût des périodes de tolérance qui furent très fécondes pour la structuration du savoir, avec l'élaboration de la scolastique à partir de la philosophie d'Aristote.

4. L'Epoque moderne [WIKIPEDIA]

L'Epoque moderne – ou les temps modernes – couvre la période historique commençant à la fin du Moyen Age, généralement placée en 1453 ou en 1492. Selon les historiens français, cette période s'arrête avec la Révolution française, marquée généralement en 1789 ou 1792, et c'est l'époque contemporaine qui lui succède. Mais pour les historiens des autres pays occidentaux, l'Epoque moderne est toujours en cours et l'époque contemporaine a une autre définition. Dans cette perspective, l'Epoque moderne est celle où triomphent les valeurs de la modernité (le progrès, la communication, la raison). A l'inverse, la période précédente, le Moyen Age, a longtemps été considérée comme un âge obscur, ou comme une sombre parenthèse. L'esprit de l'Epoque moderne cherche à se référer non pas au Moyen Age, mais à un passé plus lointain, l'Antiquité, vu comme l'époque classique.

1. La préhistoire

371 Qui sont les australopithèques ?

☐ A. Les habitants de l'Australie
☐ B. Les premiers singes bipèdes et premiers ancêtres de l'homme
☐ C. Les ancêtres directs de l'homme

372 Le feu est découvert par…

☐ A. L'homme de Cro-Magnon
☐ B. L'homo erectus
☐ C. L'homo habilis

373 La période du deuxième millénaire avant notre ère se nomme :

☐ A. L'âge de la pierre
☐ B. L'âge de fer
☐ C. L'âge du bronze

374 La Préhistoire se termine…

☐ A. A la naissance de Jésus-Christ
☐ B. A l'invention de l'écriture
☐ C. A l'invention de la roue

375 Dans quelle région l'écriture apparaît-elle en premier lieu ?

☐ A. Sumer (en Mésopotamie)
☐ B. Israël
☐ C. Egypte

376 Le Néolithique est aussi appelé la période :

☐ A. De la pierre polie
☐ B. De la pierre taillée
☐ C. De la pierre sculptée

377 A partir de quelle date parle-t-on d'Histoire et non plus de Préhistoire ?

☐ A. Vers 4800 avant notre ère
☐ B. Vers 3200 avant notre ère
☐ C. Vers 2000 avant notre ère

378 D'où Lucy, l'australopithèque découverte en 1974 en Ethiopie, tire-t-elle son nom ?

☐ A. Des initiales gravées à côté de sa dépouille
☐ B. Du prénom de la grand-mère de l'archéologue qui l'a découverte
☐ C. D'une chanson de Pascal Obispo
☐ D. D'une chanson des Beatles

2. L'antiquité

379 La civilisation maya s'est développée :

☐ A. Au Laos
☐ B. En Equateur
☐ C. Au Mexique
☐ D. Au Guatemala

380 Les aborigènes sont :

☐ A. Une tribu indienne d'Amazonie
☐ B. Les premiers habitants du continent australien
☐ C. Une peuplade du grand nord
☐ D. Un peuple mythique

381 Quand commence la civilisation égyptienne ?

- ☐ A. Environ en 5000 avant notre ère
- ☐ B. Environ en 3000 avant notre ère
- ☐ C. Environ en 1500 avant notre ère

382 L'organisation politique de l'Egypte antique est :

- ☐ A. Une oligarchie
- ☐ B. Une monarchie théologique
- ☐ C. Une fédération d'Etats

383 Ce pharaon, hérétique, répudia le syncrétisme de la région officielle de l'Egypte. Il fonda le monothéisme affirmant la bonté providentielle du soleil qui chaque matin fait renaître la vie. Il imposa le silence aux puissants prêtres d'Amon mais, ivre de dieu, il négligea de défendre son empire. Il se nomme :

- ☐ A. Akhenaton
- ☐ B. Aménophis III
- ☐ C. Ramsès III
- ☐ D. Toutankhamon

384 En Egypte, la dynastie des Lagides débute avec le règne de :

- ☐ A. Cléopâtre VII
- ☐ B. Ptolémée I
- ☐ C. Césarion

385 Ramsès II mène pendant son règne de nombreuses guerres contre :

- ☐ A. Les Etrusques
- ☐ B. Les Hittites
- ☐ C. Les Phéniciens

386 Imhotep est :

- ☐ A. Un architecte
- ☐ B. Un dieu égyptien
- ☐ C. Un pharaon

387 Le pharaon Akhenaton instaure une forme de monothéisme en faveur du dieu :

- ☐ A. Amon
- ☐ B. Akhe
- ☐ C. Aton
- ☐ D. Osiris

388 Que représente le Sphinx ?

- ☐ A. Un chien à tête humaine
- ☐ B. Un lion à tête humaine
- ☐ C. Un chat à tête humaine

389 Les pyramides de Khéops, Chépren et Mykérinos ont été construites :

- ☐ A. A Saqqarah
- ☐ B. Dans la vallée des Reines
- ☐ C. A Louqsor
- ☐ D. Sur le plateau de Gizeh

390 La plus grande pyramide égyptienne est celle de :

- ☐ A. Khéops
- ☐ B. Khéphren
- ☐ C. Mykérinos

391 Où se situe exactement la vallée des Rois en Egypte ?

- ☐ A. Au Caire
- ☐ B. A Louqsor
- ☐ C. A Gizeh

392 En Egypte, pendant l'Antiquité, les nomes sont :

☐ A. Des divinités
☐ B. Des paysans
☐ C. Les circonscriptions administratives du pays

393 En Egypte, pendant l'Antiquité, la pièce la plus importante du mobilier funéraire est :

☐ A. La barque funéraire
☐ B. La stèle
☐ C. Le sarcophage
☐ D. Le char

394 La couronne blanche des pharaons représente :

☐ A. La Basse-Egypte
☐ B. La Haute-Egypte
☐ C. La Moyenne-Egypte

395 Le papyrus est la plante symbole de la civilisation :

☐ A. Romaine
☐ B. Byzantine
☐ C. Ottomane
☐ D. Egyptienne
☐ E. Aucune de ces réponses n'est bonne

396 Du point de vue politique, quand prend fin la civilisation égyptienne ?

☐ A. Environ en 1000 avant notre ère
☐ B. Environ en 300 avant notre ère
☐ C. Environ en 30 avant notre ère

397 En quelle année trouve-t-on le tombeau de Toutankhamon ?

☐ A. 1922
☐ B. 1942
☐ C. 1962

398 Quel peuple pille la ville de Babylone en 1595 avant notre ère ?

☐ A. Les Assyriens
☐ B. Les Chaldéens
☐ C. Les Hittites

399 A quelle époque se situe la Babylone de Nabuchodonosor II ?

☐ A. Au IIe millénaire avant notre ère
☐ B. Aux VIIe et VIe siècles avant notre ère
☐ C. Au IVe siècle avant notre ère

400 Quel est le roi de Macédoine qui a fondé une douzaine de villes dont une porte son nom ?

☐ A. Hérodote
☐ B. Philippe II
☐ C. Alexandre le Grand

401 Comment Alexandre le Grand résoud-il le problème du nœud gordien ?

☐ A. En le dénouant patiemment
☐ B. En le tranchant d'un coup d'épée
☐ C. En le contournant

402 Qui intervient dans la formation de la démocratie athénienne ?

☐ A. Démosthène
☐ B. Solon
☐ C. Lycurgue
☐ D. Clisthène

403 Quel législateur de Sparte instaure un partage agraire équitable et une sévère discipline sociale et militaire ?

- ☐ A. Démosthène
- ☐ B. Solon
- ☐ C. Lycurgue
- ☐ D. Clisthène

404 Qui encourage l'accès de la magistrature aux citoyens ?

- ☐ A. Protagoras
- ☐ B. Pythagore
- ☐ C. Héraclite
- ☐ D. Périclès

405 Quel homme d'Etat athénien rappelle « qu'un homme qui ne se mêlait pas de politique était un homme inutile » ?

- ☐ A. Protagoras
- ☐ B. Thucydide
- ☐ C. Héraclite
- ☐ D. Périclès

406 Quels sont les mots liés aux principes de la démocratie antique ?

- ☐ A. Isonomie
- ☐ B. Iségorie
- ☐ C. Agora
- ☐ D. Forum

407 Le libre accès des magistratures publiques aux citoyens libres et l'égalité devant les lois est traduit par le terme antique :

- ☐ A. Isonomie
- ☐ B. Iségorie
- ☐ C. Agora
- ☐ D. Forum

408 Comment s'appelle la place publique chez les Athéniens ?

- ☐ A. L'acropole
- ☐ B. La concorde
- ☐ C. L'agora
- ☐ D. Le forum

409 La démocratie athénienne n'était pas parfaite. Quels sont les trois groupes sociaux exclus de la vie politique ?

- ☐ A. Citoyens, femmes et esclaves
- ☐ B. Femmes, métèques et esclaves
- ☐ C. Femmes, citoyens et métèques
- ☐ D. Citoyens, esclaves et métèques

410 Quand se déroule la bataille de Marathon ?

- ☐ A. En 498 avant notre ère
- ☐ B. En 490 avant notre ère
- ☐ C. En 480 avant notre ère

411 Comment appelle-t-on les guerres qui ont opposé les Empires perse et grec au Vᵉ siècle avant Jésus-Christ ?

- ☐ A. Les guerres Persiques
- ☐ B. Les guerres du Péloponnèse
- ☐ C. Les guerres Puniques
- ☐ D. Les guerres Médiques

412 Un barbare, c'est :

- ☐ A. Dans l'Antiquité grecque, celui qui ne parle pas le grec
- ☐ B. Celui qui mange des figues
- ☐ C. Un homme très barbu
- ☐ D. Un viking

413 Quelle autre mer que la Méditerranée les Grecs anciens connaissent-ils ?

☐ A. La mer Caspienne
☐ B. La mer Noire
☐ C. La mer Rouge
☐ D. La mer Egée

414 En quelle année ont lieu les premiers Jeux olympiques ?

☐ A. En 776 avant notre ère
☐ B. En 500 avant notre ère
☐ C. En l'an 1000
☐ D. En 600 avant notre ère

415 Qui est le premier empereur de Rome ?

☐ A. Pompée
☐ B. Auguste
☐ C. Jules César
☐ D. Néron

416 Empereur romain pacifique, il vécut de 76 à 138. Pour fortifier les frontières de l'empire en Angleterre, il fit édifier un long mur. Voyageur infatigable, il parcourut l'empire en tous sens. Pénétré de culture grecque, il encouragea les lettres et les arts. Marguerite Yourcenar en fera le personnage principal d'un de ses romans. De qui s'agit-il ?

☐ A. Octave
☐ B. Caracalla
☐ C. Hadrien
☐ D. Marc Aurèle

417 Quels frères romains ont été assassinés pour avoir promulgué des lois agraires favorables aux paysans ?

☐ A. Les Gracques
☐ B. Les Donatien
☐ C. Les Cicéron

418 Fils d'une riche famille romaine, Jules César devient le personnage le plus important de Rome après la conquête des Gaules. En 44 avant notre ère, César meurt… :

☐ A. De vieillesse dans son lit entouré de son fils adoptif et de sa cour
☐ B. Transpercé de 23 coups de couteau donnés par des sénateurs et par son propre fils adoptif
☐ C. Empoisonné par un esclave gaulois qui agissait sous l'ordre de son premier conseiller
☐ D. Des suites d'une blessure reçue durant la guerre des Gaules

419 Qui a dit : « Je suis venu, j'ai vu, j'ai vaincu » ?

☐ A. Hadrien
☐ B. Néron
☐ C. Vercingétorix
☐ D. César

420 Néron, personnage de la tragédie de Jean Racine *Britannicus*, a réellement existé. Qui est-il ?

☐ A. Un citoyen grec
☐ B. Un esclave romain
☐ C. Un sénateur romain
☐ D. Un empereur romain

421 L'édit de Caracalla de 212, également appelé « *constitutio antoniniana* », est une des lois les plus connues de l'empire romain :

- ☐ A. Il supprime l'esclavage dans tout l'empire
- ☐ B. Il accorde la citoyenneté romaine à tous les hommes libres de l'empire qui ne l'avaient pas encore
- ☐ C. Il accorde la citoyenneté romaine à tous les étrangers qui la demandent

422 Qu'est-ce qu'un triumvirat à Rome ?

- ☐ A. Une salle à manger
- ☐ B. Un jardin intérieur
- ☐ C. L'association de trois hommes pour gouverner
- ☐ D. Une course de chars dans le colisée

423 Sous Jules César, quand a lieu la fin de l'année romaine dans la Rome antique ?

- ☐ A. Fin février
- ☐ B. Fin juin
- ☐ C. Fin octobre
- ☐ D. Fin décembre

424 Quelle révolte provoque la destruction de Jérusalem par les armées romaines ?

- ☐ A. La révolte des Maccabées
- ☐ B. La révolte des Zélotes
- ☐ C. La révolte des Esséniens

425 Qui les guerres puniques opposent-elles ?

- ☐ A. Rome et Carthage
- ☐ B. Rome et Athènes
- ☐ C. Athènes et Sparte
- ☐ D. Rome et Troie

426 Comment écrivent les gaulois ?

- ☐ A. Avec des burins
- ☐ B. Avec des pinceaux
- ☐ C. Ils n'écrivent pas

427 Quand se situe la guerre des Gaules ?

- ☐ A. En 65-55 avant notre ère
- ☐ B. En 61-48 avant notre ère
- ☐ C. En 58-51 avant notre ère

428 Jules César défait Vercingétorix à Alésia :

- ☐ A. En 52 avant notre ère
- ☐ B. En 52
- ☐ C. C'est Vercingétorix qui bat César

429 Hérodote, Tacite et Tite-Live sont :

- ☐ A. Des historiens de l'Antiquité
- ☐ B. Des architectes romains
- ☐ C. Des généraux d'Alexandre le Grand

430 Hannibal est un chef militaire de :

- ☐ A. Rome
- ☐ B. Carthage
- ☐ C. Athènes
- ☐ D. Moscou

431 Quel grand stratège traverse les Alpes avec des éléphants en 218 avant notre ère ?

- ☐ A. Jules César
- ☐ B. Hannibal
- ☐ C. Marc-Antoine

432 Qui est surnommé le fléau de Dieu ?

☐ A. Clovis
☐ B. Attila
☐ C. Saladin

433 Au Ve siècle, quel chef venu de l'est déferle avec ses hordes sur l'Europe ?

☐ A. Attila
☐ B. Gengis Khan
☐ C. Soliman

3. Le Moyen Age

434 Clovis est baptisé :

☐ A. A Rome
☐ B. A Aix-la-Chapelle
☐ C. A Reims

435 En quelle année Charles Martel arrête-t-il les Arabes à Poitiers ?

☐ A. 496
☐ B. 732
☐ C. 1096
☐ D. 1214

436 Qui est le fils de Charles Martel et le père de Charlemagne ?

☐ A. Pépin le Bref
☐ B. Dagobert Ier
☐ C. Charles III le Gros

437 Pépin le Bref, roi des Francs en 751, est un :

☐ A. Mérovingien
☐ B. Carolingien
☐ C. Capétien

438 Qui couronne-t-on empereur en l'an 800 ?

☐ A. Charles Quint
☐ B. Hugues Capet
☐ C. Clovis
☐ D. Charlemagne

439 Quelle ville Charlemagne choisit-il pour capitale ?

☐ A. Paris
☐ B. Reims
☐ C. Aix-la-Chapelle
☐ D. Chartres

440 Qu'évoque la date du 11 août 843 ?

☐ A. Le couronnement de Charlemagne
☐ B. La mort de Charlemagne
☐ C. Le traité de Verdun

441 Quel traité partage l'empire de Charlemagne entre ses trois petits-fils ?

☐ A. Le traité de Verdun
☐ B. Le traité de Paris
☐ C. Le traité de Strasbourg

442 Quel nom portent les inspecteurs envoyés par Charlemagne dans les provinces ?

☐ A. Messire Dominissi
☐ B. Messies Dominici
☐ C. Missi Dominici

443 Après la mort de Charlemagne en 814, l'empire d'Occident perdit son unité. Celle-ci fut rétablie au Xe siècle en Germanie avec :

☐ A. Saint Louis
☐ B. Richard Cœur de Lion
☐ C. Henri Ier duc de Saxe
☐ D. Aucune de ces réponses n'est bonne

444 A quelle dynastie appartient le roi Dagobert Ier ?

☐ A. La dynastie des Carolingiens
☐ B. La dynastie des Mérovingiens
☐ C. La dynastie des Capétiens
☐ D. Aucune de ces réponses n'est bonne

445 Que crée Otton Ier en 962 ?

☐ A. Un système monétaire européen
☐ B. Le Saint-Empire romain germanique
☐ C. La plus grande cathédrale d'Europe

446 Qui est le premier roi capétien ?

☐ A. Hugues Capet
☐ B. Clovis
☐ C. Louis XI

447 Hugues Capet devient roi de France :

☐ A. En 897
☐ B. En 987
☐ C. En 1000

448 Vers l'an 1000, des marins à la recherche de nouvelles terres où s'installer découvrent les premiers l'Amérique et installent une colonie à Terre-Neuve qu'ils baptisent Vinland (le pays des vignes). Qui est ce peuple ?

☐ A. Les Vikings
☐ B. Les Phéniciens
☐ C. Les Goths

449 Les Vikings étaient originaires :

☐ A. Des pays scandinaves
☐ B. De Germanie
☐ C. D'Irlande
☐ D. D'Angleterre

450 Quelles sont les origines des Wisigoths ?

☐ A. Germaniques
☐ B. Slaves
☐ C. Scandinaves

451 De quel pays sont issus les royaumes combattants ?

☐ A. Le Pakistan
☐ B. L'Inde
☐ C. La Chine

452 Quel grand ouvrage permet de relier la Chine du Nord à celle du Sud dans l'Empire chinois sous le pouvoir des Tang au VIIe siècle ?

☐ A. Le canal de Suez
☐ B. La Grande Muraille
☐ C. Le Grand canal

453 La Hongrie est fondée par Etienne Ier de Hongrie en :

- ☐ A. L'an 1000
- ☐ B. L'an 1200
- ☐ C. L'an 1500

454 Relevez chaque affirmation juste à propos de la bataille de Bouvines :

- ☐ A. Philippe Auguste dirigeait les troupes royales françaises
- ☐ B. C'est une victoire française
- ☐ C. C'est une défaite française
- ☐ D. Elle a eu lieu au début du XVe siècle

455 En quelle année a eut lieu la bataille de Bouvines ?

- ☐ A. 1200
- ☐ B. 1210
- ☐ C. 1214
- ☐ D. 1224

456 Rodolphe Ier, empereur du Saint-Empire romain germanique (1273), appartient à la famille des :

- ☐ A. Hohenstaufen
- ☐ B. Habsbourg
- ☐ C. Hohenberg

457 Que sont les croisades ?

- ☐ A. Des guerres religieuses entre pays frontaliers
- ☐ B. Des expéditions militaires destinées à délivrer Jérusalem de la domination musulmane
- ☐ C. Les pèlerinages des catholiques en Terre Sainte

458 Au cours de quel(s) siècle(s) ont lieu les croisades ?

- ☐ A. Au Xe
- ☐ B. Du XIe au XIIIe
- ☐ C. Au XIVe
- ☐ D. Au XVe

459 En quelle année le pape Urbain II lance-t-il la première croisade vers Jérusalem ?

- ☐ A. 885
- ☐ B. 1096
- ☐ C. 1333

460 Le chef de la première croisade qui reprit Jérusalem aux Egyptiens en 1099 est :

- ☐ A. Bertrand du Guesclin
- ☐ B. Godefroi de Bouillon
- ☐ C. Richard Cœur de Lion
- ☐ D. Jeanne d'Arc

461 Qui est la mère de Saint Louis ?

- ☐ A. Isabelle de Bavière
- ☐ B. Aliénor d'Aquitaine
- ☐ C. Blanche de Castille

462 Où meurt Saint Louis en 1270 lors de la huitième croisade ?

- ☐ A. Jérusalem
- ☐ B. Tunis
- ☐ C. Alexandrie

463 Quel roi appelle-t-on Saint Louis ?

- ☐ A. Louis IX
- ☐ B. Louis X
- ☐ C. Louis XI
- ☐ D. Louis XII

464 Quel est le surnom de Philippe III ?

- ☐ A. Le Beau
- ☐ B. Le Bel
- ☐ C. Le Hardi
- ☐ D. Le Hutin

465 Qui fonde l'empire Ottoman ?

- ☐ A. Les Turcs
- ☐ B. Les Perses
- ☐ C. Les Iraniens
- ☐ D. Les Phéniciens

466 Quel est l'autre nom de Constantinople ?

- ☐ A. Alexandrie
- ☐ B. Carthage
- ☐ C. Byzance
- ☐ D. Sparte
- ☐ E. Babylone

467 Qui dirige l'Empire ottoman ?

- ☐ A. Un empereur
- ☐ B. Un sultan
- ☐ C. Un pharaon
- ☐ D. Aucune de ces réponses n'est bonne

468 Au temps de sa splendeur, l'Empire ottoman s'étend sur :

- ☐ A. 3 continents
- ☐ B. 4 continents
- ☐ C. 5 continents

469 Quel événement marque la fin de l'Empire byzantin ?

- ☐ A. La prise de Constantinople par les Romains
- ☐ B. La prise de Constantinople par les Perses
- ☐ C. La prise de Constantinople par les Ottomans

470 En quelle année a lieu la bataille de Koulikovo qui opposa les Mongols et les Russes ?

- ☐ A. 1380
- ☐ B. 1580
- ☐ C. 1780

471 En quelle année Jean II Le Bon crée-t-il le franc disparu en 2002 ?

- ☐ A. 1360
- ☐ B. 1560
- ☐ C. 1760

472 La guerre de Cent Ans n'a pas réellement duré cent ans. Quelles sont ses dates de début et de fin ?

- ☐ A. 1270-1356
- ☐ B. 1337-1453
- ☐ C. 1382-1476

473 La guerre de Cent Ans oppose :

- ☐ A. La France à l'Allemagne
- ☐ B. L'Angleterre à l'Irlande
- ☐ C. La France à l'Angleterre
- ☐ D. La France à l'Espagne

474 En quelle année Jeanne d'Arc contraint-elle les Anglais à abandonner le siège d'Orléans ?

- ☐ A. 1409
- ☐ B. 1419
- ☐ C. 1429
- ☐ D. 1439

475 A quel roi Jeanne d'Arc rend-elle confiance ?

☐ A. Charles V le Sage (1338-1380)
☐ B. Charles VII (1403-1461)
☐ C. Jean sans Peur, duc de Bourgogne (1371-1419)
☐ D. Louis XI, fils de Charles VII (1423-1483)

476 Quelle est la date de la bataille d'Azincourt ?

☐ A. 1315
☐ B. 1415
☐ C. 1515

477 A la fin de la guerre de Cent Ans en 1453, la ville qui resta aux mains des ennemis de la France est :

☐ A. Calais
☐ B. Bordeaux
☐ C. Lille
☐ D. Orléans

478 L'Invincible Armada désigne :

☐ A. Une flotte très importante
☐ B. La flotte de guerre de Philippe II d'Espagne
☐ C. Une bataille terrestre opposant de très puissantes armées
☐ D. Une cohue

479 Quelle est la date de la prise de Constantinople par les Turcs ?

☐ A. 1431
☐ B. 1451
☐ C. 1453
☐ D. 1463

480 Parmi leurs obligations, les paysans devaient fournir à leur seigneur du temps de travail gratuit. Cette obligation s'appelle :

☐ A. Les banalités
☐ B. La corvée
☐ C. Le cens

481 Quelle est la raison principale pour laquelle les paysans se soumettent à l'autorité d'un seigneur et deviennent des locataires sur leurs propres terres ?

☐ A. Pour se nourrir plus facilement
☐ B. Pour bénéficier de la protection de leur seigneur
☐ C. Pour travailler plus facilement
☐ D. Parce qu'ils y sont contraints par décret royal

482 Sous l'Ancien Régime, les banalités figurent parmi les droits seigneuriaux. Que désignent-elles ?

☐ A. L'usage obligatoire et payant des installations seigneuriales
☐ B. L'accomplissement de travaux gratuits
☐ C. Le paiement d'une rente en espèces
☐ D. Le paiement d'une rente en nature

483 Au XIIe siècle, la création des communes s'étendit en Europe. L'habitant de ces communes s'appelle :

☐ A. Le bourgeois
☐ B. L'échevin
☐ C. Le doge
☐ D. Le capitoul

484 Au Moyen Age, le cérémonial par lequel un seigneur arme un chevalier en lui chaussant l'éperon droit, comme la coutume le voulait, lui prend l'épée, la lui ceint et lui donne l'accolade, correspond à :

- ☐ A. L'adoubement
- ☐ B. L'anoblissement
- ☐ C. L'armement
- ☐ D. Le harnachement

485 Au Moyen Age, quel pays européen a le monopole du commerce des épices avec l'Orient ?

- ☐ A. La France
- ☐ B. L'Espagne
- ☐ C. L'Italie

486 Pour augmenter leur production agricole, les paysans utilisent au Moyen Age une technique agricole qui consiste à laisser leur terre agricole reposer un an sur trois. Cette technique se nomme :

- ☐ A. La jachère
- ☐ B. La friche
- ☐ C. L'assolement triennal

487 Sous l'Ancien Régime, la gabelle est un impôt sur :

- ☐ A. Le sel
- ☐ B. La farine
- ☐ C. Le bétail
- ☐ D. Les épices

488 Comment appelle-t-on les révoltes paysannes sous l'Ancien Régime ?

- ☐ A. La Grande Jacquerie
- ☐ B. Les rixes
- ☐ C. Les grabuges

489 Dans quelle ville les rois de France sont-ils sacrés ?

- ☐ A. Troyes
- ☐ B. Reims
- ☐ C. Paris

490 Sous quel roi Paris devient-elle capitale ?

- ☐ A. Sous Louis IX
- ☐ B. Sous Philippe le Bel
- ☐ C. Sous Henri IV

491 Comment appelle-t-on les pirates qui poursuivent les vaisseaux ennemis pour le compte d'un roi ?

- ☐ A. Les flibustiers
- ☐ B. Les corsaires
- ☐ C. Les boucaniers

492 Quel nom donne-t-on au pavillon noir, à tête de mort, des pirates ?

- ☐ A. Death sign
- ☐ B. Jolly Roger
- ☐ C. Black flag

4. Epoque moderne

493 La Renaissance correspond :

- ☐ A. Aux XIIIe et XIVe siècles
- ☐ B. Aux XVe et XVIe siècles
- ☐ C. Aux XVIIe et XVIIIe siècles

494 Le mouvement de la Renaissance se répandit en Europe dans les domaines littéraire, artistique et scientifique. Parmi les propositions suivantes, laquelle correspond a cette période ?

- ☐ A. Henri II, fils de François Ier et époux de Catherine de Médicis, met fin aux guerres d'Italie par le traité du Cateau-Cambrésis
- ☐ B. Michel-Ange peint les fresques de la chapelle Sixtine
- ☐ C. Copernic ouvre la voie de l'astronomie
- ☐ D. Montaigne écrit dans les *Essais* : « Savoir par cœur n'est pas savoir. »
- ☐ E. Aucune de ces réponses n'est bonne

495 Sous le règne de quel souverain construit-on le château de Chambord ?

- ☐ A. Henri IV
- ☐ B. François Ier
- ☐ C. Louis XIV

496 Quels sont les vaincus de la bataille de Marignan, remportée en 1515 par François Ier ?

- ☐ A. Les Suisses
- ☐ B. Les Italiens
- ☐ C. Les Prussiens

497 Qui est surnommé « le chevalier sans peur et sans reproche » ?

- ☐ A. François Ier
- ☐ B. Bertrand Du Guesclin
- ☐ C. Pierre du Terrail, Seigneur de Bayard

498 Quel roi succède à François Ier ?

- ☐ A. François II
- ☐ B. Charles IX
- ☐ C. Henri II
- ☐ D. Louis XII

499 Quel est le dernier roi issu de la branche des Valois ?

- ☐ A. Henri II
- ☐ B. Henri III
- ☐ C. Henri IV
- ☐ D. Charles IX

500 Le successeur au trône impérial à la mort de l'empereur germanique Maximilien en 1519 fut :

- ☐ A. François Ier
- ☐ B. Charles Quint
- ☐ C. Henri VIII

501 Qui est impliqué dans la Longue Guerre (1591-1606) ?

- ☐ A. Les Habsbourg face aux Ottomans
- ☐ B. Les Byzantins face aux Ottomans
- ☐ C. L'Empire Russe face à l'Empire Germanique

502 En 1607, les premiers Anglais s'installent en Amérique du Nord :

- ☐ A. A Saint Augustine en Floride
- ☐ B. A l'embouchure du fleuve Saint-Laurent au Canada
- ☐ C. A Jamestown en Virginie

503 Laquelle de ces femmes est l'épouse de deux rois de France ?

☐ A. Anne de Bretagne
☐ B. Anne de Normandie
☐ C. Anne de Flandres

504 La reine d'Angleterre et d'Irlande surnommée « Marie la Sanglante » était :

☐ A. Marie Ire Tudor
☐ B. Marie Ire Stuart
☐ C. Marie-Thérèse

505 Il est roi d'Angleterre de 1625 à 1649. Il s'agit de :

☐ A. Charles Ier
☐ B. Cromwell
☐ C. Jacques Ier

506 A partir du XVIIe siècle au Royaume-Uni, le parti Whig est le principal adversaire du parti…

☐ A. Bill
☐ B. Tory
☐ C. Ecossais

507 Sous quel règne a lieu le massacre de la Saint-Barthélemy en 1572 ?

☐ A. Charles IX
☐ B. François Ier
☐ C. Henri IV
☐ D. Henri III

508 La branche des Valois s'éteint avec :

☐ A. François II
☐ B. Henri III
☐ C. Louis XII
☐ D. François Ier

509 Roi de France sacré à Chartres en 1594, il a accordé aux protestants la liberté de conscience et une liberté de culte limitée. Il s'agit de :

☐ A. Henri III
☐ B. Henri IV
☐ C. Louis XIII
☐ D. Louis XIV

510 Qui est l'assassin d'Henri IV ?

☐ A. Ravaillac
☐ B. Ravachol
☐ C. Ravagnac

511 Quel est le nom du ministre d'Henri IV auteur du redressement économique grâce à sa gestion rigoureuse ?

☐ A. Jean-Baptiste Lully
☐ B. Jean-Baptiste Colbert
☐ C. Le Duc de Sully

512 Le cardinal de Richelieu est le ministre de :

☐ A. Henri IV
☐ B. Louis XIV
☐ C. Louis XIII
☐ D. Louis XV

513 Le Premier ministre à qui Anne d'Autriche confia les affaires du gouvernement est :

☐ A. Henri de Condé
☐ B. Le Duc de Sully
☐ C. Le cardinal de Richelieu
☐ D. Le cardinal Mazarin
☐ E. Aucune de ces réponses n'est bonne

514 A quel âge Louis XIV devient-il roi de France ?

☐ A. 15 ans
☐ B. 10 ans
☐ C. 5 ans

515 Quelles sont les dates de règne de Louis XIV ?

☐ A. 1625-1705
☐ B. 1633-1705
☐ C. 1643-1715

516 Signé le 30 avril 1598, l'édit de Nantes règle la condition légale de l'église réformée en France et accorde la liberté religieuse avec des restrictions. Il est révoqué par :

☐ A. Henri III
☐ B. Henri IV
☐ C. Louis XIV
☐ D. Louis XVI

517 Que fait un intendant sous Louis XIV ?

☐ A. Il administre une province militaire
☐ B. Il représente le roi dans les provinces et a des pouvoirs importants
☐ C. Il organise les fêtes et cérémonie du roi

518 Quel est le lien de famille entre Louis XIV et Louis XV ?

☐ A. Louis XV était le fils de Louis XIV
☐ B. Louis XV était le petit-fils de Louis XIV
☐ C. Louis XV était l'arrière petit-fils de Louis XIV
☐ D. Louis XV était le neveu de Louis XIV

519 Homme d'Etat français du XVIIIe siècle, il engage une réforme administrative de l'Etat et permet la naissance de l'industrie et du commerce. Il s'agit de :

☐ A. Maximilien de Béthune dit Duc de Sully
☐ B. Jean-Baptiste Colbert
☐ C. Sébastien Le Prestre dit marquis de Vauban
☐ D. Jules Mazarin

520 Colbert tente d'augmenter la production industrielle en créant :

☐ A. Les bourses de commerce
☐ B. Les impôts
☐ C. Les manufactures

521 Au XVIIe siècle, quels sont les critères de sélection pour intégrer la milice provinciale ?

☐ A. Etre célibataire
☐ B. Ne pas avoir d'enfant
☐ C. Etre veuf
☐ D. Aucune de ces réponses n'est bonne : la sélection se faisait par tirage au sort

522 La ville de Québec est fondée en :

☐ A. 1508
☐ B. 1608
☐ C. 1708
☐ D. 1808

523 En 1620, le Mayflower termine son voyage vers l'Amérique avec à son bord :

☐ A. Les fondateurs de la ville de New York
☐ B. Des esclaves
☐ C. Des pèlerins anglais
☐ D. Des huguenots néerlandais chassés de leur pays

524 Trouvez l'intrus parmi cette liste de personnages de la Renaissance :

- ☐ A. Johannes Gutenberg
- ☐ B. Nicolas Copernica
- ☐ C. Michel-Ange
- ☐ D. François Mansart

525 En 1768, la France réalise un achat important auprès de la République de Gênes. Il s'agit de :

- ☐ A. La Savoie
- ☐ B. La Corse
- ☐ C. Le comté de Nice

526 Louis XVI est issu de la dynastie des :

- ☐ A. Bourbons
- ☐ B. Windsor
- ☐ C. Mérovingiens
- ☐ D. Plantagenêts

527 Quel est le nom exact de ce ministre de Louis XVI ?

- ☐ A. Turco
- ☐ B. Turgot
- ☐ C. Turbot

528 A quelle date les Etats-Unis deviennent-ils indépendants ?

- ☐ A. Le 4 juillet 1472
- ☐ B. Le 4 juillet 1573
- ☐ C. Le 4 juillet 1675
- ☐ D. Le 4 juillet 1776

529 Quel est le nom de cet aristocrate français qui traverse l'océan Atlantique en 1777 pour venir en aide aux colons américains ?

- ☐ A. Louis Antoine de Saint-Just
- ☐ B. Gilbert du Motier de La Fayette
- ☐ C. Jean-Baptiste Kléber

530 Le premier président des Etats-Unis est :

- ☐ A. Abraham Lincoln
- ☐ B. Général Lee
- ☐ C. Georges Washington
- ☐ D. Franklin Roosevelt
- ☐ E. Benjamin Franklin

4. L'HISTOIRE DEPUIS LA REVOLUTION FRANÇAISE JUSQU'A LA SECONDE GUERRE MONDIALE

Ce chapitre est composé de **2 sections** pour un total de **173 questions**.

1. Le XIXe siècle dans le monde
2. De la Première à la Seconde Guerre mondiale

[A SAVOIR !]

110 Les numéros de questions de ce type signifient qu'il n'y a qu'une seule et unique réponse juste à la question posée.

111 Les numéros de questions de ce type signifient qu'il y a **plusieurs (2 ou plus) réponses possibles justes à la question**.

[UN CONSEIL IMPORTANT]

Nous vous conseillons vivement de répondre à toutes les questions d'une section avant d'en découvrir les solutions. L'erreur consiste en effet généralement à traiter une question et à vérifier aussitôt la réponse parce que l'on veut s'assurer d'avoir trouvé la réponse juste ou parce que l'on est impatient de la découvrir dans le cas où on ne la connaît pas. Si vous souhaitez sérieusement progresser, vous devez absolument vous imprégner du thème traité par la section et répondre d'un trait à toutes les questions d'une section.

[QUELQUES MOTS SUR...]

1. Le XIXe siècle dans le monde [WIKIPEDIA]

On peut dire que le XIXe siècle est le siècle de l'Europe. Après la Révolution française (1792-1799) et les guerres de l'épopée napoléonienne (1799-1815), l'Europe connut de nombreuses autres guerres qui dessinèrent sa nouvelle carte géopolitique. Parmi les phénomènes les plus importants de ce siècle figurent :

– l'effondrement des vieux Empires espagnol et portugais, la formation du second Empire colonial français et du premier Empire allemand et surtout l'expansion de l'Empire britannique ;

– la construction de l'unité italienne et la libération des provinces balkaniques ;

– l'émergence de consciences nationales et de sentiments patriotiques très puissants.

C'est aussi pour l'Europe, le siècle de la deuxième révolution industrielle, qui va bouleverser le paysage européen et apporter d'immenses richesses, mais aussi casser les anciennes structures sociales.

Enfin, pour l'Europe, c'est le siècle où ses élites intellectuelles vont la transformer, en un immense chaudron, dans lequel vont bouillonner toutes les idées et tous les arts. Ses savants, ses artistes, ses intellectuels, vont porter la recherche technologique, la recherche scientifique, la recherche artistique, la recherche des idées, à un niveau jamais atteint auparavant.

2. L'entre-deux-guerres (de la Première à la Seconde Guerre mondiale) [WIKIPEDIA]

L'entre-deux-guerres est la période (1918-1939) comprise entre la Première et la Seconde Guerre mondiale.

Ces vingt années de paix ont été marquées par un bouleversement durable des rapports de force internationaux, par l'émergence des idéologies totalitaires ainsi que par des progrès techniques considérables. Cette période constitue un ensemble cohérent et homogène qu'il convient d'appréhender dans sa globalité. La première moitié de la période a été appelée en France « les Années folles », essentiellement pour les ruptures dans le comportement social (nouvelles esthétiques artistiques transgressives, développement des transports, en particulier individuels, modification des codes de comportement, en particulier chez les femmes des classes supérieures et moyennes). A partir de 1929, la crise économique et sociale et la montée des nationalismes étatiques agressifs créèrent une atmosphère de tension et de peur. Il est à souligner que l'appellation « entre-deux-guerres », utilisée pour cette période, est à prendre avec recul, car elle ne retranscrit en rien l'esprit de l'époque. En effet, les protagonistes n'avaient bien évidemment pas conscience de vivre une période de calme avant un second conflit mondial, et ce, même si des signes politiques alarmants le laissaient présager. Après le traumatisme de la Grande Guerre, fusaient en France les « plus jamais ça ! », on parlait du conflit comme de « La Der des Ders » (« dernière des dernières »). Cela peut expliquer partiellement l'euphorie et l'esprit libéré qui régnait, au moins pendant les années 1920, avant le krach de 1929.

Les années trente sont le théâtre d'une crise économique d'une ampleur mondiale déclenchée par le krash de 1929 et dont la principale conséquence sera l'exacerbation de la concurrence entre les nations : les rivalités économiques ouvrent la porte à des rancunes politiques plus anciennes, souvent nées d'ailleurs du règlement à courte vue de la Première Guerre mondiale.

Les années 1930 sont également les témoins d'un formidable élan intellectuel, artistique et technique qui voit s'accélérer un véritable renouveau culturel et se développer le cinéma, la radio, l'aéronautique et l'automobile. Ces années de tensions extrêmes semblent annoncer nos sociétés actuelles, marquées par la rapidité des communications, la prégnance des idéologies et la consommation de masse.

1. Le XIXe siecle dans le monde

531 Combien y a-t-il de prisonniers à la Bastille le jour de sa prise ?

- ☐ A. 7
- ☐ B. 122
- ✓ ☐ C. 250
- ☐ D. Aucun

532 Quand a lieu la prise de la Bastille ?

- ☐ A. Le 14 juillet 1789
- ✓ ☐ B. Le 14 juillet 1790
- ☐ C. Le 14 juillet 1792

533 En France les députés suppriment les privilèges de la noblesse dans la nuit du :

- ☐ A. 4 août 1789
- ☐ B. 22 novembre 1792
- ☐ C. 18 mai 1795

534 *La Déclaration des droits de l'homme et du citoyen* date de :

- ☐ A. 1789
- ✓ ☐ B. 1823
- ☐ C. 1944

535 Un révolutionnaire français est surnommé « L'Incorruptible » :

- ☐ A. Georges Jacques Danton
- ☐ B. Jean-Paul Marat
- ☐ C. Louis Antoine de Saint-Just
- ✓ ☐ D. Maximilien de Robespierre

536 Quelle est la date du décret qui crée les départements ?

- ☐ A. Le 4 mars 1589
- ☐ B. Le 1er janvier 1690
- ☐ C. Le 22 décembre 1789
- ☐ D. Le 26 février 1804

537 La Première République française est proclamée en :

- ☐ A. 1789
- ✓ ☐ B. 1792
- ☐ C. 1794

538 La bataille de Valmy en 1792 met en présence :

- ☐ A. Les Espagnols et les Français
- ☐ B. Les Prussiens et les Français
- ☐ C. Les Anglais et les Français
- ☐ D. Les Italiens et les Français

539 Cet historien, né en 1798, fut chargé du cours d'histoire ancienne à l'Ecole Normale Supérieure et se passionna pour la philosophie de l'histoire. Ecrivain engagé, il est l'auteur d'une histoire de France et d'une histoire de la Révolution française. Il s'agit de :

- ☐ A. Augustin Thierry
- ☐ B. Ernest Renan
- ☐ C. Jules Michelet
- ☐ D. Charles-Augustin Sainte-Beuve
- ☐ E. Aucune de ces réponses n'est bonne

540 **A quelle date est créée l'Ecole polytechnique ?**

- ☐ A. 1515
- ☐ B. 1794
- ☐ C. 1918
- ☐ D. 1965

541 **Le Directoire est le régime que connaît la France :**

- ☐ A. De 1795 à 1799
- ☐ B. De 1795 à 1797
- ☐ C. De 1799 à 1802
- ☐ D. De 1804 à 1807

542 **Le Consulat succède :**

- ☐ A. A l'Empire
- ☐ B. Au Directoire
- ☐ C. A la Terreur

543 **L'amiral Nelson y fut blessé à mort, mais les flottes française et espagnole étaient anéanties : 18 bâtiment furent pris ou coulés, 7 000 marins tués ou noyés. De quelle célèbre bataille s'agit-il ?**

- ☐ A. Trafalgar
- ☐ B. La Bérézina
- ☐ C. Verdun
- ☐ D. La Marne

544 **Cochez chaque affirmation exacte à propos d'Haïti :**

- ☐ A. C'est la première république noire
- ☐ B. Sa capitale est Fort-au-Prince
- ☐ C. Son indépendance date de 1804
- ☐ D. Toussaint Louverture est une grande figure de son histoire
- ☐ E. Aimé Césaire a été l'un de ses dirigeants

545 **1804 est la date :**

- ☐ A. Du début du Premier Empire
- ☐ B. De la Restauration
- ☐ C. Du début du Consulat
- ☐ D. De la bataille de Trafalgar

546 **Après cette bataille du 2 décembre 1805, Napoléon Ier proclama « Soldats, je suis content de vous ». Ce qui porta jusqu'au délire l'enthousiasme de ses hommes : les austro-russes comptaient 16 000 morts contre 1 500 morts français. De quelle bataille s'agit-il ?**

- ☐ A. Austerlitz
- ☐ B. Rivoli
- ☐ C. Moskova
- ☐ D. Marengo

547 **Parmi ces batailles de Napoléon, laquelle n'est pas une victoire ?**

- ☐ A. Leipzig
- ☐ B. Ulm
- ☐ C. Wagram
- ☐ D. Dresde

548 **Parmi les batailles napoléoniennes suivantes, menées entre 1805 et 1809, laquelle constitue une défaite ?**

- ☐ A. Austerlitz
- ☐ B. Iéna
- ☐ C. Friedland
- ☐ D. Wagram
- ☐ E. Aucune de ces réponses n'est bonne

549 Laquelle de ces batailles n'appartient pas aux campagnes napoléoniennes ?

- ☐ A. La Moskova
- ☐ B. Iéna
- ☐ C. Valmy
- ☐ D. Eylau

550 Quelle grande bataille, conduite par Napoléon, se déroule le 18 juin 1815 ?

- ☐ A. Waterloo
- ☐ B. Wagram
- ☐ C. Iéna

551 Combien la France compte-t-elle de départements à son apogée en 1811 ?

- ☐ A. 100
- ☐ B. 130
- ☐ C. 140

552 L'union entre l'Etat et le Vatican mise en place par Napoléon Bonaparte est :

- ☐ A. L'Alliance Sacrée
- ☐ B. Le Concordat
- ☐ C. La Sainte Alliance

553 Les Etats créés par Napoléon sont appelés :

- ☐ A. Les colonies
- ☐ B. Les départements impériaux
- ☐ C. Les Républiques sœurs

554 Qui a dit : « Une société sans religion est comme un vaisseau sans boussole » ?

- ☐ A. Louis XIV
- ☐ B. Napoléon Ier
- ☐ C. Jules Ferry
- ☐ D. Charles De Gaulle

555 En 1815 se déroule une réunion qui a pour but d'établir les nouvelles frontières de l'Europe et de régler le sort de la Pologne. Il s'agit :

- ☐ A. Du sommet d'Aix-la-Chapelle
- ☐ B. Du congrès de Versailles
- ☐ C. Du congrès de Vienne

556 En 1815, la Sainte-Alliance est créée ; elle marque la volonté d'effacer les conquêtes révolutionnaires et de rétablir l'ordre ancien. Parmi les nations suivantes, laquelle n'en fait pas partie ?

- ☐ A. L'Autriche
- ☐ B. L'Espagne
- ☐ C. La Prusse
- ☐ D. La Russie
- ☐ E. Aucune de ces réponses n'est bonne

557 Klemmens von Metternich est :

- ☐ A. Un homme politique autrichien
- ☐ B. Un des acteurs principaux du congrès de Vienne en 1815
- ☐ C. Un général prussien qui a combattu Napoléon III
- ☐ D. Un diplomate autrichien du début du XXe siècle

558 Quel est le régime politique en France de 1815 à 1848 ?

- ☐ A. La IIe République
- ☐ B. Le Second Empire
- ☐ C. La monarchie constitutionnelle

559 En quelle année Napoléon Ier est-il mort à Sainte-Hélène ?

- √ ☐ A. 1815
- ☐ B. 1818
- ☐ C. 1821
- ☐ D. 1825

560 Le successeur de Napoléon Ier est :

- ☐ A. Louis-Philippe
- ☐ B. Charles X
- ☐ C. Louis XVIII
- ☐ D. Napoléon III

561 En 1831, la révolte gronde au sein des ouvriers tisserands lyonnais qui déclenchent de violentes émeutes. Comment s'appellent-ils ?

- ☐ A. Les luddites
- ☐ B. Les guignols
- ☐ C. Les canuts

562 La monarchie de Juillet succède :

- ☐ A. A la Restauration
- ☐ B. A la IIe République
- ☐ C. Au Second Empire

563 Qui crée le « Salon des refusés » en 1863 ?

- ☐ A. Charles X
- ☐ B. Louis-Philippe
- ☐ C. Napoléon III
- ☐ D. Mac-Mahon

564 Le dernier roi de France est :

- ☐ A. Charles X
- √ ☐ B. Louis XVI
- ☐ C. Louis-Philippe
- ☐ D. Louis XVIII

565 La IIe République est instituée :

- ☐ A. En 1795
- ☐ B. En 1830
- ☐ C. En 1848
- ☐ D. En 1870

566 La constitution française de la IIe République prévoit :

- ☐ A. Trois chambres
- ☐ B. Deux chambres
- ☐ C. Une chambre
- ☐ D. Aucune chambre

567 En quelle année est élu le premier président de la République française au suffrage universel ?

- ☐ A. 1792
- ☐ B. 1848
- ☐ C. 1850
- ☐ D. 1870

568 En quelle année est émis le premier timbre-poste français ?

- ☐ A. 1649
- ☐ B. 1749
- ☐ C. 1849

569 Quel régime politique français abolit l'esclavage dans ses colonies ?

- ☐ A. La Restauration
- ☐ B. La monarchie de Juillet
- ☐ C. La Seconde République
- ☐ D. La Troisième République

570 Dans quel ordre chronologique se succèdent ces régimes politiques ?

- ☐ A. Seconde République – Restauration – Monarchie de Juillet – Second Empire
- ☐ B. Monarchie de Juillet – Restauration – Seconde République – Second Empire
- ☐ C. Restauration – Seconde République – Monarchie de Juillet – Second Empire
- ☐ D. Restauration – Monarchie de Juillet – Seconde République – Second Empire

571 Qui a institué les préfets en France ?

- ☐ A. François Ier
- ☐ B. Henri IV
- ☐ C. Bonaparte
- ☐ D. Napoléon III
- ☐ E. Aucune de ces réponses n'est bonne

572 Sous le règne de quel souverain s'est produite l'annexion de la Savoie et de Nice à la France ?

- ☐ A. Napoléon Ier
- ☐ B. Louis XVIII
- ☐ C. Charles X
- ☐ D. Napoléon III

573 Dans quel pays du continent américain Napoléon III envoie-t-il des soldats ?

- ☐ A. Le Canada
- ☐ B. Le Mexique
- ☐ C. Le Venezuela

574 Quel homme de lettres est exilé par Napoléon III ?

- ☐ A. Alphonse de Lamartine
- ✓ ☐ B. Victor Hugo
- ☐ C. Marcel Proust
- ☐ D. Georges Sand

575 Parmi ces réformes, quelles sont celles réalisées par Napoléon III ?

- ☐ A. Droit de grève
- ☐ B. Droit d'organisation des salariés
- ☐ C. Ouverture de l'enseignement secondaire aux jeunes filles
- ☐ D. Achèvement de la construction du réseau ferroviaire
- ☐ E. Réforme du système bancaire pour développer le crédit

576 Paris accueille l'Exposition Universelle en :

- ☐ A. 1855
- ☐ B. 1859
- ☐ C. 1863
- ☐ D. 1867

577 Quelles sont les dates du Second Empire ?

- ☐ A. 1850-1870
- ☐ B. 1852-1870
- ☐ C. 1850-1880
- ☐ D. 1852-1880

578 Quelle bataille marque l'effondrement du Second Empire ?

- ☐ A. Valmy
- ☐ B. Rome
- ☐ C. Sedan
- ☐ D. Verdun

579 Par quel traité l'Alsace et une partie de la Lorraine deviennent-elles allemandes en 1871 ?

- ☐ A. Le traité de Rethondes
- ☐ B. Le traité de Munich
- ☐ C. Le traité de Francfort
- ☐ D. Le traité de Paris

580 A quelle époque l'hôtel de ville de Paris brûle-t-il ?

- ☐ A. A la Révolution en 1789
- ☐ B. Lors de la Commune en 1871
- ☐ C. En Mai 1968

581 Un versaillais est en 1871 :

- ☐ A. Un partisan de la répression de la Commune
- ☐ B. Un partisan des communards
- ☐ C. Un membre des troupes du gouvernement Thiers
- ☐ D. Un neutre entre partisans et opposants de la Commune

582 Le mur des fédérés se situe :

- ☐ A. A Jérusalem
- ☐ B. Entre Israël et Gaza
- ☐ C. Entre le Texas et le Mexique
- ☐ D. Au cimetière du Père-Lachaise à Paris

583 Quel est le métier d'Eugène Poubelle, initiateur de la poubelle ?

- ☐ A. Ingénieur
- ☐ B. Préfet
- ☐ C. Médecin
- ☐ D. Commerçant
- ☐ E. Aucune de ces réponses n'est bonne

584 Elle met en place l'école laïque, gratuite et obligatoire, puis fonde l'Etat laïc en instituant la séparation de l'église et de l'Etat. Elle dote la France de ses emblèmes définitifs : le drapeau tricolore, la marseillaise, la devise « liberté, égalité, fraternité » et la fête nationale du 14 juillet. Il s'agit de :

- ☐ A. La Ire République (1792-1804)
- ☐ B. La IIe République (1848-1852)
- ☐ C. La IIIe République (1870-1940)
- ☐ D. La IVe République (1946-1958)

585 La première grande organisation syndicale américaine est fondée en 1886 et dirigée presque sans interruption jusqu'en 1924 par Samuel Gompers. Il s'agit de :

- ☐ E. L'American Federation of Labor (AFL)
- ☐ F. Le Congress of Industrial Organizations (CIO)
- ☐ G. Le Trade Union Congress (TUC)

586 Quand les femmes ont-elles eu le droit de vote aux Etats-Unis ?

- ☐ A. 1870
- ☐ B. 1914
- ☐ C. 1918
- ☐ D. 1945

587 Le général Lee capitule le 9 avril 1865 devant le général Grant. Cet évènement marque la fin :

- ☐ A. De la guerre d'Indépendance
- ☐ B. De la guerre de Sécession
- ☐ C. De la guerre des Boers

588 Durant la guerre de Sécession, le Texas s'allie avec les Etats du :

- ☐ A. Sud
- ☐ B. Nord
- ☐ C. Il demeura neutre

589 Lequel de ces présidents américains mene l'union à la victoire lors de la guerre de Sécession et abolit l'esclavage ?

- ☐ A. Georges Washington
- ☐ B. Abraham Lincoln
- ☐ C. Theodore Roosevelt
- ☐ D. Thomas Jefferson

590 A la bataille de Little Big Horn, le général Custer disparaît avec le :

- ☐ A. 9e d'infanterie
- ☐ B. 8e de cavalerie
- ☐ C. 7e de cavalerie

591 Lequel de ces noms ne peut pas être associé au Québec ?

- ☐ A. Les Inuits
- ☐ B. Les Lacs
- ☐ C. Les Incas

592 Le *risorgimento* est :

- ☐ A. Un mouvement pour l'unité italienne au XIXe siècle
- ☐ B. Un retour à la tradition catholique
- ☐ C. Un mouvement rapide dans une pièce musicale
- ☐ D. Une renaissance culturelle

593 Qui est considéré comme un des « pères de la patrie » italienne ?

- ☐ A. Giuseppe Garibaldi
- ☐ B. Benito Mussolini
- ☐ C. Alessandro Manzoni

594 Comment se nomme l'événement qui mena la Belgique à l'indépendance ?

- ☐ A. La guerre de Belgique
- ☐ B. La révolution belge
- ☐ C. L'indépendance belge
- ☐ D. Aucune de ces réponses n'est bonne

595 Quelles sont les conséquences de l'ère Meiji pour le Japon ?

- ☐ A. L'invasion de la Chine par l'armée impériale japonaise
- ☐ B. La christianisation du Japon par des missionnaires européens
- ☐ C. Le début d'une politique de modernisation

596 La seconde guerre de l'Opium (1856-1860) opposa quels pays ?

- ☐ A. France et Royaume-Uni à la Chine
- ☐ B. Japon à la Chine
- ☐ C. Etats-Unis et Canada à la Chine

597 Quel est le fléau qui conduit des milliers d'Irlandais à émigrer aux Etats-Unis au XIXe siècle ?

- ☐ A. La maladie de la pomme de terre
- ☐ B. Le choléra
- ☐ C. La tuberculose

598 **Quand a eu lieu la première convention de Genève, née de la volonté d'améliorer le sort des blessés sur le champ de bataille ?**

☐ A. En 1864
☐ B. En 1884
☐ C. En 1904
☐ D. En 1924

599 **Qui fonde l'Association internationale des travailleurs (la première internationale) en 1864 ?**

☐ A. Friedrich Engels
☐ B. Karl Marx
☐ C. Joseph Fourier

600 **En quelle année fut fondé le Parti social démocrate allemand ?**

☐ A. 1769
☐ B. 1869
☐ C. 1969
☐ D. Aucune de ces réponses n'est bonne

601 **En quelle année Jules Ferry rend l'école laïque et obligatoire ?**

☐ A. 1832
☐ B. 1852
☐ C. 1882

602 **La loi du 21 mars 1884, dite loi Waldeck-Rousseau :**

☐ A. Reconnaît le droit d'association des ouvriers d'une même profession sans autorisation préalable
☐ B. Reconnaît le droit de réunion des ouvriers
☐ C. Abolit le délit de coalition

603 **En février 1887, la bourse du travail de Paris est inaugurée. Quinze ans plus tard, on en compte plus de 150. Le rôle des bourses du travail est de :**

☐ A. Favoriser la réunion des travailleurs en conventions pour l'élection des représentants syndicaux
☐ B. Permettre aux ouvriers de participer à l'élaboration des lois
☐ C. Permettre aux travailleurs d'une même localité de délibérer de leurs intérêts communs et de s'informer du marché du travail

604 **En quelle année est fondée la CGT ?**

☐ A. 1895
☐ B. 1900
☐ C. 1905

605 **Quand est fondée la CFTC (Confédération française des travailleurs chrétiens) ?**

☐ A. 1905
☐ B. 1914
☐ C. 1919
☐ D. 1936

606 **En quelle année la CGT adopte-t-elle la charte d'Amiens ?**

☐ A. 1900
☐ B. 1906
☐ C. 1914

607 **Selon la charte d'Amiens, le mouvement syndical possède une arme suprême : laquelle ?**

☐ A. La révolution
☐ B. La grève générale
☐ C. Le vote sanction

608 Quand éclate l'affaire Dreyfus ?

- ☐ A. 1885
- ☐ B. 1894
- ☐ C. 1905

609 Pour quel motif est condamné le Capitaine Alfred Dreyfus en 1894 ?

- ☐ A. Pour avoir livré des documents secrets français à l'Empire allemand
- ☐ B. Pour l'assassinat du président Sadi Carnot
- ☐ C. Pour haute trahison

610 Emilio Zapata est ou a été :

- ☐ A. Un révolutionnaire mexicain
- ☐ B. Le fondateur d'une école de cirque
- ☐ C. Le Premier ministre espagnol
- ☐ D. Le président de la Bolivie

611 L'entente cordiale est signée en 1904 entre la France et :

- ☐ A. L'Allemagne
- ☐ B. Le Royaume-Uni
- ☐ C. L'Espagne
- ☐ D. Le Vatican

612 De quelle année date la loi de séparation de l'Eglise et de l'Etat ?

- ☐ A. 1895
- ☐ B. 1902
- ☐ C. 1905

613 Quand s'est déroulée la guerre russo-japonaise ?

- ☐ A. 1836
- ☐ B. 1884
- ☐ C. 1905
- ☐ D. 1915

2. De la Premiere a la Seconde Guerre mondiale

614 En faveur de qui le tsar Nicolas II abdique-t-il ?

- ☐ A. De son frère, le grand-duc Michel
- ☐ B. De son fils, Alexis
- ☐ C. De Raspoutine

615 A quelle date commençe le génocide arménien ?

- ☐ A. En avril 1915
- ☐ B. En mai 1916
- ☐ C. En février 1917

616 Dans quelle ville l'archiduc François-Ferdinand est-il assassiné le 28 juin 1914 ?

- ☐ A. Venise
- ☐ B. Sarajevo
- ☐ C. Belgrade

617 L'archiduc François-Ferdinand assassiné en juin 1914 est issu :

- ☐ A. D'Allemagne
- ☐ B. De France
- ☐ C. De Russie
- ☐ D. D'Autriche Hongrie

618 Né en 1859, cet homme politique français prend position pour la reconnaissance de l'innocence de Dreyfus en 1898 avant de fonder le journal *L'Humanité* en 1904. Il est assassiné en 1914 et ses cendres on été transférées au Panthéon en 1924. Il s'agit de :

- ☐ A. Jules Ferry
- ☐ B. Georges Clemenceau
- ☐ C. Jean Jaurès

619 Durant la Première Guerre mondiale, l'Italie est :

☐ A. Alliée de l'Allemagne
☐ B. Alliée de la France
☐ C. Neutre

620 Quand eut lieu le torpillage du Lusitania ?

☐ A. En 1912
☐ B. En 1914
☐ C. En 1915

621 Président des Etats-Unis de 1913 à 1921, démocrate, il est partisan de la neutralité, mais il décide l'intervention dans la guerre au nom de la défense de la liberté. Il s'agit de :

☐ A. Woodrow Wilson
☐ B. Franklin Delano Roosevelt
☐ C. John Edgar Hoover
☐ D. Dwight David Eisenhower

622 A quelle date les Etats-Unis entrent en guerre aux côtés des alliés durant la Première Guerre mondiale ?

☐ A. En mars 1918
☐ B. En avril 1917
☐ C. En juin 1916

623 Que s'est-il passé à Rethondes, une clairière dans la forêt de Compiègne ?

☐ A. La signature de l'armistice de 1918 entre la France et l'Allemagne
☐ B. La signature de l'armistice de 1940 entre la France et l'Allemagne
☐ C. Aucune de ces réponses n'est bonne

624 La Première Guerre mondiale s'achève par la signature du traité de :

☐ A. Rethondes
☐ B. Versailles
☐ C. Yalta
☐ D. Aix-la-Chapelle
☐ E. Verdun

625 Quel est l'ancêtre de l'ONU ?

☐ A. La SDN
☐ B. La MGM
☐ C. La SNCD

626 Quel homme politique français eut de nombreux surnoms dont le « Tigre » et le « Père » de la victoire ?

☐ A. Léon Blum
☐ B. Charles de Gaulle
☐ C. Le maréchal Pétain
☐ D. Georges Clemenceau

627 Au début de la Première Guerre mondiale, il critique vivement la manière dont on conduit les opérations. En novembre 1917, le président de la République l'appelle à une seconde présidence du Conseil. Il refusera toujours toute idée de négociation et contribuera à la victoire. De quel homme s'agit-il ?

☐ A. Joseph Joffre
☐ B. Ferdinand Foch
☐ C. Georges Clemenceau
☐ D. Raymond Poincaré
☐ E. Aucune de ces réponses n'est bonne

628 Quel président français tombe accidentellement d'un train au début des années 1920 ?

- ☐ A. Alexandre Millerand
- ☐ B. Raymond Poincaré
- ☐ C. Paul Deschanel

629 Président du Conseil de 1922 à 1924, il décide de l'invasion de la Ruhr. De 1926 à 1929, il redresse la situation française. Il s'agit de :

- ☐ A. Edouard Herriot
- ☐ B. Gaston Doumergue
- ☐ C. Raymond Poincaré
- ☐ D. Léon Blum

630 Quels sont les deux présidents de la République française qui ont été assassinés ?

- ☐ A. Jean Jaurès
- ☐ B. Sadi Carnot
- ☐ C. Paul Doumer
- ☐ D. Vincent Auriol
- ☐ E. Aucune de ces réponses n'est bonne

631 Comment s'appelle le rassemblement de la droite et du centre qui domine la vie politique française de 1919 à 1924 ?

- ☐ A. Le bloc national
- ☐ B. Le cartel des droites
- ☐ C. L'union des droites
- ☐ D. Le front populaire

632 Dans l'entre-deux-guerres, en France, le cartel des gauches est une alliance des :

- ☐ A. Socialistes, radicaux et communistes
- ☐ B. Socialistes et radicaux
- ☐ C. Socialistes et communistes

633 Les artisans de la détente entre la France et l'Allemagne dans les années 1920 sont :

- ☐ A. Aristide Briand et Gustav Stresemann
- ☐ B. Aristide Briand et Locken
- ☐ C. Aristide Briand et Frank Kellogg

634 A la conférence de Locarno (octobre 1925) participent :

- ☐ A. La France, les Etats-Unis, l'Italie et la Grande-Bretagne
- ☐ B. La France, l'URSS, l'Italie et la Grande-Bretagne
- ☐ C. La France, l'Allemagne, l'Italie et la Grande-Bretagne

635 Parmi les quatre propositions suivantes, quelle est celle qui permet de compléter correctement les deux phrases suivantes ? « La France vit de 1919 à 1939 sous un régime .... En 1920, au congrès tenu à ..., les socialistes se divisent en deux partis, le parti ... et le parti socialiste ou ... » :

- ☐ A. présidentiel – Tours – communiste – radical
- ☐ B. parlementaire – Epinay – radical – SFIO
- ☐ C. présidentiel – Epinay – communiste – radical
- ☐ D. parlementaire – Tours – communiste – SFIO

636 La convention relative à l'esclavage est signée à Genève le :

- ☐ A. 7 septembre 1956
- ☐ B. 25 septembre 1926
- ☐ C. 10 décembre 1948

637 Dans quel pays est instaurée la République de Weimar (1919-1933) ?

☐ A. En Allemagne
☐ B. En Autriche
☐ C. En Pologne

638 Les accords du Latran créant l'Etat de la Cité du Vatican sont signés sous le pontificat de :

☐ A. Benoît XV
☐ B. Pie XI
☐ C. Pie XII

639 De quel pays Mohammed V (1909-1961) fut-il le roi ?

☐ A. L'Algérie
☐ B. La Turquie
☐ C. Le Maroc
☐ D. La Tunisie
☐ E. L'Iran

640 La longue marche de Mao Zedong se déroule entre :

☐ A. 1924 et 1925
☐ B. 1934 et 1935
☐ C. 1945 et 1946

641 Le dernier tsar de Russie est :

☐ A. Alexandre II
☐ B. Nicolas II
☐ C. Ivan IV
☐ D. Pierre II

642 En quelle année se déroulent les deux révolutions russes ?

☐ A. 1905
☐ B. 1914
☐ C. 1917

643 Nés de la révolution russe qui renverse le régime tsariste, ces comités composés d'élus du peuple étaient chargés de gouverner et d'administrer. Il s'agit :

☐ A. Des kolkhozes
☐ B. Des sovkhozes
☐ C. Des komsomols
☐ D. Des soviets

644 Que décide de mettre en place Lénine en mars 1921 ?

☐ A. Les kolkhozes
☐ B. Les sovkhozes
☐ C. La perestroïka
☐ D. La NEP

645 Quand les terres ont-elles été collectivisées en URSS ?

☐ A. 1929
☐ B. 1917
☐ C. 1936

646 Le prénom de Staline est :

☐ A. Joseph Illich
☐ B. Joseph Djougachvili
☐ C. Ivan Illich
☐ D. Vladimir Broz

647 Vladimir Lénine est mort en :

- ☐ A. 1920
- ☐ B. 1922
- ☐ C. 1924

648 Qui fait assassiner LéonTrotski en 1940 au Mexique ?

- ☐ A. Vladimir Lénine
- ☐ B. Adolf Hitler
- ☐ C. Joseph Staline

649 Mécontents de leur président sortant et de son laisser-faire, les américains l'élisent à la présidence. Il avait axé sa campagne sur l'intervention de l'Etat dans la vie économique pour triompher de la crise. De qui s'agit-il ?

- ☐ A. Theodore Roosevelt
- ☐ B. Herbert Clark Hoover
- ☐ C. Franklin Delano Roosevelt
- ☐ D. Dwight Eisenhower

650 Quel nom portait la coalition politique qui arrive au pouvoir en 1936 ?

- ☐ A. Le cartel des gauches
- ☐ B. Le front populaire
- ☐ C. L'union nationale

651 Le front populaire est un gouvernement :

- ☐ A. De droite
- ☐ B. De gauche
- ☐ C. Du centre

652 Qui appartient au gouvernement du front populaire ?

- ☐ A. Léon Blum
- ☐ B. Roger Salengro
- ☐ C. Edouard Daladier
- ☐ D. Albert Lebrun

653 Quel est l'objet des accords Matignon signés en 1936 entre le patronat français et les syndicats ?

- ☐ A. La semaine de 40 heures
- ☐ B. Les premiers congés payés
- ☐ C. L'institution de contrats collectifs du travail
- ☐ D. L'augmentation des salaires
- ☐ E. Aucune de ces réponses n'est bonne

654 Qu'est-ce qui permet la réunification de la CGT et de la CGTU au congrès de Toulouse le 5 mars 1936 ?

- ☐ A. La menace liée à la montée du nazisme en Allemagne
- ☐ B. Le vote d'une loi favorable au syndicalisme
- ☐ C. L'élan du front populaire

655 Marc Sangnier (1873-1950) est un journaliste et homme politique français qui anime un mouvement chrétien-social, le Sillon. On lui doit la création :

- ☐ A. Des auberges de jeunesse
- ☐ B. De l'Ecole polytechnique
- ☐ C. Des maisons de la jeunesse et de la culture (MJC)
- ☐ D. Des universités populaires

656 Quand Adolf Hitler est-il nommé chancelier ?

☐ A. En janvier 1931
☐ B. En janvier 1932
☐ C. En janvier 1933

657 Quand a lieu l'incendie du Reichstag ?

☐ A. En février 1933
☐ B. En juin 1933
☐ C. En février 1934

658 Qui sont « les casques d'acier » en 1933 ?

☐ A. Une milice russe
☐ B. Un groupe de résistants
☐ C. Une police auxiliaire allemande
☐ D. Les alliés

659 Quand a lieu la nuit des longs couteaux ?

☐ A. Le 30 avril 1933
☐ B. Le 30 janvier 1934
☐ C. Le 30 juin 1934

660 En quelle année débute la guerre civile espagnole ?

☐ A. 1935
☐ B. 1936
☐ C. 1937

661 La guerre civile d'Espagne commence par :

☐ A. Une révolution communiste
☐ B. Une campagne de propagande antimonarchiste
☐ C. Un soulèvement anarchiste contre le gouvernement
☐ D. Un soulèvement des généraux contre le gouvernement

662 Qui est surnommé Caudillo ?

☐ A. Antonio Salazar
☐ B. Benito Mussolini
☐ C. Le général Alcazar
☐ D. Le général Franco
☐ E. Aucune de ces réponses n'est bonne

663 En quoi consistent les lois de Nuremberg ?

☐ A. Législation antijuive
☐ B. Législation d'économie de guerre
☐ C. Législation antisyndicale

664 Que signifie le terme *anschluss* et dans quel pays est-il proclamé en 1938 ?

☐ A. Expansion / Allemagne
☐ B. Direction / Autriche
☐ C. Contrôle / Suisse
☐ D. Annexion / Autriche

665 Quelle est la date des accords de Munich ?

☐ A. Le 30 septembre 1938
☐ B. Le 5 septembre 1939
☐ C. Le 12 février 1940

666 Qui est président du Conseil en France au moment des accords de Munich ?

☐ A. Edouard Daladier
☐ B. Philippe Pétain
☐ C. Léon Blum

667 Quand Adolf Hitler et les nazis envahissent-ils la Pologne ?

☐ A. Septembre 1939
☐ B. Août 1939
☐ C. Juin 1941

668 Quand signe-t-on le pacte germano-soviétique ?

☐ A. Le 23 août 1939
☐ B. Le 23 août 1940
☐ C. Le 23 août 1941

669 Qui a succédé à Paul Reynaud comme président du Conseil ?

☐ A. Charles de Gaulle
☐ B. Pierre Laval
☐ C. Philippe Pétain

670 Le nom du régime politique dirigé par le maréchal Pétain est :

☐ A. L'Etat français
☐ B. La collaboration
☐ C. Le pétainisme
☐ D. La zone libre

671 Comment s'appelle la période de la Seconde Guerre mondiale située entre la déclaration de guerre par la France et le Royaume-Uni à l'Allemagne ?

☐ A. La « Drôle de guerre »
☐ B. La « Guerre des nerfs »
☐ C. La « Guerre de la patience »

672 Que se passe-t-il le 18 juin 1940 ?

☐ A. L'appel à la résistance du Général de Gaulle depuis Londres sur les ondes de la BBC
☐ B. Le discours du maréchal Pétain annonçant l'armistice aux français
☐ C. L'entrée des troupes allemandes dans Paris

673 Quels pays sont engagés lors de la bataille de l'Atlantique ?

☐ A. Royaume-Uni, Canada, Etats-Unis contre l'Allemagne et l'Italie
☐ B. Etats-Unis et Canada contre l'Allemagne
☐ C. France, Royaume-Uni et URSS contre l'Allemagne et le Japon

674 Quel événement marque le début de la campagne des Balkans ?

☐ A. La guerre italo-grecque
☐ B. La bataille de Stalingrad
☐ C. L'opération Torche

675 Durant la Seconde Guerre mondiale, quand l'Allemagne déclenche-t-elle son offensive contre l'URSS ?

☐ A. Le 7 décembre 1941
☐ B. Le 22 juin 1941
☐ C. Le 12 février 1943
☐ D. Le 8 mai 1945

676 Quel pays a attaqué la base navale américaine de Pearl Harbor le 7 décembre 1941 ?

☐ A. Le Japon
☐ B. La Russie
☐ C. La Chine
☐ D. L'Allemagne

677 Combien de temps a duré la bataille de Stalingrad ?

☐ A. Environ 7 jours
☐ B. Environ 7 semaines
☐ C. Environ 7 mois
☐ D. Aucune de ces réponses n'est bonne

678 Quels pays s'opposent lors de la bataille de Stalingrad ?

☐ A. La Pologne et l'Allemagne
☐ B. L'URSS et l'Allemagne
☐ C. La Hongrie et l'Allemagne

679 Poète, écrivain et homme politique français (1868-1952) aux idées fascistes et antisémites, il est l'un des fondateurs de l'Action française, soutient le régime de Vichy et est condamné en 1945 à la détention à perpétuité. Il s'agit de :

☐ A. Pierre Laval
☐ B. Charles Maurras
☐ C. Louis Darquier de Pellepoix

680 Dans quel pays se trouve le camp d'extermination d'Auschwitz ?

☐ A. Biélorussie
☐ B. Allemagne
☐ C. Russie
☐ D. Pologne

681 Où Charles de Gaulle constitue-t-il le CFLN (Comité français de libération nationale) en juin 1943 ?

☐ A. A Londres
☐ B. A Alger
☐ C. A Bordeaux

682 Le héros de la résistance, Jean Moulin, est :

☐ A. Un préfet
☐ B. Un écrivain
☐ C. Un député
☐ D. Un ministre
☐ E. Aucune de ces réponses n'est bonne

683 Quel est le nom de code de Jean Moulin, délégué général des gaullistes en France ?

☐ A. Max
☐ B. Clément
☐ C. Mathieu
☐ D. Mathurin
☐ E. Félix

684 Lucie Aubrac est :

☐ A. Une ministre de la IVe République
☐ B. Un personnage de roman
☐ C. Une figure de la résistance
☐ D. Une figure de la lutte pour la légalisation de l'avortement

685 Guy Môquet est :

☐ A. Un soldat mort sur le champ de bataille en 1941
☐ B. Un militant communiste pendant la Seconde Guerre mondiale
☐ C. Un jeune lycéen abattu par erreur par les allemands
☐ D. Un jeune résistant fusillé par les allemands en 1941

686 Germaine Tillion, décédée en avril 2008, est :

- ☐ A. Une ethnologue
- ☐ B. Une ancienne ministre
- ☐ C. Une peintre
- ☐ D. Une figure de la résistance

687 Où eu lieu la bataille de Midway opposant les Etats-Unis et le Japon ?

- ☐ A. Dans l'océan Pacifique
- ☐ B. Dans la mer du Japon
- ☐ C. Dans la mer de Chine

688 Quels pays s'opposèrent au Japon durant la bataille de la mer de Corail ?

- ☐ A. Les Etats-Unis et l'Australie
- ☐ B. Le Royaume-Uni et la France
- ☐ C. Les Etats-Unis et le Royaume-Uni

689 Quelle est la principale conséquence de la guerre du Pacifique ?

- ☐ A. La défaite de l'Italie
- ☐ B. La défaite provisoire des alliés
- ☐ C. L'effondrement de l'Empire du Japon

690 La République de Salo est une période de l'histoire :

- ☐ A. De l'Italie
- ☐ B. De la Suède
- ☐ C. Du Portugal

691 A quelle date débute la bataille de Normandie ?

- ☐ A. 26 juin 1943
- ☐ B. 6 juin 1944
- ☐ C. 11 novembre 1944
- ☐ D. 8 mai 1945

692 Quel est le nom de l'opération amphibie destinée à gagner la bataille des plages en juin 1944 ?

- ☐ A. Saturne
- ☐ B. Rivage
- ☐ C. Neptune
- ☐ D. Cléon
- ☐ E. Chenal

693 Quel est le nom de code du débarquement en Normandie ?

- ☐ A. Opération Fortitude
- ☐ B. Opération Torch
- ☐ C. Opération Overlord

694 Où se déroula la bataille des Ardennes ?

- ☐ A. En France et en Allemagne
- ☐ B. En Belgique, en Allemagne et au Luxembourg
- ☐ C. En France, en Belgique et au Royaume-Uni

695 Que fait Hitler le 30 avril 1945 ?

- ☐ A. Il demande l'armistice
- ☐ B. Il s'enfuit en Amérique du Sud
- ☐ C. Il se suicide

696 Quel fait marquant de la Seconde Guerre mondiale se déroule le 6 août 1945 ?

- ☐ A. Le bombardement de Hiroshima
- ☐ B. Le bombardement de Nagasaki
- ☐ C. Le suicide d'Adolf Hitler
- ☐ D. La fin de la Seconde Guerre mondiale en Europe

697 Combien d'années dure la guerre sino-japonaise ?

- ☐ A. 3 ans
- ☐ B. 5 ans
- ☐ C. 8 ans

698 Quel est le bilan des pertes humaines de la Seconde Guerre mondiale ?

- ☐ A. Plus de 10 millions
- ☐ B. Plus de 20 millions
- ☐ C. Plus de 30 millions
- ☐ D. Plus de 50 millions

699 Dans laquelle des propositions ci-dessous l'ordre chronologique des événements est-il respecté ?

a. La conférence de Potsdam
b. La construction du mur de Berlin
c. La nuit des longs couteaux
d. Le blocus de Berlin

- ☐ A. a – c – d – b
- ☐ B. c – a – d – b
- ☐ C. c – a – b – d
- ☐ D. a – c – b – d
- ☐ E. Aucune de ces réponses n'est bonne

700 Qui était surnommé le « Petit père des peuples » ?

- ☐ A. Vladimir Lénine
- ☐ B. Joseph Staline
- ☐ C. Mao Zedong
- ☐ D. Fidel Castro

701 Qui a dit : « Je ne sais pas comment la Troisième Guerre mondiale sera menée, mais je sais comment le sera la quatrième : avec des bâtons et des pierres » ?

- ☐ A. Charles de Gaulle
- ☐ B. Albert Einstein
- ☐ C. Adolf Hitler

702 Le 11 novembre, on commémore en France :

- ☐ A. La fête nationale
- ☐ B. La fin de la Seconde Guerre mondiale
- ☐ C. L'armistice de la Première Guerre mondiale

703 Laquelle de ces personnalités célèbres ne repose pas au Panthéon ?

- ☐ A. Jean Jaurès
- ☐ B. Charles de Gaulle
- ☐ C. Jean Moulin
- ☐ D. René Cassin
- ☐ E. Aucune de ces réponses n'est bonne

5. VIE POLITIQUE ET INSTITUTIONS FRANÇAISES DEPUIS 1945

Ce chapitre est composé de **4 sections** pour un total de **280 questions**.

1. Vie politique en France depuis 1945
2. Institutions de la Ve République
3. Qui fait quoi ?
4. Règles électorales et grands principes juridiques constitutionnels

[A SAVOIR !]

110 Les numéros de questions de ce type signifient qu'il n'y a qu'une seule et unique réponse juste à la question posée.

111 Les numéros de questions de ce type signifient qu'il y a **plusieurs (2 ou plus) réponses possibles justes à la question.**

[UN CONSEIL IMPORTANT]

Nous vous conseillons vivement de répondre à toutes les questions d'une section avant d'en découvrir les solutions. L'erreur consiste en effet généralement à traiter une question et à vérifier aussitôt la réponse parce que l'on veut s'assurer d'avoir trouvé la réponse juste ou parce que l'on est impatient de la découvrir dans le cas où on ne la connaît pas. Si vous souhaitez sérieusement progresser, vous devez absolument vous imprégner du thème traité par la section et répondre d'un trait à toutes les questions d'une section.

[QUELQUES MOTS SUR...]

1. La vie politique en France depuis 1945 [BAC-ES.NET]

La majorité de gauche issue de la résistance est dissolue par la Guerre froide.

C'est à partir de 1947 que les partisans d'une Europe continentale et les partisans d'une Europe atlantique formeront des coalitions qui se succéderont de façon rapide : en 13 ans, il y aura eu 21 gouvernements différents. Ces coalitions devront combattre le communisme, élément déclencheur des grèves insurrectionnelles.

Les « Gaullistes » quant à eux, formeront un parti : le RPF (Rassemblement du peuple français).

La IVe République aura pour principale mission de reconstruire l'économie du pays, économie bien endommagée par la Seconde Guerre mondiale, notamment grâce au plan Marshall et mettre une certaine priorité à la modernisation.

La situation financière française ne cesse de s'aggraver, entraînant inflation et déficit budgétaire.

En effet, les guerres coloniales notamment en Indochine et en Algérie aggraveront cette situation, qui, s'étalera sur 16 années. En 1958, la rébellion des Français d'Algérie permettra de faire revenir le général de Gaulle au pouvoir en tant que président du conseil.

2. La Ve République [WIKIPEDIA]

La Cinquième République, ou Ve République, est l'actuel régime républicain en vigueur en France. Elle est régie par la Constitution de 1958, approuvée par voie référendaire. Elle succède, depuis le 4 octobre 1958, à la Quatrième République, instaurée en 1946. Son instigateur est Charles de Gaulle et il en deviendra le premier président. Sur le plan de la durée, la Cinquième République qui fête ses 54 ans en 2012, est le régime républicain français le plus stable après la Troisième République (1870-1940). Qualifié de régime semi-présidentiel en vertu des pouvoirs accordés au président de la République qui tient sa légitimité du suffrage universel direct, instauré par référendum en 1962, il a notamment fonctionné durant trois périodes de cohabitation depuis 1986.

3. Qui fait quoi ? [WIKIPEDIA]

La Ve République est un régime parlementaire doté d'un pouvoir présidentiel fort : le pouvoir exécutif collabore avec le pouvoir législatif dans le cadre d'un système de séparation souple des pouvoirs. A la différence du régime présidentiel (type Etats-Unis, Mexique) où les deux pouvoirs sont strictement séparés, en France, chaque pouvoir dispose sur l'autre d'un moyen de pression.

4. Les règles électorales et grands principes juridiques constitutionnels [WIKIPEDIA]

L'élection du président de la République au suffrage universel direct confère à celui-ci une légitimité politique considérable. Mais de plus la Constitution attribue au président de la République des pouvoirs propres qui rompent avec le rôle purement honorifique qui lui était attribué sous la IIIe République et la IVe République.

– L'Assemblée nationale peut renverser le gouvernement (l'unique cas étant celui du premier gouvernement Georges Pompidou le 5 octobre 1962 à la suite du vote d'une motion de censure) ;

– Le président de la République peut dissoudre l'Assemblée nationale, après consultation du Premier ministre et du président de chacune des deux assemblées.

Néanmoins, sous l'impulsion de Charles de Gaulle et en raison du contexte de crise dans laquelle la Ve République s'est établie, le président de la République s'est érigé en chef du pouvoir exécutif.

1. Vie politique en France depuis 1945

704 Quel régime politique administre la France d'octobre 1946 à 1958 ?

☐ A. La Vᵉ République
☐ B. La IIIᵉ République
☐ C. La IVᵉ République

705 La démission du Général de Gaulle, en janvier 1946, de la présidence du gouvernement provisoire de la République, amène une nouvelle coalition au pouvoir. Celle-ci est à l'origine de l'adoption, par voie référendaire, de la Constitution d'octobre 1946 qui fonde la IVᵉ République. De quelle coalition s'agit-il ?

☐ A. La « troisième force »
☐ B. Le centre droit
☐ C. Le tripartisme
☐ D. Le front républicain
☐ E. Aucune de ces réponses n'est bonne

706 A la Libération, le premier parti de France est :

☐ A. Le PCF
☐ B. La SFIO
☐ C. Le RPF
☐ D. Le MRP

707 Que signifie PCF ?

☐ A. Parti colonial de France
☐ B. Parti des cadres français
☐ C. Parti communiste français

708 En France, le droit de vote des femmes fut proposé par :

☐ A. Léon Blum
☐ B. Georges Clemenceau
☐ C. Le Général de Gaulle
☐ D. Guy Mollet
☐ E. Jean Jaurès

709 En quelle année a été créée l'Ecole nationale d'administration ?

☐ A. 1945
☐ B. 1947
☐ C. 1958
☐ D. 1968

710 Qui fonde le rassemblement du peuple français le 7 avril 1947 ?

☐ A. François Mitterrand
☐ B. Maurice Thorez
☐ C. Charles de Gaulle
☐ D. René Coty

711 En mai 1947, le président du Conseil, Paul Ramadier, révoque :

☐ A. Les ministres communistes
☐ B. Les ministres socialistes
☐ C. Les ministres radicaux
☐ D. Les ministres modérés

712 La première femme ministre en France l'a été en :

☐ A. 1945
☐ B. 1947
☐ C. 1949
☐ D. 1952

713 **Quels ont été les deux présidents de la IVe République ?**

- ☐ A. Georges Bidault et René Coty
- ☐ B. Edgar Faure et Pierre Mendès France
- ☐ C. Vincent Auriol et René Coty
- ☐ D. Paul Ramadier et René Coty

714 **L'un de ces hommes n'a jamais été à la tête d'un gouvernement :**

- ☐ A. Edgar Faure
- ☐ B. Gaston Monnerville
- ☐ C. René Coty
- ☐ D. Vincent Auriol

715 **Qui a instauré la vignette automobile ?**

- ☐ A. Antoine Pinay
- ☐ B. François Mitterrand
- ☐ C. Guy Mollet
- ☐ D. Georges Bidault

716 **Le père de la planification française est :**

- ☐ A. Charles de Gaulle
- ☐ B. Robert Schuman
- ☐ C. Jean Monnet
- ☐ D. Jacques Delors
- ☐ E. Aucune de ces réponses n'est bonne

717 **De quand date l'appel de l'Abbé Pierre pour les sans-abris ?**

- ☐ A. 1954
- ☐ B. 1964
- ☐ C. 1984
- ☐ D. 1994
- ☐ E. Aucune de ces réponses n'est bonne

718 **En France, la coalition qui a remporté les élections en 1956 est :**

- ☐ A. Le front républicain
- ☐ B. La troisième force
- ☐ C. Le rassemblement de la gauche républicaine

719 **La Ve République française est fondée par :**

- ☐ A. La constitution du 15 mai 1945
- ☐ B. La constitution du 14 juillet 1950
- ☐ C. La constitution du 4 octobre 1958
- ☐ D. La constitution du 1er juin 1962

720 **Classer les propositions suivantes par ordre chronologique :**

a. Référendum sur l'élection du président de la République au suffrage universel

b. Signature des accords de Genève

c. Instauration de la Ve République

d. Création de la Communauté économique du charbon et de l'acier

- ☐ A. d – b – c – a
- ☐ B. b – a – d – c
- ☐ C. c – d – a – b
- ☐ D. a – c – b – d
- ☐ E. Aucune de ces réponses n'est bonne

721 **Il est président du Sénat de 1958 à 1968 :**

- ☐ A. Jacques Chaban-Delmas
- ☐ B. Gaston Monnerville
- ☐ C. René Coty

722 Depuis quelle date existe-t-il un ministère de la Culture en France ?

- ☐ A. Depuis 1959
- ☐ B. Depuis 1870
- ☐ C. Depuis 1945
- ☐ D. Depuis 1981

723 Né en 1901, cet écrivain et homme politique français remporte le prix Goncourt en 1933. Ministre des Affaires culturelles, il crée les premières « maisons des jeunes et de la culture ». Il est l'auteur des *Noyers de l'Altenburg* et des *Antimémoires*. Il décède en 1976. Ses cendres sont transférées au Panthéon le 23 novembre 1996. Il s'agit de :

- ☐ A. André Malraux
- ☐ B. André Gide
- ☐ C. Albert Camus
- ☐ D. Louis Aragon
- ☐ E. Aucune de ces réponses n'est bonne

724 Quand le Général de Gaulle a-t-il été président de la République pour la première fois ?

- ☐ A. 1946
- ☐ B. 1959
- ☐ C. 1960
- ☐ D. 1965

725 Qu'est-ce que le putsch d'Alger ?

- ☐ A. La prise de l'Algérie par la France en 1830
- ☐ B. La résistance algérienne à la colonisation française
- ☐ C. La fronde armée, en 1961, de généraux français opposés à l'indépendance de l'Algérie

726 Quel évènement a accéléré l'instauration du suffrage universel direct pour l'élection présidentielle française ?

- ☐ A. L'attentat du Petit-Clamart
- ☐ B. Le putsch d'Alger
- ☐ C. L'assassinat de John Fitzgerald Kennedy

727 L'élection du président de la République française au suffrage universel figure dans la constitution depuis :

- ☐ A. 1965
- ☐ B. 1958
- ☐ C. 1962

728 En quelle année le président de la République a-t-il été élu pour la première fois au suffrage universel direct ?

- ☐ A. 1945
- ☐ B. 1958
- ☐ C. 1965
- ☐ D. 1969

729 Qui était l'adversaire du Général de Gaulle au second tour de l'élection présidentielle ?

- ☐ A. Pierre Mendès France
- ☐ B. François Mitterrand
- ☐ C. Alain Poher
- ☐ D. Jacques Duclos

730 Quel homme politique français a traité l'ONU de « machin » ?

- ☐ A. Charles de Gaulle
- ☐ B. Pierre Mendès France
- ☐ C. François Mitterrand
- ☐ D. Georges Pompidou

731 Quels accords sont conclus à la suite des événements de mai 1968 ?

- ☐ A. Les accords de Bercy
- ☐ B. Les accords de Grenelle
- ☐ C. Les accords de Charléty
- ☐ D. Les accords de Matignon

732 Quel militaire le président Charles de Gaulle rencontre-t-il secrètement en Allemagne en mai 1968 ?

- ☐ A. Le général Leclerc
- ☐ B. Le général Massu
- ☐ C. Le général Salan
- ☐ D. Le général Bigeard

733 Dans quel ordre ces Premiers ministres ont-il exercé leur mandat ?

- ☐ A. Debré / Pompidou / Couve de Murville / Chaban-Delmas
- ☐ B. Pompidou / Debré / Chaban-Delmas / Mauroy
- ☐ C. Debré / Chaban-Delmas / Pompidou / Giscard d'Estaing
- ☐ D. Pompidou / Debré / Chaban-Delmas / Messmer

734 Sous la présidence du Général de Gaulle, lequel de ces hommes politiques n'a pas été Premier ministre ?

- ☐ A. Georges Pompidou
- ☐ B. Maurice Couve de Murville
- ☐ C. Jacques Chaban-Delmas
- ☐ D. Michel Debré
- ☐ E. Aucune de ces réponses n'est bonne

735 Quelles fonctions le président de la République Charles de Gaulle n'a pas exercées ?

- ☐ A. Président du Conseil
- ☐ B. Maire de Colombey-les-Deux-Eglises
- ☐ C. Député

736 Quel est le symbole gaulliste ?

- ☐ A. La fleur de lys
- ☐ B. La colombe
- ☐ C. La croix de Lorraine

737 Le référendum de 1969, à la suite duquel le Général de Gaulle démissionne, portait sur :

- ☐ A. La réduction du mandat présidentiel à cinq ans
- ☐ B. La politique nucléaire de la France
- ☐ C. Son attitude sur la question du Québec libre
- ☐ D. La réforme du Sénat et la régionalisation

738 En quelle année la SFIO (Section française de l'internationale ouvrière) est rebaptisée Parti socialiste ?

- ☐ A. 1905
- ☐ B. 1936
- ☐ C. 1969
- ☐ D. 1981

739 Le Général de Gaulle est mort en :

- ☐ A. 1969
- ☐ B. 1974
- ☐ C. 1970

740 Georges Pompidou fut président de la République entre :

- ☐ A. 1969 et 1974
- ☐ B. 1970 et 1975
- ☐ C. 1969 et 1976
- ☐ D. 1970 et 1974

741 L'entente électorale du PCF, du Parti socialiste et des radicaux de gauche, en 1972, est appelée :

- ☐ A. Le rassemblement de la gauche
- ☐ B. La gauche unie
- ☐ C. La gauche nouvelle
- ☐ D. Le programme commun

742 En 1972, qui dirige le PCF au moment de la signature du programme commun de la gauche ?

- ☐ A. Jacques Duclos
- ☐ B. Georges Marchais
- ☐ C. Maurice Thorez
- ☐ D. André Lajoinie

743 En quelle année a été fondé le Front National ?

- ☐ A. 1968
- ☐ B. 1972
- ☐ C. 1976

744 Quel est le club fondé en 1974, dont la réflexion est fondée sur les valeurs libérales et nationales et le rejet des principes socialistes ?

- ☐ A. Le club des jacobins
- ☐ B. Le club perspectives et réalités
- ☐ C. Le club de l'horloge

745 Qui succède à Jacques Chirac au poste de Premier ministre en 1976 ?

- ☐ A. Raymond Barre
- ☐ B. Pierre Messmer
- ☐ C. François Mitterrand

746 Qui fut le premier maire de Paris du XXe siècle ?

- ☐ A. Jean Tibéri
- ☐ B. Jules Ferry
- ☐ C. Jean-Sylvain Bailly
- ☐ D. Jacques Chirac

747 Qui a fondé le Rassemblement pour la République (RPR) ?

- ☐ A. Nicolas Sarkozy
- ☐ B. Charles de Gaulle
- ☐ C. Jacques Chirac
- ☐ D. George Pompidou

748 Sous quel président a été votée la loi du 17 janvier 1975 relative à l'interruption volontaire de grossesse ?

- ☐ A. Valéry Giscard d'Estaing
- ☐ B. François Mitterrand
- ☐ C. Jacques Chirac
- ☐ D. Georges Pompidou

749 Qui est la secrétaire d'Etat à la condition féminine en 1974 ?

- ☐ A. Simone Veil
- ☐ B. Yvette Roudy
- ☐ C. Véronique Neiertz
- ☐ D. Françoise Giroud
- ☐ E. Aucune de ces réponses n'est bonne

750 En France, l'âge de la majorité a été abaissé à 18 ans en :

- ☐ A. 1946
- ☐ B. 1962
- ☐ C. 1974
- ☐ D. 1981

751 A quelle période correspondent les années Mitterrand ?

- ☐ A. 1981-1988
- ☐ B. 1981-1995
- ☐ C. 1988-1995

752 Quelle fonction le président de la République François Mitterrand n'a pas exercée ?

- ☐ A. Maire de Château-Chinon
- ☐ B. Premier ministre
- ☐ C. Ministre de l'Intérieur
- ☐ D. Député

753 L'émergence du Front National dans la vie politique française se produit dans les années :

- ☐ A. 1960
- ☐ B. 1970
- ☐ C. 1980
- ☐ D. 1990

754 Qui est le Premier ministre de François Mitterrand en 1981 ?

- ☐ A. Pierre Mauroy
- ☐ B. Laurent Fabius
- ☐ C. Edouard Balladur
- ☐ D. Michel Rocard

755 Lequel de ces hommes n'a jamais été Premier ministre sous la présidence de François Mitterrand ?

- ☐ A. Laurent Fabius
- ☐ B. Lionel Jospin
- ☐ C. Jacques Chirac
- ☐ D. Edouard Balladur

756 Qui n'a jamais été Premier ministre ?

- ☐ A. Michel Rocard
- ☐ B. Valéry Giscard d'Estaing
- ☐ C. Jacques Delors
- ☐ D. Georges Pompidou

757 En quelle année a été abolie la peine de mort en France ?

- ☐ A. 1945
- ☐ B. 1981
- ☐ C. 1988
- ☐ D. 1989

758 Actuellement, combien la France compte-t-elle de partis politiques ?

- ☐ A. 285
- ☐ B. 231
- ☐ C. 177
- ☐ D. 58

759 En quelle année la loi de décentralisation a donné aux régions le rang de collectivités territoriales :

- ☐ A. Le 2 mars 1981
- ☐ B. Le 2 mars 1982
- ☐ C. Le 2 mars 1985
- ☐ D. Le 2 mars 1989
- ☐ E. Aucune de ces réponses n'est bonne

760 La première cohabitation en France a eu lieu en :

- ☐ A. 1978
- ☐ B. 1981
- ☐ C. 1986
- ☐ D. 1988

761 Le revenu minimum d'insertion (RMI) a été mis en place par :

- ☐ A. Le gouvernement de Pierre Mauroy
- ☐ B. Le gouvernement de Michel Rocard
- ☐ C. Le gouvernement de Pierre Bérégovoy
- ☐ D. Le gouvernement d'Edith Cresson

762 Quelle femme a été la première à occuper le poste de Premier ministre en France ?

- ☐ A. Simone Veil
- ☐ B. Edith Cresson
- ☐ C. Martine Aubry

763 Lequel de ces hommes n'a jamais exercé la fonction de Premier ministre ?

- ☐ A. Jacques Chirac
- ☐ B. Jean-Louis Debré
- ☐ C. Dominique de Villepin
- ☐ D. Alain Juppé

764 Lequel de ces hommes n'a jamais été Premier ministre sous Jacques Chirac ?

- ☐ A. Jean-Pierre Raffarin
- ☐ B. Alain Juppé
- ☐ C. Lionel Jospin
- ☐ D. Edouard Balladur

765 Les lois sur les 35 heures en 1998 et 2000 portent le nom de :

- ☐ A. Lois Aubry
- ☐ B. Lois Guigou
- ☐ C. Lois Roudy
- ☐ D. Lois Auroux

766 La vignette automobile créée en 1956 est supprimée en 2001 pour les véhicules des particuliers. Pour quelle raison avait-elle été instaurée ?

- ☐ A. Pour alimenter un fonds d'aide aux personnes âgées
- ☐ B. Pour éviter des taxes supplémentaires sur les prix de l'essence
- ☐ C. Pour compenser une partie des sommes versées par la Sécurité sociale aux victimes des accidents de la route
- ☐ D. Aucune de ces réponses n'est bonne : la vignette représentait seulement une recette supplémentaire dans le budget de l'Etat

767 Qui a ratifié la convention européenne des droits de l'homme ?

- ☐ A. Le Général de Gaulle
- ☐ B. Alain Poher
- ☐ C. Georges Pompidou
- ☐ D. Valéry Giscard d'Estaing

768 Qu'est-ce que le « nouveau parti socialiste » ?

- ☐ A. Un courant né en 2002 au sein du Parti socialiste pour réaffirmer ses orientations politiques de gauche
- ☐ B. Un nouveau parti qui n'a plus de rapport avec le Parti socialiste historique
- ☐ C. Le nouveau nom du Parti socialiste
- ☐ D. Le nouveau nom du Parti communiste français

769 **Laquelle de ces fonctions politiques n'a pas été exercée par Philippe Seguin ?**

- ☐ A. Maire d'Epinal
- ☐ B. Président de la Cour des comptes
- ☐ C. Président de l'Assemblée nationale
- ☐ D. Président du Conseil général de Lorraine

770 **L'avant-dernier référendum en France portait sur :**

- ☐ A. La ratification du traité de Maastricht
- ☐ B. La ratification du traité établissant une constitution pour l'Europe
- ☐ C. L'élargissement de la communauté européenne à la Turquie
- ☐ D. La durée du mandat présidentiel

771 **Qui était ministre des Affaires étrangères au moment du refus de la France de s'engager dans la guerre en Irak ?**

- ☐ A. Dominique De Villepin
- ☐ B. Philippe Douste-Blazy
- ☐ C. Michel Barnier
- ☐ D. Hubert Védrine

772 **Quelle fonction Dominique de Villepin n'a-t-il jamais occupée ?**

- ☐ A. Premier ministre
- ☐ B. Ministre de l'Intérieur
- ☐ C. Secrétaire général de l'Elysée
- ☐ D. Ambassadeur à l'ONU

773 **Qui a proposé le Contrat Première Embauche ?**

- ☐ A. Nicolas Sarkozy
- ☐ B. Jacques Chirac
- ☐ C. Dominique de Villepin
- ☐ D. François Fillon

774 **Il a été membre de la confédération paysanne :**

- ☐ A. Lionel Jospin
- ☐ B. José Bové
- ☐ C. Olivier Besancenot

775 **Que signifie l'UMP ?**

- ☐ A. Union pour la majorité présidentielle
- ☐ B. Union pour un mouvement populaire
- ☐ C. Unité du mouvement présidentiel

776 **Quel est le parti le plus à gauche dans la liste suivante ?**

- ☐ A. Le Front National
- ☐ B. Les Verts
- ☐ C. Lutte ouvrière
- ☐ D. Le Parti Communiste Français

777 **Parmi ces personnalités politiques, l'une d'elles est issue du Parti communiste français. Laquelle ?**

- ☐ A. Jean Glavany
- ☐ B. Elisabeth Guigou
- ☐ C. Marie-George Buffet
- ☐ D. Dominique Voynet

778 **Comment s'appelle le mouvement politique de Philippe de Villiers ?**

- ☐ A. Le Mouvement pour la France
- ☐ B. Le Mouvement de tous les Français
- ☐ C. Le Rassemblement pour la France et l'indépendance de l'Europe

779 **Qui est président d'honneur du MRC (Mouvement républicain et citoyen), ex-pôle républicain ?**

- ☐ A. Charles Pasqua
- ☐ B. Jean-Michel Baylet
- ☐ C. Jean-Pierre Chevènement

780 **Laquelle de ces personnalités politiques n'appartient pas à la LCR (Ligue communiste révolutionnaire) ?**

- ☐ A. Arlette Laguiller
- ☐ B. Alain Krivine
- ☐ C. Olivier Besancenot

781 **Parmi ces personnalités politiques, laquelle n'est pas rattachée au MoDem ?**

- ☐ A. Jean Lasalle
- ☐ B. Corinne Lepage
- ☐ C. Pierre Méhaignerie

782 **Jacques Chirac a choisi le 10 mai pour commémorer l'abolition de l'esclavage. A quoi se réfère cette date ?**

- ☐ A. C'est la date choisie par l'ONU pour la journée internationale de l'esclavage, en référence à l'insurrection d'Haïti en 1791
- ☐ B. C'est le jour où a été votée la loi Taubira qui déclare que la République française reconnaît que la traite négrière d'une part et l'esclavage d'autre part constituent un crime contre l'humanité (10 mai 2001)
- ☐ C. C'est la date, en 1794, de l'abolition de l'esclavage dans les colonies par la Convention
- ☐ D. C'est la date, en 1848, de l'abolition définitive de l'esclavage dans les colonies françaises

783 **La loi Dalo, votée en 2007, traite :**

- ☐ A. De l'accueil des enfants étrangers
- ☐ B. Des conditions de l'immigration
- ☐ C. De l'interdiction de fumer dans les lieux publics
- ☐ D. Du droit au logement

784 **Au premier tour de l'élection présidentielle de 2007, le candidat arrivé en quatrième position était :**

- ☐ A. Jean-Marie Le Pen
- ☐ B. François Bayrou
- ☐ C. Philippe De Villiers
- ☐ D. Olivier Besancenot

785 **Qui a été le 6e président de la Cinquième République ?**

- ☐ A. Nicolas Sarkozy
- ☐ B. François Hollande
- ☐ C. Jacques Chirac
- ☐ D. François Mitterrand

786 **Nicolas Sarkozy a créé un nouveau ministère dès son élection :**

- ☐ A. Le ministère de l'Immigration et de l'Identité nationale
- ☐ B. Le ministère de l'Identité nationale
- ☐ C. Le ministère de l'Immigration, de l'Intégration, de l'Identité nationale et du Co-développement
- ☐ D. Le ministère de la Revalorisation du travail

787 **Quel homme politique a été élu à la présidence de l'Assemblée nationale après les élections législatives de 2007 ?**

- ☐ A. Jean-Marc Ayrault
- ☐ B. Jean-François Copé
- ☐ C. Patrick Ollier
- ☐ D. Bernard Accoyer
- ☐ E. François Hollande

788 **Quelle promesse faite par Jacques Chirac au président brésilien Lula, Nicolas Sarkozy s'est-il engagé à tenir ?**

☐ A. Etablir une liaison fluviale entre la Guyane et le Brésil
☐ B. Construire un pont qui enjamberait le fleuve Oyapock
☐ C. Augmenter l'aide au développement du Brésil
☐ D. Développer l'agriculture écologique du Brésil

789 **Quel est le nom du mouvement politique créé par François Bayrou après le premier tour de l'élection présidentielle de 2007 ?**

☐ A. Le MoDem
☐ B. L'UDF
☐ C. Le parti démocrate

790 **De quelle formation politique Jean-Louis Borloo a-t-il pris la présidence en 2007 ?**

☐ A. Le MoDem
☐ B. Le Nouveau centre
☐ C. Le Parti radical
☐ D. L'UMP
☐ E. Le RPR

791 **Quelles sont les affirmations exactes à propos de la loi TEPA du 21 août 2007 ?**

☐ A. Elle permet une défiscalisation des heures supplémentaires
☐ B. Elle permet un crédit d'impôt sur le revenu (IR) sur les intérêts d'emprunt immobilier
☐ C. Elle allège les droits de succession
☐ D. Elle aménage l'impôt de solidarité sur la fortune

792 **Quelles sont les affirmations exactes à propos de la loi renforçant la lutte contre la récidive des majeurs et des mineurs de août 2007 ?**

☐ A. L'instauration de peines minimales en cas de récidive (peines plancher)
☐ B. L'exclusion possible de l'excuse de minorité pour les récidivistes de plus de 16 ans
☐ C. La création de 20 000 places de prison supplémentaires
☐ D. L'injonction de soins, notamment pour les auteurs d'agressions sexuelles

793 **En France, le 1er février 2007 est la date d'entrée en vigueur de :**

☐ A. L'interdiction de fumer dans les lieux publics
☐ B. L'interdiction de boire de l'alcool dans la rue
☐ C. L'interdiction de tapage nocturne après 22 heures

794 **Quelles sont les affirmations exactes à propos de la loi création et Internet du 12 juin 2009 ?**

☐ A. Elle crée une « Haute autorité pour la diffusion des œuvres et la protection des droits sur Internet »
☐ B. Elle introduit un mécanisme de sanctions graduelles
☐ C. Elle prévoit une peine de 6 mois de prison et 75 000 € d'amende pour tout citoyen téléchargeant abusivement des fichiers sur Internet et ne tenant pas compte des rappels à l'ordre
☐ D. Elle introduit le concept de responsabilité des propriétaires de bornes wi-fi

795 L'abolition de la peine de mort est inscrite dans la constitution française depuis :

- ☐ A. 1981
- ☐ B. 1989
- ☐ C. 2007
- ☐ D. 2010

796 Qui a supprimé la double peine, abrogeant ainsi l'automaticité de l'interdiction de séjour en France pour les étrangers condamnés pour un crime à l'issue de l'exécution de leur peine ?

- ☐ A. François Mitterrand
- ☐ B. Lionel Jospin
- ☐ C. Jacques Chirac
- ☐ D. Nicolas Sarkozy

797 Quel est le nom de la commission présidée par Jacques Attali, chargée en août 2007 de remettre des propositions de réformes au gouvernement actuel ?

- ☐ A. La commission pour la libération de la croissance française
- ☐ B. La commission pour la libération du pouvoir d'achat français
- ☐ C. La commission pour la croissance française
- ☐ D. La commission pour le pouvoir d'achat des français

798 Eva Joly, Noël Mamère, Cécile Duflot appartiennent à une même famille politique. Laquelle ?

- ☐ A. Le Parti socialiste
- ☐ B. Europe écologie les Verts
- ☐ C. Lutte ouvrière

799 Lors des élections municipales de 2008, quelle ville française est restée à droite ?

- ☐ A. Lyon
- ☐ B. Marseille
- ☐ C. Paris
- ☐ D. Toulouse

800 En 2014, combien de députés européens les électeurs français ont-ils élus au Parlement européen ?

- ☐ A. 74
- ☐ B. 30
- ☐ C. 150
- ☐ D. 12

801 Le RSA s'est généralisé dans toute la France en juin 2009 à la place du RMI. Mais que signifie RSA ?

- ☐ A. Revenu de solidarité active
- ☐ B. Retraite solidaire accompagnée
- ☐ C. Revenu social d'activité

802 En France, qui est fin 2009 ministre de l'Education nationale ?

- ☐ A. Luc Châtel
- ☐ B. Xavier Darcos
- ☐ C. Michel Mercier
- ☐ D. Valérie Pécresse

803 La question posée par le référendum organisé en Guyane et en Martinique en janvier 2010 portait sur :

- ☐ A. Leur autonomie
- ☐ B. Leur indépendance
- ☐ C. L'organisation des élections régionales
- ☐ D. La réforme du système éducatif local

804 A la suite de la consultation référendaire de la population du 29 mars 2009, Mayotte est devenue en 2011 :

- ☐ A. Une collectivité d'outre-mer
- ☐ B. Un département d'outre-mer
- ☐ C. Un territoire d'outre-mer

805 Quelle personnalité politique est nommée premier président de la Cour des comptes en conseil des ministres le 23 février 2010 ?

- ☐ A. Michel Charasse
- ☐ B. Hubert Haenel
- ☐ C. Didier Migaud
- ☐ D. Jérôme Cahuzac

806 En France, lors du remaniement ministériel de mars 2010, qui remplace Eric Woerth au poste de ministre du Budget ?

- ☐ A. François Baroin
- ☐ B. Marc-Philippe Daubresse
- ☐ C. Jean-Marie Bockel
- ☐ D. Valérie Létard

2. Institutions de la Ve République

807 Sous la Ve République, lesquels de ces pouvoirs le président de la République possède-t-il ?

- ☐ A. Il peut dissoudre l'Assemblée nationale
- ☐ B. Il peut adresser des messages au Parlement
- ☐ C. Il a le droit de grâce
- ☐ D. Il préside le conseil des ministres

808 Le président de la République peut dissoudre :

- ☐ A. Le Sénat
- ☐ B. L'Assemblée nationale
- ☐ C. Le Conseil constitutionnel
- ☐ D. Le Parlement

809 Quelle est la phrase inexacte ? La Constitution :

- ☐ A. Peut être révisée par le président de la République seulement
- ☐ B. Ne peut être révisée lorsqu'il est porté atteinte à l'intégrité du territoir
- ☐ C. Ne peut être révisée lorsque l'article 16 est appliqué

810 La révision de la Constitution ne peut porter sur :

- ☐ A. Le titre IX
- ☐ B. L'article 16
- ☐ C. La forme républicaine du gouvernement

811 L'article de la Constitution donnant, en cas de crise grave, des pouvoirs étendus au président de la République est :

- ☐ A. L'article 1er
- ☐ B. L'article 16
- ☐ C. L'article 39
- ☐ D. L'article 49

812 La dissolution de l'Assemblée nationale est prévue dans la Constitution de 1958 :

- ☐ A. A l'article 10
- ☐ B. A l'article 17
- ☐ C. A l'article 12
- ☐ D. A l'article 18

813 Qu'appelle-t-on le domaine réservé du président de la République ?

- ☐ A. Les chasses présidentielles
- ☐ B. Les affaires étrangères
- ☐ C. La défense nationale
- ☐ D. La sécurité intérieure

814 Laquelle de ces fonctions n'appartient pas au président de la République ?

- ☐ A. Nommer le Premier ministre
- ☐ B. Présider le Conseil des ministres
- ☐ C. Engager la responsabilité du gouvernement devant l'Assemblée nationale
- ☐ D. Disposer du droit de grâce

815 Les anciens présidents de la République sont de droit :

- ☐ A. Députés
- ☐ B. Sénateurs
- ☐ C. Membres du Conseil constitutionnel

816 Selon l'article 68 de la Constitution du 4 octobre 1958, le président de la République n'est pas responsable des actes accomplis dans l'exercice de ses fonctions, sauf en cas de haute trahison. En ce cas il est jugé par :

- ☐ A. Le Conseil d'Etat
- ☐ B. Le Conseil supérieur de la magistrature
- ☐ C. La Haute Cour de justice
- ☐ D. Le Conseil constitutionnel

817 Selon l'article 20 de la Constitution de 1958, qui « détermine et conduit la politique de la nation » ?

- ☐ A. Le gouvernement
- ☐ B. Le président de la République
- ☐ C. Le Parlement
- ☐ D. La Haute Cour

818 Qui, selon l'article 21 de la Constitution de 1958, est responsable de la défense nationale ?

- ☐ A. Le président de la République
- ☐ B. Le ministre de la Défense
- ☐ C. Le Premier ministre
- ☐ D. Le gouvernement

819 Quel article de la Constitution française de 1958 traite de la nomination du Premier ministre ?

- ☐ A. L'article 2
- ☐ B. L'article 8
- ☐ C. L'article 16
- ☐ D. L'article 20

820 Dans lequel de ces quatre hôtels est installé le Premier ministre ?

- ☐ A. Hôtel de Castries
- ☐ B. Hôtel de Clermont
- ☐ C. Hôtel Matignon
- ☐ D. Hôtel de Roquelaure

821 En France, les membres du gouvernement, excepté le Premier ministre, sont nommés par :

- ☐ A. Un arrêté du Premier ministre
- ☐ B. Un décret du président de la République contresigné par le Premier ministre
- ☐ C. Un référendum
- ☐ D. Un vote du Parlement

822 **L'article 49 alinéa 3 de la Constitution de 1958 permet :**

- ☐ A. A l'Assemblée nationale de refuser de se prononcer sur un texte qu'elle juge inconstitutionnel
- ☐ B. Au Premier ministre d'engager la responsabilité du gouvernement sur un texte devant l'Assemblée nationale
- ☐ C. Au président de la République de faire voter une loi sans délibération du Conseil des ministres

823 **Le Premier ministre ne peut pas :**

- ☐ A. Dissoudre l'Assemblée nationale
- ☐ B. Présenter la démission du gouvernement
- ☐ C. Exercer le pouvoir règlementaire
- ☐ D. Faire une déclaration de politique générale au Sénat

824 **La nature des fonctions incombant respectivement au président de la République et au Premier ministre est précisée par la Constitution du 4 octobre 1958. Parmi les affirmations suivantes, laquelle est erronée ?**

- ☐ A. Le président de la République est le chef des armées
- ☐ B. Le Premier ministre est responsable de la défense national
- ☐ C. Le président de la République promulgue les lois
- ☐ D. Le Premier ministre signe les ordonnances et les décrets délibérés en Conseil des ministres

825 **Un cabinet ministériel est :**

- ☐ A. La pièce du ministère réservée au ministre
- ☐ B. La réunion des ministres les plus importants
- ☐ C. L'équipe des collaborateurs d'un ministre

826 **Les ordonnances sont prises par :**

- ☐ A. L'Assemblée nationale
- ☐ B. Le Parlement
- ☐ C. Le gouvernement
- ☐ D. Le président de la République

827 **Un acte de gouvernement est :**

- ☐ A. Un acte adopté en Conseil des ministres
- ☐ B. Un acte insusceptible de faire l'objet d'un recours
- ☐ C. Un acte pris par le Premier ministre

828 **Qui est le garde des Sceaux ?**

- ☐ A. Le ministre des Finances
- ☐ B. Le ministre de la Justice
- ☐ C. Le ministre des Affaires étrangères
- ☐ D. Le ministre de la Culture

829 **Quel ministre occupe la place Beauvau ?**

- ☐ A. Ministre de l'Intérieur
- ☐ B. Ministre des Affaires étrangères
- ☐ C. Ministre de l'Education nationale
- ☐ D. Ministre de la Justice

830 **Quel ministère se trouve place Vendôme ?**

- ☐ A. Le ministère de l'Intérieur
- ☐ B. Le ministère de la Justice
- ☐ C. Le ministère des Affaires étrangères
- ☐ D. Le ministère de la Santé

831 Quel ministère gère le budget le plus important ?

- ☐ A. La Défense
- ☐ B. L'Intérieur
- ☐ C. L'Education nationale
- ☐ D. L'Emploi et la Solidarité
- ☐ E. Aucune de ces réponses n'est bonne

832 Qui statue sur les infractions pénales commises par les ministres dans l'exercice de leurs fonctions ?

- ☐ A. La Cour de justice de la République
- ☐ B. La Cour de discipline budgétaire et financière
- ☐ C. La Haute Cour de justice
- ☐ D. La Cour d'assises
- ☐ E. Aucune de ces réponses n'est bonne

833 Le Parlement comprend :

- ☐ A. Une assemblée
- ☐ B. Deux assemblées
- ☐ C. Trois assemblées

834 Un système législatif dans lequel le Parlement est composé de deux chambres correspond à la définition :

- ☐ A. D'un système bicéphale
- ☐ B. D'un système bipolaire
- ☐ C. Du bicamérisme
- ☐ D. Du bipartisme

835 Qu'est-ce qu'un régime parlementaire ?

- ☐ A. Un régime comprenant un Parlement
- ☐ B. Un régime dans lequel le président est élu par le Parlement
- ☐ C. Un régime où le gouvernement est responsable devant le Parlement

836 Sous la Ve République, il y a cohabitation quand :

- ☐ A. Le Sénat et l'Assemblée nationale sont de majorité différente
- ☐ B. Le président de la République et le Premier ministre sont de partis opposés
- ☐ C. Le président de la République et la majorité des députés sont de partis opposés
- ☐ D. La majorité de l'Assemblée nationale appartient au même parti que le président

837 Quel mandat électif est compatible avec la fonction de membre du gouvernement ?

- ☐ A. Le mandat de député français
- ☐ B. Le mandat de sénateur
- ☐ C. Le mandat de maire
- ☐ D. Le mandat de député européen

838 Le Parlement vote chaque année une loi de financement de la sécurité sociale :

- ☐ A. Vrai
- ☐ B. Faux

839 Parmi les associations suivantes reliant un organe ou une institution de la République et un bâtiment connu, laquelle est fausse ?

- ☐ A. Palais du Luxembourg – Sénat
- ☐ B. Palais Bourbon – Premier ministre
- ☐ C. Palais-Royal – Conseil d'Etat

840 Où est hébergée la Cour des comptes à Paris ?

- ☐ A. Au palais du Luxembourg
- ☐ B. Au Palais-Royal
- ☐ C. Au ministère des Finances à Bercy
- ☐ D. Rue Cambon

841 Le Conseil d'Etat siège :

☐ A. Au palais du Luxembourg
☐ B. Au palais de l'Elysée
☐ C. Au Palais-Royal
☐ D. Au palais Bourbon

842 Dans quelle ville se situe « la lanterne », résidence d'Etat de la République française ?

☐ A. A Versailles
☐ B. A Bordeaux
☐ C. A Nice
☐ D. A Marseille

843 Quand un parlementaire est nommé membre du gouvernement :

☐ A. Il se met en congé pour le temps de sa fonction de ministre
☐ B. Il garde son poste et fait les deux
☐ C. Les fonctions sont incompatibles et il démissionne
☐ D. Aucune de ces réponses n'est bonne

844 Une session parlementaire, c'est :

☐ A. La période durant laquelle le Parlement siège
☐ B. Un repas officiel
☐ C. Le jour où l'on vote la loi
☐ D. Le début des vacances parlementaires

845 La session parlementaire ordinaire dure :

☐ A. Un semestre
☐ B. Huit mois
☐ C. Neuf mois
☐ D. Toute l'année

846 L'année parlementaire débute :

☐ A. Le 1er janvier
☐ B. Le 1er septembre
☐ C. Le 1er octobre

847 Le Parlement est réuni en session extraordinaire :

☐ A. A la demande du président du Sénat ou du président de l'Assemblée nationale
☐ B. A la demande de la majorité des membres composant le Sénat ou de la majorité des membres composant l'Assemblée nationale
☐ C. A la demande du Premier ministre ou de la majorité des membres composant l'Assemblée nationale

848 L'une des quatre affirmations suivantes est fausse, laquelle ?

La conférence des présidents :

☐ A. N'est réunie que trois fois par session Parlementaire (octobre-janvier-avril)
☐ B. Accueille le ministre chargé des relations avec le Parlement
☐ C. Sert à fixer l'ordre du jour du Sénat et à organiser les débats en séance publique
☐ D. Compte notamment les vice-présidents du Sénat et les présidents des commissions

849 Le Parlement doit être consulté avant :

☐ A. La déclaration de l'état d'urgence
☐ B. La mise en œuvre de l'article 16 de la Constitution
☐ C. La déclaration de l'état de siège

850 Lorsque l'état d'urgence est déclaré, le Parlement :

- ☐ A. Se réunit de plein droit
- ☐ B. Doit autoriser la prolongation de l'état d'urgence
- ☐ C. Dessaisit l'autorité administrative au bénéfice de l'autorité militaire

851 Le délai imposé au Parlement pour se prononcer définitivement sur le budget :

- ☐ A. Est de 40 jours
- ☐ B. Est de 70 jours
- ☐ C. Commence à courir le premier mardi d'octobre

852 Parmi ces pouvoirs, quel est celui dont ne disposent pas les parlementaires pour contrôler l'action du gouvernement ?

- ☐ A. Créer des commissions d'enquête
- ☐ B. Poser des questions écrites et des questions orales aux ministres
- ☐ C. Révoquer des préfets
- ☐ D. Faire auditionner les ministres par les commissions permanentes

853 L'une des quatre affirmations suivantes est vraie, laquelle ?

La loi est promulguée…

- ☐ A. Après qu'elle ait été adoptée par le Parlement
- ☐ B. A l'issue du Conseil des ministres
- ☐ C. Par le président du Conseil constitutionnel
- ☐ D. Si le Conseil d'Etat en est d'accord

854 Qu'est-ce qui différencie un projet de loi d'une proposition de loi ?

- ☐ A. L'objet du texte
- ☐ B. La durée d'examen du texte
- ☐ C. L'auteur du dépôt du texte
- ☐ D. L'assemblée parlementaire où le dépôt du texte se fait en premier

855 Le droit d'amendement appartient :

- ☐ A. Au gouvernement
- ☐ B. Aux députés et aux sénateurs seuls
- ☐ C. Au gouvernement, aux députés et aux sénateurs

856 Un amendement est :

- ☐ A. Un projet de loi relatif aux amendes pénales
- ☐ B. Une motion de procédure demandant au gouvernement d'améliorer une politique donnée y consacrant davantage de crédits
- ☐ C. Un vote demandant au gouvernement de dire la vérité sur une affaire complexe
- ☐ D. Une modification proposée à un texte législatif discutée par le Parlement

857 La commission mixte paritaire est :

- ☐ A. Convoquée à l'initiative du Premier ministre
- ☐ B. Convoquée à l'initiative du président de l'Assemblée nationale ou du président du Sénat
- ☐ C. Obligatoirement réunie avant l'adoption définitive d'un projet de loi

858 Le nombre de députés et de sénateurs titulaires composant une commission mixte paritaire est :

- ☐ A. 10
- ☐ B. 13
- ☐ C. 14
- ☐ D. Variable selon le nombre de commissions permanentes intéressées

859 Avant qu'un texte de loi ordinaire soit définitivement adopté, il faut toujours que :

- ☐ A. L'Assemblée nationale et le Sénat l'aient examiné chacun au moins une fois
- ☐ B. L'Assemblée nationale et le Sénat l'aient examiné chacun au moins deux fois
- ☐ C. L'Assemblée nationale et le Sénat l'aient adopté exactement dans les mêmes termes

860 Dire que l'urgence est déclarée par le gouvernement sur un texte signifie :

- ☐ A. Que l'Assemblée nationale doit se réunir 24 heures sur 24 tant qu'il n'est pas adopté
- ☐ B. Qu'il ne sera examiné qu'une fois, en tout et pour tout, par l'Assemblée nationale et par le Sénat
- ☐ C. Que le Parlement doit l'examiner à compter du lendemain de son adoption en Conseil des ministres
- ☐ D. Que le Premier ministre peut réunir la commission mixte paritaire après une seule lecture dans chaque assemblée

861 Le rapporteur d'un texte de loi est :

- ☐ A. Elu par ses collègues de commission
- ☐ B. Désigné par le gouvernement
- ☐ C. Nommé par le président du Sénat
- ☐ D. Tiré au sort en séance publique

862 Le nombre des commissions permanentes de l'Assemblée nationale et du Sénat est fixé par :

- ☐ A. Leurs présidents
- ☐ B. Leurs règlements
- ☐ C. La Constitution

863 Au plan parlementaire, les Français établis hors de France :

- ☐ A. Ne sont représentés qu'à l'Assemblée nationale
- ☐ B. Ne sont représentés qu'au Sénat
- ☐ C. Sont représentés à l'Assemblée nationale et au Sénat
- ☐ D. Ne sont pas représentés au Parlement

864 Pour l'aider à assumer son mandat électif, chaque sénateur ou député peut recruter :

- ☐ A. Des animateurs parlementaires
- ☐ B. Des assistants parlementaires
- ☐ C. Des fonctionnaires parlementaires
- ☐ D. Des rédacteurs parlementaires

865 Le congrès du Parlement est :

- ☐ A. La réunion des membres du Sénat et de l'Assemblée nationale
- ☐ B. La réunion des membres des groupes politiques composant la majorité de l'Assemblée nationale
- ☐ C. La réunion des seuls présidents des groupes politiques de l'Assemblée nationale et du Sénat

866 Le congrès du Parlement se réunit :

- ☐ A. Au château de Versailles
- ☐ B. Au palais des Congrès
- ☐ C. Au palais Bourbon

867 Le congrès du Parlement est réuni pour :

- ☐ A. Elire le Premier ministre
- ☐ B. Modifier la Constitution
- ☐ C. Promulguer une loi

868 L'ordre du jour prioritaire des séances publiques est la liste :

- ☐ A. Des propositions de loi que le Sénat a décidé de voter
- ☐ B. Des questions que le président de la République souhaite voir aborder par le Parlement
- ☐ C. Des textes dont le gouvernement a décidé la discussion et l'ordre d'examen
- ☐ D. Des projets de loi en attente de commission mixte paritaire

869 Les députés sont élus pour :

- ☐ A. 4 ans
- ☐ B. 5 ans
- ☐ C. 6 ans
- ☐ D. 7 ans

870 Combien l'Assemblée nationale compte-t-elle de députés ?

- ☐ A. 477
- ☐ B. 547
- ☐ C. 577
- ☐ D. 587

871 L'âge minimum pour être élu député est de :

- ☐ A. 18 ans
- ☐ B. 23 ans
- ☐ C. 35 ans

872 Si des députés s'opposent au gouvernement, ils peuvent :

- ☐ A. Déposer une motion de censure
- ☐ B. Dissoudre l'Assemblée
- ☐ C. Renverser le gouvernement
- ☐ D. Changer le Premier ministre

873 Quelle est la conséquence d'une motion de censure adoptée par l'Assemblée nationale ?

- ☐ A. De nouvelles élections législatives
- ☐ B. L'interdiction faite au gouvernement de publier une loi
- ☐ C. La démission du gouvernement
- ☐ D. La démission du président de la République

874 Où siège le président de l'Assemblée nationale ?

- ☐ A. Au milieu de l'hémicycle
- ☐ B. Au « perchoir »
- ☐ C. Sur la « chaise haute »

875 Est fausse l'une des trois affirmations suivantes :

- ☐ A. Seule l'Assemblée nationale peut être dissoute
- ☐ B. Seule l'Assemblée nationale peut destituer le président de la République
- ☐ C. Seule l'Assemblée nationale peut adopter une motion de censure

876 A l'Assemblée nationale, un député peut être membre, simultanément, de deux :

- ☐ A. Commissions permanentes
- ☐ B. Groupes d'amitié
- ☐ C. Groupes politiques

877 Si vous présidiez la séance publique à l'Assemblée nationale, les députés du front de gauche :

- ☐ A. Se trouveraient à votre gauche
- ☐ B. Vous feraient face
- ☐ C. Se trouveraient à votre droite

878 Depuis 2011, un sénateur est élu pour :

- ☐ A. 3 ans
- ☐ B. 4 ans
- ☐ C. 6 ans
- ☐ D. 9 ans

879 Combien d'élus siègent au Sénat depuis octobre 2011 ?

- ☐ A. 192
- ☐ B. 252
- ☐ C. 348
- ☐ D. 383

880 En France, comment les sénateurs sont-ils élus ?

- ☐ A. Au suffrage universel indirect
- ☐ B. Au suffrage universel direct uninominal à 2 tours
- ☐ C. Au suffrage universel direct à la proportionnelle à 1 tour
- ☐ D. Au suffrage universel direct uninominal à 1 tour

881 Les sénateurs sont :

- ☐ A. Tous élus au scrutin proportionnel
- ☐ B. Pour certains, élus au scrutin proportionnel, pour d'autres, élus au scrutin majoritaire à deux tours
- ☐ C. Elus au scrutin proportionnel dans les départements composant la région Ile-de-France et au scrutin majoritaire à deux tours dans les autres départements
- ☐ D. Tous élus au scrutin majoritaire à deux tours

882 Ne font pas partie du collège électoral des sénateurs :

- ☐ A. Les députés européens
- ☐ B. Les conseillers généraux
- ☐ C. Les délégués des communes
- ☐ D. Les députés

883 Depuis 2011, sur quelle proportion porte le renouvellement des membres du Sénat ?

- ☐ A. Le quart des effectifs
- ☐ B. Le tiers des effectifs
- ☐ C. La moitié des effectifs
- ☐ D. La totalité des effectifs

884 Depuis 2011, un citoyen peut être élu sénateur à partir de :

- ☐ A. 23 ans
- ☐ B. 24 ans
- ☐ C. 30 ans

885 Le président du Sénat est :

- ☐ A. Nommé par le président de la République
- ☐ B. Nommé par le Premier ministre
- ☐ C. Elu par l'ensemble des sénateurs
- ☐ D. Elu par les citoyens

886 Depuis 2011, le mandat du président du Sénat est de :

- ☐ A. Un an
- ☐ B. Trois ans
- ☐ C. Cinq ans
- ☐ D. La même durée que le mandat des sénateurs

887 D'après l'article 7 de la Constitution, en cas de vacance de la présidence de la République pour quelque raison que ce soit, ou d'empêchement constaté par le Conseil constitutionnel saisi par le gouvernement et statuant à la majorité de ses membres, les fonctions du président de la République sont provisoirement exercées par :

- ☐ A. Le président du Conseil constitutionnel
- ☐ B. Le Premier ministre
- ☐ C. Le président du Sénat
- ☐ D. Le président de l'Assemblée nationale
- ☐ E. Aucune de ces réponses n'est bonne

888 Qui peut remplacer un sénateur décédé ?

- ☐ A. Son assistant parlementaire
- ☐ B. Son suppléant
- ☐ C. Son suivant de liste
- ☐ D. Aucune de ces réponses n'est bonne

889 Pour constituer un groupe politique au Sénat, il faut réunir au moins :

- ☐ A. 10 sénateurs
- ☐ B. 12 sénateurs
- ☐ C. 15 sénateurs

890 Au Sénat, il y a, au maximum :

- ☐ A. Cinq commissions permanentes
- ☐ B. Six commissions permanentes
- ☐ C. Huit commissions permanentes

891 Le Sénat peut :

- ☐ A. Voter une motion pour renverser le gouvernement
- ☐ B. Refuser définitivement l'adoption d'un projet de loi constitutionnelle
- ☐ C. Prononcer la destitution du président de la République

892 Le rôle d'un questeur au Sénat, c'est :

- ☐ A. De présider le groupe politique
- ☐ B. De rapporter lors d'une séance
- ☐ C. D'assurer la gestion du Sénat

893 Sur le Sénat, laquelle des quatre affirmations suivantes est vraie ?

- ☐ A. Pour être élu sénateur, il faut obligatoirement être maire
- ☐ B. Pour élire un sénateur, il faut obligatoirement être maire
- ☐ C. Le président du Sénat nomme deux membres du Conseil constitutionnel
- ☐ D. Le président de la République n'a pas le droit de se rendre au Sénat

894 Les juristes appellent également le Sénat :

- ☐ A. La Haute Assemblée
- ☐ B. L'agora
- ☐ C. Le conseil des anciens

895 Lorsque l'Etat transfère des compétences à des collectivités territoriales, il :

- ☐ A. Décentralise
- ☐ B. Délocalise
- ☐ C. Déconcentre

896 La loi du 12 juillet 1999 porte sur :

- ☐ A. La déconcentration
- ☐ B. La fonction publique territoriale
- ☐ C. Le transfert de compétences de l'Etat aux collectivités territoriales
- ☐ D. L'intercommunalité

897 Les collectivités territoriales sont rattachées à un ministère. Lequel ?

- ☐ A. Le ministère du Budget, des Comptes publics et de la Fonction publique
- ☐ B. Le ministère de l'Intérieur, de l'Outre-mer et des Collectivités territoriales
- ☐ C. Le ministère du Travail, des Relations sociales, de la Famille et de la Solidarité

898 La création d'une nouvelle collectivité territoriale suppose :

- ☐ A. Une modification de la Constitution
- ☐ B. Une loi
- ☐ C. Un décret en Conseil d'Etat

899 Lesquels de ces services déconcentrés de l'Etat ne sont pas soumis à l'autorité hiérarchique du préfet ?

- ☐ A. Les services de l'éducation nationale
- ☐ B. Les services de l'équipement
- ☐ C. Les services de l'agriculture
- ☐ D. Les services de la justice
- ☐ E. Aucune de ces réponses n'est bonne

900 Laquelle de ces déclarations est fausse ?

- ☐ A. Un conseiller municipal est élu pour 6 ans
- ☐ B. L'élu à la tête du département est le président de conseil général
- ☐ C. Le préfet est le représentant de l'Etat dans le département
- ☐ D. La décision prise par le maire d'une commune de plus de 10 000 habitants s'appelle un décret

901 En quelle année les régions ont-elles été reconnues par la Constitution ?

- ☐ A. 1959
- ☐ B. 1966
- ☐ C. 1992
- ☐ D. 2003

902 La France métropolitaine compte :

- ☐ A. 20 régions
- ☐ B. 21 régions
- ☐ C. 22 régions
- ☐ D. 23 régions

903 Combien de temps dure le mandat des élus du conseil régional élus en 2010 ?

- ☐ A. 2 ans
- ☐ B. 3 ans
- ☐ C. 4 ans
- ☐ D. 5 ans

904 Le nombre de départements métropolitains est :

- ☐ A. 95
- ☐ B. 96
- ☐ C. 100

905 L'élu à la tête du département s'appelle :

- ☐ A. Le commissaire de la République
- ☐ B. Le député
- ☐ C. Le préfet
- ☐ D. Le président du Conseil général

906 Jusqu'en 2014, comment appelle-t-on l'élu dans le cadre du canton ?

- ☐ A. Le conseiller cantonal
- ☐ B. Le conseiller général
- ☐ C. Le cantonnier

907 Depuis mars 2014, les conseillers régionaux et généraux sont remplacés par :

- ☐ A. Les conseillers globaux
- ☐ B. Les conseillers territoriaux
- ☐ C. Les conseillers locaux
- ☐ D. Les conseillers exécutifs

908 La France compte environ :

- ☐ A. 24 000 communes
- ☐ B. 36 000 communes
- ☐ C. 43 000 communes

909 Laquelle de ces affirmations est fausse ?

- ☐ A. Il faut avoir 21 ans pour être maire
- ☐ B. Les élections municipales ont lieu tous les six ans
- ☐ C. Le maire est élu au suffrage universel direct
- ☐ D. Le nombre de conseillers municipaux varie selon la taille de la commune

910 Un maire est élu pour :

- ☐ A. 7 ans
- ☐ B. 5 ans
- ☐ C. 12 ans
- ☐ D. 6 ans

911 Parmi ces attributions, laquelle ne relève pas de la compétence du maire ?

- ☐ A. La publication et l'exécution des lois et règlements
- ☐ B. L'exécution des mesures de sûreté générale
- ☐ C. La représentation de l'Etat en justice
- ☐ D. Le rôle d'officier d'Etat civil

912 D'après les textes, quelle activité est du ressort de la commune ?

- ☐ A. L'urbanisme
- ☐ B. Les transports scolaires
- ☐ C. Le lycée
- ☐ D. La formation professionnelle
- ☐ E. Aucune de ces réponses n'est bonne

913 On parle souvent de la « double casquette » du maire. Cela signifie :

- ☐ A. Que le maire est à la fois un élu et un fonctionnaire de l'Etat
- ☐ B. Que le maire est à la fois représentant de l'Etat dans sa commune et organe exécutif de sa commune
- ☐ C. Que le maire, une fois élu, doit passer un concours pour devenir agent de l'Etat
- ☐ D. Que le maire est à la fois le représentant de l'Etat et le représentant du département de sa commune

914 En tant qu'officier d'Etat civil et officier de police judicaire, le maire est placé sous l'autorité :

- ☐ A. Du préfet
- ☐ B. Du commissaire de police
- ☐ C. Du président du conseil général
- ☐ D. Du ministre de l'Intérieur

915 Un conseiller municipal :

- ☐ A. Est élu pour 5 ans
- ☐ B. Peut recevoir délégation du maire
- ☐ C. Constitue l'assemblée exécutive de la commune
- ☐ D. Elit le maire

916 Un Conseil municipal doit se réunir au minimum :

- ☐ A. Toutes les semaines
- ☐ B. Tous les mois
- ☐ C. Tous les trimestres

917 Un Conseil municipal peut-il être dissous ?

- ☐ A. Non
- ☐ B. Oui, par le maire seulement
- ☐ C. Oui, par décret en Conseil des ministres

918 Comment sont adoptées les délibérations du Conseil municipal ?

- ☐ A. A l'unanimité
- ☐ B. A la majorité absolue des suffrages exprimés
- ☐ C. A la majorité absolue des membres du Conseil
- ☐ D. A la majorité simple

919 Les prévisions de recettes et de dépenses d'une commune s'appellent :

- ☐ A. Le budget primitif
- ☐ B. Le budget annexe
- ☐ C. Le budget supplémentaire

920 Lorsque le budget d'une collectivité territoriale n'est pas voté dans le délai légal, le préfet saisit :

- ☐ A. Le Tribunal de commerce
- ☐ B. La Banque de France
- ☐ C. La Chambre régionale des comptes
- ☐ D. La Cour des comptes

921 Depuis quand existent les communautés urbaines ?

- ☐ A. 1959
- ☐ B. 1966
- ☐ C. 1972
- ☐ D. 1992

922 Une communauté de communes est :

- ☐ A. Un établissement public de coopération intercommunale
- ☐ B. Un groupe de communes fusionnées
- ☐ C. Un district
- ☐ D. Un groupe de communes associées appartenant au même arrondissement
- ☐ E. Aucune de ces réponses n'est bonne

923 Quelles sont les communes soumises à un régime particulier ?

- ☐ A. Paris
- ☐ B. Marseille
- ☐ C. Toulouse
- ☐ D. Lyon

924 Les conseillers de Paris sont :

- ☐ A. Des conseillers municipaux
- ☐ B. Des conseillers régionaux
- ☐ C. Les deux

925 Institué en 1973, il a pour rôle d'améliorer les rapports entre l'administration et les administrés. Tout citoyen peut avoir recours à son aide en lui faisant parvenir sa réclamation par l'intermédiaire d'un député ou d'un sénateur. Il s'agit du :

- ☐ A. Ministre de la Fonction publique
- ☐ B. Président de la commission d'accès aux documents administratifs
- ☐ C. Président de la commission informatique et libertés
- ☐ D. Médiateur de la République

926 Les membres du Conseil économique et social sont :

- ☐ A. Elus au suffrage universel indirect
- ☐ B. Elus par les parlementaires
- ☐ C. Nommés par le gouvernement
- ☐ D. Désignés par les organisations économiques et sociales

927 Cochez chaque proposition exacte :

- ☐ A. Le préfet est le représentant de l'Etat dans le département
- ☐ B. Il existe des préfets de région
- ☐ C. Le préfet est nommé par décret du président de la République
- ☐ D. Le préfet est élu par les conseillers généraux et régionaux

928 Quel nom a-t-on donné de 1982 à 1988 aux préfets ?

- ☐ A. Commissaire de la République
- ☐ B. Lieutenant de la République
- ☐ C. Commissaire du gouvernement
- ☐ D. Capitaine du gouvernement

929 Quelle est la plus petite division administrative ?

- ☐ A. La commune
- ☐ B. Le canton
- ☐ C. L'arrondissement
- ☐ D. Le département

930 Parmi les propositions suivantes, la chambre régionale des comptes :

- ☐ A. Rend exécutoire un budget local qui n'a pas été voté en équilibre réel
- ☐ B. Rend exécutoire un budget local qui n'a pas été voté dans les délais prescrits
- ☐ C. Peut annuler un budget local
- ☐ D. Formule des propositions pour le règlement d'un budget local
- ☐ E. Aucune de ces réponses n'est bonne

931 Parmi ces quatre autorités administratives, lesquelles sont indépendantes ?

- ☐ A. Le médiateur de la République
- ☐ B. La Commission nationale de l'informatique et des libertés (CNIL)
- ☐ C. Le Conseil supérieur de l'audiovisuel (CSA)
- ☐ D. L'Autorité des marchés financiers (AMF)

932 La douane dépend du :

- ☐ A. Ministère de l'Intérieur
- ☐ B. Ministère du Budget, des Comptes publics, de la Fonction publique et de la Réforme de l'Etat
- ☐ C. Ministère des Finances et des Perceptions indirectes
- ☐ D. Ministère des Affaires européennes

933 Etablissement public local, il a en charge le recrutement et la gestion des carrières des fonctionnaires territoriaux. C'est :

- ☐ A. Le centre national de la fonction publique territoriale
- ☐ B. Le centre communal d'action sociale
- ☐ C. L'office public d'habitations à loyer modéré
- ☐ D. Le centre de gestion de la fonction publique territoriale

3. Qui fait quoi ?

934 Qui nomme les magistrats ?

- ☐ A. Le ministre de la Justice
- ☐ B. Le président de la République
- ☐ C. Le préfet
- ☐ D. Aucune de ces réponses n'est bonne

935 Quel organisme certifie les comptes de l'Etat français ?

- ☐ A. L'agence de notation Standard and Poor's
- ☐ B. Le Conseil constitutionnel
- ☐ C. La Commission européenne
- ☐ D. La Cour des comptes

936 Un préfet est :

- ☐ A. Elu par les conseillers généraux
- ☐ B. Elu par l'ensemble des maires du département
- ☐ C. Nommé par arrêté du président du conseil général
- ☐ D. Nommé par décret du président de la République

937 La juridiction qui examine les conflits de compétence entre juridictions administratives est :

- ☐ A. Le Conseil constitutionnel
- ☐ B. Le Tribunal des conflits
- ☐ C. Le Conseil d'Etat

938 Qui est le chef des armées en France ?

- ☐ A. Le militaire le plus ancien dans le grade le plus élevé
- ☐ B. Le ministre de la Défense
- ☐ C. Le Premier ministre
- ☐ D. Le président de la République
- ☐ E. Aucune de ces réponses n'est bonne

939 Dans le cadre de la Constitution de 1958, qui a l'initiative de la révision constitutionnelle ?

- ☐ A. Le président du Sénat
- ☐ B. Le Premier ministre
- ☐ C. Le président de la République sur proposition du Premier ministre
- ☐ D. Le Premier ministre sur proposition du président de la République

940 Qui est le chef de la police municipale :

- ☐ A. Le préfet
- ☐ B. Le procureur de la République
- ☐ C. Le maire

941 Qui préside le Conseil supérieur de la magistrature ?

- ☐ A. Le président de la République
- ☐ B. Le Premier ministre
- ☐ C. Le garde des Sceaux, ministre de la Justice
- ☐ D. Le président de la Cour de cassation
- ☐ E. Aucune de ces réponses n'est bonne

942 Laquelle de ces collectivités locales est spécifiquement chargé de la formation professionnelle ?

- ☐ A. Le Conseil général
- ☐ B. La commune
- ☐ C. Le Conseil régional
- ☐ D. Le département
- ☐ E. Aucune de ces réponses n'est bonne

943 L'initiative des lois appartient :

- ☐ A. Au gouvernement
- ☐ B. Concurremment au Premier ministre et aux membres du Parlement
- ☐ C. Exclusivement au Premier ministre

944 Quelle collectivité territoriale a compétence pour l'entretien et l'aménagement des écoles primaires ?

- ☐ A. L'Etat
- ☐ B. La région
- ☐ C. Le département
- ☐ D. La commune

945 Lequel de ces personnages de la République n'est pas autorisé à pénétrer au siège de l'Assemblée nationale ?

- ☐ A. Le président du Sénat
- ☐ B. Le président du Conseil supérieur de la magistrature
- ☐ C. Le président de la République

946 En France, par qui est autorisée la déclaration de guerre ?

- ☐ A. Le Parlement
- ☐ B. Le Conseil d'Etat
- ☐ C. Un référendum

947 Parmi les personnages suivants, lequel n'intervient pas dans la nomination des membres du Conseil constitutionnel ?

- ☐ A. Le Premier ministre
- ☐ B. Le président de la République
- ☐ C. Le président de l'Assemblée nationale
- ☐ D. Le président du Sénat

948 Organiser un référendum est du pouvoir :

- ☐ A. Du congrès
- ☐ B. Du Conseil constitutionnel
- ☐ C. Du gouvernement
- ☐ D. Du président de la République

949 Un arrêté ne peut pas être pris par :

- ☐ A. Un sénateur
- ☐ B. Un maire
- ☐ C. Un préfet
- ☐ D. Un ministre

950 Laquelle de ces autorités ne dispose pas d'un pouvoir de police administrative générale ?

- ☐ A. Le Premier ministre
- ☐ B. Le ministre
- ☐ C. Le préfet
- ☐ D. Le maire

951 Dans l'Etat français, qui a la charge de rendre la justice ?

- ☐ A. Le pouvoir judiciaire
- ☐ B. Le pouvoir législatif
- ☐ C. Le pouvoir exécutif

952 Qui est nommé par décret du président de la République sur proposition du ministre de l'Intérieur et du Premier ministre ?

- ☐ A. Le Conseil d'Etat
- ☐ B. Le préfet
- ☐ C. Le conseil municipal

4. Regles electorales et grands principes juridiques constitutionnels

953 Combien de parrainages un candidat à l'élection présidentielle doit-il obtenir ?

- ☐ A. 250
- ☐ B. 200
- ☐ C. 450
- ☐ D. 500

954 Quel est l'organe chargé de contrôler le déroulement de l'élection présidentielle ?

- ☐ A. Le Conseil d'Etat
- ☐ B. Le Conseil constitutionnel
- ☐ C. Le gouvernement

955 Qui proclame les résultats de l'élection présidentielle ?

- ☐ A. Le président du Sénat
- ☐ B. Le ministre de l'Intérieur
- ☐ C. Le président sortant
- ☐ D. Le président de l'Assemblée nationale

956 Pour se présenter à l'élection présidentielle, il faut :

- ☐ A. Avoir un emploi
- ☐ B. Etre électeur
- ☐ C. Obtenir 500 parrainages d'élus d'au moins trente départements
- ☐ D. Etre âgé d'au moins 21 ans

957 L'une de ces conditions n'est pas requise pour être électeur :

- ☐ A. Avoir la nationalité française
- ☐ B. Jouir de ses droits civiques et politiques
- ☐ C. Savoir lire et écrire
- ☐ D. Toutes les réponses proposées sont bonnes

958 Un ressortissant de l'Union européenne résidant en France peut voter :

- ☐ A. Aux élections législatives
- ☐ B. Aux élections municipales
- ☐ C. Aux élections présidentielles
- ☐ D. Aux élections régionales

959 Pour voter, l'électeur présente sa carte d'électeur avec :

- ☐ A. Sa carte d'identité
- ☐ B. Sa carte d'appartenance à un parti politique
- ☐ C. Son justificatif de domicile

960 Dans chaque bureau de vote français, il faut que le président soit assisté en permanence par au moins :

- ☐ A. Un assesseur
- ☐ B. Deux secrétaires de mairie
- ☐ C. Deux assesseurs

961 Laquelle de ces opérations annule le vote du scrutin dans un bureau de vote ?

- ☐ A. Prendre un exemplaire de chaque bulletin
- ☐ B. S'enfermer dans l'isoloir
- ☐ C. Mettre deux bulletins dans l'enveloppe
- ☐ D. Mettre son bulletin dans l'urne

962 Lors du dépouillement d'un scrutin, on trouve deux bulletins de deux candidats différents dans la même enveloppe. Ce vote est :

- ☐ A. Déclaré blanc
- ☐ B. Déclaré nul
- ☐ C. Déclaré valable

963 Lors des élections en France, le dépouillement est public :

- ☐ A. Vrai
- ☐ B. Faux

964 Que signifie l'expression « suffrages exprimés » ?

- ☐ A. Tous les bulletins en dehors des bulletins blancs ou nuls
- ☐ B. Tous les bulletins glissés dans l'urne
- ☐ C. Tous les bulletins en dehors des bulletins nuls

965 Lors d'élections, le « ballotage » signifie l'élimination du candidat dès le premier tour :

- ☐ A. Vrai
- ☐ B. Faux

966 Pour contester l'élection d'un parlementaire, il faut s'adresser :

- ☐ A. A l'Assemblée nationale
- ☐ B. Au Conseil constitutionnel
- ☐ C. Au conseil d'Etat
- ☐ D. Au tribunal administratif

967 Un système politique dans lequel la vie politique est dominée par deux grands courants politiques correspond à la définition :

- ☐ A. D'un système bicéphale
- ☐ B. D'une bipolarisation de la vie politique
- ☐ C. Du bicamérisme
- ☐ D. Du bipartisme

968 Une loi organique a pour objet :

- ☐ A. De modifier la Constitution
- ☐ B. De préciser le fonctionnement des pouvoirs publics
- ☐ C. De transposer une directive communautaire

969 Quel est le texte non susceptible, en France, d'un contrôle de constitutionnalité ?

- ☐ A. La loi organique
- ☐ B. La loi référendaire
- ☐ C. La loi parlementaire non promulguée
- ☐ D. Le règlement intérieur des assemblées

970 Pour examiner la constitutionnalité d'un texte législatif, le Conseil constitutionnel peut être saisi par :

- ☐ A. Le président de la République
- ☐ B. Un ministre
- ☐ C. 60 députés ou 60 sénateurs

971 **Un référendum est :**

- ☐ A. Un mode de scrutin pour élire les sénateurs
- ☐ B. Un vote pour désigner les grands électeurs
- ☐ C. L'expression des intentions électorales d'une population donnée
- ☐ D. L'expression directe du citoyen sur une ou des questions posées

972 **La hiérarchie des normes juridiques, par ordre décroissant, est la suivante :**

- ☐ A. Arrêté, décret, Constitution, loi
- ☐ B. Décret, arrêté, loi, Constitution
- ☐ C. Constitution, loi, arrêté, décret
- ☐ D. Constitution, loi, décret, arrêté

973 **Une ordonnance a pour objet :**

- ☐ A. De préciser le fonctionnement des pouvoirs publics
- ☐ B. De prendre une mesure dans une matière relevant normalement de la loi
- ☐ C. D'approuver les comptes de l'Etat
- ☐ D. De transposer une directive communautaire

974 **Le déféré préfectoral, c'est :**

- ☐ A. La règle élémentaire de politesse à l'égard du préfet compte tenu de son rang
- ☐ B. La procédure d'urgence que le préfet utilise pour régler rapidement une contestation
- ☐ C. L'acte par lequel le préfet saisit le juge administratif d'un recours en annulation
- ☐ D. L'acte de réquisition des forces de l'ordre pris par le préfet

975 **Le principe de continuité du service public a une valeur :**

- ☐ A. Constitutionnelle
- ☐ B. Législative
- ☐ C. Réglementaire

976 **Ont valeur constitutionnelle :**

- ☐ A. La Marseillaise
- ☐ B. Le drapeau tricolore bleu blanc rouge
- ☐ C. L'image de Marianne
- ☐ D. La devise « liberté, égalité, fraternité »

977 **Quelle est la représentation symbolique de la République française ?**

- ☐ A. La semeuse
- ☐ B. Le coq gaulois
- ☐ C. La Marianne

978 **Quelle est la formulation exacte de l'article 1er de la *Déclaration des droits de l'homme et du citoyen* ?**

- ☐ A. « Les hommes naissent et demeurent libres et égaux en droits ; les distinctions sociales ne peuvent être fondées que sur l'utilité commune »
- ☐ B. « Tous les hommes sont égaux par la nature et devant la loi »
- ☐ C. « Les français sont égaux devant la loi, quels que soient d'ailleurs leurs titres et leurs rangs »

979 **Comment désigne-t-on les lois qui fixent le budget de l'Etat ?**

- ☐ A. Les lois de finances
- ☐ B. Les lois de programmation
- ☐ C. Les lois de marché
- ☐ D. Les lois de prévision

980 Combien existe-t-il de fonction(s) publique(s) en France ?

☐ A. 1
☐ B. 2
☐ C. 3
☐ D. 4
☐ E. Aucune de ces réponses n'est bonne

981 Le plan Vigipirate a été créé en 1978. A quelle occasion a-t-il été déclenché pour la première fois ?

☐ A. En août 1982, lors de l'attentat de la rue des Rosiers
☐ B. En septembre 1986, lors des attentats répétés dans Paris
☐ C. En janvier 1991, à la veille de la guerre du Golfe
☐ D. En juin 1998, lors de la coupe du monde de football

982 Combien de niveaux d'alerte comprend le plan Vigipirate ?

☐ A. 3
☐ B. 4
☐ C. 5
☐ D. 6

983 Quand un plan ORSEC est déclenché dans un département, qui est directeur des opérations de secours ?

☐ A. Le maire
☐ B. Le président du Conseil d'administration du SDIS
☐ C. Le préfet
☐ D. Le directeur départemental des services d'incendie et de secours
☐ E. Aucune de ces réponses n'est bonne

6. POLITIQUE, RELATIONS INTERNATIONALES ET CONFLITS DEPUIS 1945

Ce chapitre est composé de **4 sections** pour un total de **320 questions**.

1. Vie politique étrangère
2. Histoire et fonctionnement Union européenne
3. Relations internationales et conflits
4. Organisations internationales

[A SAVOIR !]

110 Les numéros de questions de ce type signifient qu'il n'y a qu'une seule et unique réponse juste à la question posée.

111 Les numéros de questions de ce type signifient qu'il y a **plusieurs (2 ou plus) réponses possibles justes à la question**.

[UN CONSEIL IMPORTANT]

Nous vous conseillons vivement de répondre à toutes les questions d'une section avant d'en découvrir les solutions. L'erreur consiste en effet généralement à traiter une question et à vérifier aussitôt la réponse parce que l'on veut s'assurer d'avoir trouvé la réponse juste ou parce que l'on est impatient de la découvrir dans le cas où on ne la connaît pas. Si vous souhaitez sérieusement progresser, vous devez absolument vous imprégner du thème traité par la section et répondre d'un trait à toutes les questions d'une section.

[QUELQUES MOTS SUR...]

1. La vie politique étrangère [WIKIPEDIA]

La politique extérieure de la France depuis 1945 a d'abord été celle de la Quatrième République, marquée par le début de la Guerre froide et le gouvernement de la Troisième Force, puis celle du gaullisme. Après le départ de Charles de Gaulle, la France s'est engagé plus avant dans la construction européenne, qui avait commencé dès les années 1950.

2. L'Union européenne [LAROUSSE-WIKIPEDIA]

Organisation régionale européenne à vocation politique, économique et monétaire, créée par le traité de Maastricht (signé le 7 février 1992 et entré en vigueur le 1er novembre 1993), révisé par le traité d'Amsterdam (signé le 2 octobre 1997 et entré en vigueur le 1er mai 1999) et par le traité de Lisbonne (signé le 13 décembre 2007 et entré en vigueur le 1er décembre 2009) ; elle regroupe vingt-sept Etats (Allemagne, Autriche, Belgique, Bulgarie, Chypre, Danemark, Espagne, Estonie, Finlande, France, Grande-Bretagne, Grèce, Hongrie, Irlande, Italie, Lettonie, Lituanie, Luxembourg, Malte, Pays-Bas, Pologne, Portugal, République tchèque, Roumanie, Slovaquie, Slovénie, Suède) et constitue un espace politique et économique de près de 500 millions d'habitants.

3. Les relations internationales et conflits [WIKIPEDIA]

Après guerre, la France reçoit une zone d'occupation en Allemagne et intègre l'OTAN. Participant à l'ONU, la France se voit accorder un siège permanent au Conseil de sécurité à l'égal de l'URSS, des Etats-Unis, du Royaume-Uni et de la Chine. Le soutien britannique lui permet bientôt d'obtenir une bombe atomique, octroyant à la France une « force de dissuasion ». Lors de la Guerre froide, la France fait partie du bloc occidental opposé au bloc de l'Est, par son adhésion à l'Otan. Cependant De Gaulle ne tarde pas à retirer la France du commandement intégré de l'Otan pour conserver une politique internationale indépendante.

Dans le même temps, la France connaît la décolonisation. Par la colonisation elle a établi des relations particulières avec ses anciennes colonies – marquée notamment par la francophonie – mais a également endossé des obligations et responsabilités.

4. Les organisations internationales [WIKIPEDIA]

Une liste d'organisations internationales :

- Cour pénale internationale (CPI)
- Cour internationale de justice (CIJ)
- Organisation pour l'interdiction des armes chimiques (OIAC)
- Organisation pour la sécurité et la coopération en Europe (OSCE)
- Organisation des Nations unies (ONU)
- Organisation des Nations unies pour le développement industriel (ONUDI)
- Conférence des Nations unies sur le commerce et le développement (CNUCED)
- Programme des Nations unies pour le développement (PNUD)
- Programme des Nations unies pour l'environnement (PNUE)
- Programme alimentaire mondial (PAM)
- Fonds des Nations unies pour l'enfance (UNICEF)
- Haut Commissariat des Nations unies pour les réfugiés (HCR)
- Programme des Nations unies pour les établissements humains (PNUEH)
- Organisation internationale du travail (OIT)
- Organisation des Nations unies pour l'alimentation et l'agriculture (FAO)
- Organisation mondiale de la santé (OMS)
- Organisation des Nations unies pour l'éducation, la science et la culture (UNESCO)
- Banque mondiale
- Banque internationale pour la reconstruction et le développement (BIRD)
- Fonds monétaire international (FMI)
- Organisation de l'aviation civile internationale (OACI)
- Organisation maritime internationale (OMI)
- Union internationale des télécommunications (UIT)
- Organisation météorologique mondiale (OMM)
- Organisation mondiale de la propriété intellectuelle (OMPI)
- Organisation africaine de la propriété intellectuelle (OAPI)
- Fonds international de développement agricole (FIDA)
- Organisation mondiale du commerce (OMC)
- Agence internationale de l'énergie atomique (AIEA)

1. Vie politique etrangere

984 En 1945, quel président américain succède à Franklin Roosevelt ?

- ☐ A. Richard Nixon
- ☐ B. Harry Truman
- ☐ C. Lyndon Johnson
- ☐ D. Dwight David Eisenhower

985 Quel nom donne-t-on à la politique du président Kennedy à partir de 1961 ?

- ☐ A. Nouveaux horizons
- ☐ B. Amérique nouvelle
- ☐ C. Nouvelle frontière

986 Quel est l'ordre chronologique des quatre évènements suivants de l'histoire des Etats-Unis ?

1. Assassinat de J. F. Kennedy
2. Présidence de Ronald Reagan
3. Présidence de Jimmy Carter
4. Présidence de Richard Nixon

- ☐ A. 4 – 1 – 3 – 2
- ☐ B. 4 – 3 – 1 – 2
- ☐ C. 1 – 4 – 3 – 2
- ☐ D. 1 – 3 – 4 – 2

987 En quelle année le sénateur Robert Kennedy a-t-il été assassiné ?

- ☐ A. En 1953
- ☐ B. En 1963
- ☐ C. En 1968
- ☐ D. En 1970

988 Quels sont les présidents américains démocrates ?

- ☐ A. Johnson – Roosevelt – Carter – Truman
- ☐ B. Roosevelt – Kennedy – Carter – Eisenhower
- ☐ C. Eisenhower – Nixon – Hoover – Truman
- ☐ D. Johnson – Nixon – Hoover – Truman

989 Quels sont les présidents américains républicains ?

- ☐ A. Nixon – Reagan – Bush – Carter
- ☐ B. Bush – Nixon – Eisenhower – Hoover
- ☐ C. Truman – Bush – Reagan – Nixon
- ☐ D. Wilson – Reagan – Bush – Coolidge

990 Quelle liste présente un ordre chronologique correct ?

- ☐ A. Eisenhower – Kennedy – Johnson – Nixon
- ☐ B. Eisenhower – Kennedy – Johnson – Ford
- ☐ C. Ford – Carter – Reagan – Clinton
- ☐ D. Ford – Carter – Clinton – Bush

991 En 1974, le président des Etats-Unis doit démissionner à la suite d'un scandale. De quel scandale s'agit-il ?

- ☐ A. L'Irangate
- ☐ B. Le Watergate
- ☐ C. Le Towergate

992 Qui succède au président Nixon en 1974 ?

- ☐ A. Lindon B. Johnson
- ☐ B. Jimmy Carter
- ☐ C. Gerald Ford
- ☐ D. Ronald Reagan

993 **Avec quelle femme Bill Clinton provoque un scandale en 1998 ?**

- ☐ A. Monica Lewinski
- ☐ B. Marilyn Monroe
- ☐ C. Hillary Clinton
- ☐ D. Sandra Bush

994 **L'« Irangate » désigne :**

- ☐ A. L'opposition de Washington et du Conseil de sécurité de l'ONU au développement d'un programme nucléaire par l'Iran
- ☐ B. Le scandale des ventes secrètes d'armes américaines à l'Iran, qui éclate en 1987
- ☐ C. Le scandale des écoutes téléphoniques illégales du siège du parti démocrate, ordonnées par le candidat républicain à la présidence des Etats-Unis, Richard Nixon, en 1972
- ☐ D. L'incapacité des services de renseignements américains à prévoir la prise de pouvoir de l'ayatollah Khomeiny en Iran en 1979

995 **Quel président américain a déclaré « *ich bin ein berliner* » (« je suis berlinois ») ?**

- ☐ A. Dwight Eisenhower
- ☐ B. Franklin Roosevelt
- ☐ C. John F. Kennedy
- ☐ D. Richard Nixon

996 **Dans quel contexte un président américain déclare-t-il « *ich bin ein berliner* » (« je suis un berlinois ») ?**

- ☐ A. Au lendemain de la Première Guerre mondiale
- ☐ B. Au lendemain de la Seconde Guerre mondiale
- ☐ C. Deux ans après la construction du mur de Berlin
- ☐ D. Au lendemain de la chute du mur de Berlin

997 **La période de l'histoire des Etats-Unis durant laquelle furent traqués, dénoncés et arrêtés les sympathisants du parti communiste est connue sous le nom de :**

- ☐ A. Prohibition
- ☐ B. Watergate
- ☐ C. Maccarthysme
- ☐ D. New deal

998 **Aux Etats-Unis, le 17 mai 1954, la Cour suprême rejette :**

- ☐ A. Toute forme de discrimination raciale à l'école
- ☐ B. Tout abus d'alcool dans la rue
- ☐ C. Toute manifestation estudiantine dans les villes

999 **Comment s'appelle le discours annuel que le président des Etats-Unis prononce au Capitole afin d'exposer son programme de l'année aux deux chambres du parlement ?**

- ☐ A. Le discours du programme présidentiel
- ☐ B. Le discours de politique nationale
- ☐ C. Le discours de rentrée parlementaire
- ☐ D. Le discours sur l'Etat de l'union
- ☐ E. Le discours aux parlementaires

1000 **Ronald Reagan est mort en :**

- ☐ A. 2002
- ☐ B. 2003
- ☐ C. 2004

1001 **Le premier Etat à voter pour les primaires aux Etats-Unis est :**

- ☐ A. L'Iowa
- ☐ B. L'Ohio
- ☐ C. Le New Hampshire
- ☐ D. La Caroline du Nord

1002 La durée du mandat du président actuel des Etats-Unis est de :

- ☐ A. 4 ans
- ☐ B. 5 ans
- ☐ C. 6 ans
- ☐ D. 7 ans

1003 Les citoyens des Etats-Unis votent à l'âge de 18 ans depuis :

- ☐ A. 1955
- ☐ B. 1965
- ☐ C. 1971
- ☐ D. 1980

1004 Parmi les quatre propositions suivantes, laquelle correspond au pouvoir législatif des Etats-Unis ?

- ☐ A. La Chambre des communes et le Sénat
- ☐ B. La Chambre des représentants et le Sénat
- ☐ C. La Chambre des communes et la Chambre des lords
- ☐ D. Le Congrès et l'Assemblée fédérale

1005 Aux Etats-Unis, chaque Etat est représenté au Sénat par :

- ☐ A. Deux élus quelle que soit leur population
- ☐ B. Un nombre d'élus proportionnel à la population
- ☐ C. Un élu

1006 Lequel de ces partis politiques américains n'existe pas ?

- ☐ A. The Republican Party
- ☐ B. The Green party
- ☐ C. Nation United
- ☐ D. Aucune de ces réponses n'est bonne

1007 Qui était opposé à G. W. Bush lors de sa première élection présidentielle ?

- ☐ A. Michael Bloomberg
- ☐ B. Donald Rumsfeld
- ☐ C. John Kerry
- ☐ D. Al Gore

1008 Qui est le vice-président des Etats-Unis lors des attentats du 11 septembre 2001 ?

- ☐ A. Bill Clinton
- ☐ B. Dick Cheney
- ☐ C. Donald Rumsfeld
- ☐ D. G. H. Bush

1009 Comment G. W. Bush a-t-il nommé la guerre engagée contre l'Irak ?

- ☐ A. La guerre préventive
- ☐ B. La guerre contre le mal
- ☐ C. La guerre éclair
- ☐ D. La guerre juste

1010 Quel est l'emblème du parti démocrate américain ?

- ☐ A. Un cheval
- ☐ B. Un zèbre
- ☐ C. Un âne
- ☐ D. Une girafe

1011 Barack Obama a été gouverneur de l'Etat :

- ☐ A. De l'Illinois
- ☐ B. De l'Arizona
- ☐ C. De l'Idaho
- ☐ D. De Washington

1012 Quels étaient les candidats à la primaire républicaine pour l'élection présidentielle de 2008 ?

- ☐ A. Rudolph Giuliani
- ☐ B. Mike Huckabee
- ☐ C. Sarah Palin
- ☐ D. Mitt Romney
- ☐ E. Ron Paul

1013 En novembre 2008, Barack Obama est élu président des Etats-Unis face à :

- ☐ A. Ralph Nader
- ☐ B. John McCain
- ☐ C. George W. Bush
- ☐ D. Al Gore

1014 Le 4 novembre 2008, Barack Obama est élu président des Etats-Unis. Quel était le nom du précédent président démocrate ?

- ☐ A. Jimmy Carter
- ☐ B. Bill Clinton
- ☐ C. John Kennedy
- ☐ D. Al Gore
- ☐ E. George W. Bush

1015 De ces trois affirmations sur Barack Obama, laquelle est erronée ?

- ☐ A. En 2008, il remporte les primaires du parti démocrate contre Hillary Clinton
- ☐ B. En 2009, il est victime d'une tentative d'assassinat
- ☐ C. En 2009, il a reçu le prix Nobel

1016 Aux Etats-Unis le président Barack Obama promulgue le 30 mars 2010 le dernier pan de la réforme concernant :

- ☐ A. L'allocation chômage
- ☐ B. L'assurance maladie
- ☐ C. Les allocations familiales

1017 Condolezza Rice est :

- ☐ A. De nationalité américaine
- ☐ B. De nationalité mexicaine
- ☐ C. De nationalité portoricaine
- ☐ D. Ministre du Budget
- ☐ E. Ancienne Secrétaire d'Etat sous l'administration Bush

1018 Quel événement, concernant la Cour suprême américaine, a été médiatisé en 2009 ?

- ☐ A. La nomination, pour la première fois, d'une femme au poste de juge
- ☐ B. La nomination du premier démocrate depuis 1975 au poste de juge
- ☐ C. La nomination, pour la première fois, d'une latino-américaine au poste de juge
- ☐ D. La nomination, pour la première fois, d'un afro-américain au poste de juge

1019 Les juges de la Cour suprême sont nommés par le président des Etats-Unis avec le consentement du Sénat :

- ☐ A. Pour 4 ans
- ☐ B. Aussi longtemps qu'ils le souhaitent
- ☐ C. Pour 7 ans

1020 Qui a dit : « Ne demande pas ce que ton pays peut faire pour toi mais demande toi ce que tu peux faire pour ton pays » ?

- ☐ A. John F. Kennedy
- ☐ B. Richard Nixon
- ☐ C. Winston Churchill
- ☐ D. Ronald Reagan

1021 Qui était le président des Etats-Unis lorsque Neil Armstrong a marché sur la lune ?

- ☐ A. John F. Kennedy
- ☐ B. Richard Nixon
- ☐ C. Lyndon B. Johnson
- ☐ D. Gerald Ford

1022 Que désignent les « black panthers » ?

- ☐ A. Un parti d'extrême droite proche du Ku Klux Klan
- ☐ B. Un mouvement politique noir américain contestataire

1023 Qu'appelle-t-on le « quatrième pouvoir » aux Etats-Unis ?

- ☐ A. Le Sénat
- ☐ B. La Maison Blanche
- ☐ C. La presse
- ☐ D. Les syndicats

1024 A quel mouvement politique le nom de Rosa Parks est-il associé ?

- ☐ A. Au mouvement pour les droits civiques (*civil rights movement*) aux Etats-Unis
- ☐ B. A la lutte contre l'apartheid en Afrique du Sud
- ☐ C. Au mouvement pour le droit de vote des femmes aux Etats-Unis
- ☐ D. Au mouvement de lutte pour l'abolition de l'esclavage aux Etats-Unis

1025 Une seule personne n'a pas été assassinée parmi les 4 personnalités ci-dessous. Laquelle ?

- ☐ A. John Fitzgerald Kennedy junior (dit John John)
- ☐ B. Martin Luther King
- ☐ C. Malcolm X
- ☐ D. Robert Kennedy

1026 Combien d'étoiles compte le drapeau des Etats-Unis ?

- ☐ A. 48
- ☐ B. 49
- ☐ C. 50
- ☐ D. 51

1027 Lesquels de ces chefs d'Etat ont quitté le pouvoir à la suite d'élections perdues ?

- ☐ A. Nicolae Ceausescu
- ☐ B. Augusto Pinochet
- ☐ C. Slobodan Milosevic

1028 L'Union Jack est l'autre nom :

- ☐ A. Du Commonwealth
- ☐ B. Du drapeau de la Grande-Bretagne
- ☐ C. D'un parti politique anglais

1029 Le gouvernement anglais est dirigé :

- ☐ A. Par un président
- ☐ B. Par le Premier ministre
- ☐ C. Par la reine

1030 Le successeur de Gordon Brown à la tête de la Grande-Bretagne, nommé en mai 2010, s'appelle :

- ☐ A. Tony Blair
- ☐ B. Alistair Darling
- ☐ C. Michael Howard
- ☐ D. Ed Miliband
- ☐ E. David Cameron

1031 Laquelle des propositions suivantes est fausse au sujet du successeur de Gordon Brown à la tête de la Grande-Bretagne ?

- ☐ A. Il est à la tête du parti travailliste
- ☐ B. Il a été élève au prestigieux Eton College
- ☐ C. Il est diplômé de l'université d'Oxford en économie, philosophie et politique
- ☐ D. Il est né en 1966

1032 Comment s'appelle le chef du parti travailliste britannique ?

- ☐ A. Ed Miliband
- ☐ B. Gordon Brown
- ☐ C. Tony Blair
- ☐ D. David Cameron

1033 Cochez chaque proposition désignant un parti politique britannique :

- ☐ A. Le Parti travailliste
- ☐ B. Le Parti démocrate
- ☐ C. Le Parti conservateur
- ☐ D. Le Parti libéral-démocrate

1034 Combien y a-t-il de pays dans le Commonwealth ?

- ☐ A. 26
- ☐ B. 37
- ☐ C. 41
- ☐ D. 54
- ☐ E. 69

1035 Parmi ces territoires, lequel n'appartient pas à la Grande-Bretagne ?

- ☐ A. Pays de Galles
- ☐ B. Ecosse
- ☐ C. Angleterre
- ☐ D. Irlande du Nord
- ☐ E. Irlande

1036 En mai 2007, l'Irlande a connu un événement de grande importance :

- ☐ A. Un accord pour un gouvernement partagé entre protestants et catholiques
- ☐ B. Un accord avec la Grande-Bretagne pour l'indépendance totale de l'Irlande
- ☐ C. Une amnistie pour les membres de l'IRA
- ☐ D. Un démantèlement de l'arsenal de l'IRA

1037 Les couleurs du drapeau belge sont :

- ☐ A. Le vert, le blanc et le rouge
- ☐ B. Le noir, le jaune et le rouge
- ☐ C. Le rouge, le blanc et le noir

1038 En Allemagne, la loi fondamentale de 1949 est :

- ☐ A. La loi qui organise les pouvoirs
- ☐ B. La loi qui prévoit les zones d'occupation alliées
- ☐ C. La loi qui organise la reconstitution des grandes entreprises

1039 De 1949 à 1990, quelle a été la capitale de la République fédérale d'Allemagne ?

- ☐ A. Munich
- ☐ B. Berlin
- ☐ C. Francfort
- ☐ D. Bonn

1040 De 1949 à 1990, quelle a été la capitale de la République démocratique d'Allemagne ?

- ☐ A. Munich
- ☐ B. Berlin
- ☐ C. Francfort
- ☐ D. Hambourg

1041 La Stasi était :

- ☐ A. La police politique de la RDA
- ☐ B. Le parlement de la RDA
- ☐ C. L'armée de la RDA
- ☐ D. Le parti politique dominant en RDA

1042 A quelle date a eu lieu la réunification allemande ?

- ☐ A. Le 3 octobre 1989
- ☐ B. Le 3 octobre 1990
- ☐ C. Le 3 octobre 1991
- ☐ D. Le 3 octobre 1992

1043 Selon quel principe l'Allemagne est-elle organisée intérieurement ?

- ☐ A. Provinces – départements – communes
- ☐ B. Départements – districts – communes
- ☐ C. Régions – départements – communes
- ☐ D. Etats fédérés – districts – communes
- ☐ E. Aucune de ces réponses n'est bonne

1044 Le Bundesrat allemand est composé de :

- ☐ A. Délégués des partis
- ☐ B. Délégués des parlements locaux
- ☐ C. Délégués des gouvernements locaux
- ☐ D. Personnalités compétentes désignées par les gouvernements des Etats fédérés

1045 Comment est élu le chancelier allemand ?

- ☐ A. Au suffrage universel
- ☐ B. Il est choisi au sein du parti qui est majoritaire au Bundestag (le parlement)
- ☐ C. Il est élu à la majorité absolue des membres du Bundestag (le parlement)
- ☐ D. Il est nommé par le président fédéral allemand

1046 Comment s'appelle le grand parti de droite en Allemagne ?

- ☐ A. Le SPD
- ☐ B. Die linke
- ☐ C. La CDU
- ☐ D. Le CSU

1047 De 2001 à 2014, combien de Premiers ministres se sont succédés à la tête du gouvernement italien ?

- ☐ A. 2
- ☐ B. 3
- ☐ C. 4
- ☐ D. 6

1048 Quel est le surnom de l'homme politique italien Silvio Berlusconi ?

- ☐ A. Il Cavaliere
- ☐ B. L'Avvocato
- ☐ C. Il Pirata

1049 En Italie, le président de la République est :

- ☐ A. Nommé par les chambres
- ☐ B. Elu au suffrage universel
- ☐ C. Elu au scrutin secret par les assemblées

1050 Le parti des démocrates, PD (Partito Democratico) en Italie est issu :

- ☐ A. De la démocratie chrétienne
- ☐ B. Des socialistes démocrates italiens
- ☐ C. De l'ancien parti communiste italien

1051 Franco est mort en :

- ☐ A. 1968
- ☐ B. 1970
- ☐ C. 1975
- ☐ D. 1980

1052 Quels sont les deux principaux partis politiques espagnols ?

- ☐ A. Le parti populaire (PP)
- ☐ B. Le parti socialiste ouvrier espagnol (PSOE)
- ☐ C. La confédération des travailleurs espagnols (CFE)

1053 L'Espagne est :

- ☐ A. Une monarchie
- ☐ B. Une monarchie constitutionnelle
- ☐ C. Une république
- ☐ D. Une démocratie

1054 Les Cortes sont :

- ☐ A. Le parlement espagnol
- ☐ B. Le congrès des députés espagnols
- ☐ C. Le parti auquel appartient J. L. Zapatero
- ☐ D. Le groupement des musées madrilènes

1055 En 2011, qui devient le nouveau Premier ministre espagnol ?

- ☐ A. José Luis Zapatero
- ☐ B. Mariano Rajoy
- ☐ C. Jose Maria Aznar
- ☐ D. Felipe Calderon

1056 Que désigne-t-on par l'expression « révolution des Œillets » ?

- ☐ A. La fin du régime autoritaire qui s'est imposé au Portugal de 1933 à 1974
- ☐ B. Une réforme agraire en Chine
- ☐ C. La révolution non-violente prônée par le mahatma Gandhi
- ☐ D. La révolution « en douceur » qui s'est produite en Tchécoslovaquie au lendemain de la chute du mur de Berlin en 1989

1057 Quel type de régime a prévalu en Grèce jusqu'en 1975 ?

- ☐ A. La dictature salazariste
- ☐ B. Le régime des colonels
- ☐ C. La dictature franquiste
- ☐ D. Le régime communiste

1058 Quel pays européen Tito gouverne-t-il de 1945 à 1980 ?

- ☐ A. La Grèce
- ☐ B. La Yougoslavie
- ☐ C. L'Espagne
- ☐ D. Le Portugal

1059 Dans quel pays de l'Europe de l'Est Nicolae Ceausescu a imposé une dictature ?

- ☐ A. La Pologne
- ☐ B. La Roumanie
- ☐ C. La Yougoslavie
- ☐ D. L'Albanie

1060 Quand a été fondé la fédération de syndicats polonais « Solidarnosc » (solidarité) ?

- ☐ A. En 1970
- ☐ B. En 1980
- ☐ C. En 1989

1061 Qui devient le premier président de la République tchécoslovaque après l'effondrement du communisme en décembre 1989 ?

- ☐ A. Alexander Dubcek
- ☐ B. Vàclav Havel
- ☐ C. Vàclav Klaus
- ☐ D. Jan Palach

1062 Le Monténégro est actuellement :

- ☐ A. Un Etat indépendant
- ☐ B. Rattaché à la Serbie
- ☐ C. Rattaché à la Croatie

1063 L'Albanie est :

- ☐ A. Une province grecque
- ☐ B. Une province autonome de la Serbie
- ☐ C. Une province balte
- ☐ D. Un Etat indépendant

1064 La République fédérale de Yougoslavie, créée en 1992 suite à l'éclatement de l'ancienne République fédérale socialiste de Yougoslavie, est composée de la Serbie et d'une autre république. Cette deuxième république est :

- ☐ A. La Bosnie
- ☐ B. La Macédoine
- ☐ C. Le Monténégro
- ☐ D. La Slovénie
- ☐ E. Aucune de ces réponses n'est bonne

1065 Qui est élu président de la République fédérale de Yougoslavie lors de l'élection présidentielle du mois de septembre 2000 ?

- ☐ A. Vojislav Kostunica
- ☐ B. Vladeta Jankovic
- ☐ C. Mira Markovic
- ☐ D. Vuk Draskovic
- ☐ E. Aucune de ces réponses n'est bonne

1066 Lesquels de ces pays sont nés de la scission de la Yougoslavie ?

- ☐ A. La Slovaquie
- ☐ B. La Croatie
- ☐ C. La Moldavie
- ☐ D. La Bosnie-Herzégovine
- ☐ E. Aucune de ces réponses n'est bonne

1067 Que sont les PECO ?

- ☐ A. Les pays de l'Europe centrale et orientale
- ☐ B. Les pays européens coopérants
- ☐ C. Les plans économiques de coopération
- ☐ D. Les pactes européens communautaires

1068 Quel Etat européen n'est pas une république ?

- ☐ A. L'Autriche
- ☐ B. Le Danemark
- ☐ C. La Biélorussie
- ☐ D. San Marin

1069 Lequel de ces pays européens est une république ?

- ☐ A. L'Espagne
- ☐ B. Le Danemark
- ☐ C. L'Italie
- ☐ D. La Suède
- ☐ E. Aucune de ces réponses n'est bonne

1070 Une seule de ces propositions est exacte. Laquelle ?

- ☐ A. Le Kosovo est indépendant depuis 2008
- ☐ B. L'Allemagne est réunifiée en 2005
- ☐ C. Le traité de Maastricht est signé en 1985
- ☐ D. Le Tribunal pénal international est créé en 2008

1071 En 1964, qui succéda à Nikita Khrouchtchev dans ses fonctions de premier secrétaire du Comité central du Parti communiste de l'Union soviétique ?

- ☐ A. Youri Andropov
- ☐ B. Léonid Brejnev
- ☐ C. Gueorgui Malenkov
- ☐ D. Vladimir Ivachko

1072 Choisissez chaque proposition exacte concernant la Glasnost :

- ☐ A. Ce mot signifie « transparence »
- ☐ B. Mikhaïl Gorbatchev en est l'initiateur
- ☐ C. Boris Eltsine en est l'initiateur
- ☐ D. Elle a pour conséquence une presse plus libre

1073 L'Union des Républiques socialistes soviétiques (URSS) a cessé d'exister au profit de la Communauté d'Etats indépendants (CEI) en :

- ☐ A. 1960
- ☐ B. 1975
- ☐ C. 1991

1074 Parmi ces Etats, lesquels appartiennent à l'ex-URSS ?

- ☐ A. La Moldavie
- ☐ B. Le Monténégro
- ☐ C. La Slovaquie
- ☐ D. L'Ukraine
- ☐ E. Aucune de ces réponses n'est bonne

1075 En quelle année Vladimir Poutine a-t-il été élu président de la Russie pour la première fois ?

- ☐ A. 1998
- ☐ B. 2000
- ☐ C. 2002
- ☐ D. 2005

1076 Qui succède à Vladimir Poutine à la présidence de la Russie en 2008 ?

- ☐ A. Alexander Lukashenko
- ☐ B. Dmitri Medvedev
- ☐ C. Viktor Louchtchenko
- ☐ D. Mikheil Saakachvilli

1077 En 2014, le président de la Russie est :

- ☐ A. Dmitri Medvedev
- ☐ B. Vicktor Ianoukovitch
- ☐ C. Alexander Loukachenko
- ☐ D. Vladimir Poutine

1078 En quelle année a été créé l'Etat d'Israël ?

☐ A. 1955
☐ B. 1948
☐ C. 1945
☐ D. 1939
☐ E. 1924

1079 Lequel de ces partis n'est pas israélien ?

☐ A. Le Parti travailliste
☐ B. Le Likoud
☐ C. Le Fatah

1080 Qui fut le tout premier Premier ministre d'Israël ?

☐ A. Yitzhak Rabin
☐ B. David Ben Gourion
☐ C. Golda Meir
☐ D. Ygal Allon

1081 Qui a succédé à Yasser Arafat à la tête de l'Autorité palestinienne ?

☐ A. Le Sheikh Ahmed Yassin
☐ B. Mahmoud Abbas
☐ C. Bachar el-Assad
☐ D. Taha Yassin Ramadan

1082 Qu'est-ce que le Hezbollah ?

☐ A. Un mouvement politique chiite libanais possédant une branche armée
☐ B. Un mouvement politique sunnite libanais possédant une branche armée
☐ C. Un mouvement politique chiite palestinien possédant une branche armée
☐ D. Un mouvement politique sunnite palestinien possédant une branche armée

1083 Que signifie Hezbollah ?

☐ A. Parti de la foi
☐ B. Parti de l'islam
☐ C. Parti de Dieu

1084 Qui est Mahmoud Ahmadinejad ?

☐ A. Le président de la ligue arabe
☐ B. Le président de l'Iran
☐ C. L'homme le plus riche d'Arabie Saoudite

1085 Le canal de Panama est :

☐ A. Sous souveraineté américaine
☐ B. Sous souveraineté panaméenne
☐ C. Sous mandat de l'ONU
☐ D. Sous souveraineté colombienne

1086 Qu'est ce que le PCC ?

☐ A. Le Parti chrétien canadien
☐ B. Le Parti central coréen
☐ C. Le Parti communiste chinois

1087 A quelle date est née la République populaire de Chine ?

☐ A. 1950
☐ B. 1949
☐ C. 1947

1088 *Le Petit Livre rouge*, ouvrage communiste, a été écrit par :

☐ A. Mao Zedong dans les années 1960
☐ B. Tito dans les années 1950
☐ C. Fidel Castro dans les années 1970

1089 Qui est à l'origine de la théorie des trois mondes énoncée au milieu des années 1970 ?

- ☐ A. Mao Zedong
- ☐ B. Leonid Brejnev
- ☐ C. Nikita Krouchtchev
- ☐ D. Fidel Castro

1090 Que met en œuvre le gouvernement chinois le 1er novembre 2010 ?

- ☐ A. Le lancement du premier satellite chinois
- ☐ B. L'ouverture du marché des télécoms aux firmes étrangères
- ☐ C. Le sixième recensement chinois
- ☐ D. Le lancement de la 5e centrale nucléaire chinoise
- ☐ E. Le lancement du 5e sous-marin nucléaire chinois

1091 Avant le 1er juillet 1997, le territoire de Hongkong était sous administration :

- ☐ A. Britannique
- ☐ B. Australienne
- ☐ C. Taïwanaise

1092 Avant sa rétrocession à la Chine, Macao était une colonie :

- ☐ A. Hollandaise
- ☐ B. Britannique
- ☐ C. Portugaise
- ☐ D. Japonaise

1093 Hamid Karzai est le président :

- ☐ A. De l'Irak
- ☐ B. Du Pakistan
- ☐ C. De l'Afghanistan
- ☐ D. De l'Iran

1094 Au Pakistan, Benazir Bhutto a été :

- ☐ A. Premier ministre
- ☐ B. Présidente du Pakistan
- ☐ C. Présidente du Parti du peuple pakistanais
- ☐ D. Candidate aux élections législatives

1095 Quand Benazir Bhutto fut-elle assassinée ?

- ☐ A. 2005
- ☐ B. 2007
- ☐ C. 2009
- ☐ D. 2010

1096 De quel pays, le général Suharto, décédé en janvier 2008, est dictateur ?

- ☐ A. La Malaisie
- ☐ B. Les Philippines
- ☐ C. L'Indonésie
- ☐ D. La Corée du Nord

1097 Quel régime a dirigé le Cambodge de 1976 à 1979 ?

- ☐ A. Les mandchous
- ☐ B. Les khmers rouges
- ☐ C. Les khans
- ☐ D. Les karens
- ☐ E. Aucune de ces réponses n'est bonne

1098 Avocat indien, il est à l'origine de l'indépendance de son pays. Tout le monde connaît son nom : Gandhi, mais quel était son prénom ?

- ☐ A. Mohandas
- ☐ B. Mahatma
- ☐ C. Lakshmidas
- ☐ D. Karsandas

1099 Qui était le père d'Indira Gandhi ?

- ☐ A. Le Mahatma Gandhi
- ☐ B. Satyajit Ray
- ☐ C. Jawaharlal Nehru
- ☐ D. Rajiv Gandhi
- ☐ E. Aucune de ces réponses n'est bonne

1100 En août 1947, l'Inde se débarrasse de la tutelle britannique et accède à l'indépendance. Qui est son premier président ?

- ☐ A. Mahatma Gandhi
- ☐ B. Jawaharlal Nehru
- ☐ C. Sir Shah Nawaz Bhutto

1101 Dans quel pays sévissent les Farc ?

- ☐ A. La Colombie
- ☐ B. Le Venezuela
- ☐ C. Le Pérou
- ☐ D. Le Brésil

1102 Parmi les personnes suivantes, laquelle est l'otage qui a été libéré par les Farc en 2007 ?

- ☐ A. Clara Rojas
- ☐ B. Ingrid Betancourt
- ☐ C. Florence Aubenas
- ☐ D. Georges Malbrunot

1103 En quelle année Ingrid Betancourt a-t-elle été faite prisonnière par les Farc en Colombie ?

- ☐ A. 1999
- ☐ B. 2000
- ☐ C. 2002
- ☐ D. 2003
- ☐ E. 2007

1104 Dans quel pays Juan Perón fut-il au pouvoir ?

- ☐ A. Le Brésil
- ☐ B. L'Argentine
- ☐ C. Le Mexique
- ☐ D. Le Venezuela

1105 Quel est le nom de l'ancien président du Pérou, aujourd'hui en prison, qui s'est enfui à l'étranger après sa défaite électorale en 2000 ?

- ☐ A. Balthazar Garson
- ☐ B. Alberto Fujimori
- ☐ C. Augusto Pinochet

1106 Luis Inacio Lula da Silva dit « Lula » est élu président du Brésil en :

- ☐ A. 2000
- ☐ B. 2002
- ☐ C. 2004
- ☐ D. 2006

1107 Qui est élue en 2010 présidente du Brésil ?

- ☐ A. Dalma Rousseff
- ☐ B. Dilma Rousseff
- ☐ C. Dilma Roussaf
- ☐ D. Dilma Roussef

1108 Qui s'est proclamé président du Venezuela lors des élections de décembre 2006 ?

- ☐ A. Hugo Chavez
- ☐ B. Michelle Bachelet
- ☐ C. Evo Morales
- ☐ D. Carmelo Romano

1109 En 2007, le président de l'Argentine est :

- ☐ A. Hugo Chavez
- ☐ B. Ignacio Lula
- ☐ C. Nestor Kirchner
- ☐ D. Michelle Bachelet

1110 Che Guevara est de nationalité :

- ☐ A. Cubaine
- ☐ B. Bolivienne
- ☐ C. Argentine
- ☐ D. Chilienne

1111 Le dernier pays du Maghreb à avoir obtenu son indépendance est :

- ☐ A. L'Algérie
- ☐ B. La Tunisie
- ☐ C. Le Maroc
- ☐ D. La Lybie

1112 Quel pays a été une colonie française ?

- ☐ A. La Côte d'Ivoire
- ☐ B. Le Brésil
- ☐ C. Le Sri Lanka
- ☐ D. Le Nigeria

1113 Parmi ces quatre Etats, un seul était une colonie française. Lequel ?

- ☐ A. Le Soudan
- ☐ B. La Mauritanie
- ☐ C. L'Angola
- ☐ D. L'Ethiopie

1114 Lequel de ces pays n'est pas une ancienne colonie française ?

- ☐ A. Le Niger
- ☐ B. L'Angola
- ☐ C. Le Gabon
- ☐ D. Le Sénégal

1115 Lequel de ces pays n'est pas un Etat francophone ?

- ☐ A. Le Sénégal
- ☐ B. La Turquie
- ☐ C. L'Algérie

1116 Quelle ancienne colonie française est indépendante depuis 1977 ?

- ☐ A. Djibouti
- ☐ B. L'Angola
- ☐ C. La Guinée
- ☐ D. Malte
- ☐ E. Aucune de ces réponses n'est bonne

1117 Le Maroc est :

- ☐ A. Un pays musulman
- ☐ B. Une république
- ☐ C. Une royauté
- ☐ D. A pour capitale Fez

1118 Qui a été le premier président de la République tunisienne ?

- ☐ A. Ahmed Ben Bella
- ☐ B. Habib Bourguiba
- ☐ C. Anouar el Sadate
- ☐ D. Zine ben Ali
- ☐ E. Aucune de ces réponses n'est bonne

1119 L'Etat de Bahreïn est :

☐ A. Un sultanat
☐ B. Un émirat
☐ C. Une principauté
☐ D. Une royauté

1120 L'organisation qui réclame l'indépendance en Algérie est :

☐ A. Le FLN
☐ B. Le FLM
☐ C. L'OLA
☐ D. L'OAS

1121 Un harki est :

☐ A. Un partisan de l'indépendance de l'Algérie
☐ B. Un musulman engagé dans l'armée française
☐ C. Un rapatrié d'Algérie en France métropolitaine
☐ D. Un colon resté en Algérie après l'indépendance

1122 Quel chef historique du Front de libération nationale (FLN) algérien a été le premier président de l'Algérie indépendante en 1962 ?

☐ A. Ahmed Ben Bella
☐ B. Houari Boumediene
☐ C. Medhi Ben Barka
☐ D. Liamine Zeroual
☐ E. Aucune de ces réponses n'est bonne

1123 Mouammar Kadhafi est arrivé au pouvoir en Libye en :

☐ A. 1969
☐ B. 1973
☐ C. 1981
☐ D. 1999

1124 Quel pays africain choisi l'indépendance en 1958 ?

☐ A. Le Mali
☐ B. La Guinée
☐ C. Le Congo
☐ D. Madagascar

1125 En 1972, l'île de Ceylan devient république :

☐ A. De Taiwan
☐ B. De Bornéo
☐ C. De Sri Lanka
☐ D. Des Comores

1126 En 1990, la libéralisation en Afrique du Sud permet l'indépendance :

☐ A. De la Côte d'Ivoire
☐ B. De la Mauritanie
☐ C. De la Namibie

1127 Léopold Sedar Senghor était de nationalité :

☐ A. Ivoirienne
☐ B. Gabonaise
☐ C. Sénégalaise
☐ D. Camerounaise

1128 En Afrique, la première femme élue démocratiquement, Ellen Johnson Sirleaf, est présidente :

☐ A. De la Côte d'Ivoire
☐ B. Du Libéria
☐ C. Du Sénégal

1129 Le 25 février 2007, qui est élu à la présidence du Sénégal ?

- ☐ A. Idrissa Seck
- ☐ B. Ousmane Tanor Dieng
- ☐ C. Abdoulaye Wade
- ☐ D. Abdou Diouf

1130 Lors des élections présidentielles de novembre 2010 en Côte d'Ivoire, le président sortant, Laurent Gbagbo, y a affronté au second tour :

- ☐ A. Alassane Ouattara
- ☐ B. Henri Konan Bédié
- ☐ C. Philippe Mangou
- ☐ D. Guillaume Soro
- ☐ E. Ahoua Don Mello

1131 Le 30 août 2009, Ali Bongo est élu président du Gabon :

- ☐ A. Il est le fils cadet du président précédent, Omar Bongo
- ☐ B. Il est le fils aîné du président précédent, Omar Bongo
- ☐ C. Il est le neveu du président précédent, Omar Bongo

1132 Où est l'erreur ?

- ☐ A. Zaïre ex-Congo
- ☐ B. Zimbabwe ex-Rhodésie
- ☐ C. Burundi ex-Rwanda
- ☐ D. Bénin ex-Dahomey

1133 En 2009, lequel de ces Etats africains n'est pas une monarchie ?

- ☐ A. Le Lesotho
- ☐ B. Le Maroc
- ☐ C. Le Soudan
- ☐ D. Le Swaziland

1134 Qui sont les « Tigres tamouls » ?

- ☐ A. Un peuple séparatiste de l'Inde méridionale et du Sri Lanka
- ☐ B. Un peuple séparatiste de l'Iran et de l'Irak
- ☐ C. Un peuple séparatiste du Pérou et de Bolivie

1135 Le front Polisario est :

- ☐ A. Un syndicat espagnol
- ☐ B. Une organisation gouvernementale italienne
- ☐ C. Un mouvement de libération du sud marocain
- ☐ D. Un mouvement politique d'opposition brésilien

2. Histoire et fonctionnement Union européenne

1136 La première institution européenne fut :

- ☐ A. La CECA
- ☐ B. La CED
- ☐ C. La CEE
- ☐ D. Euratom

1137 En quelle année fut créée la CECA ?

- ☐ A. 1957
- ☐ B. 1954
- ☐ C. 1951
- ☐ D. 1949

1138 Que désigne le sigle CECA ?

- ☐ A. Communauté européenne du charbon et de l'acier
- ☐ B. Communauté européenne de coopération armée
- ☐ C. Communauté européenne de coopération amicale
- ☐ D. Communauté européenne de coopération agricole

1139 Quels sont les 6 pays fondateurs de la Communauté européenne ?

- ☐ A. Allemagne, Italie, Royaume-Uni, France, Pays-Bas et Belgique
- ☐ B. France, Allemagne, Italie, Royaume-Uni, Luxembourg et Belgique
- ☐ C. Italie, Allemagne, France, Belgique, Luxembourg et Pays-Bas

1140 De quand date le Traité de Rome, fondateur de la CEE ?

- ☐ A. Mai 1951
- ☐ B. Mars 1957
- ☐ C. Décembre 1959
- ☐ D. Janvier 1960

1141 Qui fut le premier président de la commission de la CEE ?

- ☐ A. Jean Monnet
- ☐ B. Robert Schuman
- ☐ C. Walter Hallstein
- ☐ D. Alcide de Gasperi

1142 Qui fusionnent en 1967 pour créer les Communautés européennes ?

- ☐ A. La CEE et la CECA
- ☐ B. La CEE, la CECA et Euratom
- ☐ C. La CEE et Euratom
- ☐ D. La CECA et Euratom

1143 L'acte unique européen a été signé en :

- ☐ A. 1981
- ☐ B. 1986
- ☐ C. 1988
- ☐ D. 1990

1144 Depuis les accords de Maastricht, la CEE (Communauté économique européenne) s'appelle :

- ☐ A. La Confédération européenne
- ☐ B. L'Union européenne
- ☐ C. L'Assemblée européenne
- ☐ D. L'Alliance européenne

1145 En quelle année fut signé le traité de l'Union européenne à Maastricht ?

- ☐ A. 1990
- ☐ B. 1991
- ☐ C. 1992
- ☐ D. 1993
- ☐ E. 1994

1146 **L'acte unique européen signé à Luxembourg et la Haye est entré en vigueur le 1er juillet 1987. Il a :**

- ☐ A. Apporté les adaptations nécessaires à l'achèvement du marché intérieur
- ☐ B. Institué une commission et un conseil unique pour les communautés européennes
- ☐ C. Modifié le mode de fonctionnement des institutions de l'Union européenne en faisant du vote à la majorité qualifiée au lieu du vote à l'unanimité la règle générale
- ☐ D. Instauré de nouvelles formes de coopération entre les gouvernements des Etats membres en matière de défense, de justice et d'affaires intérieures

1147 **Quel traité communautaire donne naissance à la citoyenneté européenne ?**

- ☐ A. Le Traité de Rome
- ☐ B. La convention de Schengen
- ☐ C. Le Traité de Maastricht
- ☐ D. Le sommet de Nice

1148 **Est citoyen européen :**

- ☐ A. Toute personne résidant dans un Etat membre
- ☐ B. Toute personne ayant la nationalité d'un Etat membre
- ☐ C. Toute personne née dans un Etat membre
- ☐ D. Toutes les réponses sont bonnes

1149 **La convention pour l'avenir de l'Europe est chargée :**

- ☐ A. De conclure les négociations d'adhésion avec les pays candidats à l'entrée dans l'Union européenne
- ☐ B. D'élaborer un projet de constitution européenne
- ☐ C. De rédiger la charte européenne des droits fondamentaux

1150 **Le projet de constitution européenne est en partie l'œuvre de :**

- ☐ A. Jacques Chirac
- ☐ B. Valéry Giscard d'Estaing
- ☐ C. Silvio Berlusconi
- ☐ D. Tony Blair

1151 **Quel Etat européen rejette le traité constitutionnel par référendum en 2005 ?**

- ☐ A. Le Royaume-Uni
- ☐ B. L'Irlande
- ☐ C. L'Autriche
- ☐ D. Les Pays-Bas

1152 **Le traité de Lisbonne ratifié en février 2007 par la France concerne :**

- ☐ A. Les institutions européennes
- ☐ B. Les relations commerciales avec les pays du sud
- ☐ C. Le contrôle de l'immigration en Europe
- ☐ D. L'entrée de la Turquie dans l'Europe

1153 **La « coopération renforcée » a été introduite par :**

- ☐ A. Le Traité d'Amsterdam
- ☐ B. Les accords de Schengen
- ☐ C. Le Traité de Maastricht
- ☐ D. Le Traité de Nice
- ☐ E. Aucune de ces réponses n'est bonne

1154 Une directive, définie à l'article 249 du traité instituant la communauté européenne, est :

- ☐ A. Un acte obligatoire et directement applicable dans tous les Etats membres
- ☐ B. Un acte qui lie les Etats membres quant au résultat à atteindre
- ☐ C. Une loi votée par le Parlement européen
- ☐ D. Un avis du Conseil de l'Europe
- ☐ E. Aucune de ces réponses n'est bonne

1155 Quel texte communautaire est directement applicable dans tous les Etats membres sans qu'il soit nécessaire d'adopter une législation nationale d'application ?

- ☐ A. Un arrêté
- ☐ B. Un règlement
- ☐ C. Une directive
- ☐ D. Une loi
- ☐ E. Aucune de ces réponses n'est bonne

1156 Parmi les couples « traité européen-date de signature » suivants, lequel est correct ?

- ☐ A. Traité d'Amsterdam – 1992
- ☐ B. Traité de Lisbonne – 2007
- ☐ C. Traité de Maastricht – 1997
- ☐ D. Traité de Nice – 2002

1157 L'Europe possède un drapeau officiel, de couleur bleue et auréolé de douze étoiles dorées. Que symbolisent ces douze astres sur la bannière européenne ?

- ☐ A. Les 12 pays qui ont longtemps composé l'Union européenne
- ☐ B. Les 12 heures sur le cadran d'une horloge
- ☐ C. Les 12 plus grandes villes d'Europe

1158 Quelle est la devise de l'Union européenne ?

- ☐ A. *In varietate concordia* (« l'union dans la diversité »)
- ☐ B. *Carpe diem* (« mets à profit le jour présent »)
- ☐ C. *E pluribus unum* (« un à partir de plusieurs »)
- ☐ D. *Dura lex, sed lex* (« dure loi, mais c'est la loi »)

1159 Le 9 mai est consacré « jour de l'Europe ». Que commémore cette date ?

- ☐ A. La naissance de Jean Monnet, artisan de la communauté européenne
- ☐ B. La déclaration Schuman considérée comme l'acte de naissance de l'Union européenne
- ☐ C. La date de ratification du traité de Maastricht
- ☐ D. L'entrée en vigueur de l'euro

1160 Sous la présidence de Georges Pompidou, lequel de ces pays entre dans la CEE ?

- ☐ A. L'Espagne
- ☐ B. L'Italie
- ☐ C. Le Portugal
- ☐ D. Le Royaume-Uni

1161 Lequel de ces pays ne fait pas partie de l'Union européenne en 2011 ?

- ☐ A. La Finlande
- ☐ B. L'Autriche
- ☐ C. La Norvège
- ☐ D. Le Danemark

1162 En quelle année la Grèce entre-t-elle dans la CEE ?

- ☐ A. 1980
- ☐ B. 1981
- ☐ C. 1982

1163 L'Europe des douze dura de…

- ☐ A. 1973 à 1981
- ☐ B. 1981 à 1986
- ☐ C. 1986 à 1995
- ☐ D. 1995 à 2005

1164 A partir de quand l'Union européenne compte-t-elle 15 pays membres ?

- ☐ A. 2004
- ☐ B. 2002
- ☐ C. 1997
- ☐ D. 1995
- ☐ E. Aucune de ces réponses n'est bonne

1165 Lesquels de ces pays ne rejoignent pas l'Union européenne en mai 2004 ?

- ☐ A. Chypre
- ☐ B. L'Estonie
- ☐ C. Malte
- ☐ D. La Bulgarie
- ☐ E. La Roumanie

1166 A quelle date la Roumanie est-elle entrée dans l'Union européenne ?

- ☐ A. Le 1er janvier 2006
- ☐ B. Le 1er janvier 2007
- ☐ C. Le 1er juillet 2007
- ☐ D. La Roumanie n'appartient pas à l'Union européenne

1167 En 2014, l'Union européenne compte :

- ☐ A. 15 Etats
- ☐ B. 22 Etats
- ☐ C. 28 Etats

1168 Combien de langues officielles l'Union européenne compte-t-elle ?

- ☐ A. 24 langues
- ☐ B. 20 langues
- ☐ C. 17 langues
- ☐ D. 9 langues

1169 Parmi les langues européennes suivantes, laquelle est une langue officielle de l'Union européenne ?

- ☐ A. Le breton
- ☐ B. Le gaélique
- ☐ C. Le catalan
- ☐ D. L'écossais

1170 Au 1er janvier 2012, lequel de ces pays n'est pas membre de l'Union européenne ?

- ☐ A. Malte
- ☐ B. L'Estonie
- ☐ C. L'Autriche
- ☐ D. La Finlande
- ☐ E. Aucun

1171 Quel pays n'appartient pas à l'Union européenne ?

- ☐ A. La Hongrie
- ☐ B. La Pologne
- ☐ C. La Turquie
- ☐ D. La Slovaquie

1172 L'Autriche est-elle un pays membre de l'Union européenne ?

☐ A. Oui
☐ B. Non

1173 Qui est élu en novembre 2009 président du Conseil européen (prise de fonction le 1er janvier 2010) ?

☐ A. Le néerlandais Jan Peter Balkenende
☐ B. Le danois Anders Rasmussen
☐ C. L'irlandais Bertie Ahern
☐ D. Le belge Herman van Rompuy

1174 A quel poste est élue la britannique Catherine Ashton en novembre 2009 ?

☐ A. Haut représentante de l'UE pour les affaires étrangères et la politique de sécurité commune
☐ B. Présidente de l'Unesco
☐ C. Présidente de la Cee
☐ D. Présidente de la BCE

1175 Quelle institution ne fait pas partie de l'Union européenne ?

☐ A. Le Conseil de l'Europe
☐ B. Le Conseil européen
☐ C. Le Parlement européen
☐ D. La Commission européenne

1176 Le président de la Commission européenne est :

☐ A. Elu par le Parlement européen
☐ B. Coopté par les commissaires
☐ C. Nommé par le Conseil européen avec approbation du Parlement européen
☐ D. Elu au suffrage universel

1177 Qui est le président de la Commission européenne en 2012 ?

☐ A. Gordon Brown
☐ B. Valéry Giscard d'Estaing
☐ C. José Manuel Barroso
☐ D. Romano Prodi

1178 En 2012, combien y a-t-il de commissaires siégeant à la Commission européenne par pays membre de l'Union européenne ?

☐ A. 1
☐ B. 2
☐ C. 3
☐ D. 4

1179 Qui a autorité pour rendre exécutoire le budget de l'Union européenne ?

☐ A. Le président de la Commission européenne
☐ B. Le commissaire européen chargé du budget
☐ C. Le président du Parlement européen
☐ D. Le secrétaire général de la Commission européenne

1180 Qui est à l'initiative des lois européennes et veille à leur application ?

☐ A. Le Conseil européen
☐ B. La Commission européenne
☐ C. La Cour de justice de l'Union européenne

1181 Quel organe peut renverser la commission européenne en votant une motion de censure ?

☐ A. Le Conseil de l'Union européenne
☐ B. La Cour des comptes européenne
☐ C. Le Parlement européen
☐ D. Le Comité économique et social
☐ E. Aucune de ces réponses n'est bonne

1182 Quelle est la juridiction suprême de l'Union européenne ?

☐ A. La Cour de justice des communautés européennes
☐ B. La Cour européenne des droits de l'homme
☐ C. La Cour internationale de justice
☐ D. La Cour de justice de la République

1183 Quelle est la date de création de la Cour de justice des communautés européennes ?

☐ A. 1942
☐ B. 1952
☐ C. 1962
☐ D. 1972

1184 La Cour européenne de justice siège à :

☐ A. La Haye
☐ B. Strasbourg
☐ C. Luxembourg
☐ D. Bruxelles

1185 Le Conseil européen est la réunion :

☐ A. Des ministres des Affaires étrangères des Etats membres de l'UE
☐ B. Des chefs d'Etat et de gouvernement des Etats membres de l'UE
☐ C. Des ambassadeurs des Etats membres de l'UE

1186 Qui fait partie du Conseil de l'Union européenne ?

☐ A. Les ministres des Affaires étrangères des Etats membres
☐ B. Les ministres des Etats membres en rapport avec l'ordre du jour
☐ C. Les chefs d'Etat ou de gouvernement des Etats membres
☐ D. Aucune de ces réponses n'est bonne

1187 Jusqu'en 2014, le système de votation du Conseil de l'Union européenne est le suivant :

☐ A. Chaque Etat membre dispose d'une voix égale à celle des autres
☐ B. Chaque Etat membre a un poids différent dans le système de vote
☐ C. Aucune de ces réponses n'est bonne

1188 Combien de temps chaque Etat membre exerce-t-il la présidence de l'Union européenne ?

☐ A. Six mois
☐ B. Neuf mois
☐ C. Un an

1189 Qui vote les lois européennes ?

☐ A. Le Parlement européen
☐ B. La Commission européenne
☐ C. Le Parlement européen avec le conseil de l'Union européenne

1190 La Commission européenne est responsable devant :

☐ A. Le Conseil européen
☐ B. Le Conseil de l'Union européenne
☐ C. Le Parlement européen
☐ D. Les Etats membres

1191 Le Parlement européen siège à :

☐ A. Genève
☐ B. Paris
☐ C. Bruxelles
☐ D. Strasbourg

1192 Quelle est la durée du mandat des députés européens ?

- ☐ A. Quatre ans
- ☐ B. Cinq ans
- ☐ C. Six ans
- ☐ D. Sept ans

1193 De combien de députés européens se compose le Parlement européen depuis le 7 juin 2009 ?

- ☐ A. 577
- ☐ B. 732
- ☐ C. 754

1194 Quelle a été la première femme élue présidente du Parlement européen ?

- ☐ A. Edith Cresson
- ☐ B. Simone Veil
- ☐ C. Angela Merkel
- ☐ D. Oriana Fallacci

1195 Dans quel pays peut-on se porter candidat aux élections européennes ?

- ☐ A. Dans le pays de sa résidence
- ☐ B. Dans le pays de sa nationalité
- ☐ C. Dans le pays de sa naissance
- ☐ D. Dans le pays de ses parents

1196 Le mode de scrutin utilisé par la France pour l'élection européenne est :

- ☐ A. La représentation proportionnelle avec vote préférentiel
- ☐ B. Le scrutin majoritaire à deux tours
- ☐ C. La représentation proportionnelle sans vote préférentiel
- ☐ D. La représentation proportionnelle dans le cadre de circonscriptions régionales

1197 Le Comité des régions a été créé :

- ☐ A. Par le Traité de Rome
- ☐ B. Par le Traité d'Amsterdam
- ☐ C. Par le Traité de Maastricht
- ☐ D. Par le Traité CECA

1198 Le médiateur européen est :

- ☐ A. Nommé par le Parlement européen
- ☐ B. Désigné par le Conseil de l'Union européenne
- ☐ C. Désigné par les parlements nationaux
- ☐ D. Désigné par la Cour de justice

1199 Le médiateur européen est compétent pour examiner les plaintes relatives au mauvais fonctionnement :

- ☐ A. Des administrations publiques nationales
- ☐ B. Des institutions et organismes communautaires
- ☐ C. Des représentations permanentes des Etats membres à Bruxelles
- ☐ D. Du Parlement européen exclusivement

1200 Quelle institution européenne a son siège à Francfort ?

- ☐ A. Le Parlement européen
- ☐ B. La Cour européenne de justice
- ☐ C. La Banque centrale européenne

1201 On dit que l'Union européenne repose sur des piliers. Combien sont-ils ?

- ☐ A. 2
- ☐ B. 3
- ☐ C. 4
- ☐ D. 5

1202 En 2012, dans quel secteur suivant l'Union européenne possède une compétence législative ?

- ☐ A. L'environnement
- ☐ B. La fiscalité
- ☐ C. L'éducation

1203 Dans lequel des secteurs suivants l'Union européenne n'a pas de compétence législative ?

- ☐ A. Les transports
- ☐ B. La culture
- ☐ C. L'agriculture

1204 Les accords de Schengen portent sur :

- ☐ A. L'agriculture
- ☐ B. L'industrie automobile
- ☐ C. La libre circulation des personnes et la suppression des contrôles aux frontières
- ☐ D. La durée du travail

1205 Quels sont les deux pays membres de l'Union européenne qui ne sont pas signataires des accords de Schengen ?

- ☐ A. Le Royaume-Uni
- ☐ B. Le Portugal
- ☐ C. L'Irlande
- ☐ D. Les Pays-Bas
- ☐ E. Aucune de ces réponses n'est bonne

1206 Les droits politiques des étrangers de l'Union européenne résidant en France sont :

- ☐ A. Droit de vote et d'éligibilité aux élections municipales et européennes
- ☐ B. Droit de vote à l'élection présidentielle
- ☐ C. Droit de vote aux élections législatives
- ☐ D. Droit de vote aux élections régionales

1207 Quel Etat, n'appartenant pas à l'Union européenne, est associé à l'espace Schengen ?

- ☐ A. Le Maroc
- ☐ B. L'Ukraine
- ☐ C. La Croatie
- ☐ D. La Norvège

1208 Quel secteur est concerné par la PAC ?

- ☐ A. L'agriculture
- ☐ B. L'automobile
- ☐ C. Les PME

1209 De quand date la mise en place de la PAC ?

- ☐ A. 1953
- ☐ B. 1959
- ☐ C. 1962
- ☐ D. 1967
- ☐ E. 1971

1210 Parmi les instruments ci-après, lequel fait partie des fonds structurels de l'Union ?

- ☐ A. Le fonds social européen
- ☐ B. Le fonds européen de développement
- ☐ C. Le Programme Life
- ☐ D. Le Programme Phare

1211 Concernant la politique étrangère et de sécurité commune telle que la prévoit le traité sur l'Union européenne, la commission :

- ☐ A. N'a pas le droit d'initiative
- ☐ B. A seule le droit d'initiative
- ☐ C. Partage le droit d'initiative avec les Etats membres
- ☐ D. Partage le droit d'initiative avec le Parlement européen

1212 **Le fonds européen de développement finance :**

☐ A. Les investissements dans les régions en retard de développement des Etats membres
☐ B. Les grands réseaux transeuropéens
☐ C. Le développement de la technologie et de l'information
☐ D. La coopération avec certains pays en voie de développement

1213 **L'Union européenne a mis en place un numéro d'urgence commun à tous ses pays membres. Quel est ce numéro ?**

☐ A. Le 11
☐ B. Le 12
☐ C. Le 112
☐ D. Le 121

1214 **Qu'est-ce que le FEM ?**

☐ A. Le fonds européen d'ajustement à la mondialisation
☐ B. Le fonds européen du médiateur
☐ C. Le fonds économique maritime

1215 **Combien de pays sont concernés par le programme européen Erasmus ?**

☐ A. 25 pays
☐ B. 27 pays
☐ C. 28 pays
☐ D. 33 pays

1216 **Laquelle de ces affirmations est exacte ?**

☐ A. Le traité de Rome a institué l'Union européenne
☐ B. La Norvège est adhérente de l'Union européenne depuis 1973
☐ C. Selon le processus décisionnel de l'Union, la Commission européenne dispose du monopole du pouvoir de proposition

1217 **ECHO créé en 1992 est :**

☐ A. L'accord général sur les tarifs douaniers et le commerce européen
☐ B. L'Office humanitaire de la Communauté européenne
☐ C. Le Corps d'armée européen

1218 **Dans quelle ville se déroule, en juillet 2008, le sommet fondateur de l'Union pour la Méditerranée qui rassemble des Etats riverains de la mer Méditerranée et l'ensemble des Etats membres de l'Union européenne ?**

☐ A. Barcelone
☐ B. Tunis
☐ C. Paris
☐ D. Rabat

1219 **Quelle fut la particularité de la commémoration de l'armistice de 1918 en 2009 ?**

☐ A. La présence à Berlin du dernier poilu allemand de la Grande Guerre
☐ B. La présence à Berlin du président de la République française
☐ C. La présence à Paris du Chancelier allemand
☐ D. La présence d'un bataillon indien sur les Champs-Elysées

3. Relations internationales et conflits

1220 **A qui attribue-t-on cette remarque ironique : « Le pape ! Combien de divisions a-t-il » ?**

☐ A. Joseph Staline
☐ B. Adolf Hitler
☐ C. Fidel Castro
☐ D. Vladimir Ilitch Lénine

1221 Que signifie l'expression « solution finale » ?

☐ A. La décision des nazis d'exterminer les juifs d'Europe
☐ B. La prise de Stalingrad
☐ C. Le recours à la bombe atomique contre le Japon

1222 En février 1945, les alliées décident de l'occupation de l'Allemagne, lors de la conférence de Yalta. Quel homme d'Etat figurant ci-après n'y assiste pas ?

☐ A. Winston Churchill
☐ B. Franklin Roosevelt
☐ C. Joseph Staline
☐ D. Charles de Gaulle

1223 Quel est le sujet abordé lors de la conférence de Yalta ?

☐ A. La reconstruction de l'Allemagne
☐ B. Les conditions de la capitulation allemande, l'organisation de l'Europe et la garantie d'un monde stable
☐ C. Le désarmement des pays détenant la bombe atomique
☐ D. L'élection d'un chancelier à la tête de l'Allemagne

1224 Quels sont les deux pays dont les troupes font jonction le 25 avril 1945 à Torgau sur l'Elbe, en Allemagne ?

☐ A. Les Etats-Unis et l'URSS
☐ B. La France et l'Angleterre
☐ C. L'URSS et la France

1225 Que se passe-t-il en mai 1945 ?

☐ A. La capitulation allemande
☐ B. La capitulation italienne
☐ C. La capitulation japonaise
☐ D. La conférence de Yalta

1226 Quel président américain prend la décision d'utiliser la bombe atomique contre le Japon ?

☐ A. Franklin Delano Roosevelt
☐ B. Harry S. Truman
☐ C. Dwight David Eisenhower

1227 Quels sont les chefs d'Etats morts en avril 1945 ?

☐ A. Harry Truman, Benito Mussolini, Joseph Staline
☐ B. Philippe Pétain, Adolf Hitler, Benito Mussolini
☐ C. Benito Mussolini, Franklin Roosevelt, Adolf Hitler

1228 Qui emploie pour la première fois l'expression « rideau de fer » ?

☐ A. Franklin Roosevelt
☐ B. Charles de Gaulle
☐ C. Winston Churchill

1229 En quelle année est construit le mur de Berlin ?

☐ A. 1948
☐ B. 1956
☐ C. 1961

1230 En quelle année est détruit le mur de Berlin ?

☐ A. 1988
☐ B. 1989
☐ C. 1990
☐ D. 1991

1231 Quels pays, parmi les listes suivantes, étaient « non-alignés » pendant la Guerre froide ?

- ☐ A. La Finlande, la Suisse et la Suède
- ☐ B. L'Afrique du Sud, la Nouvelle Zélande et l'Australie
- ☐ C. La Yougoslavie, l'Egypte, l'Inde, l'Indonésie, la Birmanie et l'Ethiopie
- ☐ D. L'Algérie, l'Iran, le Pakistan et Cuba

1232 La doctrine Brejnev :

- ☐ A. Relance la Guerre froide avec les Etats-Unis
- ☐ B. Défend le droit des Etats frères partout où le socialisme est menacé
- ☐ C. Prévoit de relancer les conflits idéologiques avec la Chine

1233 Quel événement se produit en 1961 dans la baie des Cochons ?

- ☐ A. Un débarquement de rebelles anticastristes à Cuba
- ☐ B. Une pollution provoquée par l'accident d'un sous-marin nucléaire
- ☐ C. Un attentat faisant plus de 200 morts
- ☐ D. Un scandale sexuel impliquant des hauts dignitaires
- ☐ E. Aucune de ces réponses n'est bonne

1234 Quel pays les troupes du pacte de Varsovie envahissent-elles pour réprimer une révolte en 1956 ?

- ☐ A. La Pologne
- ☐ B. La Hongrie
- ☐ C. La Tchécoslovaquie

1235 En quelle année eut lieu le printemps de Prague ?

- ☐ A. 1948
- ☐ B. 1968
- ☐ C. 1974
- ☐ D. 1989

1236 Comment se nomme la révolution qui eut lieu à Prague en 1989 ?

- ☐ A. La révolution de velours
- ☐ B. La révolution de soie
- ☐ C. La révolution des fleurs
- ☐ D. La révolution des canons

1237 Une seule de ces affirmations est vraie. Laquelle ?

- ☐ A. Le printemps de Prague a eu lieu en 1956
- ☐ B. Le mur de Berlin a été bâti en 1964
- ☐ C. L'URSS a disparu officiellement en 1991
- ☐ D. Varsovie s'est révolté en 1961

1238 Le terme « *Kominform* » désigne :

- ☐ A. Une organisation économique
- ☐ B. Un pacte militaire
- ☐ C. Une association politique

1239 Quel est le nom donné à l'accord de réduction des arsenaux nucléaires signé par les Etats-Unis et la Russie à l'issue de la Guerre froide ?

- ☐ A. Stay
- ☐ B. Stop
- ☐ C. Start
- ☐ D. Still
- ☐ E. Stow

1240 Les « accords de Genève », signés le 21 juillet 1954, se rapportent à :

- ☐ A. La guerre d'Indochine
- ☐ B. La guerre d'Algérie
- ☐ C. L'indépendance des protectorats français du Maroc et de la Tunisie
- ☐ D. L'indépendance du Sénégal
- ☐ E. Toutes les solutions proposées sont bonnes

1241 Dans quelle ville les accords marquant la fin de la guerre en Algérie ont-ils été signés le 18 mars 1962 ?

- ☐ A. A Vichy
- ☐ B. A Evian
- ☐ C. A Maastricht
- ☐ D. A Genève

1242 Quel événement a déclenché la guerre du Vietnam ?

- ☐ A. L'offensive du têt
- ☐ B. Le massacre de My Lai
- ☐ C. La chute de Dien Bien Phu
- ☐ D. L'incident du golfe du Tonkin

1243 La signature des accords de Paris le 23 janvier 1973 marque :

- ☐ A. La fin de la guerre de Corée
- ☐ B. La fin de la guerre des Six Jours
- ☐ C. La fin de la guerre de Cuba
- ☐ D. Le retrait américain de la guerre du Vietnam
- ☐ E. Le retrait israélien de la bande de Gaza

1244 La guerre du Vietnam prend fin en :

- ☐ A. 1972
- ☐ B. 1973
- ☐ C. 1975
- ☐ D. 1979

1245 La crise de Suez, qui engage la France en 1956, a pour origine :

- ☐ A. L'assassinat du président égyptien à Suez
- ☐ B. La nationalisation du canal de Suez par Nasser
- ☐ C. L'expulsion des ressortissants français et britanniques du territoire égyptien
- ☐ D. L'effondrement des actions boursières de la compagnie internationale du canal de Suez

1246 En 1952, le roi Farouk est renversé par une junte d'officiers dirigée par le colonel Nagui ; dans quel pays ?

- ☐ A. Le Liban
- ☐ B. La Libye
- ☐ C. L'Egypte

1247 En quelle année se déroule la guerre israélo-arabe du Yom Kippour ?

- ☐ A. 1967
- ☐ B. 1971
- ☐ C. 1973

1248 Quels furent les protagonistes de la guerre des Six Jours ?

- ☐ A. Israël et les pays arabes
- ☐ B. La Grèce et la Turquie
- ☐ C. L'Irak et le Koweït
- ☐ D. Les Etats-Unis et l'Irak

1249 Les accords d'Oslo de 1993, menant à la reconnaissance mutuelle de l'OLP et de l'Etat d'Israël et à la reconnaissance d'une autonomie palestinienne, sont conclus par :

- ☐ A. Yasser Arafat et Yitzhak Rabin
- ☐ B. Yasser Arafat et Ariel Sharon
- ☐ C. Anouar el Sadate et Golda Meier
- ☐ D. Mahmoud Abbas et Benjamin Netanyahou

1250 Quand apparaît le Hamas, l'organisation islamiste radicale qui a gagné les élections législatives en Palestine en 2006 ?

- ☐ A. En 1967, après la guerre des Six Jours
- ☐ B. En 1919, lors de la création du « foyer national juif »
- ☐ C. En 1993, à l'occasion des accords d'Oslo
- ☐ D. En 1987, lors de la première Intifada

1251 Quels responsables politiques sont présents à Camp David en 1978 ?

- ☐ A. Y. Arafat – I. Rabin – L. Johnson
- ☐ B. H. Moubarak – S. Peres – G. Bush
- ☐ C. G. Nasser – G. Meir – R. Reagan
- ☐ D. M. Al-Sadate – M. Beghin – J. Carter

1252 Qui assassine, en 1995, Yitzhak Rabin, Premier ministre israélien ?

- ☐ A. Un membre du Fatah
- ☐ B. Un membre du Hamas
- ☐ C. Un extrémiste israélien
- ☐ D. Un extrémiste palestinien

1253 En quelle année eut lieu l'embargo par les pays arabes des livraisons de pétrole à destination des Etats occidentaux, année considérée comme celle du premier choc pétrolier ?

- ☐ A. En 1953
- ☐ B. En 1963
- ☐ C. En 1973
- ☐ D. En 1983
- ☐ E. En 1993

1254 En 1973, le premier choc pétrolier eut lieu à l'occasion :

- ☐ A. De la guerre du Kippour
- ☐ B. De la révolution iranienne
- ☐ C. De l'invasion du Koweït par l'Irak

1255 Que désigne « septembre noir » ?

- ☐ A. Les attentats du 11 septembre 2001 aux Etats-Unis
- ☐ B. La guerre des Six Jours menée par Israël contre l'Egypte en juin 1967
- ☐ C. Le massacre de palestiniens par l'armée jordanienne en 1970
- ☐ D. L'explosion de l'usine AZF à Toulouse en 2001

1256 Dans quelle île d'Europe la Turquie est-elle intervenue militairement en 1974 ?

- ☐ A. Malte
- ☐ B. La Sardaigne
- ☐ C. Chypre
- ☐ D. Rhodes

1257 Au Rwanda, en 1994, une ethnie en massacre une autre, commettant un véritable génocide. Quelle est cette ethnie ?

☐ A. Les Hutus
☐ B. Les Tutsis
☐ C. Les Dogons

1258 Dans quel pays la crise du Darfour se déroule-t-elle ?

☐ A. Au Mali
☐ B. Au Kenya
☐ C. Au Zimbabwe
☐ D. Au Soudan

1259 Dans quel pays africain des violences religieuses meurtrières ont-elles eu lieu début 2010, en particulier dans la ville de Jos ?

☐ A. Au Niger
☐ B. Au Mali
☐ C. Au Burkina Faso
☐ D. Au Nigeria

1260 Depuis 2008, les relations diplomatiques entre la Corée du Sud et la Corée du Nord sont marquées par :

☐ A. Une assistance mutuelle
☐ B. Une tentative de normalisation *via* des négociations bilatérales
☐ C. Un net durcissement

1261 Entre quels pays le Cachemire fait-il l'objet d'un conflit ?

☐ A. Entre l'Inde et la Chine
☐ B. Entre l'Inde et le Pakistan
☐ C. Entre la Chine et le Pakistan
☐ D. Entre l'Inde et l'Afghanistan

1262 Dans quel pays le pouvoir cinghalais et les rebelles tamouls s'affrontent-ils ?

☐ A. Au Sri Lanka
☐ B. Au Kenya
☐ C. Au Tchad
☐ D. Au Soudan

1263 En quelle année a commencé la dernière guerre d'Irak (3e guerre du Golfe) ?

☐ A. 2001
☐ B. 2002
☐ C. 2003
☐ D. 2004
☐ E. 2005

1264 Combien de pays de l'Union européenne se sont prononcés contre la guerre en Irak ?

☐ A. 2
☐ B. 3
☐ C. 4

1265 Le mouvement des talibans est :

☐ A. Un mouvement religieux pakistanais
☐ B. Un mouvement irakien opposé à l'intervention américaine
☐ C. Un mouvement fondamentaliste musulman
☐ D. Un courant politique chiite d'Afghanistan

1266 Quelle ville a été victime d'un attentat terroriste en novembre 2008 ?

☐ A. Djerba
☐ B. Londres
☐ C. Madrid
☐ D. Bombay

1267 Un attentat frappa Madrid le :

- ☐ A. 11 septembre 2001
- ☐ B. 11 septembre 2006
- ☐ C. 11 mars 2004
- ☐ D. 11 mars 2008

1268 Devant quel tribunal Saddam Hussein a-t-il été jugé ?

- ☐ A. Devant la Cour européenne des droits de l'homme qui siège à Strasbourg
- ☐ B. Devant le tribunal spécial irakien en Irak
- ☐ C. Devant la Cour internationale de justice qui siège à la Haye
- ☐ D. Devant la Cour pénale internationale qui siège à la Haye

4. Organisations internationales

1269 Cette organisation, fondée en 1949 et dont le siège se trouve à Bruxelles, a pour but de sauvegarder la paix et la sécurité. Elle assure aux européens l'alliance des Etats-Unis contre toute agression. Il s'agit de :

- ☐ A. L'ONU
- ☐ B. L'OTAN
- ☐ C. L'OCDE
- ☐ D. L'Unesco

1270 Que signifie le sigle OTAN ?

- ☐ A. Organisation du traité de l'Atlantique Nord
- ☐ B. Organisation du traité de l'Amérique du Nord
- ☐ C. Organisation du traité de l'Afrique du Nord
- ☐ D. Organisation du traité de l'Asie du Nord

1271 Parmi ces quatre Etats, lequel n'est pas membre de l'OTAN ?

- ☐ A. La Suisse
- ☐ B. La Turquie
- ☐ C. La Pologne
- ☐ D. Les Etats-Unis

1272 En quelle année la Turquie a-t-elle intégré l'OTAN ?

- ☐ A. 1949
- ☐ B. 1952
- ☐ C. 1955
- ☐ D. 1982

1273 Quel évènement « géostratégique » important se produit le 6 mai 1955 ?

- ☐ A. La République fédérale d'Allemagne rejoint l'OTAN
- ☐ B. L'Espagne rejoint l'OTAN
- ☐ C. La France rejoint l'OTAN
- ☐ D. La Grande-Bretagne quitte l'OTAN

1274 Quel pays a quitté l'OTAN en 1966 ?

- ☐ A. La Grande-Bretagne
- ☐ B. La France
- ☐ C. L'Italie
- ☐ D. Le Canada

1275 Quelle est la réponse du bloc soviétique à la création de l'OTAN ?

- ☐ A. Le traité de Varsovie
- ☐ B. Le traité de Cracovie
- ☐ C. Le traité de Moscou

1276 Quand l'OTAN est-elle intervenue au Kosovo ?

- ☐ A. En 1988
- ☐ B. En 1999
- ☐ C. En 2000
- ☐ D. En 2001

1277 En quelle année est créée l'ONU ?

- ☐ A. En 1944
- ☐ B. En 1945
- ☐ C. En 1946
- ☐ D. En 1947

1278 En 2014, l'Organisation des Nations unies compte :

- ☐ A. 51 pays membres
- ☐ B. 110 pays membres
- ☐ C. 126 pays membres
- ☐ D. 193 pays membres
- ☐ E. Aucune de ces réponses n'est bonne

1279 Parmi les quatre pays suivants, un seul disposait du droit de veto à l'ONU de 1945 à 1991. Il s'agit :

- ☐ A. Du Japon
- ☐ B. De la Chine
- ☐ C. De l'Italie
- ☐ D. Du Canada

1280 Combien d'Etats sont membres permanents du Conseil de sécurité de l'ONU ?

- ☐ A. 4
- ☐ B. 5
- ☐ C. 15
- ☐ D. 185

1281 De ces quatre pays, lequel ne fait pas partie des membres permanents du Conseil de sécurité de l'ONU ?

- ☐ A. La France
- ☐ B. Les Etats-Unis
- ☐ C. La Chine
- ☐ D. Le Japon

1282 Quand est inauguré le siège de l'ONU le long de l'East River à New York ?

- ☐ A. 1945
- ☐ B. 1948
- ☐ C. 1951
- ☐ D. 1962

1283 L'Unesco est une institution internationale chargée :

- ☐ A. Des problèmes de santé
- ☐ B. De l'éducation, de la science et de la culture
- ☐ C. Du maintien de la paix dans le monde
- ☐ D. De l'alimentation

1284 L'ingérence humanitaire est :

- ☐ A. L'organisation des secours après une catastrophe naturelle
- ☐ B. Sur certaines recherches biologiques et médicales. L'avis prononcé par un comité d'éthique
- ☐ C. Une aide, le plus souvent internationale, apportée aux populations civiles en détresse, avec ou sans l'accord de leurs autorités étatiques
- ☐ D. Une action de prévention de la sécurité routière

1285 Où siège la ligue des Etats arabes ?

☐ A. Au Caire
☐ B. A Damas
☐ C. A Téhéran

1286 Qui est Ban Ki-Moon ?

☐ A. La secrétaire général de la ligue des Etats arabes
☐ B. Le directeur général de l'Unesco
☐ C. Le secrétaire général de l'ONU
☐ D. Le secrétaire général de l'OUA

1287 Le 21 juin 2011, Ban Ki-Moon est réélu pour un deuxième et dernier mandat, commençant le 1er janvier 2012. Quelle est la durée de ce mandat ?

☐ A. 2 ans
☐ B. 4 ans
☐ C. 5 ans

1288 La résolution 242 du Conseil de sécurité de l'ONU (novembre 1967) se prononce pour :

☐ A. Le partage de la Palestine
☐ B. La reconnaissance d'Israël par les Etats arabes
☐ C. Le retrait des forces armées israéliennes des territoires occupés lors de la guerre des Six Jours

1289 Qu'a annoncé Mikhaïl Gorbatchev à l'ONU en 1988 ?

☐ A. Le renforcement militaire en Afghanistan
☐ B. La reprise de la Guerre froide avec les Etats-Unis
☐ C. Le retrait militaire d'Afghanistan

1290 Quels pays, à l'ONU, s'opposent, avec la France, à l'intervention en Irak ?

☐ A. L'Espagne et la Chine
☐ B. L'Allemagne et la Russie
☐ C. L'Espagne et la Russie
☐ D. L'Espagne et l'Allemagne

1291 De quelle nationalité est le successeur de Kofi Annan au poste de secrétaire général de l'ONU ?

☐ A. Chinoise
☐ B. Japonaise
☐ C. Sud-Coréenne
☐ D. Vietnamienne

1292 Qui a été secrétaire général de l'ONU ?

☐ A. Boutros-Boutros Ghali
☐ B. Habib Bourguiba
☐ C. Kim il Sung
☐ D. Javier Pérez de Cuellar

1293 A quelle organisation est rattaché l'Unicef ?

☐ A. Au Comité de la Croix-Rouge (CICR)
☐ B. A l'Organisation mondiale de la santé (OMS)
☐ C. A l'Organisation des Nations unies (ONU)
☐ D. Aucune de ces réponses n'est bonne : il s'agit d'un organisme indépendant

1294 Quelles missions l'UNHCR a-t-il auprès des réfugiés ?

☐ A. Aider à la réintégration dans le pays d'origine
☐ B. Faciliter l'obtention du droit d'asile
☐ C. Accorder une nouvelle nationalité
☐ D. Sauvegarder le droit et le bien-être des réfugiés

1295 Quels sont les organismes rattachés à l'ONU ?

- ☐ A. L'Organisation mondiale de la santé
- ☐ B. L'Organisation internationale du travail
- ☐ C. Le Fonds monétaire international

1296 En février 2007, Jacques Chirac propose la création de l'ONUE, Organisation des Nations unies :

- ☐ A. Pour l'éducation
- ☐ B. Pour l'environnement
- ☐ C. Pour l'écodéveloppement
- ☐ D. Pour l'énergie

1297 Dans quel domaine intervient la FAO ?

- ☐ A. L'éducation et la culture
- ☐ B. L'alimentation et l'agriculture
- ☐ C. La santé et l'éducation
- ☐ D. Les sciences et les techniques

1298 Quel est l'organisme international dont l'objet est la culture ?

- ☐ A. Unicef
- ☐ B. ONU
- ☐ C. Unesco
- ☐ D. Europol

1299 Le Conseil de l'Europe, apparu en 1949, est la plus ancienne organisation politique du continent. Combien de pays regroupe-t-il ?

- ☐ A. 47 pays
- ☐ B. 25 pays
- ☐ C. 12 pays
- ☐ D. 6 pays

1300 Le siège du Conseil de l'Europe se situe à :

- ☐ A. Bruxelles
- ☐ B. Strasbourg
- ☐ C. Luxembourg

1301 Combien d'Etats membres du Conseil de l'Europe sont des démocraties ?

- ☐ A. 12
- ☐ B. 27
- ☐ C. 45
- ☐ D. Tous les Etats membres

1302 Qui fait partie du Conseil de l'Europe ?

- ☐ A. Les ministres des Affaires étrangères des Etats membres
- ☐ B. Les ministres des Etats membres en rapport avec l'ordre du jour
- ☐ C. Les chefs d'Etat ou de gouvernement des Etats membres
- ☐ D. Aucune de ces réponses n'est bonne

1303 De quel organisme dépend la Cour européenne des droits de l'homme ?

- ☐ A. L'Union européenne
- ☐ B. La ligue internationale des droits de l'homme
- ☐ C. Le Conseil de l'Europe
- ☐ D. L'ONU
- ☐ E. Aucune de ces réponses n'est bonne

7. ECONOMIE ET VIE DES ENTREPRISES

Ce chapitre est composé de **5 sections** pour un total de **270 questions**.

1. Histoire de la pensée économique et grands concepts
2. Economie internationale et vie financière
3. La zone euro
4. Production et vie des entreprises
5. L'Etat dans la sphère économique en France

[A SAVOIR !]

110 Les numéros de questions de ce type signifient qu'il n'y a qu'une seule et unique réponse juste à la question posée.

111 Les numéros de questions de ce type signifient qu'il y a **plusieurs (2 ou plus) réponses possibles justes à la question.**

[UN CONSEIL IMPORTANT]

Nous vous conseillons vivement de répondre à toutes les questions d'une section avant d'en découvrir les solutions. L'erreur consiste en effet généralement à traiter une question et à vérifier aussitôt la réponse parce que l'on veut s'assurer d'avoir trouvé la réponse juste ou parce que l'on est impatient de la découvrir dans le cas où on ne la connaît pas. Si vous souhaitez sérieusement progresser, vous devez absolument vous imprégner du thème traité par la section et répondre d'un trait à toutes les questions d'une section.

[QUELQUES MOTS SUR...]

1. L'économie internationale et la vie financière [WIKIPEDIA]

L'économie internationale est la branche des sciences économiques qui s'intéresse aux relations commerciales et économiques entre pays, aux évolutions des taux de change et de la compétitivité économique.

L'économie internationale comporte plusieurs branches : celle qui étudie les échanges commerciaux (Théorie du commerce international), celle qui étudie les politiques monétaires et les taux de change, celle qui étudie les mouvements de capitaux entre pays (Finance internationale), etc.

2. La zone Euro [WIKIPEDIA]

La zone euro (ou Union économique et monétaire – UEM) est une zone monétaire qui regroupe les pays de l'Union européenne qui ont adopté l'euro (EUR, €) comme monnaie unique. Dix-huit pays de l'Union européenne, représentant près de 324 millions d'habitants, font partie de la zone euro au 1er janvier 2014. Elle a été créée en 1999 par onze pays : Allemagne, Autriche, Belgique, Espagne, Finlande, France, Irlande, Italie, Luxembourg, Pays-Bas, Portugal, rejoints par la Grèce en 2001, par la Slovénie en 2007, par Chypre et Malte en 2008, par la Slovaquie en 2009, l'Estonie en 2011 et la Lettonie en 2014.

3. L'Etat dans la sphère économique en France [WIKIPEDIA]

Après l'élection de François Mitterrand en 1981, l'incursion de l'Etat dans la sphère économique s'est encore renforcée. Depuis, les privatisations réduisent progressivement le contrôle sur la production économique. La France reste un des Etats du monde les plus règlementés, et le poids des dépenses publiques y est très important.

1. Histoire de la pensee economique et grands concepts

1304 Economiste britannique né en 1766, son nom est associé à un adjectif et à une doctrine selon laquelle les naissances doivent être limitées par crainte de la surpopulation par rapport aux subsistances. Il s'agit de :

- ☐ A. Adam Smith
- ☐ B. Thomas Malthus
- ☐ C. John Maynard Keynes
- ☐ D. David Ricardo

1305 Des quatre auteurs suivants, lequel n'appartient pas au courant libéral classique ?

- ☐ A. Jean-Baptiste Say
- ☐ B. Adam Smith
- ☐ C. John. M. Keynes
- ☐ D. David Ricardo

1306 Classez ces économistes par nationalité :

a. Frédéric Bastiat
b. Arthur Laffer
c. Friedrich Hayek
d. Nikolai Kondratieff

1. Américain
2. Russe
3. Français
4. Autrichien

- ☐ A. a1 – b3 – c2 – d4
- ☐ B. a3 – b1 – c4 – d2
- ☐ C. a1 – b3 – c4 – d3
- ☐ D. a3 – b2 – c2 – d4

1307 Qui est économiste ?

- ☐ A. Balthasar Kłossowski dit Balthus
- ☐ B. John Meynard Keynes
- ☐ C. Milton Friedman
- ☐ D. Pierre Bourdieu

1308 « La mauvaise monnaie chasse la bonne » est la formulation de la loi de Gresham (commerçant et financier anglais du XVIe siècle). Quel est le phénomène historique qui a inspiré cette loi ?

- ☐ A. L'apparition de l'inflation monétaire
- ☐ B. La disparition des pièces d'or de la circulation monétaire, remplacées par des pièces d'argent de moindre valeur
- ☐ C. L'apparition des billets de banque
- ☐ D. La disparition des assignats

1309 Quelles sont, selon Karl Marx, les caractéristiques de la théorie de la plus-value ?

- ☐ A. Les propriétaires du capital (les capitalistes) exploitent les classes ouvrières qui s'appauvrissent
- ☐ B. Le rôle de l'Etat doit diminuer au profit d'une société collectiviste idéale, la société communiste
- ☐ C. Elle engendre l'exploitation de l'homme par l'homme

1310 Parmi les ouvrages suivants, lequel n'a-t-il pas été écrit par Karl Marx ?

- ☐ A. *Le Manifeste du Parti communiste*
- ☐ B. *Les Luttes de classes en France*
- ☐ C. *Le Petit Livre rouge*
- ☐ D. *Le Capital*

1311 « Dans un système d'entière liberté de commerce, chaque pays consacre son capital et son industrie à tel ou tel emploi qui lui paraît utile. C'est ainsi qu'en encourageant l'industrie et en tirant tout le parti possible des bienfaits de la nature, on parvient à une meilleure distribution et à plus d'économie dans le travail. En même temps l'accroissement de la masse générale des produits répand partout le bien-être : l'échange lie entre elles toutes les nations du monde civilisé par des nœuds communs de l'intérêt, par des relations amicales et en fait une et seule grande société. C'est ce principe qui veut qu'on fasse du vin en France et au Portugal, qu'on cultive du blé en Pologne… » Dans ce texte extrait des *principes de l'économie politique et de l'impôt* de David Ricardo, publié en 1817, il est question de :

- ☐ A. Du libre-échange
- ☐ B. Du commerce intra-branche
- ☐ C. Du protectionnisme
- ☐ D. Des investissements à l'étranger
- ☐ E. Aucune de ces réponses n'est bonne

1312 Quel économiste est célèbre pour avoir dit : « Il n'est de richesse que d'hommes » ?

- ☐ A. Jean Bodin
- ☐ B. Adam Smith
- ☐ C. Karl Marx
- ☐ D. Milton Friedman

1313 A qui doit-on l'expression de « Révolution industrielle » ?

- ☐ A. James Watt
- ☐ B. Adolphe Blanqui
- ☐ C. Max Weber

1314 Pour John Meynard Keynes, la clé du retour au plein emploi, c'est :

- ☐ A. Relancer la production
- ☐ B. Favoriser l'épargne
- ☐ C. Relancer la consommation

1315 A qui doit-on la politique dite du New Deal aux Etats-Unis en 1932-1933 ?

- ☐ A. Dwight David Eisenhower
- ☐ B. Harry S. Truman
- ☐ C. Franklin Delano Roosevelt

1316 Dans quelle ville a été défini le nouveau SMI en 1944 ?

- ☐ A. Londres
- ☐ B. Bretton-Woods
- ☐ C. La Haye

1317 Que signifie le sigle SMI ?

- ☐ A. Système monétaire international
- ☐ B. Service monétaire international
- ☐ C. Structure monétaire internationale

1318 Qu'instituent les accords définissant le nouveau SMI ?

- ☐ A. La libéralisation du commerce mondial
- ☐ B. Les relations entre banques centrales
- ☐ C. La définition des monnaies par rapport au dollar
- ☐ D. L'ouverture des marchés financiers

1319 Quelle période désigne les Trente Glorieuses en France ?

- ☐ A. 1900-1925
- ☐ B. 1945-1975
- ☐ C. 1920-1950
- ☐ D. 1955-1970

1320 **Une seule de ces propositions relatives aux Trente Glorieuses est inexacte, laquelle ?**

- ☒ A. Nom donné par l'économiste Alfred Sauvy
- ☐ B. Période de croissance économique pour la France
- ☐ C. Période caractérisée par un baby-boom
- ☐ D. Marque l'entrée de la société française dans la consommation de masse

1321 **Pour quelle raison Alfred Sauvy a-t-il forgé l'expression « tiers-monde » ?**

- ☐ A. Pour faire valoir l'émergence d'une « troisième voie » politique voulant échapper à la logique d'affrontement des « deux blocs »
- ☒ B. Pour faire un parallèle avec le tiers état de l'Ancien Régime
- ☐ C. Pour faire valoir l'émergence d'une « troisième voie » économique promue par les nouveaux pays décolonisés
- ☐ D. Pour faire valoir une vision spiritualiste du monde inspirée de la Sainte-Trinité

1322 **De quelle année date l'expression « tiers-monde » ?**

- ☐ A. 1939
- ☒ B. 1945
- ✓ ☐ C. 1952
- ☐ D. 1973

1323 **Le premier choc pétrolier a eu lieu en :**

- ☐ A. 1963
- ✓ ☐ B. 1973
- ☒ C. 1980
- ☐ D. 1991

1324 **En raison du démarrage spectaculaire de leur économie, quatre pays étaient appelés les « quatre dragons d'Asie » (ou quatre tigres) au début des années 1990. Ces pays sont :**

- ☐ A. Indonésie, Singapour, Malaisie et Philippines
- ☐ B. Thaïlande, Taïwan, Hong Kong et Corée du Sud
- ☒ C. Singapour, Taïwan, Hong Kong et Corée du Sud
- ☐ D. Indonésie, Thaïlande, Taïwan et Hong Kong
- ☐ E. Aucune de ces réponses n'est bonne

1325 **La balance commerciale est la différence entre :**

- ☐ A. L'argent dépensé par les touristes sur un territoire national et l'argent dépensé par les citoyens de ce pays en voyageant à l'étranger
- ☒ B. La valeur des exportations et celle des importations de marchandises
- ☐ C. La valeur de la production des entreprises d'un pays implantées sur le territoire et celle des entreprises de ce même pays installées à l'étranger

1326 **Le déficit budgétaire :**

- ✓ ☐ A. Peut être financé par des émissions obligataires
- ☐ B. Correspond à la somme des déficits accumulés dans le temps
- ☒ C. Correspond au solde entre recettes et dépenses du budget de l'Etat
- ✓ ☐ D. Peut être mesuré en point de PIB

1327 La courbe de Philips établit un lien entre :

- ☐ A. Le taux de chômage et le taux d'inflation
- ☐ B. Le taux d'épargne et les revenus
- ☐ C. Les taux d'intérêt réels et le taux d'inflation
- ☐ D. Le taux de chômage et la population active

1328 La courbe de Kuznets (années 1950) décrit la relation entre :

- ☐ A. Le niveau de développement d'un pays et son niveau d'inégalité
- ☐ B. Le taux d'intérêt et les obligations
- ☐ C. Le taux de chômage et la population active

1329 Trop d'impôt tue l'impôt. Quelle courbe démontre cette affirmation ?

- ☐ A. Courbe de Keynes
- ☐ B. Courbe de Say
- ☐ C. Courbe de Laffer
- ☐ D. Courbe de Ricardo

1330 Milton Friedman était un économiste :

- ☐ A. Monétariste
- ☐ B. Néo-keynésien
- ☐ C. Marginaliste

1331 Le monétarisme :

- ☐ A. Est un courant qui défend l'action de l'Etat en matière monétaire
- ☐ B. Est lié à l'Ecole de Chicago
- ☐ C. Suggère un taux de croissance fixe pour la masse monétaire
- ☐ D. Condamne la théorie quantitative de la monnaie

1332 Déterminez quels facteurs composent les bases de l'économie de marché :

- ☐ A. Les libertés individuelles
- ☐ B. Les règlementations gouvernementales
- ☐ C. Le rôle limité de l'Etat
- ☐ D. La propriété privée des moyens de production

1333 L'école libérale classique et la doctrine marxiste s'opposent principalement sur :

- ☐ A. L'organisation générale du système économique
- ☐ B. Le rôle de l'Etat dans l'activité économique
- ☐ C. L'innovation technologique
- ☐ D. L'autonomie des entreprises

1334 Dans l'optique libérale, le marché fonctionne théoriquement dans le cadre d'une :

- ☐ A. Régulation de l'économie
- ☐ B. Planification indicative
- ☐ C. Concurrence pure et parfaite
- ☐ D. Concurrence mondiale régulée

1335 Parmi les conditions de la concurrence pure et parfaite, figurent :

- ☐ A. Le faible nombre d'offreurs
- ☐ B. L'information parfaite des offreurs et des demandeurs
- ☐ C. L'homogénéité des produits

1336 **Dans l'économie de marché :**

- ☐ A. L'offre et la demande sont toujours équivalentes
- ☐ B. Ce sont les marchés qui orientent l'activité économique
- ☐ C. La concurrence dynamise l'activité économique
- ☐ D. C'est l'Etat qui fixe les prix des produits et services

1337 **En économie, comment nomme-t-on un utilisateur d'un bien ou d'un service qui ne paie pas le « juste » prix de son utilisation ?**

- ☐ A. Un trafiquant
- ☐ B. Un passager clandestin
- ☐ C. Un agent défaillant
- ☐ D. Un profiteur

1338 **Parmi les propositions suivantes, laquelle est exacte ? En théorie classique, si l'offre augmente :**

- ☐ A. Le prix baisse
- ☐ B. Le prix augmente

1339 **Sur un marché, on obtient le prix d'équilibre avec :**

- ☐ A. La moyenne marginale
- ☐ B. Le point d'intersection sur un graphique des courbes de l'offre et de la demande
- ☐ C. Une propension à l'équilibre du prix des produits

1340 **Parmi ces instruments, lequel n'est pas utilisé par la politique monétaire ?**

- ☐ A. L'intervention directe sur le crédit
- ☐ B. L'action sur les réserves obligatoires des banques commerciales
- ☐ C. L'intervention sur le marché monétaire
- ☐ D. L'intervention sur les dépenses publiques de l'Etat

1341 **La création monétaire résulte :**

- ☐ A. De l'épargne des ménages
- ☐ B. Des crédits accordés par les banques
- ☐ C. Des investissements par autofinancement des entreprises

1342 **La monnaie scripturale n'est pas :**

- ☐ A. Emise par l'Etat
- ☐ B. Immatérielle
- ☐ C. Constituée d'avoirs en compte

1343 **Quel est le taux de change euro-dollar approximatif en avril 2015 ?**

- ☐ A. 1,06
- ☐ B. 1,12
- ☐ C. 1,27
- ☐ D. 1,36

1344 **La désinflation correspond à :**

- ☐ A. La baisse des prix
- ☐ B. La hausse des prix
- ☐ C. Un ralentissement de la hausse des prix

1345 Dans un système de changes flottants, la baisse du cours d'une monnaie est appelée :

- ☐ A. Appréciation
- ☐ B. Dépréciation
- ☐ C. Dévaluation

1346 Le chômage frictionnel est dû :

- ☐ A. Aux conflits du travail
- ☐ B. A l'écart entre offre et demande de travail
- ☐ C. Au délai nécessaire entre deux emplois
- ☐ D. Au ralentissement de la croissance

1347 Qu'est-ce que le coefficient d'ouverture d'une économie ?

- ☐ A. Le rapport entre la balance commerciale et la balance des paiements
- ☐ B. Le rapport entre les transferts financiers étrangers et l'épargne nationale
- ☐ C. Le rapport entre la valeur des exportations et celle des importations
- ☐ D. Le rapport entre la valeur des exportations et le PIB

1348 Lequel de ces phénomènes est uniquement microéconomique ?

- ☐ A. Le budget de la recherche
- ☐ B. La création de 200 postes d'infirmières
- ☐ C. Le vote du budget de l'Etat
- ☐ D. Les 35 heures

1349 Parmi les affirmations suivantes, laquelle ne définit pas l'épargne ?

- ☐ A. C'est une réserve d'argent disponible
- ☐ B. C'est acquérir des biens et services
- ☐ C. C'est la partie du revenu disponible qui n'est pas consommée

1350 De quelle forme d'épargne fait partie la thésaurisation ?

- ☐ A. L'épargne financière
- ☐ B. L'épargne non financière
- ☐ C. L'épargne improductive

1351 Que mesure l'élasticité du revenu ?

- ☐ A. L'effet d'une variation du revenu sur la variation de la consommation
- ☐ B. La part du revenu qui est épargnée
- ☐ C. La part du revenu qui est consommée

1352 Parmi les revenus du travail, on ne compte pas :

- ☐ A. Les bénéfices des entreprises individuelles
- ☐ B. Les dividendes
- ☐ C. Les honoraires des médecins

1353 Un oligopole se caractérise par la présence :

- ☐ A. D'un seul vendeur face à une multiplicité de consommateurs
- ☐ B. D'un seul consommateur face à une multiplicité de vendeurs
- ☐ C. De peu de vendeurs face à une multiplicité de consommateurs
- ☐ D. De quelques consommateurs face à une multiplicité de vendeurs

1354 Comment appelle-t-on un marché caractérisé par la présence d'un nombre limité d'acheteurs face à une quantité importante de vendeurs ?

- ☐ A. Oligopsone
- ☐ B. Monopsone
- ☐ C. Oligopole
- ☐ D. Monopole
- ☐ E. Aucune de ces réponses n'est bonne

1355 **Une rente de situation est un surplus de rentabilité que peut obtenir une entreprise ayant un avantage compétitif. Cet avantage peut résulter :**

- ☐ A. D'une plus grande efficacité technique
- ☐ B. D'une meilleure situation sur le marché (monopole, par exemple)
- ☐ C. De politiques favorables au corporatisme ou au protectionnisme
- ☐ D. Du commerce équitable

1356 **L'Etat peut privatiser des entreprises :**

- ☐ A. En achetant des actions d'entreprises privées
- ☐ B. En vendant des actions d'entreprises publiques
- ☐ C. Pour se procurer des ressources financières
- ☐ D. Aucune de ces réponses n'est bonne

1357 **Des biens économiques sont des biens rares parce que :**

- ☐ A. Ils ne sont pas disponibles en quantités suffisantes pour satisfaire entièrement tous les besoins
- ☐ B. Ils sont disponibles en quantités limitées
- ☐ C. Ce sont des produits haut de gamme
- ☐ D. Ils ne sont produits que lorsqu'ils sont très rentables

1358 **Qu'appelle-t-on taux d'activité ?**

- ☐ A. Le rapport entre les étudiants ayant cessé leurs études et ceux qui les poursuivent
- ☐ B. Le rapport entre les chômeurs et la population totale
- ☐ C. Le rapport entre les actifs et la population totale

1359 **Le consumérisme est :**

- ☐ A. La propension à consommer
- ☐ B. La tendance des consommateurs à se regrouper en associations
- ☐ C. L'incitation à la consommation faite par la publicité

1360 **Les revenus de la propriété ne sont pas :**

- ☐ A. Les loyers perçus par les propriétaires
- ☐ B. Les intérêts perçus par les ménages
- ☐ C. Les bénéfices des entreprises individuelles

1361 **A quel type de revenu une action donne-t-elle droit ?**

- ☐ A. Un intérêt
- ☐ B. Un dividende
- ☐ C. Un profit

1362 **Quelles entreprises sont prises en compte dans le calcul du PIB de la France ?**

- ☐ A. Les entreprises françaises implantées à l'étranger
- ☐ B. Les entreprises étrangères implantées en France
- ☐ C. Les entreprises étrangères implantées à l'étranger
- ☐ D. Les entreprises françaises implantées en France

1363 **La croissance économique est mesurée par :**

- ☐ A. Le taux de croissance du PIB en euros
- ☐ B. Le taux de croissance du PIB en volume
- ☐ C. Le taux de croissance de la production industrielle

1364 **Qu'est-ce que le coût marginal de production ?**

- ☐ A. Le coût total des quantités produites
- ☐ B. La somme des coûts fixes et des coûts variables
- ☐ C. C'est le coût supplémentaire induit par la dernière unité produite
- ☐ D. Le rapport entre les coûts d'acquisition et les quantités acquises
- ☐ E. Toutes les solutions proposées sont bonnes
- ☐ F. Aucune de ces réponses n'est bonne

1365 **En économie, la valeur ajoutée d'une entreprise se calcule :**

- ☐ A. En divisant le volume de production par le nombre d'ouvriers
- ☐ B. En divisant le volume de production par le temps de travail
- ☐ C. En soustrayant la valeur des consommations intermédiaires au volume de production
- ☐ D. En soustrayant l'impôt sur les sociétés au résultat

1366 **Le chiffre d'affaires d'une entreprise désigne :**

- ☐ A. Le montant de ce qu'elle vend
- ☐ B. Le montant de ce qu'elle produit
- ☐ C. Le montant de ce qu'elle consomme
- ☐ D. Le montant de ce qu'elle achète

1367 **Le capital social d'une société désigne :**

- ☐ A. Le montant des sommes prélevées sur les bénéfices réalisés qui sont conservées dans la société
- ☐ B. Le nombre de salariés
- ☐ C. Tous les équipements durables utilisés par la société pour produire
- ☐ D. Le montant des sommes apportées par les actionnaires leur donnant droit, en contrepartie, à la propriété de l'entreprise

1368 **En comptabilité, un compte de résultats doit être équilibré entre les produits et :**

- ☐ A. Les recettes
- ☐ B. Les immobilisations
- ☐ C. Les charges

1369 **A quel mot correspond la définition suivante : répartition dans le temps d'une charge financière correspondant au remplacement d'un bien, machine, appareil, etc. ?**

- ☐ A. Un amortissement
- ☐ B. Une provision
- ☐ C. Une plus-value
- ☐ D. Une réévaluation d'actif

1370 **« Ecriture comptable au bilan pour une perte probable » : qui suis-je ?**

- ☐ A. Un amortissement
- ☐ B. Une plus-value
- ☐ C. Une provision
- ☐ D. Une recette

1371 Le commerce équitable vise à :

- ☐ A. Assurer une juste rémunération du travail des producteurs et artisans les plus défavorisés
- ☐ B. Réguler les échanges commerciaux mondiaux
- ☐ C. Faciliter les échanges commerciaux Nord-Sud
- ☐ D. Favoriser la préservation de l'environnement

1372 Les produits issus du commerce équitable portent le label international :

- ☐ A. Rouge
- ☐ B. Max Havelaar
- ☐ C. Commerce équitable
- ☐ D. Partage
- ☐ E. C.E.

2. Economie internationale et vie financiere

1373 Où siège le FMI ?

- ☐ A. A New York
- ☐ B. A Bruxelles
- ☐ C. A Strasbourg
- ☐ D. A Washington

1374 Que signifie FMI ?

- ☐ A. Fonds des monnaies nationales
- ☐ B. Formation monétaire internationale
- ☐ C. Fonds monétaire international
- ☐ D. Aucune de ces réponses n'est bonne

1375 La Banque mondiale a été créée pour :

- ☐ A. Faciliter les échanges commerciaux mondiaux
- ☐ B. Superviser le système bancaire mondial
- ☐ C. Financer des programmes d'aide au développement
- ☐ D. Accorder des facilités aux pays connaissant une crise financière

1376 L'accord signé à Genève en 1947 pour organiser le commerce mondial afin d'instaurer des règles commerciales équitables pour tous est :

- ☐ A. L'OMC
- ☐ B. Le GATT
- ☐ C. Le SME

1377 Dans le cadre de quelle institution internationale sont envisagés les droits de douane ?

- ☐ A. L'OMC
- ☐ B. L'OCDE
- ☐ C. Le FMI

1378 L'OMC a succédé :

- ☐ A. Au GATT
- ☐ B. A l'OCDE
- ☐ C. A Bretton Woods
- ☐ D. Au FMI

1379 Quel est le nombre de pays membres de l'OMC en 2015

- ☐ A. 20
- ☐ B. 60
- ☐ C. 120
- ☐ D. 160

1380 Quelle est la signification du sigle « OCDE » ?

- ☐ A. Organisation de coopération des développements européens
- ☐ B. Organisation de coopération et de développement économique
- ☐ C. Organisation de constance des développements économiques
- ☐ D. Organisation de coopération, de développement et d'entraide
- ☐ E. Organisation de coopération et de développement à l'étranger

1381 **Le programme des Nations unies pour le développement utilise un indicateur de développement humain (IDH) qui permet d'apprécier le niveau de développement réel d'un pays. Cet indice est composé de trois critères. Quels sont-ils ?**

- ☐ A. L'espérance de vie – Le niveau d'instruction – Le produit national brut (PNB)
- ☐ B. L'espérance de vie – Le niveau d'instruction – Le produit intérieur brut (PIB) par habitant
- ☐ C. Le produit intérieur brut (PIB) par habitant – Le taux de fécondité – Le taux de population urbaine
- ☐ D. Le produit intérieur brut (PIB) par habitant – Le taux de fécondité – Le nombre d'habitants par hectare de terres arables cultivées
- ☐ E. Toutes les solutions proposées sont bonnes
- ☐ F. Aucune de ces réponses n'est bonne

1382 L'organisation des pays exportateurs de pétrole s'appelle :

- ☐ A. L'alliance du monde arabe
- ☐ B. L'OCDE
- ☐ C. L'OPEP

1383 Quel est le dernier pays à avoir rejoint l'OPEP ?

- ☐ A. Le Venezuela
- ☐ B. L'Angola
- ☐ C. L'Equateur
- ☐ D. L'Algérie
- ☐ E. Le Nigéria

1384 Quel pays n'est pas membre de l'OPEP :

- ☐ A. L'Iran
- ☐ B. Le Koweït
- ☐ C. Le Mexique
- ☐ D. Le Nigeria

1385 Quel est l'organisme des Nations unies qui prend en charge les questions liées à l'agriculture ?

- ☐ A. La PO
- ☐ B. La CAO
- ☐ C. La FAO

1386 Quel pays ne fait pas partie du Sparteca, accord de coopération entré en vigueur en 1981 ?

- ☐ A. L'Australie
- ☐ B. Les Philippines
- ☐ C. Les îles du Pacifique
- ☐ D. La Nouvelle-Zélande

1387 Qu'appelle-t-on « Mercosur » ?

- ☐ A. Le marché mondial du soufre et du mercure
- ☐ B. Une alliance économique en Amérique du Sud
- ☐ C. Un traité libéral entre les pays industrialisés et les pays d'Afrique

1388 Quelle est l'institution chargée de surveiller et de réguler les activités boursières et financières en France ?

- ☐ A. La COB
- ☐ B. Le CMF
- ☐ C. L'AMF

1389 En 2011, la France préside le « Groupe des 20 » (G20). Laquelle des entités suivantes n'est pas membre de ce groupe ?

- ☐ A. L'Union européenne
- ☐ B. L'Arabie Saoudite
- ☐ C. La Corée du Sud
- ☐ D. Le Royaume-Uni
- ☐ E. La Suisse

1390 Lequel des pays suivants n'est pas membre du G20 ?

- ☐ A. L'Ukraine
- ☐ B. Le Mexique
- ☐ C. L'Inde
- ☐ D. L'Afrique du Sud

1391 Quel pays se classe 1re puissance économique mondiale en 2014 ?

- ☐ A. La Chine
- ☐ B. Le Japon
- ☐ C. La Suède
- ☐ D. Les Etats-Unis

1392 Quelle est la monnaie de l'Inde ?

- ☐ A. La roupie
- ☐ B. La livre indienne
- ☐ C. Le dinar indien

1393 Quelle est la monnaie de l'Afrique du Sud ?

- ☐ A. Le lek
- ☐ B. La livre australe
- ☐ C. Le rand

1394 La monnaie de la Croatie est :

- ☐ A. L'euro
- ☐ B. La couronne croate
- ☐ C. La kuna
- ☐ D. Le dinar

1395 L'unité monétaire du Brésil est :

- ☐ A. Le peso
- ☐ B. Le bolivar
- ☐ C. Le réal
- ☐ D. Le sucre

1396 Quel est le code devise de la couronne danoise ?

- ☐ A. CD
- ☐ B. DKK
- ☐ C. CDA
- ☐ D. DCK

1397 Qu'est ce que le chancelier de l'Echiquier ?

- ☐ A. Le ministre des Finances allemand
- ☐ B. Le ministre des Finances autrichien
- ☐ C. Le ministre des Finances britannique
- ☐ D. Aucune de ces réponses n'est bonne

1398 **Parmi ces acronymes, lesquels sont ceux de banques centrales ?**

- ☐ A. FED
- ☐ B. BOJ
- ☐ C. BOS
- ☐ D. BOE
- ☐ E. BCE

1399 **Quelle a été le type de mesure prise par la Réserve fédérale américaine à la suite de la crise des subprimes ?**

- ☐ A. La diminution des taux d'intérêts directeurs
- ☐ B. L'augmentation des taux d'intérêts directeurs
- ☐ C. L'imposition d'opérations de fusion aux banques fragilisées par la crise
- ☐ D. L'accord de prêts exceptionnels aux banques fragilisées par la crise

1400 **Comment appelle-t-on la politique d'expansion de leur bilan qu'ont mené plusieurs banques centrales à travers le monde ?**

- ☐ A. Expansion policy
- ☐ B. Growth easing
- ☐ C. Quantitative policy
- ☐ D. Quantitative easing

1401 **Concernant le plan Paulson de 2008 :**

- ☐ A. Il vise à répondre à la crise financière liée à la crise des subprimes
- ☐ B. Il représente 700 milliards de dollars
- ☐ C. Il permet l'achat d'actifs toxiques américains
- ☐ D. Il permet une prise de participation par le Trésor américain dans les institutions financières en difficulté

1402 **Que sont les taux directeurs ?**

- ☐ A. Ce sont les taux d'intérêt fixés chaque jour par la banque centrale d'un pays ou d'une union monétaire
- ☐ B. Ce sont des taux d'intérêts pour les prêts à très court terme
- ☐ C. Ce sont des réserves financières que les banques doivent déposer auprès de la banque centrale
- ☐ D. Aucune de ces réponses n'est bonne

1403 **Quelle institution a été mise en place afin de protéger les épargnants en cas de faillite bancaire ?**

- ☐ A. La Réserve fédérale
- ☐ B. La chambre de compensation
- ☐ C. Le fonds de garantie bancaire
- ☐ D. L'inflation

1404 **Quel est le taux que doivent extérioriser les établissements de crédit dans leurs offres de prêt auprès du grand public ?**

- ☐ A. Le taux nominal
- ☐ B. Le taux effectif global
- ☐ C. Le taux actuariel

1405 **Qu'est-ce qu'un « subprime » ?**

- ☐ A. Un crédit au taux de l'usure
- ☐ B. Un crédit immobilier à risque
- ☐ C. Une prime accordée à certains investisseurs occultes

1406 **Lorsque le taux d'intérêt évolue à la hausse, le cours des obligations doit :**

- ☐ A. Monter
- ☐ B. Baisser
- ☐ C. Evoluer de façon indépendante

1407 Les OPCVM (organisme de placements collectifs en valeurs mobilières) sont :

- ☐ A. Des sociétés d'investissement
- ☐ B. Des fonds communs de placement (FCP)
- ☐ C. Des sociétés d'investissement à capital variable (SICAV) et des fonds communs de placement

1408 Qu'est-ce qu'un « cambiste » ?

- ☐ A. Une personne chargée des opérations de change
- ☐ B. Une personne chargée des décrets gouvernementaux
- ☐ C. Une personne chargée d'enregistrer les résultats des sondages

1409 Quel était le montant des salaires, bonus et autres bénéfices que les établissements financiers et bancaires de Wall Street voulaient verser en 2009 ?

- ☐ A. 100 millions de dollars
- ☐ B. 600 millions de dollars
- ☐ C. 100 milliards de dollars
- ☐ D. 140 milliards de dollars

1410 A quel montant s'élève la fraude financière réalisée par Bernard Madoff ?

- ☐ A. 20 milliards de dollars
- ☐ B. 25 milliards de dollars
- ☐ C. 45 milliards de dollars
- ☐ D. 65 milliards de dollars

1411 Quel pays de l'Union européenne connaît une grave crise financière en 2010 ?

- ☐ A. La Bulgarie
- ☐ B. L'Arménie
- ☐ C. L'Allemagne
- ☐ D. La Grèce

1412 Parmi les organismes suivants, lequel n'est pas une agence de notation financière ?

- ☐ A. Fitch Rating Ltd
- ☐ B. OCRB
- ☐ C. Standard & Poor's (S&P)
- ☐ D. Moody's

1413 Laquelle de ces villes n'est pas une place boursière ?

- ☐ A. Washington
- ☐ B. Londres
- ☐ C. Tokyo
- ☐ D. New York

1414 La City est le quartier financier de :

- ☐ A. New York
- ☐ B. Paris
- ☐ C. Francfort
- ☐ D. Londres

1415 La Bourse de Paris se tient au :

- ☐ A. Palais Bourbon
- ☐ B. Palais Drouot
- ☐ C. Palais Brogniart
- ☐ D. Palais du Luxembourg
- ☐ E. Palais Garnier

1416 Comment s'appelle le principal indice boursier de la bourse de Tokyo ?

- ☐ A. MESDAQ
- ☐ B. DAX
- ☐ C. NASDAQ
- ☐ D. Nikkei 225

1417 L'indicateur regroupant les valeurs les plus importantes de la bourse française est :

- ☐ A. Le CAC 40
- ☐ B. Le Dow Jones
- ☐ C. Le SBF 120
- ☐ D. Aucune de ces réponses n'est bonne

1418 Dans l'expression CAC 40, que veut dire CAC ?

- ☐ A. Capitalisation assistée en continu
- ☐ B. Cotation assistée en commun
- ☐ C. Cotation assistée en continu
- ☐ D. Cotation assidue en commun
- ☐ E. Aucune de ces réponses n'est bonne

1419 Comment est surnommé le marché des changes ?

- ☐ A. Spot
- ☐ B. Forex
- ☐ C. Trading
- ☐ D. Traker

1420 Où a eu lieu le krash boursier de 1929 ?

- ☐ A. Wall Street
- ☐ B. Oxford Street
- ☐ C. Atlantic City
- ☐ D. Owen Street

1421 Quelle a été l'évolution, exprimée en pourcentage, de l'indice CAC 40 de la bourse de Paris sur l'ensemble de l'année 2010 ?

- ☐ A. – 20,5 %
- ☐ B. – 3,5 %
- ☐ C. + 7,5 %
- ☐ D. + 16,5 %

1422 Sur la période 2002-2012, l'euro atteint un plus bas face au dollar à :

- ☐ A. 1 euro pour 0,9649 dollar
- ☐ B. 1 euro pour 1,0565 dollar
- ☐ C. 1 euro pour 1,1147 dollar
- ☐ D. 1 euro pour 1,1914 dollar

1423 Sur la période 2002-2012, l'euro atteint un plus haut face au dollar à :

- ☐ A. 1 euro pour 1,4156 dollar
- ☐ B. 1 euro pour 1,5007 dollar
- ☐ C. 1 euro pour 1,5990 dollar
- ☐ D. 1 euro pour 1,6784 dollar

1424 Entre janvier 2007 et juillet 2008, le baril de pétrole passe de :

- ☐ A. 41 à 113 dollars
- ☐ B. 45 à 172 dollars
- ☐ C. 53 à 138 dollars
- ☐ D. 67 à 120 dollars

1425 A son plus bas en 2009, le baril de pétrole se trouve dans la zone des :

- ☐ A. 20 dollars
- ☐ B. 30 dollars
- ☐ C. 40 dollars
- ☐ D. 50 dollars

1426 A combien s'élève la dette extérieure brute des Etats-Unis en 2009 ?

- ☐ A. 500 milliards de dollars
- ☐ B. 2 500 milliards de dollars
- ☐ C. 7 500 milliards de dollars
- ☐ D. 13 500 milliards de dollars

3. La zone euro

1427 Quelle unité de compte européenne instaure le système monétaire européen en 1979 ?

- ☐ A. Le doublon
- ☐ B. L'écu
- ☐ C. L'euro

1428 Où se trouve le siège de la Banque centrale européenne ?

- ☐ A. A Bruxelles
- ☐ B. A Strasbourg
- ☐ C. A Francfort

1429 Le terme Eurosystème au sein de l'Union européenne désigne :

- ☐ A. Uniquement les banques centrales nationales des Etats membres ayant adopté l'euro
- ☐ B. Uniquement la Banque centrale européenne
- ☐ C. La Banque centrale européenne et les banques centrales nationales
- ☐ D. La Banque centrale européenne et les banques centrales nationales des Etats membres ayant adopté l'euro

1430 En 2002, lors du passage à l'euro, qui présidait la Banque centrale européenne ?

- ☐ A. Dominique Strauss Kahn
- ☐ B. Jean-Claude Trichet
- ☐ C. Jacques de Larosière
- ☐ D. Wim Duisenberg

1431 Depuis quand l'euro est-il la monnaie officielle unique ?

- ☐ A. Le 1er janvier 2001
- ☐ B. Le 1er janvier 2002
- ☐ C. Le 1er janvier 2003

1432 Le franc n'a plus cours légal depuis :

- ☐ A. Le 31 décembre 2001
- ☐ B. Le 1er janvier 2002
- ☐ C. Le 18 février 2002
- ☐ D. Le 1er mars 2002

1433 Parmi ces quatre monnaies européennes, quelle est celle qui n'a pas disparu en 2002 ?

- ☐ A. La livre sterling
- ☐ B. L'escudo
- ☐ C. La lire
- ☐ D. Le schilling

1434 Trois micro-Etats ont été autorisés à émettre des pièces nationales en euros. Lesquels ?

- ☐ A. Andorre, Saint-Marin et le Vatican
- ☐ B. Monaco, Saint-Marin et le Vatican
- ☐ C. Andorre, Monaco et le Vatican
- ☐ D. Andorre, Monaco et Saint-Marin

1435 Quel pays ne fait pas partie de la « zone euro » ?

- ☐ A. Chypre
- ☐ B. La Bulgarie
- ☐ C. La Slovénie
- ☐ D. La Slovaquie

1436 Un seul de ces pays fait partie de la zone euro :

☐ A. La Suède
☐ B. Le Danemark
☐ C. La Norvège
☐ D. La Finlande

1437 En décembre 2009, vous ne pouvez pas avoir d'euros :

☐ A. De Slovénie
☐ B. De Monaco
☐ C. De Hongrie
☐ D. D'Irlande

1438 Que représente la face commune des billets en euros qui sont mis en circulation dans une large partie de l'Europe ?

☐ A. Des portraits
☐ B. Des évènements historiques
☐ C. Des éléments architecturaux
☐ D. Des tableaux de peintres européens célèbres

1439 Pour l'euro, il existe en tout :

☐ A. 7 pièces et 7 billets
☐ B. 8 pièces et 6 billets
☐ C. 7 pièces et 8 billets
☐ D. 8 pièces et 7 billets

1440 Le billet de 200 euros est :

☐ A. Jaune
☐ B. Violet
☐ C. Bleu
☐ D. Vert

1441 A quel pourcentage du produit intérieur brut le traité de Maastricht fixe-t-il la limite des déficits publics dans les Etats de la zone euro ?

☐ A. 2,0 %
☐ B. 3,0 %
☐ C. 3,5 %
☐ D. 4,0 %

1442 Quelle est la sanction encourue par un pays qui dépasserait durablement le niveau maximal de déficit public prévu par les traités et le pacte de stabilité européen ?

☐ A. Une amende calculée au prorata du déficit excédentaire
☐ B. Une amende calculée au prorata de la population
☐ C. Une amende calculée au prorata du produit intérieur brut
☐ D. Une mise sous tutelle européenne de sa politique économique

1443 Comment s'appelle le fonds créé par l'Union européenne en 2010 dans le cadre de la crise financière afin de venir en aide aux Etats en difficultés ?

☐ A. Le Fonds européen de stabilisation financière
☐ B. Le Fonds européen de soutien budgétaire
☐ C. Le Mécanisme européen financier
☐ D. Le Mécanisme européen de stabilité

1444 Le Mécanisme européen de stabilité (MES) :

☐ A. Doit remplacer le Mécanisme européen de stabilité financière
☐ B. Peut aider un Etat européen en difficulté financière
☐ C. Est doté d'un capital de 700 milliards d'euros versés sur 5 ans
☐ D. Ne peut pas acheter de la dette primaire des Etats

4. Production et vie des entreprises

1445 De quel secteur économique la pêche fait-elle partie ?

☐ A. Le secteur primaire
☐ B. Le secteur secondaire
☐ C. Elle n'appartient pas à un secteur économique

1446 L'ostréiculture est l'élevage :

☐ A. Des escargots
☐ B. Des moules
☐ C. Des huîtres

1447 Les actifs employés par l'industrie et le bâtiment appartiennent au secteur :

☐ A. Primaire
☐ B. Secondaire
☐ C. Tertiaire

1448 Un entrepreneur individuel appartient au secteur institutionnel :

☐ A. Des sociétés et quasi-sociétés non financières
☐ B. Des ménages
☐ C. Des petites et moyennes entreprises

1449 Si la France est le plus grand exportateur d'électricité en Europe (77 milliards de kWh), devant la Norvège et l'Allemagne, quelle est la nation européenne qui importe le plus d'électricité ?

☐ A. L'Italie
☐ B. La Suisse
☐ C. L'Allemagne

1450 Les trois quarts de notre production d'électricité sont d'origine :

☐ A. Thermique
☐ B. Nucléaire
☐ C. Hydraulique

1451 Quel est le premier producteur et exportateur mondial de gaz ?

☐ A. L'Ukraine
☐ B. Les Etats-Unis
☐ C. L'Algérie
☐ D. La Russie

1452 Parmi ces Etats, lequel doit importer la totalité de sa consommation de pétrole ?

☐ A. Le Royaume-Uni
☐ B. La Norvège
☐ C. Le Koweït
☐ D. Le Japon

1453 Actuellement, le premier pays producteur mondial d'or est :

☐ A. La Russie
☐ B. L'Afrique du Sud
☐ C. Le Mexique
☐ D. La Chine

1454 Parmi les pays suivants, lesquels font parties des cinq plus grands producteurs de café ?

- ☐ A. Le Brésil
- ☐ B. Le Vietnam
- ☐ C. La Colombie
- ☐ D. L'Indonésie
- ☐ E. L'Ethiopie

1455 La Thaïlande est un pays exportateur :

- ☐ A. De cacao
- ☐ B. De café
- ☐ C. De riz
- ☐ D. De soja

1456 Le Japon a pour ressource essentielle :

- ☐ A. La pêche
- ☐ B. Le riz
- ☐ C. La forêt

1457 Quel pays est le plus grand exportateur de vin en 2010 ?

- ☐ A. La France
- ☐ B. Les Etats-Unis
- ☐ C. L'Italie
- ☐ D. L'Argentine
- ☐ E. L'Afrique du Sud

1458 La première destination touristique mondiale est :

- ☐ A. L'Italie
- ☐ B. L'Espagne
- ☐ C. La France
- ☐ D. La Turquie

1459 Quel élément économique constitue le premier revenu de la Corse ?

- ☐ A. Le vignoble
- ☐ B. Les vergers
- ☐ C. Le tourisme
- ☐ D. La pêche

1460 A partir de 1836, la ville de Saône-et-Loire qui connaît un rapide essor industriel grâce aux frères Schneider est :

- ☐ A. Mâcon
- ☐ B. Montceau-les-Mines
- ☐ C. Le Creusot

1461 Dans quelle ville des Hauts-de-Seine fut fondée l'usine Renault frères, nationalisée en 1945 ?

- ☐ A. Nanterre
- ☐ B. Boulogne-Billancourt
- ☐ C. Antony
- ☐ D. Clamart

1462 Quel site géographique ne possède pas de raffinerie de pétrole ?

- ☐ A. La basse Seine
- ☐ B. Le plateau du Limousin
- ☐ C. L'étang de Berre

1463 Lavéra, port des Bouches-du-Rhône situé sur la commune de Martigues est :

- ☐ A. Le plus grand port français de marchandises diverses
- ☐ B. Le plus grand port pétrolier français
- ☐ C. Le plus grand port français importateur de minerais et charbon
- ☐ D. Le plus grand port de pêche français

1464 Le premier port fluvial français est :

- ☐ A. Gennevilliers
- ☐ B. Strasbourg
- ☐ C. Thionville Illange

1465 Laquelle de ces régions n'est pas une région viticole ?

- ☐ A. L'Alsace
- ☐ B. Le Languedoc-Roussillon
- ☐ C. La Bourgogne
- ☐ D. La Picardie

1466 La grande région française d'élevage avicole est :

- ☐ A. Le Nord
- ☐ B. Le Sud
- ☐ C. L'Est
- ☐ D. L'Ouest

1467 Quelle activité industrielle fait la gloire de Roubaix ?

- ☐ A. L'aéronautique
- ☐ B. L'automobile
- ☐ C. Le pneumatique
- ☐ D. Le textile

1468 Laguiole est une ville célèbre pour :

- ☐ A. Sa cristallerie
- ☐ B. Sa poterie
- ☐ C. Sa coutellerie
- ☐ D. Sa porcelaine

1469 L'Airbus A380 est assemblé à :

- ☐ A. Bordeaux
- ☐ B. Montpellier
- ☐ C. Rennes
- ☐ D. Toulouse

1470 Dans quelle ville américaine se trouvent les aéroports de La Guardia et J.F. Kennedy qui assurent à eux deux actuellement l'un des plus forts trafics ?

- ☐ A. New York
- ☐ B. Chicago
- ☐ C. Los Angeles
- ☐ D. Washington

1471 Quelles entreprises françaises sont nationalisées à la Libération ?

- ☐ A. Air France
- ☐ B. Paribas
- ☐ C. Rhône-Poulenc
- ☐ D. Crédit Lyonnais
- ☐ E. Renault

1472 Quel magasin est créé par Jules Ouaki en 1948 ?

- ☐ A. Tati
- ☐ B. La Redoute
- ☐ C. Monoprix

1473 Eurotunnel est inauguré en :

- ☐ A. 1964
- ☐ B. 1974
- ☐ C. 1984
- ☐ D. 1994

1474 Quelle société américaine de gaz naturel et de courtage en électricité déclenche un immense scandale financier en 2002, qui entraîne sa disparition ?

- ☐ A. Powernext
- ☐ B. Kodak
- ☐ C. Enron
- ☐ D. Executive Life

1475 En 2006, dans quel pays le président Evo Morales décide-t-il de nationaliser les hydrocarbures ?

- ☐ A. En Bolivie
- ☐ B. En Colombie
- ☐ C. En Equateur
- ☐ D. Au Venezuela

1476 D'après une étude du World Wide Fund for Nature (WWF) de décembre 2009, les technologies vertes pourraient devenir le troisième secteur industriel mondial d'ici 2020. Derrière quels deux secteurs se placeraient-elles alors ?

- ☐ A. Le textile et le secteur du jouet
- ☐ B. Les biotechnologies et la construction
- ☐ C. L'aérospatial et les industries de défense
- ☐ D. Les produits chimiques et l'industrie alimentaire
- ☐ E. L'automobile et l'électronique

1477 Quelle place boursière le groupe russe d'aluminium Rusal a-t-il choisi pour son introduction en Bourse en janvier 2010 ?

- ☐ A. Londres
- ☐ B. Tokyo
- ☐ C. New York
- ☐ D. Hong Kong

1478 Mittal Steel, leader mondial de l'acier, a lancé une OPA sur Arcelor, numéro 2 mondial, au capital en partie français. Qu'est-ce qu'une OPA ?

- ☐ A. Une OPA (offre publique d'achat) consiste à proposer aux actionnaires d'une société de racheter toutes leurs actions à un certain prix (en général supérieur au cours de la Bourse)
- ☐ B. Une OPA (offre particulière d'achat) consiste à proposer aux plus gros actionnaires d'une société de racheter leurs actions à un certain prix
- ☐ C. Une OPA (opération publique d'amélioration) consiste à prendre le contrôle d'une société menacée de faillite en indemnisant les actionnaires
- ☐ D. Une OPA (offre possible d'achat) consiste à annoncer aux actionnaires d'une société l'éventualité du rachat de leurs actions à un prix supérieur au cours de la Bourse

1479 Quelles OPA ont été lancées ?

- ☐ A. Sanofi-Synthélabo sur Aventis
- ☐ B. Alcan sur Pechiney
- ☐ C. Ingenico sur Schneider
- ☐ D. Gas Natural sur Endesa

1480 Une « multinationale » est :

- ☐ A. Un ensemble de techniques et méthodes ayant pour objet la stratégie commerciale et l'étude des marchés
- ☐ B. Une association d'artisans d'un même métier
- ☐ C. Une grande entreprise contrôlant des unités de production dans plusieurs pays

1481 Dans quel pays se trouve le siège de la marque Samsung ?

- ☐ A. Au Japon
- ☐ B. En Chine
- ☐ C. En Corée du Nord
- ☐ D. En Corée du Sud

1482 Quel est le nom du principal producteur d'électricité du Japon ?

- ☐ A. TEPCO
- ☐ B. FUKU
- ☐ C. AIEA
- ☐ D. NISA
- ☐ E. EDJ

1483 Fin 2011, quelle entreprise n'appartient plus au CAC 40 ?

- ☐ A. Michelin
- ☐ B. Air Liquide
- ☐ C. Air France
- ☐ D. BNP Paribas

1484 Qui est le premier constructeur automobile en 2013 ?

- ☐ A. Volkswagen
- ☐ B. General Motors
- ☐ C. Toyota
- ☐ D. Renault

1485 Parmi ces groupes, lesquels travaillent dans le secteur automobile ?

- ☐ A. Valéo
- ☐ B. Mazda
- ☐ C. Isuzu
- ☐ D. Qualipac

1486 Laquelle de ces entreprises porte le nom de son créateur ?

- ☐ A. Pontiac
- ☐ B. Intel
- ☐ C. Mars
- ☐ D. Starbucks

1487 Laquelle de ces entités appartient au groupe eBay ?

- ☐ A. PayPal
- ☐ B. YouTube
- ☐ C. PriceMinister
- ☐ D. TechCrunch
- ☐ E. Amazon

1488 De même que les iPhone sont manufacturés et mis en vente par la compagnie Apple, quelle entreprise produit et commercialise les BlackBerry ?

- ☐ A. RIM
- ☐ B. Nokia
- ☐ C. Microsoft
- ☐ D. Samsung
- ☐ E. Ericsson

1489 Parmi la liste suivante, que produit la firme américaine Monsanto ?

- ☐ A. Du maïs transgénique
- ☐ B. Du vin
- ☐ C. Des médicaments
- ☐ D. De l'électroménager

1490 Quel est le leader mondial des logiciels ?

- ☐ A. Microsoft
- ☐ B. Apple
- ☐ C. Linux
- ☐ D. Intel

1491 L'industriel EADS est né de la fusion de trois grandes entreprises européennes. De quels trois pays sont-elles originaires ?

☐ A. France, Allemagne, Angleterre
☐ B. France, Allemagne, Espagne
☐ C. France, Angleterre, Italie
☐ D. France, Italie, Angleterre
☐ E. France, Allemagne, Belgique

1492 Suite à une série d'avaries en automne 2010, les moteurs d'un certain nombre d'Airbus A380 ont dû être vérifiés. Par quelle entreprise avaient-ils été construits ?

☐ A. Lockheed-Martin
☐ B. Rolls-Royce
☐ C. Mercedes
☐ D. Safran
☐ E. EADS

1493 Laquelle de ces entreprises n'est pas un cabinet de conseil ?

☐ A. Capgemnini
☐ B. Boston Consulting Group
☐ C. Mc Kinsey
☐ D. Bain & Co
☐ E. Procter & Gamble

1494 En France, si l'on souhaite téléphoner à partir d'un téléphone mobile, on peut passer un contrat avec la société :

☐ A. SFR
☐ B. Itinéris
☐ C. Bouygues

1495 De quelle entreprise de luxe le groupe LVMH a-t-il acquis 17,1 % des parts en octobre 2010 ?

☐ A. Prada
☐ B. Hermès
☐ C. Richemont
☐ D. Brioni
☐ E. Guerlain

1496 A quel grand groupe appartient la marque de luxe Gucci ?

☐ A. LVMH
☐ B. PPR
☐ C. Richemont
☐ D. L'Oréal
☐ E. Cartier

1497 Qui devient Chief Executive Officer (CEO) de Google en 2011 ?

☐ A. Steve Jobs
☐ B. Larry Page
☐ C. Sergey Bin
☐ D. Eric Schmidt
☐ E. Steve Ballmer

1498 Qui devient PDG de la Société Générale en mai 2009 ?

☐ A. Daniel Bouton
☐ B. Frédéric Oudéa
☐ C. Michel Pébereau
☐ D. Christian Duvillet
☐ E. Jean-Marie Sander

1499 Qui succède à Louis Schweitzer au poste de PDG de Renault ?

- ☐ A. Akio Toyoda
- ☐ B. Philippe Varin
- ☐ C. Michel Rollier
- ☐ D. Carlos Ghosn
- ☐ E. Patrick Pélata

1500 Qui est nommé PDG de L'Oréal en mai 2011 ?

- ☐ A. Lindsay Owen Jones
- ☐ B. Liliane Bettencourt
- ☐ C. Jean-Paul Agon
- ☐ D. Alan George Lafley
- ☐ E. Martial Rolland

1501 La SNCF exploite environ :

- ☐ A. 24 000 km de lignes ferroviaires
- ☐ B. 32 000 km de lignes ferroviaires
- ☐ C. 38 000 km de lignes ferroviaires
- ☐ D. 46 000 km de lignes ferroviaires

1502 Quel nom la SNCF avait-elle donné à son premier système de réservation grand public ?

- ☐ A. Hermès
- ☐ B. Mercure
- ☐ C. Résarail
- ☐ D. Socrate

1503 En 2012, à quel rang mondial se trouve le groupe publicitaire Havas ?

- ☐ A. 3e
- ☐ B. 5e
- ☐ C. 8e
- ☐ D. 10e

1504 Jean-Marie Messier a dominé la scène de la communication dans les années 2000. Parmi ces noms, lequel n'est pas rattaché à Vivendi Universal lorsque Jean-Marie Messier démissionne en 2002 ?

- ☐ A. Canal +
- ☐ B. Havas
- ☐ C. SFR
- ☐ D. Virgin

1505 Parmi les marques suivantes, laquelle n'appartient pas au groupe Danone ?

- ☐ A. Actimel
- ☐ B. Blédina
- ☐ C. Gervais
- ☐ D. Volvic
- ☐ E. Lu

1506 Quelle société de gestion les mairies de Lyon, Paris, Marseille... ont-elles choisie lors de la création des services de location de vélos mis à disposition dans leur ville ?

- ☐ A. Clear Channel
- ☐ B. JC Decaux
- ☐ C. EFFIA
- ☐ D. Aucune de ces réponses n'est bonne : ces villes gèrent seules leur service de location de vélo

1507 Qantas est la principale compagnie aérienne :

- ☐ A. De Suède
- ☐ B. D'Australie
- ☐ C. Du Brésil
- ☐ D. D'Afrique du Sud

1508 Laquelle de ces compagnies aériennes européennes n'est pas low cost ?

- ☐ A. Ryanair
- ☐ B. Meridiana
- ☐ C. German Wings
- ☐ D. Olympic Airlines

1509 Quelle compagnie aérienne ne fait pas partie du réseau Sky Team ?

- ☐ A. British Airways
- ☐ B. Air France
- ☐ C. KLM
- ☐ D. Delta

1510 Avec quelle compagnie aérienne KLM a-t-elle fusionné ?

- ☐ A. British Airways
- ☐ B. Air France
- ☐ C. KLM
- ☐ D. Delta

1511 Quelle est la nationalité de l'entreprise avec laquelle la première compagnie aérienne française a formé l'alliance Air France-KLM en 2004 ?

- ☐ A. Italienne
- ☐ B. Allemande
- ☐ C. Belge
- ☐ D. Britannique
- ☐ E. Hollandaise

1512 Le 9 avril 2009, deux agences de voyage décident de se regrouper. Il s'agit de :

- ☐ A. Nouvelles Frontières et FRAM
- ☐ B. Nouvelles Frontières et Look Voyages
- ☐ C. Thomas Cook et Look Voyages
- ☐ D. Afat voyages et Selectour

1513 Fin 2009, quel est le montant de l'amende infligée par la Commission européenne à des entreprises de chimie pour entente illicite sur le prix de certains produits ?

- ☐ A. 73 millions d'euros
- ☐ B. 123 millions d'euros
- ☐ C. 173 millions d'euros
- ☐ D. 213 millions d'euros

1514 Parmi ces quatre catégories, laquelle ne peut pas saisir le Conseil de la concurrence ?

- ☐ A. Les entreprises
- ☐ B. Les chambres professionnelles
- ☐ C. Les associations de consommateurs
- ☐ D. Les particuliers

1515 Une administration ou un organisme public doit lancer un avis d'appel public à concurrence, sur la base d'un cahier des charges :

- ☐ A. Pour toute commande de travaux, fournitures et services
- ☐ B. Si le montant annuel de la commande dépasse 90 000 € HT
- ☐ C. Si le montant annuel de la commande dépasse 150 000 € HT

1516 Comment s'appelle le principal lieu de recherche et d'innovation aux Etats-Unis ?

- ☐ A. Le Sun Belt
- ☐ B. La Silicon Valley
- ☐ C. High Technology Valley
- ☐ D. Blue Valley

1517 **Au Japon, que sont les zaibatsu ?**

- ☐ A. Des groupes d'entreprises entretenant des participations croisées
- ☐ B. Des start-up spécialisées dans Internet
- ☐ C. Des employés modèles

1518 **La flexibilité d'une entreprise désigne sa capacité à :**

- ☐ A. Dégager une forte rentabilité
- ☐ B. S'adapter à son environnement économique
- ☐ C. Passer facilement d'une faible à une forte productivité
- ☐ D. Gérer souplement son personnel

1519 **Que signifie le sigle PME ?**

- ☐ A. Petites et moyennes entreprises
- ☐ B. Politique monétaire européenne
- ☐ C. Police municipale d'Etat

1520 **Qu'est-ce que la mercatique ?**

- ☐ A. L'étude des marchés boursiers
- ☐ B. L'économie de la mer et des océans
- ☐ C. Le mot français désignant le marketing

1521 **On distingue traditionnellement quatre étapes différentes dans la « vie » d'un produit. Que se passe-t-il généralement pendant la troisième étape appelée « maturité » ?**

- ☐ A. La croissance du produit est faible car l'innovation est dépassée ; atomicité du marché ; parts de marché gelées
- ☐ B. Les volumes de vente sont stables ; de moins en moins d'acteurs sur le marché ; parts de marché très volatiles
- ☐ C. Le produit est dépassé par de nouvelles innovations ; décroissance importante de ses ventes
- ☐ D. Le produit n'est plus une innovation ; il s'est déjà largement diffusé ; il connaît une croissance de ses ventes beaucoup plus faible, voire nulle
- ☐ E. Le produit est concurrencé par d'autres produits beaucoup plus innovants ; croissance nulle voire décroissance de ses ventes ; le produit n'attire plus de nouveaux clients

1522 **En 2014, qui se classe en 1re position des plus grandes fortunes françaises ?**

- ☐ A. La famille Mulliez
- ☐ B. Liliane Bettencourt
- ☐ C. Bernard Arnault
- ☐ D. Bertrand Puech

1523 **La loi Le Chapelier de 1791 :**

- ☐ A. Interdisait les coalitions et les mutuelles ouvrières
- ☐ B. Autorisait les ouvriers à se réunir chaque semaine
- ☐ C. Octroyait le droit de grève aux ouvriers et aux employés

1524 En 1947 est promulguée aux Etats-Unis la loi Taft-Hartley. Celle-ci prévoit notamment :

- ☐ A. Une restriction sévère du droit de grève
- ☐ B. L'obligation pour tous les permanents syndicaux de signer un serment de loyauté anticommuniste
- ☐ C. L'autorisation pour chaque Etat américain de promulguer son propre droit au travail

1525 Quel est le terme qui désigne les syndicats en Grande-Bretagne ?

- ☐ A. Les Workers Leagues
- ☐ B. Les United Workers
- ☐ C. Les Trade Unions

1526 A quand remonte l'instauration des comités d'entreprise ?

- ☐ A. 1901
- ☐ B. 1936
- ☐ C. 1945
- ☐ D. 1968

1527 La CFDT est fondée en 1964. Elle est issue d'un autre syndicat, lequel ?

- ☐ A. La CGT
- ☐ B. La CFTC
- ☐ C. Force ouvrière

1528 L'UNSA est une organisation syndicale française créée en 1993 qui regroupe des organisations non affiliées de manière interprofessionnelle. Ce rassemblement compte environ 365 000 adhérents, ce qui en fait la première organisation syndicale de la fonction publique. Mais que signifie précisément UNSA ?

- ☐ A. Union nationale des syndicats autonomes
- ☐ B. Unité nationale des syndicats affiliés
- ☐ C. Union nationale des secteurs autonomes

1529 Quel est le syndicat paysan majoritaire en France ?

- ☐ A. La Confédération paysanne
- ☐ B. La Coordination rurale des syndicats agricoles
- ☐ C. La Fédération nationale des syndicats d'exploitants agricoles

1530 Quel sigle ne désigne pas un syndicat français ?

- ☐ A. CFDT
- ☐ B. FNSEA
- ☐ C. LCR
- ☐ D. CGT

1531 Qu'est-ce que la FASP ?

- ☐ A. La Fédération autonome des syndicats de patrons
- ☐ B. La Fédération des alliances des syndicats de paysans
- ☐ C. La Fédération autonome des syndicats de police

1532 Quel est le syndicat autonome français qui regroupe les patrons ?

- ☐ A. La Fen
- ☐ B. La CFE
- ☐ C. Le Medef
- ☐ D. La FNSEA

1533 Qui devient président du Medef en 2013 ?

- ☐ A. Ernest-Antoine Seillière
- ☐ B. Pierre Gattaz
- ☐ C. Laurence Parisot
- ☐ D. François Périgot

1534 Au sein du syndicat, quelle est la personne qui défend les revendications du personnel auprès du patron ?

- ☐ A. Le secrétaire du syndicat
- ☐ B. Le délégué du personnel
- ☐ C. Le représentant du personnel

1535 Qui ne dispose pas du droit de grève ?

- ☐ A. Les militaires
- ☐ B. Les magistrats
- ☐ C. Les médecins
- ☐ D. Les professeurs

1536 Quel est le pays européen comptant le taux de salariés syndiqués le plus élevé ?

- ☐ A. La France
- ☐ B. L'Allemagne
- ☐ C. La Suède

5. L'Etat dans la sphere economique en France

1537 Quand la dette publique de la France a-t-elle franchi les 1 000 Mds d'euros ?

- ☐ A. 1990
- ☐ B. 1998
- ☐ C. 2003
- ☐ D. 2009

1538 La taux de dette publique en % du PIB de la France connaît une tendance à la hausse depuis plusieurs décennies. Pourtant, elle a connu une baisse sur l'année :

- ☐ A. 2002
- ☐ B. 2006
- ☐ C. 2007
- ☐ D. 2012

1539 Entre 1975 et 2005, le taux des prélèvements obligataires en France est passé de :

- ☐ A. 30 % à 35 % du PIB
- ☐ B. 30 % à 40 % du PIB
- ☐ C. 35 % à 44 % du PIB
- ☐ D. 40 % à 41 % du PIB

1540 Au 1er trimestre 2014, à quel niveau s'établit le taux de chômage en France ?

- ☐ A. A environ 5,1 %
- ☐ B. A environ 7,1 %
- ☐ C. A environ 10,1 %
- ☐ D. A environ 11,1 %

1541 La part des ménages français possédant leur logement en 2010 s'élève à :

☐ A. 42 %
☐ B. 51 %
☐ C. 62 %
☐ D. 69 %

1542 En 2009, à quel taux le gouvernement français fixe la TVA pour la restauration ?

☐ A. 2,40 %
☐ B. 3,70 %
☐ C. 4,80 %
☐ D. 5,50 %

1543 Les prélèvements obligatoires incluent :

☐ A. Les cotisations sociales
☐ B. La TVA
☐ C. Les impôts directs

1544 Constitue un impôt direct :

☐ A. L'impôt sur les sociétés
☐ B. L'impôt sur le revenu
☐ C. La TVA
☐ D. La taxe professionnelle
☐ E. Aucune de ces réponses n'est bonne

1545 La taxe sur le tabac est un impôt :

☐ A. Direct
☐ B. Indirect
☐ C. Ce n'est pas un impôt

1546 Parmi ces impôts, lesquels sont des impôts d'Etat ?

☐ A. La taxe d'habitation
☐ B. La TVA
☐ C. L'impôt sur le revenu
☐ D. La taxe foncière sur les propriétés bâties
☐ E. La redevance des mines

1547 En France, la taxe intérieure sur les produits pétroliers est perçue par :

☐ A. L'administration des Douanes
☐ B. L'administration des Impôts
☐ C. L'administration du Trésor
☐ D. La DRIRE

1548 Qu'est-ce que la taxe carbone ?

☐ A. Une taxe environnementale sur les voitures en carbone
☐ B. Une taxe environnementale sur l'émission de dioxyde de carbone
☐ C. Une taxe environnementale sur le carbone 14
☐ D. Une taxe environnementale sur le papier carbone

1549 La fiscalité locale se compose notamment des deux taxes suivantes :

☐ A. La taxe foncière sur les propriétés non bâties
☐ B. La taxe sur la valeur ajoutée
☐ C. La taxe indexée sur les produits pétroliers
☐ D. La contribution économique territoriale
☐ E. Aucune de ces réponses n'est bonne

1550 L'impôt qui rapporte le plus au budget de l'Etat français est :

☐ A. La TVA
☐ B. La taxe intérieure sur les produits pétroliers
☐ C. L'impôt de solidarité sur la fortune
☐ D. L'impôt sur le revenu
☐ E. Aucune de ces réponses n'est bonne

1551 Le quotient familial :

☐ A. Mesure le niveau de vie d'une famille
☐ B. Fait dépendre l'impôt sur le revenu de la taille du ménage
☐ C. Aucune de ces réponses n'est bonne

1552 En quelle année fut officialisée la naissance de la CAF ?

☐ A. En 1945
☐ B. En 1947
☐ C. En 1954
☐ D. En 1960

1553 L'assurance-chômage a été créée en :

☐ A. 1945
☐ B. 1958
☐ C. 1981

1554 En quelle année fut instaurée la 5e semaine de congés payés ?

☐ A. En 1980
☐ B. En 1982
☐ C. En 1985
☐ D. En 1988

1555 En quelle année la durée hebdomadaire légale de travail est-elle passée de 40 heures à 39 heures ?

☐ A. En 1980
☐ B. En 1982
☐ C. En 1985
☐ D. En 1988

1556 En quelle année fut instauré le RMI ?

☐ A. En 1985
☐ B. En 1986
☐ C. En 1987
☐ D. En 1988

1557 Que signifie le sigle RMI ?

☐ A. Revenu minimum d'insertion
☐ B. Revenu minimum d'intégration
☐ C. Revenu moyen d'insertion
☐ D. Revenu moyen d'intégration

1558 L'organisme issu de la fusion ANPE-ASSEDIC devient en 2008 :

☐ A. Le CMPP
☐ B. L'URSSAF
☐ C. Pôle Emploi
☐ D. La CRAM

1559 A quelle date la France a-t-elle officiellement mis en place le Revenu de solidarité active ?

☐ A. En septembre 2008
☐ B. En janvier 2009
☐ C. En juin 2009
☐ D. En septembre 2009

1560 **Le salaire minimum interprofessionnel de croissance en France est le :**

- ☐ A. SMIC
- ☐ B. RMI
- ☐ C. CES

1561 **Quelle est la principale branche de dépenses de la Sécurité sociale ?**

- ☐ A. L'assurance maladie
- ☐ B. Les retraites
- ☐ C. La famille
- ☐ D. Les accidents de travail et les maladies professionnelles

1562 **Quel est l'organisme chargé de la gestion de l'assurance chômage en France ?**

- ☐ A. L'ANPE
- ☐ B. L'Assedic
- ☐ C. La CAF
- ☐ D. L'Unedic

1563 **Parmi ces prestations sociales, lesquelles ne sont pas versées par la Caisse des allocations familiales ?**

- ☐ A. L'allocation spécifique de solidarité (ASS)
- ☐ B. L'allocation aux adultes handicapés (AAH)
- ☐ C. L'allocation de parent isolé (API)
- ☐ D. L'allocation de rentrée scolaire (ARS)

1564 **Les allocations familiales :**

- ☐ A. Dépendent du nombre d'enfants
- ☐ B. Sont soumises à condition de ressources
- ☐ C. Les deux

1565 **L'intervention de l'Etat dans l'économie peut être estimée en fonction :**

- ☐ A. Du poids des entreprises publiques dans le PIB
- ☐ B. Du taux de prélèvements obligatoires
- ☐ C. Du nombre de lois votées chaque année

1566 **Quel est le délai de prescription pour les dettes de l'Etat et des collectivités territoriales en France ?**

- ☐ A. Deux ans
- ☐ B. Quatre ans
- ☐ C. Cinq ans
- ☐ D. Dix ans

1567 **Quelle rémunération ne fait pas partie des revenus de transfert ?**

- ☐ A. Les retraites
- ☐ B. Les salaires versés par les entreprises
- ☐ C. Les aides versées par l'Etat

1568 **La durée effective légale du travail est de :**

- ☐ A. 39 heures par semaine pour toutes les entreprises
- ☐ B. 35 heures par semaine pour les entreprises de plus de 20 salariés
- ☐ C. Inférieure à 30 heures par semaine pour certaines entreprises

1569 **Qui sont les plus touchés par les emplois précaires ?**

- ☐ A. Les ouvriers
- ☐ B. Les plus de 50 ans
- ☐ C. Les jeunes de moins de 25 ans

1570 Le Trésor public créé :

☐ A. Les pièces
☐ B. Les billets
☐ C. Les pièces et les billets

1571 Un office public d'habitations à loyer modéré est :

☐ A. Un établissement public autonome
☐ B. Une association relevant de la loi de 1901
☐ C. Une SARL
☐ D. Une société anonyme

1572 Qu'est-ce que l'INSEE ?

☐ A. Un organisme chargé de la publication des statistiques nationales ainsi que d'enquêtes et d'études en matière de conjoncture économique
☐ B. Un organisme chargé de veiller à la protection des libertés individuelles lors du traitement des données personnelles effectué par voie informatique
☐ C. Un institut chargé d'archiver et de conserver les émissions de radio et de télévision produites en France
☐ D. Un organisme consultatif chargé de rendre des avis et études ou de faire des projets de loi à la demande du gouvernement dans les domaines économique, professionnel et social

1573 Une filière, telle que définie par l'INSEE, regroupe :

☐ A. Les filiales d'un groupe d'entreprises
☐ B. Seulement la société mère d'un groupe
☐ C. Toutes les entreprises situées en amont et en aval qui contribuent au même type d'activité

8. GEOGRAPHIE FRANÇAISE ET MONDIALE

Ce chapitre est composé de **8 sections** pour un total de **390 questions**.

1. **Chiffres et vocabulaire de la géographie**
2. **Régions et départements de la France métropolitaine**
3. **Communes de la France métropolitaine**
4. **Montagne, eau et espaces naturels en France**
5. **Les DOM TOM**
6. **Pays et régions du monde**
7. **Capitales et villes du monde**
8. **Montagne, eau et espaces naturels dans le monde**

[A SAVOIR !]

110 Les numéros de questions de ce type signifient qu'il n'y a qu'une seule et unique réponse juste à la question posée.

111 Les numéros de questions de ce type signifient qu'il y a **plusieurs (2 ou plus) réponses possibles justes à la question**.

[UN CONSEIL IMPORTANT]

Nous vous conseillons vivement de répondre à toutes les questions d'une section avant d'en découvrir les solutions. L'erreur consiste en effet généralement à traiter une question et à vérifier aussitôt la réponse parce que l'on veut s'assurer d'avoir trouvé la réponse juste ou parce que l'on est impatient de la découvrir dans le cas où on ne la connaît pas. Si vous souhaitez sérieusement progresser, vous devez absolument vous imprégner du thème traité par la section et répondre d'un trait à toutes les questions d'une section.

[QUELQUES MOTS SUR...]

1. Les régions et départements de la France métropolitaine [WIKIPEDIA]

Les régions françaises sont des collectivités territoriales de la République française. Elles sont au nombre de 27 : 22 régions de France métropolitaine (y compris la collectivité territoriale de Corse, qui n'a pas la dénomination de « région » mais en exerce les compétences) et 5 départements et régions d'outre-mer.

Le département est une division administrative de la France, créée le 22 décembre 1789, à la fois collectivité locale décentralisée, circonscription administrative déconcentrée et circonscription électorale. Les départements forment le second niveau de division territoriale de la République française après les régions administratives qui sont des regroupements de départements. La France est divisée en 101 départements, dont cinq sont situés en outre-mer.

2. Les communes de la France métropolitaine [WIKIPEDIA]

En France et selon la loi, la commune est une collectivité territoriale. Ses organes sont le conseil municipal, le maire et, le cas échéant, un ou plusieurs adjoints. Elle n'est pas une circonscription territoriale des services déconcentrés des administrations civiles de l'Etat. Au 1er janvier 2012, la France comptait 36 7003 communes en métropole et DOM soit vingt communes de plus qu'au 1er janvier 2011.

3. Les DOM-TOM [WIKIPEDIA]

La France d'outre-mer, souvent désignée par l'abréviation DOM-TOM (pour Départements d'outre-mer – Territoires d'outre-mer) ou plus récemment DROM-COM (pour Départements et régions d'outre-mer – Collectivités d'outre-mer), est l'ensemble des territoires sous souveraineté française situés hors du continent européen. Elle est constituée de la Guadeloupe, Martinique, Mayotte, Guyane et de la Réunion.

1. Chiffres et vocabulaire de la geographie

1574 Quel est le pays le plus peuplé au monde ?

- ☐ A. L'Inde
- ☐ B. Les Etats-Unis
- ☐ C. L'Indonésie
- ☐ D. La Chine

1575 Quelle est la ville la plus peuplée du monde ?

- ☐ A. New York
- ☐ B. Tokyo
- ☐ C. Shanghai
- ☐ D. Mexico

1576 Quel est l'ordre de grandeur de la population brésilienne ?

- ☐ A. 125 millions
- ☐ B. 155 millions
- ☐ C. 195 millions
- ☐ D. 225 millions
- ☐ E. 280 millions

1577 Parmi les pays d'Asie du Sud-Est suivants, lequel est le plus peuplé ?

- ☐ A. La Thaïlande
- ☐ B. Le Laos
- ☐ C. Le Vietnam
- ☐ D. La Malaisie
- ☐ E. Le Cambodge

1578 Lequel de ces pays est le plus peuplé d'Afrique ?

- ☐ A. Le Nigeria
- ☐ B. L'Egypte
- ☐ C. Le Niger
- ☐ D. Le Mali

1579 Quel est l'ordre de grandeur de la superficie totale du Mexique ?

- ☐ A. 50 000 km^2
- ☐ B. 100 000 km^2
- ☐ C. 200 000 km^2
- ☐ D. 500 000 km^2
- ☐ E. 2 000 000 km^2

1580 La commune la plus élevée d'Europe est :

- ☐ A. Le Mont-Dore
- ☐ B. Saint-Véran
- ☐ C. Gap

1581 Qui sont les géographes français ?

- ☐ A. Paul-Vidal de la Blache
- ☐ B. Jacques Ellul
- ☐ C. Raymond Aron
- ☐ D. Emmanuel de Martonne

1582 Une courbe de niveau, c'est :

- ☐ A. La représentation graphique du relief sur une carte IGN
- ☐ B. La partie supérieure de la croûte terrestre
- ☐ C. L'autre nom du méridien

1583 Afin de faciliter le repérage des lieux à la surface de la Terre, le globe terrestre est divisé en méridiens et parallèles. Combien sont-ils ?

- ☐ A. 90 méridiens et 360 parallèles
- ☐ B. 180 méridiens et 60 parallèles
- ☐ C. 360 méridiens et 180 parallèles
- ☐ D. 60 méridiens et 180 parallèles

1584 La latitude est la distance exprimée :

- ☐ A. En degrés d'un point au tropique du cancer
- ☐ B. En degrés d'un point au méridien de Greenwich
- ☐ C. En degrés d'un point à l'Equateur
- ☐ D. En degrés d'un point au tropique du capricorne
- ☐ E. Aucune de ces réponses n'est bonne

1585 Les lignes imaginaires qui coupent la Terre en quartiers perpendiculairement à l'équateur et qui se rejoignent aux pôles sont appelées :

- ☐ A. Les méridiens
- ☐ B. Les latitudes
- ☐ C. Les tropiques
- ☐ D. Les parallèles

1586 Parmi les affirmations suivantes, laquelle est exacte ?

- ☐ A. Le tropique du Cancer est au nord de l'équateur
- ☐ B. Les tropiques sont parallèles à l'équateur
- ☐ C. Le tropique du Capricorne est au sud du tropique du Cancer
- ☐ D. L'équateur partage la Terre en deux hémisphères

1587 A quelle distance approximative correspond un degré de latitude terrestre ?

- ☐ A. 111 km
- ☐ B. 62 km
- ☐ C. 8 km
- ☐ D. 34 km

1588 Une agglomération formée d'une ville et de ses banlieues se nomme :

- ☐ A. Une mégapole
- ☐ B. Une technopole
- ☐ C. Une métropole

1589 Qu'est-ce qu'un polder ?

- ☐ A. Une montagne artificielle
- ☐ B. Une ressource d'eau douce
- ☐ C. Une terre gagnée sur la mer
- ☐ D. Une île artificielle

2. Regions et departements de la France metropolitaine

1590 A propos de la forme de la France on évoque un :

- ☐ A. Heptagone
- ☐ B. Hexagone
- ☐ C. Pentagone
- ☐ D. Quadrilatère

1591 Parmi les grands types de climats ci-dessous, lequel peut-on rencontrer en France ?

- ☐ A. Climat océanique
- ☐ B. Climat semi-continental
- ☐ C. Climat méditerranéen
- ☐ D. Climat de haute montagne

1592 La France couvre environ :

- ☐ A. 7 000 km^2
- ☐ B. 55 000 km^2
- ☐ C. 675 000 km^2
- ☐ D. 5 250 000 km^2

1593 Combien la France compte-t-elle d'habitants au 31 décembre 2010 ?

- ☐ A. 63 millions
- ☐ B. 65 millions
- ☐ C. 68 millions
- ☐ D. 73 millions

1594 La densité moyenne de la France est de :

- ☐ A. 55 habitants au km^2
- ☐ B. 97 habitants au km^2
- ☐ C. 137 habitants au km^2
- ☐ D. 155 habitants au km^2

1595 Par sa superficie, la plus grande région de France métropolitaine est :

- ☐ A. La Corse
- ☐ B. La Haute-Normandie
- ☐ C. La Lorraine
- ☐ D. Le Midi-Pyrénées

1596 L'Ile-de-France compte :

- ☐ A. 10 millions d'habitants
- ☐ B. Environ 15 millions d'habitants
- ☐ C. Plus de 20 millions d'habitants

1597 Laquelle de ces quatre régions est la plus peuplée ?

- ☐ A. Le Languedoc-Roussillon
- ☐ B. La Bretagne
- ☐ C. Le Centre
- ☐ D. Le Midi-Pyrénées

1598 Le département qui compte le plus grand nombre d'habitants est :

- ☐ A. Le Nord
- ☐ B. Paris
- ☐ C. Les Bouches-du-Rhône

1599 De ces quatre départements, lequel est le moins peuplé ?

- ☐ A. L'Aube
- ☐ B. Le Calvados
- ☐ C. La Lozère
- ☐ D. La Meuse

1600 La France métropolitaine compte :

- ☐ A. 18 régions
- ☐ B. 21 régions
- ☐ C. 22 régions
- ☐ D. 24 régions

1601 La Loire-Atlantique se situe dans la région :

- ☐ A. La Bretagne
- ☐ B. Les Pays de la Loire
- ☐ C. Le Poitou-Charentes

1602 De quelle région le département de la Mayenne fait-il partie ?

- ☐ A. La Basse-Normandie
- ☐ B. Les Pays de La Loire
- ☐ C. La Bretagne
- ☐ D. Le Centre

1603 Lequel de ces départements appartient à la région Midi-Pyrénées ?

- ☐ A. Les Pyrénées-Atlantiques
- ☐ B. Les Pyrénées-Orientales
- ☐ C. Les Hautes-Pyrénées

1604 Le département de la Gironde est en :

- ☐ A. Aquitaine
- ☐ B. Languedoc
- ☐ C. Midi-Pyrénées
- ☐ D. Poitou-Charentes

1605 Le département du Jura est en :

- ☐ A. Auvergne
- ☐ B. Bourgogne
- ☐ C. Franche-Comté
- ☐ D. Rhône-Alpes

1606 Le département de la Lozère est en :

- ☐ A. Auvergne
- ☐ B. Languedoc-Roussillon
- ☐ C. Midi-Pyrénées
- ☐ D. Rhône-Alpes

1607 Dans quelle région se trouve le département de la Corrèze ?

- ☐ A. Le Limousin
- ☐ B. Le Centre
- ☐ C. L'Auvergne
- ☐ D. L'Aquitaine

1608 Quelle région recouvre les départements des Deux-Sèvres, de la Vienne et de la Vendée ?

- ☐ A. L'Anjou
- ☐ B. Le Poitou
- ☐ C. La Touraine
- ☐ D. Le Berry

1609 Le département de la Lozère dépend de la division administrative :

- ☐ A. De la Bourgogne
- ☐ B. Du Languedoc-Roussillon
- ☐ C. Du Limousin
- ☐ D. De l'Auvergne

1610 Laquelle de ces régions administratives françaises compte plus de trois départements ?

- ☐ A. La Picardie
- ☐ B. La Corse
- ☐ C. Le Limousin
- ☐ D. L'Auvergne

1611 La région de Haute-Normandie compte :

- ☐ A. 2 départements
- ☐ B. 3 départements
- ☐ C. 4 départements
- ☐ D. 5 départements

1612 La Région Rhône-Alpes comprend :

- ☐ A. 6 départements
- ☐ B. 7 départements
- ☐ C. 8 départements

1613 A quel département appartient un véhicule immatriculé 2A ?

- ☐ A. Les Alpes-Maritimes
- ☐ B. Les Hautes-Alpes
- ☐ C. Les Alpes-de-Haute-Provence
- ☐ D. La Corse-du-Sud

1614 Parmi les trois propositions suivantes, quelle est celle qui reprend dans le même ordre les départements correspondant a ces numéros : 14-39-66-77 ?

- ☐ A. Bouches-du-Rhône – Isère – Pyrénées-Atlantiques – Yvelines
- ☐ B. Calvados – Jura – Pyrénées-Orientales – Seine-et-Marne
- ☐ C. Cantal – Landes – Pyrénées-Atlantiques – Seine-et-Marne

1615 La Beauce se trouve en :

- ☐ A. La Champagne
- ☐ B. L'Ile-de-France
- ☐ C. La Normandie
- ☐ D. La Picardie

1616 Dans quel département est situé le Mont-Saint-Michel ?

- ☐ A. L'Ille-et-Vilaine
- ☐ B. Les Côtes-d'Armor
- ☐ C. Le Finistère
- ☐ D. La Manche

1617 L'île de Noirmoutier est un canton :

- ☐ A. De la Vendée
- ☐ B. De la Charente-Maritime
- ☐ C. De la Gironde
- ☐ D. De la Loire-Atlantique

1618 Quel département ne se trouve pas dans la région Ile-de-France ?

- ☐ A. L'Essonne
- ☐ B. Les Yvelines
- ☐ C. La Somme

1619 Lequel de ces départements ne fait pas partie de la région Ile-de-France ?

- ☐ A. La Seine-et-Marne
- ☐ B. L'Essonne
- ☐ C. L'Oise
- ☐ D. Les Yvelines

1620 Lequel de ces départements n'appartient pas à la grande couronne de la région Ile-de-France ?

- ☐ A. Le Val-d'Oise
- ☐ B. La Seine-et-Marne
- ☐ C. Les Yvelines
- ☐ D. Les Hauts-de-Seine

1621 Lequel de ces départements n'appartient pas a la région Bretagne ?

- ☐ A. Le Finistère
- ☐ B. Le Morbihan
- ☐ C. La Manche
- ☐ D. Les Côtes-d'Armor

1622 Parmi ces départements, lequel ne se situe pas en Ile-de-France ?

- ☐ A. Les Yvelines
- ☐ B. L'Essonne
- ☐ C. Le Val d'Oise
- ☐ D. La Seine-Maritime

1623 Parmi ces départements, lequel ne fait pas partie de la région Centre ?

- ☐ A. L'Indre
- ☐ B. Le Cher
- ☐ C. La Sarthe
- ☐ D. Le Loiret

1624 Lequel de ces départements n'est pas dans la région Lorraine ?

- ☐ A. Les Ardennes
- ☐ B. La Meuse
- ☐ C. La Moselle
- ☐ D. Les Vosges

1625 Lesquels de ces départements ne font pas partie de la région Centre ?

- ☐ A. L'Allier
- ☐ B. Le Cher
- ☐ C. Le Loiret
- ☐ D. La Sarthe

1626 Lequel de ces départements ne fait pas partie de la région Midi-Pyrénées ?

- ☐ A. Le Gers
- ☐ B. L'Aveyron
- ☐ C. Le Tarn-et-Garonne
- ☐ D. Le Lot-et-Garonne

1627 Quel département n'appartient pas à la Région administrative Poitou-Charentes ?

- ☐ A. Les Deux-Sèvres
- ☐ B. La Charente
- ☐ C. La Charente-Maritime
- ☐ D. La Vendée

1628 Le département n'appartenant pas à la Région administrative de la Franche-Comté est :

- ☐ A. Le Doubs
- ☐ B. Le Jura
- ☐ C. La Haute-Saône
- ☐ D. L'Yonne

1629 Lequel de ces départements ne borde pas la Manche ?

- ☐ A. Le Calvados
- ☐ B. L'Orne
- ☐ C. Le Pas-de-Calais
- ☐ D. La Somme

1630 Le département français portant le nom d'un cours d'eau ne le traversant pas est :

- ☐ A. La Drôme
- ☐ B. L'Ardèche
- ☐ C. Le Var
- ☐ D. Le Doubs

1631 A quelle région appartient la ville de Clermont-Ferrand ?

- ☐ A. La Bourgogne
- ☐ B. L'Auvergne
- ☐ C. Le Centre

1632 Clermont-Ferrand est la préfecture :

☐ A. De la Creuse
☐ B. Du Cantal
☐ C. Du Puy-de-Dôme
☐ D. De la Haute-Loire

1633 Une de ces régions ne borde pas la Loire :

☐ A. L'Anjou
☐ B. La Normandie
☐ C. La Sologne
☐ D. La Touraine

1634 Dans quel département cultive-t-on du riz ?

☐ A. Les Bouches-du-Rhône
☐ B. La Corse du sud
☐ C. Les Landes
☐ D. Le Var

1635 Le vaste plateau du Bassin parisien ayant une vocation essentiellement céréalière est :

☐ A. La Limagne
☐ B. La Beauce
☐ C. La Champagne

1636 La Beauce, par rapport à Paris, se trouve-t-elle ?

☐ A. Au nord
☐ B. A l'est
☐ C. Au sud
☐ D. A l'ouest

1637 De France et de Navarre est une expression bien connue. Mais où se trouve aujourd'hui la Navarre ?

☐ A. Dans le Languedoc-Roussillon
☐ B. En Andorre
☐ C. Dans les Pyrénées espagnoles
☐ D. En Catalogne

1638 De ces quatre îles, laquelle est la plus septentrionale ?

☐ A. Belle-Ile
☐ B. Oléron
☐ C. Ré
☐ D. Yeu

1639 Avec combien de pays la France métropolitaine a-t-elle un frontière terrestre commune ?

☐ A. 5
☐ B. 7
☐ C. 6
☐ D. 8

1640 Lequel de ces pays n'est pas limitrophe de la France ?

☐ A. L'Allemagne
☐ B. L'Autriche
☐ C. Le Luxembourg
☐ D. La Suisse

1641 Lequel de ces pays est limitrophe de la France ?

☐ A. Le Portugal
☐ B. Le Luxembourg
☐ C. Les Pays-Bas
☐ D. Toutes les réponses proposées sont bonnes

1642 Les tunnels routiers du Mont-Blanc et de Fréjus assurent les liaisons principales avec :

- ☐ A. L'Allemagne
- ☐ B. La Suisse
- ☐ C. L'Italie

1643 La principauté de Monaco est enclavée dans le département :

- ☐ A. Du Var
- ☐ B. Des Alpes-de-Haute-Provence
- ☐ C. Des Alpes-Maritimes
- ☐ D. Des Bouches-du-Rhône

1644 Lequel de ces départements n'est pas frontalier avec l'Espagne ?

- ☐ A. L'Ariège
- ☐ B. Les Pyrénées-Atlantiques
- ☐ C. Les Hautes-Pyrénées
- ☐ D. Le Lot

1645 Quel département n'est pas frontalier avec l'Italie ?

- ☐ A. Les Alpes-de-Haute-Provence
- ☐ B. Les Hautes-Alpes
- ☐ C. La Haute-Savoie
- ☐ D. Le Vaucluse

1646 Son expression la plus courante consiste en un développement de lotissements pavillonnaires à proximité de vieux villages. S'agit-il de :

- ☐ A. La réhabilitation
- ☐ B. La déruralisation
- ☐ C. La rénovation
- ☐ D. La rurbanisation

1647 Le schéma directeur, document qui permettait de coordonner les programmes locaux d'urbanisation avec la politique d'aménagement du territoire, a été remplacé en 2000 par :

- ☐ A. Le plan local d'urbanisme
- ☐ B. Le schéma de cohérence territoriale
- ☐ C. Le schéma national d'urbanisme

1648 Chargée de la mise en œuvre de la politique française d'aménagement du territoire, cette institution a été créée en 1963. Il s'agit de :

- ☐ A. Du cadastre
- ☐ B. De la SAFER
- ☐ C. De la DATAR
- ☐ D. De l'INRA

3. Communes de la France metropolitaine

1649 La France possède :

- ☐ A. Entre 30 000 et 40 000 communes
- ☐ B. Entre 20 000 et 30 000 communes
- ☐ C. Entre 10 000 et 20 000 communes
- ☐ D. Moins de 10 000 communes
- ☐ E. Aucune de ces réponses n'est bonne

1650 La plus vaste commune de France est :

- ☐ A. Arles
- ☐ B. Poitiers
- ☐ C. Marne-la-Vallée

1651 Parmi ces agglomérations, laquelle compte le moins d'habitants ?

- ☐ A. Marseille
- ☐ B. Lyon
- ☐ C. Bordeaux
- ☐ D. Versailles

1652 Quelle ville surnomme-t-on la « ville rose » ?

- ☐ A. Bordeaux
- ☐ B. Marseille
- ☐ C. Nice
- ☐ D. Toulouse

1653 Quelle ville surnomme-t-on la « citée phocéenne » ?

- ☐ A. Bordeaux
- ☐ B. Marseille
- ☐ C. Nice
- ☐ D. Toulouse

1654 Quelle ville surnomme-t-on « capitale tragique » ?

- ☐ A. Bordeaux
- ☐ B. Marseille
- ☐ C. Nice
- ☐ D. Toulouse

1655 La canebière est célèbre à :

- ☐ A. Nice
- ☐ B. Toulon
- ☐ C. Cannes
- ☐ D. Marseille

1656 L'ancienne capitale de l'Aunis était :

- ☐ A. Poitiers
- ☐ B. Niort
- ☐ C. La Rochelle
- ☐ D. Bordeaux

1657 La capitale de la région Bretagne est :

- ☐ A. Brest
- ☐ B. Lorient
- ☐ C. Nantes
- ☐ D. Rennes

1658 La capitale de la région Lorraine est :

- ☐ A. Epinal
- ☐ B. Metz
- ☐ C. Nancy
- ☐ D. Reims

1659 La préfecture de la Haute-Savoie est :

- ☐ A. Chambéry
- ☐ B. Annecy
- ☐ C. Grenoble

1660 La préfecture du Pas-de-Calais est :

- ☐ A. Lille
- ☐ B. Laon
- ☐ C. Amiens
- ☐ D. Arras

1661 La préfecture du département de la Marne est :

- ☐ A. Reims
- ☐ B. Châlons-en-Champagne
- ☐ C. Epernay
- ☐ D. Vitry-le-François

1662 La préfecture de la Charente-Maritime est :

- ☐ A. Angoulême
- ☐ B. Saintes
- ☐ C. Saint-Jean d'Angély
- ☐ D. La Rochelle

1663 La préfecture du département des Hauts-de-Seine est :

- ☐ A. Nanterre
- ☐ B. Antony
- ☐ C. Boulogne-Billancourt
- ☐ D. Neuilly-sur-Seine

1664 La préfecture du département de la Seine-Maritime se trouve :

- ☐ A. A Dieppe
- ☐ B. A Rouen
- ☐ C. Au Havre
- ☐ D. A Caen

1665 Comment appelle-t-on les habitants de Vaulx-en-Velins

- ☐ A. Les Vaulxois(es)
- ☐ B. Les Velinain(e)s
- ☐ C. Les Vaudais(e)s
- ☐ D. Les Vaulx-en-velinois(e)s

1666 Laquelle de ces villes n'appartient pas à la région Provence-Alpes-Côte-D'azur ?

- ☐ A. Nice
- ☐ B. Cannes
- ☐ C. Alès
- ☐ D. Toulon

1667 Laquelle de ces villes n'appartient pas à la région Limousin ?

- ☐ A. Guéret
- ☐ B. Aurillac
- ☐ C. Ussel
- ☐ D. Brive

1668 Le chef-lieu du Gard est :

- ☐ A. Avignon
- ☐ B. Nîmes
- ☐ C. Arles
- ☐ D. Montpellier

1669 Le chef-lieu du département du Tarn est :

- ☐ A. Albi
- ☐ B. Montauban
- ☐ C. Rodez
- ☐ D. Cahors

1670 Provins est une ville située dans le département :

- ☐ A. De Seine-Saint-Denis
- ☐ B. De Seine-Maritime
- ☐ C. De Seine-et-Marne
- ☐ D. Des Hauts-de-Seine

1671 Laquelle de ces villes ne se situe pas en région Ile-de-France ?

- ☐ A. Bobigny
- ☐ B. Versailles
- ☐ C. Milly-la-Forêt
- ☐ D. Auxerre

1672 Les îles Chausey dépendent de la commune de :

- ☐ A. Granville
- ☐ B. Carteret
- ☐ C. Saint-Malo
- ☐ D. Cherbourg

1673 Les Briochins sont les habitants de la ville de :

- ☐ A. Brioude
- ☐ B. Briançon
- ☐ C. Saint-Brieuc
- ☐ D. Brive

1674 Laquelle de ces villes se trouve sur la Garonne ?

- ☐ A. Agen
- ☐ B. Cahors
- ☐ C. Albi
- ☐ D. Tarbes

1675 Quelle ville n'est pas située sur la Loire ?

- ☐ A. Roanne
- ☐ B. Nevers
- ☐ C. Nantes
- ☐ D. Le Mans

1676 Laquelle de ces villes n'est pas sur la Loire ?

- ☐ A. Nevers
- ☐ B. Orléans
- ☐ C. Tours
- ☐ D. Châteauroux

1677 Quelle ville n'est pas située sur le Rhône ?

- ☐ A. Grenoble
- ☐ B. Avignon
- ☐ C. Lyon
- ☐ D. Vienne

1678 De ces quatre villes, laquelle n'est pas traversée par un fleuve ?

- ☐ A. Paris
- ☐ B. Lyon
- ☐ C. Marseille
- ☐ D. Toulouse

1679 Quel axe majeur structure le territoire français ?

- ☐ A. Paris – Lyon – Marseille
- ☐ B. Lille – Paris – Bordeaux
- ☐ C. Brest – Paris – Strasbourg

1680 De ces quatre villes, laquelle est la plus méridionale ?

- ☐ A. Ajaccio
- ☐ B. Perpignan
- ☐ C. Bayonne
- ☐ D. Toulon

1681 De ces quatre villes, laquelle est la plus orientale :

- ☐ A. Besançon
- ☐ B. Nancy
- ☐ C. Lyon
- ☐ D. Nice

1682 Laquelle de ces villes est située le plus au sud ?

- ☐ A. Nevers
- ☐ B. Lyon
- ☐ C. Montélimar
- ☐ D. Dijon

1683 Parmi ces quatre villes, laquelle n'est pas au sud de Paris ?

- ☐ A. Orléans
- ☐ B. Bourges
- ☐ C. Amiens
- ☐ D. Vierzon

1684 Quelle grande ville se situe à mi-chemin entre Le Havre et Poitiers ?

- ☐ A. Bordeaux
- ☐ B. Orléans
- ☐ C. Le Mans
- ☐ D. Rennes
- ☐ E. Laval

1685 Quelle ville ne se trouve pas sur une ligne joignant Brest à Strasbourg ?

- ☐ A. Nancy
- ☐ B. Paris
- ☐ C. Saint-Malo
- ☐ D. Tours

1686 La distance routière entre Toulouse et Angers est approximativement de :

- ☐ A. 280 km
- ☐ B. 540 km
- ☐ C. 870 km

1687 La distance routière entre Metz et Nantes est d'approximativement :

- ☐ A. 500 km
- ☐ B. 700 km
- ☐ C. 1 000 km

1688 De Dunkerque à Perpignan, à vol d'oiseau, on compte environ :

- ☐ A. 900 km
- ☐ B. 1 200 km
- ☐ C. 1 050 km
- ☐ D. 1 350 km

1689 De Brest à Strasbourg, à vol d'oiseau, on compte environ :

- ☐ A. 700 km
- ☐ B. 800 km
- ☐ C. 900 km
- ☐ D. 1 000 km

1690 Quelle ville du Nord n'est pas desservie par le TGV ?

- ☐ A. Lille
- ☐ B. Douai
- ☐ C. Amiens
- ☐ D. Arras

1691 Quelle autoroute relie Lyon à Bordeaux, *via* Clermont-Ferrand ?

- ☐ A. A 6
- ☐ B. A 10
- ☐ C. A 20
- ☐ D. A 89

1692 L'aéroport de Toulouse est situé sur la commune de :

☐ A. Blagnac
☐ B. Mérignac
☐ C. Marignane
☐ D. Entzheim

1693 Le principal port français de voyageurs entre la France et la Grande-Bretagne est :

☐ A. Calais
☐ B. Dunkerque
☐ C. Le Havre

1694 Le premier port de pêche français est :

☐ A. Boulogne-sur-Mer
☐ B. Dieppe
☐ C. Dunkerque
☐ D. Calais

1695 La station de sports d'hiver non située dans les Alpes est :

☐ A. L'Alpe d'Huez
☐ B. Megève
☐ C. Font-Romeu
☐ D. Chamonix

4. Montagne, eau et espaces naturels en France

1696 Cochez la proposition classant les massifs du nord au sud :

☐ A. Vosges – Ardennes – Alpes – Jura
☐ B. Ardennes – Jura – Vosges – Alpes
☐ C. Vosges – Jura – Ardennes – Alpes
☐ D. Ardennes – Vosges – Jura – Alpes

1697 A travers quels pays les Alpes s'étendent-elles ?

☐ A. La France, l'Allemagne, l'Autriche, la Suisse, la Belgique, l'Italie
☐ B. La France, l'Italie, la Suisse, l'Autriche et l'Allemagne
☐ C. La France, l'Italie, l'Autriche, l'Allemagne, la Suisse, le Lichtenstein, la Slovénie
☐ D. La France, l'Italie, l'Autriche, l'Allemagne, la Suisse, le Lichtenstein

1698 Dans quel massif montagneux se trouve le glacier « la Mer de Glace » ?

☐ A. Dans les Pyrénées
☐ B. Dans les Alpes
☐ C. Dans le Jura
☐ D. Dans le Massif Central

1699 Lequel de ces massifs montagneux se situe dans le Massif Central ?

☐ A. Les Cévennes
☐ B. Les monts d'Arrée
☐ C. Les Maures
☐ D. L'Estérel

1700 Parmi les massifs montagneux suivants, lequel n'est pas une frontière naturelle de la France ?

☐ A. Les Alpes
☐ B. Les Pyrénées
☐ C. Le Massif Central
☐ D. Le Jura

1701 Le Mont Gerbier-de-Jonc se trouve dans :

☐ A. Les Alpes
☐ B. Le Jura
☐ C. Le Massif central
☐ D. Les Pyrénées

1702 Ce massif montagneux est français, belge et luxembourgeois. Il s'agit :

- ☐ A. Des Vosges
- ☐ B. Du massif schisteux rhénan
- ☐ C. Du Jura
- ☐ D. Des Ardennes
- ☐ E. La Meuse

1703 Le plus haut sommet des Pyrénées françaises est le mont :

- ☐ A. Canigou
- ☐ B. Perdu
- ☐ C. Vignemale
- ☐ D. Pic du Midi de Bigorre

1704 Lequel de ces massifs alpins est le plus élevé ?

- ☐ A. Le Mercantour
- ☐ B. La Vanoise
- ☐ C. Le Pelvoux
- ☐ D. Le Vercors

1705 Quelle est l'altitude du Mont-Blanc ?

- ☐ A. 5 216 m
- ☐ B. 4 810 m
- ☐ C. 3 598 m
- ☐ D. 7 844 m

1706 Le point culminant de la Corse est :

- ☐ A. Le monte Cinto
- ☐ B. Le monte d'Oro
- ☐ C. Le monte Renoso
- ☐ D. Le monte Rotondo

1707 Dans quel massif montagneux culmine le pic d'Aneto ?

- ☐ A. Les Alpes
- ☐ B. Le Massif central
- ☐ C. Les Pyrénées
- ☐ D. Les Vosges

1708 Identifiez chaque nom désignant un pic français :

- ☐ A. Pic de la Mirandole
- ☐ B. Pic du Canigou
- ☐ C. Pic du Midi
- ☐ D. Pic de Bigorre

1709 Lequel de ces massifs n'est pas un parc national ?

- ☐ A. Les Ecrins
- ☐ B. Le Mont-Blanc
- ☐ C. Le Mercantour
- ☐ D. La Vanoise

1710 Parmi les reliefs anciens énumérés ci-dessous, s'est glissé le nom d'un relief de formation récente. Lequel ?

- ☐ A. Les Vosges
- ☐ B. Le Jura
- ☐ C. Les Maures
- ☐ D. Le Massif Central

1711 La Tarentaise est la vallée de :

- ☐ A. La Savoie
- ☐ B. La Franche-Comté
- ☐ C. La Provence
- ☐ D. La Lorraine

1712 Le parc national du Mercantour se situe dans :

- ☐ A. Les Alpes
- ☐ B. Les Pyrénées
- ☐ C. Les Vosges
- ☐ D. Le Massif Central

1713 Le plus ancien parc national de France est :

- ☐ A. Le parc du Mercantour
- ☐ B. Le parc de la Vanoise
- ☐ C. Le parc des Ecrins

1714 Compléter la série : Seine, Paris, Manche ; Garonne, Toulouse, Atlantique ; Rhône, Avignon…

- ☐ A. Provence
- ☐ B. Méditerranée
- ☐ C. Marseille

1715 Lequel de ces fleuves est le plus long ?

- ☐ A. La Garonne
- ☐ B. La Loire
- ☐ C. Le Rhône
- ☐ D. La Seine

1716 Lequel de ces fleuves a le plus gros débit ?

- ☐ A. La Garonne
- ☐ B. La Loire
- ☐ C. Le Rhône
- ☐ D. La Seine

1717 A quel fleuve est relatif l'adjectif « rhénan » ?

- ☐ A. Le Rhône
- ☐ B. Le Rhin
- ☐ C. La Rhène
- ☐ D. Le Rhénan

1718 Lequel de ces cours d'eau n'est pas un affluent de la Garonne ?

- ☐ A. L'Adour
- ☐ B. L'Ariège
- ☐ C. Le Lot
- ☐ D. Le Gers

1719 De quel fleuve l'Oise est-elle l'affluent ?

- ☐ A. La Loire
- ☐ B. La Meuse
- ☐ C. Le Rhône
- ☐ D. La Seine

1720 Lequel de ces cours d'eau est un affluent de la Garonne ?

- ☐ A. L'Ardèche
- ☐ B. L'Aude
- ☐ C. L'Hérault
- ☐ D. Le Tarn

1721 Le Lot est un affluent de :

- ☐ A. La Dordogne
- ☐ B. La Loire
- ☐ C. La Garonne
- ☐ D. La Charente

1722 La Marne est un affluent de :

- ☐ A. La Seine
- ☐ B. La Saône
- ☐ C. La Moselle

1723 Laquelle de ces rivières n'est pas un affluent de la Seine ?

- ☐ A. L'Aude
- ☐ B. L'Essonne
- ☐ C. L'Eure
- ☐ D. Le Loing

1724 Laquelle de ces rivières coule en Alsace ?

- ☐ A. L'Ill
- ☐ B. L'Ille
- ☐ C. L'Isle
- ☐ D. La Lys
- ☐ E. Le Rhône

1725 Lequel de ces cours d'eau n'est pas en Bretagne ?

- ☐ A. L'Ill
- ☐ B. La Rance
- ☐ C. La Vilaine
- ☐ D. La Vire

1726 Lequel de ces cours d'eau se jette dans la Méditerranée ?

- ☐ A. L'Ariège
- ☐ B. L'Aude
- ☐ C. L'Aube
- ☐ D. Le Tarn

1727 Lequel de ces fleuves ne se jette pas dans la Méditerranée ?

- ☐ A. L'Adour
- ☐ B. Le Tech
- ☐ C. Le Têt
- ☐ D. Le Var

1728 Quelle rivière traverse Grenoble ?

- ☐ A. L'Arc
- ☐ B. La Drôme
- ☐ C. La Durance
- ☐ D. L'Isère

1729 Quel cours d'eau forme la frontière entre le Jura français, le Jura suisse et le Jura bernois ?

- ☐ A. Le Doubs
- ☐ B. L'Ain
- ☐ C. La Saône
- ☐ D. Le Rhône

1730 Chaque année, la surface occupée par la forêt française :

- ☐ A. Augmente
- ☐ B. Reste stable
- ☐ C. Diminue un peu
- ☐ D. Diminue beaucoup

1731 Quelle surface la forêt occupe-t-elle en France (métropole et DOM) ?

- ☐ A. Environ 100 000 km^2
- ☐ B. Environ 250 000 km^2
- ☐ C. Environ 450 000 km^2
- ☐ D. Environ 700 000 km^2

5. Les DOM TOM

1732 Combien la France possède-t-elle de départements d'outre-mer depuis le 31 mars 2011 (DOM) ?

- ☐ A. 2
- ☐ B. 3
- ☐ C. 4
- ☐ D. 5

1733 Laquelle de ces iles du Pacifique n'est pas française ?

- ☐ A. Les Mariannes du nord
- ☐ B. La Nouvelle-Calédonie
- ☐ C. Wallis-et-Futuna
- ☐ D. Les îles de la société
- ☐ E. Aucune de ces réponses n'est bonne

1734 Lequel de ces territoires est un DOM ?

- ☐ A. Les Comores
- ☐ B. La Guadeloupe
- ☐ C. Monaco
- ☐ D. La Polynésie française

1735 Laquelle des propositions ci-dessous ne comprend que des DOM ?

- ☐ A. Martinique, Guadeloupe, Nouvelle-Calédonie et Polynésie française
- ☐ B. La Réunion, Guadeloupe, Guyane, Martinique et Nouvelle-Calédonie
- ☐ C. Polynésie française, Guadeloupe, Saint-Pierre-et-Miquelon, Nouvelle-Calédonie et Mayotte
- ☐ D. Guyane, Guadeloupe, Martinique, La Réunion

1736 La Nouvelle-Calédonie est :

- ☐ A. Un département français d'outre-mer
- ☐ B. Un territoire français d'outre-mer
- ☐ C. Une collectivité locale française

1737 Quelle île est le 101e département français ?

- ☐ A. Zanzibar
- ☐ B. Maurice
- ☐ C. Mayotte

1738 Quel est le code départemental de Mayotte ?

- ☐ A. 976
- ☐ B. 977
- ☐ C. 978

1739 Où se trouve l'île de Mayotte ?

- ☐ A. Dans l'océan Atlantique
- ☐ B. Dans l'océan Indien
- ☐ C. Dans l'océan Pacifique

1740 L'archipel de Saint-Pierre-et-Miquelon se trouve au large :

- ☐ A. Du Canada
- ☐ B. Du Mexique
- ☐ C. Des Etats-Unis
- ☐ D. De l'Argentine

1741 La collectivité territoriale française de Saint-Pierre-et-Miquelon est un archipel situé :

- ☐ A. Au sud de Madagascar
- ☐ B. Au sud de Terre-Neuve
- ☐ C. Au sud d'Haïti
- ☐ D. Au sud de la Sicile

1742 Lequel de ces départements d'outre-mer n'est pas baigné par l'océan Atlantique ?

- ☐ A. La Guadeloupe
- ☐ B. La Martinique
- ☐ C. La Réunion
- ☐ D. La Guyane

1743 Lequel de ces départements d'outre-mer n'est pas une île ?

- ☐ A. La Réunion
- ☐ B. La Martinique
- ☐ C. La Guadeloupe
- ☐ D. La Guyane

1744 Lequel de ces pays a une frontière commune avec la Guyane française ?

- ☐ A. Le Suriname
- ☐ B. La Colombie
- ☐ C. Le Guyana
- ☐ D. Le Venezuela

1745 Quelle est la capitale de la Guadeloupe ?

- ☐ A. Point-à-Pitre
- ☐ B. Saint-Denis
- ☐ C. Fort-de-France
- ☐ D. Port-au-Prince

1746 Quel est le chef-lieu de la Guadeloupe ?

- ☐ A. Cayenne
- ☐ B. Fort-de-France
- ☐ C. Saint-Denis
- ☐ D. Basse-Terre

1747 Fort-de-France est la préfecture de :

- ☐ A. La Guadeloupe
- ☐ B. La Martinique
- ☐ C. Saint-Martin

1748 De ces villes, laquelle est située en Guyane ?

- ☐ A. Cayenne
- ☐ B. Fort-de-France
- ☐ C. Pointe-à-Pitre
- ☐ D. Basse-Terre

1749 Quel département d'outre-mer abrite le centre spatial de Kourou ?

- ☐ A. La Guyane
- ☐ B. La Réunion
- ☐ C. La Guadeloupe
- ☐ D. La Martinique

1750 L'île Bourbon s'appelle aujourd'hui :

- ☐ A. L'île de la Réunion
- ☐ B. L'île de la Martinique
- ☐ C. L'île de la Guadeloupe

1751 Quel archipel n'est pas une possession française ?

- ☐ A. Iles Gambier
- ☐ B. Iles Kerguelen
- ☐ C. Iles de la Nouvelle-Amsterdam
- ☐ D. Iles Hébrides

6. Pays et regions du monde

1752 Quel est le continent appelé « le vieux continent » ?

- ☐ A. L'Amérique
- ☐ B. L'Europe
- ☐ C. L'Asie

1753 **Concernant l'Amérique du Sud :**

- ☐ A. L'Amérique du Sud est le continent avec les plus hautes chutes d'eau
- ☐ B. L'Amérique du Sud est le continent avec la chaîne de montagne la plus longue
- ☐ C. L'Amérique du Sud est le continent du désert le plus aride
- ☐ D. L'Amérique du Sud est le continent de la capitale la plus haute

1754 **Jusqu'en 1999, Macao est une enclave :**

- ☐ A. Anglaise
- ☐ B. Portugaise
- ☐ C. Espagnole

1755 **Quel est le pays d'Afrique, situé au bord du golfe de Guinée, république depuis 1960, dont la capitale est Yamoussoukro ?**

- ☐ A. La Guinée
- ☐ B. Le Mali
- ☐ C. La Côte d'Ivoire
- ☐ D. Le Sénégal

1756 **« L'empire du soleil levant » désigne :**

- ☐ A. La Chine
- ☐ B. Le Vietnam
- ☐ C. Le Japon
- ☐ D. La Thaïlande

1757 **Au Nord, l'Himalaya forme une haute barrière de 92 sommets de plus de 8 000 mètres d'altitude. Le centre est occupé par un plateau élevé, le Deccan, bordé à l'ouest par les montagnes des Ghâts. A quel pays cette description se rapporte-t-elle ?**

- ☐ A. L'Inde
- ☐ B. Le Pakistan
- ☐ C. La Chine
- ☐ D. Le Bangladesh

1758 **La Chine était également appelée :**

- ☐ A. L'empire du Soleil-Levant
- ☐ B. L'empire du Milieu
- ☐ C. L'empire du Dragon
- ☐ D. L'empire de l'Orient

1759 **Quel est l'ancienne appellation du Bénin ?**

- ☐ A. Le Dahomey
- ☐ B. L'Eburnie
- ☐ C. L'Ougarit
- ☐ D. Le Pagan

1760 **Le Belarus est :**

- ☐ A. Le nom actuel de la Biélorussie
- ☐ B. Un pays du Caucase
- ☐ C. Un fleuve d'Asie centrale
- ☐ D. Une ancienne république socialiste

1761 **La Confédération helvétique est :**

- ☐ A. La Suisse
- ☐ B. Le Luxembourg
- ☐ C. La Belgique
- ☐ D. L'Autriche

1762 Lequel de ces pays a pour nom officiel République de l'Union du Myanmar ?

- ☐ A. La Birmanie
- ☐ B. Le Laos
- ☐ C. La Thaïlande
- ☐ D. Taïwan

1763 Quelle région nommait-on l'Acadie au XVIIIe siècle ?

- ☐ A. La Louisiane
- ☐ B. Le Québec
- ☐ C. La Floride
- ☐ D. La Nouvelle-Ecosse

1764 Les trois Etats baltes sont :

- ☐ A. La Ruthénie, l'Estonie et la Lettonie
- ☐ B. La Lettonie, l'Estonie et la Laponie
- ☐ C. La Lettonie, l'Estonie et la Lituanie

1765 Lequel de ces pays ne faisait pas partie de l'ex-Yougoslavie ?

- ☐ A. La Serbie
- ☐ B. La Croatie
- ☐ C. La Bosnie
- ☐ D. La Slovaquie

1766 Le Monténégro était une république de la République fédérale :

- ☐ A. De Yougoslavie
- ☐ B. De Tchécoslovaquie
- ☐ C. De l'URSS

1767 Le Viêtnam est un pays situé dans la péninsule :

- ☐ A. Indochinoise
- ☐ B. Indienne
- ☐ C. Coréenne

1768 Le Timor oriental est un pays :

- ☐ A. D'Afrique
- ☐ B. D'Océanie
- ☐ C. Annexé à l'Indonésie jusqu'en 2002
- ☐ D. D'Asie

1769 Le Bhoutan est :

- ☐ A. Une province chinoise
- ☐ B. Un pays indépendant
- ☐ C. Un Etat de l'Inde

1770 A quel continent appartient l'Irak ?

- ☐ A. A l'Asie
- ☐ B. A l'Afrique
- ☐ C. A l'Europe

1771 Le Yémen est situé :

- ☐ A. Dans la péninsule arabique
- ☐ B. Dans la Corne de l'Afrique
- ☐ C. En Asie
- ☐ D. En Afrique

1772 Le Botswana est un Etat :

- ☐ A. D'Amérique du nord
- ☐ B. D'Amérique centrale
- ☐ C. D'Afrique occidentale
- ☐ D. D'Afrique australe

1773 La Sierra Leone est :

- ☐ A. Un pays d'Afrique
- ☐ B. Une chaîne de montagnes d'Amérique du Sud
- ☐ C. Une chaîne de montagnes italiennes
- ☐ D. Un pays d'Amérique du Sud

1774 **Le Costa Rica se trouve :**

- ☐ A. En Amérique du Sud
- ☐ B. En Amérique centrale
- ☐ C. En Afrique centrale
- ☐ D. En Amérique du Nord

1775 **La République de San Marin est un territoire enclavé :**

- ☐ A. En Slovaquie
- ☐ B. En Autriche
- ☐ C. En Croatie
- ☐ D. En Italie

1776 **Lequel de ces pays ne fait pas partie de la Scandinavie ?**

- ☐ A. Le Danemark
- ☐ B. La Suède
- ☐ C. La Finlande
- ☐ D. La Norvège

1777 **Quel pays n'appartient pas au Maghreb ?**

- ☐ A. La Tunisie
- ☐ B. Le Maroc
- ☐ C. L'Egypte
- ☐ D. L'Algérie

1778 **Quels pays l'Océan Pacifique borde-t-il ?**

- ☐ A. Le Pérou
- ☐ B. La Bolivie
- ☐ C. Le Chili
- ☐ D. L'Uruguay

1779 **Quelle mer borde la côte Ouest de la Grèce ?**

- ☐ A. La Mer Méditerranée
- ☐ B. La Mer Ionienne
- ☐ C. La Mer Egée
- ☐ D. La Mer Noire

1780 **Quelle mer borde la Bande de Gaza ?**

- ☐ A. La Méditerranée
- ☐ B. La Mer rouge
- ☐ C. La Mer Morte

1781 **Lequel de ces pays n'a pas de côtes sur la Mer Rouge ?**

- ☐ A. L'Arabie Saoudite
- ☐ B. Le Yémen
- ☐ C. L'Ethiopie
- ☐ D. Le Koweït

1782 **Lequel de ces pays n'a pas un accès à l'océan Atlantique ?**

- ☐ A. Afrique du Sud
- ☐ B. Angola
- ☐ C. Namibie
- ☐ D. Mozambique

1783 **De quel pays le Chili est-il séparé par la chaîne andine ?**

- ☐ A. L'Argentine
- ☐ B. Le Paraguay
- ☐ C. L'Uruguay
- ☐ D. La Bolivie

1784 **Quels pays possèdent une partie de l'Amazonie ?**

☐ A. Le Chili
☐ B. La Bolivie
☐ C. Le Pérou
☐ D. La Colombie

1785 **De quel pays le Japon est-il le plus proche ?**

☐ A. La Corée du Sud
☐ B. L'Australie
☐ C. L'Iran
☐ D. L'Inde

1786 **Quel pays se trouve à l'est de la Hongrie et au sud de l'Ukraine ?**

☐ A. La Roumanie
☐ B. La Slovaquie
☐ C. La Bulgarie

1787 **Parmi ces pays, lequel est le plus méridional ?**

☐ A. La Hongrie
☐ B. La Slovaquie
☐ C. La Roumanie
☐ D. La Bulgarie

1788 **Où se situe la Ruhr ?**

☐ A. En Autriche
☐ B. En Pologne
☐ C. En Allemagne
☐ D. En France

1789 **Quelles régions sont situées en Italie :**

☐ A. La Toscane
☐ B. L'Istrie
☐ C. La Lombardie
☐ D. Le Val d'Aoste

1790 **La région située à l'extrémité méridionale de la péninsule italienne est :**

☐ A. La Toscane
☐ B. Le Piémont
☐ C. La Calabre
☐ D. La Lombardie

1791 **Le Val-d'Aoste est une région autonome de la République :**

☐ A. Italienne
☐ B. Française
☐ C. Suisse
☐ D. Grecque

1792 **Quelle province se trouve au sud du Portugal ?**

☐ A. L'Aragon
☐ B. La Galice
☐ C. L'Alentejo
☐ D. L'Algarve

1793 **La péninsule Ibérique est la partie de l'Europe partagée entre :**

☐ A. La Suisse et l'Italie
☐ B. Le Portugal et l'Espagne
☐ C. La Grande-Bretagne et l'Irlande

1794 L'Utrecht est l'une des douze provinces :

☐ A. De la Belgique
☐ B. Des Pays-Bas
☐ C. Du Limousin
☐ D. De l'Auvergne

1795 La région wallonne est la région située :

☐ A. Au nord de la Belgique
☐ B. Au sud de la Belgique
☐ C. Au sud des Pays-Bas
☐ D. Au nord de la France

1796 La Tasmanie est un état se trouvant :

☐ A. Au sud de l'Inde
☐ B. Au sud de l'Australie
☐ C. Au sud de l'Italie

1797 Le Groenland est un territoire rattaché :

☐ A. Au Canada
☐ B. A la Norvège
☐ C. Au Danemark
☐ D. A l'Islande

1798 Quel est le plus grand Etat des Etats-Unis ?

☐ A. Le Montana
☐ B. L'Alaska
☐ C. Le Nevada
☐ D. Le Texas
☐ E. La Californie

1799 La Patagonie est une province de :

☐ A. Argentine
☐ B. Bolivie
☐ C. Uruguay
☐ D. Pérou

1800 Le Darfour se situe :

☐ A. A l'ouest du Soudan
☐ B. A l'ouest du Congo
☐ C. Au nord de l'Ethiopie
☐ D. Au sud du Tchad

1801 De même que la population tibétaine, la population ouïghour fait l'objet d'une surveillance et d'un contrôle étroits du gouvernement chinois. Dans quelle province chinoise est-elle localisée ?

☐ A. Le Yunnan
☐ B. Le Shandong
☐ C. Le Xinjiang
☐ D. Le Shaanxi
☐ E. Le Hebei

1802 Indiquez chaque Etat traversé par le Mississipi :

☐ A. La Louisiane
☐ B. L'Arkansas
☐ C. L'Arizona
☐ D. Le Missouri

1803 La Silicon Valley est implantée dans l'Etat :

☐ A. Du Colorado
☐ B. Du Texas
☐ C. De Californie
☐ D. De New York

1804 Le Liechtenstein a des frontières communes avec :

☐ A. La Suisse
☐ B. L'Italie
☐ C. L'Allemagne
☐ D. L'Autriche

1805 Avec quel pays la Biélorussie a-t-elle des frontières communes ?

- ☐ A. L'Estonie
- ☐ B. La Pologne
- ☐ C. La Moldavie
- ☐ D. La Slovaquie

1806 Parmi les pays suivants, lequel est limitrophe de la Tunisie ?

- ☐ A. La Lybie
- ☐ B. Le Maroc
- ☐ C. Le Niger
- ☐ D. Le Mali
- ☐ E. L'Egypte

1807 La Birmanie a des frontières communes avec :

- ☐ A. La Chine
- ☐ B. La Thaïlande
- ☐ C. Le Bangladesh
- ☐ D. Le Cambodge

1808 Le Mexique a pour pays voisins :

- ☐ A. Les Etats-Unis et le Guatemala
- ☐ B. Les Etats-Unis et le Venezuela
- ☐ C. Les Etats-Unis et le Pérou
- ☐ D. Les Etats-Unis et l'Argentine

1809 Le pays limitrophe du Pérou est :

- ☐ A. L'Argentine
- ☐ B. Le Venezuela
- ☐ C. L'Uruguay
- ☐ D. Le Brésil

1810 Parmi les frontières naturelles suivantes, laquelle est une frontière du continent européen ?

- ☐ A. L'Oural
- ☐ B. La Manche
- ☐ C. Les Pyrénées
- ☐ D. La Volga

1811 La Norvège n'a pas de frontière avec ?

- ☐ A. La Russie
- ☐ B. La Suède
- ☐ C. L'Estonie
- ☐ D. La Finlande

1812 Lequel de ces pays n'a pas de frontière avec l'Autriche ?

- ☐ A. La Pologne
- ☐ B. La Hongrie
- ☐ C. La Slovénie
- ☐ D. L'Italie

1813 Lequel de ces pays n'a pas de frontière avec l'Allemagne ?

- ☐ A. La Pologne
- ☐ B. L'Italie
- ☐ C. Le Danemark
- ☐ D. La France

1814 L'Algérie n'a pas de frontière avec :

- ☐ A. Le Niger
- ☐ B. Le Mali
- ☐ C. L'Egypte
- ☐ D. La Mauritanie

1815 Lequel de ces pays n'a pas de frontière avec l'Algérie ?

- ☐ A. Le Niger
- ☐ B. La Libye
- ☐ C. Le Mali
- ☐ D. Le Burkina

1816 Parmi les pays suivants, lequel ne partage pas de frontière commune avec la Libye ?

- ☐ A. L'Algérie
- ☐ B. L'Egypte
- ☐ C. Le Maroc
- ☐ D. Le Tchad

1817 Parmi ces pays, lequel n'est pas frontalier avec la Lybie ?

- ☐ A. L'Egypte
- ☐ B. L'Algérie
- ☐ C. Le Niger
- ☐ D. Le Tchad
- ☐ E. Le Nigéria

1818 L'Irak n'a pas de frontières communes avec :

- ☐ A. L'Arabie Saoudite et L'Iran
- ☐ B. La Turquie et La Syrie
- ☐ C. Le Liban et Israël

1819 Quel est le pays non frontalier avec l'Iran ?

- ☐ A. Le Pakistan
- ☐ B. Le Turkménistan
- ☐ C. L'Afghanistan
- ☐ D. L'Inde

1820 Un de ces pays n'est pas limitrophe d'Israël :

- ☐ A. L'Irak
- ☐ B. La Jordanie
- ☐ C. La Syrie
- ☐ D. L'Egypte

1821 Parmi ces pays, lequel n'est pas frontalier avec l'Afrique du Sud ?

- ☐ A. Le Lesotho
- ☐ B. Le Botswana
- ☐ C. La Namibie
- ☐ D. Le Swaziland
- ☐ E. L'Angola

1822 Lequel de ces pays n'est pas frontalier avec l'Argentine ?

- ☐ A. La Bolivie
- ☐ B. La Colombie
- ☐ C. Le Paraguay
- ☐ D. Le Chili

1823 Quel pays n'a pas de frontière avec la Chine ?

- ☐ A. Le Pakistan
- ☐ B. L'Inde
- ☐ C. Le Japon
- ☐ D. La Mongolie

1824 Un des états suivants n'est pas limitrophe de la Colombie, lequel ?

- ☐ A. La Bolivie
- ☐ B. L'Equateur
- ☐ C. Le Pérou
- ☐ D. Le Brésil
- ☐ E. Aucune de ces réponses n'est bonne

1825 Combien d'habitants compte l'Union européenne en 2010 ?

- ☐ A. Environ 380 millions
- ☐ B. Un peu plus de 500 millions
- ☐ C. Presque 630 millions

1826 Quel est le pays le plus peuplé de l'Union européenne ?

- ☐ A. La France
- ☐ B. L'Allemagne
- ☐ C. La Grande-Bretagne
- ☐ D. L'Italie

1827 Parmi les pays européens suivants lequel a le plus bas taux de natalité ?

- ☐ A. L'Allemagne
- ☐ B. La France
- ☐ C. L'Irlande
- ☐ D. La Suède

1828 Aucune partie du continent européen ne se trouve en climat :

- ☐ A. Océanique
- ☐ B. Continental
- ☐ C. Polaire
- ☐ D. Désertique

1829 Quel Etat européen n'est pas bordé par la mer Noire ?

- ☐ A. La Bulgarie
- ☐ B. La Roumanie
- ☐ C. La Macédoine
- ☐ D. L'Ukraine

1830 Quel est le plus petit Etat d'Europe ?

- ☐ A. Monaco
- ☐ B. Le Liechtenstein
- ☐ C. San Marin
- ☐ D. Le Vatican

1831 Quels pays n'ont pas de frontières avec le territoire de l'Union européenne ?

- ☐ A. Le Kazakhstan
- ☐ B. La Moldavie
- ☐ C. L'Ukraine
- ☐ D. Le Maroc

1832 Les Célèbes sont un archipel d'îles appartenant :

- ☐ A. Au Japon
- ☐ B. A l'Indonésie
- ☐ C. Aux Philippines
- ☐ D. A la Malaisie

1833 Dans quel océan se trouve l'île de Sainte-Hélène ?

- ☐ A. L'océan Atlantique
- ☐ B. L'océan Indien
- ☐ C. L'océan Pacifique

1834 L'île de Terre-Neuve dépend :

- ☐ A. Des Etats-Unis
- ☐ B. Du Canada
- ☐ C. Du Danemark

1835 A quel pays appartient l'archipel des Açores ?

- ☐ A. Au Portugal
- ☐ B. A l'Espagne
- ☐ C. Au Maroc
- ☐ D. A l'Italie

1836 Parmi ces îles, lesquelles se situent dans l'océan Indien ?

☐ A. Les Maldives
☐ B. Les îles Bermudes
☐ C. Les îles du Cap-Vert
☐ D. Les îles Galápagos

1837 Anticosti est une île située :

☐ A. Dans les caraïbes
☐ B. Dans le golfe du Saint-Laurent au Canada
☐ C. Dans les Açores
☐ D. Dans l'océan Pacifique
☐ E. Aucune de ces réponses n'est bonne

1838 L'île Maurice est :

☐ A. Une monarchie
☐ B. Un département d'outre-mer
☐ C. Un territoire d'outre-mer
☐ D. Un état indépendant
☐ E. Aucune de ces réponses n'est bonne

1839 Les îles Malouines se trouvent au large :

☐ A. Du Chili
☐ B. De l'Espagne
☐ C. De Saint-Malo
☐ D. De l'Argentine

1840 Où est le Cap-Vert ?

☐ A. Au sud de l'Afrique
☐ B. En Afrique
☐ C. Près de Madagascar
☐ D. En Europe

1841 Si vous êtes dans la Vallée des Rois, vous êtes :

☐ A. En Egypte
☐ B. En Chine
☐ C. En Inde
☐ D. En France

1842 La Transamazonienne est une grande route qui relie :

☐ A. La Colombie à la Bolivie
☐ B. L'Atlantique au Pérou
☐ C. Le Pacifique au Venezuela

1843 Si vous visitez l'île de Rhodes, vous êtes ?

☐ A. En Grèce
☐ B. En Turquie
☐ C. En Chypre

1844 La Cité des Doges désigne :

☐ A. Sienne
☐ B. Rome
☐ C. Venise
☐ D. Florence

1845 L'ancienne cité du Machu Picchu se trouve :

☐ A. En Bolivie
☐ B. Au Pérou
☐ C. Au Chili

1846 Lequel de ces pays n'est pas limitrophe avec la Slovénie ?

☐ A. La Croatie
☐ B. La Suisse
☐ C. L'Italie
☐ D. L'Autriche

1847 **Dans quel pays se trouve La Mecque ?**

- ☐ A. En Arabie Saoudite
- ☐ B. En Iran
- ☐ C. En Israël
- ☐ D. En Jordanie

1848 **Où se trouve le temple de Borobudur ?**

- ☐ A. Au Cambodge
- ☐ B. En Inde
- ☐ C. En Indonésie
- ☐ D. Au Sri Lanka

1849 **Sur quelle île se trouve le plus grand temple bouddhiste ?**

- ☐ A. L'île de Java
- ☐ B. L'île de Sumatra
- ☐ C. L'île de Bali
- ☐ D. L'île de Buru

1850 **Saint-Jacques-de-Compostelle se trouve dans l'une de ces provinces. Laquelle ?**

- ☐ A. La Navarre
- ☐ B. L'Aragon
- ☐ C. La Catalogne
- ☐ D. La Galice

1851 **Si vous montez dans le Thalys, vous allez à :**

- ☐ A. Cologne
- ☐ B. Londres
- ☐ C. Bruxelles
- ☐ D. On ne peut pas monter dans le Thalys

1852 **Vous naviguez en felouque :**

- ☐ A. Sur le Nil
- ☐ B. Dans la baie d'Hailong
- ☐ C. Sur l'Amazone
- ☐ D. Dans le détroit du Bosphore
- ☐ E. Aucune de ces réponses n'est bonne

7. Capitales et villes du monde

1853 **La capitale de l'Allemagne est :**

- ☐ A. Bonn
- ☐ B. Berlin
- ☐ C. Munich
- ☐ D. Hambourg

1854 **Quelle est la capitale de la Finlande ?**

- ☐ A. Oslo
- ☐ B. Helsinki
- ☐ C. Stockholm
- ☐ D. Copenhague

1855 **Quelle est la capitale de la Norvège ?**

- ☐ A. Oslo
- ☐ B. Helsinki
- ☐ C. Stockholm
- ☐ D. Copenhague

1856 **Quelle est la capitale de la Confédération helvétique ?**

- ☐ A. Zürich
- ☐ B. Berne
- ☐ C. Genève
- ☐ D. Lausanne

1857 Quelle est la capitale de Malte ?

- ☐ A. Nicosie
- ☐ B. Corto
- ☐ C. La Lavette

1858 Quel pays a pour capitale Nicosie ?

- ☐ A. La Lettonie
- ☐ B. Estonie
- ☐ C. L'Estonie
- ☐ D. Chypre

1859 Quelle est la capitale de la Communauté autonome espagnole d'Andalousie ?

- ☐ A. Valence
- ☐ B. Saragosse
- ☐ C. Séville
- ☐ D. Bilbao

1860 La capitale de la Roumanie est :

- ☐ A. Tirana
- ☐ B. Skopje
- ☐ C. Budapest
- ☐ D. Bucarest

1861 De quel Etat européen Tallinn est-elle la capitale ?

- ☐ A. L'Estonie
- ☐ B. La Lettonie
- ☐ C. La Finlande
- ☐ D. La Moldavie

1862 Vilnius est la capitale de :

- ☐ A. La Slovénie
- ☐ B. La Lituanie
- ☐ C. La Slovaquie
- ☐ D. L'Estonie

1863 Quelle est la capitale de la Lettonie ?

- ☐ A. Riga
- ☐ B. Vilnius
- ☐ C. Tallinn

1864 Bratislava est la capitale :

- ☐ A. Du Monténégro
- ☐ B. De la Slovaquie
- ☐ C. De la République Tchèque

1865 Quelle est la capitale de la Slovénie ?

- ☐ A. Zagreb
- ☐ B. Bratislava
- ☐ C. Ljubljana
- ☐ D. Tirana

1866 Quelle est la capitale de la Serbie ?

- ☐ A. Belgrade
- ☐ B. Bratislava
- ☐ C. Passau
- ☐ D. Linz

1867 Quelle est la capitale de la Croatie ?

- ☐ A. Ljubljana
- ☐ B. Zagreb
- ☐ C. Sarajevo

1868 La capitale de l'Albanie est :

- ☐ A. Zara
- ☐ B. Sofia
- ☐ C. Belgrade
- ☐ D. Tirana

1869 La capitale de la République d'Ukraine est :

☐ A. Kiev
☐ B. Minsk
☐ C. Moscou

1870 La capitale du Kazakhstan est :

☐ A. Alma Ata
☐ B. Almaty
☐ C. Astana

1871 La capitale de l'Ouzbékistan est :

☐ A. Tachkent
☐ B. Samarcande
☐ C. Boukhara

1872 Quel pays a pour capitale Kuala Lumpur ?

☐ A. La Nouvelle-Zélande
☐ B. L'Indonésie
☐ C. La Malaisie
☐ D. L'Australie

1873 De quel pays Vientiane est-elle la capitale ?

☐ A. La Corée du Sud
☐ B. Le Bangladesh
☐ C. Le Vietnam
☐ D. Le Laos

1874 Quelle est la capitale de l'Inde ?

☐ A. Katmandou
☐ B. Calcutta
☐ C. New Delhi
☐ D. Bombay

1875 Quelle est la capitale du Pakistan ?

☐ A. Tachkent
☐ B. Karachi
☐ C. Islamabad
☐ D. Katmandou

1876 Oulan-Bator est la capitale :

☐ A. De la Corée du Nord
☐ B. Du Laos
☐ C. De la République de Mongolie
☐ D. De la Thaïlande

1877 Katmandou est la capitale :

☐ A. Du Népal
☐ B. Du Bangladesh
☐ C. De la Birmanie
☐ D. De la Thaïlande

1878 Quelle est la capitale de l'Afghanistan ?

☐ A. Bakou
☐ B. Kaboul
☐ C. Islamabad
☐ D. Karachi

1879 Quelle est la capitale de l'Australie ?

☐ A. Melbourne
☐ B. Canberra
☐ C. Sydney
☐ D. Brisbane

1880 La capitale des Etats-Unis est :

☐ A. Chicago
☐ B. Los Angeles
☐ C. New York
☐ D. Washington

1881 La capitale de l'Etat de Washington est :

- ☐ A. Washington
- ☐ B. New York
- ☐ C. Philadelphie
- ☐ D. Seattle

1882 Quelle est la capitale de la Californie ?

- ☐ A. Sacramento
- ☐ B. San Diego
- ☐ C. San Francisco
- ☐ D. Los Angeles

1883 Quelle est la ville américaine considérée comme la capitale de l'automobile ?

- ☐ A. Detroit
- ☐ B. Chicago
- ☐ C. Seattle
- ☐ D. Houston

1884 Quelle est la capitale du Canada ?

- ☐ A. Ottawa
- ☐ B. Toronto
- ☐ C. Vancouver

1885 Quelle est la capitale du Pérou ?

- ☐ A. Lima
- ☐ B. Montevideo
- ☐ C. Santa Cruz
- ☐ D. Bogota

1886 La Paz est la capitale :

- ☐ A. Du Venezuela
- ☐ B. De la Colombie
- ☐ C. De la Bolivie
- ☐ D. Du Pérou

1887 La capitale fédérale du Brésil est :

- ☐ A. Brasilia
- ☐ B. Brazzaville
- ☐ C. Rio de Janeiro
- ☐ D. Sao Paulo

1888 Quelle est la capitale de la République orientale de l'Uruguay ?

- ☐ A. Porto Alegre
- ☐ B. Montevideo
- ☐ C. Punta del Este
- ☐ D. Manaus
- ☐ E. Asunción

1889 Quelle est la capitale du Honduras ?

- ☐ A. Montevideo
- ☐ B. Quito
- ☐ C. Buenos Aires
- ☐ D. Tegucigalpa

1890 La Havane est la capitale :

- ☐ A. De Cuba
- ☐ B. D'Haïti
- ☐ C. De la Jamaïque

1891 La capitale de la Jordanie est :

- ☐ A. Petra
- ☐ B. Damas
- ☐ C. Tyr
- ☐ D. Amman

1892 La capitale de l'Afrique du Sud est :

- ☐ A. Le Cap
- ☐ B. Johannesburg
- ☐ C. Pretoria
- ☐ D. Kalahari

1893 La capitale de la Sierra Leone est :

- ☐ A. Monrovia
- ☐ B. Windhoek
- ☐ C. Funchal
- ☐ D. Freetown

1894 La capitale du Mali est :

- ☐ A. Monrovia
- ☐ B. Bamako
- ☐ C. Accra
- ☐ D. Lomé

1895 La capitale du Niger est :

- ☐ A. Niamey
- ☐ B. Accra
- ☐ C. Monrovia
- ☐ D. Lomé

1896 La capitale du Mozambique est :

- ☐ A. Mogadishu
- ☐ B. Kigali
- ☐ C. Maputo
- ☐ D. Djouba

1897 Lomé est la capitale :

- ☐ A. La République du Mozambique
- ☐ B. Du Niger
- ☐ C. Du Togo
- ☐ D. Du Ghana
- ☐ E. Aucune de ces réponses n'est bonne

1898 La capitale de la Zambie est :

- ☐ A. Lusaka
- ☐ B. Harare
- ☐ C. Kigali

1899 Une de ces capitales ne se trouve pas en Afrique. Laquelle ?

- ☐ A. Freetown
- ☐ B. Sanaa
- ☐ C. Nouakchott
- ☐ D. Niamey

1900 Parmi cette liste, quelles villes sont des capitales ?

- ☐ A. Reykjavik
- ☐ B. Istanbul
- ☐ C. Berne
- ☐ D. Genève

1901 Parmi ces villes, laquelle n'est pas la capitale de son pays ?

- ☐ A. Canberra
- ☐ B. Berne
- ☐ C. Montevideo
- ☐ D. Rio de Janeiro

1902 Parmi ces villes espagnoles, laquelle est située le plus au sud du pays ?

- ☐ A. Cadix
- ☐ B. Barcelone
- ☐ C. Bilbao
- ☐ D. Séville

1903 Laquelle de ces villes d'Espagne est située le plus à l'est ?

- ☐ A. Madrid
- ☐ B. Séville
- ☐ C. Bilbao
- ☐ D. Valence

1904 Parmi ces villes d'Angleterre, laquelle est la plus septentrionale ?

- ☐ A. Newcastle
- ☐ B. Birmingham
- ☐ C. Londres
- ☐ D. Manchester

1905 Parmi ces villes allemandes, laquelle est la plus septentrionale ?

- ☐ A. Stuttgart
- ☐ B. Francfort
- ☐ C. Hambourg
- ☐ D. Cologne

1906 Quel était l'ancien nom de Hô-Chi-Minh-Ville ?

- ☐ A. Saigon
- ☐ B. Vientiane
- ☐ C. Hanoi
- ☐ D. Phnom Penh

1907 Quel est le nom porté avant 1991 par Saint-Pétersbourg ?

- ☐ A. Leningrad
- ☐ B. Stalingrad
- ☐ C. Volgograd

1908 Sur quel continent se trouve la ville de Canberra ?

- ☐ A. L'Afrique
- ☐ B. L'Europe
- ☐ C. L'Asie
- ☐ D. L'Océanie

1909 Dans quel état des Etats-Unis se situe Atlantic City, ville célèbre pour ses casinos ?

- ☐ A. L'état de New York
- ☐ B. Le New Jersey
- ☐ C. La Pennsylvanie
- ☐ D. L'Ohio

1910 Choisissez la réponse exacte :

- ☐ A. Vancouver se trouve dans l'Oregon
- ☐ B. Vancouver se trouve dans le Dakota du Sud
- ☐ C. Vancouver se situe dans l'Idaho
- ☐ D. Vancouver se situe au Canada

1911 Prague est une ville de :

- ☐ A. Pologne
- ☐ B. Roumanie
- ☐ C. Bulgarie
- ☐ D. République tchèque

1912 Sarajevo est en :

- ☐ A. Croatie
- ☐ B. Serbie
- ☐ C. Bosnie
- ☐ D. Macédoine

1913 Angkor se situe :

- ☐ A. Au Vietnam
- ☐ B. Au Laos
- ☐ C. En Birmanie
- ☐ D. Au Cambodge

1914 Bangalore est une ville :

☐ A. Du sud de l'Inde
☐ B. Du Pakistan
☐ C. Du Bangladesh
☐ D. Du nord de l'Inde

1915 Lahore est une ville :

☐ A. Indienne
☐ B. Pakistanaise
☐ C. Afghane
☐ D. Mongole

1916 Irkoutsk est une ville :

☐ A. Ukrainienne
☐ B. Mongole
☐ C. Russe
☐ D. Sibérienne

1917 Tripoli est une ville :

☐ A. Syrienne
☐ B. Palestinienne
☐ C. Libanaise
☐ D. Libyenne

1918 Où est situé Riyad ?

☐ A. Au Bahreïn
☐ B. Au Qatar
☐ C. Aux Emirats Arabes Unis
☐ D. En Arabie Saoudite

1919 La ville d'Alep est située en :

☐ A. Syrie
☐ B. Irak
☐ C. Turquie
☐ D. Iran
☐ E. Aucune de ces réponses n'est bonne

1920 Pour visiter la ville nabatéenne de Petra, vous prenez un visa pour :

☐ A. Israël
☐ B. L'Arabie Saoudite
☐ C. La Jordanie
☐ D. Le Liban
☐ E. Aucune de ces réponses n'est bonne

1921 Quelle ville ne se trouve pas en Andalousie ?

☐ A. Malaga
☐ B. Séville
☐ C. Barcelone
☐ D. Cordoue

1922 Une des villes suivantes ne se trouve pas en Andalousie :

☐ A. Saragosse
☐ B. Cordoue
☐ C. Grenade
☐ D. Séville
☐ E. Aucune de ces réponses n'est bonne

1923 Laquelle de ces villes célèbres ne se situe pas en Grèce ?

☐ A. Delphes
☐ B. Ephèse
☐ C. Epidaure
☐ D. Olympe
☐ E. Aucune de ces réponses n'est bonne

1924 Parmi les villes suivantes, laquelle ne se situe pas en Australie ?

☐ A. Perth
☐ B. Melbourne
☐ C. Wellington
☐ D. Adélaïde

1925 Laquelle de ces villes ne se trouve pas en Australie ?

- ☐ A. Auckland
- ☐ B. Melbourne
- ☐ C. Perth
- ☐ D. Darwin
- ☐ E. Aucune de ces réponses n'est bonne

1926 Une de ces villes n'est pas en Inde :

- ☐ A. Vientiane
- ☐ B. Bombay
- ☐ C. New Delhi
- ☐ D. Calcutta

1927 Quelle ville se trouve sur l'embouchure de la Neva ?

- ☐ A. Moscou
- ☐ B. Saint-Pétersbourg
- ☐ C. Kiev

1928 Quelle(s) ville(s) le Danube ne traverse-t-il pas ?

- ☐ A. Bucarest
- ☐ B. Vienne
- ☐ C. Budapest
- ☐ D. Belgrade

1929 Parmi les quatre propositions suivantes, trois désignent la même ville. Indiquez la proposition incorrecte.

- ☐ A. Istanbul
- ☐ B. Alexandrie
- ☐ C. Constantinople
- ☐ D. Byzance

1930 Quelle ville appelle-t-on la ville éternelle ?

- ☐ A. Alexandrie
- ☐ B. Athènes
- ☐ C. Rome
- ☐ D. Bagdad

1931 La plus grande ville d'Afrique et du monde arabe est :

- ☐ A. Tripoli
- ☐ B. Le Caire
- ☐ C. Marrakech
- ☐ D. Alger

8. MONTAGNE, EAU ET ESPACES NATURELS DANS LE MONDE

1932 A quelle altitude s'élève le Mont Everest ?

- ☐ A. 8 848 m
- ☐ B. 8 748 m
- ☐ C. 8 648 m
- ☐ D. 8 548 m

1933 Où se trouve le Mont Mc Kinley, point culminant des Etats-Unis ?

- ☐ A. A Hawaii
- ☐ B. En Alaska
- ☐ C. Au Texas
- ☐ D. Dans le Colorado

1934 Dans quel pays se trouve le sommet de l'Annapurna ?

- ☐ A. Au Népal
- ☐ B. Au Tibet
- ☐ C. Au Bhoutan
- ☐ D. En Inde

1935 Si vous êtes au sommet du Kilimandjaro, vous êtes :

- ☐ A. En Tanzanie
- ☐ B. Au Kenya
- ☐ C. En Somalie

1936 La chaîne des Carpates se trouve en :

- ☐ A. Slovaquie
- ☐ B. Ukraine
- ☐ C. Bulgarie
- ☐ D. Roumanie

1937 La chaîne de l'Atlas se trouve :

- ☐ A. En Tunisie
- ☐ B. Au Maroc
- ☐ C. En Algérie
- ☐ D. En Libye

1938 Que désigne l'expression « Toit du monde » ?

- ☐ A. L'Everest
- ☐ B. La forêt amazonienne
- ☐ C. Le Kilimandjaro
- ☐ D. Jérusalem

1939 Le Kilimandjaro est la plus haute montagne :

- ☐ A. D'Afrique
- ☐ B. D'Amérique du Nord
- ☐ C. D'Amérique du Sud
- ☐ D. D'Asie
- ☐ E. Aucune de ces réponses n'est bonne

1940 C'est le fleuve le plus long d'Europe :

- ☐ A. La Volga
- ☐ B. Le Danube
- ☐ C. Le Rhin

1941 Quel fleuve sépare la rive européenne de la rive asiatique à Istanbul ?

- ☐ A. Le Bosphore
- ☐ B. L'Arno
- ☐ C. Le Tigre
- ☐ D. L'Euphrate

1942 Ce fleuve d'une longueur de 2 850 km constitue un lien exceptionnel entre l'Europe de l'Ouest, l'Europe centrale et l'Europe balkanique. Il traverse neuf Etats avant de se jeter dans la mer Noire. De quel fleuve s'agit-il ?

- ☐ A. La Volga
- ☐ B. Le Danube
- ☐ C. L'Elbe
- ☐ D. L'Oder

1943 Le Pô est un fleuve :

- ☐ A. D'Espagne
- ☐ B. D'Italie
- ☐ C. De Grèce
- ☐ D. De Croatie

1944 Où coule la Tamise ?

- ☐ A. A Venise
- ☐ B. A Amsterdam
- ☐ C. A Genève
- ☐ D. A Londres

1945 Le Guadalquivir coule :

- ☐ A. Au Portugal
- ☐ B. Au Mexique
- ☐ C. En Argentine
- ☐ D. En Espagne

1946 **Quels pays ont accès au Danube ?**

- ☐ A. La Hongrie et la Bulgarie
- ☐ B. La Croatie, la Serbie, la Hongrie, la Bulgarie, la Roumanie
- ☐ C. L'Allemagne, l'Autriche, la Slovaquie, la Hongrie, la Croatie, la Serbie, la Bulgarie, la Roumanie
- ☐ D. La Hongrie, la Bulgarie, la Serbie, la Roumanie, l'Albanie

1947 **Quel est le plus long fleuve du monde ?**

- ☐ A. L'Amazone
- ☐ B. Le Nil
- ☐ C. Le Danube
- ☐ D. Le Zaïre

1948 **Parmi ces fleuves, lequel n'est pas un fleuve russe ?**

- ☐ A. Le Don
- ☐ B. La Volga
- ☐ C. La Lena
- ☐ D. Le Douro

1949 **Le fleuve qui traverse la péninsule indochinoise du nord au sud s'appelle :**

- ☐ A. Le fleuve bleu
- ☐ B. Le fleuve rouge
- ☐ C. Le Mékong
- ☐ D. La rivière des perles

1950 **Le Brahmapoutre est :**

- ☐ A. Un grand fleuve d'Asie
- ☐ B. Un grand fleuve d'Amérique du Sud
- ☐ C. Une chaîne de montagne asiatique
- ☐ D. L'un des sommets de l'Himalaya

1951 **Le Gange se jette dans le golfe :**

- ☐ A. De Brahmapoutre
- ☐ B. Du Bangladesh
- ☐ C. Du Bengale
- ☐ D. De Dekkan

1952 **Lequel de ces fleuves se jette dans la mer Morte ?**

- ☐ A. L'Euphrate
- ☐ B. Le Tigre
- ☐ C. Le Jourdain
- ☐ D. Le Lita

1953 **Séville est baignée par les eaux :**

- ☐ A. Du Tage
- ☐ B. Du Douro
- ☐ C. De l'Ebre
- ☐ D. Du Guadalquivir

1954 **Où se trouve le lac Majeur ?**

- ☐ A. En Italie
- ☐ B. En Russie
- ☐ C. Aux Etats-Unis
- ☐ D. Au Congo

1955 **Où se trouve le lac de Côme ?**

- ☐ A. En Russie
- ☐ B. En Argentine
- ☐ C. En Italie
- ☐ D. Au Kenya

1956 **Quel est l'autre nom du lac de Genève ?**

- ☐ A. Le lac Léman
- ☐ B. Le lac de Garde
- ☐ C. Le lac d'Annecy
- ☐ D. Le lac Majeur

1957 Quel est le détroit séparant l'Asie de l'Amérique et reliant l'océan Pacifique et l'océan Arctique ?

- ☐ A. Détroit de Bass
- ☐ B. Détroit du Baltyisk
- ☐ C. Détroit de Barents
- ☐ D. Détroit de Béring

1958 Le détroit de Messine relie :

- ☐ A. La mer Adriatique et la mer Méditerranée
- ☐ B. La mer de Marmara et la mer Noire
- ☐ C. La mer Tyrrhénienne et la mer Méditerranée
- ☐ D. La mer Egée et la mer Noire

1959 Que relie le canal de Suez ?

- ☐ A. La mer Méditerranée à la mer Rouge
- ☐ B. L'océan Pacifique à l'océan Atlantique
- ☐ C. Le Nil à l'Euphrate
- ☐ D. L'Orénoque à l'Amazone

1960 L'Antarctique est :

- ☐ A. Un océan
- ☐ B. Un continent
- ☐ C. Une mer
- ☐ D. Un fleuve

1961 Le désert de Gobi est situé en :

- ☐ A. Chine et Mongolie
- ☐ B. Russie et Chine
- ☐ C. Russie et Mongolie
- ☐ D. Mongolie et Kazakhstan
- ☐ E. Aucune de ces réponses n'est bonne

1962 Si vous êtes dans le parc national des Everglades, vous êtes ?

- ☐ A. En Argentine
- ☐ B. Aux Etats-Unis
- ☐ C. En Australie

1963 Copacabana est une plage de :

- ☐ A. Rio de Janeiro
- ☐ B. San Francisco
- ☐ C. Miami
- ☐ D. Mexico

9. DROIT ET JUSTICE

Ce chapitre est composé de **3 sections** pour un total de **96 questions**.

1. Droit public français
2. Droit privé français
3. Droit européen et international

[A SAVOIR !]

110 Les numéros de questions de ce type signifient qu'il n'y a qu'une seule et unique réponse juste à la question posée.

111 Les numéros de questions de ce type signifient qu'il y a **plusieurs (2 ou plus) réponses possibles justes à la question.**

[UN CONSEIL IMPORTANT]

Nous vous conseillons vivement de répondre à toutes les questions d'une section avant d'en découvrir les solutions. L'erreur consiste en effet généralement à traiter une question et à vérifier aussitôt la réponse parce que l'on veut s'assurer d'avoir trouvé la réponse juste ou parce que l'on est impatient de la découvrir dans le cas où on ne la connaît pas. Si vous souhaitez sérieusement progresser, vous devez absolument vous imprégner du thème traité par la section et répondre d'un trait à toutes les questions d'une section.

[QUELQUES MOTS SUR...]

1. Le droit public français [WIKIPEDIA]

Le droit public est constitué par l'ensemble des règles régissant les rapports de droit dans lesquels interviennent des personnes morales comme l'Etat, les collectivités locales, des institutions ou groupement spécifiquement rattachée à l'Etat ou des banques nationales, qui sont appelées personnes de droit public. Le droit public défend l'intérêt général avec des prérogatives liées à la puissance publique. Il concerne les rapports entre deux personnes publiques mais également entre une personne publique et une personne privée.

Le droit public est en général opposé au droit privé, qui lui recouvre l'ensemble des règles qui régissent les rapports entre les personnes physiques ou morales. En France, la séparation entre l'ordre administratif et l'ordre judiciaire naît en France de la loi des 16 et 24 août 1790, qui interdit aux tribunaux judiciaires de « troubler, de quelque manière que ce soit, les opérations des corps administratifs » : en application de cette loi, les litiges avec l'administration relèvent souvent des juridictions administratives, qui ont longtemps été limitées au Conseil d'Etat et qui sont subordonnées à cette dernière juridiction.

2. Le droit privé français [WIKIPEDIA]

Le droit privé est l'ensemble des règles qui régissent les rapports entre les personnes physiques ou morales. Les relations avec l'Etat ou l'Administration, et les relations des institutions publiques entre elles recouvrent le droit public. Les principales branches du droit privé sont : le droit civil, le droit des affaires, le droit du travail. On oppose également le droit privé au droit public. Le juge naturel du droit privé est le juge judiciaire. L'article 66 de la Constitution du 4 octobre 1958 a fait de l'ordre judiciaire le juge naturel des atteintes aux libertés fondamentales. Le juge judiciaire est considéré comme le protecteur des libertés individuelles et le garant de la propriété privée.

1. Droit public français

1964 En quelle année le code pénal a-t-il été totalement réformé ?

- ☐ A. 2001
- ☐ B. 1994
- ☐ C. 1958
- ☐ D. 1919

1965 Le Tribunal correctionnel juge des infractions dont la peine peut aller jusqu'à combien d'années d'emprisonnement ?

- ☐ A. 20 ans
- ☐ B. 15 ans
- ☐ C. 10 ans
- ☐ D. 5 ans

1966 Le principe de l'inaliénabilité du domaine public a été affirmé pour la première fois par :

- ☐ A. L'ordonnance de Villers-Cotterêts de 1539
- ☐ B. L'édit de Moulins de 1566
- ☐ C. L'article L.52 du code du domaine de l'Etat de 1957

1967 Par quel type de texte l'esclavage a été consacré en France en 1685 ?

- ☐ A. Un édit
- ☐ B. Un décret
- ☐ C. Un règlement
- ☐ D. Une loi

1968 Le service militaire obligatoire a été mis en place en :

- ☐ A. 1789
- ☐ B. 1798
- ☐ C. 1870
- ☐ D. 1914

1969 Qui a fait rédiger le Code civil ?

- ☐ A. Napoléon Ier
- ☐ B. Condorcet
- ☐ C. Napoléon III
- ☐ D. Charles de Gaulle

1970 La loi Falloux (1850) concerne :

- ☐ A. La justice
- ☐ B. Le social
- ☐ C. L'enseignement

1971 La loi du 1er juillet 1901 consacre :

- ☐ A. La liberté d'établissement
- ☐ B. La liberté d'association
- ☐ C. La liberté de réunion
- ☐ D. La séparation des Eglises et de l'Etat

1972 Les filles peuvent officiellement passer le baccalauréat depuis :

- ☐ A. 1884
- ☐ B. 1919
- ☐ C. 1945

1973 Le Code de la famille correspond :

- ☐ A. A une loi de 1920
- ☐ B. A une ordonnance de 1967
- ☐ C. A un décret-loi de 1939
- ☐ D. A une loi de 1876

1974 En quelle année le législateur français a-t-il décidé que le sol et le sous-sol de la mer territoriale appartenaient au domaine public ?

- ☐ A. 1919
- ☐ B. 1963
- ☐ C. 1964
- ☐ D. 1992

1975 Qui décide du classement d'un site naturel ?

- ☐ A. La commune
- ☐ B. Le département
- ☐ C. L'Etat
- ☐ D. La région

1976 Depuis quand les femmes peuvent-elles exercer une activité professionnelle en France sans l'autorisation de leur mari ?

- ☐ A. 1936
- ☐ B. 1945
- ☐ C. 1965

1977 L'autorité paternelle est remplacée par l'autorité parentale en :

- ☐ A. 1950
- ☐ B. 1960
- ☐ C. 1970

1978 En France, la loi a baissé la majorité civile de 21 à 18 ans en :

- ☐ A. 1958
- ☐ B. 1968
- ☐ C. 1974
- ☐ D. 1981

1979 En France, le code de l'environnement date de l'année :

- ☐ A. 1971
- ☐ B. 1982
- ☐ C. 1992
- ☐ D. 2000

1980 La loi sur l'égalité professionnelle entre hommes et femmes date de :

- ☐ A. 1944
- ☐ B. 1958
- ☐ C. 1983

1981 La Déclaration universelle des droits de l'homme a été votée le :

- ☐ A. 14 juillet 1789
- ☐ B. 4 août 1793
- ☐ C. 10 décembre 1948

1982 A compter du 1er mars 2010, une réforme du Conseil constitutionnel entre en vigueur. Quelle évolution introduit-elle ?

- ☐ A. Il change de dénomination pour devenir une Cour constitutionnelle
- ☐ B. Ses membres sont exclusivement désignés par les parlementaires réunis en congrès
- ☐ C. Son président est élu par ses pairs
- ☐ D. Une question de constitutionnalité peut être soulevée dans le cadre de certaines procédures judiciaires

1983 Les décisions du Conseil constitutionnel :

- ☐ A. Ne sont susceptibles d'aucun recours
- ☐ B. Peuvent faire l'objet d'un recours
- ☐ C. Peuvent être révisées par le Parlement
- ☐ D. Ont autorité de chose jugée
- ☐ E. Aucune de ces réponses n'est bonne

1984 Au sommet de la justice administrative se trouve :

- ☐ A. Le Conseil d'Etat
- ☐ B. La Cour de cassation
- ☐ C. La Cour des comptes
- ☐ D. Le Tribunal des conflits

1985 **En droit français, quels textes ont valeur constitutionnelle ?**

☐ A. La *Déclaration des droits de l'homme et du citoyen*
☐ B. La Déclaration universelle des droits des l'homme
☐ C. Le code des lois
☐ D. Le préambule de la Constitution de 1946
☐ E. Aucune de ces réponses n'est bonne

1986 **Dans la hiérarchie des normes, un décret a une valeur :**

☐ A. Supérieure à celle d'une loi
☐ B. Inférieure à celle d'une loi
☐ C. Supérieure à celle d'un arrêté
☐ D. Supérieur à celle de la Constitution
☐ E. Aucune de ces réponses n'est bonne

1987 **Les décisions du préfet sont des :**

☐ A. Décrets
☐ B. Arrêtés
☐ C. Ordonnances
☐ D. Lois

1988 **La déconcentration est synonyme de :**

☐ A. Décentralisation
☐ B. Délocalisation
☐ C. Centralisation
☐ D. Régionalisation
☐ E. Aucune de ces réponses n'est bonne

1989 **La décision rendue par la Cour administrative d'appel est :**

☐ A. Un jugement
☐ B. Un arrêt
☐ C. Une ordonnance
☐ D. Un arrêté

1990 **Laquelle de ces déclarations est vraie ?**

☐ A. Un tribunal administratif règle les litiges opposant un particulier et l'administration
☐ B. La cour d'assises est une juridiction régionale
☐ C. Un vol de voiture sera jugé devant un tribunal de police
☐ D. Dans chaque département se trouve une cour de cassation

1991 **Qui peut ordonner le sursis à exécution d'une décision administrative émanant d'une collectivité territoriale ?**

☐ A. Le tribunal administratif
☐ B. La chambre régionale des comptes
☐ C. Un particulier
☐ D. Le préfet
☐ E. Aucune de ces réponses n'est bonne

1992 **Au tribunal administratif, le commissaire du gouvernement :**

☐ A. Présente des conclusions qui développent le point de vue du droit
☐ B. Représente le gouvernement
☐ C. Défend l'administration
☐ D. Défend les administrés
☐ E. Aucune de ces réponses n'est bonne

1993 **Le recours pour excès de pouvoir se fait devant :**

☐ A. La cour d'assises
☐ B. Le tribunal de grande instance
☐ C. Le tribunal administratif
☐ D. Le tribunal de police

1994 La loi SRU concerne :

- ☐ A. La politique urbaine
- ☐ B. La couverture sociale
- ☐ C. Le revenu minimum
- ☐ D. L'organisation des universités

1995 En France, quelle publication donne connaissance des lois ?

- ☐ A. Le *Journal officiel*
- ☐ B. Le *Journal législatif*
- ☐ C. Le *Journal des textes et des lois*
- ☐ D. Le *Bulletin gouvernemental*

1996 La théorie du fait du prince concerne :

- ☐ A. La mise en œuvre du secret défense
- ☐ B. Les actes du président de la République
- ☐ C. L'aggravation des conditions d'un contrat
- ☐ D. La raison d'Etat

1997 Le principe de laïcité, c'est :

- ☐ A. La séparation des Eglises et de l'Etat
- ☐ B. Une formation religieuse assurée par les établissements scolaires
- ☐ C. La répartition égale entre les hommes et les femmes

1998 Qui peut délivrer un permis d'inhumer ?

- ☐ A. Le maire
- ☐ B. Le prêtre
- ☐ C. Le médecin
- ☐ D. Le service des pompes funèbres

1999 Quel régime politique garantit l'exercice du droit de vote ?

- ☐ A. La monarchie
- ☐ B. La dictature
- ☐ C. La démocratie

2000 En droit public, qu'appelle-t-on un ordonnateur ?

- ☐ A. Un fonctionnaire compétent pour ordonnancer le paiement d'une dépense engagée et liquidée
- ☐ B. Un fonctionnaire compétent pour nommer les membres du clergé en Alsace-Moselle
- ☐ C. Un magistrat compétent pour décider des injonctions à l'égard de l'administration
- ☐ D. Un officier d'Etat civil habilité à prononcer des mariages
- ☐ E. Aucune de ces réponses n'est bonne

2001 Le droit de grève n'est pas reconnu :

- ☐ A. Aux sapeurs-pompiers
- ☐ B. Aux policiers
- ☐ C. Aux militaires
- ☐ D. Aux pilotes
- ☐ E. Aucune de ces réponses n'est bonne

2. Droit prive français

2002 Quel arrêt a posé la compétence du juge judiciaire dans le contrôle de la conformité des lois aux traités ?

- ☐ A. L'arrêt Nicolo de 1989
- ☐ B. L'arrêt Jacques Vabre de 1975
- ☐ C. L'arrêt IVG de 1975
- ☐ D. Aucune de ces réponses n'est bonne

2003 Lorsqu'un tribunal statue, il rend :

- ☐ A. Un arrêt
- ☐ B. Un attendu
- ☐ C. Un jugement
- ☐ D. Une décision

2004 Le terme « inculpé » a été remplacé par :

- ☐ A. Condamné
- ☐ B. Coupable
- ☐ C. Mis en examen
- ☐ D. Placé en garde à vue

2005 Qu'est ce que l'échevinage ?

- ☐ A. Le mélange de magistrats professionnels et non professionnels
- ☐ B. La montée en grade d'un magistrat
- ☐ C. La répartition des magistrats dans les tribunaux
- ☐ D. Aucune de ces réponses n'est bonne

2006 Combien y a-t-il de degrés de juridictions judiciaires en France ?

- ☐ A. 1
- ☐ B. 2
- ☐ C. 3
- ☐ D. 4

2007 De ces institutions, laquelle n'est pas une juridiction ?

- ☐ A. Le Conseil d'Etat
- ☐ B. Le Conseil économique et social
- ☐ C. Le Conseil constitutionnel
- ☐ D. La Cour des comptes
- ☐ E. Aucune de ces réponses n'est bonne

2008 En France, dans un procès pénal, qui ouvre une information pour décider si le suspect doit être jugé ?

- ☐ A. Le procureur de la République
- ☐ B. Le juge d'instruction
- ☐ C. L'avocat

2009 Devant quelle juridiction française comparaît un criminel ?

- ☐ A. Le tribunal correctionnel
- ☐ B. La cour d'assises
- ☐ C. Le tribunal de grande instance
- ☐ D. Le tribunal de police

2010 Quel tribunal rend les décisions de justice concernant les affaires de divorce ?

- ☐ A. Le tribunal de police
- ☐ B. Le tribunal administratif
- ☐ C. Le tribunal de grande instance
- ☐ D. Le tribunal d'instance

2011 Parmi ces tribunaux, lequel est une juridiction pénale de droit commun ?

- ☐ A. Le tribunal d'instance
- ☐ B. Le tribunal correctionnel
- ☐ C. Le tribunal administratif
- ☐ D. La cour administrative d'appel

2012 Un jury populaire est appelé à siéger :

- ☐ A. A la Cour de cassation
- ☐ B. A la cour d'assises
- ☐ C. Au Tribunal des conflits
- ☐ D. A la cour d'appel

2013 Un jury d'assises pour majeurs est composé en première instance de :

- ☐ A. 6 jurés
- ☐ B. 9 jurés
- ☐ C. 12 jurés
- ☐ D. 15 jurés

2014 Les jurés de cour d'assises sont :

☐ A. Elus par les citoyens de leur juridiction
☐ B. Désignés par tirage au sort sur les listes électorales
☐ C. Volontaires
☐ D. Nommés par le préfet

2015 Le tribunal correctionnel est compétent pour juger :

☐ A. Les crimes
☐ B. Les contraventions
☐ C. Les délits

2016 Qu'appelle-t-on le parquet ?

☐ A. Le corps des huissiers
☐ B. Les avocats
☐ C. Les procureurs de la République et les substituts
☐ D. Les juges d'instruction

2017 Le rôle du parquet est de :

☐ A. Requérir l'application des lois au nom de la société
☐ B. Prononcer les peines après condamnation
☐ C. Conduire les enquêtes
☐ D. Rendre les jugements

2018 Dans le système judiciaire français, qui représente l'intérêt général lors des procès ?

☐ A. Le procureur de la République
☐ B. L'avocat de la défense
☐ C. Le juge d'instruction
☐ D. Le président du tribunal

2019 La Cour de cassation est-elle la juridiction suprême des tribunaux civils français ?

☐ A. Oui
☐ B. Non

2020 La Cour de cassation statue :

☐ A. En fait
☐ B. En droit
☐ C. En fait et en droit
☐ D. Aucune de ces réponses n'est bonne
☐ E. Un avis

2021 En France, combien existe-t-il de Cour(s) de cassation(s) ?

☐ A. Une seule
☐ B. Une par département
☐ C. Une par région
☐ D. Une pour cinq cours d'appel

2022 Quel est le ressort territorial de la cour d'assises ?

☐ A. Le canton
☐ B. Le département
☐ C. La région

2023 Quel est le ressort territorial du tribunal d'instance ?

☐ A. L'arrondissement
☐ B. Le département
☐ C. La région

2024 Le Tribunal des conflits est la juridiction :

- ☐ A. Qui tranche les conflits entre l'administration et les administrés
- ☐ B. Qui tranche les conflits entre l'administration et ses agents
- ☐ C. Qui détermine l'ordre de juridiction compétent pour un conflit
- ☐ D. Qui tranche les conflits entre les magistrats

2025 Quelle juridiction française est créée par la loi du 9 septembre 2002 ?

- ☐ A. Le juge des libertés et de la détention
- ☐ B. Le juge aux affaires familiales
- ☐ C. Le juge de proximité
- ☐ D. Le juge d'instruction

2026 La police judiciaire est dirigée par :

- ☐ A. Le préfet
- ☐ B. Le procureur de la République
- ☐ C. Le maire
- ☐ D. Le bâtonnier

2027 A Paris, la police dépend du :

- ☐ A. Maire
- ☐ B. Préfet de police
- ☐ C. Gouverneur militaire
- ☐ D. Préfet de région

2028 Combien de points figurent sur le permis de conduire d'une personne qui vient de l'obtenir ?

- ☐ A. 3
- ☐ B. 6
- ☐ C. 12
- ☐ D. Aucun

2029 Au bout de combien de temps une personne qui vient d'obtenir son permis (sans avoir suivi la conduite accompagnée) possède-t-elle 12 points sur ce dernier ?

- ☐ A. 6 mois
- ☐ B. 1 an
- ☐ C. 2 ans
- ☐ D. 3 ans

2030 Quelle infraction enlève le plus grand nombre de points de permis ?

- ☐ A. La conduite avec 0,5 g ou plus d'alcool par litre de sang
- ☐ B. Le dépassement de la vitesse autorisée de plus de 40 km/h
- ☐ C. Le franchissement de la ligne blanche

2031 La conduite avec un téléphone portable tenu en main est sanctionnée par un retrait de :

- ☐ A. 2 points
- ☐ B. 3 points
- ☐ C. 4 points

2032 Le contrôle d'alcoolémie du conducteur d'une voiture montre la présence dans l'air expiré d'un taux d'alcool pur de 0,50 g/l de sang :

- ☐ A. Il s'agit d'un délit
- ☐ B. Il s'agit d'une contravention

2033 A partir de quand un véhicule est considéré en stationnement abusif ?

- ☐ A. 12 heures
- ☐ B. 24 heures
- ☐ C. 3 jours
- ☐ D. 7 jours

2034 **Parmi ces affirmations concernant les déplacements à vélo, laquelle est erronée ?**

- ☐ A. Les enfants de moins de huit ans peuvent circuler sur les trottoirs
- ☐ B. La circulation en sens interdit est passible d'une amende forfaitaire et d'un retrait de 4 points sur le permis lorsqu'on en détient un
- ☐ C. La conduite en état d'ivresse est passible d'un retrait du permis lorsqu'on en possède un
- ☐ D. L'absence d'un avertisseur sonore est passible d'une amende forfaitaire

2035 **L'assurance du locataire contre l'incendie et le dégât des eaux est :**

- ☐ A. Laissée à la libre appréciation de chacun
- ☐ B. A la charge du bailleur
- ☐ C. Rendue obligatoire par la loi
- ☐ D. Comprise dans les loyers

2036 **Quelle loi impose un délai de réflexion de 10 jours au minimum avant l'acceptation par un emprunteur d'une offre de prêt immobilier ?**

- ☐ A. La loi Périssol
- ☐ B. La loi Neiertz
- ☐ C. La loi Scrivener

2037 **La loi Carrez du 18 décembre 1996 impose dans les avant-contrats de ventes immobilières :**

- ☐ A. La recherche de plomb si le lieu est situé dans une zone d'accessibilité au plomb
- ☐ B. D'annexer au compromis de vente un état mentionnant la présence ou l'absence d'amiante
- ☐ C. La mention de la superficie des lots de copropriété

2038 **Parmi ces affirmations concernant la carte nationale d'identité, laquelle est erronée ?**

- ☐ A. Elle est délivrée par la mairie
- ☐ B. Elle est gratuite
- ☐ C. Elle n'est pas obligatoire
- ☐ D. Elle est valable 10 ans

2039 **Quelles sont les décisions qui s'appliquent aux animaux familiers, dans tous les pays européens à l'exception du Royaume-Uni, de l'Irlande et de la Suède, depuis le 1er juillet 2004 ?**

- ☐ A. Ils doivent être vaccinés contre la grippe
- ☐ B. Ils doivent être munis d'un passeport pour voyager librement dans l'Union européenne
- ☐ C. Ils doivent porter un tatouage avec le drapeau européen

2040 **Jeanne Latour et Jean Dupont viennent de se marier. Parmi ces affirmations, laquelle est erronée ?**

- ☐ A. Leurs enfants pourront s'appeler Dupont
- ☐ B. Leurs enfants pourront s'appeler Latour
- ☐ C. Leurs enfants pourront s'appeler Dupont-Latour ou Latour-Dupont
- ☐ D. Parmi leurs enfants, les uns pourront s'appeler Dupont, les autres Latour

2041 **Quand la loi du 18 juin 2003 relative à la dévolution du nom de famille a-t-elle été mise en vigueur ?**

- ☐ A. En 2003
- ☐ B. En 2004
- ☐ C. En 2005
- ☐ D. En 2006

2042 Combien de temps doit-on conserver les jugements de divorce et les contrats de travail ?

- ☐ A. 3 ans
- ☐ B. 10 ans
- ☐ C. A vie

2043 En France, qu'est-ce qui protège les salariés contre l'insolvabilité de leur entreprise en cas de faillite ?

- ☐ A. L'AGS
- ☐ B. L'ANPE
- ☐ C. La CPAM

2044 En France, la publication des bans par le service de l'état civil des communes est :

- ☐ A. L'annonce du mariage
- ☐ B. Une invitation au banquet de noces
- ☐ C. La liste des électeurs

2045 Les parents étrangers d'un enfant né en France peuvent réclamer la nationalité française par déclaration au nom de l'enfant à partir de quel âge ?

- ☐ A. 16 ans
- ☐ B. 13 ans
- ☐ C. 18 ans

2046 Les séjours aux Etats-Unis ne nécessitant pas de visa ne doivent pas dépasser :

- ☐ A. 6 mois
- ☐ B. 3 mois
- ☐ C. 1 an

3. Droit europeen et international

2047 Le droit communautaire :

- ☐ A. A une valeur supérieure au droit national
- ☐ B. N'a aucune valeur en droit interne
- ☐ C. N'a qu'une valeur de bonne relation avec les autres partenaires de l'Union européenne

2048 La citoyenneté européenne remplace les citoyennetés nationales :

- ☐ A. Vrai
- ☐ B. Faux

2049 Que signifie le « principe de subsidiarité » ?

- ☐ A. L'Europe n'intervient que dans le cas où les Etats ou les régions ne peuvent agir ou si elle considère qu'elle est plus efficace
- ☐ B. Les lois européennes ont moins de valeur que les lois nationales
- ☐ C. Les lois nationales ont moins de valeur que les lois européennes
- ☐ D. Les lois européennes ont la même valeur que les lois nationales

2050 Le principe de subsidiarité a été introduit dans le droit communautaire par :

- ☐ A. Le traité de Maastricht
- ☐ B. Le traité de Rome
- ☐ C. Le traité de Nice
- ☐ D. L'Acte unique européen

2051 **Quelle différence y a-t-il entre une « directive » et un « règlement communautaire » au sein de l'Union européenne ?**

- ☐ A. La directive donne des objectifs à atteindre tandis que le règlement s'impose à tous les Etats membres
- ☐ B. La directive émane du Parlement européen tandis que le règlement émane de la Commission européenne
- ☐ C. La directive concerne les aspects monétaires tandis que le règlement concerne les aspects constitutionnels
- ☐ D. La directive est adoptée à la majorité relative tandis que le règlement l'est à la majorité absolue

2052 **L'application d'une directive européenne en droit interne est :**

- ☐ A. D'application directe
- ☐ B. Nécessite une loi d'application
- ☐ C. Lie les Etats en leur laissant le choix quant aux moyens de mise en œuvre
- ☐ D. Aucune de ces réponses n'est bonne

2053 **La Cour de justice des Communautés européennes est le seul organe juridictionnel de la Communauté :**

- ☐ A. Vrai
- ☐ B. Faux

2054 **Quand la Cour européenne des droits de l'homme statue sur un litige, elle rend :**

- ☐ A. Un jugement
- ☐ B. Un arrêt
- ☐ C. Une décision

2055 **Qu'est-ce que le TPI, créé en 1993 ?**

- ☐ A. Le Tribunal pénal international
- ☐ B. Le traité de protection intercommunautaire
- ☐ C. Le Tribunal participatif d'instance
- ☐ D. Le traité de pollution intercommunautaire

2056 **Dans quelle ville siège le Tribunal pénal international ?**

- ☐ A. Bruxelles
- ☐ B. Strasbourg
- ☐ C. La Haye

2057 **Que signifie le sigle ONG ?**

- ☐ A. Ordre national des gérontologues
- ☐ B. Organisation non gouvernementale
- ☐ C. Organisation non génétique

2058 **Quel champ recouvre les conventions de Genève ?**

- ☐ A. La conservation des ressources de la mer
- ☐ B. Le droit international humanitaire
- ☐ C. Les échanges commerciaux internationaux
- ☐ D. L'environnement et le développement durable

2059 **Le Patriot Act voté aux Etats-Unis au lendemain des attentats du 11 septembre 2001 autorise :**

- ☐ A. La censure des journaux
- ☐ B. Le FBI à demander des informations privées aux opérateurs de télécommunication sur leurs clients
- ☐ C. La mise en œuvre de mesures par le gouvernement fédéral sans consultation du congrès américain
- ☐ D. Le jugement de prévenus soupçonnés de terrorisme sans avocats de la défense

10. MUSIQUE, OPERA ET DANSE

Ce chapitre est composé de **4 sections** pour un total de **139 questions**.

1. Chansons et musique contemporaine
2. Musique classique, opéras et comédies musicales
3. Danse
4. Instruments, techniques musicales et festivals

[A SAVOIR !]

110 Les numéros de questions de ce type signifient qu'il n'y a qu'une seule et unique réponse juste à la question posée.

111 Les numéros de questions de ce type signifient qu'il y a **plusieurs (2 ou plus) réponses possibles justes à la question**.

[UN CONSEIL IMPORTANT]

Nous vous conseillons vivement de répondre à toutes les questions d'une section avant d'en découvrir les solutions. L'erreur consiste en effet généralement à traiter une question et à vérifier aussitôt la réponse parce que l'on veut s'assurer d'avoir trouvé la réponse juste ou parce que l'on est impatient de la découvrir dans le cas où on ne la connaît pas. Si vous souhaitez sérieusement progresser, vous devez absolument vous imprégner du thème traité par la section et répondre d'un trait à toutes les questions d'une section.

[QUELQUES MOTS SUR...]

1. Chanson et musique contemporaine [WIKIPEDIA-UNIVERSALIS]

L'expression musique contemporaine désigne en général les différents courants de musique savante apparus après la fin de la Seconde Guerre mondiale et recherchant des voies, parfois de manière radicale, en dehors du système tonal, établi à partir de 1600.

La musique contemporaine se flatte de produire et de faire entendre des sons nouveaux, même s'ils sont élaborés avec les moyens traditionnels. Elle continue d'utiliser, en effet, l'orchestre classique, adapté bien sûr, avec généralement une masse d'instruments à vent et à percussion plus importante qu'autrefois. Et, surtout, les dispositions instrumentales ne respectent plus la division habituelle des pupitres ; elles font éclater l'orchestre, qu'elles atomisent en autant de parties individuelles qu'il y a d'instruments en jeu (d'où ces partitions géantes écrites sur plusieurs dizaines de portées distinctes), quand ce n'est pas en petits sous-groupes, voire en sous-orchestres.

2. Musique classique, opéra et comédie musicale [WIKIPEDIA]

La période classique correspond à la recherche de l'équilibre des structures, de la symétrie des périodes, de la logique des développements jointe à une concision de la pensée. Les œuvres de Gluck, C. Ph. E. Bach, J. Haydn, Boccherini et Mozart représentent des modèles typiques de cette période.

Un opéra est une œuvre destinée à être chantée sur une scène, appartenant à un genre musical vocal du même nom ; l'opéra est l'une des formes du théâtre musical occidental regroupées sous l'appellation d'art lyrique.

La comédie musicale est un genre théâtral, mêlant comédie, chant et danse. Apparue au tout début du XXe siècle, elle se situe dans la lignée du mariage du théâtre et de la musique classique qui avait donné naissance aux siècles précédents au ballet, à l'opéra, à l'opéra-bouffe et à l'opérette. Elle s'est particulièrement développée aux Etats-Unis, se dissociant à partir des années 1910 du genre classique par l'intégration de musiques « nouvelles » comme le jazz. De fait, le terme évoque de nos jours principalement les Etats-Unis et plus spécialement Broadway.

3. Danse [LAROUSSE]

Dans son acception la plus générale, la danse est l'art de mouvoir le corps humain constitué d'une suite de mouvements ordonnés, souvent rythmés par de la musique (chant et/ou instrument). Les danses se fondent soit sur un ensemble défini de mouvements dénués de signification propre, comme souvent dans le ballet ou les danses traditionnelles européennes, soit sur une gestuelle inspirée par une symbolique laïque ou religieuse, tendant parfois vers une sorte de mime ou de pantomime, comme dans de nombreuses danses asiatiques. Parfois elle vise à entraîner la transe. Selon les danses, les peuples et les époques où elles sont ou ont été exécutées, la danse a des motifs distincts et des façons différentes de se pratiquer, très révélatrices du mode de vie et de la société.

4. Instruments, techniques musicales et festivals [LAROUSSE]

Tout objet pouvant produire un son contrôlé par un musicien, qu'il soit conçu, modifié ou écarté de son usage, peut être considéré comme un instrument de musique. La voix ou les mains, même si elles ne sont pas des objets, sont considérées comme des instruments de musique dès lors qu'elles participent à une œuvre musicale. En musique classique, l'instrumentation concerne la connaissance des timbres, des registres, des modes de jeu. L'instrumentation ne doit pas être confondue avec l'orchestration, qui elle, étudie l'art de combiner ensemble tous ces timbres, en fonction de leurs registres et de leurs modes de jeu. L'instrumentation est la base servant à orchestrer une œuvre. En effet, le compositeur ou l'arrangeur va définir à l'avance les instruments qui lui permettront d'habiller la mélodie et les contre-chants éventuels. Pour pouvoir orchestrer, il faut connaître parfaitement les possibilités – et les limites – de tous les instruments de musique. Un festival est un ensemble de manifestations artistiques, notamment musicales, données généralement de façon périodique (annuelle, biennale, etc.) dans un lieu donné (par exemple, une ville et sa région), et à un certain moment de l'année (souvent l'été).

1. Chansons et musique contemporaine

2060 Laquelle de ces affirmations est juste :

- ☐ A. Les Beatles ont connu la gloire dans les années 1960
- ☐ B. Les Beatles venaient de Manchester
- ☐ C. Les Beatles se sont séparés au début des années 1980
- ☐ D. Les Beatles étaient 5

2061 Qui est le compositeur de la chanson *Here Comes the Sun* interprétée par les Beatles ?

- ☐ A. George Harrison
- ☐ B. Eric Clapton
- ☐ C. Paul McCartney
- ☐ D. Ringo Starr
- ☐ E. John Lennon

2062 La chanson culte qui a largement universalisé le Flower Power est *San Francisco* de :

- ☐ A. Bob Dylan
- ☐ B. Simon and Garfunkel
- ☐ C. Scott MacKenzie
- ☐ D. Jimi Hendrix

2063 Sony Rollins est :

- ☐ A. Danseur
- ☐ B. Musicien de Jazz
- ☐ C. Ecrivain
- ☐ D. Trompettiste
- ☐ E. Saxophoniste

2064 L'artiste Ray Charles était :

- ☐ A. Un chanteur de pop
- ☐ B. Un pianiste de jazz
- ☐ C. Un chanteur de blues
- ☐ D. Atteint de cécité

2065 Ces personnalités sont chanteuses de jazz, sauf une. Laquelle ?

- ☐ A. Billie Holliday
- ☐ B. Sarah Vaughan
- ☐ C. Audrey Hepburn
- ☐ D. Anita O' Day
- ☐ E. Ella Fitzgerald

2066 Quel jazzman est surnommé « Bird » ?

- ☐ A. Charlie Parker
- ☐ B. Duke Ellington
- ☐ C. Louis Armstrong
- ☐ D. Cab Calloway

2067 A quel genre musical est associé Duke Ellington ?

- ☐ A. Au hard-rock
- ☐ B. Au jazz
- ☐ C. A la pop music
- ☐ D. Au rock

2068 Quel chanteur est surnommé « le King » ?

- ☐ A. Elvis Presley
- ☐ B. Johnny Hallyday
- ☐ C. Mick Jagger
- ☐ D. Michael Jackson

2069 Quel chanteur américain est le principal artisan de l'introduction de la country-music dans le rock ?

- ☐ A. Chuck Berry
- ☐ B. Elvis Presley
- ☐ C. Fats Domino
- ☐ D. Little Richard

2070 Quel musicien du groupe les Rolling Stones disparait en 1968 ?

- ☐ A. Keith Richard
- ☐ B. Brian Jones
- ☐ C. Charlie Watts

2071 A quel âge Michael Jackson est-il décédé ?

- ☐ A. 41 ans
- ☐ B. 46 ans
- ☐ C. 51 ans
- ☐ D. 56 ans

2072 Comment s'appelle la chanson posthume de Michael Jackson diffusée par Sony en novembre 2010 ?

- ☐ A. *Michael*
- ☐ B. *Breaking News*
- ☐ C. *Gold Rush*
- ☐ D. *Through the Looking Glass*
- ☐ E. *Welcome to the Jungle*

2073 Qui est le créateur de la chanson *Qui a volé l'orange du marchand* ?

- ☐ A. Gilbert Bécaud
- ☐ B. Yves Montand
- ☐ C. Charles Trenet
- ☐ D. Charles Aznavour
- ☐ E. Aucune de ces réponses n'est bonne

2074 Qui est le créateur de la chanson *Le Port d'Amsterdam* ?

- ☐ A. Jacques Brel
- ☐ B. Charles Trenet
- ☐ C. Charles Aznavour
- ☐ D. Adamo
- ☐ E. Aucune de ces réponses n'est bonne

2075 Qui est le créateur de *La Mauvaise Réputation* ?

- ☐ A. Bénabar
- ☐ B. Georges Brassens
- ☐ C. Les têtes raides
- ☐ D. Charles Trenet
- ☐ E. Aucune de ces réponses n'est bonne

2076 Lesquelles de ces chansons sont interprétées par Claude Nougaro ?

- ☐ A. *Cécile ma fille*
- ☐ B. *Nougayork*
- ☐ C. *La Boîte de jazz*
- ☐ D. *Tu verras*
- ☐ E. Toutes les réponses sont justes

2077 *Les Amoureux des bancs publics* est le titre d'une chanson de :

- ☐ A. Jacques Brel
- ☐ B. Léo Ferré
- ☐ C. Georges Brassens

2078 Quel artiste décède le 14 mars 2009 à l'âge de 61 ans suite à un cancer du poumon ?

- ☐ A. Alain Bashung
- ☐ B. Jean Ferrat
- ☐ C. Gérard Blanc
- ☐ D. Mano Solo

2079 Jean-Michel Jarre est un musicien qui doit sa célébrité à l'utilisation :

☐ A. Des chœurs féminins
☐ B. De la guitare acoustique
☐ C. De l'accordéon
☐ D. Du synthétiseur

2080 Qui est l'interprète de *Double jeu* en 2007 ?

☐ A. Mika
☐ B. Bénabar
☐ C. Christophe Willem
☐ D. Philippe Katerine

2081 Merce Cunningham et Pina Bausch sont des :

☐ A. Chanteurs
☐ B. Pianistes
☐ C. Chorégraphes
☐ D. Violonistes

2082 Quel disc-jockey est mondialement connu ?

☐ A. Benjamin Biolay
☐ B. David Guetta
☐ C. Julien Doré

2083 Quel chanteur remporte trois fois le titre de meilleur artiste interprète masculin de l'année ?

☐ A. M
☐ B. Gérald de Palmas
☐ C. Alain Bashung
☐ D. Bénabar

2084 Quelle chanteuse américaine remporte huit prix aux MTV Video Music Awards et trois aux MTV Europe Music Awards, dont celui de meilleure interprète de l'année ?

☐ A. Katy Perry
☐ B. Lady Gaga
☐ C. Kesha
☐ D. Gwen Stefani
☐ E. Fergie

2085 En quelle année la France a-t-elle remporté l'Eurovision pour la dernière fois ?

☐ A. 1960
☐ B. 1972
☐ C. 1977
☐ D. 1985
☐ E. 2001

2086 Combien de singles faut-il vendre pour obtenir un Disque d'or, en France (en 2010) ?

☐ A. 500 000
☐ B. 350 000
☐ C. 225 000
☐ D. 150 000
☐ E. 75 000

2087 Lesquelles des danses suivantes sont sud-américaines ?

☐ A. Be-Bop
☐ B. Bossa nova
☐ C. Tango
☐ D. Flamenco
☐ E. Salsa

2088 Le reggae est une musique :

- ☐ A. Indienne
- ☐ B. Africaine
- ☐ C. Jamaïcaine
- ☐ D. Créole

2. Musique classique, operas et comedies musicales

2089 Qui est le compositeur de *La Passion selon saint Matthieu* ?

- ☐ A. Jean-Sébastien Bach
- ☐ B. Georg Friedrich Haendel
- ☐ C. Johann Pachelbel

2090 Quel compositeur a composé 16 concertos pour piano et orchestre ?

- ☐ A. Wolfgang Amadeus Mozart
- ☐ B. Ludwig van Beethoven
- ☐ C. Franz Schubert
- ☐ D. Jean-Sébastien Bach

2091 Le concerto pour piano de Wolfgang Amadeus Mozart en *ré* majeur (K 537) est appelé Concerto :

- ☐ A. *Du destin*
- ☐ B. *Du couronnement*
- ☐ C. *De la passion*
- ☐ D. *De l'illumination*

2092 Quel est le compositeur de *La Lettre à Elise* ?

- ☐ A. Frédéric Chopin
- ☐ B. Ludwig van Beethoven
- ☐ C. Wolfgang Amadeus Mozart
- ☐ D. Johannes Brahms
- ☐ E. Aucune de ces réponses n'est bonne

2093 Joseph Haydn a écrit les symphonies dites :

- ☐ A. Parisiennes
- ☐ B. Londoniennes
- ☐ C. Berlinoises

2094 La symphonie en *sol* mineur appelée *La Poule* est de :

- ☐ A. Joseph Haydn
- ☐ B. Wolfgang Amadeus Mozart
- ☐ C. Ludwig van Beethoven

2095 Comment s'intitule la 5e symphonie composée par Ludwig van Beethoven ?

- ☐ A. *Symphonie du destin*
- ☐ B. *Symphonie pastorale*
- ☐ C. *Symphonie triomphante*

2096 Combien de concertos pour piano et orchestre ont été composé par Ludwig van Beethoven ?

- ☐ A. 3
- ☐ B. 5
- ☐ C. 7
- ☐ D. 9

2097 Lequel n'a pas composé de symphonie concertante ?

- ☐ A. Ernest von Veber
- ☐ B. Wolfgang Amadeus Mozart
- ☐ C. Joseph Haydn

2098 Franz Schubert est le compositeur de :

- ☐ A. La *Symphonie inachevée*
- ☐ B. La *Symphonie fantastique*
- ☐ C. La *Symphonie espagnole*

2099 Le concerto pour piano de Saint-Saëns en *fa* majeur opus 103 est couramment appelé :

- ☐ A. *L'Américain*
- ☐ B. *L'Egyptien*
- ☐ C. *Le Tunisien*
- ☐ D. *L'Irlandais*

2100 Qui a composé la *Wagner Symphonie* ?

- ☐ A. Anton Bruckner
- ☐ B. Richard Wagner
- ☐ C. Hector Berlioz

2101 Qui a composé *La Symphonie du Nouveau Monde* ?

- ☐ A. Ludwig van Beethoven
- ☐ B. Rudolf Karel
- ☐ C. Anton Dvorak

2102 Qui a composé la Symphonie en *ré* majeur dite *Titan* ?

- ☐ A. Johannes Brahms
- ☐ B. Gustav Mahler
- ☐ C. Hector Berlioz

2103 Qui a composé la Symphonie de *Leningrad* ?

- ☐ A. Wolfgang Amadeus Mozart
- ☐ B. Dimitri Chostakovitch
- ☐ C. Richard Wagner

2104 Qui a composé la *Danse macabre* ?

- ☐ A. Camille Saint-Saëns
- ☐ B. Hector Berlioz
- ☐ C. Jean-Baptiste Lully

2105 A qui doit-on *Les Polonaises* et *Les Mazurkas* ?

- ☐ A. Hector Berlioz
- ☐ B. Franz Liszt
- ☐ C. Frédéric Chopin

2106 De quelle œuvre Maurice Ravel n'est-il pas le compositeur ?

- ☐ A. *Boléro*
- ☐ B. *Concerto pour la main gauche*
- ☐ C. *Daphnis et Chloé*
- ☐ D. *Coppélia*

2107 *L'Oiseau de feu* et *Le Sacre du printemps* sont des compositions de :

- ☐ A. Igor Stravinski
- ☐ B. Serge Prokofiev
- ☐ C. Piotr Tchaïkovski

2108 Le poète français qui inspire Claude Debussy fut :

- ☐ A. Arthur Rimbaud
- ☐ B. Paul Verlaine
- ☐ C. Stéphane Mallarmé

2109 Quel opéra s'est inspiré de l'*Eneide* de Virgile ?

- ☐ A. *La Damnation de Faust*
- ☐ B. *Les Troyens*
- ☐ C. *Carmen*
- ☐ D. *L'Illiade et l'Odyssée*

2110 *Madame Butterfly* est un opéra :

- ☐ A. Italien
- ☐ B. Allemand
- ☐ C. Anglais

2111 Parmi ces opéras, lequel n'est pas de Guiseppe Verdi ?

- ☐ A. *Norma*
- ☐ B. *La Force du destin*
- ☐ C. *Le Trouvère*
- ☐ D. *Rigoletto*

2112 Parmi ces opéras, lequel n'est pas de Richard Wagner ?

- ☐ A. *Les Maîtres chanteurs de Nuremberg*
- ☐ B. *Lohengrin*
- ☐ C. *La Damnation de Faust*
- ☐ D. *Parsifal*

2113 Qui est le compositeur de l'opéra *Don Giovanni* ?

- ☐ A. Claudio Monteverdi
- ☐ B. Wolfgang Amadeus Mozart
- ☐ C. Gioachino Rossini
- ☐ D. Ludwig van Beethoven

2114 Cochez chaque compositeur d'opéras :

- ☐ A. Giuseppe Verdi
- ☐ B. Arturo Toscanini
- ☐ C. Antonio Vivaldi
- ☐ D. Giacomo Puccini

2115 Quelle œuvre est écrite pour l'inauguration de l'opéra du Caire en 1871 ?

- ☐ A. *Shéhérazade*
- ☐ B. *Aïda*
- ☐ C. *L'Enlèvement au sérail*
- ☐ D. *Salomé*
- ☐ E. Aucune de ces réponses n'est bonne

2116 Les opéras les plus célèbres sont souvent tirés d'œuvres littéraires. Parmi les propositions suivantes, quelle est l'œuvre littéraire qui n'a pas été transposée en opéra ?

- ☐ A. *La Dame aux camélias* (A. Dumas fils)
- ☐ B. *La Nouvelle Héloïse* (J.-J. Rousseau)
- ☐ C. *Manon Lescaut* (Abbé Prévost)
- ☐ D. *Le Roi s'amuse* (V. Hugo)
- ☐ E. Aucune de ces réponses n'est bonne

2117 L'unique opéra de Ludwig van Beethoven est :

- ☐ A. *Fidelio*
- ☐ B. *La Norma*
- ☐ C. *Guillaume Tell*

2118 Quel est le compositeur de *Carmen*, chef d'œuvre du drame lyrique français ?

- ☐ A. Georges Bizet
- ☐ B. Charles Gounod
- ☐ C. Gabriel Fauré

2119 Quel nom porte le brigadier qui tombe amoureux de la bohémienne Carmen ?

- ☐ A. Don Carlos
- ☐ B. Don José
- ☐ C. Don Garcia

2120 Quel opéra de Wolfgang Amadeus Mozart n'est pas un opéra en italien ?

- ☐ A. *Don Giovanni*
- ☐ B. *Les Noces de Figaro*
- ☐ C. *La Clémence de Titus*
- ☐ D. *La Flûte enchantée*

2121 *Le Barbier de Séville* et *La Pie voleuse* sont deux opéras composés par :

- ☐ A. Gaetano Donizetti
- ☐ B. Vincenzo Bellini
- ☐ C. Gioachino Rossini
- ☐ D. Giuseppe Verdi

2122 La Reine de la nuit figure dans l'opéra :

- ☐ A. *La Traviata*
- ☐ B. *La Flûte enchantée*
- ☐ C. *La Pie voleuse*

2123 A l'opéra, le récitatif est :

- ☐ A. La pièce entre le chanter et le parler
- ☐ B. La pièce entièrement chantée
- ☐ C. La pièce entièrement parlée

2124 Le texte de l'opéra s'appelle :

- ☐ A. Le livret
- ☐ B. Le carpet
- ☐ C. Le régistre

2125 *West Side Story* est une adaptation musicale de :

- ☐ A. *Laurel et Hardy* à New York
- ☐ B. *Roméo et Juliette* à New York
- ☐ C. *Hamlet* à New York
- ☐ D. *Othello* à New York

2126 Qui est le compositeur de *Porgy and Bess*, opéra inspiré du folklore noir ?

- ☐ A. George Gershwin
- ☐ B. Erik Satie
- ☐ C. Arthur Honegger

2127 Qui est le surintendant de musique de Louis XIV ?

- ☐ A. Jean-Baptiste Lully
- ☐ B. Antonio Vivaldi
- ☐ C. François Couperin

2128 Jean-Baptiste Lully était le compositeur préféré de :

- ☐ A. Henri IV
- ☐ B. Louis XIII
- ☐ C. Louis XIV
- ☐ D. Louis XV

2129 Quel musicien appartient au XVIIIe siècle ?

- ☐ A. Frédéric Chopin
- ☐ B. Hector Berlioz
- ☐ C. Wolfgang Amadeus Mozart

2130 Jean-Sébastien Bach est né en :

- ☐ A. 1675
- ☐ B. 1785
- ☐ C. 1795
- ☐ D. 1805

2131 Ludwig van Beethoven :

- ☐ A. Etait un musicien allemand
- ☐ B. Etait atteint de surdité
- ☐ C. A écrit l'*Hymne à la joie*
- ☐ D. A composé le concerto de l'*Empereur*
- ☐ E. Etait contemporain de Bach

2132 Quel compositeur fut directeur du conservatoire de Prague ?

- ☐ A. Antonin Dvorak
- ☐ B. Sergueï Rachmaninov
- ☐ C. Reiner Karel

2133 Quand est décédé Sergeï Rachmaninov ?

- ☐ A. En 1923
- ☐ B. En 1933
- ☐ C. En 1943

2134 Olivier Messiaen est :

- ☐ A. Un chanteur
- ☐ B. Un compositeur
- ☐ C. Un violoniste
- ☐ D. Un pianiste

2135 Quel compositeur et chef d'orchestre français a exercé une profonde influence sur la musique contemporaine ?

- ☐ A. Erik Satie
- ☐ B. Olivier Messiaen
- ☐ C. Pierre Boulez

2136 Quel chef d'orchestre et compositeur autrichien fut surnommé « Le Prince de la valse » ?

- ☐ A. Gustav Mahler
- ☐ B. Johann Strauss
- ☐ C. Anton von Vebern

2137 A quelle Ecole peut-on rattacher Manuel de Falla ?

- ☐ A. L'Ecole tchèque
- ☐ B. L'Ecole espagnole
- ☐ C. L'Ecole italienne
- ☐ D. L'Ecole portugaise

2138 Qui est Luciano Pavarotti ?

- ☐ A. Un violoncelliste
- ☐ B. Un ténor
- ☐ C. Un pianiste
- ☐ D. Un concertiste
- ☐ E. Un violoniste

2139 A quelle cantatrice attribue-t-on le nom de Diva ?

- ☐ A. Barbara Hendricks
- ☐ B. Julia Migenès
- ☐ C. Maria Callas

2140 En quelle année est décédée Marie Callas ?

- ☐ A. 1967
- ☐ B. 1977
- ☐ C. 1987

2141 De quel instrument joue Erik Satie ?

- ☐ A. Piano
- ☐ B. Violon
- ☐ C. Violoncelle
- ☐ D. Trompette

2142 De quelle nationalité est Yuja Wang, pianiste classique de renommée internationale ?

- ☐ A. Japonaise
- ☐ B. Chinoise
- ☐ C. Américaine
- ☐ D. Sud-Coréenne

2143 Yehudi Menuhin est un célèbre :

- ☐ A. Guitariste
- ☐ B. Violoniste
- ☐ C. Pianiste
- ☐ D. Organiste

2144 **Parmi ces artistes, lesquels sont pianistes ?**

☐ A. Claudio Abbado
☐ B. Vladimir Horowitz
☐ C. Martha Argerich
☐ D. Sviatoslav Richter
☐ E. Toutes les solutions proposées sont bonnes

2145 **Parmi ces artistes, lesquels sont chefs d'orchestre ?**

☐ A. Herbert von Karajan
☐ B. Wilhelm Furtwängler
☐ C. Arthur Rubinstein
☐ D. Kurt Masur
☐ E. Toutes les solutions proposées sont bonnes

2146 **Le baroque est précédé par :**

☐ A. La Renaissance
☐ B. La période classique
☐ C. La période romantique

2147 **Un requiem désigne :**

☐ A. Une musique composée pour accompagner le texte d'une prière pour les morts
☐ B. Un moment de recueillement pour un croyant
☐ C. Une musique composée pour accompagner le texte de l'*Ave Maria*
☐ D. Une musique composée spécialement pour le couronnement d'un roi

2148 **Qu'est-ce que la musique sérielle ?**

☐ A. Un procédé de composition musicale inventé par une Ecole viennoise au début du XXe siècle
☐ B. Un procédé de composition inventé par l'Ecole romantique française, dans le deuxième tiers du XIXe siècle
☐ C. La musique des opéras séria
☐ D. Le procédé de composition inventé par Jean-Philippe Rameau

2149 **Les chants et musique sacrés chrétiens, originaire d'Amérique du Nord, se nomment :**

☐ A. Des gospels
☐ B. Des polyphonies
☐ C. Des chants grégoriens

2150 **Une œuvre classique très célèbre est déclarée hymne officiel européen. S'agit-il de :**

☐ A. *L'Hymne à la joie* de Ludwig van Beethoven
☐ B. *La Petite Musique de nuit* de Wolfgang Amadeus Mozart
☐ C. *Les Quatre Saisons* d'Antonio Vivaldi

2151 **Frédéric Chopin est né en :**

☐ A. 1890
☐ B. 1810
☐ C. 1930

2152 Le 27 janvier 2006, est célébré le 250e anniversaire :

- ☐ A. De la mort de Wolfgang Amadeus Mozart
- ☐ B. De la naissance de Wolfgang Amadeus Mozart
- ☐ C. De la composition de l'opéra *Don Giovanni* par Wolfgang Amadeus Mozart
- ☐ D. Du mariage de Wolfgang Amadeus Mozart avec Constance

3. Danse

2153 A quand remontent les origines du ballet ?

- ☐ A. A la Renaissance italienne
- ☐ B. A l'époque médiévale
- ☐ C. A l'époque moderne

2154 D'où vient la polka ?

- ☐ A. De la Russie
- ☐ B. De la République Tchèque
- ☐ C. De la Pologne

2155 Le menuet est une danse traditionnelle de la musique baroque :

- ☐ A. Vrai
- ☐ B. Faux

2156 Dans quelle ville la valse a-t-elle connu ses lettres de noblesse ?

- ☐ A. Vienne
- ☐ B. Budapest
- ☐ C. Berlin
- ☐ D. Prague

2157 En quelle année la danse moderne a-t-elle été inventée ?

- ☐ A. 1920
- ☐ B. 1950
- ☐ C. 1975

2158 A quand remonte les origines de la breakdance ?

- ☐ A. 1960
- ☐ B. 1970
- ☐ C. 1980

2159 De quelle île vient le merengue ?

- ☐ A. Saint-Domingue
- ☐ B. Porto Rico
- ☐ C. Cuba

2160 Le sirtaki est une danse grecque créée pour un film :

- ☐ A. Vrai
- ☐ B. Faux

2161 Comment s'appelle la danse qui est considérée comme l'ancêtre du rock ?

- ☐ A. Le cotton pop
- ☐ B. Le lindy pop
- ☐ C. Le swing pop
- ☐ D. Aucune de ces réponses n'est bonne

2162 Le twist est un dérivé :

- ☐ A. Du rock'n'roll
- ☐ B. Des claquettes
- ☐ C. Du jazz

2163 Le fandango est une danse traditionnelle de quel pays ?

- ☐ A. Espagne
- ☐ B. Italie
- ☐ C. Brésil

2164 De quel pays est originaire la country danse ?

- ☐ A. Les Etats-Unis
- ☐ B. L'Australie
- ☐ C. L'Angleterre

2165 Quelle danse Joséphine Baker a-t-elle lancée en France ?

- ☐ A. Le fox-trot
- ☐ B. Le charleston
- ☐ C. La java
- ☐ D. Le twist

2166 Qu'est-ce qu'un entrechat ?

- ☐ A. Un changement de pied battu
- ☐ B. Un grand pas
- ☐ C. Un saut déplacé et rotatif

2167 Qu'est-ce qu'un tour ?

- ☐ A. Ensemble de ports de bras
- ☐ B. Une rotation sur deux pieds
- ☐ C. Une rotation en appui sur un seul pied

2168 Où est basé le Ballet de l'Opéra national de Paris ?

- ☐ A. Au Grand Théâtre
- ☐ B. A l'Opéra Garnier
- ☐ C. A l'Opéra Bastille

2169 Lequel de ces grades du corps de ballet de l'opéra n'existe pas :

- ☐ A. Sujet
- ☐ B. Deuxième danseur
- ☐ C. Coryphée
- ☐ D. Quadrille

2170 Quel cabaret est célèbre pour ses jeux d'ombres sur le corps nu de ses danseuses ?

- ☐ A. Le Lido
- ☐ B. Le Crazy Horse
- ☐ C. Le Moulin-Rouge

2171 Lequel de ces ballets n'a pas été créé par Piotr Ilitch Tchaïkovski ?

- ☐ A. Le *Lac des cygnes*
- ☐ B. *Casse-Noisette*
- ☐ C. *Don Quichotte*

2172 Quel est le nom du nouveau spectacle de Kamel Ouali ?

- ☐ A. *Dracula, l'amour plus fort que la mort*
- ☐ B. *Cléopâtre*
- ☐ C. *Le Roi Soleil*

2173 Quelle était la nationalité de Joséphine Baker à sa mort ?

- ☐ A. Anglaise
- ☐ B. Américaine
- ☐ C. Française
- ☐ D. Aucune de ces réponses n'est bonne

2174 Quelle était la nationalité de Maurice Béjart à sa mort ?

- ☐ A. Française
- ☐ B. Suisse
- ☐ C. Belge

2175 De quelle maladie mourut Rudolf Noureev, célèbre danseur étoile ?

- ☐ A. D'une leucémie
- ☐ B. Du sida
- ☐ C. D'un cancer du colon

2176 Qui fut l'un des plus grands chorégraphes afro-américain ?

- ☐ A. Alvin Ailey
- ☐ B. Talley Beatty
- ☐ C. Chuck Davis

2177 Quel célèbre danseur demande l'asile politique à la France en 1961 ?

- ☐ A. Rudolph Noureev
- ☐ B. Georges Balanchine
- ☐ C. Vaslav Nyjinski

2178 Qui a dit « Je n'ai fait que danser ma vie » ?

- ☐ A. Marie-Claude Pietragalla
- ☐ B. Isadora Ducan
- ☐ C. Sylvie Guillem
- ☐ D. Aucune de ces réponses n'est bonne

2179 Qui a dit « La vraie vie c'est quand je suis sur scène » ?

- ☐ A. Patrick Dupond
- ☐ B. Joséphine Baker
- ☐ C. Rudolph Noureev

4. Instruments, techniques musicales et festivals

2180 La tessiture est :

- ☐ A. Le registre des sons qu'une voix peut produire
- ☐ B. Un type de corde pour violon
- ☐ C. Une unité de volume
- ☐ D. Un instrument de musique artisanal
- ☐ E. Aucune de ces réponses n'est bonne

2181 La voix d'homme la plus grave est la voix :

- ☐ A. Du baryton
- ☐ B. Du ténor
- ☐ C. De la basse

2182 Dans le chant, la voix de femme la plus aiguë est la voix de :

- ☐ A. La soprano
- ☐ B. La mezzo-soprano
- ☐ C. La contralto

2183 Quelle altération abaisse la note d'un demi-ton ?

- ☐ A. Le bémol
- ☐ B. Le dièse
- ☐ C. Le bécarre

2184 La portée compte un ensemble de :

- ☐ A. Trois lignes
- ☐ B. Quatre lignes
- ☐ C. Cinq lignes

2185 Quel instrument à vent ne fait pas partie des cuivres ?

- ☐ A. La trompette
- ☐ B. Le cor
- ☐ C. La flûte
- ☐ D. Le trombone

2186 La contrebasse est un instrument :

- ☐ A. A vent
- ☐ B. A cordes
- ☐ C. A percussions

2187 La flûte de pan est originaire du continent :

- ☐ A. Africain
- ☐ B. Océanien
- ☐ C. Américain

2188 Un bouzouki est un instrument traditionnel :

- ☐ A. Espagnol
- ☐ B. Cubain
- ☐ C. Grec

2189 En Argentine, quel instrument est utilisé dans les orchestres de tango ?

- ☐ A. La trompette
- ☐ B. Le clavecin
- ☐ C. Le bandonéon
- ☐ D. L'accordéon

2190 Dans un orchestre symphonique, les premiers violons se trouvent toujours :

- ☐ A. A droite du chef d'orchestre
- ☐ B. A gauche du chef d'orchestre
- ☐ C. Devant le chef d'orchestre

2191 Antonio Stradivari dit Stradivarius fabrique :

- ☐ A. Des guitares
- ☐ B. Des harpes
- ☐ C. Des violons

2192 Une fanfare est un ensemble de :

- ☐ A. Cuivres et batterie
- ☐ B. Bois et batterie
- ☐ C. Cordes et batterie

2193 La Fête de la musique a lieu chaque année le :

- ☐ A. 21 mai
- ☐ B. 21 juin
- ☐ C. 21 juillet

2194 Où se trouve Broadway ?

- ☐ A. A Los Angeles
- ☐ B. A Chicago
- ☐ C. A New York
- ☐ D. A Miami

2195 Le théâtre lyrique de la Scala se trouve :

- ☐ A. A Rome
- ☐ B. A Venise
- ☐ C. A Milan
- ☐ D. A Turin

2196 Dans quelle ville se tient chaque année le Festival international d'art lyrique et de musique ?

- ☐ A. Arles
- ☐ B. Avignon
- ☐ C. Aix-en-Provence
- ☐ D. Antibes

2197 En 1969, le plus grand festival de pop music jamais réalisé a lieu à :

- ☐ A. Denver
- ☐ B. Orlando
- ☐ C. Woodstock

2198 La société qui défend les intérêts juridiques et économiques des auteurs, compositeurs et éditeurs de musique est :

- ☐ A. La SNSM
- ☐ B. La SACEM
- ☐ C. La SAFER
- ☐ D. La SACD

11. PEINTURE, ARTS GRAPHIQUES, SCULPTURE, MODE ET ARCHITECTURE

Ce chapitre est composé de **6 sections** pour un total de **260 questions**.

1. Peintres, sculpteurs et leurs œuvres
2. L'art à travers les musées
3. Architectes et commanditaires
4. Les grandes œuvres architecturales à travers le monde
5. Courants et vocabulaire de l'art
6. Mobilier et mode

[A SAVOIR !]

110 Les numéros de questions de ce type signifient qu'il n'y a qu'une seule et unique réponse juste à la question posée.

111 Les numéros de questions de ce type signifient qu'il y a **plusieurs (2 ou plus) réponses possibles justes à la question**.

[UN CONSEIL IMPORTANT]

Nous vous conseillons vivement de répondre à toutes les questions d'une section avant d'en découvrir les solutions. L'erreur consiste en effet généralement à traiter une question et à vérifier aussitôt la réponse parce que l'on veut s'assurer d'avoir trouvé la réponse juste ou parce que l'on est impatient de la découvrir dans le cas où on ne la connaît pas. Si vous souhaitez sérieusement progresser, vous devez absolument vous imprégner du thème traité par la section et répondre d'un trait à toutes les questions d'une section.

[QUELQUES MOTS SUR...]

1. Peintures, sculpteurs et leurs œuvres [WIKIPEDIA-UNIVERSALIS]

Celui ou celle qui exerce l'art de la peinture. L'expression « artiste peintre » est presque tombée en désuétude. Dès le XIVe siècle, en France, le métier de peintre fut organisé et en quelque sorte codifié dans les statuts des premières communautés laïques de « paintres et paintresses », tels que nous les connaissons grâce au *Livre des métiers* d'Etienne Boileau. D'après ces statuts, les peintres regroupés dans les communautés étaient assimilés à de simples artisans et ne se distinguaient en rien des peintres en bâtiment. Toutefois, à l'intérieur d'un même atelier, le travail se spécialisa ; il était exécuté par des compagnons sous la direction d'un patron, ou maître.

Le terme de « sculpture » vient étymologiquement du latin « *sculpere* » qui signifie « tailler » ou « enlever des morceaux à une pierre ». Cette définition, qui distingue « sculpture » et « modelage », illustre l'importance donnée à la taille de la pierre dans la civilisation romaine. Au Xe siècle, on parle d'« ymagier » et la plupart du temps, le travail du sculpteur est un travail d'équipe avec un maître et des tailleurs de pierre. Plusieurs équipes travaillent simultanément sur les grands chantiers des cathédrales.

2. L'art à travers les musées

Héritage des grandes collections aristocratiques issues de la Renaissance, concrétisation des idéaux d'éducation et de démocratisation du siècle des Lumières et de la Révolution, le musée connaît son âge d'or au XIXe siècle, à l'heure de la prédominance européenne et s'ouvre progressivement à la présentation de l'ensemble des biens culturels, scientifiques ou techniques, artistiques ou ethnographiques. Cet essor n'est pas sans soulever critiques et oppositions quant à la finalité de l'institution, à son rôle de conservation (le musée « nécropole de l'art »), de consécration et de légitimation (choix des œuvres, politiques d'acquisition).

3. Arts graphiques [LAROUSSE]

Les arts graphiques désignent l'ensemble des processus propres à la conception visuelle et à la mise en scène d'une création artistique utilisant différentes techniques (écriture, typographie, dessin, peinture, gravure et estampe, photographie…), cette création pouvant être utilisée à des fins uniquement artistiques, industrielles ou commerciales (messages publicitaires, édition, affiches, revues, etc.).

4. Architecture [LAROUSSE]

L'architecture correspond à l'art de bâtir. C'est un art savant et complexe dont une des fonctions majeures est de donner des repères spatiaux et symboliques, qui varient d'une civilisation à l'autre. Reflet d'une époque, d'une culture, d'une société, l'architecture modèle les hommes et agit sur leur mode de vie. En effet, nul ne peut échapper à l'architecture, et chacun y est perpétuellement confronté.

1. Peintres, sculpteurs et leurs œuvres

2199 Quel peintre espagnol, brillant portraitiste, devint le premier peintre du roi Charles IV ?

☐ A. Diego de Silva Veslasquez
☐ B. Francisco de Goya y Lucientes
☐ C. Bartolomé Esteban Murillo

2200 Fra Angelico était :

☐ A. Un moine florentin
☐ B. Un peintre italien
☐ C. Un architecte vénitien
☐ D. Un navigateur génois

2201 Qui a été le maître de la nature morte au XVIIIe siècle ?

☐ A. Georges de La Tour
☐ B. Rembrandt
☐ C. Jean-Baptiste Chardin

2202 Francisco Goya :

☐ A. Est de nationalité espagnole
☐ B. Est de nationalité italienne
☐ C. A peint *La Duchesse d'Albe*
☐ D. A peint *La Demoiselle d'Avignon*
☐ E. A peint *Guernica*

2203 Camille Claudel était :

☐ A. La sœur de Paul Claudel
☐ B. La compagne d'Auguste Rodin
☐ C. Un personnage fictif
☐ D. Sculpteur

2204 Au XVIe siècle, quel peintre italien fait des tableaux composés de végétaux, d'animaux et d'objets ?

☐ A. Giuseppe Arcimboldo
☐ B. Paul Véronèse
☐ C. Le Tintoret
☐ D. Andrea Del Verrocchio

2205 Le peintre du classicisme qui s'est notamment illustré dans les portraits du Cardinal de Richelieu et des jansénistes de Port-Royal se nomme :

☐ A. Jérôme Bosch
☐ B. Philippe de Champaigne
☐ C. Le Corrège

2206 Le peintre français Edouard Vuillard (1868-1940) est le peintre :

☐ A. Des paysages
☐ B. Des intérieurs
☐ C. Des natures mortes
☐ D. Des animaux

2207 Le peintre français Odilon Redon a donné dans son œuvre une place importante :

☐ A. Aux portraits
☐ B. Aux fleurs
☐ C. Aux paysages

2208 Quel peintre français est spécialiste du noir-lumière, l'outre-noir ?

☐ A. Pierre Soulages
☐ B. Yves Klein
☐ C. Henri Matisse

2209 Quel peintre cubiste est l'auteur du plafond de la salle étrusque au Louvre ?

☐ A. Juan Gris
☐ B. Pablo Picasso
☐ C. Paul Cézanne
☐ D. Georges Braque

2210 Dès les années 1930, des mobiles et des stabiles ont été réalisés par :

☐ A. Alberto Giacometti
☐ B. Alexander Calder
☐ C. Julio Gonzàlez

2211 Graziano Marini (né en 1957), peintre contemporain italien, est connu pour :

☐ A. Ses collages
☐ B. Ses marines
☐ C. Ses monochromes
☐ D. Ses paysages italiens

2212 Victor Vasarely, peintre français d'origine hongroise, est l'un des pionniers de :

☐ A. L'art vidéo
☐ B. L'art cinétique
☐ C. L'art minimal

2213 Le peintre français d'origine allemande qui réalise toutes ses œuvres depuis 1960 à l'acrylique est :

☐ A. Hans Arp
☐ B. Bram Van Velde
☐ C. Pablo Picasso
☐ D. Hans Hartung

2214 Quel objet familier a été mis en valeur par Jean-Pierre Raynaud ?

☐ A. Le chapeau
☐ B. Le dé
☐ C. La chaussure
☐ D. Le pot de fleurs

2215 *La naissance de Vénus*, tableau censé représenter la beauté absolue, est l'œuvre d'un artiste né à Florence en 1445 et très apprécié des Médicis dont il peignit les portraits. Il a également participé à la décoration de la Chapelle Sixtine. De qui s'agit-il ?

☐ A. Michelangelo Buonarroti
☐ B. Sandro Botticelli
☐ C. Léonard de Vinci
☐ D. Paul Véronèse
☐ E. Aucune de ces réponses n'est bonne

2216 Le plafond de la chapelle Sixtine à Rome a été peint par :

☐ A. Léonard de Vinci
☐ B. Raffaelo Sanzio dit Raphaël
☐ C. Michelangelo Buonarroti
☐ D. Le Pérugin

2217 *La Pietà* située dans la basilique Saint-Pierre de Rome est une œuvre de :

☐ A. Léonard de Vinci
☐ B. Michelangelo Buonarroti
☐ C. Donato Bramante

2218 *La Joconde* a été peinte par :

☐ A. Le Tintoret
☐ B. Le Titien
☐ C. Léonard de Vinci
☐ D. Paul Véronèse

2219 Qui a peint la *Vue de Delft* ?

- ☐ A. Pieter Bruegel
- ☐ B. Johannes Vermeer
- ☐ C. Rembrandt
- ☐ D. Antoine Watteau

2220 Cochez chaque œuvre de Johannes Vermeer :

- ☐ A. *La Dentellière*
- ☐ B. *La Laitière*
- ☐ C. *La Jeune Fille à la perle*
- ☐ D. *La Femme en bleu lisant une lettre*

2221 Ce peintre français né en 1748 a réalisé des tableaux exaltant les martyrs de la révolution ainsi que des œuvres d'apparat. *Le Sacre de Napoléon Ier*, *Marat assassiné* et *Les Sabines* sont quelques-unes de ses œuvres. Il s'agit de :

- ☐ A. Nicolas Poussin
- ☐ B. Jacques-Louis David
- ☐ C. Jean-Baptiste Chardin
- ☐ D. Antoine Watteau
- ☐ E. Aucune de ces réponses n'est bonne

2222 Qui a peint *La Liberté guidant le peuple* ?

- ☐ A. Eugène Delacroix
- ☐ B. Jacques-Louis David
- ☐ C. Gustave Courbet
- ☐ D. Edouard Manet

2223 Quel peintre espagnol est l'auteur de *Les Menines* ?

- ☐ A. Francisco de Zurbaran
- ☐ B. Diego Velasquez
- ☐ C. Francisco Goya
- ☐ D. Bartolomé Esteban Murillo

2224 Qui a peint *Le Déjeuner sur l'herbe* ?

- ☐ A. Claude Monet
- ☐ B. Pierre-Auguste Renoir
- ☐ C. Edouard Manet
- ☐ D. Pablo Picasso

2225 *Le Radeau de La Méduse* a été peint par :

- ☐ A. Théodore Géricault
- ☐ B. Eugène Delacroix
- ☐ C. Jacques-Louis David
- ☐ D. Jean-Auguste-Dominique Ingres

2226 Quel peintre américain, installé en Angleterre dès 1859, est l'auteur de *Symphonie en blanc*, *Harmonie en bleu* et argent et *Arrangement en gris et noir* ?

- ☐ A. Franck Stella
- ☐ B. Pieter Bruegel
- ☐ C. James Abbott Whistler

2227 Qui est l'auteur du célèbre tableau *Chasse aux lions*, œuvre majeure de la collection permanente du musée d'Orsay à Paris ?

- ☐ A. Claude Monet
- ☐ B. Eugène Delacroix
- ☐ C. Pablo Picasso
- ☐ D. Henri Matisse
- ☐ E. Jules Breton

2228 Claude Monet, de 1892 à 1894, peint sous de multiples éclairages la cathédrale de :

- ☐ A. Chartres
- ☐ B. Rouen
- ☐ C. Bourges
- ☐ D. Reims

2229 *La Goulue*, représentée dans les peintures d'Henri de Toulouse-Lautrec, était :

- ☐ A. Acrobate à la foire du Trône
- ☐ B. Chanteuse au Moulin de la Galette
- ☐ C. Danseuse au Moulin-Rouge

2230 Quelle femme a été immortalisée par les lithographies et peintures d'Henri de Toulouse-Lautrec ?

- ☐ A. Jacqueline Roque
- ☐ B. Jane Avril
- ☐ C. Camille

2231 Quel peintre du XIXe siècle est l'auteur de *L'Atelier du peintre* (1855) ?

- ☐ A. Adolphe William Bouguereau
- ☐ B. Gustave Caillebotte
- ☐ C. Théodore Chassériau
- ☐ D. Gustave Courbet

2232 Qui a peint *Le verrou* ?

- ☐ A. François Boucher
- ☐ B. Claude Monet
- ☐ C. Jean-Honoré Fragonard
- ☐ D. Jean Siméon Chardin

2233 Qui a peint Le *Portrait de monsieur Bertin* ?

- ☐ A. Jean-Baptiste Greuze
- ☐ B. Edouard Manet
- ☐ C. Jean-Hippolyte Flandrin
- ☐ D. Jean-Auguste-Dominique Ingres

2234 Qui a peint *Le fils puni* ?

- ☐ A. Jean-Auguste-Dominique Ingres
- ☐ B. Jean-Baptiste Greuze
- ☐ C. Jean Jouvenet
- ☐ D. Jean Siméon Chardin

2235 Qui a peint *Trois danseuses* ?

- ☐ A. Edgar Degas
- ☐ B. Jean-Auguste-Dominique Ingres
- ☐ C. François Boucher
- ☐ D. Jean Cocteau

2236 Qui a peint *Sur la balançoire* ?

- ☐ A. Odilon Redon
- ☐ B. Pierre-Auguste Renoir
- ☐ C. Jean Siméon Chardin
- ☐ D. Edgar Degas

2237 Edgar Degas (1834-1917) a peint de nombreuses toiles sur le thème des :

- ☐ A. Courses de chevaux
- ☐ B. Paysans
- ☐ C. Villes

2238 Quel peintre russe présente en 1910 la première œuvre abstraite ?

- ☐ A. Juan Gris
- ☐ B. Robert Delaunay
- ☐ C. Henri Matisse
- ☐ D. Wassily Kandinsky

2239 L'auteur du célèbre *Carré blanc sur fond blanc* réalisé en 1919 est :

☐ A. Kazimir Malevitch
☐ B. Jean Dubuffet
☐ C. Henri Michaux

2240 Quel peintre a parodié l'œuvre d'Edouard Manet *L'Olympia* (1863) ?

☐ A. Armand Guillaumin
☐ B. Berthe Morisot
☐ C. Pablo Picasso
☐ D. Joan Jongkind

2241 Pablo Picasso a peint :

☐ A. *Nu descendant un escalier*
☐ B. *Femme couchée qui rêve*
☐ C. *Dora Maar au chat*
☐ D. *Les Demoiselles d'Avignon*

2242 Quand Pablo Picasso peint-il *Guernica* ?

☐ A. 1937
☐ B. 1945
☐ C. 1912
☐ D. 1973

2243 A quel contexte historique fait référence *Guernica*, peint par Pablo Picasso en 1937 ?

☐ A. L'occupation de la France par les Nazis
☐ B. La guerre d'Espagne
☐ C. Le début de la dictature de Salazar au Portugal
☐ D. L'attaque de Pearl Harbor par les Japonais

2244 Quel artiste peintre s'est illustré par sa « période bleue » ?

☐ A. Henri Matisse
☐ B. Pablo Picasso
☐ C. Amedeo Modigliani
☐ D. Yves Klein
☐ E. Paul Cézanne

2245 Le tableau *La vie* de Pablo Picasso est une œuvre de la période :

☐ A. Cubique
☐ B. Rose
☐ C. Bleue

2246 Quel peintre réalise en 1961 *Le Triptyque Bleu I II III* ?

☐ A. Henri Matisse
☐ B. Yves Klein
☐ C. Joan Miro

2247 En 1962, Yves Klein crée le portrait en relief :

☐ A. D'Arman
☐ B. De Pablo Picasso
☐ C. De Claude Monet

2248 A quel peintre doit-on les fameuses compositions dans lesquelles les carrés et les rectangles multicolores sont délimités par des lignes noires ?

☐ A. Hans Hartung
☐ B. Alberto Burri
☐ C. Antoni Tàpies
☐ D. Piet Mondrian

2249 Quelle taille mesurait le *Colosse de Rhodes* ?

- ☐ A. 30 mètres
- ☐ B. 300 mètres
- ☐ C. 1000 mètres

2250 Parmi les œuvres suivantes, laquelle a été sculptée par Auguste Rodin ?

- ☐ A. *L'Homme au nez cassé*
- ☐ B. *Les Bourgeois de Calais*
- ☐ C. *Le Baiser*
- ☐ D. Aucune de ces réponses n'est bonne

2251 L'une des sculptures parmi les plus connues de Rodin est :

- ☐ A. *Le philosophe*
- ☐ B. *Le penseur*
- ☐ C. *Le rêveur*
- ☐ D. *Le savant*

2252 *Le Lion de Belfort* est une sculpture de :

- ☐ A. Auguste Bartholdi
- ☐ B. Auguste Rodin
- ☐ C. Antoine Bourdelle

2253 Qui a sculpté *Le Pouce* ?

- ☐ A. Auguste Rodin
- ☐ B. Camille Claudel
- ☐ C. Baldaccini César

2254 Lequel de ces sculpteurs est un sculpteur « animalier » ?

- ☐ A. Antoine Bourdelle
- ☐ B. Antoine-Louis Bayre
- ☐ C. Camille Claudel

2255 Le sculpteur Antoine Bourdelle :

- ☐ A. Réalisa *Héraklès archer*
- ☐ B. Etait également écrivain
- ☐ C. Fut influencé par Auguste Rodin
- ☐ D. Réalisa *Centaure mourant*

2256 Le sculpteur César Baldaccini :

- ☐ A. Est Français
- ☐ B. A vécu au XIXe siècle
- ☐ C. A réalisé l'empreinte de son propre pouce (1,85 m de haut)
- ☐ D. Fait partie des membres des nouveaux réalistes

2257 Le grand initiateur de la sculpture moderne est :

- ☐ A. Antoine Pevsner
- ☐ B. Henry Moore
- ☐ C. Constantin Brancusi

2258 Le *Manneken-Pis* est une sculpture ornant une fontaine de :

- ☐ A. Bruges
- ☐ B. Liège
- ☐ C. Bruxelles

2. L'ART A TRAVERS LES MUSEES

2259 Quelle pièce artistique majeure est exposée au Neues Museum de Berlin ?

- ☐ A. Le buste de Néfertiti
- ☐ B. Les frises du Parthénon
- ☐ C. La *Vierge aux rochers* de Léonard de Vinci
- ☐ D. Les Caryatides de l'Acropole

2260 Laquelle de ces œuvres se trouve en grande partie au British Museum de Londres ?

- ☐ A. Le buste de Néfertiti
- ☐ B. Les frises du Parthénon
- ☐ C. La *Vierge aux rochers* de Léonard de Vinci
- ☐ D. Les Caryatides de l'Acropole

2261 Dans quelle ville se trouve le célèbre tableau *La Cène* de Leonard de Vinci ?

- ☐ A. Milan
- ☐ B. Rome
- ☐ C. Florence
- ☐ D. Naples

2262 Quelle œuvre n'est pas exposée au Musée du Louvre ?

- ☐ A. *Guernica*
- ☐ B. *La Joconde*
- ☐ C. *La Vénus de Milo*
- ☐ D. *Le Sacre de Napoléon*

2263 Si vous admirez des Botticelli à la Galerie des offices, vous êtes :

- ☐ A. En Espagne
- ☐ B. En Italie
- ☐ C. Au Portugal
- ☐ D. Aux Pays-Bas

2264 *La Joconde* est la pièce majeure du musée :

- ☐ A. Du Prado à Madrid
- ☐ B. De l'Ermitage à Saint-Pétersbourg
- ☐ C. Du Louvre à Paris
- ☐ D. Du Borghese à Rome

2265 *La Vénus de Milo* peut être admirée :

- ☐ A. Au musée du Louvre à Paris
- ☐ B. Au musée du Prado à Madrid
- ☐ C. Au musée des Offices à Florence

2266 Le musée national à Biot (Alpes-Maritimes) est consacré aux œuvres de :

- ☐ A. Georges Braque
- ☐ B. Pablo Picasso
- ☐ C. Juan Gris
- ☐ D. Fernand Léger

2267 Quel tableau a été dérobé au musée du Caire en août 2010 ?

- ☐ A. *Olivier près de l'Estaque* de Georges Braque
- ☐ B. *Femme à l'éventail* d'Amedeo Modigliani
- ☐ C. *Pigeon aux petits pois* de Pablo Picasso
- ☐ D. *Coquelicots et Marguerites* de Vincent Van Gogh

2268 Le musée de l'Ermitage se trouve à :

- ☐ A. Saint-Pétersbourg
- ☐ B. Genève
- ☐ C. Paris
- ☐ D. Rome

2269 Où peut-on visiter la maison du peintre Claude Monet ?

- ☐ A. Taverny
- ☐ B. Villers-Cotterêts
- ☐ C. Giverny
- ☐ D. Auvers-sur-Oise
- ☐ E. Aucune de ces réponses n'est bonne

2270 Quelle exposition a été présentée au Grand Palais de Paris en septembre 2010 ?

- ☐ A. L'exposition Degas
- ☐ B. L'exposition Picasso
- ☐ C. L'exposition Rembrandt
- ☐ D. L'exposition Monet

2271 Cochez chaque nom désignant un musée :

- ☐ A. La Casa Velasquez
- ☐ B. Le Prado
- ☐ C. L'Hermitage
- ☐ D. Les Offices

2272 Le Musée d'Orsay à Paris présente des collections datant de :

- ☐ A. 1630-1720
- ☐ B. 1715-1789
- ☐ C. 1789-1848
- ☐ D. 1848-1914

2273 Combien y a-t-il de musées dans la ville de Paris ?

- ☐ A. 10
- ☐ B. 13
- ☐ C. 16
- ☐ D. 19

2274 Quel musée est consacré à Paris aux arts premiers ?

- ☐ A. Le musée Carnavalet
- ☐ B. Le palais de Tokyo
- ☐ C. Le musée Guimet
- ☐ D. Le musée du quai Branly

2275 Le musée du quai Branly à Paris a été construit à l'initiative de quel président ?

- ☐ A. François Mitterrand
- ☐ B. Nicolas Sarkozy
- ☐ C. Jacques Chirac
- ☐ D. Georges Pompidou

2276 Dans quelle ville de l'est de la France s'est ouverte en 2010 une antenne du centre Pompidou (Beaubourg) ?

- ☐ A. A Metz
- ☐ B. A Nancy
- ☐ C. A Epinal
- ☐ D. A Strasbourg

2277 Le nom des Médicis est lié à la ville de :

- ☐ A. Rome
- ☐ B. Florence
- ☐ C. Naples
- ☐ D. Venise
- ☐ E. Aucune de ces réponses n'est bonne

2278 Quelle ville a été autorisée à utiliser le nom « Louvre » pour un musée ?

- ☐ A. Dakar
- ☐ B. Abou Dhabi
- ☐ C. Brasilia
- ☐ D. Mexico

2279 Comment se nomme le quartier de Beijing où s'expriment des artistes contemporains et qui est souvent comparé à Greenwich Village ou à Soho ?

- ☐ A. The 798 Art Zone
- ☐ B. The Beijing Art Zone
- ☐ C. The Place
- ☐ D. The Contemporary Art Beijing

3. Architectes et commanditaires

2280 Quel monument fut édifié sur l'île de la Cité, à Paris, à la demande de Saint Louis ?

- ☐ A. Le Palais de Justice
- ☐ B. La Sainte-Chapelle
- ☐ C. La Conciergerie
- ☐ D. Le palais Brongniart

2281 Qui fut l'architecte de la flèche de la cathédrale de Chartres ?

- ☐ A. Pierre Lescot
- ☐ B. John Westell
- ☐ C. Joinville
- ☐ D. Jehan Texier

2282 Le plus grand des châteaux de la Loire, Chambord, a été édifié par :

- ☐ A. Louis XIII
- ☐ B. Henri II
- ☐ C. François Ier
- ☐ D. Henri IV
- ☐ E. Aucune de ces réponses n'est bonne

2283 Bâti en 1513 par Katherine Briçonnet, embelli par Diane de Poitiers et Catherine de Médicis, je suis un château situé en Indre-et-Loire. Je possède deux parties : un donjon médiéval élevé sur la rive droite du Cher et un corps de logis Renaissance bâti sur la rivière elle-même. Monument historique privé le plus visité de France, je suis :

- ☐ A. Le château de Cheverny
- ☐ B. Le château d'Azay-le-Rideau
- ☐ C. Le château de Chenonceau
- ☐ D. Le château de Chinon

2284 Qui a fait construire le château de Neuschwanstein, le plus célèbre château allemand ?

- ☐ A. Louis Ier
- ☐ B. Othon Ier
- ☐ C. Louis II de Bavière

2285 Qui conçut le Louvre ?

- ☐ A. Pierre Lescot
- ☐ B. John Westell
- ☐ C. Joinville

2286 A Versailles, le Grand Trianon a été conçu par :

- ☐ A. Jules Hardouin-Mansart
- ☐ B. Louis Le Vau
- ☐ C. André Le Nôtre

2287 Richard Wallace a offert à la ville de Paris :

- ☐ A. Le pont de la Concorde
- ☐ B. La tour Saint-Jacques
- ☐ C. Le palais de Chaillot
- ☐ D. Des fontaines publiques

2288 Qui a fait construire l'Arc de Triomphe à Paris ?

- ☐ A. Napoléon Ier
- ☐ B. Napoléon III
- ☐ C. Georges Clemenceau

2289 Quel architecte restaura d'importants édifices civils et religieux du Moyen Age ?

- ☐ A. André Lurçat
- ☐ B. Gustave Eiffel
- ☐ C. Viollet-le-Duc

2290 Trouvez les deux artistes qui ont travaillé à la réalisation de la statue de la Liberté offerte par la France à la ville de New-York :

- ☐ A. Auguste Rodin
- ☐ B. Gustave Eiffel
- ☐ C. Jean-Baptiste Carpeaux
- ☐ D. Auguste Bartholdi
- ☐ E. François Rude

2291 A quelle occasion fut construite la tour Eiffel ?

- ☐ A. A la fin de la Révolution française, en 1795
- ☐ B. En l'honneur de Napoléon Bonaparte en 1812
- ☐ C. A l'époque de l'Exposition universelle à Paris en 1889
- ☐ D. Pour célébrer la fin de la Première Guerre mondiale en 1918

2292 Le premier viaduc ferroviaire construit par Gustave Eiffel fut :

- ☐ A. Le viaduc de Chaumont
- ☐ B. Le viaduc de Gabarit
- ☐ C. Le viaduc de Rouzat

2293 Quel musée new-yorkais est l'œuvre du grand architecte américain Frank Lord Wright (1867-1959), maître du courant organique qui exerça une immense influence dans tous les domaines de l'architecture ?

- ☐ A. La National Gallery
- ☐ B. Le Museum of Modern Art
- ☐ C. Le musée Guggenheim
- ☐ D. Le Metropolitan Museum
- ☐ E. Le MET

2294 Entre 1969 et 1974, Jean Dubuffet élabore une série de monuments destinés à orner le site :

- ☐ A. De Flaine
- ☐ B. De Saint-Paul-de-Vence
- ☐ C. Du parc de la Villette

2295 Les architectes Renzo Piano et Richard Rogers sont les créateurs :

- ☐ A. De la grande arche de la Défense
- ☐ B. De la Bibliothèque nationale de France
- ☐ C. Du centre Georges-Pompidou
- ☐ D. De la pyramide du Louvre

2296 La réalisation de la chapelle de Notre-Dame-du-Haut à Ronchamp est l'œuvre de :

- ☐ A. Emile Aillaud
- ☐ B. Le Corbusier
- ☐ C. Christian de Portzamparc

2297 En 1985, cet artiste « empaquette » le Pont-Neuf à Paris :

- ☐ A. Joseph Beuys
- ☐ B. Christo Javacheff
- ☐ C. Jean Tinguely

2298 La dernière cathédrale construite en France, en 1995, se situe à :

- ☐ A. Bobigny
- ☐ B. Evry
- ☐ C. Nanterre
- ☐ D. Montreuil

2299 Au cours des deux septennats de François Mitterrand ont été construits :

- ☐ A. L'Opéra Bastille
- ☐ B. La Grande Bibliothèque
- ☐ C. Le centre Beaubourg
- ☐ D. Le musée d'Orsay
- ☐ E. La pyramide du Louvre

2300 Dans quelle ville le stade national « Bird's nest » (« nid d'oiseau »), conçu par Warner Herzog et de Pierre Meuron, a-t-il été construit ?

- ☐ A. Pékin
- ☐ B. Melbourne
- ☐ C. Londres
- ☐ D. Athènes

2301 A quel architecte français l'Egypte a-t-elle confié la conception du musée d'Archéologie sous-marine d'Alexandrie ?

- ☐ A. Jean-Philippe Vassal
- ☐ B. Philippe Chaise
- ☐ C. Jacques Rougerie

2302 Lequel de ces noms désigne un architecte toujours vivant en 2011 ?

- ☐ A. Jean Nouvel
- ☐ B. Le Corbusier
- ☐ C. Hector Guimard
- ☐ D. Antoni Gaudí

2303 L'architecte français Jean Nouvel a réalisé :

- ☐ A. L'Institut du monde arabe
- ☐ B. L'Opéra Bastille
- ☐ C. La Géode

2304 Quel illustre architecte est à l'origine de l'Art nouveau catalan ?

- ☐ A. Camillo Guarino Guarini
- ☐ B. Ernesto Basile
- ☐ C. Antoni Gaudí
- ☐ D. Juan De Villanueva
- ☐ E. Carlo Maderno

2305 La tour résidentielle « Blue Tower », conçue par Bernard Tschumi est construite à :

- ☐ A. Hong Kong
- ☐ B. New York
- ☐ C. Sydney
- ☐ D. Ottawa

4. Les grandes œuvres architecturales a travers le monde

2306 Quelle est la première merveille du monde ?

- ☐ A. Les jardins suspendus de Sémiramis à Babylone
- ☐ B. La statue de Zeus olympien
- ☐ C. La pyramide de Kheops
- ☐ D. Le phare d'Alexandrie

2307 Lequel de ces monuments n'est pas l'une des sept merveilles du monde ?

- ☐ A. Le phare d'Alexandrie
- ☐ B. Le Parthénon
- ☐ C. Les jardins suspendus de Babylone
- ☐ D. Le colosse de Rhodes

2308 De quand date la construction du pont du Gard ?

- ☐ A. Entre 40 et 50 après J.-C.
- ☐ B. Environ en l'an 1000
- ☐ C. Environ en l'an 1300

2309 Que peut-on voir sur le pourtour du premier étage de la tour Eiffel ?

- ☐ A. La devise de Paris
- ☐ B. Des noms des savants ayant vécu de 1789 à 1889
- ☐ C. Le nom d'un mécène
- ☐ D. Les dimensions de la tour

2310 Le bâtiment qui abrite aujourd'hui le musée d'Orsay a été…

- ☐ A. Un hôpital
- ☐ B. Une bibliothèque
- ☐ C. Une gare
- ☐ D. Un pensionnat

2311 Le tombeau de Napoléon se trouve :

- ☐ A. Au pied de l'Arc de Triomphe
- ☐ B. Au Panthéon
- ☐ C. Sur l'île d'Elbe
- ☐ D. A Sainte-Hélène
- ☐ E. A l'hôtel des Invalides

2312 Quels monuments sont situés à Paris ?

- ☐ A. L'hôtel de Sens
- ☐ B. L'église Saint-Germain-l'Auxerrois
- ☐ C. La bibliothèque Sainte-Geneviève
- ☐ D. La tour Saint-Jacques
- ☐ E. La porte Saint-Denis

2313 Classez ces ponts parisiens de l'amont à l'aval du fleuve :

a. Pont d'Austerlitz
b. Pont au Change
c. Pont de la Concorde
d. Pont Mirabeau

- ☐ A. b – a – c – d
- ☐ B. a – b – c – d
- ☐ C. a – c – b – d
- ☐ D. a – c – d – b

2314 Dans quelle ville trouve-t-on la tour de Nesle ?

- ☐ A. Tours
- ☐ B. Paris
- ☐ C. Bordeaux
- ☐ D. Lille

2315 Le Mont Saint-Michel :

- ☐ A. Est situé dans le département du Calvados
- ☐ B. Possède une statue de saint Michel placée au sommet de l'église abbatiale qui culmine à 170 mètres au-dessus du rivage
- ☐ C. Accueille plus de 3 millions de visiteurs chaque année

2316 L'abbaye de Cluny est située :

- ☐ A. En Saône-et-Loire
- ☐ B. Dans le Puy-de-Dôme
- ☐ C. En Haute-Marne

2317 Quelle cathédrale possède un statuaire comportant le célèbre *Ange au sourire* ?

- ☐ A. Notre-Dame à Paris
- ☐ B. Reims
- ☐ C. Chartres
- ☐ D. Amiens

2318 A Milly-la-Forêt se trouve une chapelle décorée par :

- ☐ A. Pablo Picasso
- ☐ B. Marcel Duchamp
- ☐ C. Jean Cocteau

2319 Les hospices de Beaune :

- ☐ A. Sont aussi appelés Hôtel-Dieu
- ☐ B. Sont un ancien établissement hospitalier du XIIIe siècle
- ☐ C. Possèdent un prestigieux vignoble
- ☐ D. Organisent chaque année des séjours pour des malades

2320 La gare Saint-Charles se trouve à :

- ☐ A. Lyon
- ☐ B. Toulouse
- ☐ C. Marseille
- ☐ D. Bordeaux

2321 Le port de la Lune, port en forme de croissant, datant du XVIIIe siècle, se trouve :

- ☐ A. A Marseille
- ☐ B. A Bordeaux
- ☐ C. A Rouen

2322 Le pont qui relie Le Havre à Honfleur s'appelle :

- ☐ A. Le pont de Tancarville
- ☐ B. Le pont de Normandie
- ☐ C. Le pont de Mindin

2323 La place Stanislas se trouve :

- ☐ A. A Nancy
- ☐ B. A Lyon
- ☐ C. A Montpellier
- ☐ D. A Nice

2324 Le vieux quartier de Lyon situé sur une colline s'appelle :

- ☐ A. La Paillade
- ☐ B. La Castellane
- ☐ C. La Croix-Rousse

2325 La Cité radieuse est un ensemble d'habitations réalisé par Le Corbusier à :

- ☐ A. Marseille
- ☐ B. Créteil
- ☐ C. Grigny

2326 Parmi ces quatre villes du sud de la France, laquelle n'a pas d'arènes ?

- ☐ A. Nîmes
- ☐ B. Arles
- ☐ C. Orange
- ☐ D. Marseille

2327 Lequel de ces châteaux n'est pas un château cathare ?

- ☐ A. Le château de Montségur
- ☐ B. Le château de Puylaurens
- ☐ C. Le château de Montlhéry
- ☐ D. Le château de Puivert

2328 Le château de Pierrefonds :

- ☐ A. Est situé dans le département de l'Oise
- ☐ B. Date de la fin du XIVe siècle
- ☐ C. Possède la plupart des caractéristiques d'un bâtiment défensif du Moyen Age
- ☐ D. Possède 15 tours

2329 Quel château de la Loire possède un escalier à double révolution ?

- ☐ A. Blois
- ☐ B. Chambord
- ☐ C. Chenonceau

2330 Dans quel pays peut-on voir la porte de Brandebourg ?

- ☐ A. En Autriche
- ☐ B. En Italie
- ☐ C. En Allemagne
- ☐ D. En Belgique

2331 La Karl-Marx Allée, à Berlin, est connue pour :

- ☐ A. Ses anciens ministères nazis
- ☐ B. Son palais du peuple
- ☐ C. Son large pan conservé du mur de Berlin
- ☐ D. Ses immeubles staliniens

2332 Où est située Big Ben ?

- ☐ A. Dans la tour de l'Horloge
- ☐ B. Dans la tour de Londres
- ☐ C. Dans l'abbaye de Westminster

2333 En quelle année fut ouvert et mis en circulation le tunnel sous la Manche ?

- ☐ A. 1991
- ☐ B. 1994
- ☐ C. 1997

2334 A Londres, quel pont piéton relie la Tate Gallery à la cathédrale Saint-Paul ?

- ☐ A. Le Millenium Bridge
- ☐ B. Le London Bridge
- ☐ C. Le Tower Bridge

2335 La basilique Saint-Marc se trouve à :

- ☐ A. Rome
- ☐ B. Venise
- ☐ C. Florence
- ☐ D. Milan

2336 Dans quelle ville se trouve le Colisée ?

- ☐ A. A Rome
- ☐ B. A Venise
- ☐ C. A Florence
- ☐ D. A Nîmes

2337 Quel est le pont le plus ancien qui enjambe le Grand Canal à Venise ?

- ☐ A. Le pont du Rialto
- ☐ B. Le pont des Soupirs
- ☐ C. Le pont San Marco

2338 Où se trouve la chapelle Sixtine ?

- ☐ A. En Italie
- ☐ B. Au Vatican
- ☐ C. En Espagne

2339 Quelle est la forme géométrique qui caractérise la chapelle Sixtine ?

- ☐ A. Polygonale
- ☐ B. Heptagonale
- ☐ C. Triangulaire
- ☐ D. Rectangulaire

2340 Comment se nomme le pont qui relie le Danemark à la Suède, inauguré en 2000 ?

☐ A. Le pont Gustav
☐ B. Le pont du détroit de Svendborg
☐ C. Le pont de l'Oresund

2341 Où se situe le château de Turku ?

☐ A. En Turquie
☐ B. En Suède
☐ C. En Iran
☐ D. Aucune de ces réponses n'est bonne

2342 Où se trouvent les jardins de Tivoli ?

☐ A. A Paris
☐ B. A Copenhague
☐ C. A Londres
☐ D. A Florence

2343 Avec quoi a-t-on construit l'église Saint-André, en Norvège ?

☐ A. Du bois
☐ B. Des briques taillées à la main
☐ C. Du marbre

2344 L'ancienne cité de gouvernement des princes arabes, l'Alhambra, peut se visiter :

☐ A. A Cordoue
☐ B. A Séville
☐ C. A Grenade

2345 L'Acropole domine :

☐ A. Athènes
☐ B. Rome
☐ C. Assouan
☐ D. Jérusalem

2346 En Grèce, les Météores sont :

☐ A. Les sites archéologiques de l'Acropole
☐ B. Les monastères situés sur des pitons rocheux
☐ C. Des sculptures représentant des êtres mi-homme mi-cheval

2347 Dans quelle ville est située la cathédrale Saint-Basile-le-Bienheureux ?

☐ A. A Paris
☐ B. A Londres
☐ C. A Moscou

2348 La cathédrale Saint-Basile possède un dôme :

☐ A. Oriental
☐ B. Bulbeux
☐ C. A côtes

2349 Si on boit un thé devant la mosquée Süleymaniye, où sommes-nous ?

☐ A. A Damas
☐ B. Au Caire
☐ C. A Alger
☐ D. A Istanbul

2350 Lequel de ces musées ne se situe pas à Istanbul ?

☐ A. Le palais de Topkapi
☐ B. La basilique Sainte-Sophie
☐ C. Le Panthéon

2351 Comment est aussi appelé le Mur des Lamentations ?

☐ A. Le mur oriental
☐ B. Le mur occidental
☐ C. Le mur des pleurs
☐ D. Aucune de ces réponses n'est bonne

2352 Où se trouve la Kaaba ?

- ☐ A. A La Mecque
- ☐ B. A Jerusalem
- ☐ C. A Téhéran

2353 Quelle ville portuaire du Maroc figure au patrimoine de l'Unesco, depuis décembre 2001 ?

- ☐ A. Casablanca
- ☐ B. Agadir
- ☐ C. Essaouira

2354 Au Caire, quel est le nom du pont surnommé « Le pont aux amoureux » ?

- ☐ A. Le Pont de Tahrir
- ☐ B. Le Pont Alexandre
- ☐ C. Le Pont de Kasr El Nil

2355 Dans quel pays visite-t-on les temples d'Angkor ?

- ☐ A. Au Vietnam
- ☐ B. Au Laos
- ☐ C. En Birmanie
- ☐ D. Au Cambodge
- ☐ E. Aucune de ces réponses n'est bonne

2356 Dans quel pays se trouve le pont de la rivière Kwaï ?

- ☐ A. En Birmanie
- ☐ B. En Thaïlande
- ☐ C. Au Cambodge

2357 La Cité interdite est située :

- ☐ A. Au Cambodge
- ☐ B. En Inde
- ☐ C. En Chine
- ☐ D. Au Japon

2358 Où est situé l'opéra de Sydney ?

- ☐ A. Dans le centre ville de Sydney
- ☐ B. Sur une île au large de Sydney
- ☐ C. Dans le port de Sydney

2359 Au Pérou, le Machu Picchu est un site archéologique :

- ☐ A. Aztèque
- ☐ B. Maya
- ☐ C. Inca

2360 Dans quelle ville trouve-t-on la statue du Christ rédempteur ?

- ☐ A. Rio de Janeiro
- ☐ B. Sao Paulo
- ☐ C. Brasilia

2361 A quel type de pont appartient le Golden Gate Bridge ?

- ☐ A. Pont à câbles
- ☐ B. Pont suspendu
- ☐ C. Pont en arc

2362 Il est souvent admis que le premier gratte-ciel à ossature métallique, construit en 1883, est :

- ☐ A. Le Chrysler Building
- ☐ B. L'Empire State Building
- ☐ C. Le Chicago Home Insurance Building

2363 Les premiers gratte-ciel ont été édifiés à :

- ☐ A. Chicago
- ☐ B. New York
- ☐ C. Boston
- ☐ D. San Francisco

2364 Ce bâtiment réalisé par le Danois Jorn Utzon présentant une série de toits en béton en forme de coque de navire couverts de carreaux de céramique, est :

- ☐ A. Le palais des sports de Tokyo
- ☐ B. La mosquée Hassan II de Casablanca
- ☐ C. L'opéra de Sydney

2365 Le Taj Mahal est un mausolée construit :

- ☐ A. En basalte
- ☐ B. En granit
- ☐ C. En marbre

2366 En Nouvelle-Calédonie, le centre culturel Jean-Marie Tjibaou a été construit en bois :

- ☐ A. D'acajou
- ☐ B. D'iroko
- ☐ C. D'ébène

2367 En janvier 2010, dans quelle ville a été inaugurée la plus haute tour du monde (828 mètres) ?

- ☐ A. A Shanghai
- ☐ B. A Dubaï
- ☐ C. A Bombay
- ☐ D. A Melbourne

2368 Quel est le pont le plus grand du monde ?

- ☐ A. Le pont de Tarata au Japon
- ☐ B. Le pont de Normandie en France
- ☐ C. Le viaduc de Millau en France

2369 Quel est le plus grand édifice religieux chrétien du monde ?

- ☐ A. Le Christ rédempteur du mont Corcovado
- ☐ B. La basilique Notre-Dame-de-la-Paix de Yamoussoukro
- ☐ C. La basilique Saint-Pierre du Vatican de Rome
- ☐ D. Le Mur des Lamentations de Jérusalem
- ☐ E. La cathédrale Saint-Patrick de New-York

2370 Les îles artificielles en forme de palmier (les *Palm Islands*) ont été créées :

- ☐ A. A Dubaï
- ☐ B. Au Bahreïn
- ☐ C. Au Qatar

2371 On appelle Ground Zero :

- ☐ A. L'emplacement de l'ancien World Trade Center
- ☐ B. Le point de départ d'une navette spatiale
- ☐ C. Le premier cratère découvert par Mars Explorer
- ☐ D. Le point le plus bas du continent américain

5. Courants et vocabulaire de l'art

2372 Les peintres d'une même famille, qui créèrent l'école vénitienne aux XVe et XVIe siècles, s'appelaient :

- ☐ A. Giorgione
- ☐ B. Les Titiens
- ☐ C. Vincenzo Bellini
- ☐ D. Paul Véronèse

2373 Quel peintre n'est pas un peintre de la renaissance italienne ?

- ☐ A. Le Caravage
- ☐ B. Sandro Botticelli
- ☐ C. Raphaël
- ☐ D. Amedeo Modigliani

2374 Parmi ces caractéristiques, il en est une qui ne se rapporte pas à la Renaissance. Laquelle ?

- ☐ A. Certains artistes imitent les chefs d'œuvre artistiques de l'Antiquité grecque et romaine
- ☐ B. Un nouveau style architectural est né : le style gothique
- ☐ C. Les artistes rejettent les idées reçues du Moyen Age
- ☐ D. Les sciences, les arts et les techniques évoluent

2375 Quand s'est développée l'architecture romane ?

- ☐ A. Au Moyen Age
- ☐ B. A la Renaissance
- ☐ C. A l'Antiquité

2376 Qui a donné son nom à l'architecture gothique ?

- ☐ A. Les Français
- ☐ B. Les Anglais
- ☐ C. Les Italiens

2377 Dans quel pays voit-on des monuments d'architecture élisabéthaine ?

- ☐ A. En France
- ☐ B. En Belgique
- ☐ C. En Angleterre

2378 Le rococo est la dernière phase de l'évolution du style :

- ☐ A. Baroque
- ☐ B. Roman
- ☐ C. Pittoresque

2379 Comment nomme-t-on également le style Second Empire ?

- ☐ A. Le style Napoléon III
- ☐ B. Le style Louis XIII
- ☐ C. Le style Louis XIV

2380 Quel peintre américain fait partie des peintres orientalistes américains ?

- ☐ A. Charles Russell
- ☐ B. Lilla Cabot Perry
- ☐ C. Franck Brown

2381 Quels sont les peintres issus du mouvement naturaliste ?

- ☐ A. Pierre Puvis de Chavannes
- ☐ B. Jules Breton
- ☐ C. Jules Bastien-Lepage
- ☐ D. Antoine-Jean Gros

2382 Le peintre de la mer et de la plage, précurseur de l'impressionnisme est :

- ☐ A. Johann Barthold Jongkind
- ☐ B. Fernand Khnopff
- ☐ C. Gustav Klimt

2383 Quel peintre britannique a annoncé l'impressionnisme en peignant des paysages à travers les vibrations de la lumière ?

☐ A. Edward Burne-Jones
☐ B. John Everett Millais
☐ C. William Holman Hunt
☐ D. William Turner

2384 Parmi ces peintres, lequel n'est pas un impressionniste ?

☐ A. Claude Monet
☐ B. Auguste Renoir
☐ C. Gustave Courbet
☐ D. Camille Pissaro

2385 Qui n'appartient pas au mouvement impressionniste ?

☐ A. Gustave Caillebotte
☐ B. Alfred Sisley
☐ C. Camille Pissarro
☐ D. Henri Matisse

2386 Quel procédé les néo-impressionnistes ont-ils employé pour peindre ?

☐ A. La polychromie
☐ B. Le pastel
☐ C. Le pointillisme

2387 Quel peintre appartient à l'école de Barbizon ?

☐ A. Jean-François Millet
☐ B. Auguste Renoir
☐ C. Alfred Sisley

2388 Quel peintre du début du XIXe siècle, maître du romantisme, annonce les fauves ?

☐ A. Georges Seurat
☐ B. Paul Signac
☐ C. Dominique Ingres
☐ D. Eugène Delacroix

2389 Le peintre français Pierre Bonnard (1868-1947) a fait partie du groupe :

☐ A. Des expressionnistes
☐ B. Des surréalistes
☐ C. Des nabis

2390 A Paris, en 1910 et 1930, les peintres de l'école de Paris se réunissaient :

☐ A. A Montmartre
☐ B. A Montparnasse
☐ C. A Saint-Michel
☐ D. A Saint-Germain-des-Prés

2391 A quel mouvement en peinture associe-t-on le peintre américain Jackson Pollock ?

☐ A. L'impressionnisme
☐ B. L'action painting
☐ C. Le Body Art
☐ D. L'expressionnisme

2392 Parmi les peintres suivants, lequel n'est pas un chef de file de l'art abstrait ?

☐ A. Wassily Kandinsky
☐ B. Kasimir Malevitch
☐ C. Eugène Delacroix
☐ D. Peit Mondrian

2393 Les trois commentaires suivants évoquent un grand mouvement artistique du XXe siècle : « Transformer le monde, a dit Karl Marx ; changer la vie, a dit Arthur Rimbaud. Ces deux mots d'ordre, pour nous, n'en font qu'un. » (citation d'André Breton) – « Ce mouvement fait appel à un ensemble de procédés de création et d'expression utilisant toutes les forces psychiques (automatisme, rêve, inconscient) libérées du contrôle de la raison et en lutte contre les valeurs reçues. » – « Le sculpteur suisse Alberto Giacometti adhéra à ce mouvement en 1930 et composa des œuvres abstraites concrétisant à ses yeux les forces inconnues, les obsessions et les désirs des rêves. » Quel est ce mouvement artistique ?

- ☐ A. L'expressionisme
- ☐ B. Le réalisme
- ☐ C. Le surréalisme
- ☐ D. Le rationalisme
- ☐ E. Aucune de ces réponses n'est bonne

2394 Quels sont les artistes marqués par le dadaïsme ?

- ☐ A. Odilon Redon
- ☐ B. Otto Dix
- ☐ C. Max Ernst
- ☐ D. Henri Matisse

2395 Les peintres Francis Picablia, Jean Arp, Max Ernst et Man Ray ont appartenu au groupe :

- ☐ A. Des dadaïstes
- ☐ B. Des expressionnistes
- ☐ C. Des réalistes

2396 Le groupe « Die Brücke » appartient :

- ☐ A. Au dadaïsme
- ☐ B. A l'expressionnisme
- ☐ C. A l'impressionnisme
- ☐ D. Au futurisme

2397 Marcel Duchamp a initié un mouvement artistique :

- ☐ A. Le fauvisme
- ☐ B. Le ready-made
- ☐ C. Le cubisme

2398 Quels peintres américains sont rattachés à l'expressionnisme abstrait ?

- ☐ A. Willem de Kooning, Mark Rothko
- ☐ B. Pablo Picasso, Jean Metzinger
- ☐ C. Franck Stella, Donald Judd

2399 Quel est le chef de file du mouvement artistique né après la Seconde Guerre mondiale appelé le « pop art » ?

- ☐ A. Jackson Pollock
- ☐ B. Pablo Picasso
- ☐ C. Andy Warhol
- ☐ D. Henri Matisse

2400 Au cours des années 1950 le « pop art » naît :

- ☐ A. En Grande-Bretagne
- ☐ B. Aux Etats-Unis
- ☐ C. En France
- ☐ D. En Allemagne

2401 Quel peintre britannique du « pop art » est devenu célèbre ?

☐ A. Joan Miro
☐ B. Salvador Dali
☐ C. Marcel Duchamp
☐ D. David Hockney

2402 Quel mouvement architectural se développe en Europe du Nord pendant les premières décennies du XXe siècle ?

☐ A. L'architecture expressionniste
☐ B. L'architecture cubiste
☐ C. Aucune de ces réponses n'est bonne

2403 Quel type d'architecture est caractérisé par un retour au décor minimal et aux lignes géométriques pures ?

☐ A. L'architecture simpliste
☐ B. L'architecture moderne
☐ C. L'architecture zen

2404 Qui fut le père du déconstructivisme ?

☐ A. Jacques Derrida
☐ B. Philippe Stark
☐ C. Renzo Piano

2405 Quel est le nom du peintre associé à la couleur bleue ?

☐ A. Pierre Soulages
☐ B. Yves Klein
☐ C. Piet Mondrian
☐ D. Jackson Pollock

2406 A quel mouvement peut-on rattacher le peintre français Georges Mathieu ?

☐ A. A l'école de Paris
☐ B. Le post-modernisme
☐ C. L'abstraction lyrique
☐ D. L'art concret

2407 Quelle ville située à côté de Fontainebleau est célèbre pour son école picturale ?

☐ A. Barbizon
☐ B. Milly-la-Forêt
☐ C. Moret-sur-Loing

2408 La Fondation Vasarely se trouve à :

☐ A. Gordes
☐ B. Manosque
☐ C. Forcalquier
☐ D. Apt

2409 Une fresque est :

☐ A. Une peinture aux couleurs fraîches
☐ B. Une peinture récente
☐ C. Une peinture murale exigeant une technique particulière
☐ D. Une peinture italienne du quattrocento

2410 L'huile à peindre utilisée par les anciens maîtres est :

☐ A. L'huile d'arachide
☐ B. L'huile d'œillette
☐ C. L'huile de lin
☐ D. L'huile noire

2411 Le « dripping » qui consiste à égoutter la peinture au-dessus d'une toile est un procédé utilisé par :

- ☐ A. Jackson Pollock
- ☐ B. Franck Stella
- ☐ C. Andy Warhol

2412 Une de ces villes n'est pas une ville nouvelle. Laquelle ?

- ☐ A. Berne
- ☐ B. Harlow
- ☐ C. Evry
- ☐ D. Brasilia

2413 Dans un château fort, quelle partie du château constituait le dernier retranchement de la garnison ?

- ☐ A. Le donjon
- ☐ B. Les douves
- ☐ C. La tour-porche

2414 Qu'est-ce qu'une meurtrière ?

- ☐ A. Une ouverture dans une muraille défensive servant à observer et à envoyer des projectiles
- ☐ B. Une petite fenêtre ronde
- ☐ C. Un système de sécurité médiéval

2415 Comment appelle-t-on les maisons traditionnelles alsaciennes ?

- ☐ A. Les maisons alsaciennes
- ☐ B. Les maisons à colombages
- ☐ C. Les maisons en bardages

2416 Comment s'appelle l'espace désignant le vestibule ou l'entrée d'un temple grec antique ?

- ☐ A. Prénaos
- ☐ B. Pronaos
- ☐ C. Naos

2417 Qu'est-ce qu'un garde-corps ?

- ☐ A. Une barrière basse de prévention des chutes
- ☐ B. La surface horizontale qui constitue la partie supérieure d'une salle
- ☐ C. Une petite fenêtre

2418 Qu'est-ce qu'un vasistas ?

- ☐ A. Un équipement sanitaire
- ☐ B. Une petite fenêtre
- ☐ C. Une toiture en dents de scie

2419 Qu'est-ce qu'un judas ?

- ☐ A. Un dispositif permettant d'apercevoir un visiteur à travers une porte
- ☐ B. Une ouverture dans une porte cochère
- ☐ C. Une ouverture dans une muraille défensive servant à observer et à envoyer des projectiles

2420 Qu'est-ce qu'un socle ?

- ☐ A. Une base apparente de colonne, pilier ou statue
- ☐ B. Un toit plat
- ☐ C. Une colonne sculptée

2421 Qu'est-ce qu'une mezzanine ?

- ☐ A. Un ensemble de moulures
- ☐ B. Un plancher supplémentaire entre deux étages
- ☐ C. Une plate-forme d'escalier entre deux volées de marches ne donnant pas accès à un étage

2422 Que sont les combles ?

- ☐ A. Un espace situé sous la charpente
- ☐ B. Un grenier
- ☐ C. Une cave

2423 Que sont le bahut, l'acrotère et la costière ?

- ☐ A. Des murs
- ☐ B. Des fenêtres
- ☐ C. Des portes

2424 Que sont le cul de four et la coupole ?

- ☐ A. Des voûtes
- ☐ B. Des colonnes
- ☐ C. Des portes

2425 Que sont le balustre et le péristyle ?

- ☐ A. Des ornements
- ☐ B. Des fenêtres
- ☐ C. Des colonnes

2426 Les caryatides sont :

- ☐ A. Des sculptures d'animaux soutenant un entablement
- ☐ B. Des statues de femmes soutenant une corniche
- ☐ C. Des figures d'hommes soutenant une colonnade

2427 Qu'est-ce que le torchis ?

- ☐ A. Un mur porteur intérieur
- ☐ B. Un mur fait de pierres imbriquées les unes dans les autres
- ☐ C. Un mortier de mur composé de terre, de paille ou de foin, éventuellement de chaux

2428 Comment appelle-t-on un mur extérieur d'isolation phonique ?

- ☐ A. Un mur isolant
- ☐ B. Un mur anti-phonique
- ☐ C. Un mur anti-bruit

6. Mobilier et mode

2429 Quels autres noms peut-on donner au meuble intitulé « bonheur-du-jour » ?

- ☐ A. Secrétaire
- ☐ B. Commode
- ☐ C. Coiffeuse
- ☐ D. Lit à baldaquin

2430 Qu'est-ce qu'un cassonne ?

- ☐ A. Un coffre
- ☐ B. Un lit à baldaquin
- ☐ C. Une armoire

2431 A quoi sert la maie ?

- ☐ A. A conserver le sel
- ☐ B. A conserver la farine
- ☐ C. Aucune de ces réponses n'est bonne

2432 Quel genre de meuble est le cabinet ?

- ☐ A. Un bureau
- ☐ B. Une commode
- ☐ C. Une chaise d'aisance

2433 Qu'est-ce qu'une psyché ?

- ☐ A. Un miroir
- ☐ B. Une table ronde
- ☐ C. Un canapé

2434 Lequel est un fauteuil ?

- ☐ A. La grenouille
- ☐ B. Le crapaud
- ☐ C. Les deux
- ☐ D. Aucune de ces réponses n'est bonne

2435 Laquelle de ces créations de Philippe Stark n'existe pas :

- ☐ A. Le fauteuil Ploof
- ☐ B. La chaise Boom
- ☐ C. Le téléphone Alo
- ☐ D. Le lit Dodo

2436 D'où vient le nom « chaise transat » ?

- ☐ A. Ces chaises ont été inventées aux Etats-Unis
- ☐ B. Ces chaises étaient utilisées sur les paquebots transatlantiques
- ☐ C. Aucune de ces réponses n'est bonne

2437 A quoi servaient les « mouches » collées sur les visages des femmes aux XVIIe et XVIIIe siècles ?

- ☐ A. A dissimuler des imperfections dues à des maladies
- ☐ B. A cacher de véritables grains de beauté
- ☐ C. A faire ressortir la blancheur du teint
- ☐ D. A montrer son appartenance à un niveau social élevé

2438 Quelle est l'origine du bandana ?

- ☐ A. Les cowboys l'utilisaient pour se protéger de la poussière
- ☐ B. Les bandits s'en servaient pour cacher leur visage
- ☐ C. Les mineurs le nouaient à leur front

2439 Quelle était la coupe de cheveux à la mode pour les femmes dans les années 1920 ?

- ☐ A. La coupe à la garçonne
- ☐ B. Les anglaises
- ☐ C. La permanente

2440 A quand remonte l'expression « talon aiguille » ?

- ☐ A. 1930
- ☐ B. 1950
- ☐ C. 1970

2441 Quand est apparue en boutique la première minijupe ?

- ☐ A. En 1952
- ☐ B. En 1962
- ☐ C. En 1972

2442 Qui sont les modistes ?

- ☐ A. Des créateurs de mode
- ☐ B. Des créateurs de chapeaux
- ☐ C. Les petites mains des stylistes

2443 Comment s'appelle le pyjama constitué d'une seule pièce ?

- ☐ A. La crapautière
- ☐ B. La gigoteuse
- ☐ C. La grenouillère

2444 Quel est le nom du tissu servant à fabriquer une paire de jeans ?

- ☐ A. Le feutre
- ☐ B. Le nylon
- ☐ C. Le denim

2445 Qui est le directeur artistique de la maison Chanel depuis 1983 ?

- ☐ A. Karl Lagerfeld
- ☐ B. Christian Lacroix
- ☐ C. John Galliano

2446 Quel styliste crée régulièrement les tenues de scènes de Mylène Farmer ?

- ☐ A. Jean-Paul Gaultier
- ☐ B. Jean-Charles de Castelbajac
- ☐ C. Sonia Rykiel

2447 Stella Mc Cartney est la fille de Paul Mc Cartney :

- ☐ A. Vrai
- ☐ B. Faux

2448 Quel mannequin est connu sous le surnom de « Twiggy » (brindille) ?

- ☐ A. Kate Moss
- ☐ B. Lesley Hornby
- ☐ C. Inès de La Fressange

2449 Quel mannequin est surnommée « The body » ?

- ☐ A. Cindy Crawford
- ☐ B. Elle Macpherson
- ☐ C. Claudia Schiffer

2450 De quelle nationalité est Eva Herzigova ?

- ☐ A. Russe
- ☐ B. Tchèque
- ☐ C. Américaine

2451 Comment décède Gianni Versace en 1997 ?

- ☐ A. D'un cancer
- ☐ B. Assassiné par un tueur en série
- ☐ C. D'un accident de voiture

2452 Qui a créé la « petite robe noire » ?

- ☐ A. Guerlain
- ☐ B. Coco Chanel
- ☐ C. Christian Lacroix

2453 Quel styliste créa le fameux pull noir de Steve Jobs ?

- ☐ A. Paco Rabanne
- ☐ B. Issey Miyake
- ☐ C. Vivienne Westwood

2454 La marque « Comme des garçons » est :

- ☐ A. Française
- ☐ B. Japonaise
- ☐ C. Anglaise
- ☐ D. Sud Africaine

2455 Quelle marque d'habillement fait appel à un chanteur ou un groupe pour animer ses défilés de mode ?

- ☐ A. Victoria's Secret
- ☐ B. Calvin Klein
- ☐ C. Lacoste

2456 Qui a dit : « La mode passe, le style reste » ?

☐ A. Coco Chanel
☐ B. Christian Dior
☐ C. Yves Saint-Laurent

2457 Quels tissus sont fabriqués à partir de fibres naturelles animales ?

A. La soie
B. Le coton
C. Le mohair
D. Le lin

2458 Comment s'appelle la cravate qui est traditionnellement associée au cow-boy, faite d'une corde attachée par une agrafe ou une barre ?

A. Nolo
B. Bolo
C. Folo
D. Aucune de ces réponses n'est bonne

12. LITTERATURE, THEATRE ET BANDE DESSINEE

Ce chapitre est composé de **6 sections** pour un total de **265 questions**.

1. **Œuvres littéraires**
2. **Pièces de théâtre**
3. **Techniques littéraires et théâtrales**
4. **Lieux de représentation et festivals**
5. **Du côté des auteurs et des interprètes**
6. **La bande dessinée**

[A SAVOIR !]

110 Les numéros de questions de ce type signifient qu'il n'y a qu'une seule et unique réponse juste à la question posée.

111 Les numéros de questions de ce type signifient qu'il y a **plusieurs (2 ou plus) réponses possibles justes à la question**.

[UN CONSEIL IMPORTANT]

Nous vous conseillons vivement de répondre à toutes les questions d'une section avant d'en découvrir les solutions. L'erreur consiste en effet généralement à traiter une question et à vérifier aussitôt la réponse parce que l'on veut s'assurer d'avoir trouvé la réponse juste ou parce que l'on est impatient de la découvrir dans le cas où on ne la connaît pas. Si vous souhaitez sérieusement progresser, vous devez absolument vous imprégner du thème traité par la section et répondre d'un trait à toutes les questions d'une section.

[QUELQUES MOTS SUR...]

1. La littérature [WIKIPEDIA-UNIVERSALIS]

La littérature en tant qu'activité autonome de l'écrivain qui s'incarne dans un livre est une acception récente. Ignorant l'écriture, les premières civilisations ont transmis oralement leur patrimoine culturel et émotionnel, et, avant d'être le fait d'un individu solitaire, la littérature a été un chant mémoriel des traditions de la communauté : les contes, les récits sont la mémoire d'un groupe, voire le répertoire sacré des règles d'un peuple. En devenant ce qu'elle est de nos jours, elle s'accompagne d'une évolution des genres (de l'épopée au roman, de l'éloquence au lyrisme). Au fur et à mesure de la constitution d'aires culturelles s'élaborent des thèmes spécifiques et la pratique de formes privilégiées. La fixation de la littérature par l'écrit et la diffusion du livre bouleversent les rapports de l'écrivain avec son public et de l'écrivain avec la tradition. Si la littérature s'interroge de nos jours sur sa finalité et ses méthodes, elle paraît de plus en plus être un lieu de passage privilégié entre les grandes aires culturelles.

2. Le théâtre

L'évolution du lieu théâtral en Occident, de l'Antiquité à la fin du XIXe siècle, se caractérise par le passage de l'absence d'architecture permanente à des formes de plus en plus architecturées. Les théâtres de pierre ont remplacé, tant dans la Grèce antique qu'à Rome ou dans l'Europe renaissante, les éphémères constructions de bois qui, elles-mêmes, avaient succédé à l'aire de terre battue originelle, quasi mythique. Le théâtre à l'italienne est l'aboutissement de ce processus propre à tous les arts de l'espace, peinture et sculpture notamment, qui se sont peu à peu coupés de la vie de la cité. Cette évolution architecturale s'accompagne du passage de la scène ouverte à la scène fermée, ce qui transforme totalement les relations acteurs/spectateurs et la nature de l'illusion. Alors qu'en Grèce le public entoure l'aire de jeu, à Rome il lui fait face. Le processus se répète avec les temps modernes. Si au Moyen Age les spectateurs déambulent librement autour des acteurs – situation que l'époque élisabéthaine reproduit à l'intérieur d'un lieu construit –, la Renaissance, adoptant sur le modèle latin la vision frontale, coupe lentement les spectateurs de la représentation.

3. La bande dessinée [LAROUSSE]

Histoire en séquences d'images où le dialogue est inclus, la B.D. est l'aboutissement d'une évolution qui remonte aux illustrations gravées du XVe siècle. La répartition du texte, la disposition des images et leur format déterminent le style tout autant que le dessin lui-même. La forme actuelle de la B.D. est américaine, mais les précurseurs sont européens : le Suisse Töpffer, l'Allemand Busch vers 1850. Le retard des Etats-Unis est rapidement rattrapé par la vogue des magazines humoristiques (*Puck, Judge, Life*) ; la littérature illustrée atteint une extension prodigieuse à la fin du XIXe siècle, les « comic strips » envahissant la presse. Elle élargit ensuite son domaine et aborde la féerie, le suspense, les récits mythologiques, la science-fiction. Vers 1910, des auteurs plus ambitieux (Herriman et Sullivan) cherchent une véritable expression à travers ses possibilités formelles et narratives. En 1929, l'apparition de *Tarzan*, créé par Foster, révolutionne le procédé par l'adoption des techniques du cinéma (gros plans, contre-jours, plongées), tandis que le dessin animé apporte un monde nouveau avec *Mickey Mouse* de Walt Disney en 1931. Entre 1965 et 1970, la B.D. issue du mouvement hippie (Zap, Fritz the Cat, Freak Brothers) devient violemment satirique, non-conformiste et antigouvernementale. En Europe, hormis le fantastique de *Little Nemo*, la B.D. reste cantonnée dans les journaux d'enfants, tels *Bécassine* ou les *Pieds nickelés*, avant de prendre un nouveau départ avec des créations originales qui ne doivent rien à l'influence américaine : Spirou, Tintin, Lucky Luke, Astérix, Barbarella... Si la B.D. entretient peu de liens avec la peinture, certains artistes (Rauschenberg, Fahlström, Télémaque, Rancillac, Lichtenstein) ont su intégrer ses composants, ouvrant ainsi à la peinture des possibilités immenses du point de vue visuel.

1. ŒUVRES LITTERAIRES

2459 Qui a écrit *Mon cœur mis à nu* en 1861 ?

- ☐ A. Niccolò Machiavel
- ☐ B. Georg Wilhelm Hegel
- ☐ C. Saint Pie X
- √ ☐ D. Charles Baudelaire

2460 Qui a écrit *La Chartreuse de Parme* ?

- ☐ A. Honoré de Balzac
- √ ☐ B. Stendhal
- ☐ C. Gustave Flaubert
- ☐ D. Pierre de Marivaux

2461 Qui est l'auteur du *Capitaine Fracasse* ?

- ☐ A. Alexandre Dumas
- √ ☐ B. Théophile Gautier
- ☐ C. Jules Verne
- ☐ D. Paul Féval

2462 Qui est l'auteur de *L'Etranger* ?

- ☐ A. Herta Müller
- ☐ B. Claude Simon
- √ ☐ C. Albert Camus
- ☐ D. William Golding

2463 Qui a écrit *Le Vicomte de Bragelonne* ?

- ☐ A. Théophile Gautier
- ☐ B. Robert Louis Stevenson
- √ ☐ C. Alexandre Dumas

2464 Qui a écrit *L'Assommoir* ?

- ☐ A. Stendhal
- √ ☐ B. Emile Zola
- ☐ C. Honoré de Balzac
- ☐ D. Gustave Flaubert

2465 Qui est l'auteur des *Mémoires d'outre-tombe* ?

- √ ☐ A. Chateaubriand
- ☐ B. Victor Hugo
- ☐ C. Stendhal
- ☐ D. Alphonse de Lamartine

2466 Qui est l'auteur des *Caractères* ?

- ☐ A. Pierre Corneille
- ☐ B. Jean Racine
- ☐ C. Jean de la Fontaine
- √ ☐ D. Jean de la Bruyère

2467 Qui a écrit *Le Fou d'Elsa* ?

- ☐ A. Paul Eluard
- ☐ B. Robert Desnos
- √ ☐ C. Louis Aragon
- ☐ D. Jacques Prévert

2468 Qui a écrit *Les Enfants terribles* ?

- ☐ A. André Gide
- √ ☐ B. Jean Cocteau
- ☐ C. Paul Valéry
- ☐ D. Marcel Proust

2469 Qui a écrit *Les Essais* ?

- √ ☐ A. Michel de Montaigne
- ☐ B. Etienne de la Boétie
- ☐ C. Joachim Du Bellay
- ☐ D. René Descartes

2470 Qui a écrit *Le Désert des Tartares* ?

- ☐ A. Jean Cocteau
- ☐ B. Alberto Moravia
- √ ☐ C. Dino Buzzati

2471 Qui a écrit *La Condition humaine* ?

- ☐ A. Albert Camus
- ☐ B. L'abbé Pierre
- ☐ C. Bernard Kouchner
- ☐ D. André Malraux

2472 Qui a écrit *Splendeurs et misères des courtisanes* ?

- ☐ A. Le marquis de Sade
- ☐ B. Honoré de Balzac
- ☐ C. Victor Hugo
- ☐ D. Charles Baudelaire

2473 Qui a écrit *Les Nourritures terrestres* ?

- ☐ A. Albert Camus
- ☐ B. André Breton
- ☐ C. Georges Bernanos
- ☐ D. André Gide
- ☐ E. Aucune de ces réponses n'est bonne

2474 Qui a écrit *Don Quichotte* ?

- ☐ A. William Shakespeare
- ☐ B. Molière
- ☐ C. Miguel de Cervantès
- ☐ D. Pierre Corneille

2475 Qui a écrit *La Peau de chagrin* ?

- ☐ A. Guy de Maupassant
- ☐ B. Gustave Flaubert
- ☐ C. Honoré de Balzac
- ☐ D. Stendhal

2476 Qui a écrit ses *Confessions* ?

- ☐ A. Benjamin Constant
- ☐ B. Saint-Thomas d'Aquin
- ☐ C. Saint-Augustin
- ☐ D. Jean-Jacques Rousseau

2477 Qui a écrit *Poil de carotte* ?

- ☐ A. Albert Camus
- ☐ B. Jules Renard
- ☐ C. Blaise Cendrars
- ☐ D. Paul-Loup Sulitzer
- ☐ E. Aucune de ces réponses n'est bonne

2478 Qui écrit *Le Vieil Homme et la mer* en 1952 ?

- ☐ A. John Steinbeck
- ☐ B. William Faulkner
- ☐ C. Ernest Hemingway
- ☐ D. Henry Miller
- ☐ E. Aucune de ces réponses n'est bonne

2479 Ce roman a provoqué, lors de sa parution, des scandales, des interdictions et des procès un peu partout dans le monde. Aujourd'hui, il a pris place parmi les classiques du XXe siècle. Cette œuvre qui décrit une histoire d'amour entre un quinquagénaire et une adolescente est :

- ☐ A. *Le Diable au corps* de Raymond Radiguet
- ☐ B. *L'Insoutenable Légèreté de l'être* de Milan Kundera
- ☐ C. *Lolita* de Vladimir Nabokov
- ☐ D. *Belle du seigneur* d'Albert Cohen
- ☐ E. Aucune de ces réponses n'est bonne

2480 **L'*Iliade* d'Homère raconte :**

- ☐ A. La destruction de Carthage
- ☐ B. La naissance de Rome
- ✓ ☐ C. La guerre de Troie
- ☐ D. L'incendie d'Alexandrie
- ☐ E. Aucune de ces réponses n'est bonne

2481 **Qui a écrit *Alice au pays des merveilles* ?**

- ☐ A. Walt Disney
- ☐ B. Lewis Caroll
- ✓ ☐ C. Les frères Grimm
- ☐ D. J.K. Rowling

2482 **Lequel de ces écrivains est l'auteur du roman *Les Raisins de la colère* ?**

- ☐ A. John Steinbeck
- ☐ B. Ernest Hemingway
- ☐ C. William Faulkner
- ☐ D. Robert Louis Stevenson

2483 **Qui est l'auteur de *L'Education sentimentale* ?**

- ☐ A. Emile Zola
- ☐ B. Honoré de Balzac
- ☐ C. Stendhal
- ☐ D. Gustave Flaubert

2484 **Qui est l'auteur de *La Nouvelle Héloïse* ?**

- ☐ A. L'abbé Prévost
- ☐ B. Pierre de Marivaux
- ☐ C. Jean-Jacques Rousseau
- ☐ D. Stendhal

2485 **Quelle est l'œuvre autobiographique de Jean-Paul Sartre ?**

- ✓ ☐ A. *L'Etre et le Néant*
- ☐ B. *Le Mur*
- ☐ C. *La Nausée*
- ☐ D. *Les Mots*

2486 **Un des poèmes de Baudelaire s'intitule :**

- ☐ A. *Mélancolie*
- ☐ B. *Spleen*
- ☐ C. *Acédie*
- ✓ ☐ D. *Tristesse*

2487 ***Paroles* est un recueil de poésies écrit par :**

- ☐ A. Jacques Prévert
- ☐ B. René Char
- ☐ C. François Villon
- ☐ D. Charles Baudelaire

2488 **Le roman *La Peste* a été écrit par :**

- ☐ A. André Malraux
- ✓ ☐ B. Albert Camus
- ☐ C. Jean-Paul Sartre
- ☐ D. Emile Zola

2489 ***Le pont Mirabeau* est un poème de :**

- ☐ A. Louis Aragon
- ☐ B. Guillaume Apollinaire
- ✓ ☐ C. Arthur Rimbaud
- ☐ D. Jacques Prévert
- ☐ E. Aucune de ces réponses n'est bonne

2490 Victor Hugo a écrit :

☐ A. *Madame Bovary*
☐ B. *Le Père Goriot*
☐ C. *L'Assommoir*
☐ D. *Les Misérables*

2491 Antoine de Saint-Exupéry a écrit :

☐ A. *La Petite Fadette*
☐ B. *Le Petit Poucet*
☐ C. *Le Petit Chaperon rouge*
☐ D. *Le Petit Prince*

2492 Alighieri Dante a écrit :

☐ A. *Le prince*
☐ B. *La Divine Comédie*
☐ C. *Eloge de la folie*
☐ D. *Othello*

2493 Guy de Maupassant a écrit :

☐ A. *Bel-Ami*
☐ B. *Une vie*
☐ C. *Le Rouge et le Noir*
☐ D. *Les Lettres de mon moulin*
☐ E. *Eugénie Grandet*

2494 2005 marque le centenaire de la mort de Jules Verne. Cet auteur a écrit :

☐ A. *Voyage au bout de l'enfer*
☐ B. *Cinq semaines en ballons*
☐ C. *Vingt mille lieues sous les mers*
☐ D. *Salammbô*

2495 Quel recueil Arthur Rimbaud a-t-il écrit ?

☐ A. *Chimères*
☐ B. *Illuminations*
☐ C. *Destinées*
☐ D. *Filles du feu*

2496 *Le Deuxième Sexe* est un ouvrage écrit par :

☐ A. Huguette Bouchardeau
☐ B. Jean-Paul Sartre
☐ C. Simone de Beauvoir
☐ D. Elisabeth Badinter

2497 *La Terre* est un roman de :

☐ A. Jean Giono
☐ B. Emile Zola
☐ C. Maurice Genevoix
☐ D. Honoré de Balzac

2498 *Les Poèmes saturniens* ont été écrits par :

☐ A. Paul Verlaine
☐ B. Arthur Rimbaud
☐ C. Stéphane Mallarmé
☐ D. Guillaume Apollinaire

2499 *Si c'est un homme* est un livre de :

☐ A. Victor Hugo
☐ B. Bernard-Henry Lévy
☐ C. Jorge Semprun
☐ D. Primo Levi

2500 *Ainsi parlait Zarathoustra* est une œuvre de :

☐ A. Bertolot Brecht
☐ B. Friedrich Nietzsche
☐ C. Emmanuel Kant
☐ D. Sigmund Freud

2501 En 1880, la parution de *Boule de Suif,* l'une des nouvelles du recueil collectif *Les Soirées de Médan,* détermine la vocation de ce conteur français et lui vaut la célébrité. Cet écrivain se nomme :

- ☐ A. Guy de Maupassant
- ☐ B. Marcel Aymé
- ☐ C. Eugène Sue
- ☐ D. Henry de Montherlant

2502 Cette œuvre de Victor Hugo qui pourrait s'intituler « Les Mémoires d'une âme » retrace l'itinéraire moral et spirituel du poète entre 1830 environ et 1855. La mort de sa fille Léopoldine domine le livre qui établit un dialogue pathétique entre le présent et le passé.

- ☐ A. *Les Chants du crépuscule*
- ✓ ☐ B. *Les Châtiments*
- ☐ C. *Les Contemplations*
- ☐ D. *La Légende des siècles*

2503 Comment s'appelle le recueil satirique contre Napoléon III écrit par Victor Hugo au début de sa longue période d'exil ?

- ☐ A. *L'Année terrible*
- ☐ B. *Les Châtiments*
- ☐ C. *Préface de Cromwell*
- ☐ D. *Les Rayons et les Ombres*

2504 Parmi ces œuvres littéraires, laquelle est de Marcel Proust ?

- ☐ A. *Eugénie Grandet*
- ☐ B. *Bel-Ami*
- ☐ C. *A la recherche du temps perdu*
- ☐ D. *L'Assommoir*
- ☐ E. Aucune de ces réponses n'est bonne

2505 Qui est l'auteur du roman d'anticipation intitulé *1984* ?

- ☐ A. Isaac Asimov
- ☐ B. Frank Herbert
- ☐ C. Dan Simmons
- ✓ ☐ D. George Orwell
- ☐ E. Douglas Adams

2506 Quel auteur raconte ses mésaventures et son goût impénitent pour le théâtre dans son livre *Avec mon meilleur souvenir* (1985) ?

- ☐ A. Françoise Sagan
- ☐ B. Marguerite Duras
- ☐ C. Françoise Dorin

2507 Nathalie Sarraute est :

- ☐ A. L'auteur de *L'Œuvre au noir*
- ☐ B. Journaliste et chroniqueuse à la télévision
- ☐ C. L'auteur de la pièce de théâtre *Pour un oui ou pour un non*

2508 Quel écrivain japonais est l'auteur du roman *La Clef (La confession impudique)* ?

- ☐ A. Yukio Mishima
- ☐ B. Junichirô Tanizaki
- ☐ C. Hayao Miyazaki
- ☐ D. Haruki Marukami

2509 Quel fut le premier roman publié de Stephen King ?

- ☐ A. *Shinning*
- ☐ B. *Carrie*
- ✓ ☐ C. *Misery*

2510 Qui a écrit la trilogie des *Fourmis* ?

☐ A. Frédéric Beigbeder
☐ B. Bernard Werber
☐ C. Michel Houellebecq
☐ D. Aucune de ces réponses n'est bonne

2511 L'auteur de *La Planète des singes* est :

☐ A. Pierre Boulle
☐ B. Arthur C. Clark
☐ C. Stephen King

2512 Qui a écrit le *Da Vinci code* ?

☐ A. Dan Brown
☐ B. J.K. Rowling
☐ C. Patricia Cornwell

2513 Quel écrivain américain a écrit une saga intitulé *La Chronique des vampires* ?

☐ A. Anne Rice
☐ B. Stephen King
☐ C. J.K. Rowling

2514 Quel nom porte le premier volume de mémoires de Jacques Chirac, édité en 2009 ?

☐ A. *L'action et la conviction*
☐ B. *Mon combat pour la République*
☐ C. *Chaque pas doit être un but*
☐ D. *La princesse et le président*

2515 Quel est le titre du tome 2 des mémoires de Jacques Chirac ?

☐ A. *Le Temps présidentiel*
☐ B. *Mon combat pour la France*
☐ C. *Mon combat pour la paix*

2516 Quel type de roman écrit Mary Higgins Clark ?

☐ A. Des romans d'amour
☐ B. Des romans policiers
☐ C. Des romans historiques

2517 Laquelle des propositions ci-dessous, associant une œuvre et son auteur, est correcte ?

☐ A. *L'Ile mystérieuse*, Robert Louis Stevenson
☐ B. *L'Ile au trésor*, Jules Verne
☐ C. *Le Grand Meaulnes*, Jules Renard
☐ D. Aucune de ces réponses n'est bonne

2518 Dans les couples suivants, trois œuvres sont associées au bon auteur et une seule ne l'est pas. Il s'agit du couple :

☐ A. Mark Twain – *Tom Sawyer*
☐ B. Ernest Hemingway – *Le Vieil Homme et la mer*
☐ C. Rudyard Kipling – *L'Ile au trésor*
☐ D. Daniel Defoe – *Robinson Crusoé*

2519 Parmi les propositions suivantes, quelle œuvre est associée à son véritable auteur ?

☐ A. Honoré de Balzac – *Le Petit Chose*
☐ B. Alphonse Daudet – *L'Argent*
☐ C. Gustave Flaubert – *Salammbô*
☐ D. Emile Zola – *Le Père Goriot*
☐ E. Toutes les solutions proposées sont bonnes
☐ F. Aucune de ces réponses n'est bonne

2520 Cochez chaque drame écrit par Victor Hugo :

☐ A. *Ruy Blas*
☐ B. *Cromwell*
☐ C. *Lorenzaccio*
☐ D. *Hernani*

2521 Cochez chaque œuvre de Gustave Flaubert :

- ☐ A. *Salammbô*
- ☐ B. *Colomba*
- ☐ C. *L'Education sentimentale*
- ☐ D. *Trois contes*

2522 Cochez chaque roman de Léon Tolstoï :

- ☐ A. *Anna Karénine*
- ☐ B. *L'Accompagnatrice*
- ☐ C. *Crime et Châtiment*
- ☐ D. *Guerre et Paix*

2523 « Paris est aussi grand qu'Ispahan. Les maisons y sont si hautes qu'on jugerait qu'elles ne sont habitées que par des astrologues. ». De quel ouvrage est extrait ce passage ?

- ☐ A. *Zadig* de Voltaire
- ☐ B. *Les Lettres persanes* de Montesquieu
- ☐ C. *Notre-Dame de Paris* de Victor Hugo
- ☐ D. *La Promenade du sceptique* de Denis Diderot

2524 « Un vieillard en or avec une montre en deuil – Une reine de peine avec un homme d'Angleterre – Et des travailleurs de la paix avec des gardiens de la mer – Un hussard de la farce avec un dindon de la mort (...) ». Quel est l'auteur de ces vers écrits en forme d'inventaire ?

- ☐ A. André Breton
- ☐ B. René Char
- ☐ C. Jacques Prévert
- ☐ D. Boris Vian

2525 Qui a écrit : « La civilisation efface les traces du péché originel » ?

- ☐ A. Charles Baudelaire
- ☐ B. Jacques-Bénigne Bossuet
- ☐ C. Louis Veuillot
- ☐ D. Hugues-Félicité Robert de Lamennais

2526 A qui attribue-t-on la phrase : « Le XXIe siècle sera religieux ou ne sera pas » ?

- ☐ A. Jean-Paul Sartre
- ☐ B. André Malraux
- ☐ C. Robert Badinter
- ☐ D. Albert Camus

2527 Qui a écrit : « Il n'existe que trois êtres respectables : le prêtre, le guerrier et le poète » ?

- ☐ A. Nicolas Machiavel
- ☐ B. Georg Wilhelm Friedrich Hegel
- ☐ C. Saint Pie X
- ☐ D. Charles Baudelaire

2528 « Les sanglots longs des violons de l'autonome – Blessent mon cœur d'une langueur monotone. ». Ces vers sont extraits d'un poème de :

- ☐ A. Arthur Rimbaud
- ☐ B. Charles Baudelaire
- ☐ C. Paul Verlaine
- ☐ D. Guillaume Apollinaire

2529 Dans quel conte de Perrault trouve-t-on la célèbre phrase : « Anne, ma sœur Anne, ne vois-tu rien venir » ?

- ☐ A. *Cendrillon*
- ☐ B. *Le Chat botté*
- ☐ C. *Peau d'âne*
- ☐ D. *Barbe bleue*

2530 « Longtemps je me suis couché de bonne heure » est la première phrase de :

- ☐ A. *L'Espoir* d'André Malraux
- ☐ B. *Ulysse* de James Joyce
- ☐ C. *Les Confessions* de Jean-Jacques Rousseau
- ☐ D. *Du côté de chez Swann* de Marcel Proust

2531 « Rien ne sert de courir, il faut partir à point ». A quel auteur classique doit-on ce vers devenu proverbial ?

- ☐ A. François de La Rochefoucauld
- ☐ B. Molière
- ☐ C. Jean de la Bruyère
- ☐ D. Jean de la Fontaine

2532 Parmi les auteurs suivants, qui constate en 1919 : « Nous autres, civilisations, nous savons maintenant que nous sommes mortelles » ?

- ☐ A. Marcel Proust
- ☐ B. Paul Valéry
- ☐ C. André Malraux
- ☐ D. Albert Camus

2533 Quel écrivain n'a pas écrit de roman épistolaire ?

- ☐ A. Henrik Ibsen
- ☐ B. Jean-Jacques Rousseau
- ☐ C. Johann Wolfgang von Goethe
- ☐ D. Samuel Richardson

2534 Laquelle de ces œuvres n'est pas d'André Malraux ?

- ☐ A. *La Condition humaine*
- ☐ B. *Les chênes qu'on abat*
- ☐ C. *La Voie royale*
- ☐ D. *Pour qui sonne le glas*

2535 De ces trois auteurs, lequel n'a jamais écrit pour la Série Noire ?

- ☐ A. Frédéric Dard
- ☐ B. Thierry Jonquet
- ☐ C. Maurice G. Dantec

2536 Laquelle de ces œuvres n'a pas été écrite par Victor Hugo ?

- ☐ A. *La Légende des siècles*
- ☐ B. *Les Misérables*
- ✓ ☐ C. *La Dame de Montsoreau*
- ☐ D. *Notre-Dame de Paris*

2537 Parmi les romans suivants lequel a été écrit par Albert Camus ?

- ☐ A. *La Nausée*
- ☐ B. *Hiroshima, mon amour*
- ✓ ☐ C. *L'Etranger*
- ☐ D. *Les Mots*

2538 Lequel de ces ouvrages n'est pas de Fiodor Dostoïevski ?

- ☐ A. *Anna Karénine*
- ☐ B. *L'Idiot*
- ☐ C. *Crime et Châtiment*
- ☐ D. *Le Joueur*

2539 François-René de Chateaubriand n'est pas l'auteur de :

- ☐ A. *Le Génie du christianisme*
- ✓ ☐ B. *René*
- ☐ C. *Hernani*
- ☐ D. *Mémoires d'outre-tombe*

2540 Léon Tolstoï n'a pas écrit :

- ☐ A. *Anna Karénine*
- ☐ B. *Les Frères Karamazov*
- ☐ C. *Tarass Boulba*
- ☐ D. *Guerre et Paix*

2541 Lequel de ces romans n'a pas été écrit par Victor Hugo ?

- ☐ A. *Les Misérables*
- ☐ B. *Les Travailleurs de la mer*
- ☐ C. *L'Homme qui rit*
- ☐ D. *Pêcheur d'Islande*
- ☐ E. Aucune de ces réponses n'est bonne

2542 Parmi les œuvres suivantes, laquelle n'a pas été écrite par Jean-Paul Sartre ?

- ☐ A. *L'existentialisme est un humanisme*
- ☐ B. *Huis-clos*
- ☐ C. *La Chute*
- ☐ D. *La Nausée*

2543 Quelle œuvre n'a pas été écrite par Philip Roth ?

- ☐ A. *La Contrevie*
- ☐ B. *Zuckerman enchaîné*
- ☐ C. *La Consolante*
- ☐ D. *Pastorale américaine*
- ☐ E. *Goodbye Colombus*

2544 Amélie Nothomb n'a pas écrit :

- ☐ A. *Stupeur et tremblements*
- ☐ B. *Hygiène de l'assassin*
- ☐ C. *Truismes*

2545 Lequel de ces romans n'est pas de Virginie Despentes ?

- ☐ A. *Les chiennes savantes*
- ☐ B. *Teen spirit*
- ☐ C. *Hygiène de l'assassin*

2546 Myron Bolitar est le héros principal de la plupart des romans policier de l'un des auteurs suivants. Lequel ?

- ☐ A. Mary Higgins Clark
- ☐ B. Patricia MacDonald
- ☐ C. Harlan Coben
- ☐ D. Agatha Christie

2547 *L'Immoraliste* d'André Gide est un récit fait par un personnage érudit de son voyage initiatique en Afrique du Nord. Quel est le prénom de ce protagoniste ?

- ☐ A. Louis
- ☐ B. Michel
- ☐ C. Jean
- ☐ D. Paul

2548 « Adieu, dit le... Voici mon secret. Il est très simple : On ne voit bien qu'avec le cœur. L'essentiel est invisible pour les yeux. »

Par quel nom d'animal faut-il compléter cette phrase extraite du *Petit Prince* d'Antoine de Saint-Exupéry ?

- ☐ A. Serpent
- ☐ B. Mouton
- ☐ C. Renard
- ☐ D. Chien

2549 L'un des personnages de Victor Hugo est aujourd'hui immortalisé pour avoir dit : « Je suis tombé par terre, c'est la faute à Voltaire, le nez dans le ruisseau, c'est la faute à Rousseau. ». De qui s'agit-il ?

- ☐ A. Quasimodo
- ☐ B. Gavroche
- ☐ C. Thénardier
- ☐ D. Jean Valjean

2550 Le capitaine Grant, Robur et Phileas Fogg ont en commun d'être le fruit de l'imagination de :

- ☐ A. Charles Perrault
- ☐ B. Jules Verne
- ☐ C. Victor Hugo
- ☐ D. Alexandre Dumas

2551 Quel personnage prend pour pseudonyme le comte de Monte-Cristo ?

- ☐ A. Cyrano de Bergerac
- ☐ B. Edmond Dantès
- ☐ C. Alexandre Dumas
- ☐ D. Marco Polo

2552 Qui est le créateur du personnage de Julien Sorel ?

- ☐ A. Emile Zola
- ☐ B. Honoré de Balzac
- ☐ C. Gustave Flaubert
- ☐ D. Stendhal

2553 Quel est le plus célèbre des héros de l'écrivain anglais Sir Walter Scott ?

- ☐ A. Ivanhoé
- ☐ B. Robinson Crusoé
- ☐ C. Tom Sawyer
- ☐ D. Tom Jones

2554 Quel personnage se cache derrière *Le Bossu* de Paul Féval dans le roman du même nom ?

- ☐ A. D'Artagnan
- ☐ B. Quasimodo
- ☐ C. Lagardère
- ☐ D. Cyrano de Bergerac

2555 Quel est le personnage principal masculin du roman *Les Liaisons dangereuses* ?

- ☐ A. Le chevalier Danceny
- ☐ B. Le comte Almaviva
- ☐ C. Pierre Choderlos de Laclos
- ☐ D. Le vicomte de Valmont

2556 Le personnage de Rastignac apparaît dans les romans de :

- ☐ A. Gustave Flaubert
- ☐ B. Honoré de Balzac
- ☐ C. Alexandre Dumas
- ☐ D. Emile Zola

2557 Georges Simenon est le père du :

- ☐ A. Commissaire Navarro
- ☐ B. Commissaire Moulin
- ☐ C. Commissaire Maigret
- ☐ D. Commissaire Lescaut

2558 Dans *Voyage au bout de la nuit* de Louis-Ferdinand Céline, le héros narrateur s'appelle :

- ☐ A. Destouches
- ☐ B. Rigodon
- ☐ C. Bardamu
- ☐ D. Bébert
- ☐ E. Aucune de ces réponses n'est bonne

2559 De quelle nationalité est le célèbre personnage d'Agatha Christie « Hercule Poirot » ?

- ☐ A. Belge
- ☐ B. Française
- ☐ C. Suisse
- ☐ D. Canadienne
- ☐ E. Anglaise

2560 Kay Scarpetta est l'héroïne principale des romans de :

- ☐ A. Patricia Cornwell
- ☐ B. Mary Higgins Clark
- ☐ C. Amélie Nothomb

2561 *La Condition humaine* est un roman d'André Malraux dont l'action se déroule :

- ☐ A. Dans le sud de la France
- ☐ B. En Inde
- ☐ C. En Chine
- ☐ D. En Espagne
- ☐ E. Aucune de ces réponses n'est bonne

2562 Quels romans de Dan Brown ont été adaptés au cinéma ?

- ☐ A. *Anges et démons*
- ☐ B. *Da Vinci code*
- ☐ C. *Deception point*
- ☐ D. *Le Symbole perdu*

2563 Comment s'appelle le dernier volume de la série « Harry Potter », adapté au cinéma en 2010 ?

- ☐ A. *Harry Potter et la pierre philosophale*
- ☐ B. *Le Prisonnier d'Azkaban*
- ☐ C. *Harry Potter et la coupe d'or*
- ☐ D. *Harry Potter et les reliques de la mort*
- ☐ E. *Harry Potter et la guerre des sorciers*

2564 En janvier 2004, quel roman picaresque fête son quatrième centenaire ?

- ☐ A. *Le Roman de la rose*
- ☐ B. *Gargantua*
- ☐ C. *Don Quichotte de la Manche*
- ☐ D. *Le Roman de renart*
- ☐ E. Aucune de ces réponses n'est bonne

2. Pieces de theatre

2565 Dernière pièce de Molière, cette comédie met en scène Argan, un hypocondriaque, et constitue une critique de la médecine du XVIIe siècle. Il s'agit de :

- ☐ A. *L'Amour médecin*
- ☐ B. *Le Malade imaginaire*
- ☐ C. *Le Médecin malgré lui*
- ☐ D. *Les Femmes savantes*

2566 *Tartuffe* est une comédie de :

- ☐ A. Molière
- ☐ B. Marivaux
- ☐ C. Sacha Guitry
- ☐ D. Beaumarchais

2567 Sous quel autre titre fut joué *Tartuffe* ?

- ☐ A. *L'Usurpateur*
- ☐ B. *Le Menteur*
- ☐ C. *L'Imposteur*

2568 Qui a écrit *l'Illusion comique* ?

- ☐ A. Jean Racine
- ☐ B. Molière
- ☐ C. Edmond Rostant
- ☐ D. Pierre Corneille

2569 Dans cette pièce de 1659, Molière s'inspire de la *Commedia dell'arte* pour caricaturer le langage affecté et le snobisme dérisoire de deux coquettes qui, faute d'avoir assimilé certaines valeurs intellectuelles, se cantonnent à une grossière contrefaçon. Ces deux inséparables sont les héroïnes de :

- ☐ A. *L'Ecole des femmes*
- ☐ B. *Les Précieuses ridicules*
- ☐ C. *Les Femmes savantes*

2570 Le héros d'une comédie de Molière, domestique de son état, apparaît à la fin de la pièce la tête entourée de linges et feignant l'agonie pour obtenir le pardon des deux pères dont il s'est joué. De quelle comédie s'agit-il ?

- ☐ A. *L'Avare*
- ☐ B. *Le Bourgeois gentilhomme*
- ☐ C. *Les Fourberies de Scapin*
- ☐ D. *Le Malade imaginaire*

2571 En quelle année a eu lieu la première représentation de la célèbre tragédie *Le Cid* de Pierre Corneille ?

- ☐ A. En 1437
- ☐ B. En 1537
- ☐ C. En 1637
- ☐ D. En 1737
- ☐ E. En 1837

2572 Samuel Beckett est l'auteur de :

- ☐ A. *La Cantatrice chauve*
- ☐ B. *Fin de partie*
- ☐ C. *Electre*
- ☐ D. *En attendant Godot*

2573 Qui a écrit les deux œuvres suivantes : *La Tempête* et *Comme il vous plaira* ?

- ☐ A. Charles Baudelaire
- ☐ B. William Shakespeare
- ☐ C. Edgar Allan Poe
- ☐ D. Oscar Wilde

2574 *Knock* est une pièce écrite par :

- ☐ A. Georges Feydeau
- ☐ B. Jules Renard
- ☐ C. Georges Courteline
- ☐ D. Jules Romains

2575 *Noces de sang* (1933) est une œuvre de :

- ☐ A. Calderon de la Barca
- ☐ B. Garcià Lorca
- ☐ C. Cervantès

2576 Quelle pièce d'Eugène Ionesco raconte une autopsie de la société contemporaine par le truchement de propos ridicules que tiennent deux couples au coin du feu ?

- ☐ A. *Le roi se meurt*
- ☐ B. *La Leçon*
- ☐ C. *La Cantatrice chauve*

2577 Quel auteur dramatique allemand a écrit *Mère Courage et ses enfants* ?

- ☐ A. Georg Kaiser
- ☐ B. Bertolt Brecht
- ☐ C. Ernest Toller

2578 *La Nuit des rois* est une pièce de :

- ☐ A. Anton Tchekhov
- ☐ B. William Shakespeare
- ☐ C. Molière

2579 *La Vie de Galilée* est une pièce de théâtre portant sur la vie du célèbre physicien qui révolutionna la conception du monde et de l'univers. Qui en est l'auteur ?

- ☐ A. Victor Hugo
- ☐ B. Bertold Brecht
- ☐ C. Shakespeare
- ☐ D. Heiner Muller

2580 Quelle pièce de Molière est une comédie-ballet ?

- ☐ A. *Don Juan*
- ☐ B. *Le Bourgeois gentilhomme*
- ☐ C. *Tartuffe*
- ☐ D. *Le Médecin malgré lui*

2581 La pièce de Molière *L'Avare* est une comédie :

- ☐ A. Pastorale
- ☐ B. Satirique
- ☐ C. Musicale
- ☐ D. Légère

2582 Parmi ces œuvres de Shakespeare, quelle est celle qui inspira un opéra à Giuseppe Verdi ?

- ☐ A. *Richard II*
- ☐ B. *Le Roi Lear*
- ☐ C. *Macbeth*
- ☐ D. *Dorine*

2583 Quelle tragédie n'a pas été écrite par Jean Racine ?

- ☐ A. *Britannicus*
- ☐ B. *Athalie*
- ☐ C. *Esther*
- ☐ D. *Horace*

2584 Laquelle de ces pièces n'est pas de Jean Racine ?

- ☐ A. *Phèdre*
- ☐ B. *Tite et Bérénice*
- ☐ C. *Andromaque*
- ☐ D. *Bajazet*

2585 Parmi les œuvres suivantes, laquelle n'a pas été écrite par Molière ?

- ☐ A. *Tartuffe*
- ☐ B. *Les Fourberies de Scapin*
- ☐ C. *L'Ecole des Femmes*
- ☐ D. *Le Bourgeois Gentilhomme*
- ☐ E. *L'Ile des esclaves*

2586 Laquelle de ces œuvres n'est pas de Pierre de Marivaux ?

- ☐ A. *La Double Inconstance*
- ☐ B. *Le Jeu de l'amour et du hasard*
- ☐ C. *On ne badine pas avec l'amour*
- ☐ D. *La Vie de Marianne*

2587 Quel auteur n'a pas écrit de comédies légères dites « théâtre de boulevard » ?

- ☐ A. André Roussin
- ☐ B. Jean Poiret
- ☐ C. Jean Anouilh
- ☐ D. Eugène Labiche

2588 Quel vaudeville n'est pas une œuvre de Georges Feydeau ?

- ☐ A. *La Puce à l'oreille*
- ☐ B. *Un fil à la patte*
- ☐ C. *Le Dindon*
- ☐ D. *Le Chapeau de paille d'Italie*

2589 Quelle pièce n'a pas été écrite par Paul Claudel ?

- ☐ A. *L'Annonce faite à Marie*
- ☐ B. *Le Soulier de satin*
- ☐ C. *Le Partage de midi*
- ☐ D. *Antigone*

2590 Quelle pièce n'a pas été écrite par Jean Genet ?

- ☐ A. *Les Bonnes*
- ☐ B. *Les Nègres*
- ☐ C. *Les Bas-Fonds*
- ☐ D. *Les Paravents*

2591 Quelle pièce n'a pas été écrite par Arthur Miller ?

- ☐ A. *Les Sorcières de Salem*
- ☐ B. *Mort d'un commis-voyageur*
- ☐ C. *Un tramway nommé désir*

2592 Quel auteur a fait dire à l'un de ses personnages : « Etre ou ne pas être » ?

- ☐ A. Bertolt Brecht
- ☐ B. Samuel Beckett
- ☐ C. William Shakespeare
- ☐ D. Victor Hugo

2593 Quel personnage s'écrie à la fin d'une pièce de Molière : « Mes gages, mes gages, mes gages ! » ?

- ☐ A. Sganarelle
- ☐ B. Harpagon
- ☐ C. Richard III
- ☐ D. Alceste

2594 Qui fait dire à l'un des ses personnages : « L'enfer, c'est les autres » ?

- ☐ A. Albert Camus
- ☐ B. André Gide
- ☐ C. Jean Genet
- ☐ D. Jean-Paul Sartre

2595 Dans quelle pièce satirique de Jules Romains trouve-t-on : « Tout homme bien portant est un malade qui s'ignore » ?

- ☐ A. *Monsieur Le Trouhadec saisi par la débauche*
- ☐ B. *Knock*
- ☐ C. *Musse ou l'Ecole de l'hypocrisie*

2596 Le Cid, héros de la pièce de Pierre Corneille, est torturé par un conflit entre l'amour et :

- ☐ A. L'argent
- ☐ B. La patrie
- ☐ C. L'honneur
- ☐ D. La religion

2597 L'action de *Roméo et Juliette* se situe à :

- ☐ A. Vérone
- ☐ B. Naples
- ☐ C. Venise
- ☐ D. Rome

2598 Sganarelle est un personnage qui, dans l'œuvre de Molière, incarne le bon sens populaire. Dans quelle pièce citée ce personnage n'existe-il pas ?

- ☐ A. *L'Amour médecin*
- ☐ B. *L'Ecole des maris*
- ☐ C. *L'Avare*
- ☐ D. Aucune de ces réponses n'est bonne

2599 Le serviteur de Dom Juan dans l'œuvre de Molière est :

- ☐ A. Valère
- ☐ B. Sganarelle
- ☐ C. Scapin
- ☐ D. Sanchez

2600 Quelle femme tue ses enfants dans la tragédie du même nom ?

- ☐ A. *Electre*
- ☐ B. *Médée*
- ☐ C. *Andromaque*
- ☐ D. *Iphigénie*

2601 Quel est le maître de Scapin dans *Les Fourberies de Scapin* ?

- ☐ A. Harpagon
- √ ☐ B. Léandre
- ☐ C. Tartuffe
- ☐ D. Sganarelle

2602 Dans *L'Ecole des femmes*, la pièce de Molière, l'ingénue se prénomme :

- ☐ A. Agnès
- ☐ B. Armande
- ☐ C. Toinette

2603 Qui est amoureuse de Rodrigue dans *Le Cid* et réclame pourtant son châtiment ?

- ☐ A. Chimène
- ☐ B. Léonor
- ☐ C. Arias
- ☐ D. Elvire

2604 Dans la *Commedia dell'arte*, la soubrette se prénomme :

- ☐ A. Faustine
- ☐ B. Colombine
- ☐ C. Adeline

2605 Quel auteur créa l'immortel personnage d'Ubu ?

- ☐ A. Alfred Jarry
- ☐ B. Edmond Rostand
- ☐ C. Romain Rolland
- ☐ D. Jules Renard

2606 Quel réalisateur américain a mis en scène en France, en avril 2010, *La Tempête* et *Comme il vous plaira* de William Shakespeare ?

- ☐ A. Jim Jarmush
- ☐ B. James Gray
- ☐ C. Sidney Lumet
- ☐ D. Sam Mendes

2607 *Le Bal,* pièce créée par Jean-Claude, Penchenat et interprétée par le théâtre du Campagnol, a été tournée au cinéma par :

☐ A. Ettore Scola
☐ B. Nanni Moretti
☐ C. Marco Ferreri

3. Techniques litteraires et theatrales

2608 Dans les formes littéraires médiévales ne figure pas :

☐ A. Le théâtre sacré et profane
☐ B. La littérature réaliste et satirique
☐ C. Le drame bourgeois
☐ D. Les chansons de geste et les romans courtois

2609 « La pléiade » est un mouvement littéraire du :

☐ A. XVe siècle
☐ B. XVIe siècle
☐ C. XVIIe siècle
☐ D. XVIIIe siècle
☐ E. Aucune de ces réponses n'est bonne

2610 Par quel mouvement a été inventé le jeu littéraire dit « Cadavre exquis » ?

☐ A. Le symbolisme
☐ B. L'existentialisme
☐ C. Le surréalisme
☐ D. L'expressionnisme

2611 Claude Lévi-Strauss est considéré comme le père :

☐ A. Du positivisme
☐ B. De l'ethnocentrisme
☐ C. De l'historicisme
☐ D. Du structuralisme

2612 Les auteurs Claude Simon, Michel Butor, Nathalie Sarraute, Alain Robbe-Grillet appartiennent au même mouvement littéraire, lequel ?

☐ A. L'existentialisme
☐ B. Le réalisme
☐ C. Le nouveau roman
☐ D. Le surréalisme
☐ E. Aucune de ces réponses n'est bonne

2613 A quel genre littéraire appartiennent les œuvres ci-après : *La Planète des singes* de Pierre Boulle, *La Nuit des temps* de René Barjavel et *Le Meilleur des mondes* d'Aldous Huxley ?

☐ A. Le roman historique
☐ B. Le roman d'anticipation
☐ C. Le roman noir
☐ D. Le roman d'aventures

2614 « Souvent ce cabinet superbe et solitaire. Des secrets de Titus est le dépositaire. C'est ici quelquefois qu'il se cache à sa cour, lorsqu'il vient à la reine expliquer son amour. De son appartement cette porte est prochaine, et cette autre conduit dans celui de la reine. ». Par ces vers situés au début de *Bérénice*, que souhaite préciser Racine quant au déroulement de sa pièce ?

- ☐ A. L'unité de temps
- ☐ B. L'unité d'action
- ☐ C. L'unité de lieu
- ☐ D. L'unité de ton
- ☐ E. Aucune de ces réponses n'est bonne

2615 « Le théâtre de l'absurde » est un terme générique employé pour la première fois par le critique Martin Esslin en 1962 pour classer les œuvres de certains auteurs dramatiques des années 1950 qui rompaient avec les concepts traditionnels du théâtre occidental. Parmi les auteurs suivants, lequel est exclu de cet état d'esprit propre à la période de l'après-guerre ?

- ☐ A. Jean-Paul Sartre
- ☐ B. Eugène Ionesco
- ☐ C. Jean Genet
- ☐ D. Samuel Beckett
- ☐ E. Aucune de ces réponses n'est bonne

2616 Parmi les propositions suivantes, laquelle relève du théâtre comique ?

- ☐ A. La Commedia dell'arte
- ☐ B. La comédie de mœurs
- ☐ C. Le vaudeville
- ☐ D. L'opéra-bouffe

2617 Quel auteur dramatique américain a révolutionné le théâtre de Broadway en mettant en scène la tragédie de la vie familiale américaine ?

- ☐ A. Eugene O'Neill
- ☐ B. John Steinbeck
- ☐ C. Tennessee Williams

2618 Parmi les quatre systèmes d'architecture dramatique, lequel est celui qu'on trouve essentiellement aujourd'hui ?

- ☐ A. L'ordre gréco-romain
- ☐ B. L'ordre médiéval
- ☐ C. L'ordre élisabéthain
- ☐ D. L'ordre italien

2619 La situation coutumière du vaudeville est :

- ☐ A. Le quiproquo
- ☐ B. L'imbroglio
- ☐ C. La farce

2620 Le nom donné aux dernières répétitions est :

- ☐ A. La générale
- ☐ B. Le filage
- ☐ C. La première

2621 La source lumineuse qui sépare la scène de l'orchestre se nomme :

- ☐ A. La herse
- ☐ B. Le portant
- ☐ C. La rampe

2622 Durant la représentation, la personne qui veille au changement de décors, aux trucages et à l'apport d'accessoires est :

- ☐ A. Le metteur en scène
- ☐ B. Le scénariste
- ☐ C. Le machiniste
- ☐ D. Le comédien

2623 Au théâtre, le bâton servant à frapper les trois coups s'appelle :

- ☐ A. Le brigadier
- ☐ B. Le gendarme
- ☐ C. Le commandant
- ☐ D. Le caporal

2624 Au théâtre, du point de vue du spectateur, le « côté cour » est :

- ☐ A. Le côté gauche de la scène
- ☐ B. Le côté droit de la scène
- ☐ C. Devant la scène

2625 Un spectacle en « matinée » signifie qu'il se déroule :

- ☐ A. Le matin du samedi ou du dimanche
- ☐ B. L'après-midi du samedi ou du dimanche
- ☐ C. Le soir du samedi ou du dimanche

2626 A la fin d'une pièce, l'épisode de la comédie ou de la tragédie éliminant définitivement les conflits et les obstacles est :

- ☐ A. Le dénouement
- ☐ B. L'épilogue
- ☐ C. La péripétie

2627 De nos jours, la pantomime n'utilise plus :

- ☐ A. Le geste
- ☐ B. La parole
- ☐ C. La musique

4. Lieu de representation et festivals

2628 Le symbole « la ruche bourdonnante » ayant pour devise Simul et Singulis (être ensemble et être soi-même) est l'emblème :

- ☐ A. De la Comédie-Française
- ☐ B. Du Festival d'Avignon
- ☐ C. Du théâtre équestre Zingaro

2629 L'Académie française a été fondée par :

- ☐ A. Jules Mazarin
- ☐ B. Le Cardinal de Richelieu
- ☐ C. Jean-Baptiste Colbert
- ☐ D. Molière

2630 La Comédie-Française est née, en 1680, par ordre du roi :

- ☐ A. Louis XIV
- ☐ B. Louis XV
- ☐ C. Louis XVI

2631 Aujourd'hui, avant le lever de rideau de la Comédie-Française, on frappe :

- ☐ A. Trois coups
- ☐ B. Six coups
- ☐ C. Neuf coups

2632 Fayard est le nom :

- ☐ A. D'une maison d'édition littéraire
- ☐ B. D'un théâtre parisien
- ☐ C. D'un cirque européen
- ☐ D. D'un peintre

2633 La maison d'édition fondée par Mœbius, Druillet, Dionnet et Farkas, créateurs de *Métal Hurlant* s'appelle :

- ☐ A. Dargaud
- ☐ B. Les Humanoïdes Associés
- ☐ C. Flammarion
- ☐ D. Bordas

2634 La collection du Livre de Poche date de :

- ☐ A. 1948
- ☐ B. 1953
- ☐ C. 1960

2635 Quel théâtre parisien porte le nom de « Théâtre de l'Europe » ?

- ☐ A. Chaillot
- ☐ B. L'Odéon
- ☐ C. Marigny
- ☐ D. La Cartoucherie

2636 Le Théâtre du Soleil est installé :

- ☐ A. Au théâtre des Amandiers à Nanterre
- ☐ B. Au théâtre Gérard-Philippe à Saint-Denis
- ☐ C. A la Cartoucherie de Vincennes
- ☐ D. Au Lucernaire à Paris

2637 Le théâtre national de Bretagne est un centre dramatique situé à :

- ☐ A. Brest
- ☐ B. Quimper
- ☐ C. Rennes
- ☐ D. Vannes

2638 En 1964, Ariane Mnouchkine fonde le théâtre :

- ☐ A. Du Soleil
- ☐ B. Du Chaudron
- ☐ C. De la Tempête
- ☐ D. De l'Epée de Bois

2639 Le Théâtre musical de Paris est le nouveau nom :

- ☐ A. Du théâtre du Châtelet
- ☐ B. Du théâtre de l'Odéon
- ☐ C. Du théâtre Renaud-Barrault

2640 A Londres, le théâtre de la Royal Shakespeare Company est :

- ☐ A. Barbican Theatre
- ☐ B. National Theatre
- ☐ C. Bush Theatre

2641 A l'Open Air Theatre de Londres, on joue essentiellement des pièces de :

- ☐ A. Beckett
- ☐ B. Shakespeare
- ☐ C. Pinter

2642 En 1947, qui fonde à Milan e Piccolo Teatro avec Paolo Grassi ?

- ☐ A. Benno Besson
- ☐ B. Giorgio Strehler
- ☐ C. André Benedetto
- ☐ D. Alfredo Arias

2643 Qui est le fondateur du Festival d'Avignon ?

- ☐ A. Patrice Chéreau
- ☐ B. Gérard Philipe
- ☐ C. Jean Vilar
- ☐ D. Peter Brook

2644 Dans quelle ville du Canada se déroule chaque année, depuis 1988, le plus important festival de la bande dessinée francophone ?

- ☐ A. A Montréal
- ☐ B. Au Québec
- ☐ C. A Toronto
- ☐ D. A Vancouver

5. Du cote des auteurs et des interpretes

2645 Le vrai nom de Molière est :

- ☐ A. Alcofribas Nasier
- ☐ B. Jean-Marie Arouet
- ☐ C. Jean-Baptiste Poquelin
- ☐ D. Gérard Labrunie
- ☐ E. Henry Beyle

2646 Molière était contemporain de :

- ☐ A. Louis XVI
- ☐ B. Henri IV
- ☐ C. Louis XIV
- ☐ D. Jean de la Fontaine
- ☐ E. Jean-Baptiste Lully
- ☐ F. Jules Mazarin

2647 Parmi ces auteurs, lequel n'est pas du XIXe siècle ?

- ☐ A. Alexandre Dumas
- ☐ B. Alphonse Daudet
- ☐ C. Honoré de Balzac
- ☐ D. Louis Aragon

2648 Lequel de ces écrivains nés au XIXe siècle n'a pas connu le XXe siècle ?

- ☐ A. Emile Zola
- ☐ B. Victor Hugo
- ☐ C. Jules Verne
- ☐ D. Marcel Proust
- ☐ E. Aucune de ces réponses n'est bonne

2649 Parmi ces écrivains, lesquels n'avaient aucune chance de se rencontrer ?

- ☐ A. Clément Marot et Pierre Corneille
- ☐ B. Voltaire et Jean-Jacques Rousseau
- ☐ C. Victor Hugo et Charles Baudelaire
- ☐ D. Jean Racine et Molière
- ☐ E. Aucune de ces réponses n'est bonne

2650 **Cochez chaque série d'auteurs ayant vécu au même siècle :**

- ☐ A. Chateaubriand – Zola – Rimbaud – Stendhal
- ☐ B. Aragon – Apollinaire – Char – Eluard
- ☐ C. Racine – Madame de La Fayette – Villon – Corneille
- ☐ D. Rabelais – Ronsard – du Bellay – La Bruyère

2651 **Sous quel nom est connu François-Marie Arouet ?**

- ☐ A. Denis Diderot
- ☐ B. Montesquieu
- ☐ C. Voltaire
- ☐ D. Jean-Jacques Rousseau
- ☐ E. Aucune de ces réponses n'est bonne

2652 **Sous quel nom est plus connu Henri Beyle ?**

- ☐ A. Michel de Montaigne
- ☐ B. Molière
- ☐ C. Stendhal
- ☐ D. Guy de Maupassant

2653 **Quel était le véritable nom de George Sand ?**

- ☐ A. Alexandre Ledru-Rollin
- ☐ B. Delphine de Girardin
- ☐ C. Amantine Aurore Lucile Dupin

2654 **Quel est le véritable nom de l'écrivain Fred Vargas ?**

- ☐ A. Frédéric Beigbeder
- ☐ B. Frédérique Audoin-Rouzeau
- ☐ C. Frédérique Vargas

2655 **Jean-Paul Sartre fut :**

- ☐ A. Journaliste
- ☐ B. Metteur en scène
- ☐ C. Dramaturge
- ☐ D. Ministre

2656 **Qui était le marquis de Sade ?**

- ☐ A. Un écrivain contesté
- ☐ B. Un réalisateur de films X
- ☐ C. Un cousin de Louis XIV
- ☐ D. Un photographe
- ☐ E. Un critique littéraire

2657 **Cochez chaque affirmation exacte à propos d'Albert Camus :**

- ☐ A. Il a reçu le prix Nobel de littérature
- ☐ B. Il était algérien
- ☐ C. Il a écrit *L'Etre et le Néant*
- ☐ D. Il a été journaliste

2658 **Qui est J. K. Rowling ?**

- ☐ A. Un écrivain du XIXe siècle
- ☐ B. La créatrice d'Harry Potter
- ☐ C. Un auteur de pièces de théâtre
- ☐ D. Un membre de l'Académie française

2659 **Dans quel pays est née Amélie Nothomb ?**

- ☐ A. En Belgique
- ☐ B. Au Japon
- ☐ C. En France

2660 **Né à Paris en 1636, il est l'auteur des épîtres, lettres en vers adressées à son jardinier, aussi bien qu'à de grands personnages ou même au roi. Il s'agit de :**

- ☐ A. Blaise Pascal
- ☐ B. Jacques-Bénigne Bossuet
- ☐ C. Nicolas Boileau
- ☐ D. Jean Racine
- ☐ E. Toutes les solutions proposées sont bonnes
- ☐ F. Aucune de ces réponses n'est bonne

2661 **Né à Bordeaux en 1910 et décédé à Lausanne en 1987, cet auteur dramatique éclectique, épris de modernité et attentif à tirer parti du jeu et de l'espace scéniques, reste surtout célèbre pour ses transpositions audacieuses de tragédies antiques dans le monde contemporain, telle *Eurydice* (1942) et *Antigone* (1944). Il s'agit de :**

- ☐ A. Eugène Ionesco
- ☐ B. Marcel Aymé
- ☐ C. Jean Anouilh
- ☐ D. Jean Giraudoux
- ☐ E. Aucune de ces réponses n'est bonne

2662 **Quel écrivain français né en 1935, qui a notamment écrit *Des bleus à l'âme*, est décédé le 24 septembre 2004 ?**

- ☐ A. Nathalie Sarraute
- ☐ B. Hervé Bazin
- ☐ C. Robert Merle
- ☐ D. Françoise Sagan
- ☐ E. Aucune de ces réponses n'est bonne

2663 **Luigi Pirandello était :**

- ☐ A. Acteur
- ☐ B. Metteur en scène
- ☐ C. Auteur dramatique

2664 **Dans quelle ville est né l'écrivain Oscar Wilde ?**

- ☐ A. Londres
- ☐ B. New York
- ☐ C. Dublin
- ☐ D. San Francisco

2665 **Lequel de ces écrivains n'est pas américain ?**

- ☐ A. James Joyce
- ☐ B. John Steinbeck
- ☐ C. William Faulkner
- ☐ D. Ernest Hemingway

2666 **Cocher parmi les auteurs suivants ceux qui sont de nationalité américaine :**

- ☐ A. Ernest Hemingway
- ☐ B. John Steinbeck
- ☐ C. Fiodor Dostoïevski
- ☐ D. Johann Wolfgang von Goethe
- ☐ E. Miguel de Cervantes

2667 **Lequel de ces écrivains repose au Panthéon depuis 1996 ?**

- ☐ A. André Malraux
- ☐ B. Louis Aragon
- ☐ C. André Gide
- ☐ D. Albert Camus

2668 On a transféré au Panthéon, en novembre 2002, les cendres de :

- ☐ A. Alexandre Dumas
- ☐ B. Victor Hugo
- ☐ C. George Sand

2669 Parmi les événements culturels cités ci-dessous, lequel ne s'est pas produit en 2005 ?

- ☐ A. Le centenaire de la mort de Victor Hugo
- ☐ B. L'année mondiale de la littérature
- ☐ C. Le centenaire de la mort de Jules Verne
- ☐ D. L'année du Brésil en France
- ☐ E. Aucune de ces réponses n'est bonne

2670 Quelle est la première femme entrée à l'Académie française ?

- ☐ A. Nathalie Sarraute
- ☐ B. Marguerite Duras
- ☐ C. Marguerite Yourcenar
- ☐ D. Françoise Sagan

2671 Quel écrivain a suscité la polémique début 2011 à propos d'une possible commémoration de sa mort ?

- ☐ A. Honoré de Balzac
- ☐ B. Louis-Ferdinand Céline
- ☐ C. Emile Zola
- ☐ D. Jean-Paul Sartre
- ☐ E. Voltaire

2672 Quel acteur raconte de façon humoristique et tendre son aventure au sein du Théâtre du Soleil ?

- ☐ A. Daniel Mesguisch
- ☐ B. Pierre Arditi
- ☐ C. Philippe Caubère

2673 A quelle actrice associait-on Jean-Louis Barrault ?

- ☐ A. Edwige Feuillère
- ☐ B. Jacqueline Maillan
- ☐ C. Madeleine Renaud
- ☐ D. Elvire Popesco

2674 En 1951, quel acteur est l'inoubliable interprète du *Cid* et du *Prince de Hombourg* ?

- ☐ A. Daniel Sorano
- ☐ B. Gérard Philippe
- ☐ C. Jacques Dufiho
- ☐ D. Roger Blin

2675 Quel acteur a débuté au Café de la Gare ?

- ☐ A. Jacques Villeret
- ☐ B. André Dussolier
- ☐ C. Gérard Depardieu

2676 En 1998, au théâtre de l'Almeida à Londres, quelle actrice française interprète Ersilia dans la pièce de Pirandello *Vêtir ceux qui sont nus* ?

- ☐ A. Isabelle Adjani
- ☐ B. Juliette Binoche
- ☐ C. Clémentine Célarié

2677 Quel acteur et metteur en scène monta *L'Affaire du courrier de Lyon* ?

- ☐ A. Robert Hossein
- ☐ B. Daniel Mesguish
- ☐ C. Laurent Terzieff

6. La bande dessinee

2678 Georges Rémi (R.G.) dit Hergé, crée en 1929 une saga autour d'un personnage dont le nom est :

- ☐ A. Astérix
- ☐ B. Tintin
- ☐ C. Gaston Lagaffe

2679 Collaborateur d'Hergé, Edgar-Pierre Jacobs crée pour l'hebdomadaire *Tintin* une nouvelle série fantastique intitulée :

- ☐ A. *Amok*
- ☐ B. *Pif le chien*
- ☐ C. *Blake et Mortimer*

2680 Un petit gaulois donne son nom à la série imaginée par le tandem Goscinny-Uderzo. C'est :

- ☐ A. Obélix
- ☐ B. Abraraccourcix
- ☐ C. Capharnaüm
- ☐ D. Astérix

2681 Parmi ces quatre personnages, lequel est celui qui n'appartient pas à la série *Astérix et Obélix* ?

- ☐ A. Panoramix
- ☐ B. Assurancetourix
- ☐ C. Electronix
- ☐ D. Idéfix

2682 Le village gaulois d'*Astérix et Obélix* est situé :

- ☐ A. A Lutèce
- ☐ B. En Armorique
- ☐ C. En Aquitaine
- ☐ D. En Germanie

2683 Les ennemis qui menacent sans cesse les Gaulois d'*Astérix et Obélix* sont :

- ☐ A. Les Vikings
- ☐ B. Les Francs
- ☐ C. Les Romains
- ☐ D. Les Normands

2684 Obélix tire son pouvoir de sa chute dans :

- ☐ A. La potion magique
- ☐ B. Le fluide magique
- ☐ C. L'élixir magique
- ☐ D. L'eau bénite

2685 Quel est le prénom des quatre Daltons dans *Lucky Luke* ?

- ☐ A. John – Jack – William – Averell
- ☐ B. Jo – Jacky – William – Arwell
- ☐ C. Jo – Jack – William – Averell
- ☐ D. John – Jack – William – Arwell

2686 Une évolution notoire et « signe des temps » marque le graphisme du personnage de *Lucky Luke* dans les années 1980. Laquelle ?

- ☐ A. La suppression de la cigarette
- ☐ B. Les lunettes de soleil
- ☐ C. L'apparition de la casquette
- ☐ D. Le colt laser

2687 Le personnage rond et prétentieux qui traduit l'humour incisif de Greg en 1963 est :

- ☐ A. Achille Talon
- ☐ B. Philémon
- ☐ C. Bristow

2688 Ce personnage de BD dont les compagnons sont De Mesmaeker, Prunelle, Lebrac, Boulier et Mlle Jeanne se nomme :

- ☐ A. Benoît Brisefer
- ☐ B. Gaston Lagaffe
- ☐ C. Les Schtroumpfs
- ☐ D. Uncle Scrooge McDuck dit Picsou

2689 Iznogoud, héros de l'album de Goscinny et de Tabary, est un vizir. Son homme à tout faire est :

- ☐ A. Hroun-el-Poussah
- ☐ B. Pulmankar
- ☐ C. Dilat-Laraht

2690 Lequel de ces héros de bande dessinée n'est pas né de l'imagination d'un dessinateur belge ?

- ☐ A. Gaston Lagaffe
- ☐ B. Lucky Luke
- ☐ C. Iznogoud
- ☐ D. Tintin
- ☐ E. Aucune de ces réponses n'est bonne

2691 En 1908, Louis Forton fait paraître un trio du nom de :

- ☐ A. Les Enfants terribles
- ☐ B. Les Pieds-Nikelés
- ☐ C. Les Schtroumpfs

2692 Parmi ces quatre personnages, lequel n'appartient pas aux *Pieds-Nickelés* ?

- ☐ A. Croquignol
- ☐ B. Ribouldingue
- ☐ C. Filochard
- ☐ D. Spirou

2693 Jean-Claude Tronchet produit en 1983 ce personnage aventurier en charentaises, complètement loufoque et hilarant :

- ☐ A. Bernard Lermitte
- ☐ B. Raymond Calbuth
- ☐ C. Gros Dégueulasse

2694 Compagnon de Mickey, ce personnage est un exemple d'évolution du graphisme dans le temps :

- ☐ A. Babar
- ☐ B. Pinocchio
- ☐ C. Donald Duck

2695 Benjamin Rabier donne vie en 1923 au canard :

- ☐ A. Gédéon
- ☐ B. Donald Duck
- ☐ C. Garfield

2696 A partir de 1941, une spécificité caractérise *Le Journal de Spirou* :

- ☐ A. Les récits d'exploits d'hommes en guerre en BD
- ☐ B. Les grandes légendes en BD
- ☐ C. Les grandes inventions en BD
- ☐ D. Les biographies en BD

2697 Le vrai prénom de *XIII*, héros du best-seller de la bande dessinée de Jean Van Hamme et de William Vance est :

- ☐ A. Jones
- ☐ B. Benjamin
- ☐ C. Jason

2698 Qui est l'auteur de la bande dessinée intitulée *Les frustrés* ?

- ☐ A. Jean-Marc Reiser
- ☐ B. Albert Uderzo
- ☐ C. Claire Bretécher
- ☐ D. Georges Wolinski
- ☐ E. Aucune de ces réponses n'est bonne

2699 La BD créée par Charles Monroe Schulz en 1950 qui réunit les personnages de Charlie Brown et de l'oiseau Woodstock s'intitule :

- ☐ A. *Akim*
- ☐ B. *Peanuts*
- ☐ C. *The Beagle Boys*

2700 On peut dire de ce personnage qu'il est la première star du comic-strip :

- ☐ A. Barney Google
- ☐ B. Winnie Winkle
- ☐ C. Felix the cat
- ☐ D. Tarzan

2701 Quel personnage central d'une BD italienne a pour amis le vieillard ivrogne Davy Crockett et la jeune brunette Calamity Jane ?

- ☐ A. Blek le Roc
- ☐ B. Joe Dalton
- ☐ C. Pecos Bill

2702 J.-M. Charlier et J.-G. réalisent, en 1963, la première BD western inexplorée en France avec :

- ☐ A. *Blueberry*
- ☐ B. *Jerry Spring*
- ☐ C. *Il était une fois dans l'Ouest*

2703 Ce petit garçon qui vit dans un monde fantastique peuplé de chiens dotés de la parole et apeurés par leur ombre s'appelle :

- ☐ A. Boule
- ☐ B. Barnaby
- ☐ C. Gaston Lagaffe

2704 Les albums *Vive les Femmes, Jeanine, Gros Dégueulasse* ont été créés par :

- ☐ A. Cabu
- ☐ B. Claire Brétecher
- ☐ C. Cavanna
- ☐ D. Jean-Marc Reiser

2705 Sous quel pseudonyme se produit Georges Bernier dans *Hara-Kiri* ?

- ☐ A. Cabu
- ☐ B. Giem
- ☐ C. Le professeur Choron
- ☐ D. Wolinski

2706 La première grande héroïne féministe créée en 1969 dans *Pilote* par Claire Bretécher, l'humoriste-sociologue, s'appelle :

- ☐ A. Cellulite
- ☐ B. Rondouillarde
- ☐ C. Bobonne
- ☐ D. Pulpeuse

2707 Sur le thème de l'avenir totalitaire, *Péché mortel* de Béhé et Toff projette dans une société intolérante le drame :

- ☐ A. De la guerre
- ☐ B. Du sida
- ☐ C. De la pauvreté
- ☐ D. De l'exclusion

2708 Ce héros des continents perdus et des cités mystérieuses qui fut adapté par deux fois à l'écran par De Laurentiis avec Arnold Schwarzenegger se nomme :

- ☐ A. Dracula
- ☐ B. Méphisto Phélès
- ☐ C. D'Artagnan
- ☐ D. Conan

2709 Cet enfant terrible, reflet des milieux bourgeois de l'époque, sort en 1916 sous le titre *Just Boy* et s'appelle :

- ☐ A. Elmer
- ☐ B. Felix the Cat
- ☐ C. Barney Google

2710 Cette BD de science-fiction française a été portée à l'écran en 1968 par Roger Vadim :

- ☐ A. *Epoxy*
- ☐ B. *Barbarella*
- ☐ C. *2001 : l'Odyssée de l'espace*
- ☐ D. *Orange mécanique*

2711 Quel animal de BD est le compagnon-leader de Tonton, Dada et Doudou ?

- ☐ A. Felix the Cat
- ☐ B. Pif le chien
- ☐ C. Lassie

2712 *Les Passagers du vent* paru en 1979 est de :

- ☐ A. François Bourgeon
- ☐ B. Moébius
- ☐ C. Jacques Tardi

2713 Le policier créé par Chester Gould est interprété par Warren Beatty au cinéma est :

- ☐ A. Garfield
- ☐ B. Dick Tracy
- ☐ C. Colombo

2714 L'univers de Franck Margerin qui est celui de la banlieue des Sixties apparaît en 1979 dans *Métal hurlant* avec :

- ☐ A. Gérard
- ☐ B. Bobby
- ☐ C. Lucien

2715 Gai-Luron de Marcel Gotlib naît en 1964 dans *Vaillant* puis disparaît pour renaître en 1986 dans :

- ☐ A. *Hara-Kiri*
- ☐ B. *Phosphore*
- ☐ C. *Fluide glacial*
- ☐ D. *Le Monde*

2716 Quel est le terme anglo-saxon qui désigne la bande dessinée ?

- ☐ A. Comics
- ☐ B. Book
- ☐ C. Marvel
- ☐ D. BD

2717 En 1957, le pilote automobile qui naît de l'imagination du belge Jean Graton est :

- ☐ A. Laverdure
- ☐ B. Jim Clark
- ☐ C. Michel Vaillant
- ☐ D. Graham Hill

2718 **Christophe révolutionne la figuration narrative en faisant paraître en 1889 :**

☐ A. *Le Chat noir*
☐ B. *Le Petit Illustré*
☐ C. *La Famille Fenouillard*

2719 **Raoul Cauvin et Marc Hardy créent en 1983 une série qui comprend notamment *Histoires d'Os, Des Os Pilant, Dégâts des Os*, dont le personnage principal est :**

☐ A. Le gardien-fossoyeur Pierre Tombal
☐ B. Le curé-croquemort Osso Bucco
☐ C. L'éternel survivant Encorla
☐ D. Le pissenlit Parlaracine

2720 **En 1905, *Bécassine*, jeune fille ingénue et crédule, irrite fortement :**

☐ A. Les Auvergnats
☐ B. Les Bretons
☐ C. Les Basques
☐ D. Les Parisiens

2721 **Les personnages japonais des mangas ont en général :**

☐ A. Des yeux bridés
☐ B. Des traits occidentaux avec de grands yeux
☐ C. Des cheveux frisés

2722 **Créé par le poète et écrivain de romans policiers Léo Malet, ce personnage de détective repris par Tardi en BD se nomme :**

☐ A. Maigret
☐ B. San-Antonio
☐ C. Nestor Burma
☐ D. Bourrel

2723 **La saga de BD *Corto Maltese* a été créée par :**

☐ A. Marcel Gotlib
☐ B. René Goscinny
☐ C. Hugo Pratt
☐ D. Cabu

13. PHILOSOPHIE ET SCIENCES HUMAINES (SOCIOLOGIE, PSYCHOLOGIE, LINGUISTIQUE, ANTHROPOLOGIE)

Ce chapitre est composé de **5 sections** pour un total de **102 questions**.

1. Auteurs, œuvres et citations philosophiques
2. Les grands concepts en philosophie
3. Sociologie
4. Psychologie
5. Peuples et langues du monde

[A SAVOIR !]

110 Les numéros de questions de ce type signifient qu'il n'y a qu'une seule et unique réponse juste à la question posée.

111 Les numéros de questions de ce type signifient qu'il y a **plusieurs (2 ou plus) réponses possibles justes à la question**.

[UN CONSEIL IMPORTANT]

Nous vous conseillons vivement de répondre à toutes les questions d'une section avant d'en découvrir les solutions. L'erreur consiste en effet généralement à traiter une question et à vérifier aussitôt la réponse parce que l'on veut s'assurer d'avoir trouvé la réponse juste ou parce que l'on est impatient de la découvrir dans le cas où on ne la connaît pas. Si vous souhaitez sérieusement progresser, vous devez absolument vous imprégner du thème traité par la section et répondre d'un trait à toutes les questions d'une section.

[QUELQUES MOTS SUR...]

1. La philosophie [LAROUSSE]

Ensemble de conceptions portant sur les principes des êtres et des choses, sur le rôle de l'homme dans l'univers, sur Dieu, sur l'histoire et, de façon générale, sur tous les grands problèmes de la métaphysique. Les significations que la philosophie a revêtues ont toujours été tributaires de l'histoire idéologique et sociale. Initialement synonyme de « savoir », dans la mesure où elle occupait, toutes choses égales par ailleurs, le rôle aujourd'hui dévolu aux sciences exactes et aux sciences humaines, la philosophie, en proposant, en conséquence de ce savoir, des règles de conduite aux individus et des formes d'organisation à la cité, a exercé sur le devenir des sociétés une influence plus ou moins sensible, plus ou moins acceptée par les pouvoirs et institutionnalisée selon les circonstances et les époques. Les moyens dont elle dispose sont, d'une part, des catégories – distinctes des concepts scientifiques –, comme celles d'Etat, de vertu, de pratique, etc., qu'elle élabore en s'efforçant de les démarquer des opinions confuses, et d'autre part, des méthodes, comme la dialectique (Platon, Hegel, Marx) ou l'ordre géométrique (Spinoza).

2. Les sciences humaines [WIKIPEDIA]

Selon les définitions simplifiées des dictionnaires, les sciences humaines ont pour objet d'étude ce qui concerne les cultures humaines, leur histoire, leurs réalisations, leurs modes de vie et leurs comportements individuels et sociaux, tandis que les sciences sociales auraient pour objet d'étude les sociétés humaines. Les sciences humaines et sociales s'opposent ainsi aux sciences de la nature de l'environnement. Celles-ci reconduisant ainsi, d'une certaine façon, l'opposition à l'âge classique entre la philosophie naturelle et la philosophie morale (qui incluait aussi la sociologie, la politique, l'économique, etc.). L'expression anglaise de « science sociale » ferait sa première apparition en 1824, dans un livre du coopératiste William Thompson.

Le problème principal, et commun, qu'ont à affronter les sciences dites sociales ou/et humaines est celui de la méthode à suivre afin d'atteindre une objectivité relative à l'espèce humaine. L'objet d'étude coïncide en effet avec la culture du sujet qui l'analyse. Ce problème se confond donc avec de nombreux débats en épistémologie concernant les critères de scientificité et d'objectivité, à supposer qu'on puisse identifier les deux. Cette objectivité des sciences humaines et sociales est structurée autour de plusieurs principes fondamentaux : la neutralité axiologique, théorisée par Max Weber ; la distinction faits-valeurs et le vérificationnisme, théorisés par le Cercle de Vienne et formulés précisément par Alfred Ayer et Carnap ; Karl Popper s'est ensuite substitué au critère de réfutabilité, qui demeure en débat aujourd'hui.

3. La psychologie [LAROUSSE]

La psychologie étudie le comportement et les motivations de l'être humain d'un point de vue aussi bien intérieur qu'extérieur. Pendant longtemps, elle a constitué une branche de la philosophie. Si le pionnier de la psychologie expérimentale est le psychologue allemand Theodor Fechner (1801-1887), c'est à Sigmund Freud que revient le mérite d'avoir élaboré, avec la psychanalyse, une théorie globale du psychisme et une méthode thérapeutique fondée sur un principe de causalité psychique. Les principales écoles dont s'inspire la psychologie moderne sont la psychanalyse (freudienne, jungienne, adlérienne), la phénoménologie, le béhaviorisme, les théories dites « systémiques » (étudiant les interactions sociales, le mécanisme des relations entre individus, etc.). Les développements et les applications de la psychologie sont devenus considérables : celle-ci dépasse aujourd'hui largement le cadre de la pathologie pour s'étendre à des activités aussi diverses que la pédagogie, la formation professionnelle, l'art, la publicité ou simplement le désir de mieux se connaître (psychologie humaniste). La formation psychologique du médecin est indispensable. Il existe aussi des psychologues cliniciens.

1. Auteurs, œuvres et citations philosophiques

2724 Qui fut un philosophe grec néo-platonicien ?

- ☐ A. Plotin
- ☐ B. Le marquis de Sade
- ☐ C. Celse
- ☐ D. Erasme

2725 Quand est mort Confucius ?

- ☐ A. En 1551 avant notre ère
- ☐ B. En 479 avant notre ère
- ☐ C. En 1551

2726 Qui a écrit l'*Apologie de Socrate* ?

- ☐ A. Platon
- ☐ B. Socrate
- ☐ C. Gorgias

2727 Quel est le dialogue de Platon qui évoque l'origine, la nature de l'âme, qui réfléchit sur la valeur du discours et fait le procès de l'écriture ?

- ☐ A. *Le Banquet*
- ☐ B. *Ménon*
- ☐ C. *Gorgias*
- ☐ D. *Phèdre*

2728 Quel est le dialogue de Platon relatif à la rhétorique et au pouvoir ?

- ☐ A. *Le Banquet*
- ☐ B. *Ménon*
- ☐ C. *Gorgias*
- ☐ D. *Phèdre*

2729 Dans quelle œuvre Platon parle-t-il des trois lits ?

- ☐ A. *Apologie de Socrate*
- ☐ B. *Gorgias*
- ☐ C. *Ion*
- ☐ D. *La République*

2730 Dans quelle œuvre Platon montre que les poètes, inspirés par l'imagination, n'ont pas leur place dans l'ordre idéal et rationnel de la cité ?

- ☐ A. *Apologie de Socrate*
- ☐ B. *Gorgias*
- ☐ C. *Ion*
- ☐ D. *La République*

2731 Qui a introduit les distinctions de la matière et de la forme, de la puissance et de l'acte ?

- ☐ A. Citron
- ☐ B. Zénon
- ☐ C. Xénon
- ☐ D. Aristote

2732 Quel philosophe français a écrit *Surveiller et punir* ?

- ☐ A. Gilles Deleuze
- ☐ B. Michel Foucault
- ☐ C. Jacques Derrida
- ☐ D. René Descartes

2733 Qui fonda l'école du scepticisme ?

- ☐ A. Socrate
- ☐ B. Erasme
- ☐ C. Pyrrhon

2734 Qui a développé le cogito ?

- ☐ A. Socrate
- ☐ B. Blaise Pascal
- ☐ C. René Descartes

2735 L'inventeur du mot utopie est :

- ☐ A. Platon
- ☐ B. Aristote
- ☐ C. Thomas More
- ☐ D. Tommaso Campanella
- ☐ E. Jean-Jacques Rousseau

2736 Machiavel était :

- ☐ A. Français
- ☐ B. Italien
- ☐ C. Anglais
- ☐ D. Espagnol

2737 Philosophe, mathématicien et physicien français, né en 1596, mort en 1650, auteur du *Discours de la méthode*, il a énoncé le principe : « Je pense donc je suis ». Il s'agit de :

- ☐ A. Denis Diderot
- ☐ B. René Descartes
- ☐ C. Blaise Pascal
- ☐ D. Jean le Rond d'Alembert

2738 Né en 1689, fils d'un magistrat, président du parlement de Bordeaux, il écrit *De l'esprit des lois*. Il est contre l'absolutisme et expose la théorie de la séparation des trois pouvoirs (exécutif, législatif, judiciaire). Il s'agit de :

- ☐ A. Denis Diderot
- ☐ B. Voltaire
- ☐ C. Montesquieu
- ☐ D. Jean-Jacques Rousseau

2739 Quels sont les auteurs de *L'Encyclopédie* parue entre 1751 et 1772 ?

- ☐ A. Denis Diderot et Voltaire
- ☐ B. Voltaire et Jean le Rond d'Alembert
- ☐ C. Denis Diderot et Jean le Rond d'Alembert
- ☐ D. Jean-Jacques Rousseau et Voltaire

2740 Qui a écrit *De l'inconvénient d'être né* ?

- ☐ A. Emil Cioran
- ☐ B. Friedrich Nietzsche
- ☐ C. René Descartes

2741 Quel texte fut écrit par le baron d'Holbach ?

- ☐ A. *Du contrat social*
- ☐ B. *Le Rire*
- ☐ C. *Le Christianisme dévoilé*

2742 Quel philosophe allemand a écrit *Ainsi parlait Zarathoustra* ?

- ☐ A. Friedrich Nietzsche
- ☐ B. Hans Blumenberg
- ☐ C. John Locke

2743 Parmi les philosophes suivants lequel voulait être reconnu aussi comme musicien ?

- ☐ A. René Descartes
- ☐ B. Baruch Spinoza
- ☐ C. Aristote
- ☐ D. Jean-Jacques Rousseau

2744 Qui a pu rencontrer Jean-Jacques Rousseau ?

- ☐ A. Charles Baudelaire
- ☐ B. Jean le Rond d'Alembert
- ☐ C. Emile Zola
- ☐ D. Pierre de Marivaux

2745 **Quelle proposition cite uniquement des auteurs du XVIIIe siècle ?**

- ☐ A. Lamartine – Montesquieu – Rousseau – Descartes
- ☐ B. Diderot – D'Alembert – Fénelon – Laclos
- ☐ C. Laclos – Montesquieu – Crébillon – Voltaire
- ☐ D. Diderot – Rabelais – Rousseau – Voltaire

2746 **De quelles œuvres Jean-Jacques Rousseau est-il l'auteur ?**

- ☐ A. *Du contrat social*
- ☐ B. *De l'esprit des lois*
- ☐ C. *La Cité antique*
- ☐ D. *La Nouvelle Héloïse*

2747 **Indiquez chaque œuvre écrite par Voltaire :**

- ☐ A. *De l'esprit des lois*
- ☐ B. *Le Dictionnaire philosophique*
- ☐ C. *Les Lettres persanes*
- ☐ D. *Zadig*

2748 **Quelle œuvre n'est pas de Voltaire ?**

- ☐ A. *Lettres philosophiques*
- ☐ B. *Traité sur la tolérance*
- ☐ C. *Discours sur l'origine de l'inégalité*
- ☐ D. *Zadig*

2749 **Lequel de ces ouvrages n'a pas été écrit par Karl Marx ?**

- ☐ A. *Manifeste du Parti communiste*
- ☐ B. *Libéralisme et révolution*
- ☐ C. *L'Etat et la révolution*

2750 **Le nom de Jean-Paul Sartre est associé à une philosophie. Laquelle ?**

- ☐ A. Le pessimisme
- ☐ B. L'existentialisme
- ☐ C. Le jansénisme
- ☐ D. Le cartésianisme

2751 **Concernant Hannah Arendt :**

- ☐ A. Elle est connue pour ses travaux sur l'activité politique, le totalitarisme et la modernité
- ☐ B. Elle s'inspire de nombreux autres penseurs pour construire sa philosophie, notamment Aristote, Augustin, Emmanuel Kant
- ☐ C. Elle écrit *Les Origines du totalitarisme*
- ☐ D. Elle reçoit le prix Nobel de la paix en 1965

2752 **Concernant Simone Weil :**

- ☐ A. Elle est allemande
- ☐ B. Elle est agrégée de philosophie
- ☐ C. Elle a écrit *La Condition ouvrière*
- ☐ D. Elle s'exprime avec beaucoup de lucidité sur la montée du nazisme et ses conséquences

2753 **Quel est le nom du philosophe français auteur de l'ouvrage *Le Crépuscule d'une idole*, qui constitue une virulente critique à l'encontre de Sigmund Freud et de la psychanalyse ?**

- ☐ A. Etienne Balibar
- ☐ B. Alain Badiou
- ☐ C. François Chatelet
- ☐ D. Michel Onfray

2754 Le lycée désignait le cercle philosophique de :

- ☐ A. Epicure
- ☐ B. Démocrite
- ☐ C. Parménide
- ☐ D. Aristote

2755 L'Etat est une réalité d'ordre naturel et rationnel pour :

- ☐ A. Aristote
- ☐ B. Blaise Pascal
- ☐ C. Saint Thomas
- ☐ D. Saint Augustin

2756 Qui est le fondateur de l'idéalisme transcendantal ?

- ☐ A. Emmanuel Kant
- ☐ B. John Locke
- ☐ C. Jean-Paul Sartre

2757 Qui a créé l'école philosophique du stoïcisme ?

- ☐ A. Bouddha
- ☐ B. Confucius
- ☐ C. Zénon

2758 Pour Sigmund Freud, la religion est :

- ☐ A. Une névrose obsessionnelle
- ☐ B. L'opium du peuple
- ☐ C. La seule force de volonté des faibles
- ☐ D. Une forme de rêve réveillé

2759 « Nous sommes dans le monde, mais nous ne sommes pas du monde ». Cette phrase est-elle :

- ☐ A. Dans le *De Vita Beata* de Sénèque
- ☐ B. Dans le *De Officiis* de Cicéron
- ☐ C. Dans l'Evangile
- ☐ D. Dans le *De Brevitate Vitae* de Sénèque

2760 « Jésus est un Dieu véritablement caché » est une citation de :

- ☐ A. Karl Marx
- ☐ B. Saint François
- ☐ C. Emile Combes
- ☐ D. Blaise Pascal

2761 Quel philosophe français a déclaré : « Si les hommes savaient ce qu'ils disent les uns des autres, il n'y aurait pas quatre amis au monde » ?

- ☐ A. Michel Foucault
- ☐ B. Raymond Aron
- ☐ C. Blaise Pascal
- ☐ D. Voltaire

2762 Qui a dit : « La liberté est le droit de faire tout ce que les lois permettent » ?

- ☐ A. Charles de Gaulle
- ☐ B. Michel de Montaigne
- ☐ C. Denis Diderot
- ☐ D. Montesquieu

2763 Qui a écrit « Le cœur a ses raisons que la raison ne connaît pas » ?

- ☐ A. François de La Rochefoucauld
- ☐ B. Molière
- ✓ ☐ C. Blaise Pascal
- ☐ D. Michel de Montaigne

2764 Qui a dit : « La grandeur de l'homme est grande en ce qu'il se connaît misérable » ?

- ☐ A. François de La Rochefoucauld
- ☐ B. Molière
- ☐ C. Blaise Pascal

2765 L'auteur de la formule « Le rire est le propre de l'homme » est :

- ☐ A. François Rabelais
- ☐ B. Michel de Montaigne
- ☐ C. Blaise Pascal
- ☐ D. Voltaire
- ☐ E. Henri Bergson

2766 Par l'analyse de quel tableau Michel Foucault commence-t-il *Les Mots et les choses* ?

- ☐ A. *Les Ménines* de Diego Velasquez
- ☐ B. *Guernica* de Pablo Picasso
- ☐ C. Les deux

2767 Quelle citation n'est pas attribuée à Lao-Tseu ?

- ☐ A. « Celui qui sait obéir saura ensuite commander »
- ☐ B. « L'absence de désir, c'est la paix »
- ☐ C. « Le plus grand malheur est de vouloir toujours acquérir »

2. Les grands concepts en philosophie

2768 La morale des stoïciens impliquait :

- ☐ A. Le désengagement sceptique
- ☐ B. La vertu, la sagesse
- ☐ C. L'exercice de la volonté et de la liberté
- ☐ D. L'engagement dans la cité

2769 Le scepticisme impliquait :

- ☐ A. L'apathie
- ☐ B. L'ataraxie
- ☐ C. L'eudémonisme
- ☐ D. L'amour de la retraite

2770 Le panthéisme :

- ☐ A. Est l'assimilation de Dieu à la nature
- ☐ B. Est la réunion de tous les dieux
- ☐ C. Est le culte du dieu Pan
- ☐ D. Est le culte de grands hommes inhumés au Panthéon

2771 Comment appelle-t-on l'art de la rhétorique pratiqué par les sophistes de la Grèce antique ?

- ☐ A. L'exorde
- ☐ B. La sophistique
- ☐ C. La disputatio
- ☐ D. La péroraison

2772 Les méthodes enseignées dans les universités médiévales se nommaient :

- ☐ A. La disputatio
- ☐ B. La théodicée
- ☐ C. La scolastique
- ☐ D. Le millénarisme
- ☐ E. Le messianisme

2773 La querelle médiévale sur la connaissance et la vérité fut appelée la querelle des :

- ☐ A. Impériaux
- ☐ B. Anciens et Modernes
- ☐ C. Bouffons
- ☐ D. Universaux

2774 Les concepts universels ont-ils une réalité leur correspondant ? Les intellectuels médiévaux ont répondu par :

- ☐ A. Le criticisme
- ☐ B. Le réalisme
- ☐ C. Le nominalisme
- ☐ D. La dialectique

2775 Comment appelle-t-on l'art du dialogue entre deux personnes d'avis divergents ?

- ☐ A. La rhétorique
- ☐ B. La dialectique
- ☐ C. L'argumentation

2776 La doctrine qui pose la raison discursive comme seule source possible de toute connaissance réelle est :

- ☐ A. Le rationalisme
- ☐ B. Le scepticisme
- ☐ C. Le réalisme

2777 Quel courant de pensée apparu à la Renaissance consiste à valoriser l'homme et à le placer au centre de son univers ?

- ☐ A. L'humanisme
- ☐ B. L'idéalisme
- ☐ C. L'épicurisme

2778 Qu'est-ce que l'hominisme ?

- ☐ A. Un mouvement d'hommes se déclarant supérieur aux femmes
- ☐ B. Un mouvement qui intègre la préoccupation de la condition masculine à la préoccupation de la condition humaine en général
- ☐ C. Une philosophie basée sur l'amour de l'être humain

2779 Quelle doctrine considère l'esprit comme une réalité irréductible et première ?

- ☐ A. Le spiritualisme
- ☐ B. Le spiritisme
- ☐ C. L'humanisme

2780 Quel est le but premier du philosophe des Lumières ?

- ☐ A. Réfléchir sur le monde
- ☐ B. Faire progresser le monde
- ☐ C. Etre un sage

2781 L'existentialisme est un courant philosophique né :

- ☐ A. Au XXe siècle
- ☐ B. Au début du XIXe siècle
- ☐ C. Au XVIIIe siècle
- ☐ D. Au XVIIe siècle

2782 Sigmund Freud a inventé une discipline connue sous le nom de :

- ☐ A. La psychologie
- ☐ B. La sociologie
- ☐ C. La psychanalyse
- ☐ D. La neurologie

2783 Parmi les termes suivants, lequel n'est pas un concept freudien ?

- ☐ A. Le complexe d'Œdipe
- ☐ B. La libido
- ☐ C. La volonté de puissance
- ☐ D. La sublimation
- ☐ E. Aucune de ces réponses n'est bonne

3. Sociologie

2784 Quelle affirmation est exacte ? La sociologie...

- ☐ A. Est trop récente pour être une science
- ☐ B. Comprend plusieurs courants contradictoires, donc ne peut être une science
- ☐ C. N'est pas une science car elle est faite par des agents sociaux
- ☐ D. Aucune de ces réponses n'est bonne

2785 La récolte des données en sociologie, c'est :

- ☐ A. Une science
- ☐ B. Une utopie
- ☐ C. Un moment de la recherche
- ☐ D. Un outil statistique

2786 Quelles sont les propositions fausses ?

- ☐ A. La sociologie présente des théories parfois contradictoires
- ☐ B. L'espace est une construction sociale
- ☐ C. La sociologie cherche avant tout à analyser les grands problèmes de société, pas des situations concrètes
- ☐ D. La sociologie s'occupe surtout des groupes, pas des individus

2787 Qu'est-ce que l'holisme ?

- ☐ A. Un courant qui postule que l'être humain forme l'essence de sa vie par ses propres actions
- ☐ B. Une pensée qui exige que les phénomènes collectifs doivent être décrits et expliqués à partir des propriétés et des actions des individus et de leurs interactions mutuelles
- ☐ C. Une pensée qui tend à expliquer les parties à partir du tout

2788 Quel sociologue reconnu décède en 2002 ?

- ☐ A. Pierre Bourdieu
- ☐ B. Claude Lévi-Strauss
- ☐ C. Jacques Lacan

2789 Concernant Alexis de Tocqueville :

- ☐ A. Il vit au XVIIIe siècle
- ☐ B. Il part étudier la démocratie américaine
- ☐ C. Il défend la liberté individuelle et l'égalité politique
- ☐ D. Il est considéré comme un penseur marxiste

2790 Concernant Max Weber :

- ☐ A. Il est autrichien
- ☐ B. Il est considéré comme le fondateur de la sociologie compréhensive
- ☐ C. Il a écrit *L'Ethique protestante* et *L'Esprit du capitalisme*
- ☐ D. Toutes les réponses sont bonnes

2791 A quel fait social le sociologue Emile Durkheim consacre-t-il un ouvrage en 1897 ?

- ☐ A. Le suicide
- ☐ B. L'athéisme
- ☐ C. La révolution
- ☐ D. L'exploitation ouvrière

2792 Qui développe le concept d'habitus ?

- ☐ A. Pierre Bourdieu
- ☐ B. Raymond Boudon
- ☐ C. Emile Durkheim
- ☐ D. Michel Weber

2793 Pierre Bourdieu distingue quatre types de capitaux fondamentaux, notamment :

- ☐ A. Le capital économique
- ☐ B. Le capital intellectuel
- ☐ C. Le capital culturel
- ☐ D. Le capital symbolique
- ☐ E. Le capital humain

2794 Qui a écrit *Les héritiers : les étudiants et la culture* ?

- ☐ A. Pierre Bourdieu
- ☐ B. Emile Durkheim
- ☐ C. Jean-Claude Passeron
- ☐ D. Henri Mendras

2795 A qui doit-on le concept de la toupie qui est une modélisation graphique du concept de moyennisation ?

- ☐ A. Raymond Boudon
- ☐ B. Marie Mendras
- ☐ C. Christian Baudelot
- ☐ D. Alain Touraine

2796 Qui a écrit *L'Inégalité des chances* ?

- ☐ A. Pierre Bourdieu
- ☐ B. Raymond Boudon
- ☐ C. Jean-Claude Passeron
- ☐ D. Alain Touraine

2797 Concernant Raymond Boudon :

- ☐ A. C'est un sociologue belge
- ☐ B. Il a vécu au XIXe siècle
- ☐ C. Il est le chef de file de l'individualisme méthodologique
- ☐ D. Il se réclame d'Emile Durkheim et d'Alexis de Tocqueville

2798 Concernant Jacques Ellul :

- ☐ A. Il écrit *Le Système technicien*
- ☐ B. Ses thèmes de réflexion sont notamment la liberté et la technique
- ☐ C. Dans les années 1970, ses ouvrages sont largement promus par de nombreux intellectuels
- ☐ D. Sa devise est : « Exister, c'est résister »

4. Psychologie

2799 Qui est le fondateur de la psychologie analytique ?

- ☐ A. Carl Gustav Jung
- ☐ B. Sigmund Freud
- ☐ C. Jacques Lacan

2800 A qui doit-on le concept d'archétype ?

- ☐ A. Sigmund Freud
- ☐ B. Jacques Lacan
- ☐ C. Carl Gustav Jung

2801 Qu'est-ce que l'hystérie ?

- ☐ A. Une phobie
- ☐ B. Une névrose
- ☐ C. Une psychose

2802 Qui inventa le premier test d'intelligence ?

- ☐ A. David Wechsler
- ☐ B. Alfred Binet
- ☐ C. Aucune de ces réponses n'est bonne

2803 Quels sont les 3 stades par lequel l'enfant passe au cours de son développement psychique ?

- ☐ A. Anal, oral, moral
- ☐ B. Oral, phallique, normal
- ☐ C. Oral, anal, phallique

5. Peuples et langues du monde

2804 Comment appelle-t-on la science qui étudie de façon descriptive les différentes communautés ethniques ?

- ☐ A. L'historiographie
- ☐ B. L'ethnographie
- ☐ C. L'ethnologie
- ☐ D. La sociologie

2805 Parmi ces trois propositions concernant l'épistémologie, laquelle est fausse ?

- ☐ A. C'est une méthode pour décrypter les textes anciens
- ☐ B. C'est une réflexion philosophique et critique sur la science
- ☐ C. C'est une théorie de la connaissance

2806 La science chargée d'étudier l'origine des mots s'appelle :

- ☐ A. La sémantique
- ☐ B. La graphologie
- ☐ C. L'étymologie
- ☐ D. La phonétique

2807 Où les anthropologues situent-ils la naissance de l'humanité ?

- ☐ A. En Amérique
- ☐ B. Au sud de l'Amérique
- ☐ C. En Asie
- ☐ D. A l'ouest du Sénégal

2808 Qui était Alain Bentolila ?

- ☐ A. Un journaliste
- ☐ B. Un linguiste
- ☐ C. Un ethnologue
- ☐ D. Un philosophe

2809 Comment appelle-t-on les signes qui composent l'écriture maya ?

- ☐ A. Les glyphes
- ☐ B. Les hiéroglyphes
- ☐ C. Les phonèmes
- ☐ D. Les kanjis

2810 Comment appelle-t-on un caractère chinois ?

- ☐ A. Un idéogramme
- ☐ B. Un pictogramme
- ☐ C. Un phonogramme
- ☐ D. Un logogramme

2811 Quel est l'alphabet utilisé pour écrire le turc aujourd'hui ?

- ☐ A. L'alphabet arabe
- ☐ B. L'alphabet latin
- ☐ C. L'alphabet de l'Orkhon
- ☐ D. L'alphabet ottoman

2812 Selon les estimations, combien de langues environ compterait-on dans le monde ?

- ☐ A. Entre 120 et 250
- ☐ B. Entre 500 et 1 000
- ☐ C. Entre 1 000 et 2 500
- ☐ D. Entre 3 000 et 7 000
- ☐ E. Entre 7 500 et 10 000

2813 La langue la plus parlée dans le monde est :

- ☐ A. L'anglais
- ☐ B. L'espagnol
- ☐ C. L'hindi
- ☐ D. Le mandarin

2814 A combien d'individus sont estimés les francophones dans le monde ?

- ☐ A. 80 millions
- ☐ B. 260 millions
- ☐ C. 400 millions

2815 Combien de personnes parlent le Breton ?

- ☐ A. Environ 30 000
- ☐ B. Environ 120 000
- ☐ C. Environ 200 000
- ☐ D. Environ 450 000

2816 Quelle est la langue parlée au Brésil ?

- ☐ A. Le portugais
- ☐ B. L'espagnol
- ☐ C. L'anglais
- ☐ D. Le français

2817 Quelles sont les langues officielles du Soudan ?

- ☐ A. L'anglais
- ☐ B. L'arabe
- ☐ C. Le soudanais
- ☐ D. Le français

2818 Quel peuple a inventé le premier alphabet ?

- ☐ A. Les Ugarits
- ☐ B. Les Sumériens
- ☐ C. Les Phéniciens

2819 Quelles sont les langues parlées en Israël ?

- ☐ A. L'hébreu
- ☐ B. L'arabe
- ☐ C. L'anglais
- ☐ D. Le sanscrit

2820 Laquelle de ces langues n'est pas une langue morte ?

- ☐ A. Le gaulois
- ☐ B. L'hébreu
- ☐ C. Le latin
- ☐ D. Le slovince

2821 Le copte est une langue :

- ☐ A. Afro-asiatique
- ☐ B. Sumérienne
- ☐ C. Scandinave

2822 Le romanche, quatrième langue nationale Suisse est en usage dans le canton :

- ☐ A. Du Valais
- ☐ B. Du Jura
- ☐ C. Des Grisons
- ☐ D. De Berne

2823 Les Kalmouks sont un peuple :

- ☐ A. De Chine
- ☐ B. De Russie
- ☐ C. De Turquie

2824 Un Inuit est le véritable nom :

- ☐ A. De l'esquimau
- ☐ B. De son habitation
- ☐ C. De son bateau

2825 Dans quelle région du monde trouve-t-on le plus d'Acadiens ?

- ☐ A. A l'ouest de la Belgique
- ☐ B. Au centre de la Suisse
- ☐ C. Au sud de l'Inde
- ☐ D. A l'est du Canada

14. SCIENCES, TECHNIQUES, INFORMATIQUE ET WEB

Ce chapitre est composé de **5 sections** pour un total de **175 questions**.

1. Instituts de recherche et théories scientifiques
2. Energie et matière
3. Transports et espace
4. Grandes inventions
5. Informatique et Internet

[A SAVOIR !]

110 Les numéros de questions de ce type signifient qu'il n'y a qu'une seule et unique réponse juste à la question posée.

111 Les numéros de questions de ce type signifient qu'il y a **plusieurs (2 ou plus) réponses possibles justes à la question**.

[UN CONSEIL IMPORTANT]

Nous vous conseillons vivement de répondre à toutes les questions d'une section avant d'en découvrir les solutions. L'erreur consiste en effet généralement à traiter une question et à vérifier aussitôt la réponse parce que l'on veut s'assurer d'avoir trouvé la réponse juste ou parce que l'on est impatient de la découvrir dans le cas où on ne la connaît pas. Si vous souhaitez sérieusement progresser, vous devez absolument vous imprégner du thème traité par la section et répondre d'un trait à toutes les questions d'une section.

[QUELQUES MOTS SUR...]

1. La science [LAROUSSE]

Le mot science est ambigu. D'un côté, il sert à désigner la forme la plus haute de savoir et de connaissance humaine, celle qui ne peut être remise en question et qui possède la valeur de l'absolument vrai. De l'autre, il renvoie à des activités de production de connaissances bien identifiables dans les sociétés modernes parce qu'elles sont en liaison avec des institutions (universités, laboratoires, sociétés savantes, etc.), des investissements et des développements techniques qui, depuis la révolution industrielle du XIXe siècle, ont peu à peu bouleversé notre vie quotidienne. Il n'est pas sûr que les différentes sciences puissent correspondre à une idée unique de la Science et que l'on puisse donner une fois pour toutes des critères de scientificité. Le phénomène scientifique doit être abordé par le biais de son développement historique et des réflexions qu'il suscite.

2. L'énergie et la matière [WIKIPEDIA]

L'énergie est l'un des concepts de base de la physique grâce à une propriété fondamentale : un système isolé a une énergie totale constante. Il ne peut donc y avoir création ou disparition d'énergie, mais simplement transformation d'une forme d'énergie en une autre ou transfert d'énergie d'un système à un autre.

L'énergie est disponible dans la nature sous différentes formes, qui sont convertibles. On l'utilise sous forme mécanique (liée au mouvement : énergie cinétique, énergie potentielle), thermique (chaleur), électrique (engendrée par des différences de charges électriques), chimique (stockée sous la forme de liaisons chimiques, exploitée par les êtres vivants lors de la respiration et des fermentations, ou par combustion dans les moteurs thermiques), nucléaire (libérée par fission ou fusion de noyaux d'atomes) ou lumineuse (rayonnement). On peut extraire l'énergie par combustion, du bois, du charbon, du pétrole ou du gaz. Ainsi, un moteur à explosion transforme par combustion l'énergie chimique de l'essence, tirée du pétrole, en chaleur, puis cette chaleur en mouvement.

3. L'informatique et Internet [LAROUSSE]

L'informatique est au centre d'un secteur industriel dont les produits ont évolué avec une rapidité fulgurante. Elle apparaît tour à tour accusée de tous les maux ou auréolée de tous les pouvoirs. De machine à rêver, l'ordinateur est devenu un outil qui a investi tant la vie privée que le monde professionnel. Cette évolution technologique a transformé au fur et à mesure ses méthodes d'utilisation et provoqué une diversification du paysage informatique.

Le réseau Internet fonctionne de façon décentralisée, sans dépendre d'une administration ou d'un ordinateur central. Destiné, à l'origine, à mettre en relation chercheurs et militaires aux Etats-Unis, il dépasse aujourd'hui, très sensiblement, l'univers des centres de recherche et des universités des pays industrialisés. Réseau informatique globalisant, Internet participe largement à la structuration du « village planétaire », utopie décrite dans les années 1970 par le sociologue canadien Herbert Marshall McLuhan. Du fait du nombre de personnes qu'il permet d'atteindre, ce moyen de communication sans précédent donne naissance à de nouveaux types d'interactions et de communications dont les conventions sociales, techniques, juridiques, économiques sont en cours de définition et de mise en œuvre.

Pour se raccorder à Internet, le particulier doit équiper son ordinateur d'un modem, puis ouvrir un compte auprès d'un fournisseur d'accès (le *provider*), qui lui fournira un identifiant personnel sous la forme notamment d'une adresse de messagerie.

1. Instituts de recherche et theories scientifiques

2826 En quelle année l'Académie des sciences est-elle fondée ?

- ☐ A. En 1466
- ☐ B. En 1566
- ☐ C. En 1666
- ☐ D. En 1766
- ☐ E. En 1866

2827 Le sigle CNRS signifie :

- ☐ A. Centre national de la recherche scientifique
- ☐ B. Centre national des ressources scientifiques
- ☐ C. Comité national de régénération scientifique
- ☐ D. Comité national des réalisations scientifiques

2828 Le concours Lépine est :

- ☐ A. Un concours littéraire
- ☐ B. Un concours d'invention
- ☐ C. Un concours administratif
- ☐ D. Un concours agricole

2829 Quel laboratoire de recherche annonce en novembre 2010 avoir réussi à piéger pour la première fois des atomes d'anti-hydrogène dans un champ magnétique, ce qui constitue une avancée dans la connaissance scientifique de l'antimatière ?

- ☐ A. Conseil européen pour la recherche nucléaire
- ☐ B. Centre national de recherche scientifique
- ☐ C. Laboratoires internationaux de recherche
- ☐ D. National Aeronautics and Space Administration

2830 Installé en Sologne à Nancy, l'instrument semi-mobile à réflecteur plan orientable est :

- ☐ A. Une lunette astronomique
- ☐ B. Un radiotélescope
- ☐ C. Un spectroscope

2831 Le complexe industriel et scientifique de Sophia-Antipolis, créé en 1969, se trouve près de :

- ☐ A. Grenoble
- ☐ B. Montpellier
- ☐ C. Nice

2832 Toulouse est :

- ☐ A. Le centre d'une région industrialisée dominée par la construction automobile
- ☐ B. Le plus important pôle français de l'industrie aéronautique et spatiale
- ☐ C. Une université particulièrement réputée en instrumentalisation médicale et dans les biotechnologies

2833 La SNECMA est la Société nationale d'étude et de construction :

- ☐ A. De machines agricoles
- ☐ B. De maisons aménagées
- ☐ C. De moteurs d'avions

2834 Dans laquelle des propositions ci-dessous l'ordre chronologique des faits est-il respecté ?

a. Formulation de la théorie de la relativité générale par Albert Einstein

b. Publication de *L'Origine des espèces au moyen de la sélection naturelle* par Charles Darwin

c. Condamnation de Galileo Galilei, dit Galilée, par l'église pour avoir soutenu la thèse du mouvement de la Terre autour du Soleil

d. Formulation de la théorie de l'attraction universelle par Isaac Newton

- ☐ A. d – c – b – a
- ☐ B. d – c – a – b
- ☐ C. c – d – b – a
- ☐ D. c – d – a – b
- ☐ E. Aucune de ces réponses n'est bonne

2835 Le 100e anniversaire de cette théorie due à un physicien allemand a été fêté en 2005. De quelle théorie s'agit-il ?

- ☐ A. La relativité générale
- ☐ B. La mécanique quantique
- ☐ C. La relativité restreinte
- ☐ D. La mécanique ondulatoire
- ☐ E. Aucune de ces réponses n'est bonne

2836 De quoi Gerardus Mercator est-il l'inventeur ?

- ☐ A. La boussole
- ☐ B. Le sextant
- ☐ C. La projection cylindrique

2837 Une théorie astronomique naît à la Renaissance. Laquelle ?

- ☐ A. Le géocentrisme
- ☐ B. L'héliocentrisme
- ☐ C. L'égocentrisme

2838 Lequel de ces savants n'est pas un astronome ?

- ☐ A. Claude Ptolémée
- ☐ B. Nicolas Copernic
- ☐ C. Johannes Kepler
- ☐ D. Louis Pasteur

2839 Il découvrit la loi de la chute des corps et énonça le principe d'inertie :

- ☐ A. Johannes Kepler
- ☐ B. Nicolas Copernic
- ☐ C. Galileo Galilei dit Galilée
- ☐ D. Gottfried Wilhelm Leibniz

2840 A quel fruit est associé le nom d'Isaac Newton ?

- ☐ A. La banane
- ☐ B. La poire
- ☐ C. La cerise
- ☐ D. La pomme
- ☐ E. Aucune de ces réponses n'est bonne

2841 Blaise Pascal jeta les bases du calcul de probabilité :

- ☐ A. Vrai
- ☐ B. Faux

2842 Qui est l'auteur de la théorie de la relativité ?

- ☐ A. Albert Einstein
- ☐ B. Pierre et Marie Curie
- ☐ C. Thomas Edison
- ☐ D. Les frères Lumière

2843 La formule $E = MC^2$ est de :

- ☐ A. Enrico Fermi
- ☐ B. Pierre Curie
- ☐ C. Frédéric Joliot-Curie
- ☐ D. Albert Einstein

2844 Deux de ces savants découvrent la radioactivité artificielle en 1933 :

- ☐ A. Marie Curie
- ☐ B. Irène Joliot-Curie
- ☐ C. Frédéric Joliot-Curie
- ☐ D. Albert Einstein

2845 Quel physicien a découvert les rayons X ?

- ☐ A. Henrich Hertz
- ☐ B. William Roentgen
- ☐ C. Edouard Branly
- ☐ D. Guglielmo Marconi

2846 La vitesse de la lumière dans le vide tourne autour de :

- ☐ A. 500 000 m/s^{-1}
- ☐ B. 8 000 000 m/s^{-1}
- ☐ C. 300 000 000 m/s^{-1}
- ☐ D. 500 000 000 000 m/s^{-1}

2847 Le débit d'un cours d'eau est mesuré en :

- ☐ A. m^3/seconde
- ☐ B. dm^3/heure
- ☐ C. litres/minute

2848 Qu'appelle-t-on le stress hydrique ?

- ☐ A. Pas assez d'eau douce pour satisfaire la demande des végétaux
- ☐ B. Processus d'évaporation
- ☐ C. Itinéraire de l'eau douce de la source au consommateur
- ☐ D. Trop de plomb dans l'eau
- ☐ E. Aucune de ces réponses n'est bonne

2849 Que désigne la relativité ?

- ☐ A. Le fait que tout change
- ☐ B. Le fait que tout soit en relation
- ☐ C. Une théorie physique révolutionnaire
- ☐ D. Un vague sentiment

2850 Les nanotechnologies tiennent leur nom de :

- ☐ A. Leur taille
- ☐ B. Leur champ d'application
- ☐ C. L'appareil qu'elles utilisent
- ☐ D. Celui qui les a inventées

2. Energie et matiere

2851 Quel est l'autre nom de l'hydroélectricité au XIXe siècle ?

- ☐ A. L'électricité des montagnes
- ☐ B. L'eau électrique
- ☐ C. La houille blanche

2852 Quelle énergie nouvelle d'origine biologique et agricole entre dans la composition de nouveaux carburants destinés aux voitures écologiques ?

- ☐ A. Le pétrole
- ☐ B. L'éthanol
- ☐ C. Le gaz naturel
- ☐ D. Le potassium

2853 Quelle est la source de l'énergie éolienne ?

- ☐ A. L'eau
- ☐ B. Le vent
- ☐ C. L'huile

2854 La géothermie est :

- ☐ A. L'étude des sources d'énergie
- ☐ B. La variation des températures terrestres
- ☐ C. La chaleur de la terre
- ☐ D. La mesure des températures terrestres

2855 Quelle est la source de l'énergie dite photovoltaïque ?

- ☐ A. Le vent
- ☐ B. Le soleil
- ☐ C. La mer
- ☐ D. Les cours d'eau (rivières, fleuves…)
- ☐ E. La combustion d'hydrocarbures

2856 Qui réalise à Chicago, en 1942, la première pile atomique ?

- ☐ A. Henri Oppenheimer
- ☐ B. Enrico Fermi
- ☐ C. Werner von Braun
- ☐ D. Albert Einstein

2857 Où explose la première bombe atomique ?

- ☐ A. Alamogordo
- ☐ B. Hiroshima
- ☐ C. Nagasaki

2858 Dans quel pays la première centrale nucléaire civile commence à fonctionner ?

- ☐ A. En France
- ☐ B. Aux Etats-Unis
- ☐ C. En Allemagne
- ☐ D. En URSS

2859 Combien y a-t-il de centrales nucléaires en France ?

- ☐ A. 10
- ☐ B. 19
- ☐ C. 37

2860 Pour la découpe de pièces complexes entrant dans la constitution de centrales nucléaires, le CEA (Commissariat à l'énergie atomique) utilise :

- ☐ A. Un disque laser
- ☐ B. Un découpe laser
- ☐ C. Une arme laser

2861 Quel est le rôle de l'usine de La Hague ?

- ☐ A. Traiter les combustibles irradiés
- ☐ B. Recycler les déchets industriels
- ☐ C. Recycler les déchets agricoles
- ☐ D. Recycler les déchets ménagers

2862 Le premier inventeur de la pile est :

- ☐ A. Georges Claude
- ☐ B. Georges Leclanché
- ☐ C. Alessandro Volta

2863 La pile Wonder fait son apparition en 1916 ; nous la devons à :

- ☐ A. Thomas Edison
- ☐ B. André Ampère
- ☐ C. Gaston Planté
- ☐ D. Estelle Courtecuisse

2864 Dans une ampoule électrique, le filament est constitué d'un fil de :

- ☐ A. Cuivre
- ☐ B. Plomb
- ☐ C. Tungstène

2865 Qui a mis au point un système complet d'éclairage électrique ?

- ☐ A. Werner von Siemens
- ☐ B. Johann Georg Halske
- ☐ C. Thomas Edison
- ☐ D. Alexander Graham Bell

2866 Le voltmètre sert à mesurer :

- ☐ A. Les températures très élevées
- ☐ B. La pression des pneumatiques automobiles
- ☐ C. La tension électrique
- ☐ D. La pression artérielle

2867 Quel pays a la plus grande éolienne dans le monde en 2014 ?

- ☐ A. L'Allemagne
- ☐ B. La France
- ☐ C. Le Danemark
- ☐ D. L'Espagne
- ☐ E. Les Etats-Unis

2868 Quel est le plus grand barrage jamais réalisé au monde ?

- ☐ A. Le barrage des Trois Gorges
- ☐ B. Le barrage de Grandval
- ☐ C. Le barrage d'Assouan

2869 Le derrick est :

- ☐ A. Le pétrolier
- ☐ B. La plate-forme de forage
- ☐ C. L'outil de forage des puits de pétrole
- ☐ D. La tour de forage

2870 En 1816,qui parvient à obtenir le premier négatif en sensibilisant une feuille de papier avec du chlorure d'argent ?

- ☐ A. Les frères Lumière
- ☐ B. Nicéphore Niepce
- ☐ C. Félix Nadar
- ☐ D. Robert Doisneau

2871 Qui invente en 1855 le convertisseur permettant d'obtenir en une seule opération 5 à 10 tonnes d'acier par affinage de la fonte brute ?

- ☐ A. Henri Bessemer
- ☐ B. Sidney Gilchrist Thomas
- ☐ C. Siemens Martin
- ☐ D. Carl Bentz

2872 Qui met au point le nouveau procédé de fabrication de la soude dans les années 1860 ?

- ☐ A. Ernest Solvay
- ☐ B. Marcellin Berthelot
- ☐ C. Andrew Carnegie
- ☐ D. Paul Heroult

2873 Quel ingénieur écossais met au point le revêtement des routes constitué d'un mélange de goudron, de pierres concassées et de sable ?

- ☐ A. John London McAdam
- ☐ B. John London MacDonald
- ☐ C. John London Mac Arthur

2874 Quels sont les deux composants chimiques de l'eau ?

- ☐ A. Hydrogène et oxygène
- ☐ B. Oxygène et carbone
- ☐ C. Azote et hydrogène
- ☐ D. Phosphore et oxygène

2875 Quelle est la plus petite entité composant l'atome ?

- ☐ A. Le proton
- ☐ B. Le neutron
- ☐ C. Le nucléon
- ☐ D. Le quark

2876 Parmi ces métaux, lequel est le premier à être utilisé en métallurgie ?

- ☐ A. Le cuivre
- ☐ B. Le bronze
- ☐ C. Le fer

2877 L'acier est un alliage :

- ☐ A. De fer et de carbone
- ☐ B. De fer et de cuivre
- ☐ C. De cuivre et de fonte
- ☐ D. De cuivre et de zinc

2878 Quel matériau n'entre pas dans la fabrication du béton ?

- ☐ A. Le kaolin
- ☐ B. Le sable
- ☐ C. Le ciment
- ☐ D. Le gravier

2879 Quel matériau compose généralement la semelle des skis alpins ?

- ☐ A. Le polystyrène
- ☐ B. Le polyuréthane
- ☐ C. Le polyéthylène

2880 Comment appelle-t-on le dioxyde de carbone refroidi jusqu'à atteindre sa température de solidification qui est de -78,5 °C ?

- ☐ A. L'azote liquide
- ☐ B. La neige carbonique
- ☐ C. L'air liquide

3. Transports et espace

2881 Quand est mise en service la première ligne du métro parisien ?

- ☐ A. En 1863
- ☐ B. En 1876
- ☐ C. En 1900
- ☐ D. En 1904

2882 Le premier métro au monde est mis en service à :

- ☐ A. Paris
- ☐ B. New York
- ☐ C. Londres
- ☐ D. Berlin

2883 La locomotive électrique qui est la machine la plus utilisée en Europe est munie d'un bras articulé sur son toit qui s'appelle :

- ☐ A. La caténaire
- ☐ B. Le pantographe
- ☐ C. L'aiguillage
- ☐ D. Le bogie

2884 Les joints qui réunissent les barres d'un rail d'une voie ferrée s'appellent :

- ☐ A. Le ballast
- ☐ B. Les traverses
- ☐ C. Les crampons
- ☐ D. Les éclisses

2885 Le 3 avril 2007, le TGV bat le record du monde de vitesse sur rail en roulant à :

- ☐ A. 518 km/h
- ☐ B. 574,8 km/h
- ☐ C. 554,8 km/h

2886 Le transport des camions par le rail s'appelle :

- ☐ A. Le camion-rail
- ☐ B. L'eurostar
- ☐ C. Le ferroutage
- ☐ D. Le rail-container

2887 Qui met au point le mécanisme du moteur à explosion à quatre temps ?

- ☐ A. Dieter Daimler
- ☐ B. Carl Benz
- ☐ C. Rudolf Diesel
- ☐ D. Henri Ford

2888 Parmi ces quatre séquences, quelle est celle qui n'entre pas dans le fonctionnement du moteur à explosion ?

- ☐ A. L'admission
- ☐ B. La compression
- ☐ C. L'explosion
- ☐ D. La liquéfaction

2889 Le scooter est inventé :

- ☐ A. En Italie
- ☐ B. Au Japon
- ☐ C. Aux Etats-Unis
- ☐ D. En France

2890 La première voiture construite en série sur une chaîne de montage est :

- ☐ A. La traction-avant
- ☐ B. La Ford T
- ☐ C. La Panhard-Levasseur

2891 Quelle firme européenne est la première à introduire en 1953 le moteur turbo diesel sur les camions ?

- ☐ A. BMW
- ☐ B. Saab
- ☐ C. Volvo

2892 A quelle valeur correspond le cheval vapeur (CV) pour une voiture ?

- ☐ A. 0,736 kW
- ☐ B. 1 kW
- ☐ C. 2 kW

2893 Les premières voitures électriques sont mises au point :

- ☐ A. Aux Etats-Unis
- ☐ B. En Allemagne
- ☐ C. En Italie
- ☐ D. En France

2894 En 1899, le pilote Camille Jenatzy franchit la barre des 100 km/h à bord d'une voiture électrique appelée :

- ☐ A. La *Jamais Contente*
- ☐ B. La *Flèche Bleue*
- ☐ C. *Adèle*

2895 L'inventeur du pneumatique est :

- ☐ A. Les frères Michelin
- ☐ B. John Boyd Dunlop
- ☐ C. Louis Rustin
- ☐ D. Bibendum

2896 La résistance mécanique à l'usure et l'amélioration de la tenue de route furent rendues possible grâce au pneu à carcasse radiale inventé par :

- ☐ A. Les frères Michelin
- ☐ B. Benedictus
- ☐ C. Louis Renault

2897 Le système électronique qui maîtrise le freinage et empêche le blocage des roues sur les véhicules s'appelle :

- ☐ A. L'aérofrein
- ☐ B. L'airbag
- ☐ C. L'ABS
- ☐ D. L'aérotrain

2898 Le rétroviseur d'une automobile est un miroir :

- ☐ A. Concave
- ☐ B. Convexe
- ☐ C. Droit

2899 Le premier ballon à sustentation dans l'air qui prit son envol le 19 septembre 1783 est :

- ☐ A. La montgolfière
- ☐ B. Le Zeppelin
- ☐ C. L'Icare

2900 L'hélicoptère apparait pour la première fois en :

- ☐ A. 1907
- ☐ B. 1921
- ☐ C. 1935

2901 Quel appareil spécialisé dans la lutte contre les incendies utilise le « bambi bucket » ?

- ☐ A. L'hélicoptère bombardier d'eau (HBE)
- ☐ B. L'avion amphibie bombardier 415
- ☐ C. La moto pompe
- ☐ D. Le bateau pompe

2902 Quel pilote réalise le premier vol transatlantique sans escale en 1927 ?

- ☐ A. Alberto Santos-Dumont
- ☐ B. Jean Mermoz
- ☐ C. Charles Lindbergh

2903 Quel est le nom de l'appareil qui réalise le premier vol transatlantique sans escale ?

- ☐ A. *Le Petit Prince*
- ☐ B. *L'Albatros*
- ☐ C. *Spirit of Saint-Louis*

2904 Le pionnier de l'aviation moderne est :

- ☐ A. Louis Blériot
- ☐ B. Antoine de Saint-Exupéry
- ☐ C. Clément Ader

2905 A quelle vitesse vole le chasseur Bell X-1 le 14 octobre 1947 quand il franchit le mur du son pour la première fois ?

- ☐ A. 1 000 km/h
- ☐ B. 1 225 km/h
- ☐ C. 800 km/h

2906 Les moyens-courriers, qui représentent la gamme la plus répandue dans les compagnies aériennes, répondent à un rayon d'action de 2 500 km à 5 000 km et à une capacité d'accueil de 100 et 240 passagers. A l'aide de ces informations, retrouvez la liste des appareils correspondants à cette famille.

- ☐ A. MD-11, Boeing 737, Boeing 757, Airbus 319
- ☐ B. Boeing 737, Airbus 320, DC-9, MD-80
- ☐ C. Boeing 747, Airbus 340, Airbus 330, Boeing 777

2907 Retrouvez parmi ces dimensions, celles qui correspondent à l'envergure et la longueur de l'Airbus 380 :

- ☐ A. Envergure 80 m, longueur 73 m
- ☐ B. Envergure 65 m, longueur 59 m
- ☐ C. Envergure 50 m, longueur 55 m
- ☐ D. Envergure 95 m, longueur 80 m

2908 Avec un rayon d'action de 14 200 à 16 200 kilomètres, le A-380 est le plus gros porteur au monde et peut accueillir jusqu'à :

- ☐ A. 452 passagers
- ☐ B. 652 passagers
- ☐ C. 850 passagers

2909 L'airbus 400M est un avion :

- ☐ A. Civil de tourisme
- ☐ B. Civil d'affaires
- ☐ C. Militaire de transport tactique et stratégie
- ☐ D. Militaire de combat

2910 Comment s'appelle le système de radionavigation européen par satellite, concurrent du GPS américain ?

- ☐ A. Erasmus
- ☐ B. Copernicius
- ☐ C. Galiléo
- ☐ D. Socrate

2911 Le GPS dans les engins agricoles est utilisé pour :

- ☐ A. Retrouver son chemin dans la campagne
- ☐ B. Utiliser toutes les fonctions de la machine agricole
- ☐ C. Repérer les lignes de travail dans les champs

2912 Quelle propulsion assure aux sous-marins une durée de plongée plus longue et plus discrète ?

- ☐ A. Propulsion électrique
- ☐ B. Propulsion anaérobique
- ☐ C. Propulsion nucléaire

2913 Quel appareil, à bord d'un navire, sert à mesurer le profil des fonds marins ?

☐ A. Le tachymètre
☐ B. Le sonar
☐ C. Le bathuscaphe

2914 En 1962, quelle réalisation contribue grandement au prestige de la France ?

☐ A. La *Caravelle*
☐ B. Le *Charles de Gaulle*
☐ C. Le sous marin *Le Redoutable*
☐ D. Le paquebot *France*

2915 Le premier bâtiment de surface à propulsion nucléaire est le porte-avions :

☐ A. *Jeanne d'Arc*
☐ B. *La Fayette*
☐ C. *Charles de Gaulle*
☐ D. *Clemenceau*

2916 Quelle technique de propulsion est utilisée par la catapulte sur les porte-avions ?

☐ A. Le sabot électronique
☐ B. Le sabot mécanique
☐ C. Le sabot hydraulique
☐ D. Le sabot à vapeur

2917 En 1898, l'engin destiné à explorer l'atmosphère en altitude de façon automatique est :

☐ A. Le radar météorologique
☐ B. La radio-sonde
☐ C. Le ballon-sonde

2918 Comment s'appelle le premier satellite artificiel ?

☐ A. *Landsat 1*
☐ B. *Helios 1*
☐ C. *Spoutnik 1*
☐ D. *Voyager 1*

2919 A quelle date l'URSS lance-t-elle dans l'espace le premier Spoutnik ?

☐ A. 1955
☐ B. 1957
☐ C. 1959
☐ D. 1961

2920 Comment s'appelle le premier cosmonaute ?

☐ A. Neil Armstrong
☐ B. « Buzz » Aldrin
☐ C. Youri Gagarine

2921 Qui est la première femme à avoir été dans l'espace ?

☐ A. Valentina Terechkova
☐ B. Nadia Comaneci
☐ C. Irina Nemcova
☐ D. Ursula Didoskaia
☐ E. Heidi Klum

2922 La France devient la troisième puissance spatiale avec le lancement de la fusée *Diamant* en :

☐ A. Décembre 1979
☐ B. Novembre 1965
☐ C. Février 1986

2923 L'homme pose le pied sur la Lune pour la première fois en :

☐ A. Juillet 1969
☐ B. Juillet 1970
☐ C. Juillet 1971

2924 Le premier homme ayant marché sur la Lune est :

☐ A. Youri Gagarine
☐ B. Neil Armstrong
☐ C. « Buzz » Aldrin
☐ D. Américain
☐ E. Russe

2925 Quelle importante découverte a été faite par la Nasa sur la Lune ?

☐ A. La découverte d'une forme de vie
☐ B. La découverte d'une importante quantité d'eau gelée
☐ C. La découverte de sable
☐ D. La découverte de lacs

2926 Le premier décollage de la fusée *Ariane* a lieu en :

☐ A. 1970
☐ B. 1979
☐ C. 1990
☐ D. 1995

2927 Parmi ces pays, lequel est le 3e à avoir réussi une sortie autonome dans l'espace ?

☐ A. La Chine
☐ B. Le Japon
☐ C. La Russie
☐ D. La France

2928 Le cosmonaute français envoyé dans l'espace le 24 juin 1982 est :

☐ A. Patrick Baudry
☐ B. Jean-Loup Chrétien
☐ C. Claudine André-Deshays

2929 De quel centre spatial la navette américaine Atlantis est-elle lancée lors de sa mission inaugurale le 3 octobre 1985 ?

☐ A. Du centre spatial Kourou en Guyane
☐ B. Du centre spatial Uchinoura au Japon
☐ C. Du centre spatial Kennedy en Floride
☐ D. Du centre spatial Baïkonour au Kazakhstan

2930 La sonde *New Horizon* lancée en janvier 2006 a pour objectif :

☐ A. Mars
☐ B. Pluton
☐ C. Vénus
☐ D. Saturne

2931 Quelle fusée lance en 2007 le premier satellite panafricain qui fournira des services de télécommunication dans les zones rurales africaines ?

☐ A. *Explorer*
☐ B. *Soyouz*
☐ C. *Longue Marche*
☐ D. *Ariane*

2932 La famille *Ariane* comporte :

☐ A. Trois versions principales
☐ B. Cinq versions principales
☐ C. Dix versions principales
☐ D. Cinquante versions principales

2933 Où se situe la base de lancement d'*Ariane* ?

- ☐ A. A Kourou
- ☐ B. A Cap Canaveral
- ☐ C. A Baïkonour

2934 Le polygone de lancement des fusées s'appelle :

- ☐ A. La rampe de lancement
- ☐ B. L'aire d'envol
- ☐ C. Le pas de tir
- ☐ D. Le pont d'envol

2935 Quel est l'observatoire qui bénéficie de la technique de l'interférométrie ?

- ☐ A. L'observatoire du mont Paranal au Chili (le VLT)
- ☐ B. L'observatoire GTC aux Canaries
- ☐ C. L'observatoire Mauna Kéa à Hawai (les télescopes Kecks)
- ☐ D. Le South African Large Telescope (le SALT)

2936 Quel est en 2009 le plus grand observatoire spatial ?

- ☐ A. La sonde *Mariner*
- ☐ B. Le télescope spatial *Hubble*
- ☐ C. Le télescope spatial *Herschel*
- ☐ D. La sonde *Cassini*

2937 Le plus grand télescope est européen. Où est-il basé ?

- ☐ A. Au Pérou
- ☐ B. Au Chili
- ☐ C. En Argentine
- ☐ D. En Bolivie
- ☐ E. Aucune de ces réponses n'est bonne

4. Grandes inventions

2938 Quel peuple invente le boulier en l'an 3000 avant notre ère afin d'effectuer les opérations arithmétiques ?

- ☐ A. Les Berbères
- ☐ B. Les Chinois
- ☐ C. Les Egyptiens
- ☐ D. Les Babyloniens
- ☐ E. Aucune de ces réponses n'est bonne

2939 Quel pays découvre l'imprimerie au XIe siècle :

- ☐ A. Le Japon
- ☐ B. Le Pérou
- ☐ C. L'Allemagne
- ☐ D. La Chine

2940 Quel pays invente les baguettes, couverts de table utilisés principalement en Asie ?

- ☐ A. Le Japon
- ☐ B. La Thaïlande
- ☐ C. La Chine
- ☐ D. Le Vietnam

2941 En quelle année Johannes Gutenberg découvre l'imprimerie en Europe ?

- ☐ A. 1336
- ☐ B. 1436
- ☐ C. 1536
- ☐ D. 1636

2942 Mise au point en 1550, la pièce mécanique articulée permettant un mouvement dans tous les sens s'appelle :

- ☐ A. Le cardan
- ☐ B. L'amortisseur
- ☐ C. L'arbre de transmission

2943 Le visionnaire qui imagina et dessina le pont à arches, l'hélicoptère, la voiture à quatre roues, la chaîne à maillon est :

- ☐ A. Johannes Gutenberg
- ☐ B. Blaise Pascal
- ☐ C. Léonard De Vinci
- ☐ D. Michelangelo Buonarroti

2944 En 1643, Evangelista Torricelli invente :

- ☐ A. Le baromètre
- ☐ B. Le thermomètre
- ☐ C. Le pluviomètre
- ☐ D. Le paratonnerre

2945 Qui a inventé le paratonnerre en 1752 ?

- ☐ A. Heinrich Hertz
- ☐ B. Pierre Curie
- ☐ C. Benjamin Franklin

2946 Qui est l'inventeur de la dynamite ?

- ☐ A. Alfred Nobel
- ☐ B. Alfred Dynamo
- ☐ C. Alfred Volta
- ☐ D. Aucune de ces réponses n'est bonne

2947 La machine à vapeur à double effet fut inventée par :

- ☐ A. Alessandro Volta
- ☐ B. James Watt
- ☐ C. Antoine de Lavoisier
- ☐ D. Georges Atwood

2948 L'inventeur de la machine à coudre en 1830 est :

- ☐ A. Isaac Merrit Singer
- ☐ B. Barthélemy Thimonnier
- ☐ C. Joseph Marie Jacquard

2949 L'ascenseur moderne apparaît en :

- ☐ A. 1654
- ☐ B. 1754
- ☐ C. 1854
- ☐ D. 1954

2950 Qui est l'inventeur du 1er télégraphe électrique, ainsi que du code permettant de communiquer ?

- ☐ A. Samuel Morse
- ☐ B. Alexander Graham Bell
- ☐ C. Antoine Barnay

2951 En quelle année fut inventé le chewing-gum ?

- ☐ A. 1872
- ☐ B. 1914
- ☐ C. 1944

2952 En quelle année Eugène Poubelle inventa-t-il la poubelle ?

- ☐ A. 1864
- ☐ B. 1884
- ☐ C. 1904

2953 Qui dépose pour la première fois le brevet de la télégraphie sans fil (TSF) en 1896 ?

- ☐ A. Eugène Ducretet
- ☐ B. Guglielmo Marconi
- ☐ C. Pierre Sabbagh

2954 Qu'a réalisé l'ingénieur français Eugène Belgrand pour le compte du baron Haussmann ?

- ☐ A. L'installation du réseau d'égouts de la Ville de Paris
- ☐ B. La transformation de Paris
- ☐ C. Le canal de Suez
- ☐ D. La Cité radieuse de Marseille

2955 Quel ingénieur est l'un des pionniers de la télévision ?

- ☐ A. Le japonais Kenjiro Takayanagi
- ☐ B. Le physicien allemand Karl Ferdinand Braun
- ☐ C. Le russe Vladimir Kosma Zworykin
- ☐ D. L'écossais John Baird

2956 Quand est mis au point le procédé de la congélation des aliments ?

- ☐ A. 1775
- ☐ B. 1852
- ☐ C. 1923
- ☐ D. 1946

2957 Le premier radar est mis au point :

- ☐ A. A la fin du XIXe siècle
- ☐ B. Dans les années 1930
- ☐ C. Dans les années 1950
- ☐ D. Dans les années 1970

2958 Quand est né le stylo à bille ?

- ☐ A. 1890
- ☐ B. 1922
- ☐ C. 1938
- ☐ D. 1955

2959 En 1945 Percy Spencer invente par hasard le four à micro-ondes. Il menait des recherches pour améliorer :

- ☐ A. Le téléphone
- ☐ B. Le radar
- ☐ C. L'IRM
- ☐ D. Le four

2960 En quelle année le transistor est-il inventé ?

- ☐ A. 1944
- ☐ B. 1948
- ☐ C. 1952
- ☐ D. 1956

2961 Quel physicien français invente le laser en 1960 ?

- ☐ A. Alfred Kastler
- ☐ B. Werner von Braun
- ☐ C. Alain Touraine
- ☐ D. Norbert Wiener

2962 Qui a inventé la climatisation ?

- ☐ A. Willis H. Carrier
- ☐ B. William H. Hoover
- ☐ C. Les deux réponses sont bonnes, Carrier et Hoover étaient associés

2963 Un massicot permet de :

- ☐ A. Relier ensemble les pages d'un document
- ☐ B. Couper les pages d'un document
- ☐ C. Classer les pages d'un document

2964 Quelle installation moderne permet aux skieurs de gagner le haut des pistes, confortablement, sans déchausser leurs skis ?

☐ A. Le téléphérique
☐ B. Le télésiège débrayable
☐ C. Le téléski
☐ D. La télécabine

2965 Le ballon ABS, l'Arva, la sonde télescopique et la pelle sont de nos jours, le matériel indispensable pour :

☐ A. Les victimes de la route
☐ B. Les victimes d'inondations
☐ C. Les victimes d'avalanches
☐ D. Les victimes de séismes

2966 Quel est le type d'appareil photographique numérique dont les optiques sont interchangeables ?

☐ A. Compact
☐ B. Bridge
☐ C. Reflex

2967 Dans le tissage, les fils parallèles au sens d'avancement du tissu s'appellent :

☐ A. Les navettes
☐ B. Les fils de chaîne
☐ C. Les fils de trame
☐ D. Les écheveaux

2968 Dans une machine à coudre, le pied de biche sert à :

☐ A. Prendre et guider le tissu
☐ B. Enrouler le fil
☐ C. Guider le fil

2969 L'appareil électronique appelé pacemaker est :

☐ A. Un amplificateur pour malentendants
☐ B. Un stimulateur cardiaque
☐ C. Un système d'alarme

2970 Qu'est-ce qu'un passeport biométrique ?

☐ A. Un passeport qui comporte une empreinte digitale de son détenteur
☐ B. Un passeport qui contient des informations numérisées ou électroniques à propos de son détenteur
☐ C. Un passeport qui comporte des informations sur l'ADN de son détenteur
☐ D. Un passeport qui comporte des informations sur l'état de santé de son détenteur

2971 Qu'est-ce que des flashballs ?

☐ A. Des balles en caoutchouc et en plastique utilisées par la police
☐ B. Des balles de peinture utilisées dans un jeu
☐ C. Une signalétique utilisée sur les autoroutes
☐ D. Une technique utilisée en psychothérapie pour soigner l'amnésie

2972 Pour vaincre le frottement dans les systèmes mécaniques, on a recours :

☐ A. Au vilebrequin
☐ B. Au piston
☐ C. Au roulement à billes
☐ D. A la bielle

5. Informatique et Internet

2973 Le premier ordinateur est présenté à New York en :

- ☐ A. 1948
- ☐ B. 1958
- ☐ C. 1969

2974 Le premier micro-ordinateur PC est créé en :

- ☐ A. 1971
- ☐ B. 1981
- ☐ C. 1989
- ☐ D. 1991

2975 Une clef USB est :

- ☐ A. Un support de stockage de données amovible
- ☐ B. Une clef verrouillant l'ordinateur
- ☐ C. Un code permettant de se connecter à Internet

2976 En quelle année les premières télédiffusions numériques en Europe ont lieu ?

- ☐ A. 1990
- ☐ B. 1994
- ☐ C. 1995
- ☐ D. 1998

2977 Le système « Memrec » inventé par trois Tchèques permet :

- ☐ A. A une voiture de rouler avec de l'air compressé
- ☐ B. Un éclairage par les rayons réfléchis d'un miroir
- ☐ C. Aux yeux de se substituer à la souris de l'ordinateur grâce à une petite caméra
- ☐ D. De mesurer la température à distance

2978 L'ADSL utilise :

- ☐ A. Le réseau électrique
- ☐ B. Le réseau téléphonique
- ☐ C. Le réseau hydraulique

2979 Quel support d'enregistrement permet de stocker le plus d'informations ?

- ☐ A. Le DVD
- ☐ B. La disquette
- ☐ C. Le CD-Rom

2980 Comment s'appelle le satellite hybride qui sera utilisé pour fournir un accès à Internet à large bande, et rendre accessible et diffuser la TV HD (Télévision Haute Définition) ?

- ☐ A. TSAT
- ☐ B. Jason
- ☐ C. Hylas

2981 Quel est l'ancêtre d'Internet ?

- ☐ A. Intranet
- ☐ B. Extranet
- ☐ C. Arpanet

2982 A l'origine, les blogs étaient :

- ☐ A. Des journaux intimes
- ☐ B. Des sites d'information
- ☐ C. Des sites d'e-commerce

2983 Parmi ces trois pays européens, lequel détient la palme du plus haut niveau d'utilisation d'Internet ?

- ☐ A. La Finlande
- ☐ B. La Suède
- ☐ C. Le Danemark

2984 Un courriel est :

☐ A. Un courrier électronique
☐ B. Un magazine en ligne
☐ C. Un modem haut débit

2985 Qu'est-ce qu'un spam ?

☐ A. Un virus Internet
☐ B. Une publicité non sollicitée sur Internet
☐ C. Un site Internet d'annonces matrimoniales
☐ D. Un logiciel de traduction automatique

2986 Que signifie le signe Cci dans un logiciel de courrier électronique ?

☐ A. Copie cachée invisible
☐ B. Calque conforme invisible
☐ C. Copie cachée illimitée
☐ D. Copie carbone invisible

2987 Que signifie « SMS » ?

☐ A. Service de messagerie simplifié
☐ B. Système de messagerie sonore
☐ C. Short Message Service
☐ D. Smail Message Service

2988 Quel est le nom du web interactif ?

☐ A. Facebook
☐ B. WebSpace
☐ C. Web 1.0
☐ D. Web 2.0

2989 Qu'est-ce qu'un système d'exploitation ?

☐ A. Un langage binaire
☐ B. Un ensemble de programme
☐ C. La mémoire des commandes de l'ordinateur

2990 Que signifie HTTP ?

☐ A. Hyper Text Transfert Protocol
☐ B. Hyper Technologic Transfert Party
☐ C. History Text Technologic Protocol

2991 Que signifie WWW ?

☐ A. World web wild
☐ B. Word wild web
☐ C. World wide web

2992 Lequel de ces programmes n'est pas un navigateur ?

☐ A. Firefox
☐ B. Internet Explorer
☐ C. Google Chrome
☐ D. Word

2993 Qu'est qu'un browser ?

☐ A. Un virus
☐ B. Un fournisseur d'accès à Internet
☐ C. Un navigateur

2994 A quel prix l'action Facebook est-elle introduite en bourse en mai 2012 ?

☐ A. Environ 11 $
☐ B. Environ 100 $
☐ C. Environ 75 $
☐ D. Environ 38 $

2995 Quel réseau social a fêté en 2014 ses huit ans d'existence ?

☐ A. Facebook
☐ B. Myspace
☐ C. Twitter
☐ D. Viadeo
☐ E. Youtube

2996 Quel est le nom du moteur de recherche de Microsoft ?

- ☐ A. Google
- ☐ B. Yahoo
- ☐ C. Bing
- ☐ D. Baidu

2997 A quoi renvoie le nom « Androïd » ?

- ☐ A. A une tablette numérique lancée par Google
- ☐ B. A un smartphone lancé par Google
- ☐ C. A un smartphone lancé par Microsoft
- ☐ D. A l'entreprise qui produit les mobiles HTC
- ☐ E. A un système d'exploitation pour smartphones

2998 Que permet le « cloud computing » (informatique en nuage) ?

- ☐ A. Une accélération des processeurs
- ☐ B. L'extension de la mémoire vive des ordinateurs
- ☐ C. L'accès, *via* Internet, à des programmes et des services non installés sur l'ordinateur client
- ☐ D. La traduction instantanée d'un fichier audio d'une langue vers une autre
- ☐ E. L'image tridimensionnelle, y compris sur des écrans classiques en deux dimensions

2999 Lequel de ces logiciels n'est pas un logiciel de retouche de photo ?

- ☐ A. Gimp
- ☐ B. Photoshop
- ☐ C. Picasso

3000 Qu'est-ce qu'un upgrade ?

- ☐ A. Un logiciel
- ☐ B. Un diplôme en informatique
- ☐ C. Une mise à jour
- ☐ D. Aucune de ces réponses n'est bonne

15. BIOLOGIE, MEDECINE ET SANTE

Ce chapitre est composé de **4 sections** pour un total de **150 questions**.

1. Le corps humain
2. Les maladies
3. Médecine et traitements
4. La santé dans le monde

[A SAVOIR !]

110 Les numéros de questions de ce type signifient qu'il n'y a qu'une seule et unique réponse juste à la question posée.

111 Les numéros de questions de ce type signifient qu'il y a **plusieurs (2 ou plus) réponses possibles justes à la question**.

[UN CONSEIL IMPORTANT]

Nous vous conseillons vivement de répondre à toutes les questions d'une section avant d'en découvrir les solutions. L'erreur consiste en effet généralement à traiter une question et à vérifier aussitôt la réponse parce que l'on veut s'assurer d'avoir trouvé la réponse juste ou parce que l'on est impatient de la découvrir dans le cas où on ne la connaît pas. Si vous souhaitez sérieusement progresser, vous devez absolument vous imprégner du thème traité par la section et répondre d'un trait à toutes les questions d'une section.

[QUELQUES MOTS SUR...]

1. La biologie [LAROUSSE]

Ensemble de toutes les sciences qui étudient les espèces vivantes et les lois de la vie. Dans son acception la plus large, la biologie correspond aux « sciences de la vie » et couvre tous les aspects de l'étude du monde vivant. Elle regroupe les disciplines consacrées aux animaux, aux végétaux et aux micro-organismes, à leur environnement et à leur évolution. Cependant, on tend à utiliser le terme « biologie » dans un sens plus restrictif, limité aux sciences qui ont pour objets d'étude les cellules et les molécules constitutives des êtres vivants, et dont les applications médicales et industrielles sont multiples. Animaux, végétaux, champignons et micro-organismes (ou « microbes ») représentent l'ensemble des êtres vivants, ou organismes. Chaque organisme se compose d'au moins une cellule, unité élémentaire de la vie, et beaucoup (les « pluricellulaires ») en possèdent des milliards. Ces cellules sont elles-mêmes constituées de molécules, dont les éléments de base sont les atomes.

2. La médecine [LAROUSSE]

La médecine se préoccupe aussi bien des causes des maladies, de leurs modes de contamination et d'apparition que de leur fréquence, de leur diagnostic, de leur évolution, de leur prévention et de leur traitement. La médecine se subdivise en de nombreuses branches qui correspondent à différentes fonctions dans la société (médecine scolaire, médecine du travail, médecine sociale, médecine militaire), à différents modes d'exercice (médecine libérale, ou privée, médecine hospitalière, médecine salariée) ou à différentes spécialités : médecine physique ou rééducation, médecine aérospatiale, médecine nucléaire, médecine tropicale, etc. A ces différentes formes de la médecine se juxtaposent différentes cultures médicales : à côté de la médecine scientifique « occidentale », née au XIXe siècle, il existe des médecines hétérodoxes, ou parallèles, représentées par des praticiens des médecines dites douces. Certaines cultures nationales ou régionales comportent en outre une branche médicale : médecine chinoise, médecine indienne, médecines africaines, etc.

3. La maladie [LAROUSSE]

On peut classer les maladies en fonction de leur(s) cause(s). Une maladie est simple lorsque les symptômes observés peuvent tous se rapporter à une seule affection ; elle est compliquée quand les symptômes caractéristiques de deux ou de plusieurs affections existent simultanément. Les maladies infectieuses sont dues à une infection, l'entrée dans l'organisme d'un agent infectieux : une bactérie (maladie bactérienne), un virus (maladie virale), un prion, un parasite (maladie parasitaire). Si le parasite est un champignon, on parle de mycose.

Certaines maladies sont dues à des dérèglements du système immunitaire : les maladies allergiques (ou allergies), les maladies auto-immunes. Les maladies de la nutrition sont liées aux apports de l'alimentation (il existe des maladies de l'excès et des maladies de carences).

Les maladies génétiques ont pour cause des anomalies dans le matériel génétique : les maladies géniques sont dues à des mutations dans des gènes ; les maladies dites chromosomiques sont la manifestation d'anomalies dans les chromosomes de l'individu. Une maladie est dite multifactorielle quand elle résulte de la conjonction de plusieurs facteurs. Elle est idiopathique si on ne connaît pas sa cause.

4. Les traitements [LAROUSSE]

Le traitement fait appel aux principes de la thérapeutique, que le médecin adapte au mieux des connaissances actuelles à chaque cas particulier. On distingue les traitements médicaux, utilisant les médicaments et divers moyens physiques (kinésithérapie, radiothérapie, thermalisme), et les traitements chirurgicaux, pratiqués selon les interventions avec divers instruments et sous différents modes d'anesthésie.

1. Le corps humain

3001 Quelle fraction de l'apport énergétique quotidien représente le petit-déjeuner ?

☐ A. 10 %
☐ B. 25 %
☐ C. 50 %

3002 Quel est l'apport calcique moyen quotidien conseillé par l'OMS ?

☐ A. Environ 500 grammes
☐ B. Environ 1 000 grammes
☐ C. Environ 1 500 grammes
☐ D. Environ 2 000 grammes

3003 Dans un verre d'eau potable, il y a :

☐ A. Zéro calorie
☐ B. Dix calories
☐ C. Vingt-cinq calories

3004 Le corps humain est composé d'environ :

☐ A. 20 % d'eau
☐ B. 40 % d'eau
☐ C. 60 % d'eau
☐ D. 80 % d'eau

3005 Combien y a-t-il de litres de sang dans le corps humain ?

☐ A. Environ 3 litres
☐ B. Environ 5 litres
☐ C. Environ 7 litres
☐ D. Environ 9 litres

3006 Le groupe sanguin dit « receveur universel » est le groupe :

☐ A. A
☐ B. B
☐ C. AB+
☐ D. O

3007 L'aorte désigne :

☐ A. Une artère
☐ B. Une veine
☐ C. Un vaisseau capillaire

3008 Les coronaires sont les artères nourricières :

☐ A. De la tête et du cerveau
☐ B. Des reins
☐ C. Du cœur

3009 Quel est le nom du liquide qui circule dans le système nerveux central ?

☐ A. La lymphe
☐ B. Le sang
☐ C. Le liquide céphalo-rachidien
☐ D. La bile

3010 La bile est déversée dans le duodénum par le canal :

☐ A. Cholédoque
☐ B. Lacrymal
☐ C. Rachidien

3011 Le côlon désigne :

☐ A. Le gros intestin
☐ B. L'intestin grêle
☐ C. Le pylore

3012 Le duodénum est une partie :

- ☐ A. De l'intestin grêle
- ☐ B. Du gros intestin
- ☐ C. De la vésicule biliaire

3013 Classez ces cavités de la plus haute à la basse dans le corps humain :

a. Pharynx
b. Larynx
c. Trachée
d. Bronche

- ☐ A. a – b – c – d
- ☐ B. b – a – c – d
- ☐ C. a – c – b – d
- ☐ D. b – d – c – a

3014 Combien mesure en moyenne l'intestin grêle ?

- ☐ A. 50 centimètres
- ☐ B. 1 mètre
- ☐ C. 3 mètres
- ☐ D. 6 mètres

3015 L'estomac sécrète :

- ☐ A. Le suc intestinal
- ☐ B. Le suc pancréatique
- ☐ C. Le suc gastrique

3016 L'insuline est une hormone sécrétée par :

- ☐ A. Le foie
- ☐ B. Le pancréas
- ☐ C. Les glandes surrénales
- ☐ D. La thyroïde

3017 Le grand et le petit zygomatique sont des muscles :

- ☐ A. De la face
- ☐ B. Du cou
- ☐ C. Du corps

3018 Le myocarde est :

- ☐ A. Un os
- ☐ B. Un tendon
- ☐ C. Un muscle

3019 L'humérus est un os long :

- ☐ A. Du bras
- ☐ B. De l'avant-bras
- ☐ C. Du mollet
- ☐ D. De la cuisse

3020 Le péroné forme l'ossature de la jambe avec cet autre os long :

- ☐ A. Le tibia
- ☐ B. Le radius
- ☐ C. Le cubitus

3021 Le fémur est :

- ☐ A. Un nerf
- ☐ B. Un muscle
- ☐ C. Un os

3022 L'os de la cuisse est :

- ☐ A. Le tibia
- ☐ B. La fibula
- ☐ C. Le radius
- ☐ D. Le fémur

3023 Dans quelle partie du corps se trouvent le marteau et l'enclume ?

- ☐ A. L'épaule
- ☐ B. Le genou
- ☐ C. La cheville
- ☐ D. L'oreille

3024 Les extrémités de l'os se nomment :

- ☐ A. Les épiphyses
- ☐ B. Les apophyses
- ☐ C. Les phalanges

3025 Combien y a-t-il de côtes dans le corps humain ?

- ☐ A. 8
- ☐ B. 10
- ☐ C. 12
- ☐ D. 14

3026 Le liquide qui lubrifie les articulations s'appelle :

- ☐ A. Le liquide lymphatique
- ☐ B. Le liquide synovial
- ☐ C. Le plasma

3027 La membrane de l'œil, circulaire et colorée, percée en son centre d'un orifice est :

- ☐ A. L'iris
- ☐ B. La pupille
- ☐ C. Le cristallin

3028 Lequel de ces organes ne fait pas partie de l'appareil génital féminin ?

- ☐ A. L'ovaire
- ☐ B. La trompe d'Eustache
- ☐ C. L'utérus
- ☐ D. L'endomètre

3029 Quel terme scientifique désigne les corps gras ?

- ☐ A. Les lipides
- ☐ B. Les glucides
- ☐ C. Les protides

3030 Quel est le nombre de chromosomes contenu dans chacune des cellules chez l'homme ?

- ☐ A. 44
- ☐ B. 23
- ☐ C. 43
- ☐ D. 46

3031 L'ADN est :

- ☐ A. L'acide aminé
- ☐ B. L'acide ribonucléique
- ☐ C. L'acide désoxyribonucléique

3032 Quel est l'élément constitutif de la vie ?

- ☐ A. La bactérie
- ☐ B. La cellule
- ☐ C. L'atome

3033 Comment s'appelle l'ensemble des gènes portés par les chromosomes d'une cellule ?

- ☐ A. Un gamète
- ☐ B. Un génome
- ☐ C. Un zygote
- ☐ D. Un cytoplasme

3034 Quel est l'élément fondamental de la cellule ?

- ☐ A. Le cytoplasme
- ☐ B. La membrane plasmique
- ☐ C. La cheminée

3035 Les êtres vivants unicellulaires s'appellent :

- ☐ A. Les protozoaires
- ☐ B. Les métazoaires
- ☐ C. Les anthozoaires
- ☐ D. Les hydrozoaires

3036 L'amibe est un protozoaire de la classe des :

- ☐ A. Flagellés
- ☐ B. Rhizopodes
- ☐ C. Ciliés

3037 Les organismes vivants dans lesquels on a introduit des caractères héréditaires qu'ils n'ont pas naturellement sont :

- ☐ A. Les plantes annuelles à fleurs hermaphrodites
- ☐ B. Les plantes transgéniques
- ☐ C. Les algues et les plantes supérieures contenant des substances antibiotiques

3038 A quelle profondeur les algues ne peuvent-elles plus accomplir leur fonction chlorophyllienne ?

- ☐ A. 50 mètres
- ☐ B. 100 mètres
- ☐ C. 200 mètres
- ☐ D. 500 mètres

3039 Quelle est la protéine qui constitue la substance fondamentale des cheveux et des ongles ?

- ☐ A. Le collagène
- ☐ B. La kératine
- ☐ C. L'albumine
- ☐ D. L'hémoglobine

3040 Vers quel âge apparaissent les premières dents chez le nourrisson ?

- ☐ A. 2 mois
- ☐ B. 6 mois
- ☐ C. 12 mois
- ☐ D. Aucune de ces réponses n'est bonne

2. Les maladies

3041 Le prion, agent infectieux, transmet :

- ☐ A. La maladie d'Alzheimer
- ☐ B. La maladie de Parkinson
- ☐ C. La malade de Creutzfeldt-Jakob

3042 A quelle maladie animale la maladie de Creutzfeldt-Jakob est-elle soupçonnée d'être liée ?

- ☐ A. La fièvre aphteuse
- ☐ B. La grippe aviaire
- ☐ C. La maladie de la vache folle
- ☐ D. La tremblante du mouton

3043 Quel est l'autre nom de la maladie de la tremblante du mouton ?

- ☐ A. Gratte
- ☐ B. Démange
- ☐ C. Rougit
- ☐ D. Tremble

3044 La grippe aviaire est due à :

- ☐ A. Un parasite
- ☐ B. Une bactérie
- ☐ C. Un virus

3045 Quelles sont les maladies d'origine cérébrale ?

- ☐ A. Alzheimer
- ☐ B. Parkinson
- ☐ C. Méningite
- ☐ D. Mésothéliome

3046 La maladie cœliaque est provoquée par une intolérance :

- ☐ A. Aux œufs
- ☐ B. Au gluten
- ☐ C. Aux crudités
- ☐ D. Au glucose

3047 Une pandémie est :

- ☐ A. Une épidémie touchant une part très importante de la population
- ☐ B. Un ensemble de symptômes définissant une maladie précise
- ☐ C. Une pathologie que l'on trouve uniquement dans une région déterminée

3048 La toxoplasmose est une malade parasitaire :

- ☐ A. De l'homme
- ☐ B. De la vigne
- ☐ C. De l'abeille

3049 La gastrite est l'inflammation de la muqueuse :

- ☐ A. De la bouche
- ☐ B. De l'œsophage
- ☐ C. De l'estomac

3050 La glycémie est la présence :

- ☐ A. De sucre dans le sang
- ☐ B. De graisse dans le sang
- ☐ C. D'hallucinogène dans le sang

3051 Quelle est la maladie provoquée par un virus ?

- ☐ A. L'asthme
- ☐ B. Le diabète
- ☐ C. La varicelle

3052 L'anophèle transmet :

- ☐ A. La fièvre jaune
- ☐ B. La lèpre
- ☐ C. Le paludisme

3053 Le vitiligo est :

- ☐ A. Une allergie aux acariens
- ☐ B. Une dépigmentation de la peau
- ☐ C. Une occlusion intestinale

3054 Une ecchymose est :

- ☐ A. Une varice
- ☐ B. Un hématome
- ☐ C. Un ulcère

3055 La maladie de l'œil s'appelle :

- ☐ A. La phlébite
- ☐ B. L'otite
- ☐ C. La hernie
- ☐ D. Le glaucome

3056 Qu'est ce qu'un œil hypermétrope ?

- ☐ A. Un œil qui ne voit pas bien de loin
- ☐ B. Un œil qui ne voit pas bien de près
- ☐ C. Un œil qui ne voit pas bien ni de près, ni de loin
- ☐ D. Un œil dont la vue baisse avec l'âge

3057 Une mastoïde est une infection qui touche :

- ☐ A. L'estomac
- ☐ B. L'oreille
- ☐ C. L'œil

3058 L'abaissement de la température du corps au-dessous de la normale s'appelle :

- ☐ A. L'homéothermie
- ☐ B. L'hyperthermie
- ☐ C. L'hypothermie

3059 La diminution importante de l'appétit est :

- ☐ A. La boulimie
- ☐ B. L'anorexie
- ☐ C. L'aphasie

3060 Comment appelle-t-on la conséquence d'une alimentation insuffisante ?

- ☐ A. La sous-nutrition
- ☐ B. La diète
- ☐ C. Le régime
- ☐ D. La malnutrition
- ☐ E. Aucune de ces réponses n'est bonne

3061 L'ostéoporose est :

- ☐ A. La fracture du col du fémur
- ☐ B. La rupture d'un ligament
- ☐ C. La raréfaction de la substance osseuse

3062 Quel défaut énuméré dans la liste n'est pas de la même nature que les autres ?

- ☐ A. La sciatique
- ☐ B. La myopie
- ☐ C. Le daltonisme
- ☐ D. L'astigmatisme

3063 La mucoviscidose est une maladie d'ordre :

- ☐ A. Virale
- ☐ B. Parasitaire
- ☐ C. Génétique
- ☐ D. Mentale

3064 La cirrhose est une maladie qui touche :

- ☐ A. Le foie
- ☐ B. La rate
- ☐ C. Le cœur

3065 IST signifie :

- ☐ A. Infection sans thérapie
- ☐ B. Infection sexuellement transmissible
- ☐ C. Infection sanguine transmissible

3066 Sida signifie :

- ☐ A. Syndrome d'immuno-déficience accélérée
- ☐ B. Syndrome d'immuno-déficience acquise
- ☐ C. Syndrome d'immuno-déficience allergique

3067 Les maladies dites « orphelines » sont des maladies :

- ☐ A. Qui touchent uniquement les enfants
- ☐ B. Qui touchent un nombre très faible de personne dans le monde
- ☐ C. Qui ne bénéficient pas de traitements
- ☐ D. Bénignes

3068 Que signifie être bipolaire ?

- ☐ A. Etre maniaco-dépressif
- ☐ B. Etre schizophrène
- ☐ C. Etre bisexuel
- ☐ D. Etre hermaphrodite

3069 La nécrose d'une partie du muscle cardiaque s'appelle :

☐ A. Une embolie
☐ B. Une hémorragie cérébrale
☐ C. Un infarctus du myocarde

3070 L'*acinetobacter baumannii*, responsable d'un nombre croissant d'infections nosocomiales est :

☐ A. Une bactérie
☐ B. Un génome
☐ C. Un chromosome
☐ D. Un virus

3071 Les bactéries en forme de bâtonnets sont :

☐ A. Des coques
☐ B. Des bacilles
☐ C. Des vibrions
☐ D. Des spirilles

3072 Quelle est l'anomalie due à l'existence d'un troisième chromosome dans une paire ?

☐ A. La trisomie
☐ B. La mucoviscidose
☐ C. La myopathie
☐ D. L'hémophilie

3073 Un de ces termes ne désigne pas une pathologie. Lequel ?

☐ A. L'amnésie
☐ B. L'anorexie
☐ C. L'hystérie
☐ D. La prophylaxie

3074 De quel sens est-on privé quand on souffre d'anosmie ?

☐ A. La vue
☐ B. Le goût
☐ C. L'ouïe
☐ D. Le toucher
☐ E. L'odorat

3075 La myopathie est une maladie génétique qui provoque :

☐ A. Une faiblesse osseuse
☐ B. Des troubles respiratoires
☐ C. Une atrophie et une faiblesse progressive des muscles
☐ D. Des troubles oculaires

3076 La salmonellose est :

☐ A. Une maladie du cœur
☐ B. Une maladie provoquée par des bactéries du groupe salmonella
☐ C. Une maladie provoquée par des œufs
☐ D. Une maladie provoquée par des aliments

3077 Qu'est-ce qu'une embolie pulmonaire ?

☐ A. Une irruption de sang dans le poumon
☐ B. Un caillot de sang bloqué dans une artère pulmonaire
☐ C. Une perforation du poumon
☐ D. Une dilatation de l'artère pulmonaire

3078 Qu'est-ce qu'une colique néphrétique ?

☐ A. Une gastroentérite aiguë
☐ B. Une infection du rein
☐ C. Un calcul bloqué dans les voies urinaires
☐ D. Une diarrhée aiguë

3079 Parmi ces maladies, laquelle n'est pas contagieuse ?

- ☐ A. La syphilis
- ☐ B. La drépanocytose
- ☐ C. La coqueluche
- ☐ D. L'hépatite B

3080 Une maladie intercurrente est une maladie :

- ☐ A. Qui ne peut être guérie
- ☐ B. Qui survient au cours d'une autre
- ☐ C. Qui se communique par contagion

3081 La calvitie est :

- ☐ A. Une maladie du cuir chevelu
- ☐ B. L'absence de cheveux due à leur chute
- ☐ C. La manière dont sont implantés les cheveux

3. Medecine et traitements

3082 Le serment que prêtent les futurs médecins est le serment :

- ☐ A. D'Hippolyte
- ☐ B. D'Hippocrate
- ☐ C. D'Hipparque

3083 La méthode thérapeutique, révélée en 1796 par Samuel Hahnemann, fondée sur la « loi de la similitude, l'individualisation des cas et l'infinitésimal » est :

- ☐ A. L'allopathie
- ☐ B. L'homéopathie
- ☐ C. La thalassothérapie

3084 René Laennec a inventé :

- ☐ A. Le thermomètre médical
- ☐ B. Le stéthoscope
- ☐ C. La radiographie
- ☐ D. Le spiromètre
- ☐ E. Le diabète

3085 Qui a découvert le bacille de la tuberculose ?

- ☐ A. Alexander Fleming
- ☐ B. Jacques Roux
- ☐ C. Robert Koch
- ☐ D. Hugo De Vries

3086 Quel chimiste et biologiste démontre au XIXe siècle que la génération spontanée n'existe pas ?

- ☐ A. Félix Dujardin
- ☐ B. Pierre Marie
- ☐ C. Aristote
- ☐ D. Louis Pasteur

3087 Quel biologiste formula les trois lois fondamentales de la génétique ?

- ☐ A. James Watson
- ☐ B. Francis Crick
- ☐ C. Aleksandr Ivanovitch Oparine
- ☐ D. Johann Mendel

3088 La première vaccination date du :

- ☐ A. XVIIIe siècle
- ☐ B. XIXe siècle
- ☐ C. XXe siècle

3089 Le vaccin contre la rage a été découvert par :

- ☐ A. Robert Koch
- ☐ B. Louis Pasteur
- ☐ C. Pierre Curie
- ☐ D. Albert Schweitzer

3090 Vers 1859, le biologiste Charles Darwin (1809-1882) s'intéresse à la question :

- ☐ A. De l'origine des espèces vivantes et de leur diversité
- ☐ B. De l'hybridation et de l'hérédité
- ☐ C. De la mutation chez les plantes

3091 Qui découvre la pénicilline en 1928 ?

- ☐ A. Trofim Denissovitch Lyssenko
- ☐ B. Thomas Morgan
- ☐ C. Alexander Fleming
- ☐ D. Claude Bernard

3092 Quelle opération faisant appel au génie génétique est plus ou moins d'accord avec la législation internationale ?

- ☐ A. La thérapie génique
- ☐ B. La bactériologie
- ☐ C. La microbiologie
- ☐ D. Le clonage

3093 Quel a été le premier mammifère cloné ?

- ☐ A. Un chimpanzé
- ☐ B. Un lapin
- ☐ C. Une vache
- ☐ D. Une brebis

3094 Le premier « bébé éprouvette » français est né en :

- ☐ A. 1969
- ☐ B. 1982
- ☐ C. 1995

3095 A quelle date fut tentée la première greffe de gène chez l'homme ?

- ☐ A. Le 14 septembre 1990
- ☐ B. Le 14 septembre 2000
- ☐ C. Le 14 septembre 1995

3096 Quel professeur effectue la première greffe de cœur en France le 27 avril 1968 ?

- ☐ A. Léon Schwartzenberg
- ☐ B. Christian Cabrol
- ☐ C. Christian Barnard

3097 La DHEA est une hormone mise en évidence par :

- ☐ A. Le professeur Jean-Claude Chermann
- ☐ B. Le professeur Françoise Florette
- ☐ C. Le professeur Etienne-Emile Beaulieu

3098 Qui a découvert la théorie trisomique ?

- ☐ A. Gregor Mendel
- ☐ B. Charles Darwin
- ☐ C. Thomas Hunt Morgan
- ☐ D. Louis Pasteur

3099 En 1994, l'identification du virus du sida est attribuée officiellement :

- ☐ A. A l'Institut Pasteur
- ☐ B. A l'agence épidémiologique d'Atlanta
- ☐ C. A l'institut de recherches scientifiques de Moscou

3100 Les chercheurs écossais du Roslin Institute d'Edimbourg en 1996 :

- ☐ A. Mettent en évidence la structure à double hélice de l'ADN
- ☐ B. Réalisent les premières greffes de cellules nerveuses
- ☐ C. Découvrent la pénicilline
- ☐ D. Réalisent le premier clonage d'un mammifère

3101 Quelle innovation médicale doit-on à Robert G. Edwards, prix Nobel 2010 de médecine ?

- ☐ A. La pilule contraceptive
- ☐ B. Les antirétroviraux
- ☐ C. La fécondation in vitro
- ☐ D. Le cœur artificiel
- ☐ E. Le clonage

3102 L'hôpital Edouard Herriot, spécialisé dans les soins aux grands brûlés, se situe :

- ☐ A. A Paris
- ☐ B. A Lyon
- ☐ C. A Garches
- ☐ D. A Villejuif

3103 Qui est considéré comme le père de la chirurgie moderne ?

- ☐ A. Claude Bernard
- ☐ B. Ambroise Paré
- ☐ C. Pierre Bretonneau

3104 « Etre immunisé » signifie :

- ☐ A. Transmettre une maladie dont on est porteur
- ☐ B. Résister à une maladie infectieuse
- ☐ C. Ne pas guérir d'une maladie

3105 A quoi servent les antibiotiques ?

- ☐ A. A guérir les infections virales
- ☐ B. A guérir les infections bactériennes
- ☐ C. Toutes les réponses sont bonnes
- ☐ D. Aucune de ces réponses n'est bonne

3106 Les antihistaminiques sont prescrits lors :

- ☐ A. D'allergies
- ☐ B. De dépression nerveuse
- ☐ C. D'hémorragies

3107 La grippe est causé par :

- ☐ A. Une bactérie
- ☐ B. Un virus
- ☐ C. Toutes les réponses sont bonnes

3108 Le BCG est un vaccin contre :

- ☐ A. La poliomyélite
- ☐ B. La diphtérie
- ☐ C. La tuberculose
- ☐ D. La variole

3109 Quel métier exerce Camille Guérin lorsqu'il met au point le BCG avec Albert Calmette ?

- ☐ A. Laborantin
- ☐ B. Médecin
- ☐ C. Pharmacien
- ☐ D. Vétérinaire

3110 Quels médicaments ont une action calmante sur le système nerveux ?

- ☐ A. Les neuroleptiques
- ☐ B. Les analgésiques
- ☐ C. Les antibiotiques
- ☐ D. Les somnifères

3111 Une pièce de bois ou de métal qui maintient un os fracturé est :

- ☐ A. Une attelle
- ☐ B. Une atèle
- ☐ C. Une atelle
- ☐ D. Une hâtelle
- ☐ E. Aucune de ces réponses n'est bonne

3112 Une dialyse permet :

- ☐ A. L'ablation d'une tumeur
- ☐ B. L'épuration du sang à travers une membrane
- ☐ C. La dilatation d'une artère rétrécie

3113 Un placebo est une substance :

- ☐ A. Vitaminée qui remplace les repas
- ☐ B. Homéopathique qui neutralise la douleur
- ☐ C. Neutre que l'on substitue à un médicament

3114 Quel examen médical nécessite l'utilisation d'un produit iodé injecté par voie veineuse ?

- ☐ A. Une IRM
- ☐ B. Une échographie
- ☐ C. Un scanner

3115 Un EEG est :

- ☐ A. Un électrocardiogramme
- ☐ B. Un électroencéphalogramme
- ☐ C. Un électrochoc

3116 Parmi les nouveaux matériaux, quel est celui utilisé par les dentistes pour les prothèses ?

- ☐ A. La fibre de verre
- ☐ B. La fibre de carbone-résine
- ☐ C. Le polyéthylène
- ☐ D. Le polyester

3117 Le défibrillateur permet :

- ☐ A. De contrôler la tension des artères
- ☐ B. De dilater un vaisseau sanguin
- ☐ C. D'analyser l'activité du cœur

3118 Le sphygmomanomètre sert à :

- ☐ A. Ecouter les battements du cœur
- ☐ B. Mesurer la masse osseuse
- ☐ C. Mesurer la pression artérielle
- ☐ D. Mesurer l'intensité du rire

3119 L'enregistrement au moyen d'ultrasons de la position des organes se fait par :

- ☐ A. Radiographie
- ☐ B. Ecographie
- ☐ C. Scintigraphie

3120 Comment s'appelle l'examen de dépistage de la trisomie 21 ?

- ☐ A. Echographie fœtale
- ☐ B. Amniocenthèse
- ☐ C. Chorioamniotite
- ☐ D. Plasmaphérèse

3121 L'automédication est l'emploi :

- ☐ A. De plantes médicinales
- ☐ B. De micro-doses médicamenteuses injectées sous la peau
- ☐ C. D'implants d'aiguilles en des points précis du corps
- ☐ D. De médicaments sans prescription médicale

3122 Les soins postopératoires sont les soins :

- ☐ A. Qui se prodiguent avant une intervention chirurgicale
- ☐ B. Qui se prodiguent après une intervention chirurgicale
- ☐ C. Qui se prodiguent pendant une intervention chirurgicale

3123 Une plante médicinale émolliente est une plante qui :

- ☐ A. Combat la fièvre et en combat les accès
- ☐ B. Exerce un effet apaisant sur la peau et sur les muqueuses
- ☐ C. Induit le sommeil
- ☐ D. Combat la douleur
- ☐ E. Aucune de ces réponses n'est bonne

3124 La discipline médicale traitant les affections et maladies mentales s'appelle :

- ☐ A. La pédiatrie
- ☐ B. La psychiatrie
- ☐ C. La neurologie

3125 La gérontologie est la science qui vise à soigner les pathologies spécifiques :

- ☐ A. Des nourrissons
- ☐ B. Des adolescents
- ☐ C. Des patients âgés

3126 Quel nom porte la thérapie par les plantes :

- ☐ A. La mésothérapie
- ☐ B. L'hydrothérapie
- ☐ C. L'oligothérapie
- ☐ D. La phytothérapie

3127 L'acupuncture est une méthode thérapeutique d'origine :

- ☐ A. Hindoue
- ☐ B. Inca
- ☐ C. Chinoise

3128 Parmi les disciplines fondamentales de la biologie, quelle est celle qui étudie les caractères héréditaires physiques et biochimiques, ainsi que les variations accidentelles d'une génération à l'autre ?

- ☐ A. La taxinomie
- ☐ B. L'écologie
- ☐ C. La génétique
- ☐ D. L'éthologie

3129 Un stomatologiste est le spécialiste :

- ☐ A. Des maladies de l'appareil digestif
- ☐ B. Des infections de la bouche et des dents
- ☐ C. Des affections des voies respiratoires

3130 Un omnipraticien est :

- ☐ A. Un médecin généraliste
- ☐ B. Un médecin spécialiste
- ☐ C. Un chirurgien

3131 Un oncologue médical est un médecin spécialiste :

☐ A. Du vieillissement des patients
☐ B. Des traitements médicamenteux des cancers
☐ C. Des troubles des conduites alimentaires

3132 Le shiatsu désigne :

☐ A. Un art martial de rééducation
☐ B. Une spécialité culinaire japonaise utilisée lors d'intoxication intestinale
☐ C. Une médecine douce de tradition chinoise

3133 La toxine botulique de type A appelée botox est reconnue, entre autres, comme traitement efficace :

☐ A. De l'acné juvénile
☐ B. De la chute des cheveux
☐ C. Des rides d'expression

3134 La station thermale d'Aix-les-Bains soigne :

☐ A. Les voies respiratoires
☐ B. Les rhumatismes
☐ C. L'obésité

3135 Quelle ville n'est pas une station thermale ?

☐ A. Vichy
☐ B. Evian
☐ C. Courchevel
☐ D. Dax

3136 L'alphabet usuel comporte 26 lettres ; l'alphabet braille en comporte :

☐ A. 22
☐ B. 26
☐ C. 30
☐ D. 34

3137 L'aspartame est un édulcorant donnant un goût :

☐ A. Salé
☐ B. Sucré
☐ C. Amer
☐ D. Acide

4. La santé dans le monde

3138 Créées en 1947, les rencontres annuelles de médecins tenues à Paris se nomment :

☐ A. Les Entretiens de Cochin
☐ B. Les Entretiens de la Salpêtrière
☐ C. Les Entretiens de Bichat

3139 Le 7 avril 1988, l'Organisation mondiale de la santé organise une première journée. Laquelle ?

☐ A. Journée contre le sida
☐ B. Journée sans voiture
☐ C. Journée sans tabac

3140 Combien y a-t-il de porteurs du virus du sida dans le monde ?

☐ A. Environ 18 millions
☐ B. Environ 34 millions
☐ C. Environ 45 millions
☐ D. Environ 56 millions

3141 Quel est le cancer avec le plus fort taux de mortalité chez l'homme en France ?

☐ A. Le cancer du poumon
☐ B. Le cancer de la vessie
☐ C. Le cancer de la prostate
☐ D. Le cancer du colon rectum

3142 En 2009, combien de vaccins sont commandés par la France afin de lutter contre la grippe A ?

- ☐ A. Près de 100 millions de doses
- ☐ B. Près de 70 millions de doses
- ☐ C. Près de 50 millions de doses
- ☐ D. Près de 30 millions de doses

3143 Parmi ces vaccins, lequel n'est pas obligatoire en France ?

- ☐ A. Le vaccin contre la coqueluche
- ☐ B. Le vaccin contre la diphtérie
- ☐ C. Le vaccin contre la poliomyélite
- ☐ D. Le vaccin contre le tétanos

3144 Le médecin attaché à une administration, qui examine ses assujettis et lui donne les renseignements d'ordre médical est :

- ☐ A. Le médecin traitant
- ☐ B. Le médecin légiste
- ☐ C. Le médecin conseil

3145 Un médicament générique est un médicament :

- ☐ A. Non remboursé par la Sécurité sociale
- ☐ B. Prescrit uniquement par des médecins spécialistes
- ☐ C. Banalisé au niveau de son coût et de sa consommation

3146 RMN signifie :

- ☐ A. Recherche médicale nationalisée
- ☐ B. Réseau médicalisé national
- ☐ C. Résonance magnétique nucléaire

3147 SAMU signifie :

- ☐ A. Soins assistés par médecins universitaires
- ☐ B. Service d'aide médicale urgente
- ☐ C. Société autonome de médicalisation d'urgence
- ☐ D. Soins et aide médicale d'urgence

3148 Le sigle CMU signifie :

- ☐ A. Centre des médicaments usuels
- ☐ B. Centre des maladies universelles
- ☐ C. Couverture maladie universelle

3149 OMS est le sigle de :

- ☐ A. L'Ordre des médecins spécialistes
- ☐ B. L'Organisation mondiale de la santé
- ☐ C. L'Organisme mondial de soins

3150 Quel pays européen ne contraint pas ses habitants à être vacciné ?

- ☐ A. L'Italie
- ☐ B. La Belgique
- ☐ C. L'Allemagne
- ☐ D. Le Portugal

16. GRANDES DECOUVERTES, PRIX NOBEL ET AUTRES RECOMPENSES

Ce chapitre est composé de **3 sections** pour un total de **84 questions**.

1. Grandes découvertes
2. A chaque domaine son prix
3. Qui obtient… ?

[A SAVOIR !]

110 Les numéros de questions de ce type signifient qu'il n'y a qu'une seule et unique réponse juste à la question posée.

111 Les numéros de questions de ce type signifient qu'il y a **plusieurs (2 ou plus) réponses possibles justes à la question**.

[UN CONSEIL IMPORTANT]

Nous vous conseillons vivement de répondre à toutes les questions d'une section avant d'en découvrir les solutions. L'erreur consiste en effet généralement à traiter une question et à vérifier aussitôt la réponse parce que l'on veut s'assurer d'avoir trouvé la réponse juste ou parce que l'on est impatient de la découvrir dans le cas où on ne la connaît pas. Si vous souhaitez sérieusement progresser, vous devez absolument vous imprégner du thème traité par la section et répondre d'un trait à toutes les questions d'une section.

[QUELQUES MOTS SUR…]

1. Les grandes découvertes [WIKIPEDIA]

Une découverte scientifique est la reconnaissance par la communauté scientifique de l'existence d'un phénomène, d'une propriété, d'une loi de l'univers physique, chimique ou astronomique ou d'une nouvelle entité susceptible d'être l'objet d'une approche scientifique.

Pour comprendre le concept de découverte scientifique, il est nécessaire de le resituer dans le contexte de la science moderne, telle qu'elle a émergé depuis la Renaissance. En effet, pour Francis Bacon, le projet de la science est de percer les secrets de la Nature, et d'en extraire tout le savoir possible. Dans cette démarche, la découverte scientifique correspond à l'identification d'un fait ou d'un phénomène naturel original. Pour que ce fait ou ce phénomène soit reconnu, il est nécessaire que sa valeur universelle soit incontestable. Chaque découverte est donc soumise à l'épreuve des faits, par confrontation à l'expérience. Pour l'épistémologue

Karl Popper, c'est la seule façon pour qu'une idée, aussi géniale soit-elle, ne reste pas à l'état d'hypothèse, mais qu'elle acquiert la valeur de découverte. Pour bien comprendre la différence entre une découverte et une invention, il suffit de se référer aux découvertes géographiques ou astronomiques. On ne découvre que ce qui existait déjà. On invente quelque chose qui n'existait pas.

2. Les prix Nobel [LAROUSSE]

Le prix Nobel (en suédois *Nobelpriset*) est une récompense de portée internationale. Remis pour la première fois en 1901, les prix sont décernés chaque année à des personnes « ayant apporté le plus grand bénéfice à l'humanité », par leurs inventions, découvertes et améliorations dans différents domaines de la connaissance, par l'œuvre littéraire la plus impressionnante, ou par leur travail en faveur de la paix, suivant ainsi les derniers vœux d'Alfred Nobel, inventeur de la dynamite. Ils étaient originellement au nombre de cinq (physique, chimie, physiologie et médecine, littérature, paix) ; en 1969 la Banque de Suède a décerné pour la première fois un « prix de sciences économiques ».

Les prix Nobel sont décernés :
– pour la physique, la chimie, et les sciences économiques, par l'Académie suédoise des sciences ;
– pour la médecine et la physiologie, par l'Institut Karolin de Stockholm ;
– pour la littérature, par l'Académie de Stockholm ;
– pour l'œuvre de paix, par une commission de cinq membres élus par le Storting norvégien.

Le prix Nobel a quelques contraintes concernant son attribution, mais est globalement assez souple. Dans chaque discipline, les nominations sont issues des propositions d'académies ou instituts de Suède (le comité norvégien pour le Nobel de la paix) et de figures d'autorité internationales. Les propositions sont élaguées en début d'année par un comité spécial, composé de cinq académiciens élus pour trois ans. Avant l'été, les académies fixent une liste finale de cinq noms (ou groupe de noms). Le lauréat est élu en clôture des débats, tout début octobre. Les quatre recalés sont réinscrits d'office pour les sélections de l'année suivante. L'identité du ou des récipiendaires est révélée, discipline par discipline tout au long de la première semaine ouverte d'octobre, lors de conférences de presse journalières.

1. Grandes decouvertes

3151 Quelle terre aurait atteint Pythéas, navigateur marseillais, au IVe siècle avant notre ère ?

☐ A. Atlantide
☐ B. Thulé
☐ C. Les Amériques

3152 Quand est découvert le Groenland ?

☐ A. Au Ve siècle
☐ B. Au Xe siècle
☐ C. Au XIIIe siècle
☐ D. Au XVIIe siècle

3153 Quel continent est connu sous le nom de « Nouveau Monde » ?

☐ A. L'Amérique
☐ B. L'Asie
☐ C. L'Afrique
☐ D. L'Europe

3154 Quel franciscain flamand explore la Mongolie en 1253 ?

☐ A. Guillaume de Rubrouck
☐ B. Christophe Colomb
☐ C. Fernand de Magellan

3155 A l'âge de 17 ans, Marco Polo quitte l'Italie avec son père et son oncle pour trouver le pays de la soie. Tous trois arrivent en 1275…

☐ A. En Inde
☐ B. En Chine
☐ C. En Mongolie
☐ D. Au Japon

3156 Quel était le but initial des grands voyages d'exploration au XVe siècle ?

☐ A. Trouver des terres nouvelles
☐ B. Mettre à l'épreuve la qualité des inventions faites dans le domaine de la navigation
☐ C. Trouver une nouvelle route vers l'Asie
☐ D. Convertir les indigènes au christianisme

3157 « Espanola » est la première île que découvrit Christophe Colomb en approchant des côtes du nouveau continent. Il s'agit aujourd'hui de :

☐ A. La Dominique et la Martinique
☐ B. La Guadeloupe et la Martinique
☐ C. La République dominicaine et Haïti
☐ D. Cuba et les Bahamas

3158 Qui a exploré l'ouest des Etats-Unis jusqu'à l'océan Pacifique ?

☐ A. Christophe Colomb
☐ B. Francisco Vàsquez de Coronado
☐ C. William Clark
☐ D. Aucune de ces réponses n'est bonne

3159 Qui double le cap de Bonne-Espérance à la fin du XVe siècle ?

☐ A. Christophe Colomb
☐ B. Jean-François de la Pérouse
☐ C. Vasco de Gama
☐ D. Fernand de Magellan

3160 Jacques Cartier est :

☐ A. Un explorateur français du XIVe siècle
☐ B. Un explorateur français du XVIe siècle
☐ C. Un explorateur français du XVIIIe siècle
☐ D. Un explorateur français du XIXe siècle

3161 Quel navigateur français découvre le Québec et ramène des Iroquois en France ?

- ☐ A. Fernand de Magellan
- ☐ B. Jacques Cartier
- ☐ C. Samuel Champlain

3162 Qui a découvert le Brésil ?

- ☐ A. Christophe Colomb
- ☐ B. Pedro Alvares Cabral
- ☐ C. Jacques Cartier
- ☐ D. Aucune de ces réponses n'est bonne

3163 Quel navigateur baptisa l'océan Pacifique ?

- ☐ A. Fernand de Magellan
- ☐ B. James Cook
- ☐ C. Vasco de Gama

3164 Fernand de Magellan était :

- ☐ A. Français
- ☐ B. Portugais
- ☐ C. Espagnol

3165 Qui a réalisé le premier tour du monde ?

- ☐ A. James Cook
- ☐ B. Louis Antoine de Bougainville
- ☐ C. Louis Bernicot
- ☐ D. Fernand de Magellan

3166 Qui fut le premier à explorer le fleuve Niger ?

- ☐ A. Mungo Park
- ☐ B. David Linvingstone
- ☐ C. John Speke

3167 Dans quel pays se trouve le détroit de La Pérouse (du nom de l'explorateur qui l'a découvert) ?

- ☐ A. Au Canada
- ☐ B. En Russie
- ☐ C. En Australie

3168 Qui a découvert le cap Horn ?

- ☐ A. Christophe Colomb
- ☐ B. Charles Le Maire
- ☐ C. Mike Horn
- ☐ D. John Ross

3169 Qui a exploré le Pacifique et les côtes de l'Australie, découvert la Nouvelle-Calédonie et Hawaii ?

- ☐ A. Francis Drake
- ☐ B. James Cook
- ☐ C. Fernand Foureau
- ☐ D. Aucune de ces réponses n'est bonne

3170 Qu'a découvert l'explorateur David Livingstone ?

- ☐ A. Les sources du Nil
- ☐ B. Le pôle Nord
- ☐ C. Les chutes Victoria
- ☐ D. Le tombeau de Toutankhamon

3171 Qui découvrit le pôle Nord en 1909 ?

- ☐ A. Robert Livingstone
- ☐ B. Thomas Cook
- ☐ C. Robert Peary

2. A CHAQUE DOMAINE SON PRIX

3172 Dans son dernier testament, Alfred Nobel demande la création d'une institution qui se chargera de récompenser chaque année des personnes qui ont rendu de grands services à l'humanité. On y retrouve notamment :

- ☐ A. La physique
- ☐ B. L'économie
- ☐ C. La littérature
- ☐ D. Les mathématiques
- ☐ E. La physiologie

3173 Quel est le pays organisateur du prix Nobel ?

- ☐ A. La Suède
- ☐ B. La France
- ☐ C. Les Etats-Unis

3174 Comment s'appelle la plus haute récompense en mathématiques ?

- ☐ A. Le prix Albert Einstein
- ☐ B. Le prix Nobel de mathématiques
- ☐ C. La médaille Fields
- ☐ D. La médaille de Pythagore

3175 Le prix Médicis couronne une œuvre :

- ☐ A. Artistique
- ☐ B. Littéraire
- ☐ C. Musicale
- ☐ D. Cinématographique

3176 Dans quelle discipline décerne-t-on le prix Renaudot ?

- ☐ A. Littérature
- ☐ B. Théâtre
- ☐ C. Journalisme

3177 Dans quelle discipline décerne-t-on le prix France Télévisions ?

- ☐ A. Littérature
- ☐ B. Cinéma
- ☐ C. Télévision

3178 Le prix Gutenberg est un prix littéraire :

- ☐ A. Allemand
- ☐ B. Anglais
- ☐ C. Français
- ☐ D. Aucune de ces réponses n'est bonne

3179 Quelle est la particularité du prix Femina ?

- ☐ A. Il récompense les meilleures actions faites en faveur des femmes
- ☐ B. Le jury est entièrement composé de femmes
- ☐ C. Il ne récompense que les œuvres féminines

3180 Le prix Albert Londres récompense le travail d'un :

- ☐ A. Romancier
- ☐ B. Journaliste
- ☐ C. Cinéaste
- ☐ D. Architecte

3181 Qui est récompensé par le prix Interallié ?

- ☐ A. Un journaliste qui a écrit un roman
- ☐ B. Un romancier qui a publié un article
- ☐ C. Une personnalité des médias

3182 Dans quelle discipline artistique est remis le prix Arletty ?

- ☐ A. Cinéma
- ☐ B. Théâtre
- ☐ C. Danse classique

3183 L'équivalent américain de la Nuit des Molières est :

- ☐ A. Les Tony
- ☐ B. Les Molly
- ☐ C. Les Johnson

3184 Laquelle de ces affirmations est fausse :

- ☐ A. Le prix Pulitzer récompense des journalistes
- ☐ B. Le prix Pulitzer récompense des écrivains
- ☐ C. Le prix Pulitzer récompense des artistes peintres

3185 Le prix Pritzker est attribué dans le domaine :

- ☐ A. De la musique
- ☐ B. De l'architecture
- ☐ C. De la peinture
- ☐ D. De la sculpture

3186 En quelle année fut décerné le premier prix Pitzker ?

- ☐ A. 1909
- ☐ B. 1939
- ☐ C. 1979

3187 Le prix France Culture a modifié son nom en 2006, quel est-il aujourd'hui ?

- ☐ A. Le prix France Culture-Télérama
- ☐ B. Le prix de la Culture
- ☐ C. Le prix Littéraire de la Culture

3188 Qui décerne le prix Albert Einstein ?

- ☐ A. Le Conseil mondial de la culture
- ☐ B. Le ministère de la Culture
- ☐ C. Aucune de ces réponses n'est bonne

3189 Que récompense le prix du Fauve d'Or ?

- ☐ A. Le meilleur film africain au festival de Cannes
- ☐ B. La meilleure vente de disque en Afrique
- ☐ C. Le meilleur album de bande dessinée

3190 En quelle année furent créées les Victoires de la musique classique ?

- ☐ A. 1974
- ☐ B. 1984
- ☐ C. 1994

3191 A quelle date furent décernés les premiers Oscars ?

- ☐ A. 1929
- ☐ B. 1945
- ☐ C. 1969

3192 Que récompense le prix Goya ?

- ☐ A. La meilleure musique de film
- ☐ B. La meilleure sculpture contemporaine
- ☐ C. Le meilleur court-métrage au Festival de Venise

3193 Que récompensent les Golden Globes ?

- ☐ A. Les œuvres cinématographiques
- ☐ B. Les œuvres musicales
- ☐ C. Les œuvres télévisuelles

3194 Comment s'appellent les récompenses spécifiques au monde de la télévision ?

- ☐ A. Les Césars
- ☐ B. Les Chaînes d'or
- ☐ C. Les Oscars
- ☐ D. Les 7 d'or

3195 Laquelle de ces affirmations est fausse :

- ☐ A. Les récompenses des 7 d'or n'existent plus
- ☐ B. Les 7 d'or ont été créés par le magazine TéléStar
- ☐ C. Les 7 d'or récompensent les personnalités et programmes de la télévision

3196 Que récompense le prix Veuve Clicquot ?

- ☐ A. Une femme d'affaires
- ☐ B. Un homme d'affaires
- ☐ C. Une œuvre cinématographique indépendante

3197 Quand a été créé le trophée des Femmes en or ?

- ☐ A. 1973
- ☐ B. 1993
- ☐ C. 2003

3198 Que récompense le Webby Award ?

- ☐ A. Le meilleur journal on line
- ☐ B. Le blog le plus lu aux Etats-Unis
- ☐ C. Un site Internet de qualité

3199 Que récompense la cérémonie des Golden Collar Awards ?

- ☐ A. Les meilleurs films comiques
- ☐ B. Les meilleurs acteurs canins
- ☐ C. Les pires acteurs de l'année

3. Qui obtient... ?

3200 Quel prix Nobel ont obtenu en 2010 Andre Geim et Konstantin Novoselov ?

- ☐ A. Le prix Nobel de la paix
- ☐ B. Le prix Nobel de médecine
- ☐ C. Le prix Nobel de physique
- ☐ D. Le prix Nobel de biologie
- ☐ E. Le prix Nobel de mathématiques

3201 Quel chercheur a été récompensé par le prix Nobel de médecine pour avoir découvert le virus du sida ?

- ☐ A. Luc Montagnier et Françoise Barré-Sinoussi
- ☐ B. Jean-Claude Chermann
- ☐ C. Willy Rozenbaum
- ☐ D. David Klatzmann

3202 Né en 1887, ce poète a été peu touché par le surréalisme. Grand voyageur, son œuvre est une méditation sur le destin de l'Homme et ses rapports à la nature. Il a reçu le prix Nobel de littérature. Il s'agit de :

- ☐ A. Louis Aragon
- ☐ B. Paul Eluard
- ☐ C. Saint-John Perse
- ☐ D. Paul Valéry

3203 Lequel de ces écrivains reçut le prix Nobel de littérature ?

- ☐ A. Georges Perec
- ☐ B. Albert Camus
- ☐ C. Jules Verne
- ☐ D. Marguerite Duras

3204 Le prix Nobel de littérature a été décerné en 2005 à un dramaturge britannique fortement critique à l'égard de la politique extérieure américaine. Quel est son nom ?

- ☐ A. Harold Pinter
- ☐ B. Edward Bond
- ☐ C. Howard Barker
- ☐ D. Samuel Beckett

3205 Quel auteur a été récompensé en octobre 2009 par le prix Nobel de littérature ?

- ☐ A. Herta Müller
- ☐ B. Claude Simon
- ☐ C. Albert Camus
- ☐ D. William Golding

3206 Quel écrivain s'est vu décerner le prix Nobel de littérature en 2010 ?

- ☐ A. J.-M.G. Le Clézio
- ☐ B. Herta Müller
- ☐ C. Harold Pinter
- ☐ D. Mario Vargas Llosa
- ☐ E. Imre Kertész

3207 Quel écrivain français a refusé le prix Nobel de littérature ?

- ☐ A. Louis-Ferdinand Céline
- ☐ B. Albert Camus
- ☐ C. Jean-Paul Sartre
- ☐ D. Jean Cocteau
- ☐ E. Aucune de ces réponses n'est bonne

3208 Pour quelle action Muhammad Yunus a-t-il reçu le prix Nobel de la paix en 2006 ?

- ☐ A. La lutte contre la prolifération des armes atomiques
- ☐ B. La défense du droit des femmes
- ☐ C. La lutte pour l'éradication des mines antipersonnel
- ☐ D. Le développement du microcrédit

3209 Qui a reçu le prix Nobel de la paix en 2010 ?

- ☐ A. Mikhail Gorbatchev
- ☐ B. Liu Xiaobo
- ☐ C. Le Dalaï-Lama
- ☐ D. Muhammad Yunus
- ☐ E. Aung San Suu Kyi

3210 Qui obtient le prix Nobel d'économie en 2008 ?

- ☐ A. Robert Mundell
- ☐ B. Paul Krugman
- ☐ C. Olivier Blanchard
- ☐ D. Georges Akerlof

3211 Parmi ces économistes, lequel n'a pas obtenu le prix Nobel ?

- ☐ A. Robert Mundell
- ☐ B. Joseph Stiglitz
- ☐ C. John Nash
- ☐ D. John Maynard Keynes

3212 Le prix Nobel d'économie qui a donné son nom à un projet de taxe sur les mouvements spéculatifs de capitaux est :

- ☐ A. Milton Friedman
- ☐ B. Maurice Allais
- ☐ C. James Tobin
- ☐ D. Gary Becker
- ☐ E. Aucune de ces réponses n'est bonne

3213 A qui est attribué le prix Goncourt 2005 ?

- ☐ A. Bernard-Henry Lévy pour *American vertigo*
- ☐ B. Michel Houellebecq pour *La Possibilité d'une île*
- ☐ C. François Weyergans pour *Trois jours chez ma mère*
- ☐ D. Pascal Quignard pour *Villa Amalia*

3214 Lequel de ces auteurs a obtenu deux fois le prix Goncourt ?

- ☐ A. Jean-Paul Sartre
- ☐ B. André Malraux
- ☐ C. Paul-Loup Sulitzer
- ☐ D. Romain Gary
- ☐ E. Aucune de ces réponses n'est bonne

3215 Quel écrivain américain a reçu le prix Pulitzer pour son roman *La Route* dont une adaptation cinématographique a été réalisée en 2009 ?

- ☐ A. Joyce Crol Oates
- ☐ B. Toni Morrison
- ☐ C. Paul Auster
- ☐ D. Cormac Mac Carthy

3216 Qui est le lauréat du prix Médicis en 1984 ?

- ☐ A. Yves Berger
- ☐ B. Bernard-Henri Lévy
- ☐ C. Paul-Loup Sulitzer

3217 Qui a reçu en 2004, le prix du Festival de la bande dessinée d'Angoulême pour le meilleur album ?

- ☐ A. Didier Tronchet
- ☐ B. Anne Sibran
- ☐ C. Manu Larcenet
- ☐ D. Juanjo Guardino

3218 Le grand prix RTL de la bande dessinée en 2006 est décerné à :

- ☐ A. Christophe Chaboute
- ☐ B. Katsuhiro Otomo
- ☐ C. Maurice Tillieux

3219 Dans le domaine de la bande dessinée, quelle œuvre reçoit le grand prix de la Critique en 2006 ?

- ☐ A. *Les Amants de Lucie*
- ☐ B. *Les Petits Ruisseaux*
- ☐ C. *Paroles de Verdun*

3220 Qui a reçu le prestigieux prix Pritzker d'architecture en 2008 pour l'ensemble de son œuvre ?

- ☐ A. Jean Nouvel
- ☐ B. Leoh Ming Pei
- ☐ C. Franck Gehry
- ☐ D. Antoni Gaudí

3221 Laquelle de ces comédiennes n'a pas reçu le prix Romy Schneider ?

- ☐ A. Bérénice Béjo
- ☐ B. Vanessa Paradis
- ☐ C. Clotilde Courau

3222 Quelle artiste a reçu le trophée de l'artiste féminine de ces 20 dernières années aux Victoires de la musique ?

- ☐ A. Mylène Farmer
- ☐ B. France Gall
- ☐ C. Véronique Samson

3223 Qui reçoit la grande médaille de la Chanson française en 2010 ?

- ☐ A. Charles Aznavour
- ☐ B. Renaud
- ☐ C. Francis Cabrel

3224 Quel a été le premier monument français classé par l'Unesco en 1979 ?

- ☐ A. La cathédrale Notre-Dame de Reims
- ☐ B. La cathédrale de Chartres
- ☐ C. La cathédrale d'Amiens

3225 En quelle année le site de Stonehedge a-t-il été déclaré patrimoine mondial par l'Unesco ?

- ☐ A. 1956
- ☐ B. 1986
- ☐ C. 2006

3226 Tombouctou est devenu patrimoine mondial de l'Unesco en :

- ☐ A. 1938
- ☐ B. 1988
- ☐ C. 2008

3227 Laquelle des villes suivantes a été classée au patrimoine mondial de l'Unesco en août 2010 ?

- ☐ A. Albi
- ☐ B. Toulouse
- ☐ C. Marseille
- ☐ D. Bordeaux

3228 Le bassin minier du Nord-Pas-de-Calais est patrimoine mondial de l'Unesco ?

- ☐ A. Vrai
- ☐ B. Faux

3229 L'île de Pâques est déclarée patrimoine mondial par l'Unesco ?

- ☐ A. Vrai
- ☐ B. Faux

3230 Quelle partie de Paris est classée patrimoine mondial par l'Unesco ?

- ☐ A. Les rives de la Seine
- ☐ B. Les Buttes-Chaumont
- ☐ C. Aucune de ces réponses n'est bonne

3231 Lequel des critères ci-dessous n'est pas un critère de sélection de l'Unesco ?

☐ A. Apporter un témoignage unique ou du moins exceptionnel sur une tradition culturelle ou une civilisation vivante ou disparue
☐ B. Représenter des phénomènes naturels ou des aires d'une beauté naturelle et d'une importance esthétique exceptionnelle
☐ C. Représenter un chef-d'œuvre du génie créateur humain
☐ D. Etre visité par plus d'un million de personnes par an

3232 En quelle année la Cité du Vatican a-t-elle été inscrite au patrimoine mondial ?

☐ A. 1944
☐ B. 1964
☐ C. 1984
☐ D. 1994

3233 En France, au 31 décembre 2008, combien de monuments sont classés monument historique ?

☐ A. 1 436
☐ B. 5 437
☐ C. 14 367
☐ D. 35 654

3234 Quel monument est sur la liste du patrimoine mondial en péril ?

☐ A. Le lieu de naissance de Jésus
☐ B. Les chutes du Niagara
☐ C. Le Mur des Lamentations
☐ D. La Sainte-Chapelle

17. SPORTS

Ce chapitre est composé de **3 sections** pour un total de **130 questions**.

1. Sports individuels
2. Sports collectifs
3. Les Jeux olympiques

[A SAVOIR !]

110 Les numéros de questions de ce type signifient qu'il n'y a qu'une seule et unique réponse juste à la question posée.

111 Les numéros de questions de ce type signifient qu'il y a **plusieurs (2 ou plus) réponses possibles justes à la question**.

[UN CONSEIL IMPORTANT]

Nous vous conseillons vivement de répondre à toutes les questions d'une section avant d'en découvrir les solutions. L'erreur consiste en effet généralement à traiter une question et à vérifier aussitôt la réponse parce que l'on veut s'assurer d'avoir trouvé la réponse juste ou parce que l'on est impatient de la découvrir dans le cas où on ne la connaît pas. Si vous souhaitez sérieusement progresser, vous devez absolument vous imprégner du thème traité par la section et répondre d'un trait à toutes les questions d'une section.

[QUELQUES MOTS SUR...]

1. Le sport et la société [LAROUSSE]

Le sport est un des phénomènes socioculturels marquants de notre siècle naissant et de celui qui l'a précédé. On peut aisément le mesurer à l'aune des millions de téléspectateurs qui suivent la retransmission des grands événements sportifs ou du nombre sans cesse accru de pratiquants, qui, de par le monde, s'adonnent, sous une forme ou sous une autre, à une activité physique. Mais, plus encore que ces chiffres, la mobilisation grandissante des ressources matérielles et symboliques de nos sociétés autour du fait sportif donne une idée de son ampleur : il n'y a plus guère de thèmes sociétaux dont le sport soit absent ; autour de lui se constituent des identités collectives (du local au national) ; il est devenu un champ d'intervention de la politique des Etats ; il a généré un marché et des enjeux économiques énormes ; la science s'y trouve impliquée de diverses façons (santé, technologies nouvelles) ; les valeurs éthiques et les idéologies modernes intègrent celles du sport et les grandes institutions sportives, comme le Comité international olympique (CIO), se posent en garantes de l'accomplissement des valeurs morales les plus hautes de l'humanité.

2. Les Jeux olympiques [LAROUSSE]

Contrairement aux jeux antiques, le programme olympique moderne est beaucoup moins stable. Chaque édition des jeux apporte ainsi son lot de nouveautés, nouvelles disciplines et nouvelles catégories. Le CIO est seul décisionnaire sur l'admission d'une discipline au programme olympique et il doit composer avec les Fédérations internationales gérant les disciplines. Ainsi, le programme des compétitions sportives ne propose pas l'ensemble des disciplines sportives, ni même la totalité des différentes épreuves possibles. Les jeux d'été comptent 302 podiums, et c'est un plafond que le CIO ne souhaite pas dépasser. Ainsi, nombre de sports sont écartés du programme, comme c'est le cas du baseball et du softball après les jeux de 2008, tandis que d'autres disciplines souhaitant profiter de la vitrine olympique sont priées d'attendre. Les jeux mondiaux rassemblent certains de ces sports non-olympiques mais dont les fédérations internationales sont reconnues par le CIO. Jusqu'en 1996, ces sports pouvaient profiter du statut de sport de démonstration.

Afin de contenir l'expansion, le nombre d'athlètes participants aux Jeux est désormais plafonné à 10 500 en été et les participants doivent désormais réaliser des minima dans les disciplines chiffrées ou profiter de quotas olympiques gagnés lors des grandes compétitions précédant les jeux. Pour permettre à toutes les nations de participer, les minima sont à géométrie variable selon les nations et un Comité olympique n'ayant aucun athlète qualifié aux Jeux profite d'invitations, généralement en athlétisme, natation, judo ou haltérophilie pour les Jeux d'été.

3. Le sport collectif [LAROUSSE]

Un sport collectif est un sport qui oppose des équipes entre elles, par opposition à un sport individuel. Attention à ne pas confondre sport collectif et sport d'équipes car certains sports individuels (cyclisme, notamment) sont souvent des sports d'équipes mais pas des sports collectifs. Par définition, un sport collectif n'attribue pas de titre individuel, mais seulement des titres collectifs. Rares exceptions à cette règle, avec l'aviron, qui est un sport individuel en skiff et qui est un sport collectif (et pas seulement un « sport d'équipe ») pour les autres séries, ou les Bowls. Presque tous les sports de ballon sont des sports collectifs. Seule exception à cette règle, la gymnastique rythmique dont l'un des engins utilisés est un ballon.

1. Sports individuels

3235 Qui a créé le Tour de France ?

- ☐ A. Pierre Giffard
- ☐ B. Henri Desgrange
- ☐ C. Géo Lefèvre
- ☐ D. Maurice Garin

3236 Quelle distance les coureurs du Tour de France parcourent-ils ?

- ☐ A. Environ 1 500 km
- ☐ B. Environ 3 500 km
- ☐ C. Environ 5 000 km
- ☐ D. Environ 8 000 km

3237 Combien y a-t-il d'étapes au Tour de France ?

- ☐ A. Une dizaine
- ☐ B. Une quinzaine
- ☐ C. Une vingtaine
- ☐ D. Une trentaine

3238 Lequel de ces sportifs n'est pas un coureur cycliste ?

- ☐ A. Jacques Anquetil
- ☐ B. Miguel Indurain
- ☐ C. Jan Ullrich
- ☐ D. Jacques Villeneuve

3239 Quelle est la nationalité de Jan Ullrich ?

- ☐ A. Canadienne
- ☐ B. Allemande
- ☐ C. Suisse
- ☐ D. Anglaise

3240 Parmi ces coureurs, lequel n'a jamais porté le maillot jaune ni remporté le Tour de France ?

- ☐ A. Louison Bobet
- ☐ B. Laurent Fignon
- ☐ C. Raymond Poulidor
- ☐ D. Bernard Thévenet

3241 Qui a remporté le Tour de France en 2013 ?

- ☐ A. Alberto Contador
- ☐ B. Cadel Evans
- ☐ C. Lance Amstrong
- ☐ D. Christopher Froome

3242 Quel cycliste a gagné le Tour de France cinq années consécutives ?

- ☐ A. Miguel Indurain
- ☐ B. Bernard Hinault
- ☐ C. Lance Armstrong

3243 Qui a remporté le Tour de France à 7 reprises ?

- ☐ A. Alberto Contador
- ☐ B. Cadel Evans
- ☐ C. Lance Amstrong
- ☐ D. Carlos Sastres

3244 Parmi ces cyclistes, lesquels ont été soupçonnés de dopage ?

- ☐ A. Lance Amstrong
- ☐ B. Franck Schleck
- ☐ C. Marco Pantani
- ☐ D. Alberto Contador
- ☐ E. Bradley Wiggins

3245 Depuis quelle année est organisé le championnat du monde de Formule 1 ?

- ☐ A. 1950
- ☐ B. 1960
- ☐ C. 1970

3246 Combien de fois Michael Schumacher a-t-il été sacré champion de Formule 1 ?

- ☐ A. 5 fois
- ☐ B. 7 fois
- ☐ C. 10 fois
- ☐ D. 11 fois

3247 En 2009, avec quelle écurie Michael Schumacher fait-il son retour ?

- ☐ A. Mercedes
- ☐ B. BMW
- ☐ C. Renault
- ☐ D. Ferrari

3248 Quel pilote automobile a remporté en 2010 le premier Grand Prix de Formule 1 de Corée ?

- ☐ A. Kimi Raikkonen
- ☐ B. Lewis Hamilton
- ☐ C. Michael Schumacher
- ☐ D. Rubens Barrichello
- ☐ E. Fernando Alonso

3249 Quels sont les pilotes ayant remporté plus de 40 grands prix de Formule 1 ?

- ☐ A. Juan Manuel Fangio
- ☐ B. Alain Prost
- ☐ C. Ayrton Senna
- ☐ D. Michael Schumacher

3250 En quelle année fut créé le Grand Prix de l'Automobile Club de France ?

- ☐ A. 1906
- ☐ B. 1912
- ☐ C. 1924
- ☐ D. 1948

3251 Sur quel circuit se déroule le Grand Prix de l'Automobile Club de France de 1991 à 2008 ?

- ☐ A. Le circuit de Nevers Magny-Cours
- ☐ B. Le circuit du Mans
- ☐ C. Le circuit Paul-Ricard
- ☐ D. Le circuit de Reims-Gueux

3252 Combien mesure le circuit de Nevers Magny-Cours ?

- ☐ A. 3 877 mètres
- ☐ B. 4 411 mètres
- ☐ C. 5 233 mètres
- ☐ D. 6 955 mètres

3253 Quelle est la date de la première course des 500 miles d'Indianapolis ?

- ☐ A. 1901
- ☐ B. 1911
- ☐ C. 1921
- ☐ D. 1931

3254 Qui est le fondateur du Paris-Dakar ?

- ☐ A. Jacky Ickx
- ☐ B. René Metge
- ☐ C. Daniel Balavoine
- ☐ D. Thierry Sabine

3255 Le rallye Paris-Dakar a été créé en :

- ☐ A. 1959
- ☐ B. 1969
- ☐ C. 1978
- ☐ D. 1998

3256 En 2014, dans quels pays a eu lieu le Dakar (rallye auto-moto) ?

- ☐ A. En Espagne et au Portugal
- ☐ B. En Argentine, en Bolivie et au Chili
- ☐ C. Au Maroc et en Tunisie
- ☐ D. En Mauritanie et au Sénégal

3257 Un marathonien doit courir :

- ☐ A. 42,195 km
- ☐ B. 32,195 km
- ☐ C. 22,195 km
- ☐ D. 12,195 km

3258 Combien de records de France détient Marie-José Pérec en 1997 ?

- ☐ A. 1
- ☐ B. 2
- ☐ C. 3
- ☐ D. 4

3259 Sous quel nom est connue Marie-José Pérec ?

- ☐ A. La Gazelle des Indes
- ☐ B. La Gazelle des Antilles
- ☐ C. La Gazelle des sables
- ☐ D. La Gazelle du désert

3260 Parmi ces athlètes français, lequel n'est pas coureur ?

- ☐ A. Christophe Lemaitre
- ☐ B. Ladji Doucouré
- ☐ C. Jérôme Bortoluzzi
- ☐ D. Ronald Pognon

3261 Quelle est la nationalité d'Usain Bolt, champion d'athlétisme ?

- ☐ A. Américaine
- ☐ B. Anglaise
- ☐ C. Jamaïcaine
- ☐ D. Ethiopienne

3262 Au saut en longueur, l'athlète a droit à :

- ☐ A. 2 essais
- ☐ B. 3 essais
- ☐ C. 4 essais

3263 Au lancer de poids féminin, combien pèse le boulet ?

- ☐ A. 2 kilogrammes
- ☐ B. 4 kilogrammes
- ☐ C. 6 kilogrammes

3264 En quelle année l'Everest a-t-il été gravi pour la première fois ?

- ☐ A. En 1813
- ☐ B. En 1853
- ☐ C. En 1913
- ☐ D. En 1953

3265 Quel âge avait Louis Lachenal lorsqu'il parvint avec Maurice Herzog au sommet de l'Annapurna en 1950 ?

- ☐ A. 29 ans
- ☐ B. 34 ans
- ☐ C. 39 ans
- ☐ D. 44 ans

3266 Avec 86 courses gagnées, il est de loin le recordman des victoires en Coupe du monde de ski, qui est-ce ?

- ☐ A. Hermann Maier
- ☐ B. Alberto Tomba
- ☐ C. Marc Girardelli
- ☐ D. Ingemar Stenmark

3267 En quelle matière les premiers patins à glace étaient-ils constitués ?

- ☐ A. En os
- ☐ B. En pierre
- ☐ C. En fer
- ☐ D. En calcaire

3268 Parmi ces sauts, lequel n'est pas un saut de patinage artistique ?

- ☐ A. L'axel
- ☐ B. Le flip
- ☐ C. Le salchow
- ☐ D. Le salto

3269 Quelle course à la voile en solitaire part de Saint-Malo pour rallier Pointe-à-Pitre ?

- ☐ A. Le Vendée Globe
- ☐ B. La Route du Rhum
- ☐ C. La Solitaire du Figaro
- ☐ D. Le Spi Ouest France

3270 Quelle est la première femme à avoir accompli le tour du monde à la voile en solitaire d'un Vendée Globe ?

- ☐ A. Florence Arthaud
- ☐ B. Isabelle Autissier
- ☐ C. Catherine Chabaud
- ☐ D. Maud Fontenoy

3271 En combien de jours Catherine Chabaud a-t-elle fait le tour du monde à la voile en solitaire ?

- ☐ A. 120 jours
- ☐ B. 140 jours
- ☐ C. 160 jours
- ☐ D. 180 jours

3272 En 2013 dans quelle ville a lieu la Coupe de l'America ?

- ☐ A. A Valence
- ☐ B. A Genève
- ☐ C. A San Francisco
- ☐ D. A Porto

3273 L'objectif du Trophée Jules-Verne est :

- ☐ A. Le tour du monde à la voile le plus rapidement possible
- ☐ B. Le tour du monde à la voile en moins de 80 jours
- ☐ C. Le tour de France à la voile
- ☐ D. La traversée de l'Atlantique à la voile

3274 Parmi ces nages, laquelle n'est pas une nage de compétition ?

- ☐ A. La brasse
- ☐ B. Le crawl
- ☐ C. La nage indienne
- ☐ D. La nage papillon

3275 Quel nageur a pris sa retraite à l'âge de 24 ans et remporté cinq titres olympiques ?

☐ A. Alain Bernard
☐ B. Michael Phelps
☐ C. Ian Thorpe
☐ D. Michael Bousquet

3276 Les épreuves de plongeon de haut vol s'effectuent à une hauteur de :

☐ A. 5 mètres
☐ B. 10 mètres
☐ C. 15 mètres

3277 Lequel de ces sports est le plus ancien ?

☐ A. La natation
☐ B. Le rugby
☐ C. Le surf
☐ D. Le tennis

3278 Le surf trouve ses origines :

☐ A. En Polynésie
☐ B. A Hawaii
☐ C. En Indonésie
☐ D. Aux Philippines

3279 Lequel de ces sport n'a pas son Grand Prix ?

☐ A. Le cyclisme
☐ B. Le motocyclisme
☐ C. Le sport hippique
☐ D. Le tennis

3280 Quel tournoi de tennis est le premier de la série du Grand Chelem ?

☐ A. L'Us Open
☐ B. Roland-Garros
☐ C. Wimbledon
☐ D. L'Open d'Australie

3281 Sur quel type de surface les joueurs de tennis s'affrontent-ils à Wimbledon ?

☐ A. Terre battue
☐ B. Dur
☐ C. Sable
☐ D. Gazon

3282 Roland Garros était :

☐ A. Un aviateur
☐ B. Un joueur de tennis
☐ C. Un mécène
☐ D. Un homme politique

3283 Le Suédois Bjorn Borg a gagné le tournoi de Roland-Garros :

☐ A. 4 fois
☐ B. 5 fois
☐ C. 6 fois
☐ D. 7 fois

3284 Qui fut le plus jeune vainqueur du tournoi de tennis de Roland-Garros ?

- ☐ A. Bjorn Borg
- ☐ B. Michael Chang
- ☐ C. Matts Wilander
- ☐ D. Monica Seles

3285 Qui a remporté le tournoi masculin de tennis de Roland-Garros en 2014 ?

- ☐ A. Rafael Nadal
- ☐ B. Gaël Monfils
- ☐ C. Roger Federer
- ☐ D. Robin Söderling
- ☐ E. Jürgen Melzer

3286 Combien de tournois du Grand Chelem Roger Federer a-t-il gagné entre 2003 et août 2012 ?

- ☐ A. 5
- ☐ B. 12
- ☐ C. 17
- ☐ D. 21

3287 Parmi les personnes suivantes, laquelle n'a pas joué en équipe de France de tennis ?

- ☐ A. Jo-Wilfried Tsonga
- ☐ B. Mary Pierce
- ☐ C. Gaël Monfils
- ☐ D. Jules Simon
- ☐ E. Richard Gasquet

3288 Quelle est la durée du plus long match de l'histoire du tennis ?

- ☐ A. Environ 5 heures
- ☐ B. Environ 8 heures
- ☐ C. Environ 11 heures
- ☐ D. Environ 15 heures

3289 D'après le règlement de la Fédération internationale de tennis, la hauteur du filet de tennis doit être de :

- ☐ A. 0,67 m
- ☐ B. 1,07 m
- ☐ C. 1,27 m
- ☐ D. 1,37 m

3290 Lequel de ces tournois ne fait pas partie du Grand Chelem du golf ?

- ☐ A. Le British Open
- ☐ B. The Masters
- ☐ C. L'Open American
- ☐ D. L'Open Australien

3291 Quel mot, s'il existe, n'appartient pas au vocabulaire du golf ?

- ☐ A. Birdie
- ☐ B. Par
- ☐ C. Put
- ☐ D. Fairway
- ☐ E. Eagle

3292 Dans quel sport excelle Tiger Woods ?

- ☐ A. Le basket
- ☐ B. Le golf
- ☐ C. Le football
- ☐ D. Aucune de ces réponses n'est bonne

3293 Laura Flessel est :

- ☐ A. Une navigatrice
- ☐ B. Une escrimeuse
- ☐ C. Une joueuse de tennis
- ☐ D. Une judoka

3294 Lequel de ces termes ne fait pas partie du vocabulaire spécifique à l'escrime ?

- ☐ A. La ballestra
- ☐ B. La défilade
- ☐ C. L'estoc
- ☐ D. La parade

3295 Depuis quel siècle la boxe est-elle pratiquée ?

- ☐ A. Le XVIe siècle
- ☐ B. Le XVIIe siècle
- ☐ C. Le XVIIIe siècle
- ☐ D. Le XIXe siècle

3296 Parmi ces catégories de poids en boxe amateur, laquelle correspond au poids le plus léger ?

- ☐ A. Coq
- ☐ B. Léger
- ☐ C. Mouche
- ☐ D. Plume

3297 Qui fut le boxeur français champion du monde des poids moyens en 1948 après avoir battu Tony Zale ?

- ☐ A. Marcel Cerdan
- ☐ B. Alphonse Halimi
- ☐ C. Georges Carpentier
- ☐ D. S.-R. Robinson

3298 A quel sport est lié le dojo ?

- ☐ A. Au canoë-kayak
- ☐ B. Au golf
- ☐ C. Au judo
- ☐ D. Aucune de ces réponses n'est bonne : le dojo est une boisson et non un terme de sport

3299 Quel est le pays d'origine du judo ?

- ☐ A. La Corée
- ☐ B. La Thaïlande
- ☐ C. La Chine
- ☐ D. Le Japon

3300 Jigoro Kano créa le judo à la fin du XIXe siècle en s'inspirant d'un autre sport. De quel sport s'agissait-il ?

- ☐ A. L'aïkido
- ☐ B. Le jiu-jitsu
- ☐ C. Le karaté
- ☐ D. Le taiji su

3301 Quelle performance a réalisé Teddy Riner, judoka français, entre 2007 et 2011 ?

- ☐ A. Il a remporté les championnats du monde sans interruption de 2007 à 2011
- ☐ B. Il a remporté la médaille d'or aux Jeux olympiques de 2008
- ☐ C. Il a remporté quatre fois le championnat d'Europe

3302 Lequel de ces arts martiaux n'est pas japonais ?

- ☐ A. Le taijutsu
- ☐ B. Le wushu
- ☐ C. Le kobudo
- ☐ D. Le ninjutsu

3303 Quel sport combine une épreuve de ski de fond et une épreuve de tir ?

- ☐ A. Le combiné nordique
- ☐ B. Le duathlon
- ☐ C. Le biathlon
- ☐ D. Le combiné alpin

3304 Quelle liste donne l'ordre dans lequel se succèdent les épreuves du triathlon ?

- ☐ A. Course à pied – natation – cyclisme
- ☐ B. Cyclisme – natation – course à pied
- ☐ C. Natation – cyclisme – course à pied
- ☐ D. Natation – course à pied – cyclisme

3305 Quelle épreuve ne fait pas partie du triathlon des neiges ?

- ☐ A. Le ski alpin
- ☐ B. Le ski de fond
- ☐ C. La course à pied
- ☐ D. Le hockey sur glace

3306 Quel est le nom du plus long format de triathlon ?

- ☐ A. Le Sprint
- ☐ B. La longue distance
- ☐ C. Ironman
- ☐ D. Half Ironman

2. Sports collectifs

3307 Quelle institution est en charge de la promotion du football au niveau mondial ?

- ☐ A. Le CIO
- ☐ B. La FFE
- ☐ C. La FIFA
- ☐ D. L'UEFA

3308 Quand a été organisée la première Coupe du monde de football ?

- ☐ A. En 1920
- ☐ B. En 1930
- ☐ C. En 1940
- ☐ D. En 1950

3309 Au football, le pénalty se tire à :

- ☐ A. 11 mètres
- ☐ B. 15 mètres
- ☐ C. 20 mètres

3310 De quelle équipe nationale de football Roger Lemerre a-t-il été l'entraîneur pour la Coupe du monde 2006 ?

- ☐ A. Le Cameroun
- ☐ B. Le Ghana
- ☐ C. La Tunisie
- ☐ D. La Turquie

3311 Contre quelle équipe l'Espagne a-t-elle gagné en finale de la Coupe du monde de football en 2011 ?

- ☐ A. Le Brésil
- ☐ B. L'Allemagne
- ☐ C. Les Pays-Bas
- ☐ D. L'Uruguay
- ☐ E. La Corée du Sud

3312 Zinedine Zidane évolue durant la saison 2004-2005 :

- ☐ A. Au Real Madrid
- ☐ B. A Chelsea
- ☐ C. Au Bayern de Munich
- ☐ D. A la Juventus de Turin

3313 En France, quel est le nombre de divisions professionnelles ou ligues dans le football ?

- ☐ A. 1
- ☐ B. 2
- ☐ C. 3
- ☐ D. 4

3314 De quelle équipe de football Didier Deschamps devient-il l'entraîneur le 1er janvier 2009 ?

- ☐ A. L'Olympique lyonnais
- ☐ B. L'Olympique de Marseille
- ☐ C. Le Paris Saint-Germain
- ☐ D. L'AS Saint-Etienne
- ☐ E. Le FC de Bordeaux

3315 Quel club de football remporte en 2011 le doublé avec la coupe de France et le titre de champion de France ?

- ☐ A. L'OM
- ☐ B. L'OL
- ☐ C. Le PSG
- ☐ D. Le LOSC
- ☐ E. L'AS Monaco

3316 En football, quel joueur a marqué le plus de buts en Coupe du monde, toutes phases confondues ?

- ☐ A. Ronaldo
- ☐ B. Pelé
- ☐ C. Diego Maradona
- ☐ D. Just Fontaine

3317 Lors de la finale de la Coupe du monde de football de 1998, contre quelle équipe la France a-t-elle joué ?

- ☐ A. Le Brésil
- ☐ B. L'Allemagne
- ☐ C. L'Uruguay
- ☐ D. Le Portugal

3318 Parmi ces joueurs, lequel ne joue pas durant la finale de la Coupe du monde de football de 1998 ?

- ☐ A. Franck Lebœuf
- ☐ B. Alain Boghossian
- ☐ C. Laurent Blanc
- ☐ D. Christophe Dugarry

3319 Quel est le titre de la chanson officielle de la Coupe du monde de football 2014 ?

- ☐ A. Celebrate the day
- ☐ B. Dar Um Jeito
- ☐ C. We are one
- ☐ D. Waka waka

3320 Depuis sa retraite sportive, quel footballeur est devenu ambassadeur à l'ONU et l'Unesco pour l'éducation, l'écologie et l'environnement ?

- ☐ A. Ronaldo
- ☐ B. Pelé
- ☐ C. Diego Maradona
- ☐ D. Just Fontaine

3321 Le rugby est un sport qui a été inventé :

- ☐ A. Dans un collège anglais
- ☐ B. En raison de la forme du ballon
- ☐ C. En Nouvelle-Zélande
- ☐ D. En Afrique du Sud

3322 Combien de temps dure un match de rugby ?

- ☐ A. 60 minutes
- ☐ B. 70 minutes
- ☐ C. 80 minutes
- ☐ D. 90 minutes
- ☐ E. 100 minutes

3323 Quel nom porte l'équipe de rugby de Nouvelle-Zélande ?

- ☐ A. Springboks
- ☐ B. Wallabies
- ☐ C. All Blacks
- ☐ D. Auckland

3324 Parmi ces nations, laquelle n'a jamais gagné la Coupe du monde de rugby ?

- ☐ A. La France
- ☐ B. L'Angleterre
- ☐ C. L'Afrique du Sud
- ☐ D. L'Australie

3325 Quelle équipe a remporté la première Coupe du monde de rugby ?

- ☐ A. L'Angleterre
- ☐ B. L'Australie
- ☐ C. L'Italie
- ☐ D. La Nouvelle-Zélande

3326 Quelle équipe n'a jamais remporté deux fois la Coupe du monde de rugby ?

- ☐ A. L'Angleterre
- ☐ B. L'Australie
- ☐ C. La Nouvelle-Zélande
- ☐ D. L'Afrique du Sud

3327 En rugby, quel joueur possède le record du nombre d'essais marqués en Coupe du monde, toutes phases confondues ?

- ☐ A. Serge Blanco
- ☐ B. Jonny Wilkinson
- ☐ C. Sébastien Chabal
- ☐ D. Jonah Lomu

3328 Quel est l'emblème de l'équipe australienne de rugby à 15 ?

- ☐ A. Le koala
- ☐ B. Le scorpion
- ☐ C. Le wallaby
- ☐ D. Le crocodile

3329 En basket, combien de joueurs de chaque équipe sont sur le terrain ?

- ☐ A. 5
- ☐ B. 7
- ☐ C. 9
- ☐ D. 11

3330 Contre quelle équipe jouait Wilt Chamberlain lorsqu'il marqua ses 100 points historiques au basket-ball ?

- ☐ A. Les Bulls de Chicago
- ☐ B. Les Celtics de Boston
- ☐ C. Les Knicks de New York
- ☐ D. Les Lakers de Los Angeles

3331 La « Dream Team » est :

- ☐ A. L'équipe de France, championne du monde de football en 1998
- ☐ B. L'équipe de football du Brésil dans laquelle jouait Pelé en 1958
- ☐ C. L'équipe de basket des Etats-Unis championne olympique à Barcelone en 1992
- ☐ D. L'équipe de France, championne de handball féminin en 2003

3332 Au hand-ball on peut :

- ☐ A. Conserver le ballon plus de 3 secondes
- ☐ B. Toucher la balle avec le pied
- ☐ C. Dribbler à la main

3333 Dans quel sport peut-on réussir un Home Run ?

- ☐ A. Hockey
- ☐ B. Golf
- ☐ C. Baseball
- ☐ D. Football

3334 Comment se nomme le bâton utilisé pour frapper la balle au hockey ?

- ☐ A. Le club
- ☐ B. La batte
- ☐ C. La crosse

3. Les Jeux olympiques

3335 Abandonnés durant de nombreux siècles, les Jeux olympiques ont été remis sur pied grâce à Pierre de Coubertin. En quelle année eurent lieu les premiers Jeux olympiques modernes ?

- ☐ A. En 1866
- ☐ B. En 1896
- ☐ C. En 1912
- ☐ D. En 1936

3336 Combien de nations étaient présentées lors des premiers Jeux olympiques ?

- ☐ A. Cinq
- ☐ B. Neuf
- ☐ C. Treize
- ☐ D. Dix-sept

3337 Dans quelle ville est allumée la flamme olympique ?

- ☐ A. Athènes
- ☐ B. Dans la ville qui accueille les Jeux olympiques
- ☐ C. Olympie
- ☐ D. Istanbul

3338 La devise des Jeux olympiques est :

- ☐ A. « Plus vite, plus haut, plus fort »
- ☐ B. « Que le meilleur gagne »
- ☐ C. « L'important c'est de participer »

3339 Les anneaux du drapeau olympique sont représentés par 5 couleurs : bleu, noir, rouge, vert et :

- ☐ A. Jaune
- ☐ B. Orange
- ☐ C. Violet
- ☐ D. Blanc

3340 Parmi les sports suivants, lesquels sont disciplines olympiques à ce jour ?

- ☐ A. Le rugby
- ☐ B. Le football
- ☐ C. Le skate board
- ☐ D. Le vélo tout terrain

3341 En quelle année le curling est-il devenu une discipline olympique ?

- ☐ A. 1998
- ☐ B. 2002
- ☐ C. 2004

3342 En quelle année le football est devenu discipline olympique ?

- ☐ A. 1908
- ☐ B. 1918
- ☐ C. 1935
- ☐ D. Aucune de ces réponses n'est bonne

3343 Lequel de ces sports n'est pas une discipline olympique ?

- ☐ A. Le tennis
- ☐ B. La pétanque
- ☐ C. Le trampoline

3344 Pour lequel de ces sports hommes et femmes ne concourent pas dans des épreuves communes lors des compétitions ?

- ☐ A. Le bowling
- ☐ B. L'équitation
- ☐ C. La pétanque
- ☐ D. Aucune de ces réponses n'est bonne : en compétition, on sépare toujours les épreuves masculines des épreuves féminines

3345 Parmi ces épreuves de natation, laquelle n'est pas une épreuve olympique féminine ?

- ☐ A. 200 mètres nage libre
- ☐ B. 400 mètres quatre nages
- ☐ C. 800 mètres nage libre
- ☐ D. 800 mètres quatre nages

3346 Le bassin olympique mesure :

- ☐ A. 25 mètres
- ☐ B. 40 mètres
- ☐ C. 50 mètres

3347 Depuis 1964 aux Jeux olympiques, combien y a-t-il d'épreuves dans le domaine de l'équitation ?

- ☐ A. 3
- ☐ B. 6
- ☐ C. 10
- ☐ D. 13

3348 Où se déroulent les Jeux olympiques en 2008 ?

- ☐ A. A Helsinki en Finlande
- ☐ B. A Vancouver au Canada
- ☐ C. A Pékin en Chine
- ☐ D. Au Québec

3349 Dans quelle ville ont lieu les Jeux olympiques d'hiver de 2010 ?

- ☐ A. A Saint-Pétersbourg, en Russie
- ☐ B. A Vancouver, au Canada
- ☐ C. A Berne, en Suisse
- ☐ D. A Pyeongchang, en Corée du Sud
- ☐ E. A Sarajevo, en Bosnie-Herzégovine

3350 En quelle année ont eu lieu les premiers Jeux paralympiques ?

- ☐ A. En 1940
- ☐ B. En 1950
- ☐ C. En 1960
- ☐ D. En 1970

3351 Qui ne peut pas participer aux Jeux paralympiques ?

- ☐ A. Les aveugles
- ☐ B. Les sourds
- ☐ C. Les amputés
- ☐ D. Les infirmes moteurs

3352 Quel sportif a remporté 7 titres olympiques (relais et individuels) au cours de la même olympiade ?

- ☐ A. Carl Lewis
- ☐ B. Alexander Popov
- ☐ C. Emil Zatopek
- ☐ D. Mark Spitz

3353 Lequel de ces athlètes fut 6 fois champion du monde et champion olympique ?

- ☐ A. Jean Galfione
- ☐ B. Pierre Quinon
- ☐ C. Anatoli Tarassov
- ☐ D. Sergueï Bubka

3354 Combien de fois Laura Flessel a-t-elle été championne olympique ?

- ☐ A. Aucune
- ☐ B. Une
- ☐ C. Deux
- ☐ D. Trois

3355 Alain Bernard a remporté plusieurs médailles aux JO de Pékin en 2008. Etait-ce en :

- ☐ A. Tir à l'arc
- ☐ B. Escrime
- ☐ C. Judo
- ☐ D. Natation

3356 Jean-Claude Killy a remporté 4 médailles d'or au cours de la même olympiade.

- ☐ A. Vrai
- ☐ B. Faux

3357 Franz Klammer a été champion olympique de :

- ☐ A. Saut à la perche
- ☐ B. Ski
- ☐ C. Natation
- ☐ D. Escrime

3358 Quel athlète fut en 1996 champion olympique du 200 mètres et du 400 mètres plat ?

- ☐ A. Carl Lewis
- ☐ B. Lindon Johnson
- ☐ C. Paul Evans
- ☐ D. Marc Davis

3359 Quel pays détient le record de sportifs champions olympiques par habitant ?

- ☐ A. Les Etats-Unis
- ☐ B. L'Allemagne
- ☐ C. La Russie
- ☐ D. La France

3360 En 2000, il y avait :

- ☐ A. 35 disciplines olympiques
- ☐ B. 28 disciplines olympiques
- ☐ C. 42 disciplines olympiques
- ☐ D. 21 disciplines olympiques

3361 Lequel de ces sportifs n'a jamais été ministre ?

- ☐ A. Guy Drut
- ☐ B. Alain Calmat
- ☐ C. Pelé
- ☐ D. Jean-Claude Killy
- ☐ E. Jean-François Lamour

3362 En octobre 2009, le judoka David Douillet devient…

- ☐ A. Ambassadeur de France au Japon
- ☐ B. Député des Yvelines
- ☐ C. Président du CIO
- ☐ D. Directeur du service des sports sur France 2

3363 Quel exploit Philippe Croizon réalise-t-il en septembre 2010 ?

- ☐ A. La traversée de la Manche à la nage alors qu'il est amputé des 2 bras et des 2 jambes
- ☐ B. La réalisation de 9 essais durant un match officiel de rugby
- ☐ C. L'escalade de la tour Montparnasse
- ☐ D. Un lancé de javelot de 130 mètres

3364 Quel sport est officiellement pratiqué par la famille royale anglaise ?

- ☐ A. La nation
- ☐ B. L'aviron
- ☐ C. Le rugby
- ☐ D. Le polo

18. CINEMA

Ce chapitre est composé de **3 sections** pour un total de **115 questions**.

1. Films et réalisateurs
2. Acteurs et actrices
3. Vie du cinéma

[A SAVOIR !]

110 Les numéros de questions de ce type signifient qu'il n'y a qu'une seule et unique réponse juste à la question posée.

111 Les numéros de questions de ce type signifient qu'il y a **plusieurs (2 ou plus) réponses possibles justes à la question**.

[UN CONSEIL IMPORTANT]

Nous vous conseillons vivement de répondre à toutes les questions d'une section avant d'en découvrir les solutions. L'erreur consiste en effet généralement à traiter une question et à vérifier aussitôt la réponse parce que l'on veut s'assurer d'avoir trouvé la réponse juste ou parce que l'on est impatient de la découvrir dans le cas où on ne la connaît pas. Si vous souhaitez sérieusement progresser, vous devez absolument vous imprégner du thème traité par la section et répondre d'un trait à toutes les questions d'une section.

[QUELQUES MOTS SUR...]

1. La chronologie des débuts du cinéma [LAROUSSE]

Les frères Lumière, Louis (1864-1948) et Auguste (1862-1954), réalisent la première projection cinématographique publique le 28 décembre 1895 ; elle a lieu dans le « Salon Indien », au sous-sol du Grand Café à Paris, devant 33 spectateurs payants. Le programme comprend alors des films d'une minute environ (la Sortie des usines Lumière à Lyon, la Sortie du port, le Déjeuner de Bébé, la Partie d'écarté). Si l'Arrivée d'un train en gare de La Ciotat déclenche les premières émotions fortes, l'Arroseur arrosé amuse le public, qui se fait peu à peu nombreux.

Au cours de l'année 1896, les frères Lumière envoient des représentants, opérateurs et projectionnistes dans une vingtaine de pays, où ils font connaître le cinématographe tout en filmant eux-mêmes les lieux et monuments célèbres. Aux Etats-Unis, la première séance cinématographique payante, faite à l'aide du Vitascope de Thomas Edison, a lieu à New York le 23 avril 1896.

Or, le premier créateur à prendre véritablement conscience des possibilités offertes par le cinéma dans le domaine de la fiction est l'illusionniste Georges Méliès (1861-1938). Entre 1896 et 1913, il réalise près de 500 films, pour lesquels il invente nombre de truquages (le Voyage dans la Lune, 1902 ; A la conquête du pôle, 1912). De leur côté, les Britanniques George Albert Smith (1864-1959) et James Williamson (1855-1933) mettent au point le découpage des scènes en plans-séquences.

2. L'Avènement du star-system [LAROUSSE]

Contrairement aux génériques des films d'aujourd'hui, qui énumèrent des centaines de noms, ceux des films des premiers temps du cinéma sont succincts. Tous préfèrent un certain anonymat : les producteurs, parce qu'ils craignent que le vedettariat ne les oblige à payer des cachets plus élevés ; les acteurs eux-mêmes, parce qu'ils ne croient pas encore au prestige du cinéma. Carl Laemmle est l'un des premiers à prendre conscience de l'importance des acteurs dans le pouvoir d'attraction d'un film sur le public : en 1910, il décide de révéler le patronyme d'une des actrices les plus célèbres du moment, Florence Lawrence (1886-1938), qu'on ne connaît que sous le sobriquet de Biograph Girl – du nom du studio qui l'emploie. Les premières grandes vedettes de cinéma vont être Mary Pickford (1893-1979) et Douglas Fairbanks (1883-1939).

Devenus indispensables au succès commercial des films, les acteurs sont alors façonnés par les studios à l'image des héros que le public est censé vénérer. Des magazines tels que *Photoplay* entretiennent le mythe de la star en faisant découvrir à leurs lecteurs le mode de vie fastueux de leurs vedettes préférées ou en publiant des révélations sur leurs péripéties sentimentales. Au début des années 1920, cependant, l'image d'Hollywood est ternie par une série de scandales et de morts suspectes qui poussent les producteurs à mettre en place le « code Hays » – du nom de son instigateur, William H. Hays, ancien ministre du président Harding. Ce code édicte des règles strictes, que doivent observer scénaristes et réalisateurs afin que leurs films n'offensent ni les bonnes mœurs, ni la religion, ni la morale, ni les valeurs fondamentales de la nation américaine. Ce code n'est ni plus ni moins qu'une censure.

3. La Nouvelle-Vague française [LAROUSSE]

La Nouvelle Vague est un mouvement du cinéma français de la fin des années 1950. La Nouvelle Vague ne se définit pas seulement par ses techniques cinématographiques révolutionnaires pour l'époque, mais aussi par ceux qui la composent tels François Truffaut, Eric Rohmer, Agnès Varda, Jean Eustache, Jacques Rivette, Claude Chabrol et Jean-Luc Godard, qui constituent le cœur du mouvement. Le mouvement n'est pas le fruit d'une longue recherche sur le cinéma, mais le produit immédiat d'une époque et le fruit de la rencontre de plusieurs jeunes cinéastes. Il s'inscrit dans le contexte historique de l'époque et traduit les mouvements de société : début des Trente Glorieuses, des révoltes étudiantes, guerre d'Algérie, Mouvement de libération des femmes. Le cinéma se fait miroir de l'époque. Ainsi, la saga Antoine Doinel suit de près l'évolution de la société, des transformations du modèle familial (*Les Quatre Cents Coups*), de la jeunesse avec la modernisation des foyers (Antoine et Colette dans *L'Amour à 20 ans*) jusqu'au divorce (*L'Amour en fuite*). La Nouvelle Vague ne se limite pas à un nouveau genre cinématographique, mais se fait, par le vent de liberté qu'elle apporte et tout ce qu'elle sait représenter, l'instantané d'une époque.

1. Films et realisateurs

3365 Né à Paris en 1894 et décédé en 1979 aux Etats-Unis, ses films sont empreints d'un naturalisme poétique où se reconnaissent les influences de peintres impressionnistes et des écrivains Zola et Maupassant. *La Grande Illusion* fut l'un de ses chefs-d'œuvre. De quel cinéaste français s'agit-il ?

- ☐ A. René Clément
- ☐ B. René Clair
- ☐ C. Jean Renoir
- ☐ D. Marcel Carné
- ☐ E. Aucune de ces réponses n'est bonne

3366 Ce cinéaste américain d'origine autrichienne, maître de l'expressionnisme allemand, a tourné avant et après-guerre des œuvres dans lesquelles prédominent les thèmes de la culpabilité, du rachat, de la liberté de l'individu s'affirmant face aux impératifs de la civilisation des temps modernes. La métropole y apparaît comme une anticipation grandiose de l'aliénation concentrationnaire des cités modernes. Ailleurs, un Berlinois, assassin et maudit, désigné à la vindicte populaire, devient une victime poursuivie par ses propres démons. De quel cinéaste s'agit-il ?

- ☐ A. Fritz Lang
- ☐ B. Rainer Werner Fassbinder
- ☐ C. Robert Aldrich
- ☐ D. Erich von Stroheim
- ☐ E. Aucune de ces réponses n'est bonne

3367 Les trois derniers films de cet auteur et réalisateur français, que certains considèrent comme le plus grand acteur comique français depuis Max Linder, ont pour titres *Playtime* (1968), *Trafic* (1971) et *Parade* (1974). Il s'agit de :

- ☐ A. Marcel Carné
- ☐ B. Robert Bresson
- ☐ C. Louis Malle
- ☐ D. Jacques Tati
- ☐ E. Aucune de ces réponses n'est bonne

3368 Un de ces films n'est pas de François Truffaut, lequel ?

- ☐ A. *Baisers volés*
- ☐ B. *L'Enfant sauvage*
- ☐ C. *A bout de souffle*
- ☐ D. *La Chambre verte*
- ☐ E. Aucune de ces réponses n'est bonne

3369 Qui a réalisé *Le Schpountz* ?

- ☐ A. Marcel Carné
- ☐ B. Marcel Pagnol
- ☐ C. Marcel Simard

3370 Qui a réalisé le film *Flic ou Voyou* avec Jean-Paul Belmondo ?

- ☐ A. Georges Lautner
- ☐ B. Gerard Oury
- ☐ C. Michel Audiard

3371 Qui a réalisé *La vie est un long fleuve tranquille* ?

- ☐ A. Claude Lelouch
- ☐ B. Etienne Chatiliez
- ☐ C. Maurice Pialat

3372 Quel réalisateur français sera assistant-réalisateur de Roberto Rossellini en 1956 ?

- ☐ A. François Truffaut
- ☐ B. Maurice Pialat
- ☐ C. Bertrand Blier

3373 Qui a réalisé *Les Nuits fauves* en 1992 ?

- ☐ A. Bertrand Blier
- ☐ B. Cyril Collard
- ☐ C. Claude Lelouch

3374 Qui est le réalisateur du film *La Haine* sortie en 1995 ?

- ☐ A. Vincent Cassel
- ☐ B. Matthieu Kassovitz
- ☐ C. Luc Besson

3375 Un de ces quatre films n'est pas de John Ford. Lequel ?

- ☐ A. *Il était une fois dans l'Ouest*
- ☐ B. *La Chevauchée fantastique*
- ☐ C. *La Prisonnière du désert*
- ☐ D. *L'homme qui tua Liberty Valance*
- ☐ E. Aucune de ces réponses n'est bonne

3376 Lequel de ces réalisateurs est l'auteur de la trilogie cinématographique *Bleu*, *Blanc* et *Rouge* ?

- ☐ A. Krystof Kieslowski
- ☐ B. Claude Chabrol
- ☐ C. Mathieu Kassovitz
- ☐ D. Bertrand Tavernier
- ☐ E. Aucune de ces réponses n'est bonne

3377 Qui a créé la saga *La Guerre des étoiles* ?

- ☐ A. Georges Lucas
- ☐ B. Steven Spielberg
- ☐ C. Tim Burton
- ☐ D. Woody Allen

3378 Qui est le réalisateur de *Basic instinct* ?

- ☐ A. Paul Verhoeven
- ☐ B. Stanley Kubrick
- ☐ C. Tim Burton

3379 Quel acteur réalise et joue les films *Million Dollar Baby* et *Gran Torino* ?

- ☐ A. Clint Eastwood
- ☐ B. Robert Redford
- ☐ C. Al Pacino

3380 Qui a réalisé *Sur la route de Madison* ?

- ☐ A. Clint Eastwood
- ☐ B. Robert Redford
- ☐ C. Paul Newman

3381 Qui réalisa *Carrie au bal du diable* inspiré du roman de Stephen King *Carrie* ?

- ☐ A. Rob Zombie
- ☐ B. Quentin Tarantino
- ☐ C. Brian de Palma

3382 Lequel de ces films a été réalisé par Lars Von Trier ?

- ☐ A. *Insomnia*
- ☐ B. *Le Direktor*
- ☐ C. *Dogville*

3383 Lequel de ces films n'a pas été réalisé par Quentin Tarantino ?

- ☐ A. *Pulp fiction*
- ☐ B. *Jackie Brown*
- ☐ C. *Danny the dog*
- ☐ D. Aucune de ces réponses n'est bonne

3384 Lequel de ces films David Lynch n'a pas réalisé ?

- ☐ A. *Sailor et Lula*
- ☐ B. *Fargo*
- ☐ C. *Mulholland Drive*
- ☐ D. *Blue Velvet*

3385 Qui a réalisé *Elephant Man* en 1981 ?

- ☐ A. David Lynch
- ☐ B. Tim Burton
- ☐ C. Lars Von Trier

3386 En 2008, Emir Kusturica sort un film-documentaire sur un joueur de football. Lequel ?

- ☐ A. Pelé
- ☐ B. Maradona
- ☐ C. Platini

3387 Qui est la muse de Woody Allen ?

- ☐ A. Reese Whiterspoon
- ☐ B. Scarlett Johansson
- ☐ C. Kirsten Dunst

3388 De quelle nationalité est Emir Kusturica ?

- ☐ A. Bulgare
- ☐ B. Serbe
- ☐ C. Croate

3389 Quelles sont les affirmations exactes à propos du film *La Grande Vadrouille* ?

- ☐ A. Le nom du personnage joué par Louis de Funès est Stanislas Lefort
- ☐ B. Louis de Funès joue le rôle d'un pianiste
- ☐ C. L'hôtel dans lequel Bourvil et Louis de Funès se trompent de chambre et se retrouvent dans celles des deux militaires allemands se situe à Meursault
- ☐ D. Louis de Funès et Bourvil échangent leurs chaussures, leurs vélos et leurs pantalons

3390 Dans quels films retrouve-t-on le personnage de François Pignon ?

- ☐ A. *L'Emmerdeur*
- ☐ B. *Les Fugitifs*
- ☐ C. *La Chèvre*
- ☐ D. *Le Dîner de cons*

3391 Quelles sont les affirmations exactes à propos du film *Ben Hur* ?

- ☐ A. Son réalisateur est William Wyler
- ☐ B. Ce film a été réalisé en 1959
- ☐ C. Il a été couronné par 11 Oscars
- ☐ D. Le Christ est un personnage du film

3392 Combien de films compte la saga *La Guerre des étoiles* ?

- ☐ A. 3
- ☐ B. 5
- ☐ C. 6
- ☐ D. 8

3393 Comment s'appelle le 4e volet d'*Indiana Jones*, sorti au cinéma en 2008 ?

- ☐ A. *Indiana Jones à la recherche du temps perdu*
- ☐ B. *Indiana Jones et le serpent maléfique*
- ☐ C. *Indiana Jones et le royaume du Crâne de cristal*
- ☐ D. *Indiana Jones et le joyau empoisonné*

3394 Quel film sorti en 2010 raconte la création du réseau social Facebook ?

- ☐ A. *The Social Network*
- ☐ B. *500 Million Friends*
- ☐ C. *Zuckerberg*
- ☐ D. *Friendship Request*
- ☐ E. *Exile on Main Street*

3395 Quel film raconte l'histoire d'un jeune homme participant à la version indienne de l'émission *Qui veut gagner des millions* ?

- ☐ A. *Slumdog Millionnaire*
- ☐ B. *Eldorado*
- ☐ C. *Gran Torino*
- ☐ D. *Bobby Brown*

3396 Quel célèbre ouvrage de Lewis Caroll a été porté sur les écrans en 2010 ?

- ☐ A. *Tom Sawyer*
- ☐ B. *Oliver Twist*
- ☐ C. *Alice au pays des merveilles*
- ☐ D. *Charlie et la chocolaterie*

3397 Howard Hugues dont le film *Aviator* a retracé la vie, était :

- ☐ A. Un physicien anglais
- ☐ B. Un homme d'affaires américain
- ☐ C. Un prédicateur baptiste
- ☐ D. Un poète du XXe siècle
- ☐ E. Aucune de ces réponses n'est bonne

3398 Dans le film *2012*, sorti en novembre 2009, quelle est l'origine de la fin du monde ?

- ☐ A. Une invasion extraterrestre
- ☐ B. Le réchauffement climatique
- ☐ C. La dislocation de la croûte terrestre
- ☐ D. Une guerre nucléaire

3399 Le film *Munich* de Steven Spielberg traite de quels événements historiques ?

- ☐ A. Les conséquences de l'assassinat terroriste des athlètes israéliens lors des Jeux olympiques de Munich de 1972
- ☐ B. Des accords de Munich le 29 septembre 1938 entre l'Allemagne nazie, la France, l'Italie et l'Angleterre, avalisant l'annexion par l'Allemagne d'une partie du territoire tchèque (la crise des Sudètes)
- ☐ C. D'un attentat terroriste perpétré par la bande à Bader en 1972
- ☐ D. De l'histoire d'une grande famille industrielle de Munich dont les affaires ont prospéré pendant le Troisième Reich et qui n'a pas été inquiétée au lendemain de la défaite nazie

3400 Quel est le titre du film de Woody Allen sorti fin mars 2011 dans lequel Carla Bruni-Sarkozy fait une apparition ?

- ☐ A. *From Paris with love*
- ☐ B. *Midnight in Paris*
- ☐ C. *Rendez-vous in Paris*
- ☐ D. *Goodbye Paris*
- ☐ E. *Far away from Paris*

3401 *Mamma Mia* est un film adapté d'une comédie musicale basé sur les chansons de quel groupe ?

- ☐ A. Les Beatles
- ☐ B. ABBA
- ☐ C. Les Bee Gees

3402 Lequel de ces films a été parodié ?

- ☐ A. *Top gun*
- ☐ B. *Forrest Gump*
- ☐ C. *La Grande Parodie*

3403 En quelle année est sorti au cinéma le film *Il faut sauver le soldat Ryan* ?

- ☐ A. En 1998
- ☐ B. En 2000
- ☐ C. En 2002
- ☐ D. Aucune de ces réponses n'est bonne

3404 Laquelle de ces séries n'a pas été adaptée au cinéma ?

- ☐ A. *Sex and the city*
- ☐ B. *Charlie et ses drôles de dames*
- ☐ C. *Starsky et Hutch*
- ☐ D. *Arnold et Willy*

3405 Dans quel film retrouve-t-on le personnage de Pierre ?

- ☐ A. *Le Père Noël est une ordure*
- ☐ B. *Les Bronzés*
- ☐ C. *Nuit d'ivresse*

3406 « On peut tromper mille personnes une fois mais on ne peut pas tromper mille personnes mille fois » . De quel film vient cette réplique ?

- ☐ A. *Le Dîner de cons*
- ☐ B. *La Cité de la peur*
- ☐ C. *Un éléphant ça trompe énormément*

3407 « T'as de beaux yeux tu sais » est une réplique du film :

- ☐ A. *Quai des brumes*
- ☐ B. *Autant en emporte le vent*
- ☐ C. Aucune de ces réponses n'est bonne

3408 « J'peux pas manger, j'ai les dents qui poussent » est une réplique de quel film ?

- ☐ A. *Marche à l'ombre*
- ☐ B. *Ma femme s'appelle Maurice*
- ☐ C. *Le Père Noël est une ordure*

3409 Comment se nomme l'attachée de presse dans le film *La Cité de la peur* ?

- ☐ A. Odile Deray
- ☐ B. Edith Fané
- ☐ C. Elodie Peté

3410 Quel âge a Tanguy dans le film d'Etienne Chatiliez ?

- ☐ A. 28 ans
- ☐ B. 30 ans
- ☐ C. 32 ans

3411 Dans *Le Père Noël est une ordure*, quelle est la spécialité du voisin du dessous ?

- ☐ A. Le doubitchou
- ☐ B. Le kloug
- ☐ C. Le krugoff

3412 Comment s'appelle le robot mythique du film *La Guerre des étoiles* ?

- ☐ A. R2D2
- ☐ B. R5D5
- ☐ C. R8D8

3413 De quelle guerre le film *Rambo* se veut-il une critique ?

- ☐ A. La guerre du Golfe
- ☐ B. La guerre du Vietnam
- ☐ C. La Guerre froide

3414 De quoi traite le film *Seven* ?

- ☐ A. Des 7 merveilles du monde
- ☐ B. Des 7 péchés capitaux
- ☐ C. Du 7e art

3415 Comment s'appelle le personnage principal de la trilogie *Retour vers le futur* ?

- ☐ A. Martin McFly
- ☐ B. Marty McFly
- ☐ C. Marc McFly
- ☐ D. Matthew McFly

3416 Comment s'appelle la mère de John Connor dans le film *Terminator* ?

- ☐ A. Maria Connor
- ☐ B. Sarah Connor
- ☐ C. Lisa Connor

3417 Quel est ce film tourné de façon caméra-épaule qui est célèbre pour sa mise en scène ?

- ☐ A. *Le Projet Blair Witch*
- ☐ B. *Scream*
- ☐ C. *Massacre à la tronçonneuse*

3418 Quelle est la particularité du film *Irréversible* réalisé par Gaspar Noé ?

- ☐ A. Le film est tourné en un seul plan séquence
- ☐ B. Le film dure plus de 4 heures
- ☐ C. Les scènes sont montées en ordre antéchronologique

2. Acteurs et actrices

3419 Quel est le film dans lequel Philippe Noiret n'a pas joué ?

- ☐ A. *Le Facteur*
- ☐ B. *Cinéma Paradiso*
- ☐ C. *Les Côtelettes*
- ☐ D. *Ridicule*
- ☐ E. *Le Vieux Fusil*

3420 Dans quel film Louis de Funès ne joue-t-il pas ?

- ☐ A. *Le Corniaud*
- ☐ B. *Le Cerveau*
- ☐ C. *Les Grandes Vacances*
- ☐ D. *Le Petit Baigneur*

3421 Dans lequel de ces films Tom Hanks n'a pas joué ?

- ☐ A. *Lady killer*
- ☐ B. *Forrest Gump*
- ☐ C. *Le Cinquième élément*

3422 Quels sont les acteurs présents dans la trilogie des *Fantômas* ?

- ☐ A. Jean Marais
- ☐ B. Bourvil
- ☐ C. Louis de Funès
- ☐ D. Mylène Demongeot

3423 Quel acteur français s'est éteint en juillet 2010 des suites d'un cancer, après s'être illustré aux côtés de l'actrice Ludivine Sagnier dans le film *Gouttes d'eau sur pierres brûlantes* de François Ozon ?

- ☐ A. Gérard Lanvin
- ☐ B. Michel Serrault
- ☐ C. Bernard Giraudeau
- ☐ D. Jean Poiré
- ☐ E. Clovis Cornillac

3424 De quoi souffrait Christopher Reeve, acteur décédé en 2004 ?

- ☐ A. Tétraplégie
- ☐ B. Myopathie
- ☐ C. Paraplégie

3425 Dans quel film Patrick Swayze, décédé en 2009, n'a-t-il pas joué ?

- ☐ A. *La Cité de la joie*
- ☐ B. *Lettres à un tueur*
- ☐ C. *Point Break*
- ☐ D. *Les Vendanges de feu*

3426 Quel acteur a joué dans *Le Dîner de cons* ?

- ☐ A. Louis de Funès
- ☐ B. Jean Dujardin
- ☐ C. Jacques Villeret

3427 Qui est « le grand blond avec une chaussure noire » ?

- ☐ A. Pierre Richard
- ☐ B. Jean-Pierre Talbot
- ☐ C. Gérard Depardieu

3428 Qui joue le prisonnier dans le film *La Vache et le Prisonnier* ?

- ☐ A. Louis de Funès
- ☐ B. Bourvil
- ☐ C. Fernandel

3429 Qui donne la réplique à Louis Trintignant dans le film *Un homme et une femme* ?

- ☐ A. Anouk Aimée
- ☐ B. Simone Signoret
- ☐ C. Michelle Mercier

3430 Quelle actrice est découverte à 12 ans dans le film *Léon* de Luc Besson ?

- ☐ A. Natalie Portman
- ☐ B. Kirsten Dunst
- ☐ C. Christina Ricci

3431 Quelle actrice est surnommée la Grande Sauterelle ?

- ☐ A. Mireille Darc
- ☐ B. Emmanuelle Béart
- ☐ C. Anny Duperey
- ☐ D. Carole Bouquet

3432 Dans lequel de ces films n'a pas joué Coluche :

- ☐ A. *Banzaï*
- ☐ B. *Tchao pantin*
- ☐ C. *La Femme de mon pote*
- ☐ D. *Viens chez moi j'habite chez une copine*

3433 Quel est l'acteur principal du film *Le Dictateur* ?

☐ A. Jean Dujardin
☐ B. Charlie Chaplin
☐ C. Bourvil

3434 Qui est l'acteur principal du film *Alexandre* ?

☐ A. Colin Farell
☐ B. Brad Pitt
☐ C. Orlando Bloom

3435 Quelle est l'actrice principale de *Match Point* de Woody Allen ?

☐ A. Scarlett Johansson
☐ B. Pénélope Cruz
☐ C. Natalie Portman

3436 Quelle actrice joue dans le film *Fenêtre sur cour* ?

☐ A. Kim Novak
☐ B. Audrey Hepburn
☐ C. Grace Kelly

3437 Quel rappeur est l'acteur principal du film *8 miles* ?

☐ A. Tupac
☐ B. Eminem
☐ C. 50 cents

3438 Qui tient le rôle de l'inspecteur Harry ?

☐ A. Clint Eastwood
☐ B. Peter Falk
☐ C. Burt Reynolds

3439 Qui interprète l'inspecteur Lee dans le film *Rush Hour* ?

☐ A. Bruce Lee
☐ B. Jet Li
☐ C. Jacky Chan

3440 Quelle actrice a eu un de ses premiers rôles dans *La Famille Adams* ?

☐ A. Natalie Portman
☐ B. Christina Ricci
☐ C. Scarlett Johansson

3441 Quel acteur interprète le père d'Indiana Jones ?

☐ A. Sean Connery
☐ B. Harrison Ford
☐ C. Aucune de ces réponses n'est bonne

3442 Quelle chanteuse joue dans le film *Evita* ?

☐ A. Madonna
☐ B. Jennifer Lopez
☐ C. Britney Spears

3443 Quel acteur incarne Nelson Mandela dans le film *Invictus* ?

☐ A. Samuel L. Jackson
☐ B. Morgan Freeman
☐ C. Danny Glover
☐ D. Will Smith

3444 Qui a joué dans *Pirates des Caraïbes* ?

☐ A. Orlando Bloom
☐ B. Matthew Mc Conaughey
☐ C. Kirsten Dunst
☐ D. Aucune de ces réponses n'est bonne

3445 Qui a joué dans *Mission impossible* ?

- ☐ A. Tom Cruise
- ☐ B. Kiefer Sutherland
- ☐ C. Bruce Willis

3446 Parmi ces acteurs, lequel joue dans le film *Inception* ?

- ☐ A. Tom Cruise
- ☐ B. Brad Pitt
- ☐ C. Leonardo DiCaprio
- ☐ D. Tom Hanks
- ☐ E. Ben Affleck

3447 Dans quel film adapté d'une comédie musicale Meryl Streep a-t-elle joué ?

- ☐ A. *Chicago*
- ☐ B. *Hairspray*
- ☐ C. *Mamma Mia*

3448 Quel film révèle Whoopi Goldberg au grand public ?

- ☐ A. *Ghost*
- ☐ B. *Sister Act*
- ☐ C. *Couleur pourpre*

3449 Parmi les films suivants, quel est celui dans lequel Liz Taylor n'a pas joué ?

- ☐ A. *Cléopâtre*
- ☐ B. *Qui a peur de Virginia Woolf ?*
- ☐ C. *Soudain l'été dernier*
- ☐ D. *Le Prince et la Danseuse*
- ☐ E. *Boom*

3450 Dans quel film n'a pas joué Julia Roberts ?

- ☐ A. *Pretty Woman*
- ☐ B. *Ocean's Eleven*
- ☐ C. *Mange, prie, aime*
- ☐ D. Aucune de ces réponses n'est bonne

3451 Dans lequel de ces films n'a pas joué Léonardo Di Caprio ?

- ☐ A. *Arrête-moi si tu peux*
- ☐ B. *Les Infiltrés*
- ☐ C. *Roméo+Juliette*
- ☐ D. Aucune de ces réponses n'est bonne

3452 Quel acteur n'a pas interprété Batman au cinéma ?

- ☐ A. George Clooney
- ☐ B. Val Kilmer
- ☐ C. Christian Bale
- ☐ D. Brad Pitt

3453 Dans quel film Whoopi Goldberg donne-t-elle la réplique à Patrick Swayze ?

- ☐ A. *Ghost*
- ☐ B. *Lettres à un tueur*
- ☐ C. *Sister Act*
- ☐ D. *La Cité de la joie*

3454 Dans quel film Arnold Schwarzenegger et Dani DeVito se donnent-ils la réplique ?

- ☐ A. *Terminator*
- ☐ B. *Jumeaux*
- ☐ C. *Arrête ou ma mère va tirer*

3455 Quel acteur interprète le personnage de Willy Wonka dans le film *Charlie et la chocolaterie* ?

- ☐ A. Johnny Depp
- ☐ B. Matt Damon
- ☐ C. Ben Affleck
- ☐ D. Leonardo DiCaprio

3456 Quel est le nom de l'acteur qui incarne Eduardo Saverin, co-fondateur de Facebook, dans le film *The Social Network*, de David Fincher ?

- ☐ A. Andrew Garfield
- ☐ B. Justin Timberlake
- ☐ C. Emile Hirsh
- ☐ D. Michael Cera

3457 Sidney Lumet est :

- ☐ A. Un acteur
- ☐ B. Un producteur cinématographique
- ☐ C. Un réalisateur de cinéma
- ☐ D. Un cadreur

3. Vie du cinema

3458 Pathé est :

- ☐ A. Une maison de production cinématographique
- ☐ B. Une maison créée en 1906
- ☐ C. Une maison fondée par Emile et Charles Pathé
- ☐ D. Une maison qui a connu un grand essor aux Etats-Unis

3459 Quel nom porte la société de production de Steven Spielberg ayant souffert de la fraude du financier Bernard Madoff ?

- ☐ A. DreamWorks
- ☐ B. Pixar
- ☐ C. Fox
- ☐ D. Wirner

3460 Une de ces villes n'accueille pas de festival de cinéma. Laquelle ?

- ☐ A. Cannes
- ☐ B. Avoriaz
- ☐ C. Berlin
- ☐ D. Etretat

3461 Quelle ville française organise chaque année le Festival du cinéma américain ?

- ☐ A. Dijon
- ☐ B. Deauville
- ☐ C. Angoulême
- ☐ D. Belfort

3462 Quel festival a lieu chaque année à Cognac ?

- ☐ A. Film d'auteur
- ☐ B. Film de science-fiction
- ☐ C. Film policier
- ☐ D. Film documentaire

3463 Dans quelle ville sont décernés les Oscars ?

- ☐ A. Chicago
- ☐ B. New York
- ☐ C. Los Angeles
- ☐ D. San Francisco

3464 Dans quel festival la récompense est-elle un Lion d'or ?

- ☐ A. Au Festival de la BD à Angoulême
- ☐ B. Au Festival de cinéma de Cannes
- ☐ C. Au Festival de cinéma de Berlin
- ☐ D. A la Mostra de Venise

3465 Quel est le record d'Oscars attribués au même film ?

- ☐ A. 9
- ☐ B. 10
- ☐ C. 11
- ☐ D. 12

3466 Combien d'Oscars du meilleur réalisateur Alfred Hitchcock emporta-t-il ?

- ☐ A. Aucun
- ☐ B. Deux
- ☐ C. Cinq
- ☐ D. Neuf

3467 Combien d'Oscars de la meilleure actrice Katharine Hepburn a-t-elle remporté ?

- ☐ A. Aucun
- ☐ B. 3
- ☐ C. 4

3468 Quel acteur a réalisé le film pour lequel il a été récompensé par l'Oscar du meilleur acteur ?

- ☐ A. Humphrey Bogart
- ☐ B. Robert Mitchum
- ☐ C. Laurence Olivier

3469 Quel film obtient la Palme d'or rétroactivement en 2002 pour un film sorti en 1939 ?

- ☐ A. *Pacific Express*
- ☐ B. *Le Magicien d'Oz*
- ☐ C. *Autant en emporte le vent*

3470 Lequel de ces films a reçu la Palme d'or du Festival de Cannes en 2010 ?

- ☐ A. *Des hommes et des dieux*, de Xavier Beauvois
- ☐ B. *Oncle Bonnmee*, d'Apichatpong Weerasethakul
- ☐ C. *Tournée*, de Mathieu Amalric
- ☐ D. *Biutiful*, d'Alejandro Gonzalez Inarritu
- ☐ E. *The Social Network*, de David Fincher

3471 Quel film a remporté le César 2010 du meilleur film ?

- ☐ A. *Le Concert*
- ☐ B. *Mademoiselle Chambon*
- ☐ C. *Un prophète*
- ☐ D. *Coco avant Chanel*
- ☐ E. *La Journée de la jupe*

3472 Quel est le réalisateur du film *Démineurs*, qui a obtenu l'Oscar du meilleur film en 2010 ?

- ☐ A. Danny Boyle
- ☐ B. Kathryn Bigelow
- ☐ C. Dorothy Arzner
- ☐ D. Curtis Hanson
- ☐ E. Terry Gilliam

3473 Qui reçoit le prix d'interprétation féminine au Festival de Cannes en 2010 ?

- ☐ A. Juliette Binoche
- ☐ B. Charlotte Gainsbourg
- ☐ C. Sophie Marceau
- ☐ D. Isabelle Adjani

3474 Dans quel film a joué l'actrice qui a remporté le prix de la meilleure actrice lors de l'édition 2011 des Oscars ?

- ☐ A. *Le Discours d'un roi*
- ☐ B. *Inception*
- ☐ C. *The Social Network*
- ☐ D. *Black Swan*
- ☐ E. *The Fighter*

3475 Le réalisateur Claude Chabrol est décédé le 12 septembre 2010. Quel mouvement cinématographique est-il connu pour avoir initié, avec d'autres de ses contemporains ?

- ☐ A. Le réalisme
- ☐ B. La nouvelle vague
- ☐ C. L'expressionisme
- ☐ D. L'abstraction lyrique
- ☐ E. Le Dogme

3476 Quel type de plan permet de cadrer un personnage au-dessous du genou ?

- ☐ A. Le plan général
- ☐ B. Le plan d'ensemble
- ☐ C. Le plan américain
- ☐ D. Le gros plan

3477 Quels sont les prénoms des frères Lumière ?

- ☐ A. Auguste et Pierre
- ☐ B. Pierre et Paul
- ☐ C. Auguste et Louis
- ☐ D. Louis et Pierre
- ☐ E. Pierre et Ernest

3478 En quelle année fut projeté le premier film de toute l'histoire du cinéma ?

- ☐ A. 1888
- ☐ B. 1895
- ☐ C. 1909
- ☐ D. Aucune de ces réponses n'est bonne

3479 En quelle année le cinéma devient-il parlant ?

- ☐ A. 1910
- ☐ B. 1920
- ☐ C. 1927
- ☐ D. 1943

19. MEDIAS (TELEVISION, PRESSE ECRITE, RADIO)

Ce chapitre est composé de **3 sections** pour un total de **160 questions**.

1. Télévision
2. Presse écrite
3. Radio

[A SAVOIR !]

110 Les numéros de questions de ce type signifient qu'il n'y a qu'une seule et unique réponse juste à la question posée.

111 Les numéros de questions de ce type signifient qu'il y a **plusieurs (2 ou plus) réponses possibles justes à la question.**

[UN CONSEIL IMPORTANT]

Nous vous conseillons vivement de répondre à toutes les questions d'une section avant d'en découvrir les solutions. L'erreur consiste en effet généralement à traiter une question et à vérifier aussitôt la réponse parce que l'on veut s'assurer d'avoir trouvé la réponse juste ou parce que l'on est impatient de la découvrir dans le cas où on ne la connaît pas. Si vous souhaitez sérieusement progresser, vous devez absolument vous imprégner du thème traité par la section et répondre d'un trait à toutes les questions d'une section.

[QUELQUES MOTS SUR...]

1. La télévision [LAROUSSE]

Du point de vue social, la télévision est le média de masse par excellence. Dans les pays occidentaux, plus de trois individus sur quatre la regarde tous les jours. La consommation quotidienne de télévision avoisine à elle seule 3 h 30 par personne en 2008 en France, 4 h 00 aux Etats-Unis et en Grande-Bretagne.

La pratique télévisuelle est si présente et si visible qu'elle suscite des interrogations sur ses fonctions, ses effets, son utilité sociale. Mais il faut penser la télévision comme une pratique culturelle, qui a du sens y compris dans ses activités de zapping ou de « tapisserie ». Elle soude une communauté nationale et internationale partageant les mêmes rites puisqu'il n'existe pas dans nos sociétés de pratique où les différences de comportements soient aussi faibles : 96 % des foyers possèdent un téléviseur et les contenus de ce média sont le second objet de discussion dans l'entreprise (après le travail) et à l'école. Elle demeure toutefois inégalitaire car surconsommée par une forte minorité de la population, plus âgée, plus populaire et plus féminine que la moyenne. 10 % des publics représentent près de 30 % de l'écoute, 30 % des publics 60 % de l'écoute alors que les plus réfractaires représentent moins de 1 % de l'écoute pour 10 % de la population.

2. La naissance de la presse [LAROUSSE]

La première gazette à périodicité régulière, *Nieuwe Tydinghen*, paraît à Anvers en 1605. Le 30 mai 1631, la *Gazette* de Théophraste Renaudot, publiée à Paris, marque la naissance de la presse française : médecin du roi, soutenu par Richelieu, Renaudot a obtenu le privilège de l'impression de toutes les informations ; il lance dans sa *Gazette* et par l'intermédiaire de son bureau d'adresses les « petites annonces ». Pouvoir, information et publicité seront dès lors intimement liés en France. Constituant essentiellement un recueil de nouvelles venues de l'intérieur et de l'extérieur du royaume, le premier hebdomadaire français préfigure le bulletin d'agence de presse plus que le journal moderne.

Au début du XVIIIe s., il existe en Hollande et en Grande-Bretagne une presse plus nombreuse et plus libre qu'en France, pays où la répression est sévère – on pend les imprimeurs et libraires ayant publié sans autorisation –, mais impuissante à endiguer les publications clandestines, en particulier les « gazettes de Hollande », feuilles imprimées en français par des protestants chassés du royaume à la suite de la révocation de l'édit de Nantes, en 1685. La presse autorisée d'information générale se développe très lentement : c'est seulement en 1777 que naît le premier quotidien français, le *Journal de Paris*. Cependant, le nombre de publications périodiques en français s'accroît régulièrement au cours du XVIIIe siècle : de 40 en 1700, il passe à 76 en 1730, à 137 en 1750 et à 277 en 1780. Il s'agit pour l'essentiel d'une presse spécialisée, comme le *Journal de la médecine*, le *Journal de la musique*, le *Spectateur français* (de Marivaux) ou les *Nouvelles ecclésiastiques*.

3. *La Guerre des mondes* d'Orson Welles [WIKIPEDIA]

La Guerre des mondes est une dramatique radio interprétée par la troupe du Mercury Theatre (en) et diffusée le 30 octobre 1938 sur le réseau CBS aux Etats-Unis. Ecrite et racontée par Orson Welles, c'est une adaptation du roman éponyme de l'écrivain H. G. Wells. Le narrateur, à la recherche de son épouse, raconte son errance dans la banlieue de Londres, tandis que la Terre est envahie par des Martiens. L'équipe du psychologue Handley Cantril récolta rapidement après l'évènement de très nombreux témoignages (études de cas) de personnes ayant paniqué durant la diffusion radio, ainsi que d'autres données empiriques (sondage Gallup rapportant non seulement le nombre de personnes ayant écouté la transmission mais aussi le nombre de personnes ayant répondu positivement à la question « Avez-vous paniqué durant l'émission radio ? », l'augmentation des coups de téléphone durant la retransmission, les plaintes subséquentes à la chaîne de radio, les coupures de presses dans la semaine qui suivit celle-ci, etc.). Certains témoins rapportèrent avoir ressenti des symptômes physiques, tel que l'odeur des gaz des Martiens ainsi que la chaleur des rayons émis par leurs armes.

1. Television

3480 En quelle année a lieu le premier journal télévisé quotidien ?

- ☐ A. 1939
- ☐ B. 1944
- ☐ C. 1949
- ☐ D. 1951

3481 Quel est le nom de l'ancien présentateur de TF1 décédé en mars 2010 et notamment célèbre pour sa phrase d'ouverture du journal de 20 heures le 18 février 1976 : « La France a peur » ?

- ☐ A. Gilles Leclerc
- ☐ B. Claude Serillon
- ☐ C. Roger Gicquel
- ☐ D. Yves Mourousi

3482 Quel journaliste présente le premier journal télévisé français ?

- ☐ A. Roger Gicquel
- ☐ B. Raymond Marcillac
- ☐ C. Pierre Sabbagh
- ☐ D. Léon Zitrone

3483 En quelle année est créée la deuxième chaîne de la télévision française ?

- ☐ A. En 1946
- ☐ B. En 1954
- ☐ C. En 1964
- ☐ D. En 1971

3484 En quelle année est lancée M6 ?

- ☐ A. 1985
- ☐ B. 1987
- ☐ C. 1991

3485 Qu'est-ce que TV5 ?

- ☐ A. Une chaîne de télévision locale
- ☐ B. L'ancien nom de France 5
- ☐ C. La première chaîne de télévision mondiale francophone

3486 La chaîne d'informations France 24 lance en 2009 une variante de la chaîne, en :

- ☐ A. Arabe
- ☐ B. Espagnol
- ☐ C. Italien
- ☐ D. Chinois

3487 Parmi ces émissions de télévision toujours diffusées en 2014, quelle est la plus ancienne ?

- ☐ A. *Des chiffres et des lettres*
- ☐ B. *Le jour du Seigneur*
- ☐ C. *Thalassa*
- ☐ D. *Stade 2*

3488 Parmi ces émissions qui ont marqué l'histoire de la télévision, laquelle dura le plus longtemps ?

- ☐ A. *Apostrophes*
- ☐ B. *Au théâtre ce soir*
- ☐ C. *Les Dossiers de l'écran*
- ☐ D. *Monsieur Cinéma*

3489 Pendant combien d'années l'émission *Monsieur Cinéma* a-t-elle été diffusée ?

- ☐ A. 24 ans
- ☐ B. 22 ans
- ☐ C. 15 ans
- ☐ D. 12 ans

3490 Quel était le premier nom de l'émission consacrée à la collection de timbres diffusée de 1974 à 1983 ?

☐ A. *Télé-Timbre*
☐ B. *Timbrement vôtre*
☐ C. *Télé-Philatélie*

3491 Depuis quand est diffusée l'émission *Les Guignols de l'info* ?

☐ A. 1988
☐ B. 1990
☐ C. 1992

3492 Qui est le créateur des *Guignols de l'info* ?

☐ A. Jean-Louis Cap
☐ B. Alain de Greef
☐ C. Serge Khalfon
☐ D. Pascal Rétif

3493 Que dit systématiquement PPD, la marionnette qui présente *Les Guignols de l'info* pour passer d'un sujet à l'autre ?

☐ A. « Encore un peu d'infos »
☐ B. « Passons à autre chose »
☐ C. « Sans transition »
☐ D. « Vous êtes toujours devant la télé et nous dedans, alors voyons la suite »

3494 Comment s'appelait l'émission présentée par Jacques Perrin diffusée la nuit sur France 2 ?

☐ A. *La 24e heure*
☐ B. *La 25e heure*
☐ C. *La 30e heure*

3495 Quel était le principe de l'émission *Les dossiers de l'écran* ?

☐ A. Un débat en direct suite à la diffusion d'un film
☐ B. Une enquête en direct sur un fait divers irrésolu
☐ C. Une interview en direct filmée dans la rue

3496 Laquelle de ces affirmations sur l'émission *D'art d'art* est fausse :

☐ A. Une œuvre d'art est racontée en 1 minute et 15 secondes
☐ B. Elle est présentée par un artiste différent à chaque diffusion
☐ C. Le programme réunit plus de 6 millions de téléspectateurs

3497 Sur quelle chaîne est diffusée l'émission Tracks ?

☐ A. France 5
☐ B. France 2
☐ C. Arte
☐ D. TF1

3498 De quel pays est originaire l'émission *Strip Tease* diffusée sur France 3 ?

☐ A. France
☐ B. Belgique
☐ C. Canada
☐ D. Royaume-Uni

3499 Quelle chaîne de télévision est à l'origine de La *Cité du Mâle*, documentaire sur la violence des relations hommes/femmes dans les cités, qui a fait polémique ?

- ☐ A. France 2
- ☐ B. M6
- ☐ C. W9
- ☐ D. Arte
- ☐ E. La Chaîne parlementaire (LCP)

3500 Quelle émission présente Yann Barthès sur Canal + ?

- ☐ A. *Le Petit Journal*
- ☐ B. *La météo*
- ☐ C. *La Boîte à questions*
- ☐ D. *Le Service après-vente des émissions*
- ☐ E. *Le Grand Journal*

3501 Quelles sont les affirmations exactes à propos du jeu *Intervilles* ?

- ☐ A. L'émission fut créée en 1978
- ☐ B. L'émission fut présentée par Guy Lux et Léon Zitrone
- ☐ C. L'émission n'est plus diffusée depuis 2010
- ☐ D. Laurence Boccolini a présenté cette émission

3502 Laquelle de ces affirmations sur *Fantômette* est fausse :

- ☐ A. C'était une héroïne de série télévisée
- ☐ B. C'était une héroïne de roman
- ☐ C. C'était une héroïne de bande dessinée
- ☐ D. Toutes les réponses proposées sont bonnes

3503 Pourquoi la série TV *Les Brigades du Tigre* porte-t-elle ce nom ?

- ☐ A. L'un des inspecteurs est surnommé « le Tigre »
- ☐ B. « Le Tigre » est le surnom d'un homme politique de l'époque
- ☐ C. « Le Tigre » est le nom du bar favori des héros

3504 Le trio comique Les Inconnus qui passe régulièrement sur le petit écran dans les années 1980 et 1990 est composé de trois membres :

- ☐ A. Didier Bourdon
- ☐ B. Bernard Campan
- ☐ C. Régis Bourdon
- ☐ D. Pascal Légitimus
- ☐ E. Bertrand Campan

3505 Le trio comique Les Inconnus jouent de nombreux sketchs dont :

- ☐ A. *L'heure de la vérité vraie*
- ☐ B. *La télé emprisonnée*
- ☐ C. *Les radios libres*
- ☐ D. *Le Cid*

3506 La série *Caméra Café* dépeint avec humour la vie quotidienne :

- ☐ A. De médecins
- ☐ B. D'avocats
- ☐ C. D'employés de bureau

3507 Comment s'appelait la première émission de téléréalité française ?

- ☐ A. *Star Academy*
- ☐ B. *Secret story*
- ☐ C. *L'île de la tentation*
- ☐ D. *Loft Story*

3508 Quelles sont les émissions de télé réalité ?

☐ A. *Opération séduction aux Caraïbes*
☐ B. *Bachelor, le gentleman célibataire*
☐ C. *N'oubliez pas les paroles !*
☐ D. *Maman cherche l'amour*

3509 Quelles sont les émissions de télé réalité ?

☐ A. *Marjolaine et les millionnaires*
☐ B. *La France a un incroyable talent*
☐ C. *Qui veut épouser mon fils ?*
☐ D. *Tout le monde veut prendre sa place*

3510 Combien de saisons dure la série *Friends* ?

☐ A. 8
☐ B. 9
☐ C. 10

3511 Qui joue le rôle du docteur House ?

☐ A. Hugh Laurie
☐ B. Kiefer Sutherland
☐ C. Tim Allen

3512 Concernant la série *Grey's Anatomy* :

☐ A. Elle se passe à Seattle
☐ B. Le lieu principal est le service chirurgie d'un hôpital
☐ C. Elle compte 8 personnages
☐ D. Izzie et Alex se marient

3513 Quels sont les personnages qui quittent la série *Grey's Anatomy* au cours des différentes saisons ?

☐ A. Dr Miranda Bailey
☐ B. Dr Preston Xavier Burke
☐ C. Dr George O'Malley
☐ D. Dr Isobel Katherine

3514 Quel métier exercent les deux protagonistes de la série *Nip/Tuck* ?

☐ A. Détectives privés
☐ B. Policiers ripoux
☐ C. Chirurgiens esthétiques

3515 Ces personnages sont présents dans la série *How I Met Your Mother* :

☐ A. Rachel Green
☐ B. Ted Mosby
☐ C. Marshall Eriksen
☐ D. Ross Geller

3516 Quelles sont les affirmations exactes à propose de *How I Met Your Mother* :

☐ A. La série a commencé à être diffusée en 2005 aux Etats-Unis
☐ B. Les situations d'énonciation sont souvent imbriquées les unes dans les autres avec de fréquents retours en arrière
☐ C. La série s'est achevée après la sixième saison
☐ D. « Excitant » est l'expression favorite de Barney pour qualifier ses histoires

3517 Dans quelle série un homme se fait incarcérer pour faire évader son frère innocent ?

- ☐ A. *Oz*
- ☐ B. *Breaking bad*
- ☐ C. *Prison Break*
- ☐ D. *Prison alert*

3518 En 2014, qui présente le Grand Journal de Canal + ?

- ☐ A. Michel Denisot
- ☐ B. Antoine De Caunes
- ☐ C. Laurent Weil
- ☐ D. Vincent Glad
- ☐ E. Kamel Boutayeb

3519 Le dernier épisode de la série à succès *Lost : les disparus* a été diffusé en 2010. Combien de saisons cette série compte-t-elle au total ?

- ☐ A. Quatre
- ☐ B. Cinq
- ☐ C. Six
- ☐ D. Sept
- ☐ E. Huit

3520 Qui présente habituellement *C dans l'air* ?

- ☐ A. Yves Calvi
- ☐ B. Patrick Poivre d'Arvor
- ☐ C. Paul Amar
- ☐ D. Aucune de ces réponses n'est bonne

3521 Qui a présenté *Vol de nuit, Ex-libris* et *Droit de cité* ?

- ☐ A. Patrick Poivre d'Arvor
- ☐ B. Michel Field
- ☐ C. Les deux ont présenté ces émissions
- ☐ D. Aucune de ces réponses n'est bonne

3522 Qui présente *Des chiffres et des lettres* sur France 3 ?

- ☐ A. Laurent Romejko
- ☐ B. Patrice Laffont
- ☐ C. Julien Lepers

3523 Qui présente *MasterChef* ?

- ☐ A. Jean-Pierre Foucault
- ☐ B. Carole Rousseau
- ☐ C. Denis Brogniart
- ☐ D. Laurence Boccolini

3524 Décédé en 2007, il a présenté *Le petit rapporteur* ou encore *L'école des fans* :

- ☐ A. Jacques Martin
- ☐ B. Michel Drucker
- ☐ C. Yves Mourousi

3525 Qui a présenté *Loft Story*, la première émission de téléréalité en France ?

- ☐ A. Nikos Aliagas
- ☐ B. Arthur
- ☐ C. Benjamin Castaldi

3526 Qui anime l'émission *Faites entrer l'accusé* ?

- ☐ A. Christophe Hondelatte
- ☐ B. Bernard de la Villardière
- ☐ C. Guy Lagache
- ☐ D. Frédérique Lantieri

3527 Pourquoi l'émission *7 sur 7* s'est-elle arrêtée ?

- ☐ A. La présentatrice a décidé d'arrêter pour ne pas entraver la carrière politique de son mari
- ☐ B. Les audiences étaient décevantes
- ☐ C. La présentatrice est décédée brutalement

3528 Qui n'a jamais présenté *La Nouvelle Star* ?

☐ A. Virginie Effira
☐ B. Benjamin Castaldi
☐ C. Nikos Aliagas

3529 Parmi ces animateurs de télévision, lequel n'a jamais présenté *Des chiffres et des lettres* ?

☐ A. Laurent Cabrol
☐ B. Alain Jérôme
☐ C. Patrice Laffont
☐ D. Max Meynier

3530 Laquelle de ces chaînes de télévision n'existe pas en France ?

☐ A. Night TV
☐ B. Direct 8
☐ C. W9
☐ D. France 4

3531 Combien de temps passent en moyenne les Français chaque jour devant leur téléviseur ?

☐ A. Deux heures et trente minutes
☐ B. Trois heures et cinquante minutes
☐ C. Cinq heures et quinze minutes

3532 En France, qui nomme les présidents des chaînes publiques ?

☐ A. Le conseil d'administration de la chaîne
☐ B. Le Conseil supérieur de l'audiovisuel (CSA)
☐ C. Le Premier ministre
☐ D. Le président de la République

3533 En quelle année est créé le CSA ?

☐ A. 1989
☐ B. 1995
☐ C. 1999
☐ D. 2001

3534 En quelle année le réseau analogique (procédé SECAM) est-il totalement remplacé par la TNT (télévision numérique terrestre) ?

☐ A. 2011
☐ B. 2015
☐ C. 2018
☐ D. 2020

3535 Que signifie « TNT » ?

☐ A. Télévision nationale pour tous
☐ B. Télévision numérique terrestre
☐ C. Télévision numérique transnationale

3536 Qu'est-ce qu'une sitcom ?

☐ A. Un feuilleton télévisé sentimental
☐ B. Une comédie musicale américaine
☐ C. Une série télévisée à suspense
☐ D. Un feuilleton télévisé comique

3537 Dans quel pays est commercialisée la première télévision couleur en 1954 ?

☐ A. En URSS
☐ B. Aux Etats-Unis
☐ C. En Allemagne
☐ D. En France

3538 En 2006, Ted Turner quitte ses fonctions d'administrateur. Il est :

- ☐ A. Le fondateur de CNN
- ☐ B. Le fondateur d'AOL
- ☐ C. Le fondateur des studios Paramount

3539 En quelle année est créée la chaîne de télévision CNN ?

- ☐ A. En 1980
- ☐ B. En 1985
- ☐ C. En 1990
- ☐ D. En 1995

3540 Où se trouve le siège de la chaîne d'information continue CNN ?

- ☐ A. A New York
- ☐ B. A Los Angeles
- ☐ C. A Atlanta

3541 Que diffuse principalement la chaîne américaine ESPN ?

- ☐ A. Du sport
- ☐ B. Du cinéma
- ☐ C. Des documentaires animaliers

3542 Laquelle de ces chaînes de télévision n'est pas entièrement consacrée à l'information ?

- ☐ A. CNN
- ☐ B. France 24
- ☐ C. LCI
- ☐ D. TMC

3543 Comment s'appelle la chaîne d'information internationale qatarie en langue arabe ?

- ☐ A. Al-Jazeera
- ☐ B. El-Jazair
- ☐ C. Al-Arabia
- ☐ D. El-Azaria

3544 Qu'est-ce que la NHK ?

- ☐ A. La télévision japonaise
- ☐ B. La télévision israélienne
- ☐ C. La radio polonaise

3545 Qui est David Letterman ?

- ☐ A. Un présentateur de talk-show
- ☐ B. Un journaliste
- ☐ C. Un producteur de séries télévisées

3546 Steve Austin est le personnage de :

- ☐ A. *L'homme qui valait 3 milliards*
- ☐ B. *Dallas*
- ☐ C. *Shérif fais-moi peur*

3547 Quel personnage de série interpréta Peter Falk de 1968 à 2003 ?

- ☐ A. Colonel Jack O'Neill
- ☐ B. Le lieutenant Columbo
- ☐ C. Le chef Gil Grissom

3548 De ces trois séries, laquelle date des années soixante-dix ?

- ☐ A. *Columbo*
- ☐ B. *Les Envahisseurs*
- ☐ C. *Chapeau melon et Bottes de cuir*

3549 Quel est le sujet de la série américaine *Mad Men*, régulièrement primée aux Emmy Awards ?

- ☐ A. La vie quotidienne d'un asile psychiatrique
- ☐ B. La vie des publicitaires new-yorkais des années 1960
- ☐ C. La vie d'une escouade américaine envoyée au front en 1944
- ☐ D. La vie quotidienne des inventeurs d'Internet
- ☐ E. La vie d'un duo de commentateurs sportifs

3550 Dans quel célèbre dessin animé trouve-t-on les personnages suivants : Meeko, Flit, Powatan, Radcliff, John ?

- ☐ A. *La Petite Sirène*
- ☐ B. *Pocahontas*
- ☐ C. *La Belle et la Bête*
- ☐ D. *Mulan*

3551 De quel film est issue la chanson suivante : « L'amour fatal n'est pas mon idéal » ?

- ☐ A. *Aladin*
- ☐ B. *Hercule*
- ☐ C. *Le Bossu de Notre-Dame*
- ☐ D. *Cendrillon*

3552 Dans *Inspecteur Gadget*, comment s'appelle le chien du personnage principal ?

- ☐ A. Milou
- ☐ B. Finot
- ☐ C. Pif
- ☐ D. Sebastien

3553 Denver, le dernier dinosaure, adore faire du skate et jouer un instrument de musique, lequel ?

- ☐ A. De la guitare
- ☐ B. De la batterie
- ☐ C. Du saxophone
- ☐ D. Du synthétiseur

3554 Diffusé en France à partir de 1993, ce dessin animé raconte des contes à travers un vieux rongeur, il s'agit de :

- ☐ A. *Ratz*
- ☐ B. *Les ratons laveurs*
- ☐ C. *Père Castor*
- ☐ D. *Raconte moi une histoire*

3555 Dans *Les Simpson*, quelle est la marque préférée de bière de Homer ?

- ☐ A. Duff
- ☐ B. Budweiser
- ☐ C. Coors
- ☐ D. Keystone

3556 Qui fait la voix de Gru dans *Moi moche et méchant* ?

- ☐ A. Jamel Debbouze
- ☐ B. Frank Dubosc
- ☐ C. Gad Elmaleh

3557 Qui est célèbre pour avoir été la voix de Pongo, Kaa, Astérix, Basile, Bernard (de *Bernard et Bianca*) et bien d'autres personnages ?

- ☐ A. Albert Augier
- ☐ B. Georges Atlas
- ☐ C. Roger Carel

3558 Dans *Les Cités d'Or*, comment s'appelle le bateau légendaire de l'empire Mu ?

- ☐ A. Le *Condor*
- ☐ B. Le *Solaris*
- ☐ C. L'*Olmèque*

3559 Comment s'appelle le groupe de rock dans *Lucile, amour et rock'n'roll* ?

- ☐ A. Les Bee Hive
- ☐ B. Les Dee Five
- ☐ C. Les My Flies

2. Presse ecrite

3560 *La Gazette de Renaudot*, publiée en 1631, est :

- ☐ A. Le premier journal culturel français
- ☐ B. Le premier quotidien français
- ☐ C. Le premier hebdomadaire français

3561 A qui doit-on le premier journal publié en France ?

- ☐ A. Pierre Desfontaines
- ☐ B. Sylvain Maréchal
- ☐ C. Charles Panckoucke
- ☐ D. Théophraste Renaudot

3562 Qu'appelle-t-on « canards » au XVIe siècle ?

- ☐ A. Des textes recensant les décisions de justice
- ☐ B. Des périodiques populaires vendus à la criée
- ☐ C. Des pamphlets contre le pouvoir en place

3563 Que dénonce Emile Zola dans son fameux article « J'accuse », publié dans *L'Aurore* le 13 janvier 1898 ?

- ☐ A. Les manœuvres de l'armée pour obtenir la condamnation du Capitaine Dreyfus
- ☐ B. La trahison du Capitaine Dreyfus
- ☐ C. La réhabilitation du Capitaine Dreyfus

3564 Qui est le fondateur du journal *L'Humanité* en 1904 ?

- ☐ A. Georges Clemenceau
- ☐ B. Jean Jaurès
- ☐ C. Paul Deschanel
- ☐ D. Vladimir Lénine

3565 Qui est le premier directeur de publication du quotidien *Libération* ?

- ☐ A. Philippe Gavi
- ☐ B. Bernard Lallement
- ☐ C. Serge July
- ☐ D. Jean-Paul Sartre

3566 En quelle année est fondé le quotidien français *Le Monde* ?

- ☐ A. 1943
- ☐ B. 1944
- ☐ C. 1945

3567 Qui est le fondateur du quotidien *Le Monde* ?

- ☐ A. Hubert Beuve-Méry
- ☐ B. Jean-Marie Colombani
- ☐ C. Robert Hersant
- ☐ D. Serge July

3568 Françoise Giroud est co-fondatrice avec Jean-Jacques Servan-Schreiber de :

- ☐ A. *L'Express*
- ☐ B. *Le Nouvel Observateur*
- ☐ C. *Le Point*

3569 Quel journal doit son succès dans les années 1960 à Pierre Lazareff ?

- ☐ A. *France Dimanche*
- ☐ B. *France Soir*
- ☐ C. *Ici Paris*
- ☐ D. *Paris Match*

3570 En quelle année le premier quotidien d'informations gratuit fait-il son apparition en France ?

- ☐ A. 1999
- ☐ B. 2000
- ☐ C. 2001
- ☐ D. 2002

3571 Quel est le premier quotidien d'informations gratuit en France qui fait son apparition en 2002 ?

- ☐ A. *20 minutes*
- ☐ B. *Direct Matin*
- ☐ C. *Métro*
- ☐ D. *Direct Soir*

3572 En France, qui est le directeur de rédaction du journal *Charlie Hebdo* de 1992 à mai 2009, avant d'être nommé directeur de Radio France ?

- ☐ A. Claude Angeli
- ☐ B. Philippe Val
- ☐ C. François Cavanna
- ☐ D. Michel Polac

3573 De ces quatre personnalités, laquelle n'est pas un homme de presse écrite ?

- ☐ A. Pierre Boulez
- ☐ B. Robert Hersant
- ☐ C. Hubert Beuve-Méry
- ☐ D. Pierre Lazareff

3574 Comment s'appelle l'humoriste dont les dessins font le bonheur des lecteurs du *Monde* ?

- ☐ A. Sempé
- ☐ B. Plantu
- ☐ C. Uderzo
- ☐ D. Faizant

3575 Quel est le vrai nom de Plantu ?

- ☐ A. Jacques Plantureux
- ☐ B. Paul Plantureux
- ☐ C. Jean Plantureux
- ☐ D. Louis Plantureux

3576 Quel est le journal qui accuse la Direction de la surveillance du territoire (DST) d'avoir cherché à installer des micros clandestins dans ses bureaux en 1973 ?

- ☐ A. *Le Canard enchaîné*
- ☐ B. *Charlie Hebdo*
- ☐ C. *Hara-Kiri*
- ☐ D. *Politis*

3577 Quel magazine fait polémique en publiant en février 2006 la série de caricatures de Mahomet initialement parues dans le journal danois *Jyllands-Posten* ?

- ☐ A. *Marianne*
- ☐ B. *Le Canard enchaîné*
- ☐ C. *Charlie Hebdo*
- ☐ D. *L'Echo des savanes*

3578 Parmi ces quatre magazines, lequel n'existe plus ?

- ☐ A. *Valeurs actuelles*
- ☐ B. *L'Evènement du jeudi*
- ☐ C. *Marianne*
- ☐ D. *Le Point*

3579 Lequel de ces quotidiens n'est pas un gratuit ?

- ☐ A. *Métro*
- ☐ B. *20 minutes*
- ☐ C. *Aujourd'hui en France*

3580 Parmi ces titres de presse, lequel n'est pas un hebdomadaire ?

- ☐ A. *L'Expansion*
- ☐ B. *L'Express*
- ☐ C. *Minute*
- ☐ D. *Politis*

3581 Parmi ces titres de presse, lequel ne contient pas d'espace publicitaire ?

- ☐ A. *Marianne*
- ☐ B. *Le Monde*
- ☐ C. *Le Canard enchaîné*
- ☐ D. *Le Point*

3582 Un de ces quotidiens n'existe plus. Lequel ?

- ☐ A. *Le Parisien*
- ☐ B. *Le Monde*
- ☐ C. *L'Aurore*
- ☐ D. *Le Figaro*

3583 Quel quotidien français a pour devise : « Sans la liberté de blâmer, il n'est point d'éloge flatteur» ?

- ☐ A. *Le Monde*
- ☐ B. *Les Echos*
- ☐ C. *Le Parisien*
- ☐ D. *Libération*
- ☐ E. *Le Figaro*

3584 Quel journal Bruno Frappat rejoint-il lorsqu'il quitte *Le Monde* ?

- ☐ A. *La Croix*
- ☐ B. *Le Figaro*
- ☐ C. *Libération*
- ☐ D. Aucune de ces réponses n'est bonne : Bruno Frappat est parti à la retraite

3585 Comment s'appelle le journal du Vatican ?

- ☐ A. *Pape's news*
- ☐ B. *Quotidiano del Vatican*
- ☐ C. *L'Osservatore Romano*
- ☐ D. *Apostalicae sedis*
- ☐ E. Aucune de ces réponses n'est bonne

3586 Figure bien connue des médias français, Christophe Barbier est en 2010 :

- ☐ A. Directeur de la rédaction de l'hebdomadaire *L'Express*
- ☐ B. Rédacteur en chef au sein de l'hebdomadaire *Le Point*
- ☐ C. Directeur de la publication du quotidien *Le Figaro*
- ☐ D. Présentateur sur BFM TV
- ☐ E. Animateur sur Canal+

3587 Classez ces titres de presse du plus à gauche au plus à droite :

a. *L'Humanité*
b. *Rivarol*
c. *Le Monde*
d. *Le Figaro*

☐ A. a – b – c – d
☐ B. a – c – d – b
☐ C. a – d – c – b
☐ D. b – a – c – d

3588 Combien y a-t-il de titres payants dans la presse quotidienne nationale ?

☐ A. 10 titres
☐ B. 13 titres
☐ C. 17 titres
☐ D. 21 titres

3589 Lequel parmi ces noms ne correspond pas à celui d'un format de journal ?

☐ A. Belge
☐ B. Berlinois
☐ C. Parisien
☐ D. Tabloïd

3590 Combien coûte *Le Parisien* ?

☐ A. 0,90 euro
☐ B. 1 euro
☐ C. 1,10 euro
☐ D. 1,20 euro

3591 Que signifie le sigle NMPP ?

☐ A. Nouveaux médias privés parisiens
☐ B. Nouveaux médias et publicité publique
☐ C. Nouvelles messageries de la presse parisienne

3592 Parmi ces agences de presse, laquelle n'existe pas ?

☐ A. AFP
☐ B. AP
☐ C. Free News Associated
☐ D. Reuters

3593 Parmi ces affirmations concernant l'Agence France presse (AFP), laquelle est erronée ?

☐ A. Elle produit environ 5 000 dépêches par jour
☐ B. Par son chiffre d'affaires, c'est la deuxième agence de presse au monde après Reuters
☐ C. Elle ne possède aucun actionnaire
☐ D. L'Etat est son principal client

3594 En 2007, Reuters a été racheté par :

☐ A. Thomson Financial
☐ B. L'agence Havas
☐ C. Windows
☐ D. Scantlin Electronics

3595 Fin 2010, quel pays réclame l'extradition d'un des représentants du site d'information *Wikileaks*, Julian Assange ?

☐ A. La Suède
☐ B. L'Australie
☐ C. Les Etats-Unis
☐ D. Israël

3596 Comment s'appelle l'encadré, obligatoire dans tout journal, comportant le numéro de commission paritaire ainsi que les noms et coordonnées de ses principaux collaborateurs ?

☐ A. La belette
☐ B. L'ours
☐ C. Le canard

3597 Qu'est-ce que la clause de conscience pour un journaliste ?

☐ A. La faculté pour lui de ne pas traiter d'une question religieuse contraire à ses convictions
☐ B. Le recours au secret professionnel
☐ C. La possibilité pour lui de rompre son contrat de travail, tout en ayant droit aux indemnités dues en cas de licenciement, dans le cas d'un changement notable dans le caractère ou l'orientation du journal

3598 A quelle place la France figure-t-elle au sein du classement mondial 2014 de la liberté de la presse publié par Reporters sans frontières (RSF) ?

☐ A. 3e
☐ B. 12e
☐ C. 21e
☐ D. 39e
☐ E. 51e

3599 Qu'est-ce que *Rue 89* ?

☐ A. Un site marchand
☐ B. Un site d'information et de débat sur l'actualité
☐ C. Un magazine hebdomadaire d'information
☐ D. Un quotidien gratuit

3600 Parmi ces sites, lesquels sont des sites d'information et de débat sur l'actualité ?

☐ A. *Nouvelles de France*
☐ B. *Atlantico*
☐ C. *Mediapart*
☐ D. *Infodirect*

3601 A qui appartient le quotidien économique *Les Echos* ?

☐ A. Vivendi
☐ B. LVMH
☐ C. Lagardère
☐ D. News Participations

3602 De ces trois quotidiens, lequel n'appartient pas au groupe Amaury ?

☐ A. *Le Parisien*
☐ B. *L'Equipe*
☐ C. *Libération*

3603 Lequel de ces magazines n'appartient pas au groupe Lagardère ?

☐ A. *Télé 7 jours*
☐ B. *Capital*
☐ C. *Première*
☐ D. *Elle*

3604 Lequel de ces titres ne fait pas partie du groupe Lagardère ?

☐ A. *Be*
☐ B. *L'Express*
☐ C. *France Dimanche*
☐ D. *Ici Paris*

3605 *Courrier international* est un hebdomadaire français qui fait découvrir la presse du monde entier (plus de 900 publications) en traduisant en français certains articles. Il appartient :

☐ A. Au groupe Hersant
☐ B. Au groupe La Vie-Le Monde
☐ C. Au groupe Lagardère

3606 Lequel de ces journaux gratuits est édité par le groupe Bolloré ?

- ☐ A. *Métro*
- ☐ B. *Direct Soir*
- ☐ C. *Matin Plus*
- ☐ D. *20 minutes*

3607 Quel quotidien français l'industriel Serge Dassault a-t-il envisagé de racheter à l'automne 2010 ?

- ☐ A. *La Tribune*
- ☐ B. *France Soir*
- ☐ C. *Les Echos*
- ☐ D. *20 minutes*
- ☐ E. *Le Parisien*

3608 Lequel de ces grands quotidiens français a vu en 2010 80 % de son capital racheté par sa directrice générale pour un euro symbolique ?

- ☐ A. *Le Monde*
- ☐ B. *Les Echos*
- ☐ C. *La Tribune*
- ☐ D. *La Croix*
- ☐ E. *Le Figaro*

3609 En 2010, le quotidien *Le Monde* a été repris par le trio dit « BNP ». A quelles personnalités cet acronyme fait-il référence ?

- ☐ A. Noël Bergeroux, Pierre Péan et Bruno Patino
- ☐ B. Pierre Bergé, Matthieu Pigasse et Xavier Niel
- ☐ C. Hubert Beuve-Méry, Natalie Nougay-Rède et Claude Perdriel
- ☐ D. Eric Besson, Yves-René Nanot et Audrey Pulvar
- ☐ E. Lilliane Bettencourt, Hervé Novelli et Dominique Paillé

3610 Quel est le nom du journal officiel de la république populaire de Chine, organe du parti communiste depuis 1948 ?

- ☐ A. *Le Quotidien du peuple*
- ☐ B. *Le Quotidien de la Chine*
- ☐ C. *Nouvelles de Chine*

3611 Que signifie le nom du célèbre journal *Pravda*, organe du parti communiste soviétique ?

- ☐ A. La Justice
- ☐ B. La Révolution
- ☐ C. La Vérité
- ☐ D. La Paix

3612 Parmi ces quatre quotidiens britanniques, lequel n'appartient pas à la presse dite populaire ?

- ☐ A. *The Daily Telegraph*
- ☐ B. *The Sun*
- ☐ C. *The Daily Mirror*
- ☐ D. *The Daily Star*

3613 A quel évènement le *Washington Post* doit-il une partie de sa notoriété ?

- ☐ A. L'assassinat de John Fitzgerald Kennedy à Dallas en 1963
- ☐ B. Le premier homme sur la lune en 1969
- ☐ C. L'affaire du Watergate en 1973

3614 Laquelle de ces revues américaines n'est pas un newsmagazine ?

- ☐ A. *Time*
- ☐ B. *The Reader's Digest*
- ☐ C. *Newsweek*

3615 *Clarin* est actuellement le premier quotidien :

- ☐ A. Espagnol
- ☐ B. Brésilien
- ☐ C. Cubain
- ☐ D. Argentin

3616 *Al-Hayat* ("Vie") est le principal journal quotidien généraliste panarabe avec une diffusion de 170 000 exemplaires. A l'origine libanais, le journal a été acheté en 1990 par :

- ☐ A. Le président syrien
- ☐ B. Un prince saoudien
- ☐ C. L'émir du Koweït
- ☐ D. Le colonel Khadafi

3. Radio

3617 Depuis quelle année la radio n'est plus un monopole d'Etat ?

- ☐ A. 1966
- ☐ B. 1974
- ☐ C. 1981
- ☐ D. 1993

3618 Radio France est une société de service public qui gère les stations de radio publiques en France métropolitaine. Elle possède :

- ☐ A. France Inter
- ☐ B. France Info
- ☐ C. France Musique
- ☐ D. France Culture

3619 Quel est le pourcentage de Français possédant une radio ?

- ☐ A. 50 %
- ☐ B. 75 %
- ☐ C. 99 %

3620 Que signifie RTL ?

- ☐ A. Radio Télévision Luxembourg
- ☐ B. Radio Totale Luxembourg
- ☐ C. Radio Tout Luxembourg
- ☐ D. Radiodiffusion et Télédiffusion du Luxembourg

3621 Radio Courtoisie se définit comme :

- ☐ A. La radio qui dit tout haut ce que beaucoup pensent tout bas
- ☐ B. La radio libre du pays réel et de la francophonie
- ☐ C. La radio de ceux qui ne veulent pas tourner en rond
- ☐ D. Aucune de ces réponses n'est bonne

3622 Parmi ces quatre stations de radio, laquelle est l'intruse ?

- ☐ A. Fun Radio
- ☐ B. NRJ
- ☐ C. Europe 1
- ☐ D. Skyrock

3623 Avec qui Charles Michelson crée-t-il la radio Europe 1 ?

- ☐ A. Louis Merlin
- ☐ B. Christian Morin
- ☐ C. Franck Ténot
- ☐ D. Robert Namias

3624 Laquelle de ces stations de Radio France est la plus récente ?

- ☐ A. France Culture
- ☐ B. FIP
- ☐ C. France Info
- ☐ D. France Musique

3625 En 2002, France Info fête ses :

- ☐ A. 10 ans
- ☐ B. 15 ans
- ☐ C. 20 ans
- ☐ D. 25 ans

3626 Laquelle de ces radios est indépendante de NRJ Group ?

- ☐ A. Chérie FM
- ☐ B. Fun Radio
- ☐ C. Nostalgie
- ☐ D. Rire et chansons

3627 Quelles sont les chaînes de radio possédées par le groupe Lagardère Active ?

- ☐ A. RFM
- ☐ B. Europe 1
- ☐ C. RTL
- ☐ D. Virgin Radio

3628 Laquelle de ces stations de radio n'est pas une station privée ?

- ☐ A. RTL
- ☐ B. Le Mouv'
- ☐ C. Radio Classique
- ☐ D. NRJ

3629 Quelle radio n'existe pas ?

- ☐ A. MFM
- ☐ B. Le Mouv'
- ☐ C. Sud Radio
- ☐ D. Beur FM
- ☐ E. Aucune de ces réponses n'est bonne

3630 Comment s'appelle la radio officielle de l'Eglise catholique dans le monde ?

- ☐ A. Radio Saint-Siège
- ☐ B. La Radio de la Papauté
- ☐ C. Radio Vatican

3631 Sur quelle radio est diffusée l'émission humoristique *Le Tribunal des flagrants délires* ?

- ☐ A. Europe 1
- ☐ B. France Inter
- ☐ C. RMC
- ☐ D. RTL

3632 Quelle est l'émission qui est ou qui a été diffusée sur France Inter ?

- ☐ A. *2 000 ans d'histoire*
- ☐ B. *Rendez-vous avec X*
- ☐ C. *Le carrefour des livres*
- ☐ D. *La prochaine fois je vous le chanterai*

3633 Lequel de ces journalistes et chroniqueurs n'a pas été licencié par France Inter (en octobre 2010) ?

- ☐ A. Didier Porte
- ☐ B. Audrey Pulvar
- ☐ C. Brigitte Benkemoun
- ☐ D. Stéphane Guillon
- ☐ E. Gérald Dahan

3634 Eric Zemmour a officié ou officie toujours pour :

- ☐ A. RTL
- ☐ B. Europe 1
- ☐ C. I-Télé
- ☐ D. Le Figaro
- ☐ E. France 2

3635 Quel est le prénom de l'animateur télé et radio Cauet ?

- ☐ A. Jean
- ☐ B. Sébastien
- ☐ C. Laurent
- ☐ D. Nicolas

3636 Qui est Richard Darbois ?

- ☐ A. La voix off d'NRJ depuis 1993
- ☐ B. L'animateur vedette de France Culture
- ☐ C. L'ancien directeur des programmes de RFM

3637 Quel journaliste officie sur RMC et France 2 :

- ☐ A. Daniel Riolo
- ☐ B. Jean-Michel Larqué
- ☐ C. Florent Gautreau

3638 Dans quelle radio a débuté Bruno Roblès en 1985 ?

- ☐ A. Skyrock
- ☐ B. NRJ
- ☐ C. RFM
- ☐ D. Aucune de ces réponses n'est bonne

3639 Qui animait une émission de radio sur Fun Radio avec « Le Doc » ?

- ☐ A. Difool
- ☐ B. Cauet
- ☐ C. Arthur

20. SOCIETE ET VIE QUOTIDIENNE (JEUX, DIVERTISSEMENTS ET GASTRONOMIE)

Ce chapitre est composé de **4 sections** pour un total de **128 questions**.

1. **Questions de société**
2. **Vie quotidienne**
3. **Gastronomie et mets de la table**
4. **Jeux et divertissements**

[A SAVOIR !]

110 Les numéros de questions de ce type signifient qu'il n'y a qu'une seule et unique réponse juste à la question posée.

111 Les numéros de questions de ce type signifient qu'il y a **plusieurs (2 ou plus) réponses possibles justes à la question**.

[UN CONSEIL IMPORTANT]

Nous vous conseillons vivement de répondre à toutes les questions d'une section avant d'en découvrir les solutions. L'erreur consiste en effet généralement à traiter une question et à vérifier aussitôt la réponse parce que l'on veut s'assurer d'avoir trouvé la réponse juste ou parce que l'on est impatient de la découvrir dans le cas où on ne la connaît pas. Si vous souhaitez sérieusement progresser, vous devez absolument vous imprégner du thème traité par la section et répondre d'un trait à toutes les questions d'une section.

[QUELQUES MOTS SUR...]

1. La société [LAROUSSE]

Objet privilégié de plusieurs sciences humaines et sociales, le terme société se rapporte à l'ensemble des mœurs et coutumes partagés par une population : les choix d'organisation sociale, des valeurs et de normes. La notion de société civile était, jusqu'à Hegel, équivalente à celle de « société politique ». Elle signifiait alors l'état de société opposé à l'état de nature, autrement dit, une communauté politique organisée autour d'un Etat. La société civile, toujours pensée en référence à l'Etat, prend au XIXe siècle sa signification classique. Hegel est l'un des premiers à opérer la division entre Etat et société civile, cette dernière recouvrant la sphère des intérêts privés des individus, les réalités économiques et sociales, par opposition au domaine politique, ainsi que les institutions qui en découlent (celle du droit de propriété privée en particulier).

La société civile n'est plus conçue comme un espace de liberté, car elle est le théâtre des affrontements des intérêts particuliers ; ses contradictions seront régulées et dépassées par l'instance étatique, représentante de l'intérêt général, grâce à laquelle les individus pourront atteindre la « paix civile ». Marx sera très critique à l'égard de la théorie hégélienne de l'Etat, mais il poursuivra la définition de la société civile comme étant le lieu d'expression de la lutte des classes.

2. La notion de loisir [WIKIPEDIA]

On qualifie également le loisir de « temps libre », soit un temps usuellement consacré à des activités essentiellement non productives d'un point de vue macro-économique, activités souvent ludiques ou culturelles : bricolage, jardinage, sports, divertissements... Cela a entraîné par la suite un glissement sémantique du terme « loisir » (temps libre) vers celui de « loisirs » (divertissements et sports). Beaucoup usent du terme comme synonyme de « divertissement », ce qui constitue une déviation importante de signification. L'expression « industrie des loisirs » fait directement écho à cette notion de loisirs-divertissements, en proposant une vision productiviste voire mercantile de la production de biens et de services propres à satisfaire les besoins des ménages liés à leur temps de loisir : on considère ici que ce temps est dédié à la consommation de masse, pour s'occuper. Il est possible que les raisons ou valeurs profondes pour lesquelles nous vivons peuvent, en ordre probable d'importance, être les suivantes : le travail, la consommation, les communications, les sports, les jeux, la lecture, l'Internet, la télévision, les expositions et lieux à visiter, les sorties au cinéma, les parcs d'attractions et divertissements à sensations, les voyages, la sexualité, etc. Ces quelques éléments énumérés peuvent, s'ils ne font pas partie de loisirs, être cependant des indices sur quoi effectuer une recherche en rapport avec ceux-ci.

3. La Gastronomie [LAROUSSE]

Les règles de la gastronomie varient selon les classes sociales, les nations, les régions, les époques et les modes. Les différences sont, ou furent, liées aux ressources alimentaires locales, les classes aisées ayant en principe une culture de table plus vaste. Cela fut sensible au « temps des paroisses. Les principes socioculturels, en particulier religieux, sont particulièrement importants dans certains univers. S'il existe une gastronomie que l'on peut dire « mondiale », au temps du fooding, les habitudes gastronomiques locales, régionales et nationales demeurent assez solidement ancrées. Il n'y a d'ailleurs pas contradiction entre l'attachement aux traditions et aux recettes locales et la curiosité envers l'inédit. De nombreux amateurs de bonne chère sont ouverts aux diverses cultures de table et apprécient ce qui vient d'ailleurs : la seule lecture d'innombrables cartes de restaurants, à Paris, Londres, Moscou ou Tokyo, le proclame. Cette ouverture s'est surtout avérée à partir du XIXe siècle, lorsque les gourmets ont découvert d'autres terroirs que ceux de leur province, d'autres habitudes alimentaires que celles de leur ville ou de leur bourg. Les diverses cultures gastronomiques asiatiques, fort différentes les unes des autres, ne sont d'évidence pas celles de l'Occident où l'on s'attable de façons fort diverses de part et d'autre des frontières. Cela malgré la relative uniformisation de la haute gastronomie, de plus en plus indifférente aux terroirs : les grands chefs privilégient en principe les produits locaux mais font, pour l'essentiel, leur marché au loin étant donné les facilités des transports, les nouvelles possibilités de conservation, etc. La plupart de ces chefs voyagent beaucoup, font des stages, puis dirigent des restaurants à l'étranger.

1. Questions de societe

3640 En quelle année fut légalisé l'avortement en France ?

- ☐ A. En 1945
- ☐ B. En 1968
- ☐ C. En 1975
- ☐ D. En 1979

3641 En France, quel est le délai légal d'avortement ?

- ☐ A. 9 semaines
- ☐ B. 10 semaines
- ☐ C. 11 semaines
- ☐ D. 12 semaines

3642 En France combien y a-t-il d'avortements par an ?

- ☐ A. 50 000
- ☐ B. 100 000
- ☐ C. 150 000
- ☐ D. 200 000

3643 Dans quels pays l'avortement est illégal ?

- ☐ A. La Colombie
- ☐ B. L'Italie
- ☐ C. L'Irlande
- ☐ D. La Zambie

3644 Dans quel pays la politique de l'enfant unique est-elle lancée en 1979 ?

- ☐ A. En Chine
- ☐ B. Au Japon
- ☐ C. En Israël
- ☐ D. Aucune de ces réponses n'est bonne

3645 Quel est le prénom du premier « bébé éprouvette » ?

- ☐ A. Amandine
- ☐ B. France
- ☐ C. Louise
- ☐ D. Dolly

3646 La loi du 28 octobre 1997 a suspendu l'appel sous les drapeaux pour les garçons nés après le 31 décembre 1978. En quelle année n'y a-t-il plus eu d'appelés dans l'armée ?

- ☐ A. En 1997
- ☐ B. En 1998
- ☐ C. En 2001
- ☐ D. En 2002

3647 En quelle année le PACS a-t-il été créé ?

- ☐ A. 1999
- ☐ B. 1988
- ☐ C. 1975
- ☐ D. 2000

3648 De quelle expression PACS est-il l'acronyme ?

- ☐ A. Pacte autonome de citoyenneté solidaire
- ☐ B. Pacte civil de solidarité
- ☐ C. Pacte d'association de citoyens solidaires
- ☐ D. Permis autorisant civilement la solidarité

3649 Lequel de ces rapports correspond à celui de la Commission sur le racisme et le négationnisme à l'université Jean-Moulin Lyon III remis en 2004 au ministre de l'Education nationale ?

- ☐ A. Le rapport Bentolila
- ☐ B. Le rapport Roques
- ☐ C. Le rapport Rousso
- ☐ D. Le rapport Stasi

3650 **Pourquoi l'iranienne Sakineh Mohammadi Ashtiani est elle condamnée à mort par lapidation en 2006 ?**

- ☐ A. Pour adultère et complicité dans le meurtre de son mari
- ☐ B. Pour participation aux émeutes étudiantes de 2009
- ☐ C. Pour participation à un attentat
- ☐ D. Pour espionnage

3651 **Quelle organisation fut à l'initiative de l'installation de cent tentes rouges pour abriter les sans-abri à Paris durant l'hiver 2006-2007 ?**

- ☐ A. L'association Solidarité des Français
- ☐ B. Les enfants de Don Quichotte
- ☐ C. L'association Emmaüs
- ☐ D. Les Bancs publics

3652 **En 2008 au Chili, quelle décision du tribunal constitutionnel remet en cause la politique du gouvernement Bachelet ?**

- ☐ A. L'interdiction de distribuer des contraceptifs d'urgence dans les lieux publics
- ☐ B. La légalisation du mariage homosexuel
- ☐ C. L'interdiction de toute manifestation dans la rue
- ☐ D. La remise en cause de la liberté de la presse

3653 **Début 2012, quels pays européens, parmi ceux qui suivent, admettent sous une forme ou une autre l'adoption pour les couples homosexuels ?**

- ☐ A. Le Portugal, la France, la Grèce, Malte, Chypre
- ☐ B. La Belgique, l'Espagne, l'Islande, la Norvège, le Royaume-Uni, la Suède
- ☐ C. La Bulgarie, la Roumanie, la Pologne, la Croatie
- ☐ D. L'Autriche, Hongrie, la Slovénie, la Finlande

3654 **Parmi ces Etats américains, lesquels ont rejetés par référendum le mariage homosexuel ou introduit un amendement constitutionnel rejetant le mariage homosexuel ?**

- ☐ A. La Californie
- ☐ B. Le Maine
- ☐ C. L'Alabama
- ☐ D. Le Massachussetts

3655 **En France, d'après le Code de déontologie, la pratique de l'euthanasie est :**

- ☐ A. Tolérée
- ☐ B. Autorisée
- ☐ C. Interdite

3656 **Quel pays a légalisé l'euthanasie pour les jeunes enfants de moins de 12 ans ?**

- ☐ A. Les Pays-Bas
- ☐ B. Le Royaume-Uni
- ☐ C. La Belgique
- ☐ D. L'Allemagne

3657 **L'expulsion d'un locataire de résidence principale ne peut s'effectuer entre :**

- ☐ A. Le 1er mai et le 15 septembre
- ☐ B. Le 1er juillet et le 15 octobre
- ☐ C. Le 1er novembre et le 15 mars

3658 **Comment s'appelle la fondatrice du mouvement « Ni putes ni soumises » ?**

- ☐ A. Roseline Bachelot
- ☐ B. Rama Yade
- ☐ C. Fadela Amara
- ☐ D. Rachida Dati

3659 **Laquelle de ces associations luttant contre le racisme est la plus ancienne ?**

- ☐ A. La Ligue internationale contre le racisme et l'antisémitisme (LICRA)
- ☐ B. Le Mouvement contre le racisme et pour l'amitié entre les peuples (MRAP)
- ☐ C. Le Mouvement de l'immigration et des banlieues (MIB)
- ☐ D. SOS Racisme

3660 **Qui a créé « Amnesty International » en 1961 ?**

- ☐ A. Henry Dunant
- ☐ B. René Cassin
- ☐ C. Peter Benenson
- ☐ D. Bertrand Lecache
- ☐ E. Baden Powell

3661 **Greenpeace est une association qui milite :**

- ☐ A. Pour la paix dans le monde
- ☐ B. Pour la défense des prisonniers politiques
- ☐ C. Contre les OGM
- ☐ D. Pour la défense de l'environnement

3662 **Qui a créé les « Restos du cœur » ?**

- ☐ A. Sœur Emmanuelle
- ☐ B. L'abbé Pierre
- ☐ C. Coluche
- ☐ D. Jean-Paul II

3663 **Le salaire d'une femme par rapport à un homme pour un poste identique est, en moyenne :**

- ☐ A. Egal
- ☐ B. Inférieur de 10 %
- ☐ C. Inférieur de 20 %

3664 **« On ne naît pas femme, on le devient » est une formule de :**

- ☐ A. Françoise Giroud
- ☐ B. Simone de Beauvoir
- ☐ C. Elisabeth Badinter
- ☐ D. Bernadette Chirac
- ☐ E. Aucune de ces réponses n'est bonne

3665 **Quel est le pourcentage de femmes dans l'effectif des sapeurs-pompiers au 1er janvier 2012 ?**

- ☐ A. 2,1 %
- ☐ B. 5,1 %
- ☐ C. 13 %
- ☐ D. 10,1 %
- ☐ E. Aucune de ces réponses n'est bonne

3666 **Parmi les dispositifs suivants, lesquels relèvent de la discrimination positive ?**

- ☐ A. L'impôt progressif
- ☐ B. L'assurance maladie
- ☐ C. L'obligation, pour les partis politiques, de présenter des listes mixtes alternant candidats féminins et masculins pour tous les scrutins de la liste
- ☐ D. L'obligation, pour toutes les entreprises de plus de 20 salariés, d'employer au moins 6 % de personnes handicapées

3667 **Une nouvelle loi dite « de la seconde chance » a été votée aux Etats-Unis en 2008 ; elle a pour objectif :**

- ☐ A. La possibilité pour les immigrés d'obtenir la nationalité américaine
- ☐ B. La facilité pour les étudiants de milieux défavorisés d'entrer dans les grandes écoles
- ☐ C. La réinsertion des prisonniers

2. Vie quotidienne

3668 **Sous quel président le 8 mai fut-il déclaré comme un jour férié ?**

- ☐ A. Charles de Gaulle
- ☐ B. Georges Pompidou
- ☐ C. Valérie Giscard d'Estaing
- ☐ D. François Mitterrand

3669 **Combien y a-t-il de jours fériés en France ?**

- ☐ A. 6
- ☐ B. 8
- ☐ C. 10
- ☐ D. 12

3670 **Le calendrier en vigueur en France actuellement porte le nom de :**

- ☐ A. Calendrier julien
- ☐ B. Calendrier républicain
- ☐ C. Calendrier magdalénien
- ☐ D. Calendrier grégorien

3671 **Une année bissextile revient tous les :**

- ☐ A. 2 ans
- ☐ B. 3 ans
- ☐ C. 4 ans
- ☐ D. 5 ans
- ☐ E. Aucune de ces réponses n'est bonne

3672 **Quel est le nouveau nom du CODEVI depuis 2007 ?**

- ☐ A. Livret A
- ☐ B. Livret de développement durable
- ☐ C. Livret d'épargne populaire

3673 **Parmi les quatre résolutions suivantes pour faire des économies d'électricité, laquelle est à adopter :**

- ☐ A. Prendre un bain plutôt qu'une douche
- ☐ B. Laisser son téléviseur en mode veille
- ☐ C. Laver le linge à basse température
- ☐ D. Remplacer les ampoules classiques par des lampes halogènes

3674 **Quel produit alimentaire est reconnu pour ses vertus anticalcaires ?**

- ☐ A. L'huile de tournesol
- ☐ B. Le sel
- ☐ C. Le vinaigre

3675 **Une peinture acrylique se dissout :**

- ☐ A. Au white-spirit
- ☐ B. A l'acétone
- ☐ C. A l'alcool
- ☐ D. A l'eau

3676 **Le sélecteur, dans les appareils électroménagers, est le bouton qui :**

- ☐ A. Met la machine en marche
- ☐ B. Arrête la machine
- ☐ C. Indique le programme choisi

3677 **Avec quel instrument peut-on ouvrir une porte ?**

- ☐ A. Un merle
- ☐ B. Un rossignol
- ☐ C. Un pigeon
- ☐ D. Un pinson

3678 Environ combien de litres d'eau sont utilisés quand on tire la chasse ?

- ☐ A. 2
- ☐ B. 9
- ☐ C. 15
- ☐ D. Aucune de ces réponses n'est bonne

3679 Pour se saluer, combien de bises font les bretons ?

- ☐ A. 1
- ☐ B. 2
- ☐ C. 3
- ☐ D. 4

3680 Comment s'appelle la girafe créée en 1981, devenue un objet culte pour les grands et les petits ?

- ☐ A. Julie
- ☐ B. Sophie
- ☐ C. Elodie

3681 Quel est l'animal de compagnie préféré des français ?

- ☐ A. Le chien
- ☐ B. Le chat
- ☐ C. Les petits mammifères

3682 Combien de temps passons-nous à dormir ?

- ☐ A. Un tiers de notre vie
- ☐ B. Un quart de notre vie
- ☐ C. Un cinquième de notre vie

3683 Pourquoi les anglais roulent-ils à gauche ?

- ☐ A. Parce qu'au Moyen-Age, les chevaliers, tenant leurs rênes de la main gauche, utilisaient la main droite pour dégainer leur épée en cas de combat face à un autre chevalier
- ☐ B. Pour rendre hommage à la reine Victoria qui était gauchère
- ☐ C. Aucune de ces réponses n'est bonne
- ☐ D. Toutes les solutions proposées sont bonnes

3684 Nous conduisons à droite parce que :

- ☐ A. La plupart des gens sont droitiers
- ☐ B. Napoléon l'a imposé à l'Europe pour harmoniser la circulation
- ☐ C. Il fallait choisir, droite ou gauche, pour éviter les collisions

3685 Combien de permis de conduire sont délivrés chaque année ?

- ☐ A. 500 000
- ☐ B. 750 000
- ☐ C. 1 500 000

3686 En France, les voitures particulières et les véhicules de transport de marchandises ou assimilés de moins de 3,5 tonnes font l'objet de contrôles techniques au cours de la :

- ☐ A. Deuxième année suivant leur 1re mise en circulation
- ☐ B. Troisième année suivant leur 1re mise en circulation
- ☐ C. Quatrième année suivant leur 1re mise en circulation
- ☐ D. Cinquième année suivant leur 1re mise en circulation

3687 Les numéros des urgences sont :

- ☐ A. 18 pompiers – 15 SAMU – 17 police
- ☐ B. 17 police – 15 SAMU – 19 pompiers
- ☐ C. 18 pompiers – 10 SAMU – 17 pompiers

3688 En quelle année la numérotation à 10 chiffres pour le téléphone est-elle entrée en vigueur en France ?

- ☐ A. En 1995
- ☐ B. En 1996
- ☐ C. En 1997
- ☐ D. En 1998

3689 La numérotation +34 devant un numéro de téléphone correspond à :

- ☐ A. L'Espagne
- ☐ B. La Suisse
- ☐ C. L'Allemagne
- ☐ D. L'Irlande

3690 Les noces d'or se fêtent après combien d'années de mariage ?

- ☐ A. 25 ans
- ☐ B. 40 ans
- ☐ C. 50 ans
- ☐ D. 80 ans

3691 Combien de lignes de métro compte Paris ?

- ☐ A. 14
- ☐ B. 15
- ☐ C. 16

3692 En 2014, combien y a-t-il de lignes de métro entièrement automatiques à Paris ?

- ☐ A. Aucune
- ☐ B. Une
- ☐ C. Deux
- ☐ D. Trois

3693 Combien y a-t-il de kilomètres d'autoroutes en France ?

- ☐ A. 5 700
- ☐ B. 10 300
- ☐ C. 15 600
- ☐ D. 21 500

3694 A Paris, la plupart des musées sont fermés :

- ☐ A. Le lundi
- ☐ B. Le mardi
- ☐ C. Le jeudi
- ☐ D. Aucune de ces réponses n'est bonne : le jour de fermeture est variable selon les musées

3695 Combien y a-t-il de stations Vélib' à Paris et sa proche banlieue ?

- ☐ A. 982
- ☐ B. 1 028
- ☐ C. 1 208
- ☐ D. 1 482

3696 La CMU est en rapport avec :

- ☐ A. La première embauche des jeunes
- ☐ B. L'assurance maladie des personnes sans droits
- ☐ C. L'assurance chômage
- ☐ D. La prévention du SIDA

3697 En France, quelle carte permet la couverture des dépenses de santé par un organisme de Sécurité sociale ?

☐ A. La carte Vitale
☐ B. La carte de crédit
☐ C. La carte bancaire
☐ D. La carte Vermeil

3698 En France, pour faire établir par l'administration les cartes d'identités et les passeports, il faut s'adresser :

☐ A. A l'hôtel des impôts
☐ B. A la mairie
☐ C. A la Sécurité sociale
☐ D. Au tribunal

3699 Quel congé reformé par la loi de financement de la Sécurité sociale pour 2006, permet au salarié français dont l'enfant est malade de bénéficier de 310 jours ouvrés de congé tout en percevant une allocation ?

☐ A. Le congé de présence parentale
☐ B. Le congé parental d'éducation
☐ C. Le congé de formation
☐ D. Le congé de paternité

3700 Tout décès en France doit être déclaré à la mairie :

☐ A. Dans la semaine
☐ B. Dans les 12 heures
☐ C. Dans les 24 heures

3701 Toute naissance en France doit être déclarée à la mairie dans :

☐ A. Les trois jours qui suivent le jour de la naissance
☐ B. La semaine qui suit le jour de la naissance
☐ C. Le jour qui suit le jour de la naissance

3702 A quel âge la scolarisation est-elle obligatoire en France ?

☐ A. 5 ans
☐ B. 6 ans
☐ C. 7 ans
☐ D. Aucune de ces réponses n'est bonne

3703 Parmi ces filières de baccalauréat laquelle n'est pas une filière technologique ?

☐ A. Economique et sociale (ES)
☐ B. Hôtellerie
☐ C. Sciences et technologies de l'agronomie et du vivant (STAV)
☐ D. Technique de la musique et de la danse (TMD)

3704 Parmi ces options, laquelle ne peut-on pas choisir lorsque l'on veut passer un baccalauréat économique et social ?

☐ A. Anglais
☐ B. Maths
☐ C. Histoire
☐ D. Economie

3705 Quelle grande école a pour devise « Pour la patrie, les sciences et la gloire » ?

☐ A. Polytechnique
☐ B. HEC
☐ C. Centrale
☐ D. L'ENA
☐ E. L'ESSEC

3706 Pour une personne majeure, un passeport est valable :

- ☐ A. 20 ans
- ☐ B. 10 ans
- ☐ C. 7 ans
- ☐ D. 5 ans
- ☐ E. Aucune de ces réponses n'est bonne

3707 En France, le service de la mairie qui fournit aux personnes impotentes ou handicapées des aides ménagères à domicile est :

- ☐ A. Le service de la santé
- ☐ B. Le service d'Etat civil
- ☐ C. Le service d'aide sociale

3708 L'Institut national de la statistique et des études économiques (INSEE) a mis en œuvre, en 2004, une nouvelle technique de comptabilisation de la population vivant en France selon les principes fixés par la loi du 27 février 2002. Elle a pour but de mieux adapter l'offre statistique aux attentes des utilisateurs. (source : service d'information du gouvernement). A quoi est-il fait référence dans ce passage ?

- ☐ A. A une enquête statistique
- ☐ B. A un sondage
- ☐ C. A un recensement rénové
- ☐ D. A une estimation
- ☐ E. Aucune de ces réponses n'est bonne

3709 La CNIL est un organisme de contrôle dans le domaine :

- ☐ A. De l'audiovisuel et de la radio
- ☐ B. De l'informatique et des libertés
- ☐ C. De la police et de la gendarmerie
- ☐ D. Des droits d'auteur et de la création

3710 Quelle démarche la reine d'Angleterre a-t-elle entreprise début novembre 2010 afin de rester en phase avec son temps ?

- ☐ A. Elle s'est acheté une webcam
- ☐ B. Elle a chatté par MSN
- ☐ C. Elle a créé une page Facebook pour la famille royale
- ☐ D. Elle a créé un compte Twitter qu'elle alimente régulièrement
- ☐ E. Elle s'est acheté un smartphone

3711 En Allemagne, la scolarité est obligatoire jusqu'à :

- ☐ A. 16 ans
- ☐ B. 14 ans
- ☐ C. 18 ans
- ☐ D. 20 ans

3712 La validité du visa touristique pour la Chine est de :

- ☐ A. 6 mois
- ☐ B. 3 mois
- ☐ C. 30 jours
- ☐ D. 2 ans

3713 Dans quel pays peut-on rencontrer des geishas ?

- ☐ A. En Chine
- ☐ B. Au Japon
- ☐ C. En Russie
- ☐ D. En Australie

3714 Qu'est-ce qu'un yukata ?

- ☐ A. Un léger kimono d'été
- ☐ B. Une prise de judo
- ☐ C. Une pièce de maison japonaise
- ☐ D. Un sushi

3. Gastronomie et mets de la table

3715 L'ingrédient de base de la polenta est la farine de :

- ☐ A. Blé
- ☐ B. Manioc
- ☐ C. Riz
- ☐ D. Maïs

3716 L'oronge est :

- ☐ A. Un petit agrume peu sucré
- ☐ B. Une herbe de Provence
- ☐ C. Un champignon des bois

3717 Laquelle de ces variétés n'est pas une pomme ?

- ☐ A. La royal gala
- ☐ B. La starkinson
- ☐ C. La comice

3718 Quelle est l'origine de la truffe blanche la plus prisée ?

- ☐ A. Le Quercy
- ☐ B. Le Piémont
- ☐ C. L'Espagne

3719 De quelle plante potagère de la famille des liliacées mange-t-on les « turions » ?

- ☐ A. Le navet
- ☐ B. Le poireau
- ☐ C. L'asperge
- ☐ D. La courgette
- ☐ E. La carotte

3720 Un plat italien célèbre se nomme :

- ☐ A. Le carpaccio
- ☐ B. Le gaspacho
- ☐ C. La paëlla
- ☐ D. La pastilla

3721 Une étrille est :

- ☐ A. Un ustensile à écailler
- ☐ B. Un petit crabe
- ☐ C. Une petite passoire

3722 La sauce nantua est une béchamel agrémentée :

- ☐ A. D'anchois
- ☐ B. De homard
- ☐ C. D'écrevisses

3723 Le caviar est une préparation a base d'œufs de :

- ☐ A. Morue
- ☐ B. Carpe
- ☐ C. Esturgeon
- ☐ D. Saumon
- ☐ E. Aucune de ces réponses n'est bonne

3724 Qu'est-ce que le Saint-Lumine ?

- ☐ A. Un fromage
- ☐ B. Un vin rosé
- ☐ C. Un gâteau à la crème de marron

3725 Produit en Ile-de-France, ce fromage a une croûte blanche et fait penser à un camembert qui aurait pris de la taille. Il s'agit :

- ☐ A. Du brie de Meaux
- ☐ B. Du pont-l'évêque
- ☐ C. Du chaource

3726 La mozzarella est faite à base de lait de :

- ☐ A. Bufflonne
- ☐ B. Vache
- ☐ C. Chèvre
- ☐ D. Brebis

3727 Dans quelle région est fabriqué le fromage de vache appelé beaufort ?

- ☐ A. En Auvergne
- ☐ B. En Savoie
- ☐ C. En Alsace
- ☐ D. En Normandie

3728 L'un de ces fromages est hollandais :

- ☐ A. Le munster
- ☐ B. L'emmental
- ☐ C. Le gouda
- ☐ D. L'étorki

3729 La bougnette est :

- ☐ A. Une spécialité provençale
- ☐ B. Une charcuterie du Sud-Ouest
- ☐ C. Un fromage au lait cru

3730 Quelle est la particularité de la crêpe Suzette ?

- ☐ A. Elle est préparée à partir de farine de sarrasin
- ☐ B. Elle est alcoolisée
- ☐ C. Elle est fourrée aux pommes et aux abricots

3731 Quel est l'autre nom du massepain ?

- ☐ A. La pâte d'amandes
- ☐ B. L'égouttoir
- ☐ C. Le rouleau à pâtisserie

3732 Le kugelhopf est une brioche :

- ☐ A. Alsacienne
- ☐ B. Viennoise
- ☐ C. Hollandaise

3733 La ville tirant parti de ses fruits confits est :

- ☐ A. Montélimar
- ☐ B. Aix-en-Provence
- ☐ C. Cambrai
- ☐ D. Apt

3734 Quel gâteau ne contient pas d'œuf dans sa recette ?

- ☐ A. Les crêpes
- ☐ B. Le crumble aux pommes
- ☐ C. Tous les gâteaux contiennent des œufs
- ☐ D. Aucune de ces réponses n'est bonne

3735 Quels sont les ingrédients d'une meringue ?

- ☐ A. Jaunes d'œufs et sucre
- ☐ B. Œufs entiers et sucre
- ☐ C. Blancs d'œufs et sucre

3736 Comment peut-on éviter le noircissement d'un avocat ?

- ☐ A. En pressant du jus de citron dessus
- ☐ B. En le couvrant d'un film plastique
- ☐ C. En le passant sous l'eau

3737 Quel ingrédient permet au lait de cailler ?

- ☐ A. La présure
- ☐ B. Le sel
- ☐ C. Le « petit lait »
- ☐ D. Aucune de ces réponses n'est bonne

3738 Qu'est-ce qu'un plat végétalien ?

- ☐ A. Un plat qui ne contient aucun produit d'origine animale
- ☐ B. Un plat qui ne contient pas de viande
- ☐ C. Un plat qui ne contient pas d'œuf, ni de lait
- ☐ D. Aucune de ces réponses n'est bonne

3739 Lorsqu'on met de la cardamome dans un plat, c'est pour lui donner un goût :

- ☐ A. Sucré
- ☐ B. Acidulé
- ☐ C. Poivré

3740 En cuisine, le cône métallique qui sert de tamis pour passer les sauces s'appelle un :

- ☐ A. Brésilien
- ☐ B. Japonais
- ☐ C. Chinois

3741 Etuver, c'est :

- ☐ A. Ebouillanter brièvement
- ☐ B. Cuire sans évaporation
- ☐ C. Extraire le jus par cuisson

3742 Le gros-plant est :

- ☐ A. Un vin blanc nantais
- ☐ B. Un chou-fleur
- ☐ C. Une sorte d'artichaut breton

3743 De quelle année date le classement des Grands Crus du Médoc ?

- ☐ A. 1776
- ☐ B. 1855
- ☐ C. 1973

3744 Quelle appellation bordelaise n'est pas une appellation de liquoreux ?

- ☐ A. Barsac
- ☐ B. Loupiac
- ☐ C. Entre-deux-mers

3745 Quel est le cépage le plus fréquent dans le bordelais ?

- ☐ A. Le cabernet sauvignon
- ☐ B. Le syrah
- ☐ C. Le merlot

3746 L'un de ces vins est espagnol, lequel ?

- ☐ A. Le Barolo
- ☐ B. Le Rioja
- ☐ C. Le Zinfandel

3747 Le Chablis est :

- ☐ A. Un vin rouge
- ☐ B. Un vin rosé
- ☐ C. Un vin blanc

3748 On célèbre en novembre un vin particulier. Lequel ?

- ☐ A. Le Rosé de Provence
- ☐ B. Le Beaujolais nouveau
- ☐ C. Le Champagne
- ☐ D. Le Cabernet

3749 Quel vin ne provient pas du vignoble bordelais ?

- ☐ A. Le Graves
- ☐ B. Le Médoc
- ☐ C. Le Chablis
- ☐ D. Le Sauternes

3750 Le clos-vougeot est un vignoble français de vin rouge :

☐ A. Du bordelais
☐ B. De côtes du Rhône
☐ C. De Bourgogne
☐ D. Du val de Loire
☐ E. Aucune de ces réponses n'est bonne

3751 Lequel de ces vins est un bourgogne ?

☐ A. Sauternes
☐ B. Pomerol
☐ C. Meursault
☐ D. Margaux
☐ E. Aucune de ces réponses n'est bonne

3752 Depuis 2005, en Suisse est autorisée la fabrication de :

☐ A. La bière
☐ B. L'eau de vie
☐ C. L'absinthe

3753 Bocuse, Robuchon, Ducasse sont :

☐ A. Des villes de Belgique
☐ B. Des vins de Bourgogne
☐ C. Des fromages de Haute-Savoie
☐ D. Des grands chefs cuisiniers

3754 En 2013, combien de restaurants français sont pourvus de trois étoiles dans le Guide Michelin ?

☐ A. 27
☐ B. 39
☐ C. 44
☐ D. 56

3755 Quel est l'autre nom du Guide Michelin ?

☐ A. Le Guide Rouge
☐ B. Le Guide Bleu
☐ C. Le Guide Vert
☐ D. Le Guide Noir

4. Jeux et divertissements

3756 En quelle année le Monopoly est-il créé ?

☐ A. 1931
☐ B. 1941
☐ C. 1951

3757 De quel jeu le trictrac est-il l'ancêtre ?

☐ A. Les échecs
☐ B. Le jeu de dames
☐ C. Le backgammon

3758 Lequel de ces jeux n'est pas un jeu de cartes ?

☐ A. Le gin
☐ B. Le rami
☐ C. Le 421

3759 Combien de jeux de 52 cartes sont nécessaires pour jouer au blackjack ?

☐ A. 4
☐ B. 6
☐ C. 8

3760 Combien y a-t-il de cases sur un échiquier ?

☐ A. 12
☐ B. 24
☐ C. 32
☐ D. 64

3761 Combien de cases comporte le jeu de l'oie ?

☐ A. 45
☐ B. 63
☐ C. 78

3762 Combien de baguettes trouve-t-on dans le mikado ?

☐ A. 41
☐ B. 71
☐ C. 101

3763 En combien de langue est commercialisé le Scrabble ?

☐ A. 20
☐ B. 25
☐ C. 29
☐ D. 36

3764 Le Boggle est un jeu où l'on doit composer des mots avec :

☐ A. Des cartes
☐ B. Des dés
☐ C. Des pions

3765 Quel personnage de jeu vidéo porte une salopette rouge ?

☐ A. Mario
☐ B. Prince of Persia
☐ C. Zelda

3766 Depuis quand peut-on jouer au loto ?

☐ A. Depuis 1870
☐ B. Depuis 1933
☐ C. Depuis 1946
☐ D. Depuis 1976

3767 Qui a mis en place le loto ?

☐ A. Lionel Jospin
☐ B. Jacques Chirac
☐ C. Alain Juppé
☐ D. François Mitterrand

21. EXPRESSIONS FRANÇAISES ET VOCABULAIRE

Ce chapitre est composé de **6 sections** pour un total de **422 questions**.

1. Qu'est-ce que c'est ?
2. Le sens des mots et des expressions
3. Synonymes et antonymes
4. Un peu d'orthographe et de grammaire
5. A travers le temps et l'espace

[A SAVOIR !]

110 Les numéros de questions de ce type signifient qu'il n'y a qu'une seule et unique réponse juste à la question posée.

111 Les numéros de questions de ce type signifient qu'il y a **plusieurs (2 ou plus) réponses possibles justes à la question**.

[UN CONSEIL IMPORTANT]

Nous vous conseillons vivement de répondre à toutes les questions d'une section avant d'en découvrir les solutions. L'erreur consiste en effet généralement à traiter une question et à vérifier aussitôt la réponse parce que l'on veut s'assurer d'avoir trouvé la réponse juste ou parce que l'on est impatient de la découvrir dans le cas où on ne la connaît pas. Si vous souhaitez sérieusement progresser, vous devez absolument vous imprégner du thème traité par la section et répondre d'un trait à toutes les questions d'une section.

[LES 30 DIFFICULTES DE LA LANGUE FRANÇAISE]

1. Affaire / A faire

1. S'écrit avec une majuscule pour désigner une administration : *les Affaires étrangères* ; avec une minuscule dans les autres cas : *s'occuper des affaires courantes, des affaires nationales.*

2. Est au singulier dans *se tirer d'affaire, être tiré d'affaire* ; et au pluriel dans *toutes affaires cessantes.*

On écrit **affaire** ou **à faire.**

1. Avoir affaire à : *Je n'ai jamais eu affaire à lui. Attention, tu vas avoir affaire à moi !* L'expression est toujours suivie de *à.*

2. Avoir à faire : *Ne m'importunez pas, j'ai à faire, il me reste beaucoup à faire. Qu'as-tu à faire ? Il n'y a rien à faire.* L'expression peut s'employer seule ou avec un complément d'objet.

2. Assez

Indique une quantité suffisante. *J'ai assez marché.*

1. Assez de est suivi d'un nom non comptable au singulier : *Il a assez de pain ;* ou d'un nom comptable au pluriel : *Il y a assez de machines.*

2. Assez pour + infinitif, **assez pour que** + subjonctif introduisent une conséquence.

Il fait assez bon pour se promener, pour que l'on puisse se promener.

3. Aussi

1. S'emploie dans les comparatifs d'égalité de l'adjectif ou de l'adverbe.

Il est aussi élégant que toi. Il conduit aussi vite qu'elle.

2. Au sens de « également », **aussi** s'emploie dans des phrases affirmatives. Dans les phrases négatives, on emploie **non plus.**

Tu l'as vu ? Moi aussi. / Tu ne l'as pas vu ? Moi non plus.

3. Quand il indique un très haut degré, **aussi** entraîne le subjonctif avec inversion du sujet. *Aussi petit soit-il…* Sans inversion du sujet, on emploie **aussi… que.** *Aussi petit qu'il soit…*

4. Comme conjonction, au sens de « c'est pourquoi », **aussi** entraîne l'inversion du sujet en langue soutenue.

J'ai oublié mon téléphone chez moi, aussi n'ai-je pas pu travailler aujourd'hui.

Accord avec *aussi bien que*

1. S'il y a une pause à l'oral ou deux virgules à l'écrit, le verbe reste au singulier.

Le député, aussi bien que le sénateur, a accepté l'invitation (l'accent est mis sur « le député »).

2. S'il n'y a pas de pause à l'oral ou pas de virgule à l'écrit, le verbe se met au pluriel.

Le député aussi bien que le sénateur ont accepté l'invitation (l'un et l'autre).

4. Demi

1. Le préfixe **demi-,** toujours suivi d'un trait d'union, est invariable : *un demi-hectare, une demi-heure, trois demi-hectares, trois demi-journées.*

2. Les mots composés avec **demi-** prennent la marque du pluriel sur le second élément : *des demi-livres, des demi-cercles, des demi-mètres, des demi-douzaines, des demi-finales, des demi-frères, des demi-maux, des demi-mesures, des demi-pensions, des demi-teintes, des demi-tours.*

3. Et demi, et demie indiquent que l'on ajoute la moitié d'une unité. L'accord se fait en genre (masculin et féminin), mais l'expression reste au singulier : *trois mètres et demi, deux bouteilles et demie* (= deux bouteilles plus la moitié d'une bouteille). On écrit *midi et demi, minuit et demi.*

4. A demi est invariable. L'expression s'emploie sans trait d'union devant un adjectif ou un participe : *des coupes à demi pleines, à demi remplies* ; et avec un trait d'union devant un nom : *parler à demi-mot, une entrée à demi-tarif.*

5. Les noms des jours

1. Les noms des jours s'écrivent sans majuscule.

Venise, mercredi 8 mars.

2. Ils prennent la marque du pluriel. *Tous les lundis.* Mais on écrit *les mardi et samedi de la semaine* (= il n'y a qu'un mardi et qu'un samedi dans la semaine).

3. Les mots **matin, midi, après-midi, soir** restent invariables.

Tous les dimanches matin (= au matin).

6. Leur / Leurs

1. *Je leur indique. Indique-leur.*

Astuce : Remplacer « leur » par « lui ». Si cela fait sens, alors c'est bien « leur » et non « leurs ».

2. *Ce sont leurs voitures.* On peut dire « mes », c'est un adjectif possessif variable.

Ils n'ont jamais quitté leurs pays. On peut dire « nous n'avons jamais quitté nos pays » (= il y a plusieurs pays).

7. Les majuscules

On met une majuscule :

1. Au début d'une phrase.

La saison froide commence.

2. A l'initiale des noms propres : *Jean Firmin, habite en Allemagne, la planète Mars ;* et à certains noms communs employés comme noms propres : *le Créateur, vivre dans le Midi* (= la région), *la Révolution Française, le journal Le Figaro.*

3. Aux noms de marque (mots déposés) : *un Frigidaire, un Kleenex.*

4. A certains noms employés comme titres : *Votre Altesse, chère Madame, merci Docteur* (mais pas à *une altesse royale, madame votre mère, docteur en médecine*).

5. Aux noms d'habitants, de nationalités ou de peuples : *un Marseillais, un Anglais, un Tibétain* ; mais pas s'il s'agit d'une religion : *un chrétien, un juif.*

On ne met pas de majuscule :

1. Aux noms de mois, sauf s'il s'agit d'une date historique : *le 3 mars,* mais *fêter le 1er Mai.*

2. Aux noms de vins, de fromages produits dans la région dont ils prennent le nom : *un bordeaux, un saint-nectaire.*

3. Aux noms de langues : *le français, le tchèque.*

4. Aux termes génériques de géographie *(océan, mer, mont, golfe…)* : *l'océan Indien, le mont Everest, le lac Victoria, le golfe de Gascogne…* Sauf s'ils font partie intégrante du nom propre : *le massif du Mont-Blanc, Golfe-Juan, l'Ile-de-France…*

8. Pourcentages

1. Avec un complément au singulier, l'accord se fait au singulier (avec le complément), en particulier s'il y a des adjectifs ou des participes : *20 % de la population s'est soulevée ;* ou au pluriel (avec l'expression du pourcentage), si c'est la quantité que l'on veut mettre en valeur : *30 % du budget sont dépensés pour…*

2. Avec un complément au pluriel, l'accord se fait au pluriel (avec le complément) : *20 % des prestations ont été effectuées ;* même si le complément est sous-entendu : *20 % ont été effectuées.*

3. Quand il s'agit d'un taux, l'accord se fait toujours au masculin avec l'expression du pourcentage. *1 % du bilan pourra être contesté ; 13 % du bilan pourront être contestés.*

4. Quand il s'agit d'un rendement, l'expression du pourcentage est au masculin singulier.

Cela fait du 8 % ; 15 % me semble excessif.

9. Sans

1. *Il est venu sans son fils, il est arrivé sans. Ils s'en vont sans rien dire.*

Remarque : on écrit *sens dessus dessous.*

2. Sans que est suivi du subjonctif.

Il est venu sans qu'on l'entende, sans que rien le trahisse... (On n'emploie donc jamais « ne ».)

3. Les noms composés avec **sans** prennent un trait d'union et sont invariables : *un/des sans-abri, un/des sans-cœur, un/des sans-le-sou, un/des sans-grade, un/des sans-papiers.*

Singulier ou pluriel après *sans*

Lorsque *sans* introduit un complément du nom sans déterminant, il faut faire appel à la logique et au bon sens pour savoir si le nom est au singulier ou au pluriel.

Un chemisier sans col et sans manches.

Dans bien des cas, on a le choix, l'analyse permettant les deux nombres.

Un ciel sans nuage (= il n'y a pas un seul nuage dans le ciel).

Un ciel sans nuages (= s'il y en avait, il y en aurait plusieurs).

Locutions figées

Il faut retenir certaines locutions figées dans lesquelles le nom précédé de *sans* est toujours au singulier.

sans arrêt	sans crainte	sans exception	sans suite
sans cesse	sans délai	sans fin	
sans conteste	sans encombre	sans pareil	

Lorsque *sans faute* (« absolument »), *sans façon* (« simplement ») et *sans doute* (« peut-être ») sont employés comme adverbes, ils s'écrivent toujours au singulier.

Elle fera ses devoirs ce dimanche sans faute et pourra sans doute t'aider à faire les tiens.

10. Quand plusieurs noms commandent l'accord

1. Les noms sont tous au masculin, l'accord se fait au masculin pluriel.

Emmanuel, Philippe et Paul sont souriants.

2. Les noms sont tous au féminin, l'accord se fait au féminin pluriel.

Salima, Marie et Antoinette sont souriantes.

3. Les noms sont au masculin et au féminin, l'accord se fait au masculin pluriel.

Salima, Marie et Emmanuel sont souriants.

4. Si tous les noms au singulier représentent le même être ou la même chose, l'accord se fait au singulier.

Un homme, un inconscient, s'est présenté devant nous.

5. Si les noms sont synonymes, l'accord se fait avec le dernier.

Donnez-moi un indice, une piste qui puisse...

6. Si les noms sont repris par un mot qui résume, l'accord se fait avec celui-ci.

Les murs, le mobilier, la décoration, tout était rénové... / La maison entière était rénovée.

11. Un mot avec son complément commande l'accord

L'accord se fait selon le sens.

Le ministre de l'Agriculture français. C'est le ministre qui est français. On peut dire : *le ministre français de l'Agriculture.*

Le ministre de l'Education nationale. Il s'agit de l'Education nationale et non d'un ministre national.

12. Un mot avec un complément au pluriel commande l'accord

1. Si le mot est un **quantitatif,** l'accord se fait avec le complément au pluriel.

Beaucoup de familles sont venues. La plupart d'entre elles sont reparties.

2. Si le mot est un **collectif,** l'accord se fait avec le collectif ou avec son complément.

Un convoi de caravanes traversa (ou *traversèrent*) *la ville.*

13. Accord de l'adjectif lorsqu'il y a plusieurs noms

1. L'adjectif se rapporte à tous les noms, coordonnés ou juxtaposés.

– Si ces noms sont au masculin, l'adjectif se met au masculin pluriel.

Pierre, Henri et Paul sont souriants. / Il a un pardessus et un pull neufs.

– Si ces noms sont au féminin, l'adjectif se met au féminin pluriel.

Anne, Marie et Jeanne sont souriantes. / Elle a une jupe et une écharpe neuves.

– Si ces noms ont un genre différent, l'adjectif se met au masculin pluriel.

Pierre, Marie et Jean sont souriants. / Elle a une jupe et un manteau neufs.

2. L'adjectif ne concerne qu'un seul des noms, il s'accorde logiquement avec celui-ci.

Elle a une écharpe et un chapeau neuf (seul le chapeau est neuf).

3. Les noms juxtaposés ou coordonnés désignent le même être ou la même chose, l'adjectif s'accorde **avec le dernier nom.**

Il s'exprime avec un charisme, une aura exceptionnelle.

4. Les noms juxtaposés sont repris, résumés par un nom ou un pronom, l'adjectif s'accorde avec ce nom ou ce pronom.

Les boulevards, les avenues, la ville entière était noire de monde.

14. Inversion du sujet

Il y a **inversion du sujet** quand le sujet est placé après le verbe alors que l'ordre habituel est sujet-verbe.

Elle parlera. – Parlera-t-elle ?

1. Dans les tournures poétiques.

Vienne l'automne, souffle le vent.

2. Dans des formes de la phrase interrogative.

Comment vas-tu ? Est-ce vous ?

3. Dans l'incise.

« Il te parle.

– J'ai entendu », rétorqua Philippe.

4. Après certains adverbes ou locutions adverbiales.

Encore faut-il que… Toujours est-il que… Tout au plus ai-je… A peine avait-elle ouvert les yeux que…

5. Dans les subordonnées relatives.

Ce sont des conditions que connaissaient déjà nos aïeux.

Trait d'union et liaison dans l'inversion du sujet

1. Lorsqu'il y a inversion du sujet, le pronom sujet est lié au verbe par un trait d'union.

Viens-tu ?

2. Si le verbe se termine par *-e* ou *-a,* on ajoute un *-t* pour permettre la liaison.

Aime-t-il le caramel ?

A-t-on besoin de tout ceci ?

3. Si le verbe se termine par *-d* ou *-t*, on fait la liaison en prononçant [t].

Perd-il son temps ?

Aiment-ils le caramel ?

15. Quelque et quel que

Il ne faut pas confondre **quelque,** déterminant indéfini, qui ne varie pas en genre, et **quel(le)… que,** déterminant interrogatif, qui précède un verbe au subjonctif.

1. Déterminant indéfini

Quelque décision que tu prennes, je ne cèderai pas.

Quelque choix que tu fasses, je ne cèderai pas.

2. Déterminant interrogatif

Quelle que soit ta décision, je ne cèderai pas.

Quel que soit ton choix, je ne cèderai pas.

16. Accord de l'adjectif avec un mot et son complément

1. S'il s'agit d'un nom quelconque et de son complément, l'accord se fait selon le sens.

Une assiette de riz blanche (c'est l'assiette qui est blanche).

Une assiette de riz blanc (c'est le riz qui est blanc).

2. S'il s'agit d'un nom collectif ou d'un quantitatif, l'accord se fait soit avec le collectif ou le quantitatif, soit avec le complément.

Une bande d'adolescents nerveux. / Une bande d'adolescents joyeuse et dissipée.

Une quinzaine de jours ont été moroses. / Cette quinzaine de jours était ennuyeuse.

17. Accord lorsqu'il y a plusieurs adjectifs pour un nom au pluriel

1. Plusieurs adjectifs au pluriel se rapportent au mot pluriel dans sa globalité.

Des enfants joyeux et rieurs jouaient dans la cour.

2. Plusieurs adjectifs épithètes au singulier se rapportent à un même nom au pluriel.

Etudier les civilisations égyptienne et romaine.

18. Accord des adjectifs de couleur

1. Les adjectifs simples désignant une couleur (bleu, vert, jaune, blanc, etc.) sont variables. Ils suivent la règle générale et s'accordent en genre et en nombre avec le nom auquel ils se rapportent.

Un papier blanc, une feuille blanche, des panneaux blancs.

Une valise jaune, des tissus bleus, des cheveux blonds.

2. Lorsque l'adjectif de couleur est issu d'un nom désignant une chose dont la couleur, caractéristique, sert de référence, il reste invariable.

Des fauteuils orange (= de la couleur orange, entre rouge et jaune).

Des robes marron (= de la couleur brune du marron).

3. Lorsque l'adjectif de couleur est suivi d'un mot qui précise une teinte, une nuance, c'est un adjectif de couleur composé qui reste invariable.

Des robes bleu canard. / Des cheveux blond cendré. / Des valises vert kaki.

Lorsque l'adjectif composé est formé de deux adjectifs de couleur, on met un trait d'union : *bleu-violet.*

4. Lorsqu'un objet comporte plusieurs couleurs, les adjectifs de couleur restent invariables.

Un drapeau vert, blanc, rouge. / Des drapeaux vert, blanc, rouge.

Ainsi, on écrira *des chapeaux vert et rouge* pour désigner plusieurs chapeaux avec chacun du vert et du rouge, mais on écrira *des chapeaux verts et rouges* pour désigner un ensemble formé de chapeaux verts et de chapeaux rouges.

19. Adverbes

1. Les adjectifs employés comme adverbes

Certains adjectifs s'emploient au masculin singulier comme des adverbes. Ils sont alors invariables.

Ces stylos sont chers (adjectif). / *Ces stylos coûtent cher* (adverbe invariable).

2. La formation des adverbes en *-ment, -amment, -emment*

Les adverbes en *-ment, -amment, -emment* se forment à partir de l'adjectif.

1. L'adverbe en *-ment* se forme le plus souvent à partir du féminin de l'adjectif.

Fier	Fière	Fièrement
Vif	Vive	Vivement
Grand	Grande	Grandement
Doux	Douce	Doucement
Lent	Lente	Lentement
Fou	Folle	Follement

Remarques :

Si l'adjectif masculin se termine déjà par *-e,* on ajoute *-ment* : *logique/logiquement, propre/proprement.* Mais le *-e* peut prendre l'accent aigu : *aveugle/aveuglément, intense/intensément.*

Si l'adjectif masculin se termine par *-é, -i* ou *-u,* on ajoute *-ment* : *aisé/aisément, poli/poliment, vrai/vraiment* (mais *gai/gaiement*), *absolu/absolument* (mais *assidu/assidûment, cru/crûment*).

2. L'adverbe en *-amment* ou en *-emment* (toujours prononcé [a]) se forme à partir du masculin de l'adjectif en *-ant* ou en *-ent.*

Bruyant	Bruyamment	Différent	Différemment
Brillant	Brillamment	Prudent	Prudemment
Courant	Couramment	Violent	Violemment

20. Conjonctions

Une conjonction est un mot invariable qui sert à « joindre » deux mots, deux groupes ou deux propositions.

1. Les conjonctions de coordination *mais, ou, et, donc, or, ni, car*

Elles relient deux mots, deux groupes de mots ou deux propositions qui ont la même fonction dans la phrase.

Robert aime le thé et le café. (« Et » relie deux noms COD.)

Robert et moi sommes de la partie. (« Et » relie un nom et un pronom sujets.)

Robert parle et Jean écoute. (« Et » relie deux propositions.)

Attention : n'écrivez pas « mais donc », « et donc », « or donc », etc. Il n'est en effet pas possible d'écrire deux conjonctions de coordination l'une à la suite de l'autre.

Remarque : certains adverbes, ou locutions adverbiales, jouent le même rôle qu'une conjonction de coordination, en particulier pour coordonner deux propositions : *puis, pourtant, en effet, ensuite, par contre, alors, cependant, toutefois, néanmoins,* etc.

Attention : lorsque vous travaillerez sur des questions de reformulation, vous devrez choisir des phrases qui conservent le meilleur style. Aussi devez-vous savoir qu'il n'est pas bienvenu (bien que cela soit toléré) de débuter un phrase avec une conjonction de coordination.

2. Les conjonctions de subordination

Elles relient une proposition subordonnée à une autre proposition dont elle dépend.

Les principales conjonctions de subordination sont : *que, quand, parce que, puisque, si, comme,* etc.

On trouvera à leur ordre, dans la partie dictionnaire, toutes ces conjonctions avec l'indication du mode (indicatif ou subjonctif) qu'elles demandent.

21. Accord du participe passé employé avec l'auxiliaire *avoir*

Le participe passé conjugué avec l'auxiliaire *avoir* ne s'accorde jamais avec le sujet. Il s'accorde avec le complément d'objet direct (COD) quand celui-ci est placé devant le verbe. Sinon, il reste invariable.

Sans accord	Avec accord
Ils ont couru. (pas de COD)	Quelles belles fleurs tu as dessinées ! (COD avant le verbe)
Ils nous ont menti. (*nous* est COI)	Ces fleurs, je les ai dessinées pour toi.
	Cette lettre, je l'ai rédigée.
	Les fleurs que j'ai dessinées pour toi sont belles.
	Tu nous as vus ? (= des garçons ou des garçons et des filles)
	Tu nous as vues ? (= des filles)

Attention : le pronom transmet le genre (masculin ou féminin) et le nombre (singulier ou pluriel) de ce qu'il représente.

Cas particuliers :

1. Avec le pronom *en,* le participe passé est le plus souvent invariable.

As-tu cueilli des cerises ? – Oui, j'en ai cueilli. (= de cela).

Des romans comme ça, je n'en ai jamais lu !

Mais il peut s'accorder si c'est l'idée de pluriel qui prédomine.

Tant de disques ! Combien en as-tu achetés ?

2. Avec le pronom *l',* le participe est invariable si le pronom représente une phrase.

Elle est plus craintive que je l'avais imaginé.

3. Avec des verbes comme *dire, donner, devoir, croire, vouloir, permettre,* etc. Il ne faut pas confondre le COD du participe et le COD d'un autre verbe (exprimé ou non). Ainsi, le participe s'accorde logiquement avec son COD dans :

J'ai compris les choses que tu m'as dit (de faire) *que tu as permis* (que je fasse).

Les mots *choses* étant COD du deuxième verbe *faire.*

4. Suivi d'un infinitif, le participe passé s'accorde logiquement avec son complément d'objet direct, mais pas avec celui de l'infinitif.

Marie, je l'ai vue danser. (= J'ai vu Marie qui dansait.)

Remarques :

1. Il ne faut pas confondre le complément de mesure d'un verbe intransitif qui répond à la question « combien ? » et le complément d'objet direct d'un verbe transitif qui répond à la question « quoi ? ».

Il a vécu deux ans en Afrique. (mesure)

Les deux ans qu'il a vécu en Afrique… (invariable)

Il a vécu deux divorces. (COD)

Les deux divorces qu'il a vécus… (accord)

2. Il ne faut pas confondre le sujet réel d'un verbe impersonnel et un complément d'objet direct.

Quelle chaleur il a fait ce matin ! (invariable)

Il a fait une erreur ce matin. (COD)

L'erreur qu'il a faite ce matin… (accord)

22. Accord du participe passé des verbes pronominaux

Règle générale :

Le participe passé des verbes pronominaux s'accorde avec le sujet (comme normalement avec l'auxiliaire *être*) sauf si le pronom réfléchi est complément d'objet indirect (COI). Dans ce cas, il suit les règles d'accord du participe conjugué avec l'auxiliaire *avoir* : il reste invariable ou il s'accorde avec le COD placé avant.

1. Accord avec le sujet (comme avec l'auxiliaire *être*)

a) Le pronom réfléchi ne représente rien.

Elles se sont perdues.

Ils se sont emparés du pays.

Elle s'est aperçue de sa méprise.

Ses livres se sont bien vendus.

b) Le pronom réfléchi est COD. Il représente le sujet.

Elle s'est vue dans la glace. (= elle-même)

Ils se sont aimés. (= l'un l'autre)

Il s'agit de verbe transitifs directs (avec COD) employés à la forme pronominale : *observer, aimer, habiller, laver,* etc.

2. Participe toujours invariable (comme avec l'auxiliaire *avoir*)

a) Il n'y a pas de COD et le pronom réfléchi est COI.

Ils se sont parlé. (= l'un à l'autre)

Les employés qui se sont succédé. (= l'un a succédé à l'autre qui a succédé à l'autre, etc.)

Il s'agit de verbes transitifs indirects employés à la forme pronominale : *parler, mentir, nuire, plaire, succéder à quelqu'un,* etc.

b) Il y a un COD placé après le verbe.

Elles se sont offert <u>des fleurs</u>.

COI COD

Ils se sont écrit des lettres.

Elle s'est permis de partir en avance.

Elle s'est lavé les mains.

Il s'agit de verbes transitifs à deux compléments, l'un direct, l'autre indirect, employés à la forme pronominale : *donner, offrir, dire, écrire, demander quelque chose à quelqu'un,* etc., ou de constructions analogues : *se casser une jambe, se laver les mains.* Le complément d'objet direct suit le verbe, donc il n'y a pas d'accord.

3. Accord avec le COD placé avant le verbe (comme avec l'auxiliaire *avoir*)

Quelles fleurs elles se sont offertes !

COD verbe

Les lettres qu'ils se sont écrites.

Les privilèges qu'elles se sont arrogés.

Quelle jambe s'est-elle cassée ?

Il s'agit le plus souvent de verbes transitifs à deux compléments employés à la forme pronominale : *donner, offrir, dire, écrire, demander, acheter quelque chose à quelqu'un,* ou de constructions analogues : *la jambe qu'il s'est cassée.* Le complément d'objet direct est placé avant le verbe, donc le participe passé s'accorde.

Attention : il ne faut pas confondre : *elle s'est lavée* (= elle-même ; *s'est* COD) et *elle s'est lavé les mains* (= les mains à elle, *s'est* COI).

Remarque : le participe passé des locutions verbales est variable ou invariable selon les cas. Seul le recours au dictionnaire permet de lever la difficulté.

Elle s'est rendu compte de son oubli (= invariable).

Elle s'est rendue maître des événements (= variable).

23. Accord du participe passé suivi d'un infinitif

1. Avec l'auxiliaire *être,* l'infinitif qui suit le participe ne modifie en rien les règles de l'accord.

Ils sont partis chercher de l'aide.

2. Avec l'auxiliaire *avoir,* il faut faire attention au complément d'objet direct (COD).

– Si le COD est complément du participe et sujet de l'infinitif, il y accord.

Sarah, je l'ai entendue chanter (= j'ai entendu Sarah qui chantait).

– Si le COD est complément de l'infinitif, il n'y a pas d'accord.

Ces poèmes, je les ai entendu réciter (= j'ai entendu [quelqu'un] réciter ces poèmes).

Remarque : le participe est invariable si on peut ajouter *par* et un complément indiquant qui fait l'action exprimée par l'infinitif.

Ces poèmes, je les ai entendu dire par Christian.

3. Avec les verbes pronominaux, les règles sont les mêmes.

– Avec accord : *Elle s'est vue tomber.*

– Sans accord : *Elle s'est laissé approcher* (par quelqu'un).

Cas particuliers :

1. Le participe passé *fait* suivi d'un infinitif est toujours invariable.

La jupe qu'elle a fait coudre. / La jupe qu'elle s'est fait coudre.

2. Le participe passé *laissé* suivi d'un infinitif est variable.

Elle s'est laissée dépérir. / Elle s'est laissé séduire.

Mais certaines grammaires, comme le texte des Recommandations Officielles de 1990, le donnent invariable sur le modèle de *fait.*

24. Participe present

Le participe présent d'un verbe est toujours terminé par *-ant,* quelle que soit la conjugaison de ce verbe.

1er groupe *chantant*

2e groupe *finissant*

3e groupe *cueillant, concluant, mourant, vivant,* etc.

Le participe présent peut s'employer seul.

Nous recherchons un collaborateur parlant le russe.

Ou après la préposition *en,* on parle alors du **gérondif.**

Ils sont partis en riant.

Participe présent et adjectif verbal

On appelle **adjectif verbal** l'adjectif formé à partir du participe présent.

Le participe présent est toujours invariable, l'adjectif verbal est variable ; il s'accorde en genre (masculin ou féminin) et en nombre (singulier ou pluriel) avec le nom auquel il se rapporte.

1. Participe présent

Vivant à l'étranger, elle n'était pas au courant de la nouvelle.

2. Adjectif verbal

C'était une jeune femme très vivante.

Participe présent invariable ou adjectif verbal variable ?

1. Le gérondif, participe présent précédé de *en,* est toujours invariable.

Elle est partie en riant et en chantant.

2. La forme en *-ant* est un participe présent invariable :

– s'il y a un sujet (exprimé ou non) ou un complément (on peut remplacer le participe présent par une forme conjuguée)

Les élèves obéissant à leurs maîtres attendaient sagement (= les élèves qui obéissent à leurs maîtres…).

– si l'on peut l'encadrer avec la négation *ne… pas*

Ne croyant pas pouvoir arriver à l'heure, elle a préféré décommander.

3. La forme en *-ant* est un adjectif verbal variable :

– si l'on peut l'employer comme attribut (après le verbe *être*)

Ces élèves sont obéissants.

– si l'on peut lui substituer un autre adjectif

Une jeune fille croyante (= dévote).

– si l'on peut l'employer avec des adverbes comme *très*

C'est une chanson très apaisante.

Attention : quelquefois, adjectif verbal et participe présent n'ont pas la même orthographe tout en ayant la même prononciation.

Verbes en *-ger, -guer, -quer* :

Verbe	Participe présent	Adjectif verbal
Diverger	divergeant	divergent
Négliger	négligeant	négligent
Fatiguer	fatiguant	fatigant
Naviguer	naviguant	navigant
Communiquer	communiquant	communicant
Suffoquer	suffoquant	suffocant

Autres verbes :

Verbe	Participe présent	Adjectif verbal
Adhérer	adhérant	adhérent
Equivaloir	équivalant	équivalent
Influer	influant	influent
Résider	résidant	résident

Attention : vous retiendrez que pour le verbe trafiquer, le participe présent (en trafiquant) s'écrit de la même façon que l'adectif verbal (un trafiquant de drogue).

25. Reciproque

On dit d'un verbe pronominal qu'il a un sens réciproque quand son sujet représente plusieurs personnes ou plusieurs choses qui agissent l'une sur l'autre.

Objet direct	Objet indirect
Pierre et Marie s'aiment.	Pierre et Marie se plaisent.
Pierre et Marie se sont aimés.	Pierre et Marie se sont plu (= Pierre plaît à Marie et Marie plaît à Pierre).

26. Styles direct/indirect

Lorsque l'on s'adresse à quelqu'un, on lui parle de manière directe avec tous les types de phrases qui répondent aux besoins de la communication : informer, questionner, donner un ordre, s'exclamer.

La phrase peut être :

– déclarative : *Je n'ai pas pu t'appeler aujourd'hui.*

– interrogative : *Est-ce que tu as faim ?*

– impérative : *Faites-le tout de suite !*

– exclamative : *Comme je suis heureux !*

Lorsque l'on rapporte les propos de quelqu'un ou que l'on raconte une histoire, on peut utiliser le style (ou discours) direct, indirect ou direct libre.

1. Le style (ou discours) direct consiste à reprendre tels quels les propos que l'on rapporte.

A l'écrit, on emploie des guillemets.

Il a dit : « Je n'ai pas pu t'appeler aujourd'hui. »

A l'oral, il y a une pause entre les deux phrases.

2. Le style (ou discours) indirect fait intervenir une personne qui rapporte les propos. Les propos rapportés se retrouvent alors dans une proposition subordonnée :

– déclarative : *Il dit qu'il n'a pas pu t'appeler aujourd'hui.*

– interrogative : *Il m'a demandé si j'avais faim.*

– impérative : *Il m'a ordonné de le faire tout de suite.*

– exclamative : *Il nous a dit à quel point il était heureux !*

3. Le style (ou discours) indirect libre est propre à l'écrit, au récit, au roman. Il n'y a plus de proposition principale d'introduction (*il dit, il raconte, il demande,* etc.). Le texte est le plus souvent au passé.

Jean comprit : les autres pensaient qu'il se trompait.

Qu'ils aillent au diable !

Ils allaient voir ce qu'ils allaient voir !

27. Le subjonctif

Le subjonctif permet d'exprimer :

1. Un souhait

Je désire que tu viennes. *J'aimerais que tu viennes.*

Vive le roi ! (= que le roi vive) *Puisses-tu dire vrai !*

2. L'obligation ou l'ordre

Il faut que tu lui répondes. *Qu'il y aille !*

Dans cet emploi, le subjonctif à la 3e personne remplace l'impératif.

D'une manière plus générale, le subjonctif indique le doute, le virtuel, le possible, alors que l'indicatif indique ce qui est réel, sûr, effectif.

C'est ainsi que l'on dira :

– à l'indicatif : *Je suis certain qu'il changera d'avis.*

– au subjonctif : *Je ne suis pas certain qu'il change d'avis.*

Remarque : le subjonctif s'emploie aussi obligatoirement après des conjonctions de subordination telles que *pour que, avant que, bien que,* etc.

28. Verbes pronominaux

On appelle **verbe pronominal** un verbe qui s'emploie avec un pronom réfléchi *(me, te, se, nous, vous, se).*

Aux temps composés, les verbes pronominaux se conjuguent toujours avec l'auxiliaire *être.*

1. Verbes essentiellement pronominaux

Ce sont des verbes comme *s'emparer, s'enfuir, se méfier, se souvenir, s'écrier,* etc.

Ces verbes n'existent qu'à la forme pronominale et le pronom réfléchi ne représente rien. Il ne s'analyse pas.

Aux temps composés, le participe passé des verbes essentiellement pronominaux s'accorde en genre et en nombre avec le sujet.

Ils se sont enfuis.

Elle s'est souvenue de son adolescence.

Ils se sont abstenus de voter.

Remarques :

1. Le verbe *s'arroger* se construit avec un complément d'objet direct. L'accord se fait avec le COD s'il est placé avant.

Elle s'est arrogé des subsides. / Les subsides qu'elle s'est arrogés.

2. Certains verbes sont essentiellement pronominaux uniquement dans un de leurs emplois. C'est le cas par exemple du verbe *s'apercevoir* (= se rendre compte), dont le sens est bien distinct de celui du verbe *apercevoir.*

Elle s'est aperçue de son oubli.

Elle s'est aperçue dans le miroir.

2. Construction pronominale

La plupart des verbes transitifs (direct, indirects ou à deux compléments) peuvent s'employer à la forme pronominale. Dans ce cas, le pronom réfléchi qui représente le sujet est complément d'objet direct (COD) ou complément d'objet indirect (COI).

Verbe transitif direct

A la forme pronominale, le pronom réfléchi est COD.

Marie se regarde dans le miroir (= elle-même). (Marie observe qui ? – Marie.)

Jean et Marie s'aiment (= l'un l'autre). (Jean aime Marie ; Marie aime Jean.)

Aux temps composés, le participe passé des verbes transitifs directs employés à la forme pronominale s'accorde avec le sujet que le pronom réfléchi reprend.

Marie s'est regardée dans le miroir.

Jean et Marie se sont embrassés (= l'un l'autre).

Verbe transitif indirect

A la forme pronominale, le pronom réfléchi est COI.

Jean se ment (= à lui-même). (Jean ment à qui ? – A Jean.)

Maxime et Sylvie se plaisent (= l'un à l'autre). (Maxime plaît à Sylvie et Sylvie plaît à Maxime.)

Aux temps composés, le participe passé des verbes transitifs indirects employés à la forme pronominale est invariable.

Sylvie s'est menti (= à elle-même).

Maxime et Sylvie se sont plu (= l'un à l'autre).

Verbe transitif à deux compléments

A la forme pronominale, le pronom réfléchi est COI et il y a un complément d'objet direct.

Marie s'offre une jupe. (Marie offre quoi ? – Une jupe. A qui ? – A elle-même.)

Aux temps composés, le participe passé des verbes transitifs à deux compléments employés à la forme pronominale s'accorde avec le COD si celui-ci est placé avant le verbe.

Marie s'est offert une jupe.
verbe COD

La jupe que Marie s'est offerte.
COD verbe

3. Verbe pronominal réfléchi ou réciproque

On dit d'un verbe pronominal qu'il a un **sens réfléchi** quand on peut dire *lui-même, elle-même, eux-mêmes, elles-mêmes.* Le sujet peut être au singulier ou au pluriel.

Marie se regarde dans le miroir.

Les comédiens s'habillent.

On dit d'un verbe pronominal qu'il a un **sens réciproque** quand on peut dire *l'un l'autre, l'un à l'autre, les uns les autres,* etc. Le sujet a toujours un sens pluriel même s'il s'agit du pronom *on.*

Pierre et Marie se sont enlacés (= l'un l'autre).

Les enfants se sont bagarrés dans la cour (= les uns contres les autres).

Ils se sont écrit des poèmes (= l'un à l'autre).

4. Verbe pronominal à sens passif

Ces disques se vendent bien.

Ce genre de compétences ne se trouve pas partout.

Ces constructions pronominales correspondent à des phrases actives dont le sujet est *on.*

On a bien vendu ces disques.

On ne trouve pas partout ce genre de compétences.

Aux temps composés, le participe passé des verbes pronominaux à sens passif s'accorde avec le sujet.

Ces disques se sont bien vendus.

29. Règles de ponctuation

1. La virgule

La virgule indique une pause dans la phrase, moins marquée que celle indiquée par un point.

Sylvie mit son écharpe, ouvrit la porte et partit travailler.

La virgule sépare des éléments semblables (même ponctuation, même registre) dans la phrase.

Maxime acheta des légumes, du thé et le journal.

2. Le point

Le point se place à la fin de la phrase.

Eric alla en Russie.

Le point signale la fin d'une abréviation.

M. pour Monsieur, Abr. pour abrégé…

N.B. : on ne met pas de point lorsque des lettres sont supprimées à l'intérieur du mot.

Dr pour *Docteur* ou *Mme* pour *Madame.*

3. Le point-virgule

Le point-virgule s'utilise à l'intérieur d'une phrase.

La valeur de la pause du point-virgule se situe entre celle du point et celle de la virgule. On ne met pas de majuscule après le point-virgule.

Le film était fini ; il était temps de quitter la salle.

4. Le point d'exclamation

Il s'utilise après une interjection ou une phrase exclamative.

Oh ! (Interjection) / *Je me suis fait avoir !* (Phrase exclamative)

5. Le point d'interrogation

Le point d'interrogation se place à la fin d'une question.

As-tu entendu ce qu'elle a dit ?

On peut marquer le doute par un point d'interrogation entre parenthèses (?).

Léonard de Vinci est né en 1452 (?) à Vinci.

6. Les points de suspension

On les appelle aussi « les petits points » ou « trois petits points ». On les utilise pour marquer l'inachèvement dans l'expression d'une idée, d'une énumération.

Il y a retrouvé son père, sa mère, ses frères, ses sœurs…

On peut les utiliser avant ou après un point d'exclamation ou d'interrogation.

Hep !… Toi, là-bas !…

Tu disais… ?

On les emploie aussi après l'initiale d'un nom que l'on veut dissimuler.

Monsieur G. de R… fit son entrée.

Les points de suspension, enfin, marquent une pause, une attente, une surprise dans un texte.

Quand soudain…, il s'aperçut qu'il n'était pas seul.

7. Les deux-points

Les deux-points annoncent une énumération, une citation, des propos.

Tout l'irritait : ses rires, ses plaisanteries, ses expressions.

Elle s'exclama : « Comme c'est original ! »

Les deux-points annoncent parfois une explication, une justification.

Maxime annula son rendez-vous avec Julie : il n'était pas d'humeur à voir du monde.

8. Les parenthèses et les crochets

Les parenthèses servent à mettre à part un mot, une remarque ou un passage.

Un horloger suisse (et plus précisément, romand) s'était installé en Auvergne.

Trois points consécutifs placés entre crochets (*[...]*) indiquent l'omission d'un passage plus ou moins long. Il s'agit souvent d'un extrait de citation.

9. Les guillemets

Ils ont été imaginés par l'imprimeur Guillaume, dit Guillemet. Les guillemets servent à encadrer une citation.

Baudelaire a écrit : « Homme libre, toujours tu chériras la mer... »

On utilise les guillemets pour mettre en évidence un titre d'article, une expression étrangère, un mot familier.

Il a enfilé ses nouvelles « grolles » pour son premier entretien d'embauche.

On utilise enfin les guillemets pour rapporter des paroles prononcées.

10. Le tiret

Dans un dialogue, le tiret annonce un nouvel interlocuteur.

« Voulez-vous souper avec moi ?

– Oui, avec plaisir. »

Les tirets peuvent remplacer des parenthèses. Dans le traitement de texte, le tiret est précédé d'un espace. *Nota bene :* le second tiret n'est pas indispensable devant un point ou un point-virgule.

Quand il s'adressa à Shimon Peres – le président de l'Etat d'Israël – Daniel fut submergé par l'émotion.

30. Les noms feminins sans E

Les noms de cette liste sont féminins. Ils se terminent par un « son » voyelle, mais s'écrivent sans -e final, contrairement à la majorité des noms féminins.

la brebis	la glu	la paroi	la tribu
la bru	la loi	la perdrix	la vertu
la clé	la nuit	la souris	
la foi	la paix	la toux	

1. Qu'est-ce que c'est ?

3768 Une bourde est :

- ☐ A. Une bévue, un impair
- ☐ B. Une erreur grossière
- ☐ C. Une faute grave
- ☐ D. Un propos sans fondement

3769 Briguer un poste, c'est :

- ☐ A. Chercher à l'obtenir
- ☐ B. Intriguer pour l'obtenir
- ☐ C. User de moyens illégaux pour l'obtenir
- ☐ D. L'obtenir

3770 A Rome, un plébiscite est :

- ☐ A. Une prière
- ☐ B. Un article de loi
- ☐ C. Un vote du peuple
- ☐ D. Un commandement

3771 Le phylloxera est :

- ☐ A. Une bactérie
- ☐ B. Un insecte
- ☐ C. Une maladie
- ☐ D. Un champignon
- ☐ E. Une protéine

3772 Décrier une chose, c'est :

- ☐ A. En dire du mal
- ☐ B. L'annoncer par proclamation
- ☐ C. La recommander vivement
- ☐ D. La refuser

3773 Une réflexion saugrenue est :

- ☐ A. Bizarre
- ☐ B. Stupide
- ☐ C. Etrange
- ☐ D. Ridicule

3774 Des billevesées sont :

- ☐ A. Des craintes imaginaires
- ☐ B. Des propos vides de sens
- ☐ C. Des préoccupations futiles
- ☐ D. Des changements d'avis fréquents

3775 Une solution de continuité est :

- ☐ A. Un moyen de préserver la continuité
- ☐ B. Une rupture de la continuité
- ☐ C. Une mesure de prolongation
- ☐ D. Un maintien précaire d'une situation

3776 Un événement imminent est :

- ☐ A. Un événement menaçant
- ☐ B. Un événement sanctionnant un acte
- ☐ C. Un événement inquiétant
- ☐ D. Un événement sur le point de se produire

3777 Une hagiographie est :

- ☐ A. Une biographie consacrée à un saint
- ☐ B. Une biographie excessivement élogieuse
- ☐ C. Une biographie d'un personnage de l'Antiquité
- ☐ D. Une biographie extrêmement détaillée

3778 Aduler quelqu'un, c'est :

- ☐ A. Le flatter par des éloges excessifs
- ☐ B. Le reconnaître comme chef
- ☐ C. Le désigner comme coupable
- ☐ D. Le diffamer

3779 Obnubiler, c'est :

- ☐ A. Occuper sans cesse l'esprit
- ☐ B. Priver de lucidité de manière obsédante
- ☐ C. Chercher à masquer
- ☐ D. Mettre sous influence

3780 L'indigence du vocabulaire, c'est :

- ☐ A. L'impropriété du vocabulaire
- ☐ B. La pauvreté du vocabulaire
- ☐ C. La variété du vocabulaire
- ☐ D. L'incohérence du vocabulaire

3781 Un émissaire est :

- ☐ A. Une victime
- ☐ B. Un accusé à tort
- ☐ C. Un agent chargé d'une mission secrète
- ☐ D. Une personne sur qui on fait retomber les fautes des autres

3782 Des récriminations sont :

- ☐ A. Des réprimandes
- ☐ B. Des plaintes
- ☐ C. Des accusations
- ☐ D. Des reproches amers

3783 Une résurgence est :

- ☐ A. Un souvenir
- ☐ B. Une réapparition
- ☐ C. Une réminiscence
- ☐ D. Un retour en arrière

3784 La morgue est :

- ☐ A. Une attitude réservée
- ☐ B. Une attitude peu aimable
- ☐ C. Une attitude méprisante
- ☐ D. L'ironie

3785 Etre le détracteur d'un projet, c'est :

- ☐ A. Le dénigrer
- ☐ B. Le soutenir avec enthousiasme
- ☐ C. Le soutenir sans conviction
- ☐ D. Le critiquer

3786 Etre rompu à une activité, c'est :

- ☐ A. S'épuiser à la pratiquer
- ☐ B. Y être parfaitement exercé
- ☐ C. Ne plus la pratiquer du tout
- ☐ D. L'enseigner avec efficacité à d'autres

3787 Une dérobade est :

- ☐ A. Un échec
- ☐ B. Une tromperie
- ☐ C. Le fait de se soustraire à une obligation
- ☐ D. Une lâcheté

3788 Un sarcasme est :

- ☐ A. Une raillerie cruelle
- ☐ B. Un reproche
- ☐ C. Une injure
- ☐ D. Une remontrance sévère

3789 Etre égalitariste, c'est :

- ☐ A. Militer pour la parité entre les hommes et les femmes
- ☐ B. S'efforcer d'établir l'égalité entre les personnes
- ☐ C. Considérer que les personnes ont toutes la même valeur
- ☐ D. Etre sans préjugé

3790 Un cuistre est :

- ☐ A. Un cuisinier médiocre
- ☐ B. Un acteur sans talent
- ☐ C. Un homme pédant
- ☐ D. Un homme manquant de savoir-vivre

3791 Etre floué, c'est :

- ☐ A. Etre effacé
- ☐ B. Etre trompé
- ☐ C. Etre ridiculisé
- ☐ D. Etre estompé

3792 Le népotisme est :

- ☐ A. Un régime politique où le pouvoir est héréditaire
- ☐ B. La tendance à accorder des avantages aux membres de sa famille
- ☐ C. Une forme de régime tyrannique
- ☐ D. Une maladie génétique

3793 Le messianisme est :

- ☐ A. Une forme de sagesse populaire
- ☐ B. La croyance en un messie et l'attente de sa venue
- ☐ C. Le rassemblement des diverses confessions au-delà de leurs différences
- ☐ D. La croyance de la supériorité des messieurs sur les dames

3794 Une charge est :

- ☐ A. Une peine
- ☐ B. Une attaque
- ☐ C. Une critique violente
- ☐ D. Une diatribe

3795 Un brûlot est :

- ☐ A. Un journal polémique
- ☐ B. Une lampe à gaz
- ☐ C. Une marque au fer rouge
- ☐ D. Un cocktail Molotov

3796 Un félon est :

- ☐ A. Un ennemi juré
- ☐ B. Un homme malhonnête
- ☐ C. Un baron au Moyen Age
- ☐ D. Un homme qui trahit ses engagements

3797 Un ersatz est :

- ☐ A. Un produit de remplacement
- ☐ B. Un remède
- ☐ C. Un produit toxique
- ☐ D. Un produit aux vertus mal connues

3798 Asséner une vérité, c'est :

- ☐ A. La faire comprendre avec douceur
- ☐ B. La révéler
- ☐ C. La dire avec violence
- ☐ D. L'édulcorer

3799 Obvier à une difficulté, c'est :

- ☐ A. La pallier
- ☐ B. L'éviter
- ☐ C. Y remédier
- ☐ D. Ne pas la surmonter

3800 Des tractations sont :

- ☐ A. Des dissensions
- ☐ B. Des négociations
- ☐ C. Des pourparlers
- ☐ D. Des reproches

3801 Connaître des déboires, c'est :

- ☐ A. Avoir des ennuis
- ☐ B. Commettre des erreurs
- ☐ C. Se montrer impuissant
- ☐ D. Subir des humiliations

3802 Donner des prérogatives, c'est :

- ☐ A. Donner des conseils personnalisés
- ☐ B. Accorder des avantages en nature
- ☐ C. Accorder des droits exclusifs
- ☐ D. Reconnaître l'autorité

3803 Une sommité est :

- ☐ A. Une personne qui détient un pouvoir absolu
- ☐ B. Une personne qui s'est élevée au sommet des dignités, de l'art ou des sciences
- ☐ C. Une personne qui accumule des connaissances
- ☐ D. Une personne orgueilleuse

3804 Etre fugace, c'est :

- ☐ A. Manquer de consistance
- ☐ B. Durer très peu
- ☐ C. Ne pas affronter la réalité en face
- ☐ D. Etre un traître

3805 Un coup de semonce est :

- ☐ A. Un avertissement
- ☐ B. Un coup d'envoi
- ☐ C. Un coup de feu à blanc
- ☐ D. Une punition

3806 Une gabegie est :

- ☐ A. Une perte sévère
- ☐ B. Une erreur grossière
- ☐ C. Une coulée de boue
- ☐ D. Un désordre provenant d'une mauvaise gestion

3807 La fatuité est :

- ☐ A. La satisfaction excessive de soi
- ☐ B. L'apparence du savoir
- ☐ C. La fausseté du propos
- ☐ D. Le désir de conquête

3808 S'insurger, c'est :

- ☐ A. Se mettre violemment en colère
- ☐ B. Contester avec force
- ☐ C. Refuser d'obéir
- ☐ D. Se défendre avec force

3809 Pâtir de quelque chose, c'est :

- ☐ A. En souffrir
- ☐ B. En dépendre
- ☐ C. En subir la sanction
- ☐ D. L'utiliser comme point de départ

3810 Une collusion est :

- ☐ A. Une trahison
- ☐ B. Une rencontre violente
- ☐ C. Une entente secrète
- ☐ D. Un renversement d'alliances

3811 L'impéritie est :

- ☐ A. L'absence d'expérience
- ☐ B. L'incompétence
- ☐ C. Le manque de moyens
- ☐ D. Le manque de préparation

3812 Etre sur le fil du rasoir, c'est :

☐ A. Etre en grand danger
☐ B. Etre dans un équilibre instable
☐ C. Risquer sa vie
☐ D. Etre sous haute surveillance

3813 L'attentisme est :

☐ A. Une théorie philosophique prônant l'inaction
☐ B. Une attitude de repli sur soi
☐ C. Une attente indéfinie et passive
☐ D. Une attitude opportuniste

3814 Etre velléitaire, c'est être :

☐ A. Lâche
☐ B. Incapable de prendre des décisions
☐ C. Hésitant
☐ D. Sans ressort

3815 Un tartufe est :

☐ A. Orgueilleux
☐ B. Autoritaire
☐ C. Envieux
☐ D. Fourbe

3816 Etre le pourfendeur d'une idée, c'est :

☐ A. L'attaquer vivement
☐ B. La défendre avec force
☐ C. La trahir
☐ D. La porter aux nues

3817 Faire le pied de grue, c'est :

☐ A. Surveiller
☐ B. Flatter
☐ C. Attendre
☐ D. Ne servir à rien

3818 Toucher au vif, c'est :

☐ A. S'intéresser à l'essentiel
☐ B. Blesser
☐ C. Taquiner
☐ D. Irriter

3819 Parler crûment, c'est :

☐ A. S'exprimer sans détours
☐ B. S'exprimer grossièrement
☐ C. S'exprimer en langage très familier
☐ D. S'exprimer sans nuance

3820 Sermonner quelqu'un, c'est :

☐ A. Lui donner des conseils
☐ B. Lui faire un discours ennuyeux
☐ C. Lui faire des remontrances
☐ D. Chercher à le convertir

3821 Etre placide, c'est être :

☐ A. Serein
☐ B. Sans force
☐ C. Sans avis
☐ D. Flegmatique

3822 L'iconographie est :

☐ A. La mise en page d'un ouvrage d'art
☐ B. L'étude des représentations plastiques
☐ C. L'ensemble des illustrations d'un ouvrage
☐ D. La fabrication des icônes

3823 Etre pingre, c'est être :

☐ A. Avare
☐ B. Mal habillé
☐ C. Sale
☐ D. Vétuste

3824 Une injonction est :

- ☐ A. Une interpellation
- ☐ B. Une recommandation
- ☐ C. Un conseil
- ☐ D. Un ordre

3825 Etre censé, c'est être :

- ☐ A. Supposé
- ☐ B. Conforme au bon sens
- ☐ C. Compréhensible
- ☐ D. Capable de comprendre

3826 Se déjuger, c'est :

- ☐ A. Avoir une mauvaise opinion de soi
- ☐ B. Se tromper
- ☐ C. S'écarter de l'opinion commune
- ☐ D. Revenir sur une décision

3827 Des mesures drastiques sont :

- ☐ A. Draconiennes
- ☐ B. Sévères
- ☐ C. Injustes
- ☐ D. Illégales

3828 Une circonlocution est :

- ☐ A. Une manière d'exprimer sa pensée de façon indirecte
- ☐ B. Une évolution de la pensée au fil du temps
- ☐ C. Le fait de tourner autour du pot
- ☐ D. Aucune de ces réponses n'est bonne

3829 Un ton condescendant est :

- ☐ A. Tolérant
- ☐ B. Conciliant
- ☐ C. Hautain
- ☐ D. Familier

3830 Supplanter quelqu'un, c'est :

- ☐ A. L'évincer
- ☐ B. Le dépasser
- ☐ C. Prendre sa place
- ☐ D. Le remarquer

3831 Un aber est :

- ☐ A. Un terme géographique de la Bretagne
- ☐ B. Un terme géographique de l'Europe du Nord
- ☐ C. Un ruisseau
- ☐ D. Un estuaire de rivière en forme d'anse

3832 Un propos corrosif est :

- ☐ A. Novateur
- ☐ B. Mordant
- ☐ C. Caustique
- ☐ D. Polémique

3833 Etre dans les affres, c'est être :

- ☐ A. Pris de grands remords
- ☐ B. Dans le doute
- ☐ C. Dans l'expectative
- ☐ D. Dans l'angoisse

3834 La proscription est :

- ☐ A. L'abrogation d'une loi
- ☐ B. Une ordonnance médicale
- ☐ C. Une mesure de bannissement
- ☐ D. Le délai accordé pour appliquer une loi

3835 Un paria est :

- ☐ A. En Inde, un individu n'appartenant à aucune caste
- ☐ B. Une personne condamnée
- ☐ C. Une personne méprisée
- ☐ D. Une personne sans domicile fixe

3836 Etre enclin à, c'est :

☐ A. Etre porté naturellement à
☐ B. Ressembler à
☐ C. Avoir l'habitude de
☐ D. Chercher à

3837 Une diaspora est :

☐ A. L'organisation d'individus exilés
☐ B. La persécution d'un peuple
☐ C. L'état de dispersion d'un peuple
☐ D. Le bannissement d'un groupe

3838 Un corollaire est :

☐ A. Une conséquence nécessaire
☐ B. Une suite naturelle
☐ C. Un parallélisme
☐ D. Une proposition identique

3839 Le nom patronymique est :

☐ A. Le surnom
☐ B. Le nom de toute la famille
☐ C. Le prénom
☐ D. Le nom du père et de la mère

3840 Trier sur le volet, c'est :

☐ A. Calibrer les produits
☐ B. Sélectionner n'importe comment
☐ C. Sélectionner avec grand soin
☐ D. Faire les choses à la va-vite

3841 Faire mine de, c'est :

☐ A. Faire des simagrées
☐ B. Faire semblant de
☐ C. Ressembler à
☐ D. Copier

3842 Faire long feu, c'est :

☐ A. Manquer son but
☐ B. Durer longtemps
☐ C. Ne pas durer longtemps
☐ D. Avoir du succès

3843 Le prosélytisme, c'est le fait de :

☐ A. Poursuivre différentes convictions
☐ B. Respecter rigoureusement les règles imposées par une religion
☐ C. Imposer ses convictions
☐ D. Chercher avec zèle à convertir autrui à ses idées

3844 Reléguer, c'est :

☐ A. Reconduire
☐ B. Respecter une religion
☐ C. Condamner à la prison à vie
☐ D. Maintenir dans une situation médiocre
☐ E. Maintenir dans un lieu à l'écart

3845 Une allégation est :

☐ A. Une affirmation mal fondée
☐ B. Une diffamation
☐ C. Une méprise
☐ D. Une supposition

3846 Un florilège est :

☐ A. Une composition musicale
☐ B. Un parterre de fleurs
☐ C. Une anthologie
☐ D. Un recueil de textes

3847 Avoir propension à, c'est :

- ☐ A. Avoir un penchant pour
- ☐ B. Avoir tendance à
- ☐ C. Etre audacieux
- ☐ D. Etre désigné pour

3848 Faire diversion, c'est :

- ☐ A. Surprendre
- ☐ B. Se séparer de
- ☐ C. Chercher à être différent
- ☐ D. Détourner l'attention

3849 Un caucus est :

- ☐ A. Un Indien d'Amérique
- ☐ B. Une plante grasse
- ☐ C. Un rassemblement de militants politiques aux Etats-Unis
- ☐ D. Un procédé de photographie

3850 Une vétille est :

- ☐ A. Un détail
- ☐ B. Une peccadille
- ☐ C. Une écharde
- ☐ D. Une pointe d'humour

3851 Des manigances sont :

- ☐ A. Des manœuvres
- ☐ B. Des mensonges
- ☐ C. Des actions secrètes destinées à tromper
- ☐ D. Des représailles

3852 Une conjecture est :

- ☐ A. Une idée non vérifiée
- ☐ B. Une situation économique à un moment donné
- ☐ C. Une période de crise financière
- ☐ D. Une supposition

3853 Une controverse est :

- ☐ A. Une discussion argumentée
- ☐ B. Une plaidoirie
- ☐ C. Un désaccord
- ☐ D. Un retournement de situation

3854 Un poncif est :

- ☐ A. Une rengaine
- ☐ B. Un stéréotype
- ☐ C. Un lieu commun
- ☐ D. Une habitude

3855 Une déroute est :

- ☐ A. Un changement brutal de direction
- ☐ B. Une fuite en désordre
- ☐ C. Une perte
- ☐ D. Un échec complet

3856 Une fioriture est :

- ☐ A. Un détail ornemental
- ☐ B. Une surabondance d'ornements dans le style
- ☐ C. Un discours superficiel
- ☐ D. Toutes les réponses sont bonnes

3857 L'intempérance est :

- ☐ A. L'alcoolisme
- ☐ B. Le manque de retenue
- ☐ C. L'impatience
- ☐ D. Le manque de jugement

3858 L'anachronisme est :

- ☐ A. L'étude des insectes
- ☐ B. Une faute de chronologie
- ☐ C. La peur des araignées
- ☐ D. Une opinion politique refusant toutes les autorités

3859 Une critique acerbe est :

- ☐ A. Injuste
- ☐ B. Désagréable
- ☐ C. Féroce
- ☐ D. Justifiée

3860 Des subsides sont :

- ☐ A. Des subventions
- ☐ B. Des aides financières
- ☐ C. Des biens de consommation courante
- ☐ D. Des renforts militaires

3861 Tergiverser, c'est :

- ☐ A. Atermoyer
- ☐ B. Hésiter
- ☐ C. Négocier
- ☐ D. Reculer

3862 Un discours alambiqué est :

- ☐ A. Doucereux
- ☐ B. Compliqué
- ☐ C. Flatteur
- ☐ D. Subtil

3863 Des supputations sont :

- ☐ A. Des insinuations
- ☐ B. Des conjectures
- ☐ C. Des accusations
- ☐ D. Des calculs

3864 L'acception d'un mot, c'est :

- ☐ A. Sa définition
- ☐ B. Son sens
- ☐ C. Le fait de le comprendre
- ☐ D. Le fait de le recevoir

3865 Etre l'émule de quelqu'un, c'est :

- ☐ A. Le flatter
- ☐ B. Le servir
- ☐ C. Le dépasser
- ☐ D. L'imiter

3866 Une philippique est :

- ☐ A. Une histoire antique
- ☐ B. Une course de chevaux
- ☐ C. Un discours violent contre quelqu'un
- ☐ D. Une expression compliquée

3867 Transiger, c'est :

- ☐ A. Etre lâche
- ☐ B. Faire des concessions
- ☐ C. Passer d'un bord à l'autre
- ☐ D. Payer un impôt

3868 Des jérémiades sont :

- ☐ A. Des listes de mots
- ☐ B. Des histoires drôles
- ☐ C. Des moqueries
- ☐ D. Des lamentations sans fin

3869 Avoir maille à partir avec quelqu'un, c'est :

- ☐ A. Faire des affaires avec lui
- ☐ B. Avoir un différend avec lui
- ☐ C. Bien s'entendre avec lui
- ☐ D. Lui devoir de l'argent

3870 Mettre à l'index, c'est :

- ☐ A. Dénoncer
- ☐ B. Inscrire dans un lexique
- ☐ C. Exclure
- ☐ D. Proscrire

3871 Faire allégeance, c'est :

☐ A. Reconnaître ses torts
☐ B. Alléger le fardeau de quelqu'un
☐ C. Faire preuve de légèreté
☐ D. Faire acte de soumission

3872 Récuser un témoignage, c'est :

☐ A. Le solliciter
☐ B. Le refuser
☐ C. Le confronter avec un autre
☐ D. Le détruire

3873 Des vicissitudes sont :

☐ A. Des changements de bien en mal
☐ B. Des accusations fausses
☐ C. Des aventures
☐ D. Des remontrances

3874 Débouter une demande, c'est :

☐ A. La satisfaire
☐ B. La rejeter
☐ C. La suspendre
☐ D. La présenter

3875 Un clivage est :

☐ A. Une inclinaison
☐ B. Une division
☐ C. Une rupture
☐ D. Un changement

3876 Etre prisé, c'est être :

☐ A. Apprécié
☐ B. Mesuré
☐ C. A la mode
☐ D. Estimé

3877 Eluder un débat, c'est :

☐ A. L'édulcorer
☐ B. Le commencer
☐ C. Le clarifier
☐ D. L'éviter

3878 Etre offusqué, c'est être :

☐ A. Outragé
☐ B. Dénoncé
☐ C. Effarouché
☐ D. Choqué

3879 Fustiger quelqu'un, c'est :

☐ A. Le contredire
☐ B. L'accuser
☐ C. Le frapper
☐ D. Le critiquer violemment

3880 Etre le mentor de quelqu'un, c'est être :

☐ A. Son conseiller
☐ B. Son juge
☐ C. Son maître
☐ D. Son serviteur

3881 Avoir les coudées franches c'est :

☐ A. Parler avec sincérité
☐ B. Courir vite
☐ C. Avoir la liberté d'agir
☐ D. Etre ambitieux

3882 Mettre une personne au ban de la société, c'est :

☐ A. Reconnaître son autorité
☐ B. La porter à la direction d'une société
☐ C. La faire entrer dans une société secrète
☐ D. La déclarer indigne de l'estime des autres

3883 Etre fourbe, c'est être :

- ☐ A. Méprisant
- ☐ B. Menteur
- ☐ C. Perfide
- ☐ D. Présomptueux

3884 Etre de nature ombrageuse, c'est être :

- ☐ A. Susceptible
- ☐ B. Timide
- ☐ C. Individualiste
- ☐ D. Méfiant

3885 Vivre d'expédients, c'est vivre :

- ☐ A. De moyens honteux et malhonnêtes
- ☐ B. Sans projets à long terme
- ☐ C. Grâce à l'aide des autres
- ☐ D. Dans un stress permanent

3886 Agir sans vergogne, c'est agir :

- ☐ A. Sans remords
- ☐ B. Sans honte
- ☐ C. Sans scrupule
- ☐ D. Sans intelligence

3887 Pallier une situation fâcheuse, c'est :

- ☐ A. Y remédier
- ☐ B. La changer du tout au tout
- ☐ C. L'analyser en vue d'une solution
- ☐ D. La supporter

3888 S'étioler, c'est :

- ☐ A. Se développer
- ☐ B. Se faner
- ☐ C. Se fermer
- ☐ D. Dépérir

3889 Un homme affable est :

- ☐ A. Courtois
- ☐ B. Naïf
- ☐ C. Sournois
- ☐ D. Simple

3890 Abroger une loi, c'est :

- ☐ A. La promulguer
- ☐ B. L'appliquer
- ☐ C. La suspendre
- ☐ D. L'annuler

3891 La démagogie est :

- ☐ A. Le souci du bien du peuple
- ☐ B. La recherche de la faveur du peuple pour obtenir ses suffrages
- ☐ C. L'exercice du pouvoir par le peuple
- ☐ D. Le régime politique prôné par les Grecs

3892 Econduire quelqu'un, c'est :

- ☐ A. Le chasser sans ménagements
- ☐ B. L'entraîner dans une voie dangereuse
- ☐ C. Le détourner de son chemin
- ☐ D. S'en débarrasser sans répondre à ses demandes

3893 Faire florès, c'est :

- ☐ A. Avoir du succès
- ☐ B. Briller
- ☐ C. Progresser
- ☐ D. Se mettre au vert

3894 Passer sous les fourches caudines, c'est :

- ☐ A. Subir une défaite
- ☐ B. Aborder une difficulté
- ☐ C. Etre humilié
- ☐ D. Etre jugé

3895 Des *desiderata* sont :

- ☐ A. Des regrets
- ☐ B. Des souhaits
- ☐ C. Des restes
- ☐ D. Des choix

3896 Une diatribe est :

- ☐ A. Un jugement injuste
- ☐ B. Une caricature
- ☐ C. Un discours politique
- ☐ D. Un pamphlet

3897 Des tribulations sont :

- ☐ A. Des associations
- ☐ B. Des aventures
- ☐ C. Des négociations
- ☐ D. Des impôts

3898 Un anathème est :

- ☐ A. Un blasphème
- ☐ B. Une condamnation
- ☐ C. Une bénédiction
- ☐ D. Une injure très grave

3899 Un moratoire est :

- ☐ A. Un ensemble de requêtes
- ☐ B. Un ensemble de mesures proposées au vote
- ☐ C. Le fait de suspendre une action
- ☐ D. Une sanction pour retard

3900 Une phobie est :

- ☐ A. Un objectif que l'on se fixe
- ☐ B. Un attachement passionnel à un objet ou à une personne
- ☐ C. Une crainte maladive, excessive
- ☐ D. Une paralysie physique

3901 Un violon d'Ingres, c'est :

- ☐ A. Un violon précieux
- ☐ B. Le titre d'un tableau d'Ingres
- ☐ C. Un dada, une activité à laquelle on s'adonne à côté de son activité principale
- ☐ D. Un petit instrument de musique

3902 Un lapsus, c'est :

- ☐ A. Un petit lapin
- ☐ B. Le fait de dire un mot à la place d'un autre
- ☐ C. Un petit moment
- ☐ D. Un rythme musical

3903 Une routine est :

- ☐ A. Une petite route
- ☐ B. Une habitude
- ☐ C. Une chanson populaire
- ☐ D. Une petite roue

3904 Un lieu planté de bambous est :

- ☐ A. Une bamboula
- ☐ B. Une bambouse
- ☐ C. Une bambouseraie
- ☐ D. Une bambousienne

3905 Un archétype, c'est :

- ☐ A. Un type exceptionnel
- ☐ B. Malgré la fin d'un contrat
- ☐ C. Un modèle sur lequel on s'appuie
- ☐ D. Malgré une résidence lointaine

3906 L'ordalie, c'est :

- ☐ A. L'épreuve du feu ou de l'eau dont l'issue dépend de Dieu
- ☐ B. Un rituel vaudou
- ☐ C. Un bel ordre
- ☐ D. Une décoration

3907 Une filiation est :

- ☐ A. L'action de suivre quelqu'un pour le surveiller
- ☐ B. Le lien de parenté unissant un enfant à son père ou à sa mère
- ☐ C. Une société jouissant d'une personnalité juridique distincte

3908 Quelqu'un qui est couvert d'opprobre est :

- ☐ A. Gravement humilié
- ☐ B. Très honoré
- ☐ C. Très sale
- ☐ D. Très riche

3909 Un incunable est :

- ☐ A. Un malade en phase terminale
- ☐ B. Un ouvrage imprimé entre 1450 et 1500
- ☐ C. Un individu aux facultés intellectuelles amoindries
- ☐ D. Une écritoire utilisée autrefois par les comptables
- ☐ E. Aucune de ces réponses n'est bonne

3910 Un dragonnier est :

- ☐ A. Un arbre des îles Canaries
- ☐ B. Un soldat
- ☐ C. Un animal fabuleux
- ☐ D. Une courroie reliant le poignet à la garde d'un sabre
- ☐ E. Aucune de ces réponses n'est bonne

3911 Les « immortels » sont :

- ☐ A. Les membres du Sénat
- ☐ B. Les membres de l'Assemblée nationale
- ☐ C. Les membres de l'Académie française
- ☐ D. Les membres de l'Institut de médecine
- ☐ E. Aucune de ces réponses n'est bonne

3912 La cochenille est :

- ☐ A. Un minéral
- ☐ B. Une couleur
- ☐ C. Une plante
- ☐ D. Un insecte
- ☐ E. Aucune de ces réponses n'est bonne

3913 Une statue aptère est :

- ☐ A. Une statue sans tête
- ☐ B. Une statue sans ailes
- ☐ C. Une statue sans bras
- ☐ D. Une statue sans jambes
- ☐ E. Aucune de ces réponses n'est bonne

3914 A brûle-pourpoint signifie :

- ☐ A. A l'improviste
- ☐ B. De manière urgente
- ☐ C. A chaud
- ☐ D. Sur le vif

3915 Etre au pinacle signifie :

- ☐ A. Etre violemment critiqué
- ☐ B. Etre à la situation la plus élevée
- ☐ C. Etre plongé dans le désespoir
- ☐ D. Etre admiré

3916 Qualifier une alliance de mariage de la carpe et du lapin signifie :

- ☐ A. La considérer comme impossible
- ☐ B. La considérer comme ridicule
- ☐ C. La considérer comme surprenante
- ☐ D. La considérer comme novatrice

3917 Bayer aux corneilles signifie :

- ☐ A. Rêvasser
- ☐ B. Espérer le succès sans rien faire
- ☐ C. Suivre l'opinion des autres sans réfléchir
- ☐ D. Ne rien comprendre

3918 L'adverbe dûment signifie :

- ☐ A. De manière prépondérante
- ☐ B. Crûment
- ☐ C. D'une façon convenable
- ☐ D. Selon les règles

3919 Superfétatoire signifie :

- ☐ A. Qui s'ajoute inutilement
- ☐ B. Qui fait preuve de vanité
- ☐ C. Qui se fait remarquer en parlant fort
- ☐ D. Superflu

3920 Avoir un comportement sectaire signifie :

- ☐ A. Etre cassant avec ses subordonnés
- ☐ B. Etre limité dans sa compréhension
- ☐ C. Entraîner les autres dans un mouvement religieux
- ☐ D. Etre intolérant à l'égard des opinions des autres

3921 Vouer aux gémonies signifie :

- ☐ A. Accabler de mépris
- ☐ B. Condamner à mort
- ☐ C. Avoir une très grande admiration
- ☐ D. Prononcer un éloge funèbre

3922 S'exprimer sans ambages signifie :

- ☐ A. Sans préjugés
- ☐ B. Sans circonlocutions
- ☐ C. Sans réserves
- ☐ D. Sans détours

3923 De bon aloi signifie :

- ☐ A. De bonne condition sociale
- ☐ B. De manière aimable
- ☐ C. De manière polie
- ☐ D. De bonne qualité

3924 Jubiler signifie :

- ☐ A. Célébrer dans l'allégresse
- ☐ B. Rire de
- ☐ C. Eprouver une joie profonde
- ☐ D. Ricaner

3925 Juguler signifie :

- ☐ A. Empêcher de se manifester
- ☐ B. Mettre sous le joug
- ☐ C. Enrayer
- ☐ D. Lier

3926 Tomber en désuétude signifie :

- ☐ A. Etre abandonné
- ☐ B. Ne plus être en usage
- ☐ C. Ne plus avoir d'intérêt
- ☐ D. Etre condamné

3927 Délétère signifie :

- ☐ A. Qui met la vie en danger
- ☐ B. Qui corrompt
- ☐ C. Malsain
- ☐ D. Pénible

3928 Obtempérer signifie :

- ☐ A. Obéir sans discuter
- ☐ B. Retarder
- ☐ C. Modérer
- ☐ D. Adoucir

3929 Etique signifie :

- ☐ A. Qui concerne la morale
- ☐ B. D'une extrême maigreur
- ☐ C. Qui concerne la sociologie
- ☐ D. Economique

3930 Agir de concert avec quelqu'un signifie :

- ☐ A. Jouer d'un instrument en harmonie avec lui
- ☐ B. Agir en accord avec lui
- ☐ C. Agir de conserve avec lui
- ☐ D. Avoir les mêmes idées

3931 Attaquer tous azimuts signifie attaquer :

- ☐ A. Dans toutes les directions
- ☐ B. Avec tous les moyens disponibles
- ☐ C. Sans réflexion
- ☐ D. Très brutalement

3932 Etre sommé de signifie :

- ☐ A. Etre pressé de
- ☐ B. Etre désespéré de
- ☐ C. Etre mis en demeure de
- ☐ D. Etre incité avec insistance à

3933 Subornation signifie :

- ☐ A. Corruption
- ☐ B. Invention
- ☐ C. Imagination
- ☐ D. Domination

3934 Mercantile signifie :

- ☐ A. Relatif au commerce
- ☐ B. Motivé par la recherche d'un avantage
- ☐ C. Qui suscite l'envie d'acheter
- ☐ D. Sans grande valeur

3935 Fulminer signifie :

- ☐ A. Allumer un feu avec difficulté
- ☐ B. Exploser sous l'effet de la colère
- ☐ C. Fumer à peine
- ☐ D. Suinter

3936 S'aliéner quelqu'un signifie :

- ☐ A. L'éloigner moralement de soi
- ☐ B. Le rendre fou
- ☐ C. Le faire interner
- ☐ D. Le mettre de son côté

3937 Taxer quelqu'un de quelque chose signifie :

- ☐ A. Lui prendre quelque chose
- ☐ B. L'accuser
- ☐ C. Le traiter de
- ☐ D. Lui imposer quelque chose

3938 Faire flèche de tout bois signifie :

- ☐ A. Lancer des flèches sans viser
- ☐ B. Ne pas faire attention au matériau utilisé
- ☐ C. Utiliser tous les moyens possibles
- ☐ D. Se comporter de manière importune

3939 Avoir un bœuf sur la langue signifie :

- ☐ A. Garder le silence
- ☐ B. Avoir des difficultés d'élocution
- ☐ C. Avoir l'habitude d'intervenir lourdement
- ☐ D. Avoir un vocabulaire très restreint

3940 Vilipender signifie :

- ☐ A. Attaquer
- ☐ B. Traîner dans la boue
- ☐ C. Dénigrer
- ☐ D. Traiter grossièrement

3941 Dispenser signifie :

- ☐ A. Distribuer avec générosité
- ☐ B. Tenir quitte de
- ☐ C. Ne pas imposer
- ☐ D. Empêcher

3942 Franchir le Rubicon signifie :

- ☐ A. Prendre une décision révolutionnaire
- ☐ B. Prendre un risque inconsidéré
- ☐ C. Prendre une décision irréversible
- ☐ D. Prendre une décision irréfléchie

3943 Se raviser signifie :

- ☐ A. Etre conforté dans sa position
- ☐ B. Changer d'avis
- ☐ C. Réfléchir avant de prendre une décision
- ☐ D. Renoncer à parler

3944 N'avoir cure signifie :

- ☐ A. Ne pas comprendre
- ☐ B. Ne pas savoir faire
- ☐ C. Faire très attention à
- ☐ D. Ne pas tenir compte de

3945 Se croire sorti de la cuisse de Jupiter signifie :

- ☐ A. Se passionner pour la mythologie
- ☐ B. Se croire supérieur aux autres
- ☐ C. Se croire immortel
- ☐ D. Prendre des risques inconsidérés

3946 A l'envi signifie :

- ☐ A. Par jalousie
- ☐ B. A qui mieux mieux
- ☐ C. En rivalisant
- ☐ D. Par dépit

3947 Insigne signifie :

- ☐ A. Remarquable
- ☐ B. Sans intérêt
- ☐ C. Favorable
- ☐ D. Noble

3948 Abjurer signifie :

- ☐ A. S'engager sans réserve
- ☐ B. Trahir quelqu'un
- ☐ C. Renoncer à ce que l'on affirmait aimer ou croire
- ☐ D. Se convertir

3949 Habiliter signifie :

- ☐ A. Qualifier
- ☐ B. Conférer la capacité juridique
- ☐ C. Donner des moyens d'action
- ☐ D. Reconnaître les capacités

3950 Avoir de la commisération signifie :

- ☐ A. Avoir de la sympathie
- ☐ B. Avoir de la pitié
- ☐ C. Avoir de l'indulgence
- ☐ D. Avoir de la compréhension

3951 Par le truchement de signifie :

- ☐ A. Par l'intermédiaire de
- ☐ B. Par l'importance de
- ☐ C. Par l'entremise de
- ☐ D. Par l'intervention de

3952 *In extenso* signifie :

- ☐ A. Exhaustivement
- ☐ B. En longueur
- ☐ C. Intégralement
- ☐ D. De manière approximative

3953 Imprescriptible signifie :

- ☐ A. Inimaginable
- ☐ B. Impossible à comprendre
- ☐ C. Qui ne peut être effacé
- ☐ D. Qui ne peut être recommandé

3954 Abscons signifie :

- ☐ A. Absurde
- ☐ B. Imprécis
- ☐ C. Désespéré
- ☐ D. Difficile à comprendre

3955 Pragmatique signifie :

- ☐ A. Habile de ses mains
- ☐ B. Expérimenté
- ☐ C. Soucieux du résultat de l'action plutôt que de la théorie
- ☐ D. Idéologique

3956 Inopiné signifie :

- ☐ A. Sans réflexion
- ☐ B. Imprévu
- ☐ C. Sans profondeur
- ☐ D. Sans attention

3957 Désopilant signifie :

- ☐ A. Provocant
- ☐ B. Entraînant
- ☐ C. Déstabilisant
- ☐ D. Hilarant

3958 Emblématique signifie :

- ☐ A. Symbolique
- ☐ B. Reconnu depuis longtemps
- ☐ C. Qui a du charisme
- ☐ D. Remarquable

3959 Endémie signifie :

- ☐ A. Epidémie répandue dans le monde entier
- ☐ B. Fait de se marier avec un membre du groupe auquel on appartient
- ☐ C. Epidémie en cours de disparition
- ☐ D. Maladie qui sévit de manière régulière

3960 Servile signifie :

- ☐ A. Flatteur
- ☐ B. Qui se soumet de manière excessive
- ☐ C. Obséquieux
- ☐ D. Imitateur

3961 Mesquin signifie :

- ☐ A. Chiche
- ☐ B. Médiocre
- ☐ C. Sournois
- ☐ D. Chafouin

3962 Incongru signifie :

- ☐ A. Grossier
- ☐ B. Déplacé
- ☐ C. Incompréhensible
- ☐ D. Qui ne convient pas

3963 Déliquescence signifie :

☐ A. Immoralité
☐ B. Etat de décadence avancée
☐ C. Désœuvrement
☐ D. Glissement

3964 Déchanter signifie :

☐ A. Perdre son rang
☐ B. Décevoir
☐ C. Perdre ses illusions
☐ D. Reconnaître ses erreurs

3965 Se déliter signifie :

☐ A. Se désagréger
☐ B. Se retirer
☐ C. S'accuser
☐ D. Se fermer

3966 Agir en sous main signifie agir :

☐ A. En demandant une rétribution
☐ B. En apportant une aide
☐ C. En jouant un double jeu
☐ D. Secrètement

3967 Trouver son chemin de Damas signifie :

☐ A. Trouver un obstacle qu'on ne peut franchir
☐ B. Se convertir
☐ C. Trouver sa vocation
☐ D. Vivre une expérience extraordinaire

3968 Evincer signifie :

☐ A. Humilier
☐ B. Réduire en esclavage
☐ C. Assécher
☐ D. Eliminer

3969 Enjoindre signifie :

☐ A. Ordonner expressément
☐ B. Atteindre
☐ C. Mettre en relation
☐ D. Encourager

3970 Tellurique signifie :

☐ A. Qui est relatif à la terre
☐ B. Qui est relatif aux tremblements de terre
☐ C. Qui est relatif aux éruptions volcaniques
☐ D. Qui est relatif aux cyclones

3971 Regimber signifie :

☐ A. Reprendre des forces
☐ B. Etre insolent
☐ C. Résister
☐ D. Perdre son éclat

3972 Inique signifie :

☐ A. Cruel
☐ B. Inégal
☐ C. Humiliant
☐ D. Qui est injuste de façon criante

3973 Sophistiqué signifie :

☐ A. Qui manque de naturel
☐ B. Snob
☐ C. D'une grande complexité
☐ D. Superficiel

3974 Impromptu signifie :

☐ A. Court
☐ B. Inopportun
☐ C. Importun
☐ D. Improvisé

3975 **Turpitude signifie :**

- ☐ A. Faiblesse morale
- ☐ B. Grande pauvreté
- ☐ C. Ignominie
- ☐ D. Bassesse

3976 **Intransigeant signifie :**

- ☐ A. Qui se refuse à toute concession
- ☐ B. Borné
- ☐ C. Sévère
- ☐ D. Malveillant

3977 **Proférer signifie :**

- ☐ A. Blasphémer
- ☐ B. Dire à voix haute
- ☐ C. Porter une accusation
- ☐ D. Profaner

3978 **Surseoir à signifie :**

- ☐ A. Suspendre momentanément
- ☐ B. Pardonner
- ☐ C. Rajouter
- ☐ D. Différer

3979 **Infime signifie :**

- ☐ A. Très petit
- ☐ B. Handicapé
- ☐ C. De peu d'importance
- ☐ D. Profond

3980 **Antépénultième signifie :**

- ☐ A. Avant-dernière
- ☐ B. Avant-avant-dernière
- ☐ C. Dernière
- ☐ D. Ultime

3981 **Tarabiscoté signifie :**

- ☐ A. D'une recherche compliquée
- ☐ B. Chargé d'ornements excessifs
- ☐ C. Avec de nombreux recoins
- ☐ D. Bizarre

3982 **Dégrever signifie :**

- ☐ A. Exempter
- ☐ B. Nettoyer
- ☐ C. Décharger
- ☐ D. Déformer

3983 **Ne pas avoir de cesse signifie :**

- ☐ A. Ne pas avoir de repos
- ☐ B. Terminer
- ☐ C. Ne pas continuer
- ☐ D. Etre excédé

3984 **Antagoniste signifie :**

- ☐ A. Qui lutte contre
- ☐ B. Opposé
- ☐ C. Qui opère un effet contraire
- ☐ D. Qui entache une action

3985 **Abhorrer signifie :**

- ☐ A. Rejeter
- ☐ B. Détester
- ☐ C. Faire disparaître
- ☐ D. Adorer

3986 **Rétrocéder un bien signifie :**

- ☐ A. En faire don
- ☐ B. Le revendre au précédent propriétaire
- ☐ C. Le rendre à l'Etat
- ☐ D. Le donner en héritage

3987 Déroger aux usages signifie :

- ☐ A. Ne pas s'y conformer
- ☐ B. Les respecter
- ☐ C. Les changer
- ☐ D. Leur manquer

3988 Maculer signifie :

- ☐ A. Salir
- ☐ B. Blanchir
- ☐ C. Nettoyer
- ☐ D. Tacher

3989 Réguler signifie :

- ☐ A. Réduire
- ☐ B. Contrôler
- ☐ C. Donner des règles
- ☐ D. Organiser

3990 Se gausser de signifie :

- ☐ A. Se débarrasser
- ☐ B. S'enticher
- ☐ C. Se moquer
- ☐ D. Se louer de

3991 Se targuer de signifie :

- ☐ A. Se prévaloir de
- ☐ B. Se tromper de
- ☐ C. Se vanter de
- ☐ D. Se défendre de

3992 Disparité signifie :

- ☐ A. Inégalité
- ☐ B. Différence
- ☐ C. Contraste
- ☐ D. Changement

3993 D'emblée signifie :

- ☐ A. Tout de suite
- ☐ B. Avec plaisir
- ☐ C. Ensemble
- ☐ D. Volontiers

3994 Entériner signifie :

- ☐ A. Approuver
- ☐ B. Confirmer
- ☐ C. Oublier
- ☐ D. Enfermer

3995 A bon escient signifie :

- ☐ A. Après réflexion
- ☐ B. Remarquablement
- ☐ C. Avec discernement
- ☐ D. Consciemment

3996 Rechigner signifie :

- ☐ A. Montrer de la répugnance
- ☐ B. Grogner
- ☐ C. Essayer en vain
- ☐ D. Régresser

3997 Caudalie signifie :

- ☐ A. Une espèce rare de fleur
- ☐ B. Un terme médical désignant une infection des poumons
- ☐ C. Une mollécule intervenant dans la préparation de crèmes cosmétiques
- ☐ D. Mesure de la persistance aromatique du vin en bouche

3998 En l'occurrence signifie :

- ☐ A. A cause de cette circonstance
- ☐ B. En cas d'erreur
- ☐ C. Malgré cette circonstance
- ☐ D. En cette circonstance

3999 Arguer de signifie :

- ☐ A. Etre fier de
- ☐ B. Prendre prétexte de
- ☐ C. Accuser devant un tribunal
- ☐ D. Reconnaître

4000 Piètre signifie :

- ☐ A. Maladroit
- ☐ B. Lamentable
- ☐ C. Mauvais
- ☐ D. Pauvre

4001 Spolier signifie :

- ☐ A. Emporter
- ☐ B. Dépasser
- ☐ C. Empêcher
- ☐ D. Déposséder

4002 Intrusion signifie :

- ☐ A. Action d'intervenir sans en avoir le droit
- ☐ B. Ingérence
- ☐ C. Attaque sournoise
- ☐ D. Accueil officiel

4003 Réitération signifie :

- ☐ A. Retour
- ☐ B. Retrait
- ☐ C. Aveu
- ☐ D. Répétition

4004 Récalcitrant signifie :

- ☐ A. Téméraire
- ☐ B. Rétif
- ☐ C. Rebelle
- ☐ D. Agressif

4005 Récrimination signifie :

- ☐ A. Plainte
- ☐ B. Protestation virulente
- ☐ C. Distinction
- ☐ D. Fait d'établir des différences

4006 Ostentatoire signifie :

- ☐ A. Généreux
- ☐ B. Discret
- ☐ C. Voyant
- ☐ D. Qui porte atteinte à

4007 Préemption signifie :

- ☐ A. Intervention illégale
- ☐ B. Caractère de ce qui est périmé
- ☐ C. Priorité dont jouit un acheteur
- ☐ D. Affirmation d'autorité

4008 Renflouer signifie :

- ☐ A. Rétablir une situation financière compromise
- ☐ B. Tromper dans une opération financière
- ☐ C. Aggraver les pertes financières
- ☐ D. Remettre à flot

4009 Temporiser signifie :

- ☐ A. Ajourner
- ☐ B. Retarder
- ☐ C. Discuter
- ☐ D. Négocier

4010 En catimini signifie :

- ☐ A. Progressivement
- ☐ B. Doucement
- ☐ C. Discrètement
- ☐ D. A découvert

4011 **Stigmatiser signifie :**

- ☐ A. Rendre inégal
- ☐ B. Blâmer
- ☐ C. Exalter
- ☐ D. Transformer en victime

4012 **Récurer signifie :**

- ☐ A. Répéter
- ☐ B. Nettoyer à fond
- ☐ C. Appliquer un traitement thérapeutique
- ☐ D. Récidiver

4013 **Carence signifie :**

- ☐ A. Pénurie
- ☐ B. Maladie chronique
- ☐ C. Cherté
- ☐ D. Manque d'affection

4014 **Etre aux abois signifie :**

- ☐ A. Manquer d'argent
- ☐ B. Etre réduit à la dernière extrémité
- ☐ C. Etre poursuivi
- ☐ D. Etre placé en première ligne

4015 **Outrecuidant signifie :**

- ☐ A. Importun
- ☐ B. Coléreux
- ☐ C. Présomptueux
- ☐ D. Impertinent

4016 **Prescription signifie :**

- ☐ A. Ordre formel
- ☐ B. Interdiction
- ☐ C. Indication
- ☐ D. Fin de validité

4017 **Incandescent signifie :**

- ☐ A. Impudique
- ☐ B. Qui produit une lumière rouge en brûlant
- ☐ C. Très chaud
- ☐ D. Scintillant

4018 **Tarauder signifie :**

- ☐ A. Tourmenter de manière lancinante
- ☐ B. Regarder avec insistance
- ☐ C. Errer sans but
- ☐ D. Dépenser sans compter

4019 **Médusé signifie :**

- ☐ A. Interloqué
- ☐ B. Interrogateur
- ☐ C. Frappé de stupeur
- ☐ D. Défait

4020 **Martial signifie :**

- ☐ A. Vindicatif
- ☐ B. Orgueilleux
- ☐ C. Energique
- ☐ D. Guerrier

4021 **Que signifie l'expression « Se laisser prendre au miroir aux alouettes » ?**

- ☐ A. Se laisser duper par de belles promesses
- ☐ B. Tomber amoureux de son reflet dans le miroir
- ☐ C. Perdre pied avec la réalité
- ☐ D. Aucune de ces réponses n'est bonne

4022 **Un repas frugal signifie :**

- ☐ A. Un maigre repas
- ☐ B. Un excellent repas
- ☐ C. Un grand repas
- ☐ D. Un repas bien arrosé

4023 Païen a d'abord signifié :

- ☐ A. Athée
- ☐ B. Soldat
- ☐ C. Hérétique
- ☐ D. Paysan
- ☐ E. Aucune de ces réponses n'est bonne

4024 Que signifie l'expression : « Ne pas avoir de plomb dans la cervelle » ?

- ☐ A. Etre irréfléchi
- ☐ B. Réfléchir rapidement
- ☐ C. Etre en bonne santé
- ☐ D. Avoir mal à la tête

4025 Parmi les mots suivants, lequel signifie obscur, mystérieux ?

- ☐ A. Cristallin
- ☐ B. Sibyllin
- ☐ C. Paradoxal
- ☐ D. Factice

4026 Que signifie le mot ascèse ?

- ☐ A. Une absence
- ☐ B. Une discipline pratiquée en vue d'une élévation spirituelle
- ☐ C. Un sacrifice
- ☐ D. Un instrument de musique

4027 Que signifie être stoïque ?

- ☐ A. Etre impassible
- ☐ B. Etre complexé
- ☐ C. Etre sensible
- ☐ D. Etre rusé

4028 Ses conclusions ont été corroborées par ses collègues signifie que les collègues les ont :

- ☐ A. Contestées
- ☐ B. Applaudies
- ☐ C. Confirmées
- ☐ D. Arrosées

4029 Que signifie subrepticement ?

- ☐ A. Doucement
- ☐ B. Ouvertement
- ☐ C. Rapidement
- ☐ D. Furtivement
- ☐ E. Aucune de ces réponses n'est bonne

4030 Que signifie être lunatique ?

- ☐ A. Etre rêveur
- ☐ B. Avoir un caractère instable
- ☐ C. Etre paresseux
- ☐ D. Avoir la peau très blanche

2. Le sens des mots et des expressions

4031 Quelle est la méthode basée sur la persuasion par la répétition ?

- ☐ A. Coué
- ☐ B. Cauet
- ☐ C. Couderc
- ☐ D. Courbet

4032 Le mot théocratie désigne quelle forme de régime ?

- ☐ A. Un régime militaire
- ☐ B. Un régime religieux
- ☐ C. Un régime aristocratique
- ☐ D. Un régime impérial

4033 Quel terme désigne l'assassin d'un roi ?

- ☐ A. Matricide
- ☐ B. Infanticide
- ☐ C. Régicide
- ☐ D. Parricide

4034 Comment appelle-t-on l'autorité protectrice d'un père ou d'un patron ?

- ☐ A. La patrologie
- ☐ B. Le paternalisme
- ☐ C. Le patronage
- ☐ D. La patristique

4035 Que désigne aujourd'hui le mot adonis ?

- ☐ A. Un chien au pelage luisant
- ☐ B. Un jeune homme d'une grande beauté
- ☐ C. Une fleur de couleur pourpre

4036 Le crépuscule désigne quel moment du jour ?

- ☐ A. Les premières lueurs du jour
- ☐ B. La fin du jour
- ☐ C. Midi
- ☐ D. La fin de l'après-midi

4037 Qu'est-ce qu'un alexandrin ?

- ☐ A. Un vers de douze syllabes
- ☐ B. Un dignitaire de l'Eglise orthodoxe
- ☐ C. Un cocktail composé de cognac, de crème fraiche et de crème de cacao
- ☐ D. Un poème de treize vers

4038 Qu'est-ce qu'une épitaphe ?

- ☐ A. Un mot formé des lettres d'un autre mot disposées dans un ordre différent
- ☐ B. Un discours assez court mais de caractère officiel
- ☐ C. La représentation d'une idée par une figure dotée d'attributs symboliques
- ☐ D. Une inscription gravée sur une tombe

4039 Laquelle de ces propositions ne désigne pas une plante ?

- ☐ A. Arum
- ☐ B. Aspic
- ☐ C. Agapanthe
- ☐ D. Aneth

4040 L'immigration est le fait de :

- ☐ A. S'expatrier à l'étranger
- ☐ B. Entrer dans un autre pays que le sien pour y vivre
- ☐ C. Etre condamné à quitter un pays avec interdiction d'y entrer

4041 Un propos sans ambages est un propos :

- ☐ A. Sans détour
- ☐ B. Sans emphase
- ☐ C. Sans précaution
- ☐ D. Sans plan préétabli

4042 La ploutocratie, c'est le gouvernement :

- ☐ A. Des plus capables
- ☐ B. D'un petit nombre
- ☐ C. Des plus fortunés
- ☐ D. Des gens de lettres

4043 Un bailleur de fonds est celui qui :

☐ A. Récupère l'argent prêté
☐ B. Loue un appartement
☐ C. Met à disposition gratuitement un lieu
☐ D. Prête de l'argent

4044 Qu'est-ce qu'une expression idiomatique ?

☐ A. Une expression qui n'a pas de sens littéral
☐ B. Une expression particulière à une langue qui n'a pas d'équivalent dans les autres langues
☐ C. Une expression inventée de toute pièce
☐ D. Aucune de ces réponses n'est bonne

4045 Une offre gracieuse est une offre :

☐ A. Rémunérée
☐ B. Accordée bénévolement
☐ C. Qui a du charme
☐ D. Intéressée

4046 Une condition *sine qua non* est une condition :

☐ A. Impossible à réaliser
☐ B. Indispensable
☐ C. Inacceptable
☐ D. Rejetée sans examen

4047 Des mesures coercitives sont des mesures :

☐ A. Prises en commun
☐ B. Excessives
☐ C. D'emprisonnement
☐ D. Qui exercent une contrainte

4048 Des affaires qui périclitent sont des affaires qui :

☐ A. Vont à la ruine
☐ B. Se développent
☐ C. Déclinent
☐ D. Sont malhonnêtes

4049 Une décision collégiale est une décision :

☐ A. Prise par un groupe
☐ B. Qui concerne une assemblée
☐ C. Sans valeur juridique
☐ D. Prise à l'unanimité

4050 Une nourriture roborative est une nourriture :

☐ A. Abondante
☐ B. Simple
☐ C. Frugale
☐ D. Qui redonne des forces

4051 Agir par mimétisme, c'est agir :

☐ A. De manière irréfléchie
☐ B. Par imitation
☐ C. De manière automatique
☐ D. Par répétition

4052 Parler sans acrimonie, c'est parler :

☐ A. Avec aigreur
☐ B. Avec douceur
☐ C. Avec aménité
☐ D. De manière blessante

4053 Lire un texte *in extenso*, c'est le lire :

- ☐ A. Dans sa totalité
- ☐ B. En résumé
- ☐ C. Dans sa langue d'origine
- ☐ D. En prenant son temps

4054 Un conflit ouvert est un conflit :

- ☐ A. Connu de tous
- ☐ B. Déclaré
- ☐ C. En voie de résolution
- ☐ D. Auquel participent plusieurs personnes

4055 Recevoir un accueil mitigé, c'est recevoir un accueil :

- ☐ A. Enthousiaste
- ☐ B. Froid
- ☐ C. Réservé
- ☐ D. Désagréable

4056 L'état d'indifférence est désigné par :

- ☐ A. L'apathie
- ☐ B. L'ataraxie
- ☐ C. L'eudémonisme
- ☐ D. L'amour de la retraite

4057 Une formule lapidaire est une formule :

- ☐ A. Difficile à comprendre
- ☐ B. Percutante
- ☐ C. Simpliste
- ☐ D. Moralisatrice

4058 Parler d'un ton rogue, c'est parler :

- ☐ A. D'un ton méprisant
- ☐ B. Avec brutalité
- ☐ C. De façon rude
- ☐ D. De manière laconique

4059 Un comportement atavique est un comportement :

- ☐ A. Brutal
- ☐ B. Héréditaire
- ☐ C. Dû à des habitudes ancestrales
- ☐ D. Fruste

4060 Quand on parle de la teneur d'un discours, on fait allusion à :

- ☐ A. Ses qualités rhétoriques
- ☐ B. Son contenu
- ☐ C. Sa visée
- ☐ D. Sa conclusion

4061 Une attitude amène est une attitude :

- ☐ A. Avenante
- ☐ B. Désagréable
- ☐ C. Bizarre
- ☐ D. Charmante

4062 Une image d'Epinal est une image :

- ☐ A. Ancienne
- ☐ B. Populaire
- ☐ C. Qui ne montre que le bon côté d'une chose
- ☐ D. Destinée aux enfants

4063 Considérer quelqu'un avec commisération, c'est le considérer :

- ☐ A. Avec compassion
- ☐ B. Avec intérêt
- ☐ C. Avec hauteur
- ☐ D. Sans bienveillance

4064 Une nomination officieuse est une nomination :

- ☐ A. Demandée secrètement
- ☐ B. Annoncée à tort
- ☐ C. A un poste honorifique
- ☐ D. Qui n'a pas été encore rendue officielle

4065 Demander un moratoire, c'est demander :

- ☐ A. De suspendre une action, un processus
- ☐ B. D'arrêter définitivement une action, un processus
- ☐ C. L'avis d'experts
- ☐ D. De chiffrer le coût d'un projet

4066 Un prix prohibitif est un prix :

- ☐ A. Caché alors qu'il devrait être affiché
- ☐ B. Qui empêche l'achat ou la vente
- ☐ C. Trop élevé
- ☐ D. Illégal

4067 Un argument insidieux est un argument :

- ☐ A. Qui cherche à induire en erreur
- ☐ B. Faux
- ☐ C. Qui dissimule un piège
- ☐ D. Particulièrement habile

4068 Un contempteur est quelqu'un qui :

- ☐ A. Méprise
- ☐ B. Adore
- ☐ C. Admire
- ☐ D. Attaque

4069 Quel sens avait, à l'origine, l'expression tout à l'heure ?

- ☐ A. Le même sens qu'aujourd'hui
- ☐ B. Tout de suite
- ☐ C. Il y a un instant
- ☐ D. Dans un moment

4070 Centripète est un adjectif qui qualifie :

- ☐ A. Une force qui attire vers le centre tout objet soumis à un mouvement de rotation
- ☐ B. Une phobie des lieux publics
- ☐ C. Une force qui éloigne du centre tout objet soumis à un mouvement de rotation
- ☐ D. Une position politique qui se revendique au centre

4071 Des mesures dilatoires sont des mesures :

- ☐ A. D'élargissement
- ☐ B. Qui visent à obtenir un délai
- ☐ C. Contraires à la loi
- ☐ D. Contestées

4072 Prêter de l'argent à fonds perdu, c'est prêter :

- ☐ A. Alors qu'on manque soi-même d'argent
- ☐ B. Sans espoir d'être remboursé
- ☐ C. Sans intérêt
- ☐ D. Sans réfléchir

4073 L'adjectif carcéral caractérise quelque chose de :

- ☐ A. Relatif à la peine de mort
- ☐ B. Relatif aux tribunaux
- ☐ C. Relatif aux cimetières
- ☐ D. Relatif aux prisons

4074 Un phénomène récurrent est un phénomène :

- ☐ A. Qui se répète
- ☐ B. Qui est ancien
- ☐ C. Qui ne dure pas
- ☐ D. Qui prend des formes différentes

4075 Mener une affaire de manière expéditive, c'est la mener de manière :

- ☐ A. Injuste
- ☐ B. Illégale
- ☐ C. Brutale
- ☐ D. Rapide

4076 Une mesure dissuasive tend à :

- ☐ A. Apaiser
- ☐ B. Réguler
- ☐ C. Faire renoncer
- ☐ D. Décourager

4077 La résilience, c'est l'aptitude d'un individu à construire et à vivre de manière satisfaisante :

- ☐ A. Malgré un traumatisme
- ☐ B. Malgré la fin d'un contrat
- ☐ C. Malgré le refus de conciliation
- ☐ D. Malgré une résidence lointaine

4078 Un oxymore désigne :

- ☐ A. Une oxydation
- ☐ B. Un insecte
- ☐ C. Le rapprochement de deux mots qui semblent s'opposer
- ☐ D. Le fait de dire moins pour suggérer davantage

4079 Que signifie mettre au rebut ?

- ☐ A. Marquer un second but
- ☐ B. Se débarrasser d'une chose sans valeur et inutilisable
- ☐ C. Ecarter ce qui nous dégoute
- ☐ D. Mettre à la fin

4080 Qu'est-ce qu'un insulaire ?

- ☐ A. Un égoïste
- ☐ B. Celui qui vit sur une île
- ☐ C. Un ermite
- ☐ D. Le générique de l'insuline

4081 Qu'est-ce que l'herméneutique ?

- ☐ A. Une théorie secrète
- ☐ B. Une théorie de l'interprétation
- ☐ C. Une théorie réservée à une élite
- ☐ D. Le culte de l'hermine

4082 Qu'est-ce que la frondaison ?

- ☐ A. La sédition qui éclata contre Mazarin et Anne d'Autriche
- ☐ B. Une institution
- ☐ C. La ligne de front
- ☐ D. Le feuillage
- ☐ E. Aucune de ces réponses n'est bonne

4083 Qu'est-ce qu'un ocelot ?

- ☐ A. Un félin
- ☐ B. Un jeu d'enfant
- ☐ C. Un instrument de chirurgie
- ☐ D. Le marteau utilisé par les juges lors des audiences
- ☐ E. Aucune de ces réponses n'est bonne

4084 **Laquelle de ces propositions est inexacte ?**

- ☐ A. Le préfixe « aristo » signifie les meilleurs
- ☐ B. Le préfixe « hypo » signifie qui se rapporte au cheval
- ☐ C. Le préfixe « poly » signifie plusieurs
- ☐ D. Le préfixe « iso » signifie égal
- ☐ E. Aucune de ces réponses n'est bonne

4085 **Quelle est l'expression correcte ?**

- ☐ A. Je vous saurai gré de bien vouloir…
- ☐ B. Je vous serai gré de bien vouloir…
- ☐ C. Je vous saurais gré de bien vouloir…
- ☐ D. Je vous serais gré de bien vouloir…
- ☐ E. Aucune de ces réponses n'est bonne

4086 **Quel type de gouvernement désigne le terme autocratie ?**

- ☐ A. Un gouvernement sous influence militaire
- ☐ B. Un gouvernement sous influence religieuse
- ☐ C. Le gouvernement d'un parti politique unique
- ☐ D. Un gouvernement où un seul gouverne, avec une autorité sans borne

4087 **Que désignent, dans le vocabulaire religieux, les limbes ?**

- ☐ A. L'enfer
- ☐ B. Le paradis
- ☐ C. Le séjour des âmes avant la mort du Christ et de celles des enfants morts sans baptême
- ☐ D. L'emplacement de la crucifixion du Christ

4088 **Que désigne le terme schisme ?**

- ☐ A. Une roche sédimentaire
- ☐ B. La séparation des fidèles d'une religion qui reconnaissent une autorité différente
- ☐ C. Un phénomène physique de scission
- ☐ D. Une forme ou un ensemble de formes qui fait le style d'un artiste, d'un mouvement artistique ou d'une époque

4089 **Que désigne-t-on par le terme magistère ?**

- ☐ A. Une retraite dans un monastère
- ☐ B. Une autorité doctrinale, morale ou intellectuelle unanimement reconnue
- ☐ C. La carrière de juge
- ☐ D. L'activité d'un magicien

4090 **L'antisémitisme est une forme de racisme qui s'exerce à l'encontre :**

- ☐ A. Des noirs
- ☐ B. Des minorités ethniques quelles qu'elles soient
- ☐ C. Des juifs
- ☐ D. Des asiatiques

4091 **L'aurore désigne quel moment du jour ?**

- ☐ A. Les premières lueurs du jour
- ☐ B. La fin du jour
- ☐ C. Midi
- ☐ D. La fin de l'après-midi

4092 **A quel sens renvoie l'adjectif tactile ?**

- ☐ A. L'odorat
- ☐ B. Le goût
- ☐ C. Le toucher
- ☐ D. L'ouïe

4093 Un régime politique dont les dirigeants sont les plus puissants s'appelle :

- ☐ A. Oligarchie
- ☐ B. Théocratie
- ☐ C. Anarchie
- ☐ D. Aristocratie

4094 Un de ces mots ne désigne pas une religion. Lequel ?

- ☐ A. Orthodoxe
- ☐ B. Mystique
- ☐ C. Maronite
- ☐ D. Catholique

4095 Que collectionne un capéophile ?

- ☐ A. Les capes
- ☐ B. Les drapeaux
- ☐ C. Les manteaux
- ☐ D. Les médailles
- ☐ E. Les chapeaux

4096 Une offre gracieuse :

- ☐ A. Est rémunérée
- ☐ B. Est accordée bénévolement
- ☐ C. A du charme Carence
- ☐ D. Est intéressée

4097 La phobie des araignées s'appelle :

- ☐ A. L'arachnophobie
- ☐ B. L'acrophobie
- ☐ C. L'algophobie
- ☐ D. L'agoraphobie

4098 Le nom « sport » a été emprunté à l'anglais au début du XIXe siècle. Cet anglicisme est lui-même issu d'un nom de l'ancien français, que l'on emploie aujourd'hui encore dans un sens différent. Quel est ce nom ?

- ☐ A. Déport
- ☐ B. Report
- ☐ C. Support
- ☐ D. Transport

4099 Les mots liés à la rhétorique sont :

- ☐ A. L'exorde
- ☐ B. La sophistique
- ☐ C. La *disputatio*
- ☐ D. La péroraison

4100 « Le soleil ni la mort ne se peuvent regarder fixement » est une maxime de François de La Rochefoucauld. Comment doit-on la comprendre ?

- ☐ A. Le soleil, incarnant le principe de vie, et la mort se contredisent absolument
- ☐ B. L'homme ne peut pas penser directement à la mort comme il ne peut pas regarder fixement le soleil
- ☐ C. L'homme ne doit pas mettre sur le même plan le soleil (phénomène physique) et la mort (phénomène qui fixe la crainte et la superstition)
- ☐ D. Le soleil et la mort ne peuvent pas se regarder fixement

4101 Les arts libéraux étaient enseignés au Moyen Age. Le mot libéral prend ici le sens de :

- ☐ A. Généreux
- ☐ B. Indépendant, non étatique
- ☐ C. Digne d'un homme libre
- ☐ D. Activité intellectuelle non technique

4102 Amphitryon était un roi de Tirynthe, marié à la très belle Alcmène. Zeus, tombé amoureux de la mortelle, dut, pour séduire la fidèle épouse, prendre l'apparence du mari. C'est ainsi qu'Alcmène, croyant être dans les bras d'Amphitryon, conçut avec le dieu un fils devenu célèbre : Héraclès ou Hercule. Aujourd'hui un amphitryon est :

☐ A. Un hôte qui offre à dîner
☐ B. Une personne très naïve
☐ C. Un soldat à pied

4103 Stentor, personnage de l'*Iliade*, a laissé son nom à une particularité physique. Laquelle ?

☐ A. Une voix retentissante
☐ B. Des yeux verts
☐ C. Une musculature développée

4104 L'« Opéra séria » désigne un genre d'opéra né en Italie qui s'est développé au XVIIIe siècle. A quoi se rapporte l'adjectif « séria » ?

☐ A. A la succession des airs chantés qui s'y enchaînent en série
☐ B. Au caractère « sérieux » des sujets traités dans ces opéras
☐ C. A la musique sérielle composée pour ces opéras
☐ D. Au fait que ce type d'opéra était composé pour faire partie d'une série de trois ou quatre opéras retraçant une saga (l'équivalent de nos séries télévisées modernes)

4105 Eros et Thanatos sont deux concepts de la psychanalyse. Ces termes ont été empruntés au grec. Quel est le sens littéral de ces mots ?

☐ A. La conscience et l'inconscient
☐ B. Le désir et la mort
☐ C. Le désir et la vie
☐ D. La pulsion et la psychose

4106 Faire des prophéties sans jamais convaincre personne, c'est jouer les :

☐ A. Bircé
☐ B. Cassandre
☐ C. Galatée

4107 Ces noms font référence au diable sauf un. Lequel ?

☐ A. Bélial
☐ B. Belzébuth
☐ C. Léviathan
☐ D. Méphistophélès

4108 Littéralement, que signifie Belzébuth ?

☐ A. Le Seigneur des Mers
☐ B. Le Seigneur des Mouches
☐ C. Le Seigneur des Vaches
☐ D. Le Seigneur de la Nature

4109 Quel mot correspond à la définition suivante : « Se dit d'une chose que l'on fait à un moment où il ne convient pas de la faire, qui se produit mal à propos. »

☐ A. Maladroit
☐ B. Intempestif
☐ C. Opportun
☐ D. Funeste

4110 Quel mot correspond à la définition suivante : « Se dit des valeurs fictives, fondées seulement sur la confiance accordée à celui qui émet ces valeurs » ?

- ☐ A. Monétaire
- ☐ B. Fiduciaire
- ☐ C. Financier
- ☐ D. Dérogatoire

4111 Quel mot correspond à la définition suivante : « Personne qui aime la solitude et déprécie les rapports avec les autres hommes » ?

- ☐ A. Philanthrope
- ☐ B. Misanthrope
- ☐ C. Agoraphobe
- ☐ D. Lunatique

4112 Que signifie eutrophisation ?

- ☐ A. Une augmentation d'oxygène dans l'eau
- ☐ B. Une augmentation d'azote dans l'eau à la suite d'une prolifération d'algues
- ☐ C. Une diminution d'oxygène dans l'eau à la suite d'une prolifération d'algues par enrichissement du milieu en éléments nutritifs

4113 Que signifie ubuesque ?

- ☐ A. D'un comique grotesque et absurde
- ☐ B. D'un tragique démesuré et ironique
- ☐ C. D'une tristesse sans égale
- ☐ D. D'une mélancolie joyeuse

4114 Qu'est ce que la métempsychose ?

- ☐ A. Une psychose qui conduit à se prendre pour Dieu
- ☐ B. Une forme d'hypnose très efficace
- ☐ C. Le passage des âmes d'un corps dans un autre

4115 Qu'est-ce que l'illettrisme ?

- ☐ A. Le fait de n'avoir pas appris à lire et à écrire
- ☐ B. Le fait d'être incapable de lire ou d'écrire un texte simple même quand on a été scolarisé
- ☐ C. Le fait d'être d'une ignorance flagrante

4116 Qu'est-ce qu'un audit ?

- ☐ A. Un examen médical
- ☐ B. Une procédure de contrôle
- ☐ C. Une transaction commerciale
- ☐ D. Un jeu

4117 Laquelle de ces définitions est inexacte ?

- ☐ A. La linguistique est l'étude du langage et des langues
- ☐ B. La liturgie est l'étude du littoral
- ☐ C. L'hydrologie est l'étude des eaux marines et continentales
- ☐ D. La minéralogie est l'étude des minéraux

4118 Quel sens a le mot cœur dans le vers de Pierre Corneille « Rodrigue, as-tu du cœur » ?

- ☐ A. Courage
- ☐ B. Pitié
- ☐ C. Sympathie
- ☐ D. Gentillesse

3. Synonymes et antonymes

4119 Le mot « gnose » est synonyme de :

- ☐ A. Glose
- ☐ B. Herméneutique, exégèse
- ☐ C. Eschatologie
- ☐ D. Connaissance

4120 Le mot « glose » est synonyme de :

- ☐ A. Gnose
- ☐ B. Herméneutique, exégèse
- ☐ C. Eschatologie
- ☐ D. Commentaire

4121 Quel est le synonyme de candeur ?

- ☐ A. Culpabilité
- ☐ B. Chaleur
- ☐ C. Paresse
- ☐ D. Ingénuité

4122 Quel synonyme pour l'adjectif fielleux ?

- ☐ A. Amical
- ☐ B. Fier
- ☐ C. Haineux
- ☐ D. Fidèle

4123 Dans la liste suivante, quel mot est un synonyme de pusillanime ?

- ☐ A. Magnanime
- ☐ B. Poltron
- ☐ C. Courageux
- ☐ D. Impassible

4124 Dans la liste suivante, quel mot est un synonyme de magnanime ?

- ☐ A. Clément
- ☐ B. Tranquillité
- ☐ C. Courageux
- ☐ D. Courage

4125 Trouvez le synonyme d'opprobre :

- ☐ A. Opposition
- ☐ B. Déshonneur
- ☐ C. Méchanceté
- ☐ D. Ironie

4126 Trouvez un synonyme d'actuel :

- ☐ A. Présent
- ☐ B. Obsolète
- ☐ C. Toujours en acte
- ☐ D. Virtuel

4127 Largesse est synonyme de :

- ☐ A. Laxisme
- ☐ B. Gaspillage
- ☐ C. Démesure
- ☐ D. Générosité

4128 Accommodant est le synonyme de :

- ☐ A. Facile
- ☐ B. Conciliant
- ☐ C. Malveillant
- ☐ D. Agressif

4129 Cochez chaque synonyme de pérenne :

- ☐ A. Durable
- ☐ B. Long
- ☐ C. Permanent
- ☐ D. Annuel

4130 Cochez chaque synonyme de présomption :

- ☐ A. Intuition
- ☐ B. Hypothèse
- ☐ C. Prétention
- ☐ D. Supposition

4131 Cochez chaque synonyme de placide :

- ☐ A. Flegmatique
- ☐ B. Gras
- ☐ C. Silencieux
- ☐ D. Serein

4132 Parmi les synonymes de abîme, quel est l'intrus ?

- ☐ A. Cavité
- ☐ B. Abysse
- ☐ C. Gouffre
- ☐ D. Altération

4133 Quel est l'antonyme de synergie ?

- ☐ A. Association
- ☐ B. Antagonisme
- ☐ C. Abattement
- ☐ D. Apathie

4134 Quel est l'antonyme de conspuer ?

- ☐ A. Embellir
- ☐ B. Embaumer
- ☐ C. Bafouer
- ☐ D. Acclamer

4135 L'antonyme du mot « nécessaire » est :

- ☐ A. Utile
- ☐ B. Contingent
- ☐ C. Qui vient de naître
- ☐ D. Désirable

4136 Trouvez chaque antonyme d'importun :

- ☐ A. Discret
- ☐ B. Opportun
- ☐ C. Agréable
- ☐ D. Inopportun

4137 Trouvez chaque antonyme de sporadique :

- ☐ A. Ininterrompu
- ☐ B. Isolé
- ☐ C. Intermittent
- ☐ D. Continu

4138 Trouvez chaque antonyme de prôner :

- ☐ A. Louer
- ☐ B. Préconiser
- ☐ C. Dénigrer
- ☐ D. Décrier

4139 Trouvez chaque antonyme de dispendieux :

- ☐ A. Ruineux
- ☐ B. Précaire
- ☐ C. Grandiose
- ☐ D. Bon marché

4140 Trouvez chaque antonyme de factice :

- ☐ A. Naturel
- ☐ B. Apprêté
- ☐ C. Artificiel
- ☐ D. Réel

4141 Trouvez chaque couple d'antonymes :

- ☐ A. Délicieux – délicat
- ☐ B. Décade – décennie
- ☐ C. Mer – océan
- ☐ D. Xénophobe – xénophile

4142 Quel est le contraire d'affliction ?

- ☐ A. Tristesse
- ☐ B. Poltron
- ☐ C. Joie
- ☐ D. Impassible

4143 Dans la liste suivante quel est le contraire de à propos, convenable ?

- ☐ A. Maladroit
- ☐ B. Intempestif
- ☐ C. Opportun
- ☐ D. Funeste

4144 Dans la liste suivante, quel terme est le contraire d'importun ?

- ☐ A. Opportun
- ☐ B. Inopportun
- ☐ C. Indiscret
- ☐ D. Fâcheux

4145 Le contraire de centrifuge est :

- ☐ A. Central
- ☐ B. Centripète
- ☐ C. Décentré
- ☐ D. A contresens

4146 Trouvez le paronyme d'inclination :

- ☐ A. Haine
- ☐ B. Position oblique
- ☐ C. Penchant amoureux
- ☐ D. Inclinaison

4. Un peu d'orthographe et de grammaire

4147 Une faute d'orthographe s'est glissée, laquelle ?

- ☐ A. Des rouge-gorges
- ☐ B. Des oiseaux-mouches
- ☐ C. Des réveille-matin
- ☐ D. Des sous-sols

4148 Une faute d'orthographe s'est glissée dans l'un des mots suivants. Lequel ?

- ☐ A. Accrocher
- ☐ B. Accoustique
- ☐ C. Accéder
- ☐ D. Accident

4149 Comment s'orthographie le terme qui correspond à la définition suivante : « Avoir de l'aisance, de l'habileté dans la manière de se conduire en société. Par conséquent, avoir beaucoup de relations » ?

- ☐ A. Avoir de l'entregent
- ☐ B. Avoir de l'entre-gens
- ☐ C. Avoir de l'entregens
- ☐ D. Avoir de l'entre-gent

4150 Quelle est la bonne orthographe ?

- ☐ A. Rafraichir
- ☐ B. Rafraîchir
- ☐ C. Raffraichir
- ☐ D. Raffréchir

4151 Lequel de ces adverbes n'est pas correctement écrit ?

- ☐ A. Aujourd'huis
- ☐ B. Désormais
- ☐ C. Jadis
- ☐ D. Bientôt

4152 Quelle est la bonne orthographe ?

- ☐ A. Polimère
- ☐ B. Polimaire
- ☐ C. Polymaire
- ☐ D. Polymère

4153 Un de ces mots contient une erreur :

- ☐ A. Les perdrix
- ☐ B. Les souris
- ☐ C. Les nezs
- ☐ D. Les gaz

4154 L'orthographe correcte au pluriel de ce mot est :

- ☐ A. Des timbres-postes
- ☐ B. Des timbre-poste
- ☐ C. Des timbres-poste
- ☐ D. Des timbre-postes

4155 Quel est le mot mal orthographié ?

- ☐ A. Innocemment
- ☐ B. Gentillement
- ☐ C. Ardemment
- ☐ D. Elégamment

4156 Quel est l'orthographe correcte ?

- ☐ A. Assensseur
- ☐ B. Ascenceur
- ☐ C. Ascenseur
- ☐ D. Assenseur

4157 Une suite d'entretiens, de discussions plus ou moins secrètes s'écrit :

- ☐ A. Concilliabule
- ☐ B. Consiliabule
- ☐ C. Conciliabule
- ☐ D. Consilliabule
- ☐ E. Aucune de ces réponses n'est bonne

4158 Synonyme d'être motivé s'écrit :

- ☐ A. Etre plein d'alan
- ☐ B. Etre plein d'alan
- ☐ C. Etre plein d'allant
- ☐ D. Etre plein dallant
- ☐ E. Aucune de ces réponses n'est bonne

4159 Doit-on écrire :

- ☐ A. Apparemment
- ☐ B. Apparamment
- ☐ C. Apparremment
- ☐ D. Apparramment
- ☐ E. Aucune de ces réponses n'est bonne

4160 Une liste de calculs tout faits est un :

- ☐ A. Barème
- ☐ B. Barême
- ☐ C. Barrème
- ☐ D. Baréme
- ☐ E. Aucune de ces réponses n'est bonne

4161 L'intériorité du sujet se nomme :

- ☐ A. Le fort intérieur
- ☐ B. Le faure intérieur
- ☐ C. Le for intérieur
- ☐ D. Le forintérieur

4162 Conjuguez le verbe descendre à la 2e personne du singulier du présent de l'indicatif :

- ☐ A. Tu descens
- ☐ B. Tu descents
- ☐ C. Tu descends
- ☐ D. Tu descend

4163 La troisième personne de pluriel du conditionnel présent est :

- ☐ A. Ils avançaient
- ☐ B. Ils avanceront
- ☐ C. Ils avancèrent
- ☐ D. Ils avanceraient

4164 Dans la phrase : « L'enfant fait l'imbécile », la fonction d'imbécile est :

- ☐ A. Adjectif qualificatif
- ☐ B. Complément circonstanciel de manière
- ☐ C. Attribut du sujet
- ☐ D. Complément d'objet direct

4165 Lequel de ces verbes ne peut être que pronominal ?

- ☐ A. Se hâter
- ☐ B. Se repentir
- ☐ C. Se calmer
- ☐ D. S'habituer

4166 Un de ces verbes n'est pas impersonnel :

- ☐ A. Vanter
- ☐ B. Venter
- ☐ C. Neiger
- ☐ D. Pleuvoir

4167 Mais, ou, et, donc, or, ni, car sont des :

- ☐ A. Pronoms
- ☐ B. Prépositions
- ☐ C. Conjonctions de subordination
- ☐ D. Conjonctions de coordination

4168 Lequel de ces mots est féminin ?

- ☐ A. Armistice
- ☐ B. Embarcadère
- ☐ C. Apostrophe
- ☐ D. Entracte

4169 Lequel de ces mots peut être à la fois de genre masculin et de genre féminin ?

- ☐ A. Enfant
- ☐ B. Fantassin
- ☐ C. Obélisque
- ☐ D. Pectine

4170 Lequel de ces mots est invariable ?

- ☐ A. Porte-clés
- ☐ B. Porte-cartes
- ☐ C. Porte-aiguille
- ☐ D. Porte-bouteilles

5. A TRAVERS LE TEMPS ET L'ESPACE

4171 En latin *in illo tempore* signifie :

- ☐ A. Le temps qui passe et dont il faut jouir
- ☐ B. L'heure qu'il est
- ☐ C. Une référence à un passé prestigieux
- ☐ D. Que l'on parle de l'*Illiade* d'Homère

4172 En latin *carpe diem* signifie :

- ☐ A. Le temps qui passe et dont il faut jouir
- ☐ B. L'heure qu'il est
- ☐ C. Une référence à un passé prestigieux
- ☐ D. Que l'on parle de l'*Illiade* d'Homère

4173 Que signifie l'expression latine *Ite, missa est* ?

- ☐ A. Allez, la messe est dite
- ☐ B. Aujourd'hui, ma mission est accomplie
- ☐ C. Demain me manque
- ☐ D. Ici je repose

4174 *Ad libitum* signifie :

- ☐ A. A volonté
- ☐ B. Au choix
- ☐ C. N'importe comment
- ☐ D. Au fil de la plume

4175 L'expression latine signifiant le sort en est jeté est :

- ☐ A. *Ita missa est*
- ☐ B. *Casus belli*
- ☐ C. *Vox populi*
- ☐ D. *Alea jacta est*

4176 Que signifie l'expression latine *errare humanum est* ?

- ☐ A. L'homme est dans l'errance
- ☐ B. L'erreur est humaine
- ☐ C. L'homme est une erreur de la nature
- ☐ D. L'homme est un être rare

4177 A quel vocabulaire appartient aujourd'hui le terme fiduciaire, du latin *fiducia* qui signifie confiance ?

- ☐ A. Au vocabulaire économique
- ☐ B. Au vocabulaire religieux
- ☐ C. Au vocabulaire philosophique
- ☐ D. Au vocabulaire sociologique

4178 Le mot fortune a quelle origine ?

- ☐ A. Le mot vient du latin *fortuna*, désignant une divinité qui symbolisait le sort
- ☐ B. Le mot vient du nom d'un modeste commerçant, Alphonse Fortune, ayant vécu au XIXe siècle, et s'étant enrichi de façon spectaculaire
- ☐ C. Le mot vient du latin *fortuna*, désignant une pièce de monnaie
- ☐ D. Le mot vient du grec *fortunaïos*, signifiant bien heureux

4179 L'expression choix cornélien a quelle origine ?

- ☐ A. Le nom de l'auteur dramatique Pierre Corneille en raison des dilemmes auxquels sont confrontés ses personnages
- ☐ B. Le mot corneille qui désigne un oiseau de la famille des corbeaux, réputé être de mauvais augure
- ☐ C. Le nom de l'auteur dramatique Pierre Corneille qui dut faire un choix difficile entre la troupe de l'Hôtel de Bourgogne (la plus réputée à l'époque) et la troupe de Molière pour faire représenter ses œuvres
- ☐ D. Le mot cornée qui désigne la partie transparente de l'œil (l'expression signifiant un choix lucide)

4180 **Quelle est la langue d'origine du mot soc ?**

- ☐ A. Le perse
- ☐ B. Le gaulois
- ☐ C. Le hittite
- ☐ D. Le grec

4181 **Quelle est l'origine du terme antagonisme ?**

- ☐ A. Le mot grec *agônia* qui signifie lutte
- ☐ B. Le mot grec *agônia* qui signifie entente
- ☐ C. Le mot latin *agonismus* qui signifie guerre
- ☐ D. Le mot latin *agonismus* qui signifie paix

4182 **A quelle langue appartient le mot blues ?**

- ☐ A. La langue anglo-saxonne
- ☐ B. Le français
- ☐ C. L'occitan
- ☐ D. L'arabe

4183 **Le terme escrime est issu de l'ancien français escremie et signifie :**

- ☐ A. Attaquer
- ☐ B. Défendre
- ☐ C. Esquiver
- ☐ D. Toucher

4184 **Dans la langue française, l'équivalent du terme anglo-saxon *outsourcing* est :**

- ☐ A. Développement durable
- ☐ B. Externalisation
- ☐ C. Ingénierie

4185 **Le mot apartheid, propre à l'Afrique du Sud, signifie :**

- ☐ A. L'appartenance à l'Afrique du Sud
- ☐ B. La ségrégation raciale
- ☐ C. La guerre à outrance
- ☐ D. La lutte contre le pouvoir des blancs

4186 **Qu'est-ce que le behaviorisme ?**

- ☐ A. L'étude du comportement, ramenant les conduites à une chaîne de stimulations et de réponses
- ☐ B. L'étude des comportements des animaux et de leurs similitudes avec ceux des êtres humains
- ☐ C. L'analyse sociologique des mouvements de population

4187 **Que signifie Al-Qaïda ?**

- ☐ A. La base
- ☐ B. La vérité
- ☐ C. La soumission
- ☐ D. La foi

4188 **Littéralement, que signifie Al-Jazeera ?**

- ☐ A. Le désert
- ☐ B. La colline
- ☐ C. L'île
- ☐ D. L'oasis

4189 **Que signifie le terme pagode en sanskrit ?**

- ☐ A. Heureux
- ☐ B. Femme
- ☐ C. Grand
- ☐ D. Puissant

22. RAISONNEMENT LOGIQUE

Ce chapitre est composé de **80 questions**.

[A SAVOIR !]

110 Les numéros de questions de ce type signifient qu'il n'y a qu'une seule et unique réponse juste à la question posée.

[UN CONSEIL IMPORTANT]

Nous vous conseillons vivement de répondre à toutes les questions d'une section avant d'en découvrir les solutions. L'erreur consiste en effet généralement à traiter une question et à vérifier aussitôt la réponse parce que l'on veut s'assurer d'avoir trouvé la réponse juste ou parce que l'on est impatient de la découvrir dans le cas où on ne la connaît pas. Si vous souhaitez sérieusement progresser, vous devez absolument vous imprégner du thème traité par la section et répondre d'un trait à toutes les questions d'une section.

A B C D E F G H I J K L M N

O P Q R S T U V W X Y Z

4190 Complétez la série :

8 16 19 36 39 78 ? ?

- ☐ A. 81 – 182
- ☐ B. 72 – 128
- ☐ C. 64 – 141
- ☐ D. 56 – 190

4191 Complétez la série :

4 7 11 16 22 ? ?

- ☐ A. 12 – 1
- ☐ B. 15 – 19
- ☐ C. 29 – 37
- ☐ D. 42 – 14

4192 Complétez la série :

18 21 24 45 48 52 ? ? 102 ? 208

- ☐ A. 100 – 103 – 205
- ☐ B. 100 – 103 – 205
- ☐ C. 110 – 22 – 165
- ☐ D. 101 – 210 – 167

4193 Complétez la série :

F ? N R V ?

- ☐ A. J – Z
- ☐ B. J – X
- ☐ C. J – K
- ☐ D. J – U

4194 Complétez la série :

A C B D ? ? D F E G F H

- ☐ A. A – B
- ☐ B. C – E
- ☐ C. G – F
- ☐ D. C – F

4195 Complétez la série :

FRAISE (6) COING (5)
ORANGE (6) FRAMBOISE (?)

- ☐ A. 6
- ☐ B. 9
- ☐ C. 8
- ☐ D. 7

4196 Complétez la série :

MANGECLOUS (10) SOLAL (5)
QUASIMODO (9) SALTIEL (?)

- ☐ A. 7
- ☐ B. 5
- ☐ C. 6
- ☐ D. 8

4197 Complétez la série :

ALBATOR (2) GOLDORAK (1)
ANTHONY (1) ARKANSAS (?)

- ☐ A. 2
- ☐ B. 1
- ☐ C. 3
- ☐ D. 4

4198 Complétez la série :

TSAR (18 – 20) CHATEAU (21 – 3)
RUSSIE (?)

- ☐ A. (4 – 12)
- ☐ B. (20 – 5)
- ☐ C. (5 – 18)
- ☐ D. (10 – 5)

4199 Complétez la série :

Riche Aigre Facile Difficile Doux ?

☐ A. Pauvre
☐ B. Dur
☐ C. Froid
☐ D. Chaud

4200 Complétez la série :

Dépendre Refaire Congeler Pendre Faire ?

☐ A. Geler
☐ B. Porter
☐ C. Défaire
☐ D. Décongeler

4201 Complétez la série :

345 (Q) 234 (T) 567 (S) 789 (?)

☐ A. R
☐ B. P
☐ C. H
☐ D. M

4202 Complétez la série :

Mètre Centimètre Décimètre 1 0,01 ?

☐ A. 10
☐ B. 100
☐ C. 0,1
☐ D. 0,001

4203 Complétez la série :

Huit (4) Un (2) Sept (4) Six (?)

☐ A. 1
☐ B. 2
☐ C. 3
☐ D. 4

4204 Complétez la série :

Heure Minute Seconde 1 60 ?

☐ A. 60
☐ B. 3 600
☐ C. 24
☐ D. 120

4205 Quel est l'intrus ?

25 64 49 54 64

☐ A. 54
☐ B. 25
☐ C. 36
☐ D. 64

4206 Joachim, lors d'un voyage aux Etats-Unis, cherche à visiter quatre villes : New York, Chicago, Dallas et Los Angeles. Pour organiser son périple, il prend en compte les affirmations suivantes :
– s'il ne se rend pas à New York alors il se rend à Los Angeles ;
– s'il se rend à New York alors il se rend à Dallas ;
– s'il se rend à Los Angeles alors il se rend à Chicago ;
– il ne se rend pas à Chicago.

A partir de ces informations, on peut conclure que :

☐ A. Joachim visite New York et Dallas
☐ B. Joachim visite une ville exactement
☐ C. Joachim ne visite pas New York
☐ D. Joachim visite New York, Los Angeles et Dallas

4207 Pierre est moins grand que Jacques, Paul est plus petit que Jacques mais plus grand que Pierre, alors qu'Arnaud est plus grand que Paul mais moins grand que Jacques. Qui est le plus grand ?

- ☐ A. Arnaud
- ☐ B. Pierre
- ☐ C. Paul
- ☐ D. Jacques

4208 Pedro n'aime pas manger sucré ; c'est pourquoi il ne mange pas de mie. Quelle phrase, parmi celles proposées en solution, présente une structure semblable à ce propos ?

- ☐ A. Tarik n'aime rien, c'est pourquoi il n'aime pas les plaisanteries
- ☐ B. Walter n'aime pas manger salé, c'est pourquoi il aime le miel
- ☐ C. Charles n'aime pas la logique, c'est pourquoi il ne passe pas de concours
- ☐ D. Bernard aime se plaindre, c'est pourquoi il se plaint tout le temps

4209 Quel est le plus grand nombre possible de mardis dans une année civile ?

- ☐ A. 51
- ☐ B. 52
- ☐ C. 53
- ☐ D. 54

4210 Dans une ville, un barbier voit passer tous les jours beaucoup de clients. Plus précisément, il n'y a que deux catégories d'hommes dans cette ville. Dans la première, les hommes qui se rasent toujours eux-mêmes alors que dans l'autre ils se font toujours raser par ce barbier.

Parmi ces cinq affirmations, quelle est la seule qui est exacte ?

- ☐ A. Le barbier se rase toujours lui-même
- ☐ B. Le barbier ne se rase jamais lui-même
- ☐ C. Le barbier se rase parfois lui-même et parfois se fait raser
- ☐ D. Dans cette ville, il ne peut pas y avoir un tel barbier

4211 Un escargot cherche à atteindre le sommet d'un poteau haut de douze mètres. Il monte de trois mètres chaque jour, mais redescend de deux mètres chaque nuit. Combien de temps lui faudra-t-il pour atteindre le haut du poteau ?

- ☐ A. 10 jours
- ☐ B. 12 jours
- ☐ C. 11 jours
- ☐ D. 13 jours

4212 On a aligné trois boîtes contenant chacune un objet : une pièce, un coquillage, un dé. La boîte rouge est à droite du coquillage. La boîte verte est à gauche de la bleue. Le dé est à droite de la boîte rouge. La pièce est à gauche du dé. Où est la pièce ?

- ☐ A. Dans la boîte rouge
- ☐ B. Dans la boîte bleue
- ☐ C. Dans la boîte verte
- ☐ D. On ne peut pas savoir

4213 En 1950, les parcs Walt Disney ont réalisé 1 milliard d'euros de chiffre d'affaires lié au tourisme. De 1950 à 1970, le chiffre d'affaires lié au tourisme a doublé pour atteindre 4 milliards d'euros en 1980. Chacune des propositions suivantes, si elle est vraie, permet d'expliquer la tendance suivie par le chiffre d'affaires de Walt Disney lié au tourisme, sauf une. Laquelle ?

- ☐ A. Le nombre de touristes a augmenté entre 1950 et 1980
- ☐ B. La dépense moyenne par touriste a augmenté entre 1950 et 1980
- ☐ C. Le temps de séjour moyen par touriste s'est rallongé entre 1950 et 1980
- ☐ D. Le nombre de touristes âgés de 50 à 77 ans a triplé entre 1950 et 1980

4214 Complétez la série :

BC EF IJ NO ?

- ☐ A. OP
- ☐ B. KL
- ☐ C. TU
- ☐ D. KI

4215 Complétez la série :

56K 39L 55J 98Q 79?

- ☐ A. A
- ☐ B. U
- ☐ C. K
- ☐ D. P

4216 Complétez la série :

35 (H) 49 (M) 52 (?) 36 (I) 4? (L)

- ☐ A. A – 7
- ☐ B. G – 8
- ☐ C. X – 7
- ☐ D. V – 1

4217 Quel est l'intrus ?

424 91 550 28 721 55 84 145

- ☐ A. 424
- ☐ B. 91
- ☐ C. 84
- ☐ D. 145

4218 Quel est l'intrus ?

A N E F K H

- ☐ A. K
- ☐ B. F
- ☐ C. A
- ☐ D. E

4219 Complétez la série :

3 8 18 38 ? 158

- ☐ A. 74
- ☐ B. 76
- ☐ C. 82
- ☐ D. 78

4220 Complétez la série :

XXV (6) IV (3) XV (4) XXXXV (10) XXVIII (?)

- ☐ A. 9
- ☐ B. 7
- ☐ C. 11
- ☐ D. 4

4221 Complétez la série :

Un (2) Six (3) Huit (4) Douze (5) Quatre (?)

- ☐ A. 3
- ☐ B. 4
- ☐ C. 8
- ☐ D. 6

4222 Quel est l'intrus ?

332 54 92 912 36

- ☐ A. 332
- ☐ B. 54
- ☐ C. 36
- ☐ D. 92

4223 Complétez la série :

5 T 4 7 N 2 1 A 1 8 ? 3

- ☐ A. E
- ☐ B. X
- ☐ C. S
- ☐ D. Z

4224 Complétez la série :

Tonne Kilo Gramme 1 0,001 ?

- ☐ A. 0,000001
- ☐ B. 1
- ☐ C. 1000
- ☐ D. 1000000

4225 Complétez la série :

TERIF MANOR NICHE FRITE ROMAN ?

- ☐ A. NIECH
- ☐ B. ECHNI
- ☐ C. ECHIN
- ☐ D. CHIEN

4226 Complétez la série :

ACHETER 4268183 ? 41142683

- ☐ A. ATTACHER
- ☐ B. RACHETER
- ☐ C. CHARRETTE
- ☐ D. CRACHAT

4227 Complétez la série :

Société (7) Vanité (6) Frère (5) Création (?)

- ☐ A. 4
- ☐ B. 8
- ☐ C. 3
- ☐ D. 5

4228 Complétez la série :

Chien Marche Hirondelle Vole Truite ?

- ☐ A. A
- ☐ B. Pêche
- ☐ C. Nage
- ☐ D. Urgent

4229 Complétez la série :

Ennui (5) Jean (4) Jus (3) Il (?)

- ☐ A. 3
- ☐ B. 5
- ☐ C. 4
- ☐ D. 2

4230 Complétez la série :

SINGE SIGNE NIMAL MALIN ABERB ?

- ☐ A. BARBE
- ☐ B. ANIMAL
- ☐ C. BRAVE
- ☐ D. GAINE

4231 Théo organise une soirée pour fêter ses vingt ans. Parmi les invités présents à la soirée, on sait que ceux qui portent une chemise blanche jouent au golf. On sait aussi que personne, en dehors des personnes qui sont barbues, ne porte de jeans bleus. On sait que tous les invités portent des chemises noires sauf s'ils sont honnêtes et que seuls les personnes qui sont barbues jouent au golf. Enfin, on sait que tous ceux qui portent des chaussettes blanches sont honnêtes. Que peut-on en conclure ?

- ☐ A. Les personnes qui portent des chemises blanches sont barbue
- ☐ B. Les personnes qui portent des jeans bleus jouent au tennis
- ☐ C. Les personnes qui sont barbues jouent au tennis
- ☐ D. Les joueurs de tennis portent une chemise blanche

4232 « La chance sourit aux audacieux ». Si cette hypothèse est vraie, alors Jean déduit que seuls les audacieux ont de la chance. De son côté, Albert conclut que les audacieux ont plus de chance que les autres. Josette pense quant à elle que cette hypothèse induit que les audacieux sont tous chanceux. Enfin, Léa argue que chance et audace sont intimement liées.

Qui a raison et qui a tort ?

- ☐ A. Les garçons ont raison
- ☐ B. Léa, Albert et Josette ont raison et Jean a tort
- ☐ C. Jean et Léa ont raison alors que Josette et Albert ont tort
- ☐ D. Au moins deux personnes ont tort

4233 Nous sommes le 2 septembre 2014. Quel jour de la semaine sommes-nous, en sachant que le 2 mars 2014 était un jeudi ?

- ☐ A. Lundi
- ☐ B. Mardi
- ☐ C. Jeudi
- ☐ D. Samedi

4234 Paul est plus grand que Sébastien et André est plus vieux que Paul. En sachant que le plus vieux des trois est aussi le plus grand, qui est le plus petit des trois ?

- ☐ A. Paul
- ☐ B. Sébastien
- ☐ C. André
- ☐ D. Paul ou André

4235 Alain et Bob disposent à eux deux d'une somme d'argent supérieure à celle dont disposent à elles deux Carole et Davy. Par ailleurs, Carole et Ella disposent à elles deux d'une somme d'argent supérieure à celle dont disposent à eux deux Faye et Bob. Quelle est parmi ces cinq propositions la seule dont on peut être certain qu'elle soit vraie ?

- ☐ A. Alain et Bob disposent à eux deux d'une somme d'argent supérieure à celle dont disposent ensemble Davy et Faye
- ☐ B. Davy et Ella disposent à elles deux d'une somme d'argent supérieure à celle dont disposent ensemble Carole et Faye
- ☐ C. Alain et Ella disposent à eux deux d'une somme d'argent supérieure à celle dont disposent ensemble Davy et Faye
- ☐ D. Davy et Faye disposent à elles deux d'une somme d'argent supérieure à celle dont disposent ensemble Alain et Carole

4236 On a envisagé un temps d'adopter une armée exclusivement composée de volontaires. Cette idée a été testée pour la première fois il y a quelques années sur un échantillon de bases militaires. Ce fut un échec retentissant : le niveau d'instruction des volontaires était très faible tandis que l'usage de drogues et les délits avaient atteint de hauts niveaux parmi ces mêmes volontaires. Aussi, à la question « Pouvons-nous passer d'une armée professionnelle à une armée de volontaires ? », la réponse est « non », sans équivoque.

Parmi les propositions suivantes, quelle est celle, si elle est vraie, qui renforce le plus la position de l'auteur concernant l'adoption d'une armée de volontaires ?

☐ A. Le niveau général d'instruction a augmenté depuis la première fois où l'idée d'une armée de volontaires a été testée
☐ B. L'idée d'une armée de volontaires était à l'initiative d'une association connue sous le nom des « Citoyens de la Paix »
☐ C. La première tentative de création d'une armée de volontaires était conduite selon un plan identique à celui qui est actuellement proposé et dans des conditions identiques à celles qui existent aujourd'hui
☐ D. Une armée de volontaires coûterait moins cher qu'une armée professionnelle

4237 Trois amis participent à une course : Martin (M), Fred (F), et Samir (S). Juste après le départ, Martin est premier, Fred deuxième et Samir troisième. Pendant la course, Martin et Fred se sont dépassés 9 fois ; Fred et Samir 10 fois et Martin et Samir 11 fois. Dans quel ordre sont-ils arrivés ?

☐ A. M, F, S
☐ B. F, S, M
☐ C. S, M, F
☐ D. S, F, M

4238 Un sac contient cinquante jetons. Les jetons sont blancs ou noirs. Il y a au moins un jeton noir dans le sac. Combien y a-t-il de jetons blancs dans le sac sachant que si l'on prend au hasard deux jetons, il y en a toujours au moins un des deux qui est blanc ?

☐ A. Vingt-cinq
☐ B. Quarante-neuf
☐ C. Un
☐ D. Vingt-quatre

4239 Complétez la série :

3 9 27 81 ?

☐ A. 243
☐ B. 124
☐ C. 617
☐ D. 342

4240 Complétez la série :

CHAT (4) FENETRE (7) SERPENTINS (10) RUSSE (?)

☐ A. 3
☐ B. 4
☐ C. 5
☐ D. 6

4241 Quel est l'intrus ?

☐ A. DEFINIR • 246
☐ B. LOUVE • 235
☐ C. AVIRON • 135
☐ D. CHARME • 236

4242 Complétez la série :

S R P M I ?

- ☐ A. E
- ☐ B. D
- ☐ C. H
- ☐ D. G

4243 Quel est l'intrus ?

- ☐ A. 16 • SZ
- ☐ B. 100 • CNT
- ☐ C. 8 • HTS
- ☐ D. 7 • SPT

4244 Quel est l'intrus ?

- ☐ A. 4205
- ☐ B. 7568
- ☐ C. 3279
- ☐ D. 8216

4245 Complétez la série :

A H K N ?

- ☐ A. Y
- ☐ B. X
- ☐ C. W
- ☐ D. U

4246 Complétez la série :

14 33 70 134 162 ?

- ☐ A. 261
- ☐ B. 282
- ☐ C. 326
- ☐ D. 343

4247 Quel est l'intrus ?

AT OC BB CD HT AM OT KC AG

- ☐ A. AT
- ☐ B. AM
- ☐ C. OC
- ☐ D. KC

4248 Complétez la série :

VIII (H) III (T) XX (V) XV (Q) ?

- ☐ A. XVI (R)
- ☐ B. XII (D)
- ☐ C. XXV (C)
- ☐ D. XIX (S)

4249 Quel est l'intrus ?

678 123 567 234 578 789

- ☐ A. 578
- ☐ B. 123
- ☐ C. 789
- ☐ D. 567

4250 Quel est l'intrus ?

ELLE RADAR FILLE KAYAK ALLA

- ☐ A. ELLE
- ☐ B. FILLE
- ☐ C. KAYAK
- ☐ D. ALLA

4251 Complétez la série :

? ? 15 18 19 19 23 20 27 21

- ☐ A. 11 et 17
- ☐ B. 17 et 19
- ☐ C. 20 et 15
- ☐ D. 3 et 9

4252 Complétez la série :

5040 2520 840 210 ? 7

- ☐ A. 67
- ☐ B. 143
- ☐ C. 91
- ☐ D. 42

4253 Complétez la série :

12 P 4 15 W 8 6 H 2 2 ? 13

- ☐ A. D
- ☐ B. T
- ☐ C. O
- ☐ D. U

4254 Complétez la série :

DH(3) GT(12) LM(0) WZ(2) MS (?)

- ☐ A. 4
- ☐ B. 5
- ☐ C. 7
- ☐ D. 8

4255 Complétez la série :

Pommes : 2 kg Eureka : 4 kg
Radio : 3 kg Betteraves : ? kg

- ☐ A. 1
- ☐ B. 2
- ☐ C. 3
- ☐ D. 4

4256 Vanessa habite dans un immeuble de dix étages, trois étages au-dessous d'Olivier et deux étages au-dessus d'Alexandre. Flavien habite sept étages plus haut qu'Alexandre, à l'avant-dernier étage. Combien le livreur doit-il monter d'étages pour livrer la pizza d'Olivier ?

- ☐ A. 1
- ☐ B. 3
- ☐ C. 4
- ☐ D. 7

4257 Dans une famille, il y a deux enfants, deux fils qui se prénomment Eliot et Martin. Marie-Jeanne est la cousine germaine de Maxime, Marie est la femme de Martin et la mère de Maxime, Marie-Jeanne est la fille d'Eliot qui a épousé Eliane. Quelle est la personne la plus âgée sachant que Eliot est le frère aîné de Martin ?

- ☐ A. Eliot
- ☐ B. Jeanne
- ☐ C. Martin
- ☐ D. On ne peut pas savoir

4258 Maxime, Mohammed et Mamadou travaillent dans trois entreprises différentes. L'entreprise de Maxime n'a pas un nombre d'employés inférieur à celle de Mohammed et l'entreprise de Mamadou n'a pas un nombre d'employés supérieur à celle de Maxime. C'est le supermarché qui emploie le moins d'employés.

Lequel ou lesquels des trois travaille(nt) dans le supermarché ?

- ☐ A. Mohammed
- ☐ B. Maxime et Mohammed
- ☐ C. On ne peut pas le savoir
- ☐ D. Mamadou

4259 Alexandre, Daniel, Nicolas, Olivier et Thomas participent à un concours du plus grand mangeur de Crocodiles. Alexandre et Nicolas ne sont ni les plus gourmands, ni les moins gourmands. Thomas mange plus de Crocodiles qu'Alexandre, mais moins qu'Olivier. Nicolas mange plus de Crocodiles que Thomas. Quel est le classement à l'issue du concours ?

- ☐ A. Olivier, Nicolas, Thomas, Alexandre, Daniel
- ☐ B. Thomas, Olivier, Nicolas, Alexandre, Daniel
- ☐ C. Olivier, Alexandre, Thomas, Nicolas, Daniel
- ☐ D. Daniel, Olivier, Nicolas, Thomas, Alexandre

4260 On sait que :

1. Les habitants de Nice sont épiciers.
2. Seuls les épiciers ne jouent pas du piano.
3. A Nice, on ne joue pas du piano.

Parmi les affirmations suivantes, laquelle est forcément vraie ?

- ☐ A. L'affirmation 1 découle des affirmations 2 et 3.
- ☐ B. L'affirmation 2 découle des affirmations 1 et 3.
- ☐ C. L'affirmation 3 découle des affirmations 2 et 1.
- ☐ D. Les affirmations 1, 2 et 3 sont identiques.

4261 Une île est peuplée de « sages » qui disent toujours la vérité et de « menteurs » qui mentent tout le temps. 25 habitants de cette île forment une queue et chaque personne de cette queue hormis la première, affirme que la personne, devant elle dans la queue, est un menteur. La première personne de la queue, elle, affirme que toutes les personnes derrière elle dans la queue sont des menteurs. Combien de menteurs figurent dans cette queue ?

- ☐ A. 0
- ☐ B. 12
- ☐ C. 13
- ☐ D. 24

4262 Qui peut être la tante de l'oncle de ma sœur ?

- ☐ A. Mon grand-père
- ☐ B. Ma grand-mère
- ☐ C. La cousine de mon grand-père
- ☐ D. La sœur de ma grand-mère

4263 Au cours d'une réunion, six représentants de différents pays négocient autour d'une table hexagonale. Le Français n'est pas en face de l'Irakien. L'Américain et le Russe ne sont pas voisins du Français. Le Britannique est en face de l'Américain, le Français a l'Espagnol à sa droite. Qui est à droite de l'Irakien ?

- ☐ A. L'Américain
- ☐ B. L'Espagnol
- ☐ C. Le Russe
- ☐ D. Le Britannique

4264 Complétez la série :

F J N R V ?

- ☐ A. X
- ☐ B. Y
- ☐ C. Z
- ☐ D. W

4265 Complétez la série :

HBC XAB HAE ?

- ☐ A. LBD
- ☐ B. BCX
- ☐ C. LHA
- ☐ D. DLA

4266 Complétez la série :

KLW JIS MCP ?

- ☐ A. GDF
- ☐ B. NES
- ☐ C. LPO
- ☐ D. JUN

4267 Complétez la série :

MAISON (6) KILOGRAMME (10)
ENCHANTER (9) RAT (?)

- ☐ A. 3
- ☐ B. 4
- ☐ C. 5
- ☐ D. 6

4268 Complétez la série :

GALVAUDER (4) DERISOIRE (5)
MELODIEUSE (6) ENFREINDRE (?)

- ☐ A. 3
- ☐ B. 4
- ☐ C. 5
- ☐ D. 6

4269 Complétez la série :

PLAT (3) HUITRE (3) TRAITRESSE (6)
FRITURE (?)

- ☐ A. 2
- ☐ B. 6
- ☐ C. 4
- ☐ D. 3

23. CALCUL ET MATHEMATIQUES

Ce chapitre est composé de **136 questions.**

[VOUS N'AUREZ PAS LE DROIT A LA CALCULATRICE POUR LES QUESTIONS DE CALCUL]

Tables de multiplication, carrés et premiers nombres premiers

	1	**2**	**3**	**4**	**5**	**6**	**7**	**8**	**9**	**10**	**11**	**12**	**13**	**14**	**15**	**16**	**17**	**18**	**19**	**20**
1	**1**	**2**	**3**	4	**5**	6	**7**	8	9	10	**11**	12	**13**	14	15	16	**17**	18	**19**	20
2	**2**	**4**	6	8	10	12	14	16	18	20	22	24	26	28	30	32	34	36	38	40
3	**3**	6	**9**	12	15	18	21	24	27	30	33	36	39	42	45	48	51	54	57	60
4	4	8	12	**16**	20	24	28	32	36	40	44	48	52	56	60	64	68	72	76	80
5	**5**	10	15	20	**25**	30	35	40	45	50	55	60	65	70	75	80	85	90	95	100
6	6	12	18	24	30	**36**	42	48	54	60	66	72	78	84	90	96	102	108	114	120
7	**7**	14	21	28	35	42	**49**	56	63	70	77	84	91	98	105	112	119	126	133	140
8	8	16	24	32	40	48	56	**64**	72	80	88	96	104	112	120	128	136	144	152	160
9	**9**	18	27	36	45	54	63	72	**81**	90	99	108	117	126	135	144	153	162	171	180
10	10	20	30	40	50	60	70	80	90	**100**	110	120	130	140	150	160	170	180	190	200
11	**11**	22	33	44	55	66	77	88	99	110	**121**	132	143	154	165	176	187	198	209	220
12	12	24	36	48	60	72	84	96	108	120	132	**144**	156	168	180	192	204	216	228	240
13	**13**	26	39	52	65	78	91	104	117	130	143	156	**169**	182	195	208	221	234	247	260
14	14	28	42	56	70	84	98	112	126	140	154	168	182	**196**	210	224	238	252	266	280
15	15	30	45	60	75	90	105	120	135	150	165	180	195	210	**225**	240	255	270	285	300
16	16	32	48	64	80	96	112	128	144	160	176	192	208	224	240	**256**	272	288	304	320
17	**17**	34	51	68	85	102	119	136	153	170	187	204	221	238	255	272	**289**	306	323	340
18	18	36	54	72	90	108	126	144	162	180	198	216	234	252	270	288	306	**324**	342	360
19	**19**	38	57	76	95	114	133	152	171	190	209	228	247	266	285	304	323	342	**361**	380
20	20	40	60	80	100	120	140	160	180	200	220	240	260	280	300	320	340	360	380	**400**

Table de carrés

CARRES									
1^2	**1**	6^2	**36**	11^2	**121**	16^2	**256**	21^2	**441**
2^2	**4**	7^2	**49**	12^2	**144**	17^2	**289**	22^2	**484**
3^2	**9**	8^2	**64**	13^2	**169**	18^2	**324**	23^2	**529**
4^2	**16**	9^2	**81**	14^2	**196**	19^2	**361**	24^2	**576**
5^2	**25**	10^2	**100**	15^2	**225**	20^2	**400**	25^2	**625**

4270 Daniel a mangé un cinquième d'un gâteau et Aurélie a mangé les trois quarts du reste. Quel pourcentage de ce gâteau reste pour Jonas ?

☐ A. 20 %
☐ B. 25 %
☐ C. 40 %
☐ D. 60 %

4271 Si 2 élevé à la puissance 15 vaut 32 768, que vaut 2 à la puissance 17 ?

☐ A. 32 772
☐ B. 65 536
☐ C. 131 072
☐ D. 262 144

4272 Une cuve remplie de 2 000 litres d'acide se vide à raison de 8 litres par seconde dans une seconde cuve remplie de 1 000 litres du même acide et qui se vide à raison de 6 litres par seconde. En combien de temps la totalité de l'acide se sera-t-il écoulé ?

☐ A. 10 minutes
☐ B. 8 minutes et 20 secondes
☐ C. 9 minutes et 45 secondes
☐ D. 7 minutes et 15 secondes

4273 Si on soustrait la somme des angles d'un triangle à la somme des angles d'un carré, il reste :

☐ A. 180°
☐ B. 0°
☐ C. 360°
☐ D. 90°

4274 Je viens d'acheter un disque au prix bon marché de 9,50 €. J'ai en effet bénéficié d'une remise de 28 % sur le prix d'origine du disque. Justement, quel est, au dixième d'euro près, le prix d'origine (sans remise) du disque ?

☐ A. 12,5
☐ B. 12,9
☐ C. 13,2
☐ D. 13,9

4275 Pour quelles valeurs de p l'équation $px^2 - 3(p - 1)x + 4(p - 1) = 0$ admet-elle deux racines réelles distinctes telles que l'une soit inférieure à 1 et l'autre supérieure à 1 ?

☐ A. $10 < p < 1$
☐ B. $-1 < p < 1$
☐ C. $0 < p < \frac{1}{2}$
☐ D. $-1 < p < \frac{1}{2}$

4276 La moyenne arithmétique de 9 nombres est 12. Si l'on retire l'un de ces nombres, la moyenne devient égale à 8. Quelle est la valeur du nombre que l'on a retiré ?

☐ A. 12
☐ B. 24
☐ C. 36
☐ D. 44

4277 ABCD est un rectangle de 6 cm sur 10 cm et PQRS est un carré de 6 cm de côté. Si l'aire grisée vaut la moitié de l'aire du rectangle ABCD, combien mesure PX ?

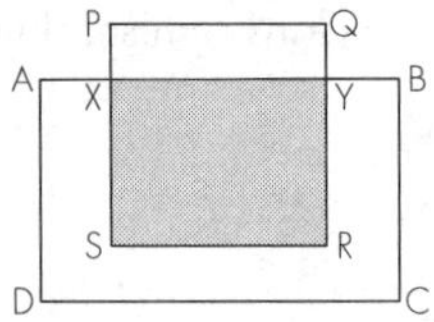

- ☐ A. 1 cm
- ☐ B. 1,5 cm
- ☐ C. 2 cm
- ☐ D. 2,5 cm

4278 1 chaise, 1 valise et 3 poires valent 2 théières et 3 lampes. 2 théières, 2 lampes et 1 poire valent 2 valises et 1 chaise. Que valent une valise et une lampe ?

- ☐ A. 2 chaises et 3 lampes
- ☐ B. 4 poires
- ☐ C. 2 théières et une chaise
- ☐ D. 2 lampes et une poire

4279 La production d'une entreprise a baissé par rapport à l'année dernière d'une proportion égale à un quart. Sa production actuelle est de 1 500 unités. Quelle était sa production l'année dernière ?

- ☐ A. 1 875
- ☐ B. 1 925
- ☐ C. 2 000
- ☐ D. 2 050

4280 Combien de minutes y a-t-il entre 21 h 13 aujourd'hui et 2 h 10 demain ?

- ☐ A. 189
- ☐ B. 297
- ☐ C. 310
- ☐ D. 321

4281 S'il travaille 12 heures par jour, Franck peut peindre les murs de sa maison en 20 jours. S'il travaille seulement 10 heures par jour, en combien de jours pourra-t-il peindre sa maison ?

- ☐ A. 23
- ☐ B. 24
- ☐ C. 26
- ☐ D. 30

4282 Dora gagne un salaire hebdomadaire de 3 000 €. Une semaine sur deux, elle en conserve le tiers et le reste du temps elle en conserve la moitié. Combien de semaines sont nécessaires pour accumuler 15 000 € ?

- ☐ A. 6 semaines
- ☐ B. 12 semaines
- ☐ C. 10 semaines
- ☐ D. 15 semaines

4283 Un nombre de trois chiffres est situé entre 130 et 200. Il est divisible par 6 et par 8. Si le chiffre des dizaines est supérieur au chiffre des unités, quel est ce nombre ?

- ☐ A. 192
- ☐ B. 184
- ☐ C. 168
- ☐ D. 144

4284 Combien y a-t-il de nombres de trois chiffres dont la somme des chiffres est égale à 24 ?

- ☐ A. 3
- ☐ B. 6
- ☐ C. 7
- ☐ D. 10

4285 Une voiture qui voyage à une vitesse de 40 km/h met 1 h 30 pour parcourir une certaine distance. En combien de temps cette voiture pourrait-elle parcourir cette même distance si elle roulait à une vitesse de 60 km/h ?

☐ A. 1 h
☐ B. 1 h 15
☐ C. 1 h 20
☐ D. 1 h 30

4286 Un article de jardinage qui valait 30 € il y a une semaine vaut maintenant 42 €. Quel est le pourcentage de hausse effectué sur l'article ?

☐ A. 30 %
☐ B. 35 %
☐ C. 40 %
☐ D. 42,5 %

4287 Il est trois heures et demie à ma montre (montre à aiguilles). Quel est, en degrés, l'écart d'angle entre la grande et la petite aiguille ?

☐ A. 100
☐ B. 90
☐ C. 75
☐ D. 70

4288 Anna a choisi sept nombres entiers consécutifs. La somme des trois plus petits est 33. Quelle est la somme des trois plus grands ?

☐ A. 49
☐ B. 48
☐ C. 47
☐ D. 45

4289 Quel nombre de 3 chiffres obtient-on si l'on divise le nombre de quatre chiffres *ABCD* par le nombre de deux chiffres *AB* (*A*, *B*, *C* et *D* sont différents de 0) sachant que $CD = AB \times A$?

☐ A. 100
☐ B. 1*A*1
☐ C. 10*A*
☐ D. 11*A*

4290 Un tavernier remplit 25 bouteilles avec un tonneau de vin et 23 verres avec 5 bouteilles. Combien de verres peut-il remplir avec 5 tonneaux ?

☐ A. 115
☐ B. 575
☐ C. 590
☐ D. 600

4291 Dans une école de commerce, il y a 14 garçons pour 12 filles. Sachant qu'il y a au total 273 filles et garçons dans l'école, combien y a-t-il de filles ?

☐ A. 144
☐ B. 138
☐ C. 132
☐ D. 126

4292 Que vaut le produit de tous les nombres entiers compris entre 1 et 9 ?

☐ A. 362 880
☐ B. 370 666
☐ C. 365 042
☐ D. 364 208

4293 Une balle de tennis rebondit à 2/3 de la hauteur de laquelle elle est tombée. Si le second rebond est de 72 cm, quelle est la hauteur de laquelle est initialement tombé la balle ?

☐ A. 32
☐ B. 48
☐ C. 128
☐ D. 162

4294 Un train part à 22 h et doit parcourir un trajet de 780 kilomètres. Il parcourt le premier tiers du trajet à la vitesse de 130 km/h. Puis il parcourt le reste du trajet à la vitesse de 100 km/h. A quelle heure le train arrivera-t-il ?

☐ A. 3 h 56
☐ B. 4 h 32
☐ C. 4 h 52
☐ D. 5 h 12

4295 Un groupe d'élèves programme une sortie. Si chacun donnait 14 euros, il manquerait 4 euros. Mais si chacun donnait 16 euros, il y aurait un excédent de 6 euros. Combien y a-t-il d'élèves dans le groupe ?

☐ A. 4
☐ B. 5
☐ C. 6
☐ D. 8

4296 On écrit sur une feuille tous les nombres de 1 à 100. Combien de chiffres a-t-on écrit sur la feuille ?

☐ A. 192
☐ B. 190
☐ C. 200
☐ D. 198

4297 Que vaut le quart du cinquième du carré de 10 ?

☐ A. La moitié de 12
☐ B. Le double de 5
☐ C. Le carré de 2,5
☐ D. La racine carrée de 25

4298 Si $X = Y = 2$ et que la moyenne de $2X$, $2Y$ et Z est égale à 4, que vaut Z ?

☐ A. 4
☐ B. 3
☐ C. 6
☐ D. 2

4299 Norbert et Dora décident de nettoyer leur chambre ensemble. Norbert met 12 minutes pour nettoyer la chambre. Quant à Dora, elle est 5 fois plus rapide que Norbert pour nettoyer la même chambre. En combien de temps Norbert et Dora pourront-ils nettoyer leur chambre s'ils la nettoient ensemble ?

☐ A. 2 minutes
☐ B. 4 minutes
☐ C. 8 minutes
☐ D. 10 minutes

4300 La surface totale d'un cube est de 294 cm^2. Que vaut la moitié du carré de la somme des chiffres de la valeur de son volume ?

☐ A. 49
☐ B. 50
☐ C. 72
☐ D. 76

4301 *Z* est à la fois le triple d'un nombre *A* et le quintuple d'un nombre *B*. Parmi ces cinq valeurs, quelle est la seule qui ne peut pas correspondre à *Z* ?

- ☐ A. 75
- ☐ B. 60
- ☐ C. 55
- ☐ D. 30

4302 Tatiana est née en 1953. En quelle année son âge a-t-il été pour la première fois de sa vie égal à la somme des chiffres de l'année ?

- ☐ A. 1970
- ☐ B. 2008
- ☐ C. 1965
- ☐ D. 1997

4303 Un terrain mesure 13,5 dam de longueur et 66 m de largeur. Quelle est son aire ?

- ☐ A. 891 m^2
- ☐ B. 8,91 dam^2
- ☐ C. 81,5 dam^2
- ☐ D. 89,1 dam^2

4304 Mon dernier salaire s'élève à 2 300 €, y compris la rémunération de mes heures supplémentaires. Mon salaire de base est supérieur de 2 000 € à la rémunération de mes heures supplémentaires. Quel est le montant de mon salaire de base ?

- ☐ A. 2 000 €
- ☐ B. 2 075 €
- ☐ C. 2 125 €
- ☐ D. 2 150 €

4305 Une urne contient 30 boules bleues et 15 boules blanches. Combien de boules doit-on tirer pour être sûr d'obtenir au moins 10 boules bleues ?

- ☐ A. 10
- ☐ B. 15
- ☐ C. 25
- ☐ D. 30

4306 Quel est le plus grand nombre de cubes de 2 cm de côté que l'on peut faire rentrer dans un cube de 10 cm de côté ?

- ☐ A. 50
- ☐ B. 100
- ☐ C. 120
- ☐ D. 125

4307 On sait que $1/X$ vaut 1 % de X. Que vaut X ? ($X > 0$)

- ☐ A. 0,01
- ☐ B. 0,1
- ☐ C. 10
- ☐ D. 100

4308 Nicolas a parcouru 14 km en 2 heures et 48 minutes. Quelle a été sa vitesse moyenne sur l'ensemble du parcours ?

- ☐ A. 4,8 km/h
- ☐ B. 5 km/h
- ☐ C. 5,2 km/h
- ☐ D. 6 km/h

4309 Si p est égal au cinquième de $(p - r)$, que vaut le rapport r/p ?

- ☐ A. −5
- ☐ B. −4
- ☐ C. 1/5
- ☐ D. 1/4

4310 J'ai repéré un pantalon soldé à – 22 % et j'ai décidé de l'acheter. En passant à la caisse, je débourse la somme de 121 €. Quel était, à l'euro près, le prix du pantalon avant qu'il ne soit soldé ?

- ☐ A. 155 euros
- ☐ B. 135 euros
- ☐ C. 143 euros
- ☐ D. 151 euros

4311 Une urne contient 80 boules : des bleues, des noires et des rouges. Le nombre de boules bleues est égal au tiers de la somme du nombre de boules noires et rouges. Stéphane décide de rajouter 10 boules noires dans l'urne et il obtient le même nombre de boules noires que de boules rouges. Combien y a-t-il de boules rouges ?

- ☐ A. 20
- ☐ B. 25
- ☐ C. 30
- ☐ D. 35

4312 Que vaut la somme de tous les diviseurs de 18 ?

- ☐ A. 31
- ☐ B. 37
- ☐ C. 38
- ☐ D. 39

4313 Les cinq septièmes d'un gâteau sont partagés en dix parts égales. Quelle fraction du gâteau total une part représente-t-elle ?

- ☐ A. 1/21
- ☐ B. 1/16
- ☐ C. 1/14
- ☐ D. 1/12

4314 On sait que $X^2 + Y^2 = 50$ et $6XY = 42$. Que vaut $X + Y$?

- ☐ A. 7
- ☐ B. −8 ou 8
- ☐ C. 9
- ☐ D. −10 ou 10

4315 Le périmètre d'un carré de 24 centimètres est découpé en 2 rectangles. L'un des rectangles a alors pour périmètre 20 centimètres. Quel est le périmètre du second rectangle ?

- ☐ A. 4
- ☐ B. 9
- ☐ C. 14
- ☐ D. 16

4316 Laquelle des quantités suivantes est la plus grande ?

- ☐ A. $\dfrac{3}{1-\dfrac{1}{2}}$
- ☐ B. $\dfrac{2}{1+\dfrac{1}{2}}$
- ☐ C. $\dfrac{3}{1+\dfrac{1}{2}}$
- ☐ D. $\dfrac{2}{1-\dfrac{1}{2}}$

4317 Que vaut 12 % de 4 % ?

- ☐ A. 0,48
- ☐ B. 0,48 %
- ☐ C. 4,8 %
- ☐ D. 48 %

4318 Si $X^3 = 125$ alors X^5 est égal à :

☐ A. 150
☐ B. 225
☐ C. 1 250
☐ D. 3 125

4319 Que vaut le quart du carré de la moyenne arithmétique des nombres suivants : –10, –3, –2, 3, 4, 7, 11 et 14 ?

☐ A. 12,5
☐ B. 9,75
☐ C. 2,25
☐ D. 1,5

4320 Que vaut 10 % de 20 % ?

☐ A. 2
☐ B. 20 %
☐ C. 0,2
☐ D. 2 %

4321 Quel est le chiffre des dizaines dans le nombre $\sqrt{8\,200}$?

☐ A. 5
☐ B. 7
☐ C. 8
☐ D. 9

4322 *a* est un nombre pair entier à un chiffre tel que $a3 \times a7 = 6a1$. Que vaut *a* ?

☐ A. 0
☐ B. 2
☐ C. 4
☐ D. 6

4323 Un concours exige la passation de deux tests : un de logique et un de culture générale. Le test de logique, noté sur 20, est affecté d'un coefficient égal à 3 tandis que le test de culture générale, noté sur 20 est affecté d'un coefficient égal à 5. Pour être admis, il est indispensable d'obtenir une note minimale égale à 15. Quelle note minimale sur 20 doit-on obtenir au test de logique pour être admis sachant que l'on a obtenu 13,5 au test de culture générale ?

☐ A. 16,75
☐ B. 17,25
☐ C. 17,5
☐ D. 17,75

4324 Les côtés d'un triangle JKL sont prolongés et, comme sur la figure, on construit les points P, Q, R, S, T et U tels que : PJ = JK = KS, TL = LJ = JQ, UL = LK = KR. Si l'aire du triangle JKL est 1, quelle est l'aire de l'hexagone PQRSTU ?

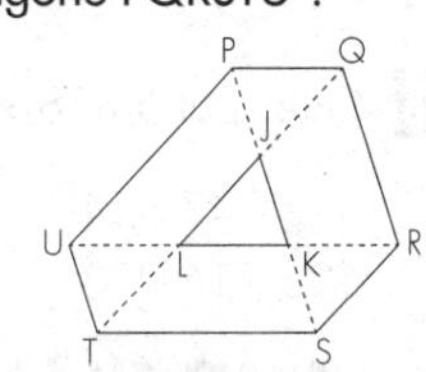

☐ A. 9
☐ B. 10
☐ C. 13
☐ D. Il est impossible de répondre

4325 Annie a 3 fois plus de sucettes que Zazie. Si elle lui en donnait 15, elle en aurait deux fois plus qu'elle. Combien devrait-elle lui en donner pour qu'elles en aient toutes les deux le même nombre ?

☐ A. 15
☐ B. 30
☐ C. 45
☐ D. 60

4326 Dans un lycée, la moyenne obtenue à une session préparatoire à l'examen du baccalauréat par les 36 élèves d'une classe de terminale scientifique est de 14 sur 20. Les filles ont obtenu en moyenne la note de 15 sur 20 et les garçons, ont, eux, obtenu en moyenne la note de 9 sur 20. Combien y a-t-il de filles dans cette classe de terminale scientifique ?

- ☐ A. 18
- ☐ B. 24
- ☐ C. 28
- ☐ D. 30

4327 Le nombre M satisfait l'égalité $M^2 = M + 1$. Que vaut $M^5 + M + 1$?

- ☐ A. $6M + 4$
- ☐ B. $5M + 2$
- ☐ C. $4M + 3$
- ☐ D. $3M + 1$

4328 Que vaut 5 878 × 89 103 ?

- ☐ A. 523 747 434
- ☐ B. 525 716 738
- ☐ C. 458 526 892
- ☐ D. 415 762 632

4329 Aude, Carl et Elise prennent chacun deux comprimés de vitamine par jour tandis que Guillaume n'en prend qu'un seul. De cette façon, un flacon de comprimés dure 24 jours pour les 4 personnes. Si Guillaume en prenait aussi deux par jours, combien de jours durerait un flacon de comprimés ?

- ☐ A. 23
- ☐ B. 21
- ☐ C. 20
- ☐ D. 19

4330 Que vaut le tiers de 3^{127} ?

- ☐ A. 3126
- ☐ B. 1^{127}
- ☐ C. $3^{127/3}$
- ☐ D. $1^{127/3}$

4331 Si $3A + B = 8B - A$, que vaut A ?

- ☐ A. $7B/4$
- ☐ B. B
- ☐ C. $4B$
- ☐ D. $4B/7$

4332 Un nombre palindrome est un nombre qui ne change pas si l'ordre de ses chiffres est inversé. Ainsi 2002 et 545 sont des nombres palindromes. Le compteur kilométrique de ma moto indique actuellement 12 345 km. Combien de kilomètres dois-je rouler au minimum afin que le nombre indiqué soit un palindrome ?

- ☐ A. 76 kilomètres
- ☐ B. 232 kilomètres
- ☐ C. 186 kilomètres
- ☐ D. 264 kilomètres

4333 A un bac blanc d'anglais, la note obtenue à l'écrit a pour coefficient 3 et la note obtenue à l'oral a pour coefficient 2. John a eu 8 à l'écrit et, avec sa note obtenue à l'oral, il arrive à une moyenne de 12 sur les deux examens. Combien a-t-il eu à l'oral ?

- ☐ A. 14
- ☐ B. 15
- ☐ C. 16
- ☐ D. 18

4334 Vous demandez l'heure à un voisin. Il vous répond : « Si vous ajoutez au quart de temps écoulé depuis minuit la moitié du temps qu'il reste jusqu'à minuit, vous saurez l'heure qu'il est. » Quelle heure est-il ?

- ☐ A. 8 h 24
- ☐ B. 9 h 36
- ☐ C. 11 h 22
- ☐ D. 14 h 54

4335 Que vaut :
$243 \times 10^{-4} + 87 \times 10^{-3} - 22 \times 10^{-5}$?

- ☐ A. $0{,}0011108 \times 10^{3}$
- ☐ B. $11{,}108 \times 10^{-2}$
- ☐ C. $115{,}08 \times 10^{-3}$
- ☐ D. $1\,111{,}08 \times 10^{-4}$

4336 Un couple a décidé de recouvrir les parois de sa piscine, y compris le fond, avec un tissu noir isolant. Les dimensions de la piscine sont les suivantes : une longueur de 22 mètres, une largeur de 15 mètres et une profondeur unique de 3 mètres. Quelle surface de tissu noir sera nécessaire pour effectuer cette tâche ?

- ☐ A. 304 m^2
- ☐ B. 360 m^2
- ☐ C. 552 m^2
- ☐ D. 564 m^2

4337 On vous donne trois nombres. Le deuxième nombre est 50 de plus que le premier et le troisième est le double de la somme des deux premiers. Si la somme de ces trois nombres est égale à 750, que vaut le deuxième nombre ?

- ☐ A. 90
- ☐ B. 110
- ☐ C. 130
- ☐ D. 150

4338 Demitri, collectionneur d'espèces rares, a fait l'acquisition d'un aquarium qui contient 200 poissons, tous plus exotiques les uns que les autres. Ces poissons sont de 2 couleurs différentes : jaune et bleu. 1 % des poissons de son aquarium sont bleus, les autres sont jaunes. Combien de poissons jaunes faut-il enlever de l'aquarium de telle sorte que l'aquarium contienne 2 % de poissons bleus ?

- ☐ A. 4
- ☐ B. 20
- ☐ C. 50
- ☐ D. 100

4339 On verse 627 litres de vin dans les tonneaux *A*, *B* et *C*. Le tonneau *B* contient 50 % de plus de vin que le *A* et le contenant *C* contient 50 % de plus de vin que le *B*. Combien y a-t-il de litres de vin dans le tonneau *B* ?

- ☐ A. 120
- ☐ B. 132
- ☐ C. 180
- ☐ D. 198

4340 Mon père a acheté des fruits : des pommes, des poires, des bananes et des oranges. Il a 44 fruits dans son panier. Il y a 2 pommes de plus que de poires. Il y a 8 poires de plus que de bananes et 2 bananes de plus que d'oranges. Dans son panier, mon père a :

- ☐ A. 12 poires
- ☐ B. 14 poires
- ☐ C. 15 poires
- ☐ D. 16 poires

4341 La solution *S* est composée de 25 % de mercure et la solution *T* est composée de 10 % de mercure. Le mélange *Z* est composé de 12 cl de solution *S* et de 13 cl de solution *T*. Quel pourcentage (approximativement) de mercure y a-t-il dans la solution Z ?

☐ A. 17 %
☐ B. 19 %
☐ C. 21 %
☐ D. 27 %

4342 Soit *x*, *y* et *z* trois nombres entiers consécutifs croissants impairs tels que : $20 < x < y < z < 30$ et tel que *x* est un nombre premier. Que vaut le reste de la division de $(y + z)$ par *x* ?

☐ A. 3
☐ B. 4
☐ C. 5
☐ D. 6

4343 Une somme de 15 000 euros est placée sur deux comptes *A* et *B*. Le compte *A* rapporte 5 % et le compte *B* rapporte 6 %.

Quelle somme est placée à 6 % si les intérêts totaux accumulés s'élèvent à 810 € ?

☐ A. 6 000 euros
☐ B. 7 500 euros
☐ C. 9 000 euros
☐ D. 11 500 euros

4344 Un TGV part à 21 h 30 et doit parcourir la distance de 2 800 km. Il parcourt le premier cinquième du trajet à la vitesse moyenne de 280 km/h et il parcourt le reste du trajet à la vitesse moyenne de 400 km/h. A quelle heure le train parviendra-t-il à destination ?

☐ A. 4 h 36
☐ B. 4 h 56
☐ C. 5 h 06
☐ D. 5 h 16

4345 A un test QCM de logique, le barème est le suivant : on donne 25 points par bonne réponse et on retire 15 points par mauvaise réponse. Sarah a répondu aux 15 questions du test et le nombre total de points qu'elle a obtenu est égal à 215. Combien de bonnes réponses a-t-elle données ?

☐ A. 8
☐ B. 9
☐ C. 10
☐ D. 11

4346 Pendant un repas d'anniversaire, les personnes présentes ont toutes trinqué ensemble. Chacun a trinqué exactement une fois avec tous les autres convives. On a compté 45 tintements de verre. Combien y avait-il de convives ?

☐ A. 8
☐ B. 10
☐ C. 12
☐ D. 15

4347 Une moto consomme 12 litres aux 100 km quand elle roule à 100 km/h. La consommation est strictement proportionnelle à la vitesse. Quelle est la distance parcourue par cette moto sachant qu'elle a consommé 60 litres en roulant à la vitesse de 20 km/h ?

☐ A. 1 000 km
☐ B. 1 500 km
☐ C. 2 000 km
☐ D. 2 500 km

4348 La surface totale d'un cube est de 384 m². Le chiffre des unités de la valeur de son volume représente environ quel pourcentage de la somme des chiffres des dizaines et du chiffre des centaines de la valeur de son volume ?

☐ A. 200 %
☐ B. 33 %
☐ C. 16,5 %
☐ D. 20 %

4349 La moyenne de 6 nombres est égale à 19. Si j'élimine un des 6 nombres la moyenne devient égale à 21. Quelle est la valeur du nombre que j'ai éliminé ?

☐ A. 8
☐ B. 9
☐ C. 11
☐ D. 20

4350 Un concours de logique comporte 30 questions. Chaque bonne réponse rapporte 7 points mais chaque mauvaise réponse en retire 12. Une question sans réponse ne modifie pas le score. Le score de Jim est de 77 et il est sûr de s'être trompé au moins une fois. A combien de questions Jim a-t-il mal répondu ?

☐ A. Entre 6 et 8
☐ B. Entre 0 et 2
☐ C. Entre 3 et 5
☐ D. On ne peut pas savoir

4351 Voici un virus qui pourrait nous rendre bien service en été quand il fait très chaud la nuit... Un virus tue lundi la moitié des moustiques présents sur Terre, mardi il tue le tiers des moustiques survivants, mercredi le quart des moustiques survivants et jeudi enfin le cinquième des moustiques survivants. Quelle est la fraction des moustiques encore vivants après le passage du virus salvateur ?

☐ A. 1/4
☐ B. 1/5
☐ C. 1/6
☐ D. 1/12

4352 Un gros ballon jaune dont le rayon est égal à 55 cm flotte à la surface de la Seine, à Paris. La météo est idéale et le niveau d'eau de la Seine est parfaitement stable.

Un passant mesure que le ballon émerge de 35 cm. Quel est le rayon du cercle dessiné sur le ballon par la limite de l'eau ?

☐ A. $3\sqrt{550}$ cm
☐ B. $5\sqrt{105}$ cm
☐ C. $9\sqrt{5}$ cm
☐ D. $4\sqrt{135}$ cm

4353 12,5 % est équivalent à :

☐ A. 1/5
☐ B. 1/6
☐ C. 1/8
☐ D. 1/12

4354 Tripler consiste à faire :

☐ A. + 30 %
☐ B. + 300 %
☐ C. + 33 %
☐ D. + 200 %

4355 Supposons que six cent treize joueurs de tennis participent à un tournoi par élimination. A chaque tour, le tirage au sort des rencontres est fait au hasard ; si le nombre de joueurs est impair, l'un d'entre eux, choisi au hasard, ne participe pas à ce tour. Les gagnants de chaque tour et éventuellement le joueur qui n'y a pas participé jouent le tour suivant, jusqu'à ce que finalement, il n'y ait plus qu'un gagnant.

Quel est le nombre de matchs joués au total dans le tournoi ?

☐ A. Trois cent six
☐ B. Six cent treize
☐ C. Six cent douze
☐ D. Mille deux cent vingt-cinq

4356 L'action DELTA a été introduite au NASDAQ le mercredi 18 juillet 2012. Le jour de son introduction, l'action gagne 25 %. Jeudi 19 juillet, l'action perd 15 % pour reprendre 20 % vendredi 20 juillet. Quelle a été la variation globale de l'action entre le 18 juillet et le 20 juillet ?

☐ A. + 20 %
☐ B. + 25 %
☐ C. + 27,5 %
☐ D. + 31,5 %

4357 Cyril a obtenu une moyenne de 7 sur ses 3 premiers examens. Quelle moyenne Cyril doit-il obtenir sur ses 2 derniers examens pour qu'il obtienne une moyenne de 9 sur l'ensemble de ses 5 examens ?

☐ A. 11,5
☐ B. 12
☐ C. 12,5
☐ D. 13

4358 Que vaut la somme de tous les nombres compris entre 8 et 102 qui sont divisibles par 5 ?

☐ A. 550
☐ B. 765
☐ C. 980
☐ D. 1 045

4359 Jonas met 20 minutes pour nettoyer son beau jardin. En combien de temps Jonas et sa maman pourraient nettoyer ensemble le jardin sachant que maman est 4 fois plus rapide que Jonas ?

☐ A. 3 minutes
☐ B. 4 minutes
☐ C. 6 minutes
☐ D. 10 minutes

4360 Il faut 8 litres de peinture pour peindre une énorme boîte en forme de parallélépipède. De combien de litres de peinture aurions-nous besoin si les dimensions de la boîte étaient trois fois plus grandes ?

☐ A. 72
☐ B. 64
☐ C. 48
☐ D. 24

4361 Si 3 hommes plantent 40 choux en 10 heures et que ça prend 4 enfants pour faire le travail de 2 hommes, combien de choux seront plantés en 5 heures avec une équipe de 6 hommes et 6 enfants ?

☐ A. 32
☐ B. 48
☐ C. 60
☐ D. 72

4362 Valérie, Yaëlle et Danielle entrent dans une bijouterie. Danielle achète 2 broches et 1 collier. Le collier coûte 520 €. Yaëlle achète 1 broche et 1 bague. Elle a dépensé plus que Danielle. La bague coûte 1 100 €. Valérie achète 3 broches et 1 bracelet. Valérie a dépensé plus que Danielle. Le bracelet coûte 110 €.

Sachant que toutes les broches sont au même prix, parmi les 4 propositions suivantes, quelle est la seule qui pourrait correspondre au prix d'une broche ?

☐ A. 570 €
☐ B. 590 €
☐ C. 610 €
☐ D. 620 €

4363 La mairie de Lorient organise une immense fête pour le Nouvel An. Les responsables disposent de deux tonneaux de cidre remplis à ras bord, de volumes respectifs Z et T. Sachant que Z est égal à 150 % de T, alors $0,5 \times T$ est égal à :

☐ A. 50 % de Z
☐ B. 3/2 de Z
☐ C. $1,5 \times Z$
☐ D. 1/3 de Z

4364 Si A vaut 25 % de B alors B vaut :

☐ A. 125 % de A
☐ B. 20 % de A
☐ C. 200 % de A
☐ D. 400 % de A

4365 Que vaut le quart de la somme des chiffres du cube de 5 ?

☐ A. 1
☐ B. 2
☐ C. 3
☐ D. 4

4366 Si Flavien joue au basket et qu'il enregistre une moyenne de points par partie de 29 après 100 parties, combien de points a-t-il besoin de marquer au cours des 50 parties restantes pour finir l'année avec une moyenne de 30 points par partie ?

☐ A. 1 000
☐ B. 1 500
☐ C. 1 600
☐ D. 3 000

4367 Aujourd'hui nous discutons de la vie de mon arrière-grand-père avec ma mère, et quelle n'est pas ma surprise en apprenant cette étonnante anecdote à son sujet. Un jour, celui de son anniversaire très précisément, mon arrière-grand-père s'est exclamé : « Comme c'est curieux, nous sommes dans l'année X^2 et j'ai X ans ! » Sachant que mon arrière-grand-père est mort en 1899, en quelle année est-il né ?

☐ A. 1806
☐ B. 1899
☐ C. 1848
☐ D. Une autre réponse

4368 Chez le fleuriste de la rue Monge, une rose coûte 4 euros, un géranium en pot coûte 20 euros et un bouquet de tulipes jaunes coûte 25 euros. Quel est le prix du pot en céramique sachant que le géranium contenu à l'intérieur coûte 19 euros de plus que le pot en céramique ?

- ☐ A. 0,5 euro
- ☐ B. 0,75 euro
- ☐ C. 1 euro
- ☐ D. 1,5 euro

4369 Quelle fraction du grand carré est grisée ?

- ☐ A. 1/4
- ☐ B. 1/2
- ☐ C. π/2
- ☐ D. 2π/3

4370 Que vaut le tiers de 0,75 ?

- ☐ A. 1/2
- ☐ B. 1/4
- ☐ C. 1/8
- ☐ D. 1/16

4371 Que vaut le cube de 5 additionné au carré de 15 ?

- ☐ A. 125
- ☐ B. 250
- ☐ C. 295
- ☐ D. 350

4372 Combien de carrés, au maximum, ayant pour sommets quatre points pris parmi les huit points de la figure, peut-on tracer ?

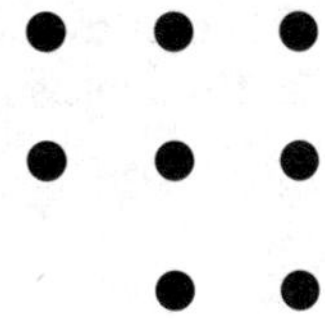

- ☐ A. 1
- ☐ B. 2
- ☐ C. 4
- ☐ D. 6

4373 R et G sont des entiers naturels. On a : $R \times G = 28$ et $2G - R = 1$.

Que vaut $G^3 + R^2$?

- ☐ A. 219
- ☐ B. 113
- ☐ C. 875
- ☐ D. 997

4374 Voici 4 phrases concernant un nombre entier *A* :

« *A* est divisible par 5 » ; « *A* est divisible par 11 » ; « *A* est divisible par 55 » ; « *A* est inférieur à 8 ». On sait que deux de ces phrases sont vraies et que les deux autres sont fausses. Alors *A* est égal à :

- ☐ A. 0
- ☐ B. 5
- ☐ C. 10
- ☐ D. 11

4375 15 % de 20 vaut :

- ☐ A. 35 %
- ☐ B. 3
- ☐ C. 3,5
- ☐ D. 30,5 %

4376 Dans le triangle ABC, l'angle ABC vaut 50° et l'angle ACB vaut 80°. Que vaut la moitié de l'angle BAC ?

- ☐ A. 20°
- ☐ B. 25°
- ☐ C. 40°
- ☐ D. 50°

4377 La moyenne de *A*, *B* et 1 vaut 3. Que vaut $A + B$?

- ☐ A. 9
- ☐ B. 10
- ☐ C. 12
- ☐ D. 8

4378 En trois coups de scie, on a découpé un cube en huit pavés droits. L'aire totale des huit pavés vaut :

- ☐ A. L'aire du cube de départ
- ☐ B. Le double de l'aire du cube de départ
- ☐ C. Le triple de l'aire du cube de départ
- ☐ D. Une fois et demie l'aire du cube de départ

4379 Je n'ai pas assez d'argent pour faire le plein d'essence ! Pourtant, avec 6 fois plus d'argent, j'aurais pu mettre 25 litres en plus et y parvenir. Quelle est la contenance de mon réservoir ?

- ☐ A. 5 L
- ☐ B. 25 L
- ☐ C. 30 L
- ☐ D. 50 L

4380 La somme des chiffres du cube de 7 vaut :

- ☐ A. 11
- ☐ B. 10
- ☐ C. 9
- ☐ D. 8

4381 Les 3 classes de terminale d'un lycée comprennent respectivement 35, 28 et 36 élèves. Sachant que respectivement 1/5, 1/4 et 1/9 des lycéens de ces trois classes vont échouer au baccalauréat, quel est le nombre total de lycéens qui vont redoubler leur terminale ?

- ☐ A. 21
- ☐ B. 17
- ☐ C. 19
- ☐ D. 18

4382 Un rectangle est inscrit dans un cercle de rayon égal à 2,5 cm. La largeur du rectangle vaut 3 cm. Parmi ces valeurs, quelle peut être la surface du rectangle ?

- ☐ A. 12
- ☐ B. 14
- ☐ C. 18
- ☐ D. 24

4383 Un géranium en pot coûte 20 euros. Quel est le prix du pot en céramique sachant que la plante contenue à l'intérieur coûte 19 euros de plus que le pot en céramique ?

- ☐ A. 0,5 euro
- ☐ B. 0,75 euro
- ☐ C. 1 euro
- ☐ D. 1,5 euro

4384 On augmente de 3 cm la longueur de l'arête d'un cube dont le volume initial est égal à 64 cm^3. Quelle est l'aire totale du nouveau cube ainsi obtenu ?

- ☐ A. 266 cm^2
- ☐ B. 294 cm^2
- ☐ C. 312 cm^2
- ☐ D. 358 cm^2

4385 Une bouteille d'un tiers de litre est aux trois quarts pleine. J'en bois 20 cl. Combien reste-t-il alors dans la bouteille ?

- ☐ A. Rien
- ☐ B. 5 décilitres
- ☐ C. 0,05 litre
- ☐ D. 7,5 centilitres

4386 La somme des chiffres du carré de 18 additionnée à la solution de l'équation $\frac{-3x-9}{2} = -15$ vaut :

- ☐ A. 20
- ☐ B. 22
- ☐ C. 19
- ☐ D. 16

4387 Jeanne nettoie sa chambre en une heure et trente minutes quand son frère, lui, ne met qu'une heure pour nettoyer la chambre de Jeanne. Combien de temps ensemble, Jeanne et son frère mettront-ils pour nettoyer la chambre de Jeanne ?

- ☐ A. 30 minutes
- ☐ B. 36 minutes
- ☐ C. 45 minutes
- ☐ D. 56 minutes

4388 Une piscine est longue de 8 mètres, large de 6 mètres et haute de 2,5 mètres. Quelle valeur faut-il rajouter à sa hauteur pour augmenter son volume de 60 mètres cubes ?

- ☐ A. 2
- ☐ B. 1,75
- ☐ C. 1,5
- ☐ D. 1,25

4389 Un cube a pour volume huit mètres cubes. On le découpe en petits cubes de deux décimètres de côté. On empile alors tous les petits cubes. Quelle est en mètres la hauteur de la pile obtenue ?

- ☐ A. 20 mètres
- ☐ B. 100 mètres
- ☐ C. 400 mètres
- ☐ D. 200 mètres

4390 Si la moyenne arithmétique de 6 nombres est 4,5 ; que vaut la somme de ces 6 nombres ?

- ☐ A. 4,5
- ☐ B. 24
- ☐ C. 27
- ☐ D. 30
- ☐ E. On ne peut pas savoir

4391 Combien y a-t-il de minutes dans trois heures un quart *plus* deux heures et trente deux minutes ?

- ☐ A. 346
- ☐ B. 347
- ☐ C. 348
- ☐ D. 349
- ☐ E. 350

4392 Un ballon de rugby pèse exactement (250 g plus 1/2 ballon de rugby). Quel est, en kg, le poids d'un ballon de rugby ?

- ☐ A. 0,25
- ☐ B. 0,30
- ☐ C. 0,50
- ☐ D. 0,75
- ☐ E. 1

4393 Un CD de Patrick B. et deux livres de Valérie K. coûtent 75 €. Trois CD de Patrick B. et deux livres de Valérie K. coûtent 125 €. Quel est le prix d'un CD de Patrick B. ?

- ☐ A. 10 €
- ☐ B. 15 €
- ☐ C. 20 €
- ☐ D. 25 €
- ☐ E. 50 €

4394 Simon marche à la vitesse constante de 6 km/h. Quelle distance aura-t-il parcouru après 5 heures et 10 minutes ?

- ☐ A. 10 000 m
- ☐ B. 15 000 m
- ☐ C. 25 500 m
- ☐ D. 30 000 m
- ☐ E. 31 000 m

4395 Si un quadrilatère quelconque a 3 angles droits alors ce quadrilatère est un rectangle ou un carré.

- ☐ A. Vrai
- ☐ B. Faux

4396 Quel fraction faut-il ajouter au numérateur *et* au dénominateur de $\frac{2}{7}$ pour obtenir le double de $\frac{2}{7}$?

- ☐ A. $\frac{1}{4}$
- ☐ B. $\frac{10}{3}$
- ☐ C. $\frac{14}{3}$
- ☐ D. $\frac{13}{7}$
- ☐ E. $\frac{1}{3}$

4397 Quelle est, en cm, la longueur du troisième côté d'un triangle rectangle dont l'hypoténuse et le deuxième côté mesurent respectivement 10 cm et 6 cm ?

- ☐ A. 6
- ☐ B. 4
- ☐ C. 5
- ☐ D. 1
- ☐ E. 8

4398 Sur 1 100 étudiants interrogés, 900 jouent au football, 550 jouent au basket-ball et 450 jouent aux deux. Combien d'étudiants ne jouent ni au basket-ball ni au football ?

- ☐ A. 0
- ☐ B. 100
- ☐ C. 200
- ☐ D. 250
- ☐ E. 300

4399 Quelle est, en centimètres carrés, l'aire totale des surfaces d'un cube dont l'arête mesure 8 cm ?

- ☐ A. 256
- ☐ B. 384
- ☐ C. 396
- ☐ D. 408
- ☐ E. 800

4400 La moyenne arithmétique de trois nombres a, b et c est b^2. Que vaut c ?

- ☐ A. $\frac{a+b}{2}$
- ☐ B. $b^2 - a$
- ☐ C. $b(3b - 1) - a$
- ☐ D. $3b(3a - b) - 1$
- ☐ E. $b^2 - 1$

4401 Si un quadrilatère quelconque a 3 angles droits alors ce quadrilatère est un rectangle ou un carré.

☐ A. Vrai
☐ B. Faux

4402 Quel est le plus grand nombre de cubes de 1 cm d'arête que l'on peut faire rentrer dans un cube de 6 cm d'arête ?

☐ A. 6
☐ B. 36
☐ C. 112
☐ D. 216
☐ E. 1226

4403 Un TGV met 3 h 30 minutes pour parcourir près de 1 050 km. Quelle est sa vitesse moyenne ?

☐ A. 200 km/h
☐ B. 225 km/h
☐ C. 250 km/h
☐ D. 275 km/h
☐ E. 300 km/h

4404 Soit $f = \frac{z \times k}{p}$; z, k et p positifs.

Si l'on multiplie p par 4, que l'on divise k par 2 et que l'on divise z par 3, on peut dire que f sera alors :

☐ A. 2 fois plus petit
☐ B. 3 fois plus petit
☐ C. 4 fois plus petit
☐ D. 16 fois plus petit
☐ E. 24 fois plus petit

4405 40 voitures d'occasion coûtent 120 000 €. Combien coûtent 15 voitures ?

☐ A. 50 000 €
☐ B. 48 000 €
☐ C. 47 000 €
☐ D. 45 000 €
☐ E. 43 000 €

24. QUESTIONS D'ACTUALITE ET DE CULTURE GENERALE

Ce chapitre est composé de **594 questions**.

[A SAVOIR !]

110 Les numéros de questions de ce type signifient qu'il n'y a qu'une seule et unique réponse juste à la question posée.

111 Les numéros de questions de ce type signifient qu'il y a **plusieurs (2 ou plus) réponses possibles justes à la question.**

4406 Quel est l'acronyme de l'organisation terroriste islamique qui, en avril 2013, *via* un message vidéo posté sur le site YouTube, a exhorté les musulmans à attaquer les intérêts de la France partout dans le monde ?

- ☐ A. AQMI
- ☐ B. FIS
- ☐ C. ENNAHDA
- ☐ D. GIA
- ☐ E. MUJAO

4407 En avril 2013, un ancien Premier ministre du Royaume-Uni décède. De qui s'agit-il ?

- ☐ A. Margaret Thatcher
- ☐ B. David Cameron
- ☐ C. Gordon Brown
- ☐ D. Tony Blair
- ☐ E. John Major

4408 Parmi les acteurs suivants, lequel est l'acteur principal du film *Gatsby le Magnifique* projeté en ouverture du festival de cannes 2013 ?

- ☐ A. Christophe Barbier
- ☐ B. Johnny Depp
- ☐ C. Leonardo DiCaprio
- ☐ D. Brad Pitt
- ☐ E. Tom Cruise

4409 En Juin 2013, contre quelle équipe la France a-t-elle joué et perdu la finale de l'euro 2013 de basket féminin ?

- ☐ A. La Suède
- ☐ B. L'Italie
- ☐ C. La Serbie
- ☐ D. L'Allemagne
- ☐ E. L'Espagne

4410 Quel journal a été racheté par Jeff Bezos, le fondateur d'Amazon durant l'été 2013 ?

- ☐ A. *New York Times*
- ☐ B. *USA Today*
- ☐ C. *Washington Post*
- ☐ D. *Herald Tribune*
- ☐ E. *Los Angeles Times*

4411 Quelle entreprise française n'a pu être vendue à l'entreprise américaine Yahoo du fait d'une décision des autorités publiques française en avril 2013 ?

- ☐ A. Dailymotion
- ☐ B. ChateauOnline
- ☐ C. Viadeo
- ☐ D. Flickr
- ☐ E. Veezio

4412 Quel chef de gouvernement européen, en fonction depuis 18 ans, a démissionné en juillet 2013 à la suite de révélations concernant des écoutes téléphoniques illégales ?

- ☐ A. Elio di Ruppo (Belgique)
- ☐ B. Jean-Claude Juncker (Luxembourg)
- ☐ C. Mark Rutte (Pays-Bas)
- ☐ D. Enda Kenny (République d'Irlande)
- ☐ E. Pedro Passos Coelho (Portugal)

4413 Quel metteur en scène et dramaturge, ancien directeur du théâtre de l'Odéon, devient le 1er septembre 2013 directeur du festival d'Avignon ?

- ☐ A. Patrice Chéreau
- ☐ B. Michel Dezoteux
- ☐ C. Charles Dullin
- ☐ D. Olivier Py
- ☐ E. Wajdi Mouawad

4414 Parmi les sommets suivants, lequel s'est tenu le 30 mars 2013 à Durban ?

- ☐ A. Le G8
- ☐ B. Le sommet international du pétrole
- ☐ C. Le sommet des B.R.I.C.S
- ☐ D. Le forum de Davos
- ☐ E. Le sommet international de l'eau

4415 Quel était le surnom de Margareth Thatcher, décédée en avril 2013 ?

- ☐ A. La deuxième reine
- ☐ B. La dame de fer
- ☐ C. La main de fer
- ☐ D. La reine de fer
- ☐ E. Le fil de fer

4416 Le 28 août, on a célébré l'anniversaire du discours de Martin Luther King « I have a dream ». Duquel s'agit-il ?

- ☐ A. Du 20e anniversaire
- ☐ B. Du 30e anniversaire
- ☐ C. Du 40e anniversaire
- ☐ D. Du 50e anniversaire
- ☐ E. Du 60e anniversaire

4417 En juillet 2013, parmi les raisons suivantes, lesquelles ont conduit à l'annulation des festivités du pèlerinage de St Jacques de Compostelle ?

- ☐ A. Un tremblement de terre
- ☐ B. Des inondations
- ☐ C. Le manque de fonds
- ☐ D. La visite du pape
- ☐ E. Un accident ferroviaire

4418 En octobre 2013, le prix Nobel de la paix a été attribué à :

- ☐ A. Malala Yousafzai
- ☐ B. Bradley Manning
- ☐ C. Denis Mukwege
- ☐ D. L'Organisation pour l'interdiction des armes chimiques
- ☐ E. Vladimir Poutine

4419 De manière exceptionnelle, un monarque du Golfe Persique a volontairement abdiqué en juin 2013 pour permettre à son fils de lui succéder. Sur quel pays régnait-il alors ?

- ☐ A. Le Qatar
- ☐ B. Le Bahreïn
- ☐ C. L'Arabie Saoudite
- ☐ D. Le Koweït
- ☐ E. Les Emirats arabes unis

4420 Parmi les personnalités suivantes, laquelle a été élue neuvième président du Comité International Olympique (CIO) en 2013 ?

- ☐ A. L'allemand Thomas Bach
- ☐ B. Le Belge Jacques Rogge
- ☐ C. Le Suisse Denis Oswald
- ☐ D. L'Ukrainien Sergueï Bubka
- ☐ E. Le Singapourien Ng Ser Miang

4421 **A quel titre Edward Snowden est-il devenu brusquement célèbre au printemps 2013 ?**

- ☐ A. Il a gagné le lot le plus important de l'histoire de la loterie britannique
- ☐ B. Il a révélé l'existence d'un dispositif d'espionnage américain appelé « Prism »
- ☐ C. Il a épousé la fille cadette de la reine Elisabeth II
- ☐ D. Il a tenté d'assassiner Barack Obama
- ☐ E. Il a détrôné J.K. Rowling comme écrivain le plus vendu de tous les temps

4422 **En 2013, quelle fonction occupait Olli Rehn ?**

- ☐ A. Premier ministre de Suède
- ☐ B. Président de la Cour européenne de Justice
- ☐ C. Commissaire européen aux affaires économiques
- ☐ D. Premier ministre du Danemark
- ☐ E. Premier ministre Estonien

4423 **En Juillet 2013, quel événement a permis la reprise des négociations de paix entre Israéliens et Palestiniens ?**

- ☐ A. Les élections en Israël
- ☐ B. La réouverture de la zone de Gaza
- ☐ C. Le gel des colonisations dans les territoires palestiniens occupés
- ☐ D. La libération de 104 prisonniers palestiniens
- ☐ E. La libération de 2 otages israéliens

4424 **Quel est le nom du président de l'Eurogroupe depuis janvier 2013 ?**

- ☐ A. Jeroen Dijsselbloem
- ☐ B. Jean-Claude Juncker
- ☐ C. Wolfgang Schäuble
- ☐ D. Catherine Ashton
- ☐ E. Olli Rehn

4425 **A l'été 2013, quelle était la nature des négociations qui ont débuté entre l'Union européenne et les Etats-Unis. Que concernaient-elles ?**

- ☐ A. Régulation aérienne
- ☐ B. Echange de données
- ☐ C. Accord de libre-échange
- ☐ D. Coordination diplomatique
- ☐ E. Coopération des services de renseignement

4426 **En 2013, de quel pays est partie le Rallye Dakar ?**

- ☐ A. D'Argentine
- ☐ B. Du Venezuela
- ☐ C. Du Brésil
- ☐ D. Du Nicaragua
- ☐ E. Du Pérou

4427 **En 2013, parmi les pays suivants, dans lequel le roi a abdiqué après 20 ans de règne en faveur de son fils ?**

- ☐ A. Au Luxembourg
- ☐ B. En Hollande
- ☐ C. En Belgique
- ☐ D. En Espagne
- ☐ E. En Suède

4428 **Qui a réalisé le film *Gatsby le magnifique*, sorti en salles en mai 2013 ?**

- ☐ A. James Cameron
- ☐ B. J.J. Abrams
- ☐ C. Georges Lucas
- ☐ D. Baz Luhrmann
- ☐ E. Luc Besson

4429 Parmi les personnalités suivantes, laquelle a été président du Venezuela et est décédée en 2013 ?

- ☐ A. Nicola Maduro
- ☐ B. Rafael Caldera
- ☐ C. Hugo Chavez
- ☐ D. Ramon José Velasquez
- ☐ E. Octavio Lepage Barreto

4430 En 2013, sur quel pays s'est abattue une importante pluie de météorites ?

- ☐ A. La Russie
- ☐ B. La Roumanie
- ☐ C. La Tunisie
- ☐ D. La Géorgie
- ☐ E. La Grèce

4431 Parmi les séries suivantes, dans laquelle jouait l'acteur James Gandolfini, décédé en juin 2013 ?

- ☐ A. *Dexter*
- ☐ B. *Esprits criminels*
- ☐ C. *Les Soprano*
- ☐ D. *24 heures chrono*
- ☐ E. *NCIS*

4432 En Septembre 2013, qui était le président de la République d'Iran ?

- ☐ A. Jalal Talabani
- ☐ B. Bachar el-Assad
- ☐ C. Ali Khamenei
- ☐ D. Hassan Rohani
- ☐ E. Hamid Karsaï

4433 Quel est le nom du groupe terroriste qui a enlevé au Cameroun puis relâché au Nigeria une famille d'otages français dont des enfants entre février et avril 2013 ?

- ☐ A. AQMI
- ☐ B. Boko Haram
- ☐ C. Ansar al-Islam
- ☐ D. Jihad islamique
- ☐ E. Al-Shabbaab

4434 Quelle ville Nordique a été touchée par de violentes émeutes en mai 2013 ?

- ☐ A. Stockholm
- ☐ B. Reykjavik
- ☐ C. Oslo
- ☐ D. Helsinki
- ☐ E. Copenhague

4435 Parmi les actrices suivantes, laquelle interprète le rôle de Diana Spencer dans le film *Diana*, sorti en salles en octobre 2013 ?

- ☐ A. Kim Basinger
- ☐ B. Sharon Stone
- ☐ C. Scarlett Johansson
- ☐ D. Charlize Theron
- ☐ E. Noami Watts

4436 Quelle était l'activité d'Henri Dutilleux, décédé en mai 2013 ?

- ☐ A. Un journaliste politique
- ☐ B. Un auteur de pièce de théâtre
- ☐ C. Un compositeur de musique classique
- ☐ D. Un artiste peintre
- ☐ E. Un généticien

4437 En France, en septembre 2013, la page Facebook « Soutien au bijoutier de Nice » qui a reçu 1,5 million de « J'aime » en cinq jours visait à soutenir... :

- ☐ A. Un bijoutier au bord de la faillite
- ☐ B. Un bijoutier dont la boutique a été plastifiée par la mafia
- ☐ C. Un bijoutier mis en examen pour homicide volontaire après le braquage de sa bijouterie
- ☐ D. Un bijoutier qui demande à récupérer la garde de ses enfants
- ☐ E. Un bijoutier mis en examen pour homicide involontaire après être intervenu dans une agression

4438 Quel acteur joue le rôle principal masculin dans *Le majordome*, sorti en salles en août 2013 ?

- ☐ A. Denzel Washington
- ☐ B. Forrest Whitaker
- ☐ C. Morgan Freeman
- ☐ D. Eddie Murphy
- ☐ E. Samuel Lee Jackson

4439 En juin 2013, quel animal était candidat aux élections municipales de Xalapa, au Mexique ?

- ☐ A. Un chien
- ☐ B. Un canari
- ☐ C. Un chat
- ☐ D. Une souris
- ☐ E. Un lapin

4440 En 2013, quel est le plus grand réseau social mondial par son nombre d'utilisateurs ?

- ☐ A. Twitter
- ☐ B. Linkedin
- ☐ C. Viadéo
- ☐ D. Facebook
- ☐ E. Instagram

4441 Quel personnage de bande dessinée est associé à l'auteur Frédéric Othon Théodore Aristidès, alias Fred, décédé en avril 2013 ?

- ☐ A. XIII
- ☐ B. Philemon
- ☐ C. Largo Winch
- ☐ D. Corto Maltese
- ☐ E. Yoko Tsuno

4442 En France, après onze années de Présidence, de quelle entreprise Jean-Paul Bailly a-t-il démissionné en juillet 2013 ?

- ☐ A. Orange
- ☐ B. Air Liquide
- ☐ C. La Poste
- ☐ D. EADS
- ☐ E. RATP

4443 En septembre 2013, quelle ville africaine a été le théâtre d'une spectaculaire prise d'otages dans un centre commercial qui a fait près de 70 morts ?

- ☐ A. Kampala
- ☐ B. Nairobi
- ☐ C. Kinshasa
- ☐ D. Libreville
- ☐ E. Mogadiscio

4444 Quelle est la nature du contrat remporté en décembre 2013 par le constructeur Bombardier ?

- ☐ A. La construction de rame de TGV
- ☐ B. La construction de rame de TER de la SNCF
- ☐ C. La construction des rames de métro de la RATP
- ☐ D. La construction des rames de TGV Paris-Nice
- ☐ E. La rénovation du réseau de Réseau Ferré de France

4445 En mars 2013, quel homme politique américain a été nommé Secrétaire de la Défense des Etats-Unis ?

- ☐ A. Chuck Hagel
- ☐ B. Leon Panetta
- ☐ C. John Kerry
- ☐ D. Robert Gates
- ☐ E. Joseph Dunford

4446 En février 2013, quel ancien PDG du groupe Thales a été élu président du conseil d'administration du groupe EADS ?

- ☐ A. Christian Streiff
- ☐ B. Cavaco Silva
- ☐ C. Luis Amado
- ☐ D. Alberto Costa
- ☐ E. Sampaio Jorge

4447 Parmi les personnalités suivantes, laquelle a été nommée directeur du musée du Louvre en avril 2013 ?

- ☐ A. Jean-Jacques Aillagon
- ☐ B. Laurent Le Bon
- ☐ C. Sylvie Ramond
- ☐ D. Jean-Luc Martinez
- ☐ E. Henri Loyrette

4448 Quelle compagnie aérienne a signé, en mars 2013, la plus grosse commande en valeur jamais enregistrée par Airbus ?

- ☐ A. Ryan Air
- ☐ B. Lion Air
- ☐ C. Quantas
- ☐ D. Thai Airways
- ☐ E. Garuda Indonesia

4449 En France, en octobre 2013, quel parti politique a remporté les élections cantonales de Brignoles ?

- ☐ A. Le Parti Socialiste
- ☐ B. L'Union pour un Mouvement Populaire
- ☐ C. Le Front National
- ☐ D. Le Parti Communiste Français
- ☐ E. Europe Ecologie Les Verts

4450 En avril 2013, sept membres d'une même famille française ont été libérés après 2 mois de captivité. Dans quel pays étaient-ils retenus en otages ?

- ☐ A. En Argentine
- ☐ B. Au Nigéria
- ☐ C. Au Mexique
- ☐ D. En Chine
- ☐ E. En Somalie

4451 En France, le 12 juillet 2013, dans quelle gare un train a-t-il déraillé faisant 7 morts et des dizaines de blessés ?

- ☐ A. En gare de Lyon à Paris
- ☐ B. En gare de Suresnes
- ☐ C. En gare de Bretigny
- ☐ D. En gare du Nord à Paris
- ☐ E. En gare de Lille

4452 Aux Pays-Bas, suite à l'abdication de sa mère, quel prince est devenu roi en avril 2013 ?

- ☐ A. Dave
- ☐ B. Louis
- ☐ C. Guillaume
- ☐ D. Willem-Alexander
- ☐ E. Alexander Guillaume

4453 Parmi les hommes politiques chinois suivants, lequel a été traduit en justice à partir du 22 août 2013, accusé de corruption, détournement de fonds et abus de pouvoir ?

- ☐ A. Bo Xilai
- ☐ B. Wang Yang
- ☐ C. Lin Shen
- ☐ D. Jiang Zemin
- ☐ E. ChenShui-bian

4454 Quel est le nom de famille des deux frères d'origine tchétchène suspectés d'avoir joué un rôle majeur dans l'attentat du marathon de Boston en avril 2013 ?

- ☐ A. Doukaev
- ☐ B. Kadrov
- ☐ C. Edalaev
- ☐ D. Tsarnaev
- ☐ E. Terekev

4455 Parmi les fonctions suivantes, laquelle Pierre Mauroy, décédé en juin 2013 n'a-t-il pas exercée ?

- ☐ A. Premier ministre
- ☐ B. Maire
- ☐ C. Sénateur
- ☐ D. Premier secrétaire du Parti Socialiste
- ☐ E. Garde des sceaux

4456 Quel est le nom donné à l'intervention militaire française menée au Nord Mali, qui a débuté le 11 janvier 2013 ?

- ☐ A. Opération Amaryllis
- ☐ B. Tempête du désert
- ☐ C. Opération Harpie
- ☐ D. Opération Licorne
- ☐ E. Opération Serval

4457 Parmi les nationalités suivantes, laquelle est celle du pianiste et compositeur Bebo Valdés décédé en mars 2013 ?

- ☐ A. Cubaine
- ☐ B. Mexicaine
- ☐ C. Américaine
- ☐ D. Capverdienne
- ☐ E. Portugaise

4458 Quel est le nom du général congolais qui, sous le coup d'un mandat d'arrêt pour crimes contre l'humanité et crimes de guerre s'est livré à l'ambassade de Kigali en mars 2013 ?

- ☐ A. Ngudjolo
- ☐ B. Katanga
- ☐ C. Lubanga
- ☐ D. Bosco Ntaganda
- ☐ E. Callixte Mbarushimana

4459 A quel âge le président de la République Italienne Giorgio Napolitano a-t-il été réélu pour un second mandat en avril 2013 ?

- ☐ A. 72 ans
- ☐ B. 77 ans
- ☐ C. 83 ans
- ☐ D. 87 ans
- ☐ E. 92 ans

4460 En France, durant l'été 2013, quelle somme a dû collecter l'UMP pour rembourser les sommes induites par le rejet des comptes de campagne de Nicolas Sarkozy par le conseil constitutionnel ?

☐ A. 3 millions d'euros
☐ B. 5 millions d'euros
☐ C. 8 millions d'euros
☐ D. 11 millions d'euros
☐ E. 13 millions d'euros

4461 En 2013, en France, quel anniversaire a célébré la brigade criminelle du 36 quai des Orfèvres ?

☐ A. 30 ans
☐ B. 50 ans
☐ C. 70 ans
☐ D. 100 ans
☐ E. 200 ans

4462 En France, quel est le niveau approximatif du chômage au premier trimestre 2013 ?

☐ A. 6,4 % de la population active
☐ B. 8,4 % de la population active
☐ C. 9,4 % de la population active
☐ D. 10,4 % de la population active
☐ E. 12,4 % de la population active

4463 Parmi les propositions suivantes, laquelle n'est pas une chanson de Georges Moustaki, décédé en mai 2013 ?

☐ A. *Ma liberté*
☐ B. *La philosophie*
☐ C. *Le métèque*
☐ D. *Déclaration*
☐ E. *Le sud*

4464 Parmi les super-héros suivants, lequel est la vedette du film de Tim Warner sorti en France le 19 juin 2013 ?

☐ A. Batman
☐ B. Wonder Woman
☐ C. Green Lantern
☐ D. Captain America
☐ E. Superman

4465 En quelle année, Hugo Chavez, président du Venezuela décédé le 5 mars 2013 à Caracas a-t-il commencé effectivement à exercer ses fonctions ?

☐ A. 1993
☐ B. 1999
☐ C. 2003
☐ D. 2006
☐ E. 2008

4466 En France, en mars 2013, qui a succédé à Jérôme Cahuzac au poste de ministre délégué chargé du Budget ?

☐ A. Bernard Cazeneuve
☐ B. Olivier Falorni
☐ C. Stéphane Le Foll
☐ D. Jean-Yves Le Drian
☐ E. Claude Bartolone

4467 Quelle était la profession de Jérôme Savary décédé en mars 2013 ?

☐ A. Ecrivain
☐ B. Metteur en scène de théâtre
☐ C. Danseur
☐ D. Directeur de cirque
☐ E. Chanteur

4468 **En juin 2013, quelle entreprise a racheté la start-up israélienne Waze, spécialisée dans le GPS communautaire ?**

☐ A. Facebook
☐ B. Apple
☐ C. Microsoft
☐ D. Google
☐ E. Amazon

4469 **Le 10 août 2013, dans quel pays ont eu lieu les affrontements entre Unionistes Protestants et Catholiques qui ont fait 58 blessés ?**

☐ A. En Angleterre
☐ B. En Espagne
☐ C. Au Luxembourg
☐ D. En Irlande du Nord
☐ E. En Ecosse

4470 **Quelle mesure a été annoncée par le gouvernement français en juin 2013 afin de réduire le déficit de la branche famille de la Sécurité Sociale ?**

☐ A. Suppression des allocations versées à partir du quatrième enfant
☐ B. Réduction de la prime de naissance
☐ C. Suppression de la réduction d'impôt pour scolarisation au collège ou au lycée
☐ D. Dégressivité des allocations versées en fonction de l'importance des revenus
☐ E. Baisse de plafond du quotient familiale

4471 **En France, en juillet 2013, à l'occasion d'une Question Prioritaire de Constitutionnalité, quelle autorité administrative indépendante s'est vue privée de ses pouvoirs de sanction par le Conseil Constitutionnel ?**

☐ A. AMF (Autorités des Marchés Financiers)
☐ B. ANC (Autorité des Normes Comptables)
☐ C. CRE (Commission de Régulation de l'Energie)
☐ D. CNIL (Commission Nationale Informatique et Libertés)
☐ E. ARCEP (Autorité de Régulation des Communications Electroniques et des Postes)

4472 **En France, qui était le leader du mouvement d'extrême droite Jeunesses Nationalistes Révolutionnaires, dissous en juillet 2013 ?**

☐ A. Robert Spieler
☐ B. Pierre Sidos
☐ C. Serge Ayoub
☐ D. Christian Pérez
☐ E. Jack Marchal

4473 **En 2013, dans quelle ville française a été célébré le premier mariage d'un couple homosexuel ?**

☐ A. A Rennes
☐ B. A Montpellier
☐ C. A Amiens
☐ D. A Grenoble
☐ E. A Nice

4474 En juillet 2013, un convoi de wagons d'hydrocarbures a déraillé et pris feu, causant plusieurs victimes et provoquant le déplacement de nombreux habitants. Dans quel pays a eu lieu cet accident ?

- ☐ A. Le Canada
- ☐ B. Les Etats-Unis
- ☐ C. L'Indonésie
- ☐ D. Le Japon
- ☐ E. La Slovaquie

4475 Les tensions sur les marchés financiers, en particulier américains, du mois de juin 2013 ont été attribuées pour partie à l'intention prêtée à la Fed de ralentir son programme dit « QE3 ». En quoi consiste ce programme ?

- ☐ A. La mise en circulation d'une quantité donnée de billets par trimestre
- ☐ B. L'admission au guichet de la Fed de titres émis par les sociétés en difficultés financières
- ☐ C. Le soutien illimité et inconditionnel aux banques américaines
- ☐ D. L'intervention coordonnée avec les autres banques centrales sur le marché des changes
- ☐ E. Le rachat d'un volume mensuel annoncé de bons du trésor et d'actifs titrisés

4476 En 2013, de quel pays Hassan Rohani a été élu au premier tour à la présidence de la République :

- ☐ A. L'Iran
- ☐ B. L'Iraq
- ☐ C. Les Emirats Arabes Unis
- ☐ D. L'Algérie
- ☐ E. La Libye

4477 Quel tennisman a déclaré forfait pour l'US Open 2013, en raison d'une blessure au genou, survenue à Winbledon ?

- ☐ A. Julien Benneteau
- ☐ B. Rafael Nadal
- ☐ C. James Blake
- ☐ D. Jo-Wilfried Tsonga
- ☐ E. Roger Federer

4478 Quel est le nom du radiotélescope géant installé dans le désert d'Atacama au Chili, inauguré en mars 2013, permettant l'observation des ondes millimétriques ?

- ☐ A. Alma
- ☐ B. Galileo
- ☐ C. Curiosity
- ☐ D. ISS
- ☐ E. Beyond

4479 En Amérique du Sud, quel chef d'Etat en exercice a été autorisé, en avril 2013, par le tribunal constitutionnel de son pays, à se représenter pour un troisième mandat lors des élections prévues en 2014 ?

- ☐ A. Gurbanguly Berdimuhamedow
- ☐ B. Juan Manuel Santos
- ☐ C. Vladimir Poutine
- ☐ D. Evo Morales
- ☐ E. Cristina Fernandez de Kirchner

4480 En mars 2013, lors du référendum en faveur de maintien du rattachement au Royaume-Uni des îles Malouines (nom argentin) / Falkland Islands (nom britannique) quel a été le résultat en faveur du maintien ?

- ☐ A. Plus de 99 %
- ☐ B. Entre 95 et 98 %
- ☐ C. Entre 85 et 94 %
- ☐ D. Entre 75 et 84 %
- ☐ E. Entre 65 et 74 %

4481 En août 2013, dans quel pays plusieurs centaines de personnes ont-elles été tuées lors de la dispersion de manifestations contre un coup d'état du 3 juillet 2013 ?

- ☐ A. La Tunisie
- ☐ B. L'Algérie
- ☐ C. La Grèce
- ☐ D. La Syrie
- ☐ E. L'Egypte

4482 Quel est en 2013 le titre du dernier roman de Dan Brown ?

- ☐ A. *Apocalypse*
- ☐ B. *Symbol*
- ☐ C. *The Code*
- ☐ D. *Guerre Froide*
- ☐ E. *Inferno*

4483 Parmi les nationalités suivantes, quelle est celle du Pape François, élu en 2013 ?

- ☐ A. Brésilienne
- ☐ B. Mexicaine
- ☐ C. Espagnole
- ☐ D. Argentine
- ☐ E. Equatorienne

4484 Quel acteur joue le rôle de Steve Jobs dans le film *Jobs*, sorti en salles en août 2013 ?

- ☐ A. Kevin Costner
- ☐ B. Harrison Ford
- ☐ C. Robert Downey Junior
- ☐ D. Ashton Kutcher
- ☐ E. Matt Damon

4485 En 2013, quel pays élu au Conseil de Sécurité de l'ONU a refusé son siège ?

- ☐ A. L'Arabie Saoudite
- ☐ B. Le Koweit
- ☐ C. L'Iran
- ☐ D. L'Irak
- ☐ E. L'Afghanistan

4486 En août 2013, qu'a avoué Lance Amstrong ?

- ☐ A. Qu'il avait utilisé un vélo avec un mini-moteur dans le cadre
- ☐ B. Qu'il avait été trompé par ses soigneurs qui l'avaient dopé
- ☐ C. Qu'il ne s'était jamais dopé
- ☐ D. Qu'il s'était volontairement dopé pour gagner
- ☐ E. Qu'il avait subi une intervention chirurgicale pour améliorer ses performances

4487 Quel est le montant de la transaction record pour la cession des parts détenues par Vodafone dans l'entreprise Verizon Wireless en septembre 2013 ?

- ☐ A. 50 milliards de dollars
- ☐ B. 70 milliards de dollars
- ☐ C. 100 milliards de dollars
- ☐ D. 130 milliards de dollars
- ☐ E. 160 milliards de dollars

4488 Dans quelle ville américaine du Texas, une explosion de très forte intensité a fait de nombreuses victimes en avril 2013 dans une usine d'engrais ?

- ☐ A. Fort Worth
- ☐ B. El Paso
- ☐ C. Dallas
- ☐ D. Waco
- ☐ E. Austin

4489 En juin 2013, la version française d'un célèbre magazine américain, propriété du groupe CondéNast, était lancée en France, avec Michel Denisot à la tête de la rédaction. Quel est le nom de ce magazine ?

- ☐ A. *GQ*
- ☐ B. *The NewYorker*
- ☐ C. *Time*
- ☐ D. *Vanity Fair*
- ☐ E. *Esquire*

4490 Les élections législatives libanaises prévues en juin 2013 ont été :

- ☐ A. Un succès électoral relatif pour le parti Hezbollah
- ☐ B. Annulées et reportées *sine die* en raison d'un coup de force pro-syrien
- ☐ C. Un succès électoral relatif pour le parti Kataëb
- ☐ D. Un succès électoral relatif pour le parti Courant du futur
- ☐ E. Reportées en 2014 par une loi votée par le parlement pour prolonger son mandat

4491 Quel est le nom du chef de file de la liste Tahoera'a qui a été réélu président de la Polynésie française à l'issue des élections territoriales d'avril-mai 2013 ?

- ☐ A. Gaston Flosse
- ☐ B. Oscar Temaru
- ☐ C. John Teariki
- ☐ D. Teva Rohfritsch
- ☐ E. Guy Dondeynaz

4492 Le 25 juin 2013, le conseil d'administration d'un grand groupe de tourisme européen donnait son accord au projet d'OPA initié par ses deux principaux actionnaires, Axa Private Equity et le chinois Fosun. Quel est le nom de ce groupe ?

- ☐ A. TUI
- ☐ B. Marmara
- ☐ C. Nouvelles Frontières
- ☐ D. PromoVacances
- ☐ E. Club Med

4493 Qui a réalisé le film *Argo*, oscar du meilleur film en 2013 ?

- ☐ A. Clint Eastwood
- ☐ B. George Clooney
- ☐ C. Ben Affleck
- ☐ D. Pedro Almodovar
- ☐ E. Woody Allen

4494 En 2013, qui a succédé à Hugo Chávez comme président de la république du Venezuela ?

- ☐ A. Raul Leoni
- ☐ B. Rafael Caldera
- ☐ C. Rómulo Betancourt
- ☐ D. Nicolás Maduro
- ☐ E. Carlos Andrés Pérez

4495 En France, en juin 2013, des élections partielles ont été organisées dans la circonscription de Villeneuve-sur-Lot après la démission de Jerôme Cahusac de son mandat législatif. Quel est le parti d'appartenance du candidat élu au terme d'un second tour controversé ?

- ☐ A. Le PS
- ☐ B. Le FN
- ☐ C. L'UMP
- ☐ D. Le PCF
- ☐ E. Le PRG

4496 En février 2013, quel pays a réalisé son troisième essai nucléaire sous la condamnation de la communauté internationale ?

- ☐ A. La Syrie
- ☐ B. L'Afghanistan
- ☐ C. L'Iran
- ☐ D. La Corée du Nord
- ☐ E. La Corée du Sud

4497 Le nouveau président du MEDEF, élu en juillet 2013, est :

- ☐ A. Yvon Gattaz
- ☐ B. Patrick Bernasconi
- ☐ C. Hervé Lambel
- ☐ D. Geoffroy Roux de Bézieux
- ☐ E. Pierre Gattaz

4498 Où se sont déroulés les Jeux olympiques d'hiver 2014 ?

- ☐ A. En Russie
- ☐ B. En Norvège
- ☐ C. En France
- ☐ D. En Autriche
- ☐ E. En Corée du Nord

4499 Quel pays a rejoint la zone Euro à partir du 1er janvier 2014 ?

- ☐ A. Lettonie
- ☐ B. Croatie
- ☐ C. Royaume-Uni
- ☐ D. Danemark
- ☐ E. Lituanie

4500 Quel auteur français de bandes dessinées a refusé d'être nommé Chevalier de la Légion d'Honneur en 2013 ?

- ☐ A. Jacques Tardi
- ☐ B. Jean Graton
- ☐ C. Paul Dubar
- ☐ D. Cyril Bonin
- ☐ E. Pierre Le Guen

4501 Quelle actrice joue le rôle de Lady Diana dans le film *Diana*, sorti en salles en octobre 2013 ?

- ☐ A. Scarlett Johansson
- ☐ B. Naomi Watts
- ☐ C. Reese Whitherspoon
- ☐ D. Cameron Diaz
- ☐ E. Sharon Stone

4502 Quelle ville américaine a été frappée par des attentats terroristes le 15 avril 2013 ?

- ☐ A. Miami
- ☐ B. Seattle
- ☐ C. New York
- ☐ D. Boston
- ☐ E. Washington

4503 Dans quelle catégorie de judo, Teddy Riner a-t-il remporté le titre de champion d'Europe à Budapest en avril 2013 ?

- ☐ A. Poids super-légers – Moins de 60 kg
- ☐ B. Poids légers – Moins de 73 kg
- ☐ C. Poids Moyens – Moins de 90 kg
- ☐ D. Poids mi-lourds – Moins de 100 kg
- ☐ E. Poids lourds – Plus de 100 kg

4504 Quel est le nom du mouvement rebelle qui a pris le contrôle de Bangui, la capitale de la Centrafrique en mars 2013 ?

- ☐ A. Séléka
- ☐ B. Mouvement Nationale pour la Libération de l'Azawad
- ☐ C. Boko Haram
- ☐ D. AQMI
- ☐ E. Ansar Dine

4505 En 2013, le salon du Bourget (Paris Air Show) a été l'occasion pour les principaux fabricants d'avions d'annoncer d'importants volumes de commandes. En valorisant les avions au prix catalogue, quel fut le montant de chiffre d'affaires estimé à cette occasion ?

- ☐ A. Entre 10 et 20 millions de dollars
- ☐ B. Entre 100 et 200 millions de dollars
- ☐ C. Entre 10 et 20 milliards de dollars
- ☐ D. Entre 50 et 75 milliards de dollars
- ☐ E. Plus de 100 milliards de dollars

4506 Qui a été nommé président du Conseil Supérieur de l'Audiovisuel en janvier 2013 ?

- ☐ A. Christophe Chantepy
- ☐ B. Jacques-Pierre Gougeon
- ☐ C. Olivier Schramek
- ☐ D. Xavier Musca
- ☐ E. Rémy Rioux

4507 Comment se prénomme le roi des Pays-Bas qui a prêté serment le 30 avril 2013 ?

- ☐ A. Guillaume
- ☐ B. Claus
- ☐ C. Constantijn
- ☐ D. Willem-Alexander
- ☐ E. Friso

4508 De quel groupe Ray Manzarek, décédé en mai 2013, était-il membre ?

- ☐ A. The Beatles
- ☐ B. The Bee Gees
- ☐ C. The Rolling Stone
- ☐ D. The Doors
- ☐ E. Depeche Mode

4509 Quel ancien ministre est devenu président de l'Institut du Monde Arabe en janvier 2013 ?

- ☐ A. Jack Lang
- ☐ B. Hubert Védrine
- ☐ C. Frédéric Mitterand
- ☐ D. Roland Dumas
- ☐ E. Claude Allègre

4510 Qui a publié à l'automne 2013 « un plaidoyer pour l'altruisme » ?

- ☐ A. Matthieu Ricard
- ☐ B. Le Pape François
- ☐ C. François Hollande
- ☐ D. Pierre Rabhi
- ☐ E. Edward Snowden

4511 Quelle entreprise a racheté la branche mobile de Nokia en septembre 2013 ?

- ☐ A. Apple
- ☐ B. Facebook
- ☐ C. Samsung
- ☐ D. Microsoft
- ☐ E. Amazon

4512 Quel ministre a quitté le gouvernement français début juillet 2013, à la suite de critique sur le projet de budget, qualifié de « mauvais budget » ?

- ☐ A. Geneviève Fioraso, ministre de l'Enseignement supérieur et de la Recherche
- ☐ B. Delphine Batho, ministre de l'Ecologie, du Développement durable et de l'Energie
- ☐ C. Fleur Pellerin, ministre déléguée aux PME, à l'Innovation et à l'Economie numérique
- ☐ D. Marisol Touraine, ministre des Affaires sociales et de la Santé
- ☐ E. Arnaud Montebourg, ministre du Redressement productif

4513 Quelle personnalité politique britannique est décédée le 8 avril 2013 ?

- ☐ A. Winston Churchill
- ☐ B. Gordon Brown
- ☐ C. Harold Wilson
- ☐ D. Margaret Thatcher
- ☐ E. John Major

4514 Quelle marque a sorti en septembre 2013 une montre smartphone « gear » ?

- ☐ A. Nokia
- ☐ B. HTC
- ☐ C. Apple
- ☐ D. LG
- ☐ E. Samsung

4515 Quel grand édifice parisien, unique en son genre dans la capitale, a fêté ses quarante ans en 2013 ?

- ☐ A. La Tour Montparnasse
- ☐ B. La Tour Eiffel
- ☐ C. L'Arche de la Défense
- ☐ D. La Pyramide du Louvre
- ☐ E. Le Centre Beaubourg

4516 Quel est le nom du Premier ministre de la Corée du Nord nommé en avril 2013 alors que les dirigeants de ce pays se sont déclarés « en état de guerre » ?

- ☐ A. Kim Jong-un
- ☐ B. Kim Pong-ju
- ☐ C. Park Geun-hye
- ☐ D. Kim Jong-il
- ☐ E. Yon Hyong-muk

4517 Dans quelle ville un projet d'aménagement urbain, concernant le parc Gezi, a-t-il donné lieu à d'importantes manifestations en juin 2013, s'étendant au-delà des revendications initiales ?

- ☐ A. Beyrouth
- ☐ B. Antioche
- ☐ C. Jérusalem
- ☐ D. Istanbul
- ☐ E. Le Caire

4518 Quel est le nom civil du Pape François élu en mars 2013 ?

- ☐ A. Albino Luciani
- ☐ B. Joseph Alois Ratzinger
- ☐ C. Jorge Mario Bergoglio
- ☐ D. Giovanni Battista Montini
- ☐ E. Angello Giuseppe Roncalli

4519 Quel est le nom du président de Centrafrique qui a dû fuir son pays pour échapper à une insurrection armée en mars 2013 ?

- ☐ A. Idriss Déby
- ☐ B. Dioncounda Traoré
- ☐ C. Goodluck Johnatan
- ☐ D. François Bozizé
- ☐ E. Macky Sall

4520 En septembre 2013, qui est le Premier ministre d'Israël ?

- ☐ A. Yitzhak Shamir
- ☐ B. Benyamin Netanyahou
- ☐ C. Yitzhak Rabin
- ☐ D. Ehud Olmert
- ☐ E. Ariel Sharon

4521 L'année 2014 marque le début du cycle du centenaire de la Première Guerre mondiale, qui durera quatre ans. Une manifestation est prévue pour le 31 juillet 2014 à Paris. Il s'agit du centième anniversaire de :

- ☐ A. L'attentat contre l'Archiduc François Ferdinand de Hasbourg
- ☐ B. La déclaration de guerre de l'Allemagne à la France
- ☐ C. L'ordre de mobilisation générale de l'Armée Française
- ☐ D. La première bataille de la Marne
- ☐ E. L'assassinat de Jean Jaurès

4522 En Juin 2013, Mark Carney est arrivé à la tête d'une importante institution financière, succédant à Mervyn King. De quelle institution s'agit-il ?

- ☐ A. Bank of England
- ☐ B. Federal Reserve
- ☐ C. Reserve Bank of Australia
- ☐ D. Central Bank of Ireland
- ☐ E. Banque Centrale Européenne

4523 Quel coureur cycliste a été soupçonné d'avoir utilisé un produit dopant en 2004, selon une analyse rendue publique à l'occasion d'une commission d'enquête sénatoriale en juin 2013 ?

- ☐ A. Bradley Wiggins
- ☐ B. Alberto Contador
- ☐ C. Laurent Jalabert
- ☐ D. Cadel Evans
- ☐ E. Andy Schlek

4524 Le 22 Juillet 2013, Jean-Yves Le Drian, ministre de la Défense, a présenté un rapport destiné au parlement français qui dresse le bilan des exportations françaises d'armement. Selon ce rapport ministériel, ces exportations, s'élevaient, en 2012, approximativement à :

- ☐ A. 1,9 milliard d'euros
- ☐ B. 2,4 milliards d'euros
- ☐ C. 4,8 milliards d'euros
- ☐ D. 7,7 milliards d'euros
- ☐ E. 10,1 milliards d'euros

4525 Quelle est la date de la promulgation de la loi autorisant le mariage entre personne de même sexe en France ?

- ☐ A. 18 octobre 2012
- ☐ B. 18 janvier 2013
- ☐ C. 18 mars 2013
- ☐ D. 18 mai 2013
- ☐ E. 18 juillet 2013

4526 Quel peintre chinois naturalisé français et de renommée internationale est décédé en avril 2013 ?

- ☐ A. Ieoh Ming Pei
- ☐ B. Ai Weiwei
- ☐ C. Gu Wenda
- ☐ D. Zao Wou Ki
- ☐ E. Qu Lan

4527 En février 2013, quelle était la nationalité et dans quel pays a été assassiné Chokri Belaïd ?

- ☐ A. Tunisienne et Maroc
- ☐ B. Marocaine et Maroc
- ☐ C. Marocaine et Tunisie
- ☐ D. Tunisienne et Tunisie
- ☐ E. Tunisienne et France

4528 En France, parmi les groupes d'extrême droite suivants, lequel s'est caractérisé par l'implication de plusieurs de ses membres dans le décès du jeune militant anti-fasciste Clément Méric en juin 2013 ?

- ☐ A. Troisième voie
- ☐ B. L'œuvre française
- ☐ C. Le printemps français
- ☐ D. Renouveau français
- ☐ E. Groupe union défense

4529 En France, comment est communément appelé le rapport portant sur le financement des systèmes de retraite et remis au Premier ministre en juin 2013 ?

- ☐ A. Rapport Duron
- ☐ B. Rapport Soubie
- ☐ C. Rapport Sirugue
- ☐ D. Rapport Moreau
- ☐ E. Rapport Caulet

4530 Quel était le domaine de spécialisation de l'universitaire français Guy Carcassonne, décédé en mai 2013 ?

- ☐ A. Fiscalité
- ☐ B. Droit constitutionnel
- ☐ C. Anthropologie biologique
- ☐ D. Philosophie de l'art
- ☐ E. Sociologie des médias

4531 En mai 2013, l'Assemblée nationale a adopté une proposition de loi visant à supprimer de la législation française le mot :

- ☐ A. Race
- ☐ B. Sodomie
- ☐ C. Peuple
- ☐ D. Patrie
- ☐ E. Bâtard

4532 En France, durant l'été 2013, quel service de l'Etat a été soupçonné de procéder de manière massive à des captures caractéristiques des communications électroniques (courriels, téléphone) ?

- ☐ A. La Direction Centrale du Renseignement Intérieur
- ☐ B. La Direction Générale de la Sécurité Extérieure
- ☐ C. Le Renseignement Militaire
- ☐ D. Le Secrétariat Général du Gouvernement
- ☐ E. La Direction Générale des Finances Publiques

4533 Entre juin et juillet 2013, l'informaticien américain, Edward Snowden, ancien employé de la CIA et de la NASA, a révélé des informations confidentielles concernant le système de surveillance de masse des Etats-Unis. Dans quel pays a-t-il trouvé asile ?

- ☐ A. L'Inde
- ☐ B. L'Autriche
- ☐ C. La Pologne
- ☐ D. La Russie
- ☐ E. La Chine

4534 Quel était le domaine de recherche de Robert Castel décédé en mars 2013 ?

- ☐ A. La psychologie
- ☐ B. La sociologie
- ☐ C. La psychanalyse
- ☐ D. La philosophie
- ☐ E. La médecine

4535 Le 1er juillet 2013, quel pays est devenu le 28e pays membre de l'Union européenne ?

- ☐ A. La Turquie
- ☐ B. L'Islande
- ☐ C. La Croatie
- ☐ D. La Norvège
- ☐ E. La Biélorussie

4536 En France, en septembre 2013, de quel parti politique Jean-Luc Mélenchon était-il le coprésident ?

- ☐ A. La Gauche Pour Toujours
- ☐ B. La Vraie Gauche
- ☐ C. Le Parti Communiste Français
- ☐ D. La Gauche Radicale
- ☐ E. Le Parti de Gauche

4537 Où se tient tous les ans la traditionnelle foire du Trône de Paris ?

4538 Qui sont les fonctionnaires auteurs de manifestations illégales en avril 2012 sur les Champs-Elysées ?

4539 Où se déroule le Festival Solidays (organisé par Solidarité Sida) ?

4540 De quel homme politique François Hollande a-t-il salué la mémoire le 1er mai 2012 ?

4541 Qui a remporté la Coupe de France de football 2014 ?

4542 Qui est le porte-parole de Nicolas Sarkozy lors de sa campagne présidentielle de 2012 ?

4543 En combien de langues Facebook existe-t-il ?

4544 Quelle journée a été officiellement instaurée le lundi 20 février 2012 comme « un hommage à tous les morts pour la France » ?

4545 Qui démissionne de la présidence de son parti en juin 2014 suite à l'affaire Bygmalion ?

4546 Dans son livre *Changer de destin*, sorti en février 2012, comment François Hollande qualifie-t-il François Bayrou ?

4547 Quel candidat l'imitateur Gérald Dahan a-t-il piégé avant de diffuser l'enregistrement, ce qui lui a valu d'être suspendu de la radio Rires et chansons, le mercredi 22 février ?

4548 Quel ancien président de l'UMP est mis en examen en juillet 2014 pour corruption active et trafic d'influence ?

4549 Quelle position le groupe socialiste à l'Assemblée nationale a-t-il tenu lors du vote sur le Mécanisme européen de stabilité (MES) ?

4550 De quel parti est président Frédéric Nihous ?

4551 Dans quel pays a lieu le départ du Paris-Dakar 2014 ?

4552 Après 2012, quelle sera la prochaine année bissextile ?

4553 Qu'est-ce que la France a vendu au Pakistan dans l'affaire Karachi ?

4554 Quel célèbre site de téléchargement a été fermé par le FBI le 19 janvier 2012 ?

4555 Que signifie la lettre « P » dans le signe HADOPI ?

4556 Comment se nomme la campagne d'information sur le harcèlement lancée par le gouvernement français le 24 janvier 2012 ?

4557 Dans quelle ville française a lieu chaque année le Festival international de la BD ?

4558 Qu'a fêté la reine d'Angleterre Elisabeth II le 6 février 2012 ?

4559 Quels pays se sont opposés à un projet de l'ONU visant à sanctionner la répression en Syrie ?

4560 En 2015, combien de restaurants Subway doit avoir en France ?

4561 Quelle chanteuse et comédienne américaine, inoubliable dans Bodyguard, disparaissait le 11 février 2012 ?

4562 Combien de téléspectateurs ont suivi le débat télévisé entre Nicolas Sarkozy et François Hollande le mercredi 2 mai 2012 ?

4563 Au 1er janvier 2014, quel est le prix d'un timbre courant (20 grammes) ?

4564 De quel grand groupe Bouygues Télécoms rachète-t-il l'activité fixe et mobile en mai 2012 ?

4565 Quel montant a déboursé Facebook pour acheter l'application Whatsapp ?

4566 Comment s'appelle le fondateur du site de partage de fichiers fermé par le FBI le 19 janvier 2012 ?

4567 Qui préside le Festival de Cannes 2014 ?

4568 Quel Etat américain abolit la peine de mort, en mai 2012 ?

4569 De quelle nationalité est le géant de l'alimentation « Nestlé » ?

4570 Qui est l'inventeur de la carte à puce ?

4571 En 2012, quel acteur reçoit un prix au Sommet annuel de la paix pour son engagement humanitaire en faveur d'Haïti ?

4572 Quel pourcentage du patrimoine financier des français représente l'épargne salariale en 2012 ?

4573 Quel équipementier sportif habille les champions du Tour de France 2013 ?

4574 Quel ministère britannique est victime de plusieurs piratages informatiques en 2012 ?

4575 Au 1er janvier 2014, quel est l'âge légal de départ à la retraite ?

4576 Combien vaut le SMIC au 1er janvier 2014 ?

4577 Quel pays concentre le plus grand nombre de biens inscrits au Patrimoine mondial ?

4578 Marc Blondel, décédé en mars 2014, fut pendant 15 ans le secrétaire général de quel grand syndicat ?

4579 Au-delà de quel seuil François Hollande décide-t-il de taxer les revenus à hauteur de 75 % ?

4580 Quel motif le Conseil constitutionnel invoque-t-il en mai 2012 pour censurer la loi réprimant la négation des génocides ?

4581 Que commémore-t-on tous les 8 mai ?

4582 Dans quelle rue parisienne se trouve le QG du PS ?

4583 Qui est le propriétaire jusqu'au 6 juin 2012 du 52/60 avenue des Champs-Elysées abritant Virgin Mégastore et Monoprix ?

4584 De quelle personnalité Patrick de Maistre a-t-il été le gestionnaire de fortune ?

4585 Quelle loi est abrogée en 2012 par le Conseil constitutionnel, créant un flou judiciaire en la matière ?

4586 Au 1er janvier 2014, qui est le Bâtonnier du Barreau de Paris ?

4587 Quel est le taux de participation au second tour de l'élection présidentielle de 2012 ?

4588 A quel personnage de bande dessinée le dessinateur Philippe Bercovici compare-t-il l'ancien président Nicolas Sarkozy ?

4589 Quel pays asiatique procède en avril 2012, avec succès, à un test de missile de longue portée à capacité nucléaire ?

4590 Qui est le PDG de Yahoo ! ?

4591 Comment appelle-t-on le phénomène de création de nouveaux mots ?

4592 Combien d'étapes composent le Tour de France ?

4593 Quel est le pourcentage de français propriétaire de son logement au 1er trimestre 2013 ?

4594 Qui est le « Spider-Man » français, célèbre pour ses ascensions à mains nues des plus hauts gratte-ciel ?

4595 Combien mesure la tour First du quartier de la Défense à Paris ?

4596 Comment nomme-t-on le prix le plus prestigieux décerné lors du concours Lépine ?

4597 Quel grand écrivain russe a écrit qu'« il n'y avait rien de plus insupportable pour une personne que la liberté » ?

4598 En quelle année le traité de Maastricht institue l'Union européenne ?

4599 Quel accord instaure la libre circulation des personnes au sein de la Communauté européenne ?

4600 Le réseau social Facebook était à l'origine un simple annuaire universitaire créé dans quel but ?

4601 Quel était le surnom du Premier ministre japonais Yokio Hatoyama ?

4602 Quel pays organise la Coupe d'Europe des Nations en 2016 ?

4603 A partir du 15 octobre 2014 qui est à la tête du Ballet de l'Opéra de Paris ?

4604 Quelle grande maison de couture Jean-Paul Gaultier a-t-il quitté après 7 ans de collaboration ?

4605 Dans quelle ville est apparu pour la première fois en Europe un système de « vélo partagé » ?

4606 Dans quel sport trouve-t-on le plus de joueurs syndiqués ?

4607 Combien existe-t-il de niches fiscales en France ?

4608 En termes d'emplois, quelle région française a été la plus touchée par la crise ?

4609 Combien la France compte-t-elle de chercheurs publics en poste dans les sciences du vivant ?

4610 Qui est l'ex-Premier ministre ukrainienne qui a observé une grève de la faim en avril 2012 ?

4611 Quel était le métier de Nicolas Sarkozy avant qu'il ne devienne président de la République ?

4612 Selon le rapport annuel de l'ONG Save the Children, quel est le meilleur pays du monde pour élever un enfant ?

4613 Quel pourcentage a obtenu François Hollande lors de son élection présidentielle en 2012 ?

4614 De quel constructeur est la voiture officielle de François Hollande lors de la passation de pouvoir ?

4615 Quelle est la caractéristique de la voiture conçue par le géant américain Google en 2012 ?

4616 Quels sont les trois seuls pays qui, en 2014, disposent du droit de chasser la baleine ?

4617 Raymond Aubrac disparaissait le 10 avril 2012. Qui était-il ?

4618 Le 11 avril 2012 disparaissait le premier président algérien. Il s'agit de ?

4619 Quel est le titre de ce film, sorti en avril 2012, qui réunit plusieurs super-héros ?

4620 Le journaliste Roméo Langlois est enlevé par les FARC le 28 avril 2012. Dans quel pays cela s'est-il passé ?

4621 Quelle ONG organise une intrusion dans la centrale nucléaire de Bugey le 2 mai 2012 ?

4622 Quelle nouvelle application permettant d'ajouter un nouveau statut à son profil a lancé Facebook en 2012 ?

4623 Dans quel pays le paquebot Costa Concordia s'est-il échoué en 2012 ?

4624 En quelle année le Titanic avait-il fait naufrage ?

4625 Quel ancien sportif de haut niveau se lance dans la campagne présidentielle en 2012 à cause du mal-logement ?

4626 De quel pays viennent les pandas arrivés au zoo de Beauval en janvier 2012 ?

4627 Que produit le groupe ArcelorMittal ?

4628 Qui était le dessinateur de Blueberry décédé le 10 mars 2012 ?

4629 Que fête-t-on le 8 mars dans de nombreux pays ?

4630 Quelle bataille le réalisateur Pierre Schoendoerffer, disparu le 14 mars 2012, a-t-il raconté au cinéma ?

4631 Quel sport a fait pour la première fois son apparition chez les femmes aux JO de Londres de 2012 ?

4632 Dans quel sport concourent les Français Romain Grosjean, Charles Pic et Jean-Eric Vergne en 2012 ?

4633 Combien de films français avaient déjà reçu l'Oscar du meilleur film avant *The Artist* ?

4634 Qui forme le « couple » cinématographique dans *The Artist* ?

4635 Dans quelle ville de Syrie les journalistes Edith Bouvier et William Daniels sont-ils restés coincés pendant 8 jours ?

4636 De quel groupe comique Gérard Rinaldi, décédé le 2 mars 2012, était-il le leader ?

4637 Quel est le pays le moins peuplé au monde avec 800 habitants recencés ?

4638 Comment appelle-t-on le fond des océans ?

4639 Comment s'appelle l'association qui s'oppose aux expulsions d'enfants sans papiers dans les écoles ?

4640 Sur quelle île se trouve la prison américaine de Guantanamo qui fête ses 12 ans en 2014 ?

4641 De quelle confession étaient le professeur et les trois enfants qui ont été abattus le 19 mars 2012 devant un lycée toulousain ?

4642 Qui était, en 2012, le tueur au scooter de Toulouse ?

4643 Dans quel pays la libération de Florence Cassez, accusée d'enlèvement et séquestration, a-t-elle été rejetée le 21 mars 2012 ?

4644 Dans quel pays africain dirigé par Amadou Toumani Touré y a-t-il eu un coup d'état le 22 mars 2012 ?

4645 Qui est le président du Sénégal ?

4646 Quelle célèbre marque de jeans ouvre en mai 2012 un nouveau magasin sur les Champs-Elysées ?

4647 Comment appelle-t-on l'ensemble des achats effectués *via* Internet ?

4648 Qui est l'athlète le plus médaillé de l'Histoire des Jeux olympiques avec au total 22 médailles dont 18 en or ?

4649 Quel surnom a donné la City à Bruno Michel Iksil, trader français qui aurait fait perdre plusieurs milliards de dollars à la banque américaine JP. Morgan ?

4650 Quelle série américaine sur la vie de cinq voisines de Wisteria Lane tire sa révérence après huit saisons en 2012 ?

4651 Quel procès mettant en cause les laboratoires Servier débute en mai 2012 ?

4652 Combien de pays appartiennent à la Cédéao (Communauté économique des Etats de l'Afrique de l'Ouest) ?

4653 Qui a remporté le prix Goncourt 2013 avec *Au revoir là-haut* ?

4654 Sous quel édifice parisien se trouve la flamme du soldat inconnu ?

4655 Que refuse un juge new-yorkais à DSK le 1er mai 2012 ?

4656 Qui est le secrétaire général de l'Otan en 2014 ?

4657 A combien se montent les deux prêts que l'Europe et le FMI ont décidé d'attribuer à la Grèce entre 2010 et 2012 ?

4658 Qui a remporté le télé-crochet *The Voice* en 2014 ?

4659 Qui était la compagne de François Hollande ?

4660 Quels codes Nicolas Sarkozy a-t-il confiés à François Hollande lors de la passation de pouvoir ?

4661 Quel accessoire est obligatoire dans les véhicules au 1er juillet 2012 ?

4662 Quel athlète est le porte-drapeau de la délégation tricolore aux Jeux olympiques de Londres ?

4663 Quel record, entré dans le *Guiness World Record*, ont réalisé 80 fans de Lego en 6 heures le 11 mai 2013 ?

4664 Quel réseau social professionnel fait son entrée en bourse en juin 2014 ?

4665 Qui remplace Scott Thompson, victime d'une polémique sur son curriculum vitæ truqué, à la tête de Yahoo ! ?

4666 Comment s'appelle le grand défilé festif organisé en faveur du commerce équitable ?

4667 Qui est nommé secrétaire général de l'Elysée par François Hollande ?

4668 Quelle nouvelle compagnie a été créée mardi 15 mai résultant d'un partenariat avec Air France ?

4669 Qui est le ministre des Affaires étrangères ?

4670 Qui est le ministre des Affaires sociales et de la Santé ?

4671 Qui est le ministre du Logement et de l'Egalité des territoires ?

4672 Qui est le ministre de l'Intérieur ?

4673 Quel ministère a en charge Michel Sapin ?

4674 Qui est le ministre du Travail, de l'Emploi et du Dialogue social ?

4675 Quel ministère est confié à Ségolène Royal ?

4676 Qui est le porte-parole de François Hollande ?

4677 Qui est le ministre du Droit des femmes, de la ville, de la Jeunesse et des Sports ?

4678 Qui est le ministre de l'Education nationale, de l'Enseignement supérieur et de la Recherche ?

4679 Qui est le ministre de la Défense ?

4680 Quel ministère a en charge Arnaud Montebourg ?

4681 Qui a la charge de la Fonction publique ?

4682 Qui est le ministre des Outre-mers ?

4683 Qui remporte l'Eurovision en 2014 ?

4684 Qui représente la France à l'Eurovision 2014 ?

4685 De quel pays les troupes françaises devront se retirer d'ici fin 2012 ?

4686 Combien de femmes compte le gouvernement de François Hollande ?

4687 Quel est le pourcentage de femmes candidates aux législatives ?

4688 Quel club de football a été sacré champion de France pour la première fois de sa carrière en mai 2012 ?

4689 Quel film a fait l'ouverture du Festival de Cannes 2014 ?

4690 Quel a été le chiffre d'affaire d'Aéroports de Paris durant le premier trimestre 2013 ?

4691 De quel groupe disco était membre Robin Gibb décédé le 20 mai 2012 ?

4692 Combien de pays voit passer le Tour de France en 2014 ?

4693 Combien de candidats se sont officiellement lancés dans la campagne pour les élections législatives en 2012 ?

4694 A quel courant musical appartenait Donna Summer décédée en mai 2012 ?

4695 Quel navigateur Internet est devenu en mai 2012 le plus utilisé dans le monde ?

4696 En 2014, qui est le Grand Rabbin de France ?

4697 Quel fabricant américain de téléphones portables le groupe Internet Google acquiert-il en mai 2012 pour 12,5 milliards de dollars ?

4698 Comment s'appelle l'album de Maître Gims sorti en juin 2014 ?

4699 Quel pays organise le 1er tour de ses élections présidentielles le 23 mai 2012 ?

4700 Quelle était la monnaie de la Grèce avant son entrée dans l'euro ?

4701 A quel pourcentage du PIB est estimée la dette de la Grèce ?

4702 Qui est le chef du gouvernement espagnol ?

4703 Qui est le designer urbain de la station expérimentale de bus « Osmose » dans le 12e à Paris ?

4704 En 2014, combien d'employés compte la société Google dans le monde ?

4705 Dans quelle discipline s'est illustré le nouveau conseiller « sport » de François Hollande, Thierry Rey ?

4706 Pour quelle raison 472 familles se sont vu supprimer une partie de leurs allocations familiales ?

4707 Quel est le nombre de jeunes âgés de 15 à 24 ans au chômage dans le monde ?

4708 Quel est le nom du premier vaisseau spatial privé mis en orbite en mai 2012 depuis Cap Canaveral ?

4709 Qui est le PDG de Google ?

4710 Quel troisième opus cinématographique avec le duo Will Smith et Tommy Lee Jones sort en salle en mai 2012 ?

4711 Quel pays a été frappé par un séisme de magnitude 6 le 20 mai 2012 ?

4712 Dans quel pays les étudiants ont-ils manifesté contre l'augmentation de leurs frais de scolarité ?

4713 En référence au « Printemps arabe », quel nom a été donné au mouvement de manifestations des étudiants québécois ?

4714 Combien coûterait à la France la sortie de la Grèce de la zone euro ?

4715 Quel est le nom du documentaire axé sur François Hollande que doit tourner le scénariste Patrick Rotman ?

4716 Quel était le nom du précédent documentaire de Patrick Rotman axé sur Nicolas Sarkozy ?

4717 De quelle nationalité est la femme la plus riche du monde en 2014 ?

4718 Qui est le nouveau PDG du distributeur Carrefour ?

4719 Quel pays fait partie de la zone euro depuis le 1er janvier 2014 ?

4720 Quelle maladie a fait sa réapparition au sein d'un lycée parisien en mai 2012 ?

4721 Quel ministre est condamné pour « injures publiques » en mai 2012 ?

4722 A quel âge pourront désormais partir à la retraite les salariés qui ont commencé à travailler tôt ?

4723 Quel âge a René Buffière, doyen national du baccalauréat 2013 ?

4724 Qui est le secrétaire général de la CFDT en 2014 ?

4725 Quel opéra est présenté sur la scène de l'Opéra Bastille jusqu'au 2 juillet 2012 ?

4726 Qui est le PDG de la banque américaine JP. Morgan Chase ?

4727 De quelle grande entreprise l'Etat cède 3,1 % des parts en 2014 ?

4728 Qui est le réalisateur du film *De rouille et d'os* ?

4729 « Quel groupe français de luxe devrait toucher 100 millions de dollars de dommages et intérêt après avoir obtenu gain de cause dans un procès pour contrefaçon à New York contre 34 sites Internet chinois ? »

4730 De quelle banque Jean-Laurent Bonnafé est-il le PDG ?

4731 Combien de chiffres pourraient compter les numéros de téléphone mobile en 2014 ?

4732 Quelle actrice américaine, présente dans *Iron Man 2*, s'est vu décerner une étoile sur Hollywood Boulevard ?

4733 Quel est le salaire du président de la République ?

4734 Qui est le réalisateur de Dark Shadows ?

4735 Qui est le roi du Maroc ?

4736 Quel acteur américain s'est transformé le 10 mai en organisateur de levées de fonds pour la campagne du président Obama ?

4737 Quel chef d'Etat annonce qu'il ne se rend pas au sommet du G8 le 18 mai 2012 à Camp David au Maryland ?

4738 Comment Carla Bruni surnomme-t-elle les journalistes dans une chanson figurant sur son 4e album ?

4739 En 2014, quel pays compte le plus de décès liés à la pollution atmosphérique ?

4740 Qui est aujourd'hui l'homme le plus recherché du monde ?

4741 Quel cadeau offre la province italienne de Lecce à Michelle Obama pour souligner l'engagement de la Première dame américaine à promouvoir une alimentation et un style de vie sains ?

4742 Quel est le nouveau taux de TVA en Italie ?

4743 Au 1er semestre 2014, à combien s'élève le taux du livret A ?

4744 Dans quel pays est organisé l'Eurovision 2014 ?

4745 Quel est le nom de l'écolabel qui récompense les plages propres ?

4746 Quel est le nom du premier avion solaire ?

4747 Quel joueur de tennis a déclaré forfait pour Roland-Garros 2013 en raison d'un dos douloureux ?

4748 Qui est le vainqueur de l'Open d'Australie 2014 ?

4749 Le village de Courbefy a été vendu en entier aux enchères pour 520 000 euros à une société américaine. Dans quel département se situe ce village ?

4750 Qui est le photographe qui a réalisé le portrait officiel de François Hollande ?

4751 Quelle autre grande dame, après Edith Piaf, Olivier Dahan met en scène dans son nouveau biopic ?

4752 Pour quels crimes est jugé le président du Libéria, Charles Taylor ?

4753 Quel est en moyenne à Paris le coût de la location annuelle au m^2 d'un bureau ?

4754 Quelle est la cause de la journée mondiale du jeudi 31 mai ?

4755 Quel pays est numéro 1 au palmarès de Reporters sans frontières au sujet de la liberté de la presse ?

4756 En 2014, qui remporte le tournoi de Roland Garros dans la catégorie Dames ?

4757 Qui est la journaliste qui quitte la présentation du JT de 20 h sur TF1 en 2012 ?

4758 Qui est la première femme à diriger le groupe de sécurité de la présidence de la République ?

4759 En juin 2014, a combien s'élève la progression du PIB selon l'INSEE ?

4760 Combien coûte la contrefaçon, par an, à la France ?

4761 Quel est le pourcentage d'enfants victimes de la pauvreté en France ?

4762 Qui est le journaliste, prisonnier des Farcs durant un mois, libéré fin mai 2012 ?

4763 Quel républicain affronte Barack Obama pour la présidentielle en novembre 2012 ?

4764 De quelle confession est Mitt Romney ?

4765 Quelle fête conviviale a lieu dans toute la France le vendredi 1er juin ?

4766 Quelle personnalité britannique fête son jubilé de diamant le 3 juin 2012 ?

4767 Quel roi était le père d'Elisabeth II d'Angleterre ?

4768 Pour quel motif le directeur de Sup de Co Amiens est-il poursuivi par la justice en juin 2012 ?

4769 Qui succède à Louis Gallois à la présidence d'EADS en juin 2012 ?

4770 Quel est le chiffre d'affaire de la SNCF en milliards d'euros au premier trimestre 2013 ?

4771 Quelle artiste franchit le quart de milliard de « followers » sur Twitter en juin 2012 ?

4772 Quel constructeur automobile augmente ses salariés de 4,3 % en juin 2012 ?

4773 Auprès de quel site TF1 réclame-t-il 150 millions d'euros pour avoir diffusé certains de ses contenus en juin 2012 ?

4774 Quel est, en 2012, l'œuvre de bande dessinée la plus chère du monde ?

4775 A quelle catégorie de cinéma est consacré le « Champs-Elysées Film Festival » ?

4776 Quel acteur préside la 1re édition du « Champs-Elysées Film Festival » du 6 au 12 juin 2012 ?

4777 Le procès de quel ex-trader s'ouvre le 4 juin 2012 ?

4778 Sur quel fleuve a lieu, le 3 juin 2012, la parade navale organisée en l'honneur de la reine Elisabeth II ?

4779 Quel procès a déclenché des émeutes sur la place Tahrir le 2 juin 2012 ?

4780 De combien de royaumes et territoires Elisabeth II est-elle la reine ?

4781 Qui est l'ex-PDG d'Air France qui refuse en 2012 de rembourser son indemnité de non-concurrence comme l'y invite le ministère de l'Economie ?

4782 Pour quel journal, la compagne de François Hollande, Valérie Trierweiler, travaille-t-elle ?

4783 Quel groupe d'énergie italien a été repris par EDF en 2012 ?

4784 Qui est le PDG d'EDF ?

4785 Quel comique préside la troisème édition du «Marrakech du rire» en 2013 ?

4786 Quelle planète s'aligne entre la Terre et le Soleil le 6 juin 2012, pour la dernière fois avant 105 ans ?

4787 Quel musée parisien fête ses 130 ans en juin 2012 ?

4788 Quel est le surnom de Luka Rocco Magnotta, le tueur de Montréal, arrêté à Berlin le 4 juin 2012 ?

4789 Qui est le président de Médecins du Monde ?

4790 Quel état américain annule l'autorisation au mariage pour les personnes homosexuelles puis l'autorise de nouveau en 2013 ?

4791 Quel fonds d'investissement rachète en juin 2012 l'immeuble situé au 52-60 avenue des Champs-Elysées abritant notamment les magasins Virgin et Monoprix ?

4792 Dans le cadre de la réforme des collectivités territoriales, le gouvernement envisage de diminuer le nombre de régions de 22 à ?

4793 Riad Hijab est en charge de quel ministère, lorsqu'en juin 2012, il est chargé de former un nouveau gouvernement suite aux législatives syriennes de mai 2012 ?

4794 Que souhaite supprimer l'ancienne ministre Nadine Morano sur Twitter en juin 2012 ?

4795 Quelles situations sont désormais prises en compte dans le calcul de la retraite ?

4796 Quelle juridiction condamne le 7 juin 2012 l'Italie à verser 10 millions d'euros à la chaîne de télévision italienne Centro Europa, empêchée d'émettre pendant 10 ans ?

4797 A quel grade est promu le prince William au sein de l'unité de secours et de recherche de la Royal Air Force en juin 2012 ?

4798 Quel type d'actes de chirurgie sont désormais soumis à un taux de TVA de 19,6 % ?

4799 Quel réseau social confirme avoir été victime d'un hacker ayant dérobé 6,5 millions de mots de passe ?

4800 Quel écrivain américain, un des pères-fondateurs de la science-fiction, auteur de *Fahrenheit 451*, est décédé le 6 juin 2012 à l'âge de 91 ans ?

4801 Comment se nomme le prix littéraire remis par la ville de Nice et le quotidien *Nice Matin* ?

4802 Qui est le PDG de Vente-Privées.com en 2013 ?

4803 Quel est le pourcentage de Français à disposer d'un revenu inférieur à 37 000 euros par an en 2012 ?

4804 Quelle série à succès des années 1980 revient sur les écrans avec le casting originel en 2012 ?

4805 A quel âge est décédée Marie-Thérèse Bardet, la doyenne de l'Europe, le 8 juin 2012 ?

4806 Qui est le président de la FIFA en 2014 ?

4807 Quel groupe de vente de high-tech est à vendre en juin 2012 ?

4808 Quel géant américain du commerce en ligne a fait le choix de s'implanter en Bourgogne après Orléans et Montélimar ?

4809 Quelle circonscription se disputent Marine Le Pen et Jean-Luc Mélenchon au 1er tour des législatives 2012 ?

4810 Quel poste occupe Mariano Rajoy en 2013 ?

4811 Quel est le nom de l'un des plus puissants logiciels pirates jamais créés, s'autodétruisant en juin 2012 ?

4812 Combien de personnes sont écrouées en France au premier semestre 2014 ?

4813 Quel score obtient la gauche au 1er tour des législatives 2012 ?

4814 Dans quelle ville se déroule l'Exposition universelle de 2015 ?

4815 Avec pour concurrent Bouygues et après trois semaines de négociations, qui a emporté le rachat de Numéricable ?

4816 Quelle journée mondiale se tient le mardi 12 juin dans plus de 50 pays ?

4817 Quel film signe le retour de Ridley Scott à la science-fiction en juin 2012 ?

4818 A quelle note l'agence de notation Fitch abaisse-t-elle la note de l'Espagne ?

4819 Que représentent les personnages Slavek et Slako en 2012 ?

4820 Quel peintre français, maître de l'abstraction lyrique, est décédé le dimanche 10 juin 2012 ?

4821 Qui est le rappeur jugé puis relaxé en 2012, pour « provocation au crime » par le collectif Ni putes Ni soumises ?

4822 Qui est l'actuel président de l'Afghanistan ?

4823 Depuis combien d'années Hamid Karzaï est-il au pouvoir en 2014 ?

4824 Que signifie le sigle FSI ?

4825 Qui sont les deux frères auteurs de *La pensée de Dieu* en 2012 ?

4826 Quelle est la condamnation par contumace infligée à l'ancien président Ben Ali par le tribunal militaire de Tunis pour « incitation au désordre, meurtres et pillages sur le sol tunisien » ?

4827 Qui est l'avocat qui présente sa candidature dans la 2e circonscription du Gard ?

4828 Fin 2013 a vu le record du monde de vente aux enchères battu avec un tryptique de Francis Bacon. A combien a t-il été adjugé ?

4829 En 2012, Andy Zhang participe à l'US Open de golf. Il est le plus jeune joueur de l'histoire a disputer un tournoi du Grand Chelem. Quel âge a-t-il quand il participe à ce tournoi ?

4830 Qui est le réalisateur du film *Quand je serai petit* sorti en salle en juin 2012 ?

4831 Quelle mythique série télévisée allemande la chaîne France 3 cesse-t-elle de diffuser en 2012 ?

4832 Quelle ville est élue par le Comité international olympique pour organiser les JO d'hiver 2018 ?

4833 Quelle est donc cette petite tache sombre qui passe devant le Soleil le 5 juin 2012 ?

4834 Pour qui vote-t-on les 10 et 17 juin 2012 ?

4835 Mais au fait, qui était donc Roland Garros ?

4836 Quelle est la cause de la Journée mondiale qui a lieu le vendredi 15 juin ?

4837 Quel site Nik Wallenda, un funambule américain, tenta-t-il de traverser sur un fil de 550 m le vendredi 15 juin 2012 ?

4838 Quel humoriste révélé en 2012 a été dans la série SODA où il aborde les tracas de l'adolescence ?

4839 A combien s'élève le nombre de femmes dans les forces armées française en 2014 ?

4840 Contre quel dissident socialiste Ségolène Royal, est-elle opposée lors des élections législatives de juin 2012 ?

4841 Quel est le seul pays au monde où les femmes n'ont pas le droit de conduire ?

4842 Quel est, en 2012, le pays le plus riche du monde selon le PIB par habitant ?

4843 Après Borat le moustachu et Bruno le glabre, sous quelle nouvelle identité se présente le comique Sacha Baron Cohen en 2012 ?

4844 Qui est le PDG de TF1 ?

4845 Quel groupe se classe au premier rang des entreprises du CAC 40 au premier semestre 2012 ?

4846 En 2014, quel âge a le Macintosh ?

4847 En juin 2014, quel est le prix du kilowatt-heure pratiqué par EDF ?

4848 De quelle organisation est élu président Thierry Brigaud en juin 2012 ?

4849 Quelle femme, ministre du gouvernement, s'est déclarée pour la dépénalisation du cannabis en juin 2012 ?

4850 Quels hôtes de nos rivières sont menacés de disparition selon une enquête dévoilée le 7 juin 2012 par le Muséum d'histoire naturelle ?

4851 Depuis quelle année les boissons énergisantes sont-elles autorisées à la vente en France ?

4852 Herb Reed est décédé en juin 2012 à l'âge de 84 ans. Il était le dernier survivant de quel célèbre groupe vocal américain des années 1950 ?

4853 Quel grand distributeur annonce le vendredi 15 juin 2012 qu'il se retire de la Grèce ?

4854 Dans quelle galerie parisienne peut-on admirer en 2012 les clichés des lauréats du concours international World Press Photo qui récompense les plus belles photos de presse de l'année écoulée ?

4855 De quel sculpteur peut-on admirer l'exposition dans le musée parisien qui porte son nom à compter du mois de juin 2012 et jusqu'en mars 2013 ?

4856 En juin 2012, dans quelle région française un négociant en vin est-il accusé de fraude à l'étiquetage sur plus de 2 millions de bouteilles entre 2005 et 2009 ?

4857 Comment s'appelle la nouvelle attraction 2012 du Parc Astérix qui vous propulse à 40 mètres de hauteur ?

4858 Quel présentateur succède à Laurence Ferrari au JT de 20 h sur TF1 ?

4859 Quel peintre est l'auteur de l'œuvre abstraite « L'étoile bleue » vendue par Sotheby's aux enchères à Londres en juin 2012 ?

4860 En France, combien de mariages entre personnes du même sexe ont été célébrés en 2013 ?

4861 Combien Manuel Valls veut-il économiser entre 2015 et 2017 grâce à son plan de rigueur ?

4862 A l'issue des élections municipales de 2014, combien le Front national obtient-il de sièges ?

4863 Quel candidat a été battu dans son fief béarnais par la PS Nathalie Chabanne ?

4864 Dans quelle ville assiste-t-on à un duel fratricide socialo-socialiste pour le second tour des élections législatives 2012 ?

4865 Qui est Marion Maréchal Le Pen par rapport à Marine Le Pen ?

4866 Quelle rock-star de 69 ans livre le 1er de ses trois concerts le vendredi 15 juin 2012 au stade de France ?

4867 Qui est le Maître de cérémonie au Festival de Cannes en 2014 ?

4868 Que commémore-t-on le 18 juin ?

4869 Quel est le numéro de téléphone dédié aux violences conjugales ?

25. ACTUALITE 2014 ET DEBUT 2015

Ce chapitre est composé de **131 questions**.

[CONSIGNE]

Dans les questions qui suivent, vous devez remplacer [...] par les mots manquants.

1. JANVIER/FEVRIER 2014

4870 2014, année de tous les dangers pour les pays émergents ? Le changement de politique monétaire menée par […] menace la stabilité des pays émergents qui voient un reflux des IDE investis sur leurs sols et la chute de leur monnaie (peso argentin, rouble russe, rand sud-africain, bath thaïlandais ou livre turque).

4871 En […], le Premier ministre Erdogan exerce un pouvoir de plus en plus autoritaire, encadrant plus étroitement la justice comme Internet.

4872 En Thaïlande l'Etat d'urgence a été proclamé à Bangkok par le Premier ministre Yingluck […] pour affaiblir le mouvement des opposants qui ont refusé de participer aux élections législatives anticipées du 2 février, dénonçant la corruption du système Taksin.

4873 La situation reste très tendue en Centrafrique et au Sud-Soudan. La Centrafrique vient d'élire une présidente, madame Catherine Samba Panza maire de […], pour essayer de ramener le calme dans le pays.

4874 Une conférence de paix sur la Syrie s'est tenue à Genève mais le pouvoir syrien et l'opposition sont sur des positions qui semblent irréconciliables alors que la guerre a déjà fait plus de […] morts. Le chef de l'opposition, […], a accusé Bachar el-Assad de crimes dignes des nazis, quand le ministre des Affaires étrangères a qualifié l'opposition de « traitre », et a demandé aux pays occidentaux de ne plus soutenir des « terroristes ».

4875 Une délégation du Medef a été reçue à […] par Mohammed Nahavandian, directeur du cabinet d'Hassan Rohani, pour essayer de tisser de nouvelles relations commerciales.

4876 […] est le nouveau leader de la gauche italienne. Il prend les rênes de son pays en voulant briser les tabous qui entravent son pays et le paralysent politiquement.

4877 Le constructeur français […], qui inclut les marques françaises de Peugeot et Citroën, est en grande difficulté. Son manque de rentabilité – […] de perte en 2012 – serait lié à sa taille trop modeste, à son marché trop européen (or celui-ci est en berne) et à ses coûts de production élevés.

4878 Très décriée avant le début des Jeux olympiques de […], la Russie poutinienne triomphe au moment de leur clôture, elle est arrivée en tête du classement des médailles et surtout elle a démontré sa capacité à organiser un événement sportif mondial de 1er plan alors même que les inquiétudes sécuritaires étaient très fortes.

4879 Le président Ukrainien, démocratiquement élu, […], a rompu les négociations en vue d'un accord d'association avec l'Union européenne, qui essaie ainsi de stabiliser ses marges à l'Est comme au Sud.

2. Mars 2014

4880 En France, les élections municipales des 23 et 30 mars 2014 se caractérisent par une forte [...] et une poussée de l'opposition. Ce qui conduit à la démission du Premier ministre, [...], le 31 mars et à la nomination de Manuel Valls, précédemment ministre de l'Intérieur.

4881 Japon. Fukushima, 3 ans déjà. 1 minute de silence pour commémorer les [...] morts et plusieurs centaines milliers de personnes déplacées à la suite de l'accident nucléaire du [...] 2011. Les Japonais restent anxieux. La société [...] ne sait pas quoi faire de l'eau contaminée utilisée pour refroidir notamment les réacteurs.

4882 L'Union européenne et les Etats-Unis menacent la Russie de sanctions si Moscou annexe [...], plusieurs dizaines de milliers de soldats russes sont positionnés sur ce territoire.

4883 Le roi [...], malade, s'inquiète car le prince héritier Salman (79 ans) dont la santé est déjà dégradée pourrait ne pas lui succéder sur le trône. Il vient donc de désigner, en tant que prochain prince héritier, son demi-frère Moqren Ben Abdel Aziz, âgé de 69 ans. Le pouvoir se transmet donc toujours entre frères.

4884 Le pouvoir égyptien vient de condamner à la peine capitale pour violence plus de 500 partisans du président [...] – destitué après avoir été élu en juin 2011. Près de 700 autres sont jugées dans une Egypte exsangue, malgré l'aide apportée par les Emirats arabes unis et l'Arabie saoudite.

4885 Les troupes de Bachar el-Assad reprennent le Krak des chevaliers (construit lors des croisades), une bataille décisive pour fermer la frontière avec [...]. Les rebelles lancent alors une vaste offensive coordonnée dans le Nord du pays autour de Lattaquié ou Alep, une première depuis la scission entre la branche d'Al-Qaïda en Syrie et les jihadistes particulièrement radicaux de l'Etat islamique en Irak et au Levant (EIIL).

4886 Les violences restent endémiques en RCA, à Bangui les milices anti-balaka se sont de nouveau prises aux populations musulmanes. Ces tensions intercommunautaires ne sont qu'un des aspects de l'instabilité dans laquelle est plongée le pays malgré la présence des forces de l'opération [...] et de la [...] (force africaine en Centrafrique) qui s'opposent aux milices.

4887 L'après printemps arabe : si la Tunisie a voté une nouvelle constitution, la situation est des plus troubles en Libye ou en Egypte, la Turquie se raidit dans une dérive autoritaire alors que [...] a sombré dans la guerre civile.

4888 Bruxelles accorde une aide directe de 1,6 milliards d'euros à Kiev et une aide globale de 11 milliards, la Banque mondiale devrait verser une autre aide de près de 3 milliards de dollars, le FMI une aide comprise entre [...] de dollars : l'Ukraine peut donc compter sur une aide de 25 à 30 milliards de dollars.

4889 La superficie de la Crimée avoisine [...] km^2, soit 1/22e de la superficie de l'Ukraine.

4890 L'Estonie a un nouveau gouvernement. [...] est devenu à 34 ans le plus jeune Premier ministre de l'Union européenne. Il est en Estonie à la tête d'un gouvernement de coalition entre les sociaux-démocrates et son partir Réforme.

4891 [...] est devenu la deuxième monnaie des transactions commerciales en lieu et place de l'euro, pour le plus grand plaisir de [...] qui ne cache pas son intention de « désaméricaniser » le monde monétaire.

3. Avril 2014

4892 Les élections municipales françaises d'avril 2014 se distinguent par un taux élevé d'abstention. Le FN remporte [...] villes. Un terrible désaveu du PS au pouvoir qui amène Manuel Valls à Matignon avec la lourde tâche de faire passer le déficit public à moins de 3 % du PIB.

4893 [...] organise, elle, des élections législatives qui sont remportées par le parti du Premier ministre Viktor Orban, le Fidesz, et voit une progression notable de l'extrême-droite car le parti Jobbik recueille près d'un vote sur cinq.

4894 L'Ukraine a perdu de fait sa souveraineté sur la péninsule de [...] qui a voté son rattachement à la Russie – à la suite d'un référendum non légal qui ne lui permettait pas de rester dans le giron de Kiev – et peine à faire face à l'agitation dans la partie orientale de son territoire. Moscou masse plusieurs dizaines de milliers de soldats à la frontière russo-ukrainienne. La situation économique y est très tendue car l'Ukraine est très dépendante, en particulier pour sa partie orientale (la plus riche du pays), de ses relations économiques et commerciales avec la Russie.

4895 [...] réaffirme que rien n'est possible sans l'accord de Moscou dans ce qu'il considère comme son « étranger proche » (les anciennes républiques soviétiques) : rapprochement avec l'Union européenne ou extension de l'OTAN que Moscou veut le plus loin possible de ses portes.

4896 Le GIEC rend un nouveau rapport concernant le [...]. Les experts constatent un recours plus important au charbon qui contribue à une plus forte émission de GES, et préconisent alors de se tourner davantage vers la filière électronucléaire plus faiblement émettrice de GES.

4897 Le différend entre le Japon et la Chine à propos des ilots [...] ne doit pas faire oublier qu'un autre différend oppose la Chine à ses voisins. Les iles [...] en mer de Chine méridionale opposent Pékin au Vietnam, à l'Indonésie ou aux Philippines pour ne citer qu'eux.

4898 La croissance économique de la Chine perd de sa force et s'approche des [...] par an, ce qui est insuffisant pour créer les emplois nécessaires à son « harmonie ».

4899 Il n'y a pas, pour l'instant, de sortie de crise dans la guerre civile qui sévit en Centrafrique. Les forces de l'opération française Sangaris et de la force africaine Misca sont confortées par l'envoi par Bruxelles d'une force militaire qui devrait s'élever jusqu'à [...] hommes. L'ONU vote l'envoi d'une force de [...] casques bleus qui viendront remplacer la force Misca à la mi-septembre 2014.

4900 Le Nigéria est toujours en proie aux violences. Un attentat dans la capitale Abuja (plus de 70 morts) a précédé de peu l'enlèvement de près de 100 jeunes lycéennes du Nord-Est du pays, ces deux forfaits sont attribués au groupe islamiste [...].

4901 En [...], Médecins sans frontières (MSF) estime qu'Ebola a fait déjà plus de 80 victimes, en particulier dans la région autour de la capitale Conakry.

4902 Le Rwanda commémore les 20 ans du début du génocide qui a provoqué la mort de [...] Tutsis. Le président [...], à la tête d'un pays en pleine croissance économique, a de nouveau mis en cause les autorités françaises et refusé la présence de l'ambassadeur à Kigali.

4903 L'Union indienne vote. [...] millions d'électeurs sont attendus pour un scrutin qui se déroule entre le 7 avril et le 12 mai. Le BJP, parti nationaliste hindou dirigé par [...], est le favori de ces élections face au parti du Congrès dirigé par Rahul Gandhi (fils de Rajiv, petit-fils d'Indira, et arrière-petit-fils de Nehru).

4904 En Israël, l'ancien Premier ministre [...] a été condamné pour corruption, ce qui devrait mettre un terme à sa carrière politique.

4905 Au Pakistan, [...], ancien président, a été reconnu coupable de haute trahison pour avoir établi l'état d'urgence et suspendu la constitution.

4906 Hugo Chavez est mort depuis à peine plus d'un an et le Venezuela affronte une crise qui le secoue dans ses profondeurs. Ce grand pays pétrolier dirigé par le dauphin de Chavez – [...] – fait face à une révolte née dans le milieu estudiantin et qui s'est muée en fronde.

4907 L'écrivain colombien et prix Nobel de littérature [...] vient de mourir. Il a marqué la littérature sud-américaine avec ouvrages comme *Cent ans de solitude*.

4908 Le pape François, et le pape émérite Benoît XVI ont canonisé les papes [...].

4. Mai 2014

4909 En France, les élections européennes ont été remportées par un parti eurosceptique, le Front National, avec [...] des voix pour un scrutin européen de nouveau marqué par une abstention massive de [...].

4910 La France envoie au parlement européen [...] députés frontistes sur 70 que compte la délégation française.

4911 Les élections législatives indiennes ont été remportées par [...], à la tête du BJP, parti nationaliste hindou.

4912 […], qui a montré qu'il exerce le pouvoir d'une main forte – comme le montre les arrestations et les exécutions de plusieurs centaines de personnes – vient d'être élu président de l'Egypte avec 96 % des voix, et une participation d'environ 45 % (les Frères musulmans ont appelé à l'abstention).

4913 Alstom est un des fleurons industriels français. […] en assume la direction depuis 2003 et restructure l'entreprise en proie à des difficultés financières. Se pose aujourd'hui la question de la pertinence du rapprochement industriel entre Alstom et/ou GE, Siemens. GE vient de promettre la création de 1 000 emplois en France et communique par des spots publicitaires, quand Siemens annonce la suppression de plus de 11 000 postes.

4914 Les élections ukrainiennes ont porté au pouvoir le « roi du chocolat », […]. Il a remporté ces élections dès le 1er tour. Son 1er objectif est d'endiguer une guerre civile qui menace dans la partie orientale du pays, notamment à Donetsk et Lougansk.

4915 Alors que la route de la Soie renaît de ces cendres, Moscou annonce la création d'une union économique eurasienne avec […] et […]. L'Arménie et le Kirghizstan pourraient la rejoindre très prochainement.

4916 Au moment où Washington négocie de vastes accords de libre-échange avec l'Asie et l'Europe (le partenariat la justice américaine accuse […] chinois de cyberespionnage au détriment d'entreprises aussi sensibles qu'Alcoa ou Westinghouse.

4917 A quelques semaines du coup de sifflet qui ouvre la coupe de football 2014 les interrogations sont nombreuses. […] est le 2e pays émergent à l'organiser et comme souvent les travaux ne sont pas terminés, ainsi le stade de l'Arena Corinthians de […] risque de ne pas avoir de réseau de télécommunication opérationnel pour le match d'ouverture du 12 juin.

4918 Le pape s'est rendu à […] et a invité les dirigeants israéliens et palestiniens à invoquer Dieu pour « le don de la paix ».

5. Juin/juillet/aout 2014

4919 Sans surprise, Bachar el-Assad a remporté, avec plus de […] des suffrages, l'élection présidentielle en Syrie.

4920 Alors que le niveau de violence a atteint, selon l'Onu, au mois mai 2014 celui de 2008 avec 800 morts, l'Irak est victime d'une attaque jihadiste qui vise à créer un Etat islamique. Les jihadistes sunnites de l'Etat islamique en Irak et au Levant (EIIL) ont avancé très vite et quasiment sans combat prenant des villes comme […] (ancien bastion de Saddam Hussein) et même […], l'une des plus importantes villes du pays.

4921 L'Etat de Borno dans le Nord-est du pays a été le théâtre de nouvelles violences. Le groupe terroriste […] s'attaque à des villages. Il a tué une trentaine d'hommes et enlevé une soixantaine de femmes et d'enfants confirmant son pouvoir de nuisance. Il a mis en place une stratégie d'extorsion basée sur l'échange d'être humains, voire leur vente.

4922 Le 4 juin 1989 le pouvoir chinois réprimait dans le sang la révolte estudiantine. Aujourd'hui, la jeunesse chinoise méconnaît largement la répression de [...] qui continue pourtant de hanter l'exécutif de l'empire du Milieu.

4923 Nous commémorons le [...] anniversaire du débarquement allié en Normandie, le [...] 1944. [...] a été l'invitée d'honneur d'un pays qui sait ce qu'il doit aux Britanniques lors des « années noires ».

4924 F. Hollande a reçu une fin de non-recevoir concernant la négociation sur l'amende que devrait payer la banque [...] pour avoir fait des affaires avec des pays mis à l'index par Washington.

4925 Un parfum de scandale entoure l'attribution au Qatar du Mondial de [...].

4926 En Espagne, le roi [...] annonce son abdication au profit de son fils.

4927 Des jihadistes, émanant d'une branche d'[...], prétendent établir un Etat islamique en Irak et au levant (EIIL). Partis de Syrie, ils progressent ensuite vers l'Irak et multiplient les exactions contre la population civile, entraînant l'exode de plusieurs centaines de milliers de personnes, notamment des chrétiens.

4928 Ces jihadistes ont été capables de prendre des grandes villes comme Mossoul, ils ont menacé Kirkouk – et son pétrole – et leur chef [...] veut créer un califat.

4929 Après l'[...], l'armée française entame l'opération Barkhane pour lutter contre le terrorisme dans le Sahel et le Sahara.

4930 Tsahal et le Hamas s'affrontent une nouvelle fois dans la bande de Gaza. Les bombardements succèdent aux tirs de roquettes, puis Israël mène une offensive terrestre. Après plusieurs trêves interrompues, un cessez-le-feu « illimité » et la fin du blocus de la bande de Gaza sont annoncés au Caire le [...]. Tsahal revendique une victoire pour la sécurité d'Israël et l'affaiblissement du commandement du Hamas, ce dernier la fin du blocus. Cette guerre, « bordure [...] » a fait plus de [...] morts côté palestinien et près de [...] côté israélien.

4931 Les séparatistes tiennent toujours la partie orientale de l'Ukraine, dont la ville de [...] soumise aux tirs d'artillerie de l'armée ukrainienne. Les séparatistes, voire les Russes, ont abattu un avion civil de la compagnie [...] provoquant la mort de 295 personnes. L'ONU a demandé une enquête internationale.

4932 Mort d'Edouard Chevardnadze. Cet ancien président géorgien est aussi connu pour avoir été l'emblématique ministre des Affaires étrangères du président [...].

4933 L'Union européenne se dote d'un nouvel exécutif avec Jean-Claude [...] qui prend la tête de la Commission européenne, à laquelle il doit donner un nouveau lustre. Martin Schulz est quant à lui réélu président du parlement européen.

4934 En Turquie Recep Erdogan a été élu au premier tour des élections présidentielles pour un mandat de [...] ans. Il a obtenu près de [...] des suffrages exprimés. Il nomme Premier ministre Ahmed Davutoglu, un ami fidèle.

4935 En Indonésie, les élections présidentielles portent au pouvoir [...] (appelé « Jokowi »), un homme d'origine modeste, le gouverneur de Jakarta depuis 2012. Il donne la priorité à la lutte contre la pauvreté.

4936 Ebola est une fièvre hémorragique – dont le taux de mortalité avoisine les [...] % – qui s'est développée au Sierra Leone, au Libéria, en Guinée puis s'est étendue au Nigéria – géant démographique africain – et à la République démocratique du Congo.

4937 Un tribunal spécial, composé de magistrats cambodgiens et internationaux, juge les derniers responsables [...] rouges en vie. Ils ont terrorisé leur pays entre 1975 et 1979 et assassiné au nom de leur idéologie 25 % de sa population, environ [...] de personnes.

4938 Mickael Brown, un jeune noir de 18 ans, a été abattu par un policier à [...], une banlieue de Saint-Louis ce qui a déclenché plusieurs jours d'émeutes dans cette région du Missouri, et l'émoi de toute une partie de la population américaine.

4939 Après les critiques explicites formulées par les ministres [...] et [...] vis-à-vis de la politique économique du gouvernement de M. Valls, le Premier ministre a présenté au président François Hollande la démission de son gouvernement, moins de 5 mois après sa constitution.

6. Septembre/octobre 2014

4940 [...] sort enfin d'une crise politique qui dure depuis cet été. Asharf Ghani est finalement reconnu vainqueur des élections présidentielles après avoir signé un accord de partage du pouvoir avec son challenger Abdullah Abdullah.

4941 Les rebelles chiites – les houtis – et les sunnites du parti islamiste El-Islah s'affrontent violemment jusque dans la capitale Sanaa. Le Yémen vit dans l'après « printemps arabe » qui a chassé du pouvoir le président [...].

4942 L'offensive des jihadistes de l'organisation de l'Etat islamique dans la région de la ville de Ayn al-Arab a provoqué l'exode de milliers de [...] vers la Turquie. Cette organisation fait régner la terreur dans les territoires dont elle fait la conquête assassinant les hommes et vendant les femmes comme esclaves sexuelles. Les populations civiles qui le peuvent fuient leur avancée.

4943 [...] sont à la tête d'une coalition internationale – comprenant des pays musulmans et non-musulmans, arabes et non arabes, mais pas l'Iran – pour affronter l'organisation de l'Etat islamique du Levant qui a conquis toute une partie du territoire irakien et y fait régner la terreur.

4944 Après une guerre d'environ [...] jours, un cessez-le-feu « illimité » a été accepté par les Palestiniens et Israël.

4945 Septembre 2014. Ebola : près de [...] morts...

4946 Le Japon a accueilli le nouveau Premier ministre indien [...] pour une visite officielle lors de laquelle les deux pays se sont mis d'accord pour développer leurs échanges commerciaux.

4947 L'Inde accueille le président chinois [...], mais cette entrevue a été en partie gâchée par les différents frontaliers. Des soldats chinois seraient entrés sur le territoire indien dans la région himalayenne de Ladakh. Pékin a promis [...] de dollars d'investissement à New Delhi qui peine à moderniser ses infrastructures.

4948 Le Premier ministre nippon [...] a lancé une politique ambitieuse de relance – les Abenomics – pour sortir son pays de la déflation. La consommation des ménages a fléchi cet été et l'endettement public progresse sans que le Japon n'obtienne des résultats probants.

4949 Le mois d'août 2014 a été pour la zone euro un mois d'une inflation historiquement basse à [...] %.

4950 Après Jean-Claude Juncker et Martin Schultz, le polonais et libéral [...] sera à la tête du conseil européen. Lady Ashton, à la tête de la diplomatie européenne, sera quant à elle remplacée par l'italienne [...].

4951 [...] a organisé un référendum historique sur son indépendance. La campagne a laissé planer le doute sur les résultats du scrutin, et finalement cette nation reste dans le giron britannique.

4952 Au Brésil, [...] a été réélue avec 51,45 % des voix face à son adversaire Aecio Neves, une élection bien plus disputée que le chef de l'Etat ne l'aurait souhaité, à l'image d'un Brésil dont la croissance ralentit.

4953 En [...], Evo Morales a été réélu avec aisance – 61 % des voix – pour un troisième mandat à la tête de son pays, il dispose également d'une majorité au parlement.

4954 Les élections législatives en Tunisie sont remportées par [...], parti non-islamiste. Ennahda a reconnu la victoire de son rival.

4955 La Belgique s'est enfin dotée d'un gouvernement composé autour de [...] partis.

4956 En Indonésie le gouvernement de Joko Windodo, le premier à n'avoir aucun lien avec le dictateur [...], est entré en fonction un trimestre après les élections.

4957 Ebola : plus de [...] personnes ont été infectées et près de [...] personnes sont mortes, faute d'un accès assez rapide aux soins (notamment de solution de réhydratation). Les premiers cas d'Ebola ont été enregistrés en Europe (des personnes ayant contracté la maladie en Afrique de l'Ouest) et aux Etats-Unis, ces pays optent pour des contrôles aux aéroports.

4958 L'Europe est face à un flot d'immigration sans précédent (plus de [...] clandestins depuis le début de l'année 2014), et son cortège de drames : plus de 3 000 personnes ont péri en Méditerranée en 2014, un « cimetière à ciel ouvert » selon L. Fabius.

4959 La ville kurde de [...] présente une résistance acharnée face à l'avancée de Daech.

4960 Le Canada a été victime d'un attentat terroriste qui a touché très symboliquement le parlement d'[...], apparemment perpétré par un candidat au jihadisme.

4961 La baisse du prix du pétrole s'explique par le ralentissement de la croissance économique mondiale, en Europe, au Japon mais aussi et surtout en Chine. Le prix du brent à Londres oscillait entre [...] $ début janvier 2014 et [...] $ le 19 juin 2014, mais depuis le prix baisse pour atteindre désormais [...] $ le baril. Le même phénomène s'observe sur la place new-yorkaise.

4962 La croissance économique chinoise ralentit, à [...] % sur les quatre derniers trimestres.

4963 L'écotaxe a été suspendue en France par [...] qui ne veut pas d'une « écologie punitive ».

4964 Les 28 pays européens s'engagent à baisser de [...] % leurs émissions de gaz à effet de serre (GES) d'ici 2030...

4965 L'écrivain [...] a reçu le prix Nobel de littérature, alors que le français [...] a reçu celui d'économie.

4966 Le prix Nobel de la paix a été décerné conjointement à la jeune pakistanaise de 17 ans, [...], et à l'indien [...] pour leur action en faveur des enfants. La paix est sérieusement malmenée en 2014, il est difficile de trouver un symbole plus fort.

7. Novembre/decembre 2014

4967 Les élections de Mid-Terms ont été perdues par les [...] qui ne contrôlent désormais aucune des deux chambres du Congrès américain. C'est un terrible désaveu du président B. Obama qui a pourtant réussi à faire baisser le taux de chômage à moins de [...], grâce à une croissance à plus de 3 % au troisième trimestre 2014, tout en ayant mis en place l'Obamacare.

4968 La haïtienne [...] a remporté le prix Femina pour son livre *Bain de lune*. Elle représente une francophonie bien vivante et dynamique. L'Organisation internationale de la francophonie estime à [...] millions de francophones le nombre de locuteurs de la langue de Molière. Le Français est ainsi la cinquième langue la plus parlée du monde (après le mandarin, l'anglais, l'espagnol et l'hindi), il est porté par la croissance de l'Afrique francophone.

4969 Moscou commence à pâtir des sanctions économiques imposées par les Occidentaux, la fuite des capitaux est significative, l'inflation dépasse les [...] en raison de la chute du rouble de plus du quart de sa valeur vis-à-vis du dollar depuis le début 2014. L'économie russe est aussi pénalisée par la baisse du cours des hydrocarbures qui diminue d'autant ses rentrées.

4970 [...] a été l'hôte du forum de l'APEC (l'Association de coopération Asie-Pacifique), qu'elle a su accueillir en grande pompe, une mise en scène de son « soft power », pour convaincre de son « émergence pacifique ».

4971 [...], ancien Premier ministre de Ben Ali et candidat de l'alliance laïque Nidaa Tounès, a été élu à la présidence de la République avec plus de 55 % des voix exprimées.

4972 Les élections présidentielles sont une nouvelle occasion de montrer que la Grèce ne sort pas de la crise, alors que sa dette dépasse les [...] milliards d'euros. Aucun candidat n'obtient les 3/5e des voix des parlementaires nécessaires au troisième tour (4/5e de voix au deuxième tour) pour être élu président.

4973 A Taïwan, le parti Kuomintang (KMT) qui a œuvré un rapprochement historique avec [...] vient de subir une sévère défaite électorale, perdant 5 des 6 principales villes de l'île.

4974 [...] est reconduit sans surprise au poste de Premier ministre. Cette élection a suscité peu de passion dans l'archipel nippon confronté à l'inefficacité de toutes les politiques économiques. Il demeure désespérément englué dans la déflation.

4975 Les élections présidentielles ont consacré [...], ancien président de l'Uruguay entre 2005 et 2010. Il a battu, lors de cette élection, Luis Lacalle Pou lui-même fils d'un précédent président.

4976 Herman von Rompuy a laissé son poste de président du Conseil européen au polonais [...].

4977 La Russie subit de plein fouet les sanctions économiques occidentales. Elle connaît une forte inflation, et dans son discours sur l'état de la nation, Vladimir Poutine proclame une amnistie pour faire revenir les capitaux. La monnaie russe, le rouble, connaît une forte dépréciation – plus de [...] sur l'année 2014 – du fait de l'affaiblissement de l'économie aggravée par la chute du cours des hydrocarbures (60 $ le baril de pétrole).

4978 Barack Obama et [...] annonce un rapprochement historique de leur deux pays, depuis la rupture de relations diplomatiques lors de l'affaire de la « baie des cochons » de 1961 et de la crise des fusées de 1962.

4979 L'Agence spatiale européenne (ESA) est confrontée à la concurrence de [...], société américaine spécialisée dans le lancement « low cost ». L'année 2014 n'a pas été mauvaise pour Ariane 5, elle a remporté 8 des 13 marchés de l'année. Il lui faut pourtant baisser ses coûts de 5 % – du fait de la concurrence – en attendant 2020. A cette date, l'Europe sera dotée d'une Ariane 6. Il s'agit d'une décision aussi porteuse d'avenir que celle de 1985 qui a lancé Ariane 5.

4980 Airbus industrie livre son premier [...], dernier modèle de la firme européenne, à Qatar Airways. Il devrait concurrencer le Boeing 787 et 777 sur les longs courriers, grâce à une consommation de kérosène d'un quart inférieure rendue possible par l'utilisation majoritaire de fibres de carbone dans la construction.

4981 Une étude du BBC World Service et du Centre de recherche sur la radicalisation du King's College montre que les islamistes ont tué plus de [...] personnes pour le seul mois de novembre.

4982 L'armée [...] sera dès janvier 2015 seule en charge de la protection de son territoire. Ainsi se tourne la page ouverte à l'automne 2001 avec l'intervention contre Al-Qaïda et Ben Laden.

8. Janvier 2015

4983 [...] est devenue au 1er janvier 2015 le 19e pays à adopter l'euro, après l'Estonie en 2011 et la Lettonie en 2014. Sa monnaie, le Litas, y était déjà arrimée depuis 2002.

4984 Janvier 2015 : [...] assume la présidence de l'Union européenne pour 6 mois, 1 an après avoir adhéré à l'euro. Elle doit accueillir le prochain sommet sur le partenariat oriental avec les ex-républiques soviétiques de Biélorussie, Ukraine, Moldavie, Géorgie, Arménie et Azerbaïdjan.

4985 Croatie : élection de [...] à la présidence.

4986 Le [...] 2015 la France est frappée par l'horreur... La France est frappée par un lâche attentat – 11 personnes sont assassinées dans les locaux de *Charlie hebdo* dont les dessinateurs Cabu (76 ans), Wolinski (81 ans), Honoré (74 ans), Tignous et Charb, l'économiste Bernard Maris (« Oncle Bernard », 68 ans), des policiers... – en pleine journée au cœur de sa capitale.

4987 A la condamnation politique unanime – quelque soit le bord politique – à celle des autorités religieuses – quelque soit la religion – répond une formidable manifestation qui a réuni [...] millions de personnes à travers le pays pour dénoncer la barbarie.

4988 Agé de 91 ans et en mauvaise santé, le roi [...], fils de Ibn Saoud est mort le 23 janvier. Après un règne de 20 ans, il avait succédé au roi Fadh qui l'avait lui-même associé au pouvoir. Son demi-frère Salman (79 ans), déjà associé au pouvoir, lui succède.

4989 […] risque de sombrer dans l'anarchie : président et gouvernement ont démissionné. Sanaa est sous le contrôle des milices chiites houthies.

4990 Fin de l'intervention militaire de l'OTAN après […] ans de guerre : les troupes américaines et françaises quittent le sol afghan.

4991 Le Sri Lanka renouvelle son exécutif. Le président en exercice […] a perdu les élections face à son ministre Maithripaia Sirisena qui a promis des réformes et du changement.

4992 Au Nigéria, rien ne va plus… ses voisins sont très inquiets. […] continue sa campagne de terreur qu'il associe à une efficace campagne de communication.

4993 La BCE injecte près de […] milliards d'euros (10 % du PIB de la zone euro) à travers un plan massif de rachat des dettes.

4994 La société […] qui livre en gaz une bonne partie de l'Union européenne *via* l'Ukraine, un corridor énergétique, veut livrer son gaz à partir de la […].

4995 L'inflation a frôlé les […] % en Russie en 2014, du fait de l'effondrement du rouble, elle a accusé une fuite de capitaux d'environ […] milliards de dollars ce qui fragilise grandement sa situation économique.

4996 Les élections grecques ont été remportées par la gauche radicale de Syriza qui remporte plus d'un tiers des suffrages. Le parti d'Alexis […] a axé sa campagne sur le refus de l'austérité dans un pays où la dette représente […] % du PIB.

4997 Le vieillissement accéléré d'une Chine qui menace d'être vieille avant d'être riche inquiète les autorités ; l'indice de fécondité est de […] enfant par femme sur les cinq dernières années, les générations ne sont donc plus renouvelées.

4998 En Chine, l'administration de […] continue son opération « mains propres ». Le patron du contre-espionnage chinois – […] – vient d'être arrêté pour corruption passive.

4999 Au Etats-Unis, l'agence de notation […] est poursuivie par le département de justice ainsi que l'« attorney géneral » pour avoir trompé les acheteurs de produits financiers hypothécaires – les subprimes – en leur donnant une note de qualité totalement injustifiée.

5000 Le cours du baril du pétrole continue sa baisse entamée en 2014. Côté encore à plus de […] dollars en juin 2014, il s'échange désormais autour de […] dollars, la baisse pourrait encore continuer.

REPONSES

1

1 1927

2 Cosmologie

3 Cosmogonie

4 Un ensemble d'étoiles, de gaz, de poussières et de matière noire

5 La matière noire est un trou noir

6 Vrai

7 Hélicoïdale

8 Une planète hors de notre système solaire

9 150 millions de km

10 10 000 milliards de kilomètres

11 Une comète

12 Une étoile géante

13 Une planète

14 Un an

15 8

16 Uranus

17 Jupiter

18 Mercure

19 Neptune

20 Vénus

21 Pluton

22 Uranus

23 C'est un satellite naturel de la Terre – La température de la lune au Soleil est d'environ 100 °C – La température de la Lune à l'ombre est d'environ – 150 °C

24 Eris, Pluton

25 L'Etoile du berger

26 Gazeuse

27 Mercure

28 600

29 D'une éruption volcanique

30 1906

31 Mars 1978

32 Pennsylvanie

33 L'assèchement de la mer d'Aral

34 Bhopal

35 L'explosion du cœur du réacteur de la centrale nucléaire

36 Katrina

37 Morakot

38 33

39 Dans le golfe du Mexique

40 Un grave accident nucléaire

41 8.9 sur l'échelle de Richter

42 Catastrophe du Pinatubo → Eruption d'un volcan philippin
Catastrophe de Tchernobyl → Accident dans une usine nucléaire ukrainienne
Catastrophe de l'Amoco Cadiz → Marée noire sur les côtes bretonnes
Catastrophe de Bhopal → Accident dans une usine chimique indienne

43 Un raz-de-marée

44 Un soulèvement ou un abaissement du terrain dans une zone limitée

45 La pluie, la neige ou le brouillard pollués par des composés soufrés et azotés

46 Le saturnisme

47 En théorie, un nombre illimité

48 Pallier les catastrophes naturelles ou les accidents techniques

49 Fipal

50 Le 22 avril

51 L'opération Earth Hour

52 Berne

53 Le conservatoire du littoral

54 Les constructions, les campings et les caravanings partout à moins de 100 mètres du rivage

55 Vancouver

56 Dans les années quatre-vingt

57 La conférence de Rio

58 L'Antarctique

59 Le protocole de Kyoto sur la réduction des émissions de gaz à effet de serre

60 Les Etats-Unis

61 Constituer une meilleure connaissance sur le changement climatique

62 Elle intervient en matière de protection de l'environnement et de maîtrise de l'énergie

63 Copenhague

64 20 %

65 La qualité de l'air, comme l'eau, fait partie du patrimoine commun de la nation – Est reconnu par la loi le droit pour chacun de respirer un air qui ne nuise pas à sa santé – La commune a la responsabilité principale en matière d'élimination des déchets ménagers

66 Le réchauffement de la planète

67 Les émissions de gaz carbonique

68 Qui ne s'épuisent pas

69 Toutes les solutions proposées sont bonnes

70 Le bois, La géothermie, Le solaire

71 Le vent

72 Un mode de fertilisation, L'action de brûler la couche herbue du sol

73 Le soja

74 2017

75 12 742 km

76 4,54 milliards d'années

77 L'étude des déformations des roches

78 Du quartz

79 Poreuse

80 Le granite

81 Magmatique

82 Le pétrole

83 Le basalte

84 Les polypiers

85 Le kaolin

86 Métamorphique

87 Schiste

88 En Bretagne

89 Glaciers suspendus

90 Les blocs de glace formés par la fracturation d'un glacier

91 Du bassin d'alimentation

92 Les blocs erratiques

93 Les tables glaciaires

94 Le dépôt de carbonate de chaux laissé par les eaux d'infiltration calcaires

95 Les fjords

96 La vallée du Drac (aux environ de La Mure)

97 La taïga

98 Au pied de la falaise

99 Les Hautes-Alpes

100 Des fosses sous-marines

101 La Soufrière

102 L'Etna

103 Le Puy de Dôme

104 Preuve de l'activité interne d'une planète

105 Le manteau

106 Une roche éruptive formée de gros cristaux et de petits cristaux contenus dans une pâte

107 Les fumerolles

108 Du sable

109 Supérieures à 20 °C

110 Les plantes

111 Les levures

112 Les vignobles

113 Le liber

114 L'algue

115 Le champignon

116 Le rayonnement du soleil

117 La gemmule

118 Les étamines

119 La fougère

120 Halophile

121 L'amaryllis

122 Végétal capable d'attirer et de capturer des proies puis d'en assimiler tout ou partie afin de subvenir à ses besoins

123 L'aubergine

124 L'eucalyptus

125 Palmier

126 2 fois plus que les autres arbres

127 Le cerisier

128 Laitue

129 Petit pois

130 Aucune de ces réponses

131 Vrai

132 Une eau riche en calcaire et sels minéraux

133 65 millions d'années

134 Le crave

135 Roussette

136 Truites

137 Le cachalot, L'orque, La loutre

138 Le morse, L'éléphant, Le narval

139 La baleine

140 Il est noir sans aucun poil blanc

141 Le pansage

142 Un rongeur

143 La baleine bleue

144 L'ornithorynque

145 Le chamelon

146 La musaraigne étrusque

147 Les squaliformes

148 Le lynx

149 La fourmi de feu, L'avette, Le centipède, La chenille lonomia

150 Des fibres végétales

2

151 Labdacides

152 Atrides

153 Au désordre et à l'ivresse

154 A la guerre

155 Aphrodite

156 Neptune

157 Le mont Olympe

158 Le nectar

159 Cronos

160 Elle était sa femme et sa sœur

161 Hermès

162 Elle est sa sœur

163 Du crâne de Zeus

164 La chouette

165 Un cheval ailé
166 Hermès
167 Apollon
168 Hermès
169 Le dieu grec des mers et des océans en furie
170 Le feu
171 Sisyphe
172 Il doit supporter le ciel sur ses épaules
173 Pandore qui trop curieuse ouvrit l'amphore dans laquelle Zeus avait enfermé toutes les calamités
174 Rester éternellement assoiffé et affamé
175 Ariane
176 Œdipe
177 Persée
178 La guerre de Troie
179 Lorsque Thétis l'a plongé dans le fleuve des enfers pour le rendre invulnérable, elle le tenait par cette partie du corps
180 Jason
181 L'épouse d'Ulysse
182 D'une héroïne mythologique grecque enlevée par Zeus
183 Le Pactole
184 Une magicienne dont les filtres avaient le pouvoir de transformer en animaux tous ceux qui pénétraient sur son territoire
185 Il était représenté avec deux visages barbus opposés, symbolisant le don qui lui permettait d'avoir la vision du passé comme de l'avenir
186 Mentor
187 Celui qui devait veiller aux intérêts et à l'éducation de Télémaque fils d'Ulysse en l'absence de son père
188 Le phénix
189 Les cyclopes
190 Cronos
191 Des créatures malfaisantes de la mythologie
192 Uranie
193 L'Histoire
194 Euterpe
195 La Géorgie
196 La Pythie
197 Une louve
198 Jupiter
199 Du ciel, De la terre
200 Le dieu du feu et le forgeron des dieux
201 Minerve
202 Le fils d'Aphrodite
203 Pluton
204 Bacchus
205 Le protecteur de la porte des Enfers
206 3
207 Vrai
208 Le dieu des mers et des océans
209 Mars
210 Mercure
211 Jupiter, Pluton
212 A faire périr sa descendance
213 L'endroit d'où l'on précipitait les traîtres à Rome
214 D'un chat
215 Rê
216 Un faucon
217 Anubis
218 Une déesse protectrice et salvatrice de la mythologie égyptienne

219 Hathor

220 Les amulettes

221 Taranis

222 Le chêne

223 Celte

224 Thor

225 Odin

226 8

227 La force de la vie

228 En cassant un œuf en deux

229 La mythologie perse

230 Vrai

231 Les rastafaris doivent consommer des substances hallucinogènes pour prier

232 Le Yémen

233 Une tête de lion avec un corps de chèvre et une queue de serpent

234 Elles vivent au cœur de la forêt amazonienne

235 Au loup-garou

236 Bismarck, Crésus, Platon

237 La vulgate

238 Une lettre, un fragment de l'écriture sainte, Un court traité philosophique

239 Gorgone

240 Isaac

241 Jessé

242 Un des livres de la Bible (Ancien Testament)

243 La diversité des langues dans le monde

244 Deux villes

245 L'endroit où Moïse reçut les dix commandements

246 Joseph

247 Jude

248 Alexandre

249 Cana

250 Jérusalem

251 Il est plus facile pour un chameau de passer par le chas d'une aiguille que pour un riche d'entrer au royaume des cieux

252 Lazare

253 Judas

254 Ponce Pilate

255 Le mont des Oliviers

256 A Jérusalem sur le mont Golgotha

257 Celse

258 Les dominicains

259 Les franciscains

260 Saint Ignace de Loyola

261 Cisterciens

262 Erasme

263 La patristique

264 La patrologie

265 Vrai

266 Un lion

267 A Avignon

268 1517

269 Est contemporaine du développement de la compagnie de Jésus – Organise séminaires et catéchisme

270 Rome – Vatican I – 1870

271 L'œcuménisme, c'est-à-dire la recherche d'une unité entre les confessions chrétiennes et d'un dialogue entre les religions

272 François

273 Léon XIII – Benoît XV – Pie XII – Jean XXIII

274 Jean-Paul Ier

REPONSES

275 Jean-Paul Ier

276 26 ans

277 Benoît XVI

278 Une fumée blanche

279 Cardinal – archevêque – prêtre – diacre

280 Les missionnaires de la charité

281 Le mouvement Emmaüs

282 Une coupe contenant le sang de Jésus-Christ

283 L'ascension

284 Le chœur

285 La Vierge Marie

286 Un chrétien qui vient juste d'être baptisé

287 Au XVIe siècle

288 Le protestantisme

289 Aucune réponse n'est valable : ces trois mouvements ont chacun pour fondement la réforme

290 Les méthodistes, Les baptistes, Les anglicans, Les luthériens

291 L'Ecosse

292 1054

293 L'Eglise des 7 conciles

294 Les popes

295 Les métropolites

296 Russo-Byzantin

297 L'anglicanisme

298 Salt lake City

299 L'Eglise de Jésus-Christ des saints des derniers jours

300 L'adventisme

301 Dieu et Abraham

302 La Torah

303 La synagogue

304 En hébreu

305 5

306 La religion juive

307 Salomon

308 Pessah

309 C'est la journée de l'expiation des péchés

310 5775

311 VIIe siècle

312 En 622, lorsque Mahomet quitte La Mecque pour Médine

313 La communauté des musulmans

314 Du VIIe siècle avant notre ère

315 114

316 La nourriture hallal

317 Les règles et coutumes observées par le croyant

318 Dans les lois assyriennes

319 S'alimenter après le lever du soleil

320 Le neuvième

321 Un lieu de pèlerinage

322 Un marabout

323 Chiite

324 La kaaba

325 Un édifice religieux musulman

326 Le sunnisme

327 Un fondamentalisme musulman sunnite

328 Gautama

329 L'éveillé

330 Ve siècle avant notre ère

331 Au Sri Lanka

332 Bouddhisme

333 Le chef spirituel des bouddhistes tibétains

334 Aucune réponse n'est valable
335 Une religion japonaise
336 Chinoise
337 Le caodaïsme
338 Un gourou
339 L'animisme
340 Vedas
341 Brahma
342 Une tête d'éléphant
343 Vishnou
344 Rudra
345 A l'hindouisme
346 Du Bénin
347 Oungan
348 Mawu
349 Viracocha
350 Les bacchanales
351 Ron Hubbard
352 L'exégèse
353 De la vie d'un saint
354 L'existence ontologique du mal
355 Attribue un pouvoir religieux à l'empereur
356 La théodicée
357 Le christianisme
358 1 milliard
359 Orthodoxe
360 L'islam
361 La Birmanie
362 Le bouddhisme
363 L'animisme
364 Le soufisme
365 Le taoïsme
366 Le bouddhisme
367 L'hindouisme
368 Un wayang
369 L'islam
370 Athènes

3

371 Les premiers singes bipèdes et premiers ancêtres de l'homme
372 L'homo erectus
373 L'âge du bronze
374 A l'invention de l'écriture
375 Sumer (en Mésopotamie)
376 De la pierre polie
377 Vers 3200 avant notre ère
378 D'une chanson des Beatles
379 Au Mexique, Au Guatemala
380 Les premiers habitants du continent australien
381 Environ en 3000 avant notre ère
382 Une monarchie théologique
383 Akhenaton
384 Ptolémée I
385 Les Hittites
386 Un architecte
387 Aton
388 Un lion à tête humaine
389 Sur le plateau de Gizeh
390 Khéops
391 A Louqsor
392 Les circonscriptions administratives du pays
393 Le sarcophage
394 La haute-Egypte

395 Egyptienne
396 Environ en 30 avant notre ère
397 1922
398 Les Hittites
399 Aux VIIe et VIe siècles avant notre ère
400 Alexandre le Grand
401 En le tranchant d'un coup d'épée
402 Démosthène, Solon, Clisthène
403 Lycurgue
404 Périclès
405 Thucydide
406 Isonomie, Iségorie, Agora, Forum
407 Isonomie
408 L'agora
409 Femmes, métèques et esclaves
410 En 490 avant notre ère
411 Les guerres Médiques
412 Dans l'Antiquité grecque, celui qui ne parle pas le grec
413 La mer Noire
414 En 776 avant notre ère
415 Auguste
416 Hadrien
417 Les Gracques
418 Transpercé de 23 coups de couteau donnés par des sénateurs et par son propre fils adoptif
419 César
420 Un empereur romain
421 Il accorde la citoyenneté romaine à tous les hommes libres de l'empire qui ne l'avaient pas encore
422 L'association de trois hommes pour gouverner
423 Fin février
424 La révolte des Zélotes
425 Rome et Carthage
426 Ils n'écrivent pas
427 En 58-51 avant notre ère
428 En 52 avant notre ère
429 Des historiens de l'Antiquité
430 Carthage
431 Hannibal
432 Attila
433 Attila
434 A Reims
435 732
436 Pépin le Bref
437 Carolingien
438 Charlemagne
439 Aix-la-Chapelle
440 Le traité de Verdun
441 Le traité de Verdun
442 Missi Dominici
443 Henri Ier duc de Saxe
444 La dynastie des Mérovingiens
445 Le saint-Empire romain germanique
446 Hugues Capet
447 En 987
448 Les Vikings
449 Des pays scandinaves
450 Germaniques
451 La Chine
452 Le Grand canal
453 L'an 1000

454 Philippe Auguste dirigeait les troupes royales françaises C'est une victoire française

455 1214

456 Habsbourg

457 Des expéditions militaires destinées à délivrer Jérusalem de la domination musulmane

458 Du XIe au XIIIe

459 1096

460 Godefroi de Bouillon

461 Blanche de Castille

462 Tunis

463 Louis IX

464 Le Hardi

465 Les Turcs

466 Byzance

467 Un sultan

468 3 continents

469 La prise de Constantinople par les Ottomans

470 1380

471 1360

472 1337-1453

473 La France à l'Angleterre

474 1429

475 Charles VII (1403-1461)

476 1415

477 Calais

478 Une flotte très importante – La flotte de guerre de Philippe II d'Espagne

479 1453

480 La corvée

481 Pour bénéficier de la protection de leur seigneur

482 L'usage obligatoire et payant des installations seigneuriales

483 Les bourgeois

484 L'adoubement

485 L'Italie

486 La jachère

487 Le sel

488 La Grande Jacquerie

489 Reims

490 Sous Philippe le Bel

491 Les corsaires

492 Jolly Roger

493 Aux XVe et XVIe siècles

494 Aucune des solutions proposées n'est bonne

495 François Ier

496 Les Suisses

497 Pierre du Terrail, Seigneur de Bayard

498 Henri II

499 Henri III

500 Charles Quint

501 Les Habsbourg face aux Ottomans

502 A Jamestown en Virginie

503 Anne de Bretagne

504 Marie Ire Tudor

505 Charles Ier

506 Tory

507 Charles IX

508 Henri III

509 Henri IV

510 Ravaillac

511 Le Duc de Sully

512 Louis XIII

513 Le cardinal Mazarin

514 5 ans

515 1643-1715

516 Louis XIV

517 Il représente le roi dans les provinces et a des pouvoirs importants

518 Louis XV était l'arrière petit-fils de Louis XIV

519 Jean-Baptiste Colbert

520 Les manufactures

521 Aucune réponse n'est valable : la sélection se faisait par tirage au sort

522 1608

523 Des pèlerins anglais

524 François Mansart

525 La Corse

526 Bourbons

527 Turgot

528 Le 4 juillet 1776

529 Gilbert de Motier de La Fayette

530 Georges Washington

4

531 7

532 Le 14 juillet 1789

533 4 août 1789

534 1789

535 Maximilien de Robespierre

536 Le 22 décembre 1789

537 1792

538 Les Prussiens et les Français

539 Jules Michelet

540 1794

541 De 1795 à 1799

542 Au Directoire

543 Trafalgar

544 C'est la première république noire – Son indépendance date de 1804 – Toussaint Louverture est une grande figure de son histoire

545 Du début du Premier Empire

546 Austerlitz

547 Leipzig

548 Aucune des solutions proposées n'est bonne

549 Valmy

550 Waterloo

551 130

552 Le Concordat

553 Les République sœurs

554 Napoléon Ier

555 Du congrès de Vienne

556 L'Espagne

557 Un homme politique autrichien – Un des acteurs principaux du congrès de Vienne en 1815

558 La monarchie constitutionnelle

559 1821

560 Louis XVIII

561 Les canuts

562 A la Restauration

563 Louis-Philippe

564 Louis-Philippe

565 En 1848

566 Une chambre

567 1848

568 1849

569 La Seconde République

570 Restauration – Monarchie de Juillet – Seconde République – Second Empire

571 Bonaparte

572 Napoléon III

573 Le Mexique

574 Victor Hugo

575 Droit de grève – Droit d'organisation des salariés – Ouverture de l'enseignement secondaire aux jeunes filles – Achèvement de la construction du réseau ferroviaire – Réforme du système bancaire pour développer le crédit

576 1855, 1867

577 1852-1870

578 Sedan

579 Le traité de Francfort

580 Lors de la Commune en 1871

581 Un partisan de la répression de la Commune – Un membre des troupes du gouvernement Thiers

582 Au cimetière du Père-Lachaise à Paris

583 Préfet

584 La IIIe République (1870-1940)

585 L'American Federation of Labor (AFL)

586 1918

587 De la guerre de Sécession

588 Sud

589 Abraham Lincoln

590 7e de cavalerie

591 Les Incas

592 Un mouvement pour l'unité italienne au XIXe siècle – Une renaissance culturelle

593 Giuseppe Garibaldi

594 La révolution belge

595 Le début d'une politique de modernisation

596 France et Royaume-Uni à la Chine

597 La maladie de la pomme de terre

598 En 1864

599 Karl Marx

600 1869

601 1882

602 Reconnaît le droit d'association des ouvriers d'une même profession sans autorisation préalable

603 Permettre aux travailleurs d'une même localité de délibérer de leurs intérêts communs et de s'informer du marché du travail

604 1895

605 1919

606 1906

607 La grève générale

608 1894

609 Pour avoir livré des documents secrets français à l'Empire allemand

610 Un révolutionnaire mexicain

611 Le Royaume-Uni

612 1905

613 1905

614 De son frère, le grand-duc Michel

615 En avril 1915

616 Sarajevo

617 D'Autriche Hongrie

618 Jean Jaurès

619 Alliée de la France

620 En 1915

621 Woodrow Wilson

622 En avril 1917

623 La signature de l'armistice de 1918 entre la France et l'Allemagne – La signature

de l'armistice de 1940 entre la France et l'Allemagne

624 Versailles

625 La SDN

626 Georges Clemenceau

627 Georges Clemenceau

628 Paul Deschanel

629 Raymond Poincarré

630 Sadi Carnot, Paul Doumer

631 Le bloc national

632 Socialistes et radicaux

633 Aristide Briand et Gustav Stresemann

634 La France, l'Allemagne, l'Italie et la Grande-Bretagne

635 parlementaire – Tours – communiste – SFIO

636 25 septembre 1926

637 En Allemagne

638 Pie XI

639 Le Maroc

640 1934 et 1935

641 Nicolas II

642 1917

643 Des soviets

644 La NEP

645 1929

646 Joseph Djougachvili

647 1924

648 Joseph Staline

649 Franklin Delano Roosevelt

650 Le front populaire

651 De gauche

652 Léon Blum, Roger Salengro, Edouard Daladier

653 Aucune des solutions proposées n'est bonne

654 L'élan du front populaire

655 Des auberges de jeunesse

656 En janvier 1933

657 En février 1933

658 Une police auxiliaire allemande

659 Le 30 juin 1934

660 1936

661 Un soulèvement des généraux contre le gouvernement

662 Le général Franco

663 Législation antijuive

664 Annexion / Autriche

665 Le 30 septembre 1938

666 Edouard Daladier

667 Septembre 1939

668 Le 23 août 1940

669 Philippe Pétain

670 L'Etat français

671 La « Drôle de guerre »

672 L'appel à la résistance du Général de Gaulle depuis Londres sur les ondes de la BBC

673 Royaume-Uni, Canada, Etats-Unis contre l'Allemagne et l'Italie

674 La guerre italo-grecque

675 Le 22 juin 1941

676 Le Japon

677 Environ 7 mois

678 L'URSS et l'Allemagne

679 Charles Maurras

680 Pologne

681 A Alger

682 Un préfet

683 Max

684 Une figure de la résistance

685 Un militant communiste pendant la Seconde Guerre mondiale – Un jeune résistant fusillé par les Allemands en 1941

686 Une ethnologue, Une figure de la résistance

687 Dans l'océan Pacifique

688 Les Etats-Unis et l'Australie

689 L'effondrement de l'Empire du Japon

690 De l'Italie

691 6 juin 1944

692 Neptune

693 Opération Overlord

694 En Belgique, en Allemagne et au Luxembourg

695 Il se suicide

696 Le bombardement de Hiroshima

697 8 ans

698 Plus de 50 millions

699 La nuit des longs couteaux – La conférence de Postdam – Le blocus de Berlin – La construction du mur de Berlin

700 Joseph Staline

701 Albert Einstein

702 L'armistice de la Première Guerre mondiale

703 Charles de Gaulle

5

704 La IVe République

705 Le tripartisme

706 Le PCF

707 Parti communiste français

708 Le Général de Gaulle

709 1945

710 Charles de Gaulle

711 Les ministres communistes

712 1947

713 Vincent Auriol et René Coty

714 Gaston Monnerville

715 Guy Mollet

716 Jean Monnet

717 1954

718 Le front républicain

719 La constitution du 4 octobre 1958

720 Création de la communauté économique du charbon et de l'acier – Signature des accords de Genève – Instauration de la Ve République – Référendum sur l'élection du président de la République au suffrage universel

721 Gaston Monnerville

722 Depuis 1959

723 André Malraux

724 1959

725 La fronde armée, en 1961, de généraux français opposés à l'indépendance de l'Algérie

726 L'attentat du Petit-Clamart

727 1962

728 1965

729 François Mitterrand

730 Charles de Gaulle

731 Les accords de Grenelle

732 Le général Massu

733 Debré / Pompidou / Couve de Murville / Chaban-Delmas

734 Jacques Chaban-Delmas

735 Maire de Colombey-les-Deux-Eglises, Député

736 La croix de Lorraine
737 La réforme du Sénat et la régionalisation
738 1969
739 1970
740 1969 à 1974
741 Le programme commun
742 Georges Marchais
743 1972
744 Le club de l'horloge
745 Raymond Barre
746 Jacques Chirac
747 Jacques Chirac
748 Valéry Giscard d'Estaing
749 Françoise Giroud
750 1974
751 1981-1995
752 Premier ministre
753 1980
754 Pierre Mauroy
755 Lionel Jospin
756 Valéry Giscard d'Estaing, Jacques Delors
757 1981
758 285
759 Le 2 mars 1982
760 1986
761 Le gouvernement de Michel Rocard
762 Edith Cresson
763 Jean-Louis Debré
764 Edouard Balladur
765 Lois Aubry
766 Pour alimenter un fonds d'aide aux personnes âgées
767 Alain Poher
768 Un courant né en 2002 au sein du Parti socialiste pour réaffirmer ses orientations politiques de gauche
769 Président du Conseil général de Lorraine
770 La durée du mandat présidentiel
771 Dominique De Villepin
772 Ambassadeur à l'ONU
773 Dominique De Villepin
774 José Bové
775 Union pour un mouvement populaire
776 Lutte ouvrière
777 Marie-George Buffet
778 Le Mouvement pour la France
779 Jean-Pierre Chevènement
780 Arlette Laguiller
781 Pierre Méhaignerie
782 C'est le jour où a été votée la loi Taubira qui déclare que la république française reconnaît que la traite négrière d'une part et l'esclavage d'autre part constituent un crime contre l'humanité (10 mai 2001)
783 Du droit au logement
784 Jean-Marie Le Pen
785 Nicolas Sarkozy
786 Le ministère de l'Immigration, de l'intégration, de l'Identité nationale et du Co-développement
787 Bernard Accoyer
788 Construire un pont qui enjamberait le fleuve Oyapock
789 Le MoDem
790 Le Parti radical
791 Elle permet une défiscalisation des heures supplémentaires – Elle permet un crédit d'impôt sur le revenu (IR) sur les intérêts d'emprunt immobilier – Elle allège les

droits de succession – Elle aménage l'impôt de solidarité sur la fortune

792 L'instauration des peines minimales en cas de récidive (peines plancher) – L'exclusion possible de l'excuse de minorité pour les récidivistes de plus de 16 ans – La création de 20 000 places de prison supplémentaires

793 L'interdiction de fumer dans les lieux publics

794 Elle crée une « Haute autorité pour la diffusion des œuvres et la protection des droits sur Internet » – Elle introduit un mécanisme de sanctions graduelles – Elle introduit le concept de responsabilité des propriétaires de bornes Wi-Fi

795 2007

796 Nicolas Sarkozy

797 La commission pour la libération de la croissance française

798 Europe écologie-les Verts

799 Marseille

800 74

801 Revenu de solidarité active

802 Luc Châtel

803 Leur autonomie

804 Un département d'outre-mer

805 Didier Migaud

806 François Baroin

807 Il peut dissoudre l'Assemblée nationale – Il peut adresser des messages au Parlement – Il a le droit de grâce – Il préside le conseil des ministres

808 L'assemblée nationale

809 Peut être révisée par le président de la République seulement

810 La forme républicaine du gouvernement

811 L'article 16

812 A l'article 12

813 Les affaires étrangères, La défense nationale

814 Engager la responsabilité du gouvernement devant l'Assemblée nationale

815 Membres du Conseil constitutionnel

816 La Haute Cour de justice

817 Le gouvernement

818 Le Premier ministre

819 L'article 8

820 Hôtel Matignon

821 Un décret du président de la République contresigné par le Premier ministre

822 Au Premier ministre d'engager la responsabilité du gouvernement sur un texte devant l'assemblée nationale

823 Dissoudre l'assemblée nationale

824 Le Premier ministre signe les ordonnances et les décrets délibérés en Conseil des ministres

825 L'équipe des collaborateurs d'un ministre

826 Le gouvernement

827 Un acte insusceptible de faire l'objet d'un recours

828 Le ministre de la Justice

829 Ministre de l'Intérieur

830 Le ministère de la Justice

831 L'Education nationale

832 La Cour de justice de la République

833 Deux assemblées

834 Du bicamérisme

835 Un régime où le gouvernement est responsable devant le Parlement

836 Le président de la République et le Premier ministre sont de partis opposés – Le président de la République et la majorité des députés sont de partis opposés

837 Le mandat de maire

838 Vrai

839 Palais Bourbon – Premier ministre

840 Rue Cambon

841 Au Palais-Royal

842 A Versailles

843 Les fonctions sont incompatibles et il démissionne

844 La période durant laquelle le Parlement siège

845 Neuf mois

846 Le 1er octobre

847 A la demande du Premier ministre ou de la majorité des membres composant l'assemblée nationale

848 N'est réunie que trois fois par session Parlementaire (octobre-janvier-avril)

849 La mise en œuvre de l'article 16 de la Constitution

850 Doit autoriser la prolongation de l'état d'urgence

851 Est de 70 jours – Commence à courir le premier mardi d'octobre

852 Révoquer des préfets

853 Après qu'elle ait été adoptée par le Parlement

854 L'auteur du dépôt du texte

855 Au gouvernement, aux députés et aux sénateurs

856 Une modification proposée à un texte législatif discutée par le Parlement

857 Obligatoirement réunie avant l'adoption définitive d'un projet de loi

858 14

859 L'Assemblée nationale et le Sénat l'aient examiné chacun au moins une fois

860 Que le Premier ministre peut réunir la commission mixte paritaire après une seule lecture dans chaque assemblée

861 Elu par ses collègues de commission

862 La Constitution

863 Sont représentés à l'Assemblée nationale et au Sénat

864 Des assistants parlementaires

865 La réunion des membres du Sénat et de l'Assemblée nationale

866 Au château de Versailles

867 Modifier la Constitution

868 Des textes dont le gouvernement a décidé la discussion et l'ordre d'examen

869 5 ans

870 577

871 23 ans

872 Déposer une motion de censure

873 La démission du gouvernement

874 Au « perchoir »

875 Seule l'Assemblée nationale peut destituer le président de la République

876 Groupes d'amitié

877 Se trouveraient à votre gauche

878 6 ans

879 348

880 Au suffrage universel indirect

881 Pour certains, élus au scrutin proportionnel, pour d'autres, élus au scrutin majoritaire à deux tours

882 Les députés européens

883 La moitié des effectifs

884 24 ans

885 Elu par l'ensemble des sénateurs

886 Trois ans

887 Le président du Sénat

888 Son assistant parlementaire

889 10 sénateurs

890 Huit commissions permanentes

891 Refuser définitivement l'adoption d'un projet de loi constitutionnelle

892 D'assurer la gestion du Sénat

893 Le président de la République n'a pas le droit de se rendre au Sénat

894 La Haute Assemblée

895 Décentralise

896 L'intercommunalité

897 Le ministère de l'Intérieur, de l'Outre-mer et des collectivités territoriales

898 Une loi

899 Les services de l'Education nationale – Les services de la justice

900 La décision prise par le maire d'une commune de plus de 10 000 habitants s'appelle un décret

901 2003

902 22 régions

903 4 ans

904 96

905 Le président du Conseil général

906 Le conseiller général

907 Les conseillers territoriaux

908 36 000 communes

909 Le maire est élu au suffrage universel direct

910 6 ans

911 La représentation de l'Etat en justice

912 L'urbanisme

913 Que le maire est à la fois représentant de l'Etat dans sa commune et organe exécutif de sa commune

914 Du préfet

915 Peut recevoir délégation du maire, Constitue l'assemblée exécutive de la commune

916 Tous les trimestres

917 Oui, par décret en Conseil des ministres

918 A la majorité absolue des suffrages exprimés

919 Le budget primitif

920 La Chambre régionale des comptes

921 1966

922 Un établissement public de coopération intercommunale

923 Paris, Marseille, Lyon

924 Les deux

925 Médiateur de la République

926 Nommés par le gouvernement – Désignés par les organisations économiques et sociales

927 Le préfet est le représentant de l'Etat dans le département – Il existe des préfets de région – Le préfet est nommé par décret du président de la République

928 Commissaire du gouvernement

929 La commune

930 Formule des propositions pour le règlement d'un budget local

931 Le Médiateur de la République – La Commission nationale de l'informatique et des libertés (CNIL) – Le Conseil supérieur de l'audiovisuel (CSA) – L'Autorité des marchés financiers (AMF)

932 Ministère du Budget, des Comptes publics, de la Fonction publique et de la Réforme de l'Etat

933 Le centre de gestion de la fonction publique territoriale

934 Le président de la République

935 La Cour des comptes

936 Nommé par décret du président de la République

937 Le Conseil d'Etat

938 Le président de la République

939 Le président de la République sur proposition du Premier ministre

940 Le maire

941 Le président de la République

942 Aucune réponse ne convient

943 Concurremment au Premier ministre et aux membres du Parlement

944 La commune

945 Le président de la République

946 Le Parlement

947 Le Premier ministre

948 Du président de la République

949 Un sénateur

950 Le ministre

951 Le pouvoir judiciaire

952 Le préfet

953 500

954 Le Conseil constitutionnel

955 Le ministre de l'Intérieur

956 Etre électeur, Obtenir 500 parrainages d'élus d'au moins 30 départements

957 Savoir lire et écrire

958 Aux élections municipales

959 Sa carte d'identité

960 Deux assesseurs

961 Mettre deux bulletins dans l'enveloppe

962 Déclaré nul

963 Vrai

964 Tous les bulletins en dehors des bulletins blancs ou nuls

965 Faux

966 Au Conseil constitutionnel

967 D'une bipolarisation de la vie politique

968 De préciser le fonctionnement des pouvoirs publics

969 La loi référendaire

970 Un ministre

971 L'expression directe du citoyen sur une ou des questions posées

972 Constitution, loi, décret, arrêté

973 De prendre une mesure dans une matière relevant normalement de la loi

974 L'acte pour lequel le préfet saisit le juge administratif d'un recours en annulation

975 Constitutionnelle

976 La Marseillaise, Le drapeau tricolore bleu blanc rouge, La devise « liberté, égalité, fraternité »

977 La Marianne

978 « Les hommes naissent et demeurent libres et égaux en droits ; les distinctions sociales ne peuvent être fondées que sur l'utilité commune »

979 Les lois de finance

980 3

981 En janvier 1991, à la veille de la guerre du Golfe

982 5

983 Le préfet

6

984 Harry Truman

985 Nouvelle frontière

986 Assassinat de J. F. Kennedy – Présidence de Richard Nixon – Présidence de Jimmy Carter – Présidence de Ronald Reagan

987 En 1968

988 Johnson – Roosevelt – Carter – Truman

989 Bush – Nixon – Eisenhower – Hoover

990 Eisenhower – Kennedy – Johnson – Nixon

991 Le Watergate

992 Gerald Ford

993 Monica Lewinski

994 Le scandale des ventes secrètes d'armes américaines à l'Iran, qui éclate en 1987

995 John F. Kennedy

996 Deux ans après la construction du mur de Berlin

997 Maccarthysme

998 Toute forme de discrimination raciale à l'école

999 Le discours sur l'Etat de l'union

1000 2004

1001 L'Iowa

1002 6 ans

1003 1971

1004 La Chambre des représentants et le Sénat

1005 Deux élus quelle que soit leur population

1006 Nation United

1007 Al Gore

1008 Dick Cheney

1009 La guerre préventive

1010 Un âne

1011 De l'Illinois

1012 Rudolph Giuliani, Mike Huckabee, Mitt Romney, Ron Paul

1013 John McCain

1014 Bill Clinton

1015 En 2009, il est victime d'une tentative d'assassinat

1016 L'assurance-maladie

1017 De nationalité américaine – Ancienne secrétaire d'Etat sous l'administration Bush

1018 La nomination pour la première fois, d'une latino-américaine au poste de juge

1019 Aussi longtemps qu'ils le souhaitent

1020 John F. Kennedy

1021 John F. Kennedy

1022 Un mouvement politique noir américain contestataire

1023 La presse

1024 Au mouvement pour les droits civiques (civil rights movement) aux Etats-Unis

1025 John Fitzgerald Kennedy junior (dit John John)

1026 50

1027 Augusto Pinochet, Slobodan Milosevic

1028 Du drapeau de la Grande-Bretagne

1029 Par le Premier ministre

1030 David Cameron

1031 Il est à la tête du parti travailliste

1032 Ed Miliband

1033 Le Parti travailliste, Le Parti conservateur, Le Parti libéral-démocrate

1034 54

1035 Irlande

1036 Un accord pour un gouvernement partagé entre protestants et catholiques

1037 Le noir, le jaune et le rouge

1038 La loi qui organise les pouvoirs

1039 Bonn

1040 Berlin

1041 La police politique de la RDA

1042 Le 3 octobre 1990

1043 Etats fédérés – districts – communes

1044 Délégués des gouvernements locaux

1045 Il est élu à la majorité absolue des membres du Bundestag (le parlement)

1046 La CDU

1047 6

1048 Il Cavaliere

1049 Elu au scrutin secret par les assemblées

1050 De l'ancien parti communiste italien

1051 1975

1052 Le parti populaire (PP), Le parti socialiste ouvrier espagnol (PSOE)

1053 Une monarchie constitutionnelle, Une démocratie

1054 Le parlement espagnol

1055 Mariano Rajoy

1056 La fin du régime autoritaire qui s'est imposé au Portugal de 1933 à 1974

1057 Le régime des colonels

1058 La Yougoslavie

1059 La Roumanie

1060 En 1980

1061 Vàclav Havel

1062 Un Etat indépendant

1063 Un Etat indépendant

1064 Le Monténégro

1065 Vojislav Kostunica

1066 La Croatie, La Bosnie-Herzégovine

1067 Les pays de l'Europe centrale et orientale

1068 Le Danemark

1069 L'Italie

1070 Le Kosovo est indépendant depuis 2008

1071 Léonod Brejnev

1072 Ce mot signifie « transparence » – Mikhaïl Gorbatchev en est l'initiateur – Elle a pour conséquence une presse plus libre

1073 1991

1074 La Moldavie, L'Ukraine

1075 2000

1076 Dmitri Medvedev

1077 Vladimir Poutine

1078 1948

1079 Le Fatah

1080 David Ben Gourion

1081 Mahmoud Abbas

1082 Un mouvement politique chiite libanais possédant une branche armée

1083 Parti de Dieu

1084 Le président de l'Iran

1085 Sous souveraineté panaméenne

1086 Le Parti communiste chinois

1087 1949

1088 Mao Zedong dans les années 1960

1089 Mao Zedong

1090 Le sixième recensement chinois

1091 Britannique

1092 Portugaise

1093 De l'Afghanistan

1094 Premier ministre – Présidente du parti du peuple pakistanais – Candidate aux élections législatives

1095 2007

1096 L'Indonésie

1097 Les khmers rouges

1098 Mohandas

1099 Jawaharlal Nehru

1100 Jawaharlal Nehru

1101 La Colombie

1102 Clara Rojas

1103 2002

1104 L'Argentine

1105 Alberto Fujimori

1106 2002

1107 Dilma Rousseff

1108 Hugo Chavez

1109 Nestor Kirchner

1110 Argentine

1111 L'Algérie

1112 La côte d'Ivoire

1113 La Mauritanie

1114 L'Angola

1115 La Turquie

1116 Djibouti

1117 Un pays musulman, Une royauté

1118 Habib Bourguiba

1119 Un émirat

1120 Le FLN

1121 Un musulman engagé dans l'armée française

1122 Ahmed Ben Bella

1123 1969

1124 La Guinée

1125 De Sri Lanka

1126 De la Namibie

1127 Sénégalaise

1128 Du Libéria

1129 Abdoulaye Wade

1130 Alassane Ouattara

1131 Il est le fils aîné du président précédent, Omar Bongo

1132 Burundi ex-Rwanda

1133 Le Soudan

1134 Un peuple séparatiste de l'Inde méridionale et du Sri Lanka

1135 Un mouvement de libération du sud marocain

1136 La CECA

1137 1951

1138 Communauté européenne du charbon et de l'acier

1139 Italie, Allemagne, France, Belgique, Luxembourg et Pays-Bas

1140 Mars 1957

1141 Walter Hallstein

1142 La CEE, la CECA et Euratom

1143 1986

1144 L'Union européenne

1145 1992

1146 Apporté les adaptations nécessaires à l'achèvement du marché intérieur – Modifié le mode de fonctionnement des institutions de l'Union européenne en faisant du vote à la majorité qualifiée au lieu du vote à l'unanimité la règle générale

1147 Le Traité de Maastricht

1148 Toute personne ayant la nationalité d'un Etat membre

1149 D'élaborer un projet de constitution européenne

1150 Valéry Giscard d'Estaing

1151 Les Pays-Bas

1152 Les institutions européennes

1153 Le Traité d'Amsterdam

1154 Un acte qui lie les Etats membres quant au résultat à atteindre

1155 Un règlement

1156 Traité de Lisbonne – 2007

1157 Les 12 heures sur le cadran d'une horloge

1158 *In varietate concordia* (« l'union dans la diversité »)

1159 La déclaration de Schuman considérée comme l'acte de naissance de l'Union européenne

1160 Le Royaume-Uni

1161 La Norvège

1162 1981

1163 1986 à 1995

1164 1995

1165 Malte, La Bulgarie

1166 Le 1er janvier 2007

1167 28 Etats

1168 24 langues

1169 Le gaélique

1170 Aucun

1171 La Turquie

1172 Oui

1173 Le belge Herman van Rompuy

1174 Haut représentant de l'UE pour les affaires étrangères et la politique de sécurité commune

1175 Le Conseil de l'Europe

1176 Nommé par le Conseil européen avec approbation du Parlement européen

1177 José Manuel Barroso

1178 1

1179 Le commissaire européen chargé du budget

1180 La Commission européenne

1181 Le Parlement européen

1182 La Cour de justice des communautés européennes

1183 1952

1184 Luxembourg

1185 Des chefs d'Etat et de gouvernement des Etats membres de l'UE

1186 Les ministres des Etats membres en rapport avec l'ordre du jour

1187 Chaque Etat membre a un poids différent dans le système de vote

1188 Six mois

1189 Le Parlement européen avec le conseil de l'Union européenne

1190 Le Parlement européen

1191 Strasbourg

1192 Cinq ans

1193 754

1194 Simone Veil

1195 Dans le pays de sa résidence

1196 La représentation proportionnelle sans vote préférentiel

1197 Par le Traité de Maastricht

1198 Nommé par le Parlement européen

1199 Des institutions et organismes communautaires

1200 La Banque centrale européenne

1201 3

1202 L'environnement

1203 La culture

1204 La libre circulation des personnes et la suppression des contrôles aux frontières

1205 Le Royaume-Uni, L'Irlande

1206 Droit de vote et d'éligibilité aux élections municipales et européennes

1207 La Norvège

1208 L'agriculture

1209 1959

1210 Le fonds social européen

1211 Partage le droit d'initiative avec les Etats membres

1212 La coopération avec certains pays en voie de développement

1213 Le 112

1214 Le fonds européen d'ajustement à la mondialisation

1215 33 pays

1216 Selon le processus décisionnel de l'Union, la commission européenne dispose du monopole du pouvoir de proposition

1217 L'Office humanitaire de la Communauté européenne

1218 Paris

1219 La présence à paris du Chancelier allemand

1220 Joseph Staline

1221 La décision des nazis d'exterminer les juifs d'Europe

1222 Charles de Gaulle

1223 Les conditions de la capitulation allemande, l'organisation de l'Europe et la garantie d'un monde stable

1224 Les Etats-Unis et l'URSS

1225 La capitulation allemande

1226 Harry S. Truman

1227 Benito Mussolini, Franklin Roosevelt, Adolf Hitler

1228 Winston Churchill

1229 1961

1230 1989

1231 La Yougoslavie, l'Egypte, l'Inde, l'Indonésie, la Birmanie et l'Ethiopie

1232 Défend le droit des Etats frères partout où le socialisme est menacé

1233 Un débarquement de rebelles anticastristes à Cuba

1234 La Hongrie

1235 1968

1236 La révolution de velours

1237 L'URSS a disparu officiellement en 1991

1238 Une association politique

1239 Start

1240 La guerre d'Indochine

1241 A Evian

1242 L'incident du golfe du Tonkin

1243 Le retrait américain de la guerre du Vietnam

1244 1975

1245 La nationalisation du canal de Suez par Nasser

1246 L'Egypte

1247 1973

1248 Israël et les pays arabes

1249 Yasser Arafat et Yitzhak Rabin

1250 En 1987, lors de la première Intifada

1251 M. Al-Sadate – M. Beghin – J. Carter

1252 Un extrémiste israélien

1253 En 1973

1254 De la guerre du Kippour

1255 Le massacre de Palestiniens par l'armée jordanienne en 1970

1256 Chypre

1257 Les Hutus

1258 Au Soudan

1259 Au Nigeria

1260 Un net durcissement

1261 Entre l'Inde et le Pakistan

1262 Au Sri Lanka

1263 2003

1264 4

1265 Un mouvement fondamentaliste musulman

1266 Bombay

1267 11 mars 2004

1268 Devant le tribunal spécial irakien en Irak

1269 L'OTAN

1270 Organisation du traité de l'Atlantique Nord

1271 La Suisse

1272 1952

1273 La République fédérale d'Allemagne rejoint l'OTAN

1274 La France

1275 Le traité de Varsovie

1276 En 1999

1277 En 1946

1278 193 pays membres

1279 De la Chine

1280 5

1281 Le Japon

1282 1951

1283 De l'éducation, de la science et de la culture

1284 Une aide, le plus souvent internationale, apportée aux populations civile en détresse, avec ou sans l'accord de leurs autorités étatiques

1285 Au Caire

1286 Le secrétaire général de l'ONU

1287 5 ans

1288 Le retrait des forces armées israéliennes des territoires occupés lors de la guerre des Six Jours

1289 Le retrait militaire d'Afghanistan

1290 L'Allemagne et la Russie

1291 Sud-Coréenne

1292 Boutros-Boutros Ghali, Javier Pérez de Cuellar

1293 A l'Organisation des Nations unies (ONU)

1294 Aider à la réintégration dans le pays d'origine. Faciliter l'obtention du droit d'asile. Sauvegarder le droit et le bien-être des réfugiés

1295 L'Organisation mondiale de la santé – L'Organisation internationale du travail – Le Fonds monétaire international

1296 Pour l'environnement

1297 L'alimentation et l'agriculture

1298 Unesco

1299 47 pays

1300 Strasbourg

1301 Tous les Etats membres

1302 Aucune des solutions proposées n'est bonne

1303 Le Conseil de l'Europe

7

1304 Thomas Malthus

1305 John M. Keynes

1306 Frédéric Bastiat – Français, Arthur Laffer – Américain, Friedrich Hayek – Autrichien, Nikolai Kondratieff – Russe

1307 John Meynard Keynes, Milton Friedman

1308 La disparition des pièces d'or de la circulation monétaire, remplacées par des pièces d'argent de moindre valeur

1309 Les propriétaires du capital (les capitalistes) exploitent les classes ouvrières qui s'appauvrissent. Elle engendre l'exploitation de l'homme par l'homme

1310 Le Petit Livre rouge

1311 Du libre-échange

1312 Jean Bodin

1313 Adolphe Blanqui

1314 Relancer la consommation

1315 Franklin D. Roosevelt

1316 Bretton-Woods

1317 Système monétaire international

1318 La définition des monnaies par rapport au dollar

1319 1945-1975

1320 Nom donné par l'économiste Alfred Sauvy

1321 Pour faire un parallèle avec le tiers état de l'Ancien Régime

1322 1952

1323 1973

1324 Singapour, Taïwan, Hong Kong et Corée du Sud

1325 La valeur des exportations et celles des importations de marchandises

1326 Peut être financé par des émissions obligataires – Correspond au solde entre recettes et dépenses du budget de l'Etat – Peut être mesuré en point de PIB

1327 Le taux de chômage et le taux d'inflation

1328 Le niveau de développement d'un pays et son niveau d'inégalité

1329 Courbe de Laffer

1330 Monétariste

1331 Est lié à l'école de Chicago – Suggère un taux de croissance fixe pour la masse monétaire

1332 Les libertés individuelles – Le rôle limité de l'Etat – La propriété privée des moyens de production

1333 L'organisation générale du système économique – Le rôle de l'Etat dans l'activité économique – L'autonomie des entreprises

1334 Concurrence pure et parfaite

1335 L'information parfaite des offreurs et des demandeurs – L'homogénéité des produits

1336 Ce sont les marchés qui orientent l'activité économique – La concurrence dynamise l'activité économique

1337 Un passager clandestin

1338 Le prix baisse

1339 Le point d'intersection sur un graphique des courbes de l'offre et de la demande

1340 L'intervention sur les dépenses publiques de l'Etat

1341 Des crédits accordés par les banques

1342 Emise par l'Etat

1343 1,06

1344 Un ralentissement de la hausse des prix

1345 Dépréciation

1346 Au délai nécessaire entre deux emplois

1347 Le rapport entre la valeur des exportations et le PIB

1348 La création de 200 postes d'infirmières

1349 C'est acquérir des biens et services

1350 L'épargne improductive

1351 L'effet d'une variation du revenu sur la variation de la consommation

1352 Les dividendes

1353 De peu de vendeurs face à une multiplicité de consommateurs

1354 Monopsone

1355 D'une plus grande efficacité technique – D'une meilleure situation sur le marché (monopole, par exemple) – De politiques favorables au corporatisme

1356 En vendant des actions d'entreprises publiques – Pour se procurer des ressources financières

1357 Ils ne sont pas disponibles en quantités suffisantes pour satisfaire entièrement tous les besoins

1358 Le rapport entre les actifs et la population totale

1359 La tendance des consommateurs à se regrouper en associations

1360 Les bénéfices des entreprises individuelles

1361 Un dividende

1362 Les entreprises françaises implantées à l'étranger – Les entreprises étrangères implantées en France – Les entreprises françaises implantées en France

1363 Le taux de croissance du PIB en volume

1364 C'est le coût supplémentaire induit par la dernière unité produite

1365 En soustrayant la valeur des consommations intermédiaires au volume de production

1366 Le montant de ce qu'elle vend

1367 Le montant des sommes apportées par les actionnaires leur donnant droit, en contrepartie, à la propriété de l'entreprise

1368 Les charges

1369 Un amortissement

1370 Une provision

1371 Assurer une juste rémunération du travail des producteurs et artisans les plus défavorisés – Favoriser la préservation de l'environnement

1372 Max Havelaar

1373 A Washington

1374 Fond monétaire international

1375 Financer des programmes d'aide au développement

1376 Le GATT

1377 L'OMC

1378 Au GATT

1379 160

1380 Organisation de coopération et de développement économique

1381 L'espérance de vie – Le niveau d'instruction – Le produit intérieur brut (PIB) par habitant

1382 L'OPEP

1383 L'Angola

1384 Le Mexique

1385 La FAO

1386 Les Philippines

1387 Une alliance économique en Amérique du Sud

1388 L'AMF

1389 La Suisse

1390 L'Ukraine

1391 Les Etats-Unis

1392 La roupie

1393 Le rand

1394 La kuna

1395 Le réal

1396 DKK

1397 Le ministre des Finances britannique

1398 FED, BOJ, BOE, BCE

1399 La diminution des taux d'intérêts directeurs

1400 Quantitative easing

1401 Il vise à répondre à la crise financière liée à la crise des subprimes – Il représente 700 milliards de dollars – Il permet une prise de participation par le Trésor américain dans les institutions financières en difficulté

1402 Ce sont les taux d'intérêt fixés chaque jour par la banque centrale d'un pays ou d'une union monétaire

1403 Le fonds de garantie bancaire

1404 Le taux effectif global

1405 Un crédit immobilier à risque

1406 Baisser

1407 Des sociétés d'investissement à capital variable (SICAV) et des fonds communs de placement

1408 Une personne chargée des opérations de change

1409 140 milliards de dollars

1410 65 milliards de dollars

1411 La Grèce

1412 OCRB

1413 Washington

1414 Londres

1415 Palais Brogniart

1416 Nikkei 225

1417 Le CAC 40

1418 Cotassion assistée en continu

1419 Wall Street

1420 –3,5 %

1421 1 euro pour 0,9649 dollar

1422 1 euro pour 1,5990 dollar

1423 53 à 138 dollars

1424 30 dollars

1425 13 500 milliards de dollars

1426 L'écu

1427 A Francfort

1428 La Banque centrale européenne et les banques centrales nationales des Etats membres ayant adopté l'euro

1429 Wim Duisenberg

1430 Le 1er janvier 2002

1431 Le 18 février 2002

1432 La livre sterling

1433 Monaco, Saint-Martin et le Vatican

1434 La Bulgarie

1435 La Finlande

1436 De Hongrie

1437 Des éléments architecturaux

1438 8 pièces et 7 billets

1439 Jaune

1440 3,0 %

1441 Une amende calculée au prorata du déficit excédentaire

1442 Le Fonds européen de stabilisation financière

1443 Doit remplacer le Mécanisme européen de stabilité financière – Peut aider un Etat européen en difficulté financière – Est doté d'un capital de 700 milliards d'euros versés sur 5 ans

1444 Le secteur primaire

1445 Des huîtres

1446 Secondaire

1447 Des ménages

1448 L'Italie

1449 Nucléaire

1450 La Russie

1451 Le Japon

1452 La Chine

1453 Le Brésil, L'Indonésie, L'Ethiopie

1454 De riz

1455 La pêche

1456 L'Italie

1457 La France

1458 Le tourisme

1459 Le Creusot

1460 Boulogne-Billancaourt

1461 Le plateau du Limousin

1462 Le plus grand port pétrolier français

1463 Gennevilliers

1464 La Picardie

1465 L'Ouest

1466 Le textile

1467 Sa coutellerie

1468 Toulouse

1469 New York

1470 Air France, Renault

1471 Tati

1472 1994

1473 Enron

1474 En Bolivie

1475 L'automobile et l'électronique

1476 Hong Kong

1477 Une OPA (offre publique d'achat) consiste à proposer aux actionnaires d'une société de racheter toutes leurs actions à un certain prix (en général supérieur aux cours de la Bourse)

1478 Sanofi-Synthélabo sur Aventis, Alcan sur Pechiney, Gas Natural sur Endesa

1479 Une grande entreprise contrôlant des unités de production dans plusieurs pays

1480 En Corée du Sud

1481 TEPCO

1482 Air France

1483 Volkswagen

1484 Valéo, Mazda, Isuzu

1485 Mars

1486 PayPal

1487 RIM

1488 Du maïs transgénique

1489 Microsoft

1490 France, Allemagne, Espagne

1491 Rolls-Royce

1492 Bain & Co

1493 SFR, Bouygues

1494 Hermès

1495 PPR

1496 Larry Page

1497 Frédéric Oudéa

1498 Carlos Ghosn

1499 Jean-Paul Agon

1500 32 000 km de lignes ferroviaires

1501 Socrate

1502 5e

1503 Virgin

1504 Lu

1505 JC Decaux

1506 D'Australie

1507 Olympic Airlines

1508 British Airways

1509 Air France

1510 Hollandaise

1511 Afat voyages et Selectour

1512 173 millions d'euros

1513 Les particuliers

1514 Si le montant annuel de la commande dépasse 90 000 € HT

1515 La Silicon Valley

1516 Des groupes d'entreprises entretenant des participations croisées

1517 S'adapter à son environnement économique

1518 Petites et moyennes entreprises

1519 Le mot français désignant le marketing

1520 Le produit n'est plus une innovation ; il s'est déjà largement diffusé ; il connaît une croissance de ses ventes beaucoup plus faible, voire nulle

1521 Forex

1522 La famille Mulliez

1523 Interdisait les coalitions et les mutuelles ouvrières

1524 Une restriction sévère du droit de grève, L'obligation pour tous les permanents syndicaux de signer un serment de loyauté anticommuniste – L'autorisation pour chaque Etat américain de promulguer son propre droit au travail

1525 Les Trade Unions

1526 1945

1527 La CFTC

1528 Union nationale des syndicats autonomes

1529 La Fédération nationale des syndicats d'exploitants agricoles

1530 LCR

1531 La fédération autonome des syndicats de police

1532 Le Medef

1533 Pierre Gattaz

1534 Le délégué du personnel

1535 Les militaires

1536 La Suède

1537 2003

1538 2006

1539 35 % à 44 % du PIB

1540 A environ 10,1 %

1541 62 %

1542 5,50 %

1543 Les cotisations sociales, La TVA, Les impôts directs

1544 L'impôt sur les sociétés, L'impôt sur le revenu, La taxe professionnelle

1545 Indirect

1546 La TVA, L'impôt sur le revenu

1547 L'administration des douanes

1548 Une taxe environnementale sur l'émission de dioxyde de carbone

1549 La taxe foncière sur les propriétés non bâties, la contribution économique territoriale

1550 La TVA

1551 Fait dépendre l'impôt sur le revenu de la taille du ménage

1552 En 1945

1553 1958

1554 En 1982

1555 En 1982

1556 En 1988

1557 Revenu minimum d'insertion

1558 Pôle Emploi

1559 En juin 2009

1560 SMIC

1561 L'assurance maladie

1562 L'Unedic

1563 L'allocation spécifique de solidarité (ASS)

1564 Dépendent du nombre d'enfants

1565 Du poids des entreprises publiques dans le PIB – Du taux de prélèvements obligatoires

1566 Quatre ans

1567 Les salaires versés par les entreprises

1568 35 heures par semaine pour les entreprises de plus de 20 salariés

1569 Les jeunes de moins de 25 ans

1570 Les pièces

1571 Un établissement public autonome

1572 Un organisme chargé de la publication des statistiques nationales ainsi que d'enquêtes et d'études en matière de conjoncture économique

1573 Toutes les entreprises situées en amont et en aval qui contribuent au même type d'activité

8

1574 La Chine

1575 Tokyo

1576 195 millions

1577 Le Vietnam

1578 Le Nigeria

1579 2 000 000 km²

1580 Saint-Véran

1581 Paul-Vidal de la Blache, Emmanuel de Martonne

1582 Le représentant graphique du relief sur une carte IGN

1583 360 méridiens et 180 parallèles

1584 En degrés d'un point à l'Equateur

1585 Les méridiens

1586 Le tropique du Cancer est au nord de l'équateur – Les tropiques sont parallèles à l'équateur – Le tropique du capricorne est au sud du tropique du Cancer – L'équateur partage la Terre en deux hémisphères

1587 111 km

1588 Une mégapole

1589 Une terre gagnée sur la mer

1590 Hexagone

1591 Climat océanique, Climat semi-continental, Climat méditerranéen, Climat de haute montagne

1592 675 000 km²

1593 65 millions

1594 97 habitants au km²

1595 Le Midi-Pyrénées

1596 10 millions d'habitants

1597 La Bretagne

1598 Le Nord

1599 La Lozère

1600 22 régions

1601 Les Pays de la Loire

1602 Les Pays de la Loire

1603 Les Hautes-Pyrénées

1604 L'Aquitaine

1605 La Franche-Comté

1606 Le Languedoc-Roussillon

1607 Le Limousin

1608 Le Poitou

1609 Du Languedoc-Roussillon

1610 L'Auvergne

1611 2 départements

1612 8 départements

1613 La Corse-du-Sud

1614 Calvados – Jura – Pyrénées-Orientales – Seine-et-Marne

1615 L'Ile-de-France

1616 La Manche

1617 De la Vendée

1618 La Somme

1619 L'Oise

1620 La Seine-et-Marne, Les Hauts-de-Seine

1621 La Manche

1622 La Seine-Maritime

1623 La Sarthe

1624 Les Ardennes

1625 L'Allier, La Sarthe

1626 Le Lot-et-Garonne

1627 La Vendée

1628 L'Yonne

1629 L'Orne

1630 Le Var

1631 L'Auvergne

1632 Du Puy-de-Dôme

1633 La Normandie

1634 Les Bouches-du-Rhône

1635 La Beauce

1636 Au sud

1637 Dans les Pyrénées espagnoles

1638 Belle-Ile

1639 8

1640 L'Autriche

1641 Le Luxembourg

1642 L'Italie

1643 Des Alpes-Maritimes

1644 Le Lot

1645 Le Vaucluse

1646 La déruralisation

1647 Le schéma de cohérence territoriale

1648 De la DATAR

1649 Entre 30 000 et 40 000 communes

1650 Arles

1651 Versailles

1652 Toulouse

1653 Marseille

1654 Bordeaux

1655 Marseille

1656 La Rochelle

1657 Rennes

1658 Metz

1659 Annecy

1660 Arras

1661 Châlons-en-Champagne

1662 La Rochelle

1663 Nanterre

1664 A Rouen

1665 Les Vaudais(e)s

1666 Alès

1667 Aurillac

1668 Nîmes

1669 Albi

1670 De Seine-et-Marne

1671 Auxerre

1672 Granville

1673 Saint-Brieuc

1674 Agen

1675 Le Mans

1676 Châteauroux

1677 Grenoble

1678 Marseille

1679 Paris – Lyon – Marseille

1680 Ajaccio

1681 Nice

1682 Montélimar

1683 Amiens

1684 Le Mans

1685 Tours

1686 540 km

1687 700 km

1688 900 km

1689 900 km

1690 Amiens

1691 A 89

1692 Blagnac

1693 Calais

1694 Boulogne-sur-Mer

1695 Font-Romeu

1696 Ardennes – Vosges – Jura – Alpes

1697 La France, l'Italie, l'Autriche, l'Allemagne, la Suisse, le Liechtenstein, la Slovénie

1698 Dans les Alpes

1699 Les Cévennes

1700 Le Massif Central

1701 Le Massif Central

1702 Des Ardennes

1703 Vignemale

1704 Le Pelvoux

1705 4 810 m

1706 Le monte Cinto

1707 Les Pyrénées

1708 Pic du Canigou, Pic du Midi

1709 Le Mont-Blanc

1710 Les Maures

1711 La Savoie

1712 Les Alpes

1713 Le parc de la Vanoise

1714 Méditerranée

1715 La Loire

1716 Le Rhône

1717 Le Rhin

1718 L'Adour

1719 Le Rhône

1720 Le Tarn

1721 La Garonne

1722 La Seine

1723 L'Aude

1724 L'Ill, Le Rhône

1725 L'Ill, La Vire

1726 L'Aude

1727 L'Adour

1728 L'Isère

1729 Le Doubs

1730 Augmente

1731 Environ 250 000 km^2

1732 5

1733 Les Mariannes du nord

1734 La Guadeloupe

1735 Guyane, Guadeloupe, Martinique, La Réunion

1736 Un territoire français d'Outre-mer

1737 Mayotte

1738 976

1739 Dans l'océan Indien

1740 Du Canada

1741 Au sud de Terre-Neuve

1742 La Réunion

1743 La Guyane

1744 Le Suriname

1745 Pointe-à-Pitre

1746 Basse Terre

1747 Saint-Martin

1748 Cayenne

1749 La Guyane

1750 L'île de la Réunion

1751 Iles Hébrides

1752 L'Europe

1753 L'Amérique du Sud est le continent avec les plus hautes chutes d'eau – L'Amérique du Sud est le continent avec la chaîne de montagne la plus longue – L'Amérique du Sud est le continent du désert le plus aride – L'Amérique du Sud est le continent de la capitale la plus haute

1754 Portugaise

1755 La Côte d'Ivoire

1756 Le Japon

1757 L'Inde

1758 L'empire du Milieu

1759 Le Dahomey

1760 Le nom actuel de la Biélorussie – Une ancienne république socialiste

1761 La Suisse

1762 La Birmanie

1763 La Nouvelle-Ecosse

1764 La Lettonie, l'Estonie et la Lituanie

1765 La Slovaquie

1766 De Yougoslavie

1767 Indochinoise

1768 Annexé à l'Indonésie jusqu'en 2002, D'Asie

1769 Un pays indépendant

1770 A l'Asie

1771 Dans la péninsule arabique, En Asie

1772 D'Afrique australe

1773 Un pays d'Afrique

1774 En Amérique centrale

1775 En Italie

1776 La Finlande

1777 L'Egypte

1778 Le Pérou, Le Chili

1779 La Mer Ionienne

1780 La Méditerranée

1781 Le Koweït

1782 Mozambique

1783 L'Argentine

1784 La Bolivie, Le Pérou, La Colombie

1785 La Corée du Sud

1786 La Roumanie

1787 La Bulgarie

1788 En Allemagne

1789 La Toscane, L'Istrie, Le Val d'Aoste

1790 La Calabre

1791 Italienne

1792 L'Algarve

1793 Le Portugal et l'Espagne

1794 Des Pays-Bas

1795 Au sud de la Belgique

1796 Au sud de l'Australie

1797 Au Danemark

1798 L'Alaska

1799 Argentine

1800 A l'ouest du Soudan

1801 Le Xinjiang
1802 La Louisiane, L'Arkansas, Le Missouri
1803 De Californie
1804 La Suisse, l'Autriche
1805 La Pologne
1806 La Lybie
1807 La Chine, La Thaïlande, Le Bangladesh
1808 Les Etats-Unis et le Guatemala
1809 Le Brésil
1810 L'Oural
1811 L'Estonie
1812 La Pologne
1813 L'Italie
1814 L'Egypte
1815 Le Burkina
1816 Le Maroc
1817 Le Nigéria
1818 Le Liban et Israël
1819 L'Inde
1820 L'Irak
1821 L'Angola
1822 La Colombie
1823 Le Japon
1824 La Bolivie
1825 Un peu plus de 500 millions
1826 L'Allemagne
1827 L'Allemagne
1828 Désertique
1829 La Macédoine
1830 Le Vatican
1831 Le Kazakhstan, Le Maroc
1832 A l'Indonésie
1833 L'océan Atlantique
1834 Du Canada
1835 Au Portugal
1836 Les Maldives
1837 Dans le golfe du Saint-Laurent au Canada
1838 Un état indépendant
1839 De l'Argentine
1840 En Europe
1841 En Egypte
1842 L'Atlantique au Pérou
1843 En Grèce
1844 Venise
1845 Au Pérou
1846 La Suisse
1847 En Arabie Saoudite
1848 En Indonésie
1849 L'île de Java
1850 L'Aragon
1851 Cologne, Bruxelles
1852 Sue le Nil
1853 Berlin
1854 Helsinki
1855 Oslo
1856 Berne
1857 La Lavette
1858 Chypre
1859 Séville
1860 Bucarest
1861 L'Estonie
1862 La Lituanie
1863 Riga
1864 De la Slovaquie

1865 Ljubljana
1866 Belgrade
1867 Zagreb
1868 Tirana
1869 Kiev
1870 Astana
1871 Tachkent
1872 La Malaisie
1873 Le Laos
1874 New Delhi
1875 Islamabad
1876 De la République de Mongolie
1877 Du Népal
1878 Kaboul
1879 Canberra
1880 Washington
1881 Seattle
1882 Sacramento
1883 Detroit
1884 Ottawa
1885 Lima
1886 De la Bolivie
1887 Brasilia
1888 Montevideo
1889 Tegucigalpa
1890 De Cuba
1891 Damas
1892 Pretoria
1893 Freetown
1894 Bamako
1895 Niamey
1896 Djouba
1897 Du Togo
1898 Lusaka
1899 Sanaa
1900 Reykjavik, Berne
1901 Rio de Janeiro
1902 Cadix
1903 Valence
1904 Newcastle
1905 Hambourg
1906 Saigon
1907 Leningrad
1908 L'Océanie
1909 Le New Jersey
1910 Vancouver se situe au Canada
1911 République tchèque
1912 Bosnie
1913 Au Cambodge
1914 Du sud de l'Inde
1915 Pakistanaise
1916 Russe, Sibérienne
1917 Libanaise, Libyenne
1918 En Arabie Saoudite
1919 Syrie
1920 La Jordanie
1921 Barcelone
1922 Saragosse
1923 Ephèse
1924 Wellington
1925 Auckland
1926 Vientiane
1927 Saint-Pétersbourg
1928 Bucarest, Belgrade

1929 Alexandrie
1930 Rome
1931 Le Caire
1932 8 848 m
1933 En Alaska
1934 Au Népal
1935 En Tanzanie
1936 Roumanie
1937 Au Maroc, en Algérie
1938 L'Everest
1939 D'Afrique
1940 La Volga
1941 Le Bosphore
1942 Le Danube
1943 D'Italie
1944 A Londres
1945 En Espagne
1946 L'Allemagne, l'Autriche, la Slovaquie, la Hongrie, la Croatie, la Serbie, la Bulgarie, la Roumanie
1947 Le Nil
1948 Le Douro
1949 Le Mékong
1950 Un grand fleuve d'Asie
1951 Du Bengale
1952 L'Euphrate, Le Jourdain
1953 Du Guadalquivir
1954 En Italie
1955 En Italie
1956 Le lac Léman
1957 Détroit de Béring
1958 La mer Tyrrhénienne et la mer Méditerranée
1959 La mer Méditerranée à la mer Rouge
1960 Un océan, Un continent
1961 Chine et Mongolie
1962 Aux Etats-Unis
1963 Rio de Janeiro

9

1964 1994
1965 10 ans
1966 L'édit de moulins de 1566
1967 Un édit
1968 1798
1969 Napoléon 1er
1970 L'enseignement
1971 La liberté d'association
1972 1919
1973 A un décret-loi de 1939
1974 1963
1975 L'Etat
1976 1965
1977 1970
1978 1974
1979 2000
1980 1983
1981 10 décembre 1948
1982 Une question de constitutionnalité peut être soulevée dans le cadre de certaines procédures judiciaires
1983 Ne sont susceptibles d'aucun recours, Ont autorité de chose jugée
1984 Le Conseil d'Etat
1985 La *Déclaration des droits de l'homme et du citoyen*, Le préambule de la constitution de 1946

1986 Inférieure à celle d'une loi, Supérieure à celle d'un arrêté

1987 Arrêtés

1988 Aucune réponse ne convient

1989 Un jugement

1990 Un tribunal administratif règle les litiges opposant un particulier à l'administration

1991 Le tribunal administratif

1992 Présente des conclusions qui développent le point de vue du droit

1993 Le tribunal administratif

1994 La politique urbaine

1995 Le Journal officiel

1996 L'aggravation des conditions d'un contrat

1997 La séparation des Eglises et de l'Etat

1998 Le maire

1999 La démocratie

2000 Aucune réponse ne convient

2001 Aux policiers, Aux militaires

2002 L'arrêt Jacques Vabre de 1975

2003 Un jugement

2004 Mise en examen

2005 Le mélange de magistrats professionnels et non professionnels

2006 2

2007 Le Conseil économique et social

2008 Le juge d'instruction

2009 La cour d'assises

2010 Le tribunal de grande instance

2011 Le tribunal correctionnel

2012 A la cour d'assises

2013 6 jurés

2014 Désignés par tirage au sort sur les listes électorales

2015 Les délits

2016 Les procureurs de la République et les substituts

2017 Requérir l'application des lois au nom de la société

2018 Le procureur de la République

2019 Oui

2020 En droit

2021 Une seule

2022 Le département

2023 L'arrondissement

2024 Qui détermine l'ordre de juridiction compétent pour un conflit

2025 Le juge de proximité

2026 Le procureur de la République

2027 Préfet de police

2028 6

2029 3 ans

2030 La conduite avec 0,5 g ou plus d'alcool par litre de sang

2031 2 points

2032 Il s'agit d'une contravention

2033 7 jours

2034 La circulation en sens interdit est passible d'une amende forfaitaire et d'un retrait de 4 points sur le permis lorsqu'on en détient 1

2035 Rendue obligatoire par la loi

2036 La loi Scrivener

2037 La mention de la superficie des lots de copropriété

2038 Elle est délivrée par la mairie

2039 Ils doivent être munis d'un passeport pour voyager librement dans l'Union européenne

2040 Parmi leurs enfants, les uns pourront s'appeler Dupont, les autres Latour

2041 En 2005

2042 A vie

2043 L'AGS

2044 L'annonce du mariage

2045 13 ans

2046 3 mois

2047 A une valeur supérieure au droit national

2048 Faux

2049 L'Europe n'intervient que dans le cas où les Etats ou les régions ne peuvent agir ou si elles considèrent qu'elle est plus efficace

2050 Le traité de Maastricht

2051 La directive donne des objectifs à atteindre tandis que le règlement s'impose à tous les Etats membres

2052 Lie les Etats en leur laissant le choix quant aux moyens de mise en œuvre

2053 Vrai

2054 Un arrêt

2055 Le Tribunal pénal international

2056 La Haye

2057 Organisation non gouvernementale

2058 Le droit international humanitaire

2059 Le FBI à demander des informations privées aux opérateurs de télécommunication sur leurs clients

10

2060 Les Beatles ont connu la gloire dans les années 1960

2061 George Harisson

2062 Scott MacKenzie

2063 Musicien de Jazz, Saxophoniste

2064 Un pianiste de jazz, Un chanteur de blues, Atteint de cécité

2065 Audrey Hepburn

2066 Charlie Parker

2067 Au jazz

2068 Elvis Presley

2069 Elvis Presley

2070 Brian Jones

2071 51 ans

2072 *Breaking News*

2073 Gilbert Bécaud

2074 Jacques Brel

2075 Georges Brassens

2076 *Cécile ma fille, Nougayork, Tu verras*

2077 Georges Brassens

2078 Alain Bashung

2079 Du synthétiseur

2080 Christophe Willem

2081 Chorégraphes

2082 David Guetta

2083 Alain Bashung

2084 Lady Gaga

2085 1977

2086 150 000

2087 Bossa nova, Tango, Salsa

2088 Jamaïcaine

2089 Jean-Sébastien Bach

2090 Wolfgang Amadeus Mozart

2091 *Du couronnement*

2092 Ludwig van Beethoven

2093 Londoniennes

2094 Joseph Haydn

2095 *Symphonie du destin*

2096 5
2097 Ernest von Veber
2098 *La Symphonie inachevée*
2099 *L'Egyptien*
2100 Anton Bruckner
2101 Anton Dvorak
2102 Gustav Mahler
2103 Dimitri Chostakovitch
2104 Camille Saint-Saëns
2105 Frédéric Chopin
2106 *Coppélia*
2107 Igor Stravinski
2108 Stéphane Mallarmé
2109 *L'Illiade et l'Odysée*
2110 Italien
2111 *Norma*
2112 *La Damnation de Faust*
2113 Ludwig van Beethoven
2114 Giuseppe Verdi, Antonio Vivaldi, Giacomo Puccini
2115 *Aïda*
2116 *La Nouvelle Héloïse (J.-J. Rousseau)*
2117 *Fidelio*
2118 Georges Bizet
2119 Don José
2120 *La Flûte enchantée*
2121 Gioachino Rossini
2122 *La Flûte enchantée*
2123 La pièce entre le chanter et le parler
2124 Le livret
2125 *Roméo et Juliette* à New York
2126 George Gershwin
2127 Jean-Baptiste Lully
2128 Louis XIV
2129 Wolfgang Amadeus Mozart
2130 1785
2131 Etait un musicien allemand, Etait atteint de surdité, A écrit l'*Hymne à la joie*, A composé le concerto de l'*Empereur*
2132 Antonin Dvorak
2133 En 1943
2134 Un compositeur, Un pianiste
2135 Pierre Boulez
2136 Johann Strauss
2137 L'Ecole espagnole
2138 Un ténor
2139 Maria Callas
2140 1977
2141 Piano
2142 Chinoise
2143 Violoniste
2144 Vladimir Horowitz, Martha Argerich, Sviatoslav Richter
2145 Herbert von Karajan, Wilhelm Furtwängler, Kurt Masur
2146 La Renaissance
2147 Une musique composée pour accompagner le texte d'une prière pour les morts
2148 Un procédé de composition musicale inventée par une Ecole viennoise au début du XXe siècle
2149 Des gospels
2150 L'*Hymne à la joie* de Ludwig van Beethoven
2151 1810
2152 De la naissance de Wolfgang Amadeus Mozart
2153 A la Renaissance italienne
2154 De la République Tchèque

2155 Vrai
2156 Vienne
2157 1920
2158 1970
2159 Saint-Domingue
2160 Vrai
2161 Le lindy pop
2162 Du rock'n'roll
2163 Espagne
2164 L'Angleterre
2165 Le charleston
2166 Un changement de pied battu
2167 Une rotation en appui sur un seul pied
2168 A l'Opéra Garnier
2169 Deuxième danseur
2170 le Crazy Horse
2171 *Don Quichotte*
2172 *Dracula, l'amour plus fort que la mort*
2173 Française
2174 Suisse
2175 Du sida
2176 Alvin Ailey
2177 Rudolph Noureev
2178 Isadora Ducan
2179 Rudolph Noureev
2180 Le registre des sons qu'une voix peut produire
2181 De la basse
2182 La soprano
2183 Le bémol
2184 Cinq lignes
2185 La flûte
2186 A cordes
2187 Américain
2188 Grec
2189 Le bandonéon
2190 A gauche du chef d'orchestre
2191 Des violons
2192 Cuivres et batterie
2193 21 juin
2194 A New York
2195 A Milan
2196 Aix-en-Provence
2197 Woodstock
2198 La SACEM

11

2199 Francisco de Goya y Lucientes
2200 Un moine florentin, Un peintre italien
2201 Jean-Baptiste Chardin
2202 Est de nationalité espagnole, A peint *La Duchesse d'Albe*
2203 La sœur de Paul Claudel, La compagne d'Auguste Rodin, Sculpteur
2204 Giuseppe Arcimboldo
2205 Philippe de Champaigne
2206 Des intérieurs
2207 Aux fleurs
2208 Pierre Soulages
2209 Georges Braque
2210 Alexander Calder
2211 Ses monochromes
2212 L'art cinétique
2213 Hans Hartung
2214 Le pot de fleurs
2215 Sandro Botticelli

2216 Michelangelo Buonarroti

2217 Michelangelo Buonarroti

2218 Léonard de Vinci

2219 Johannes Vermeer

2220 *La Dentellière, La Laitière, La Jeune Fille à la perle, La Femme en bleu lisant une lettre*

2221 Jacques-Louis David

2222 Eugène Delacroix

2223 Diego Velasquez

2224 Edouard Manet

2225 Théodore Géricault

2226 James Abbott Whistler

2227 Jules Breton

2228 Rouen

2229 Danseuse au Moulin-Rouge

2230 Jane Avril

2231 Gustave Courbet

2232 Jean-Honoré Fragonard

2233 Jean-Auguste-Dominique Ingres

2234 Jean-Baptiste Greuze

2235 Edgar Degas

2236 Pierre-Auguste Renoir

2237 Courses de chevaux

2238 Wassily Kandinsky

2239 Kazimir Malevitch

2240 Pablo Picasso

2241 *Dora Maar au chat, Les Demoiselles d'Avignon*

2242 1937

2243 La guerre d'Espagne

2244 Pablo Picasso

2245 Bleue

2246 Joan Miro

2247 D'Arman

2248 Piet Mondrian

2249 30 mètres

2250 Aucune des solutions proposées n'est bonne

2251 *Le penseur*

2252 Auguste Bartholdi

2253 Baldaccini César

2254 Antoine-Louis Bayre

2255 Réalisa *Héraklès archer*, Fut influencé par Auguste Rodin, Réalisa Centaure mourant

2256 Est Français, A réalisé l'empreinte de son propre pouce (1,85 m de haut), Fait partie des membres des nouveaux réalistes

2257 Constantin Brancusi

2258 Bruxelles

2259 Le buste de Néfertiti

2260 Les frises du Parthénon

2261 Milan

2262 *Guernica*

2263 En Italie

2264 Du Louvre à Paris

2265 Au musée du Louvre à Paris

2266 Fernand Léger

2267 *Coquelicots et Marguerites* de Vincent Van Gogh

2268 Saint-Pétersbourg

2269 Giverny

2270 L'exposition Monet

2271 Le Prado, L'Hermitage, Les Offices

2272 1848-1914

2273 16

2274 Le musée du quai Branly

2275 Jacques Chirac

2276 A Metz

2277 Florence

2278 Abou Dhabi

2279 The 798 Art Zone

2280 La Sainte-Chapelle

2281 Jehan Texier

2282 François Ier

2283 Le château de Chenonceau

2284 Louis II de Bavière

2285 Pierre Lescot

2286 Jules Hardouin-Mansart

2287 Le pont de la Concorde

2288 Napoléon Ier

2289 Viollet-le-Duc

2290 Gustave Eiffel, Auguste Bartholdi

2291 A l'époque de l'Exposition universelle à Paris en 1889

2292 Le viaduc de Rouzat

2293 Le musée de Guggenheim

2294 De Flaine

2295 Du centre Georges-Pompidou

2296 Le Corbusier

2297 Christo Javacheff

2298 Evry

2299 L'Opéra Bastille, Le musée d'Orsay, La pyramide du Louvre

2300 Pékin

2301 Jacques Rougerie

2302 Jean Nouvel

2303 L'Institut du monde arabe

2304 Antoni Gaudí

2305 New York

2306 La pyramide de Kheops

2307 Le Parthénon

2308 Entre 40 et 50 après J.-C.

2309 Des noms des savants ayant vécu de 1789 à 1889

2310 Une gare

2311 A l'hôtel des Invalides

2312 L'hôtel des Sens, L'église Saint-Germain-l'Auxerrois, La bibliothèque Sainte-Geneviève, La tour Saint-Jacques, La porte Saint-Denis

2313 Pont d'Austerlitz, Pont au change, Pont de la Concorde, Pont Mirabeau

2314 Paris

2315 Possède une statue de Saint-Michel placée au sommet de l'église abbatiale qui culmine à 170 mètres au-dessus du rivage ; Accueille plus de 3 millions de visiteurs chaque année

2316 En Saône-et-Loire

2317 Reims

2318 Jean Cocteau

2319 Sont aussi appelés Hôtel-Dieu, Possèdent un prestigieux vignoble

2320 Marseille

2321 A Bordeaux

2322 Le pont de Normandie

2323 A Nancy

2324 La Croix-Rousse

2325 Marseille

2326 Marseille

2327 Le château de Montlhéry

2328 Est situé dans le départment de l'Oise, Date de la fin du XIVe siècle, Possède la plupart des caractéristiques d'un bâtiment défensif du Moyen Age

2329 Chambord
2330 En Allemagne
2331 Ses immeubles staliniens
2332 Dans la tour de l'Horloge
2333 1994
2334 Le Millenium Bridge
2335 Venise
2336 A Rome
2337 Le pont du Rialto
2338 Au Vatican
2339 Rectangulaire
2340 Le pont de l'Oresund
2341 En Suède
2342 A Copenhague
2343 Du bois
2344 A Grenade
2345 Athènes
2346 Les monastères situés sur des pitons rocheux
2347 A Moscou
2348 Bulbeux
2349 A Istanbul
2350 Le Panthéon
2351 Le mur occidental
2352 A La Mecque
2353 Essaouira
2354 Le Pont de Tahrir
2355 Au Cambodge
2356 En Thaïlande
2357 En Chine
2358 Dans le port de Sydney
2359 Inca
2360 Rio de Janeiro
2361 Pont suspendu
2362 Le Chicago Home Insurance Building
2363 Chicago
2364 L'opéra de Sydney
2365 En marbre
2366 D'iroko
2367 A Dubaï
2368 Le viaduc de Millau en France
2369 La basilique Notre-Dame-de-la-Paix de Yamoussoukro
2370 A Dubaï
2371 L'emplacement de l'ancien World Trade Center
2372 Vincenzo Bellini
2373 Amedeo Modigliani
2374 Un nouveau style architectural est né : le style gothique
2375 Au Moyen Age
2376 Les Italiens
2377 En Angleterre
2378 Baroque
2379 Le style Napoléon III
2380 Franck Brown
2381 Jules Breton, Jules Bastien-Lepage
2382 Johann Barthold Jongkind
2383 William Turner
2384 Gustave Courbet
2385 Henri Matisse
2386 Le pointillisme
2387 Jean-François Millet
2388 Eugène Delacroix
2389 Des nabis
2390 A Montparnasse

2391 L'action painting

2392 Eugène Delacroix

2393 Le surréalisme

2394 Otto Dix, Max Ernst

2395 Des dadaïstes

2396 A l'expressionnisme

2397 Le ready-made

2398 Willem de Kooning, Mark Rothko

2399 Andy Warhol

2400 En Grande-Bretagne

2401 David Hockney

2402 L'architecture expressionniste

2403 L'architecture moderne

2404 Jacques Derrida

2405 Yves Klein

2406 L'abstraction lyrique

2407 Barbizon

2408 Gordes

2409 Une peinture murale exigeant une technique particulière

2410 l'huile noire

2411 Jackson Pollock

2412 Harlow

2413 Le donjon

2414 Une ouverture dans une muraille défensive servant à observer et à envoyer des projectiles

2415 Les maisons à colombages

2416 Pronaos

2417 Une barrière basse de prévention des chutes

2418 Une petite fenêtre

2419 Un dispositif permettant d'apercevoir un visiteur à travers une porte

2420 Une base apparente de colonne, pilier ou statue

2421 Un plancher supplémentaire entre deux étages

2422 Un espace situé sous la charpente

2423 Des murs

2424 Des voûtes

2425 Des colonnes

2426 Des statues de femmes soutenant une corniche

2427 Un mortier de mur composé de terre, de paille ou de foin, éventuellement de chaux

2428 Un mur anti-bruit

2429 Secrétaire, Coiffeuse

2430 Un coffre

2431 A conserver la farine

2432 Un bureau

2433 Un miroir

2434 Le crapaud

2435 Le lit Dodo

2436 Ces chaises étaient utilisées sur les paquebots transatlantiques

2437 A dissimuler des imperfections dues à des maladies, A faire ressortir la blancheur du teint

2438 Les cowboys l'utilisaient pour se protéger de la poussière

2439 La coupe à la garçonne

2440 1930

2441 En 1962

2442 Des créateurs de chapeaux

2443 La grenouillère

2444 Le denim

2445 Karl Lagerfeld

2446 Jean-Paul Gaultier
2447 Vrai
2448 Lesley Hornby
2449 Elle Macpherson
2450 Tchèque
2451 Assassiné par un tueur en série
2452 Coco Chanel
2453 Issey Miyake
2454 Japonaise
2455 Victoria's Secret
2456 Coco Chanel
2457 La soie, Le mohair
2458 Bolo

12

2459 Charles Baudelaire
2460 Stendhal
2461 Théophile Gautier
2462 Albert Camus
2463 Alexandre Dumas
2464 Emile Zola
2465 Chateaubriand
2466 Jean de la Bruyère
2467 Louis Aragon
2468 Jean Cocteau
2469 Michel de Montaigne
2470 Dino Buzzati
2471 André Malraux
2472 Honoré de Balzac
2473 André Gide
2474 Miguel de Cervantès
2475 Honoré de Balzac
2476 Saint-Augustin, Jean-Jacques Rousseau
2477 Jules Renard
2478 Ernest Hemingway
2479 *Lolita* de Vladimir Nabokov
2480 La guerre de Troie
2481 Lewis Caroll
2482 John Steinbeck
2483 Gustave Flaubert
2484 Jean-Jacques Rousseau
2485 *Les Mots*
2486 *Spleen*
2487 Jacques Prévert
2488 Albert Camus
2489 Guillaume Apollinaire
2490 *Les Misérables*
2491 *Le Petit Prince*
2492 *La Divine Comédie*
2493 *Bel-Ami, Une vie*
2494 *Cinq semaines en ballons, Vingt mille lieues sous les mers*
2495 *Illuminations*
2496 Simone de Beauvoir
2497 Emile Zola
2498 Paul Verlaine
2499 Primo Levi
2500 Friedrich Nietzsche
2501 Guy de Maupassant
2502 *Les Contemplations*
2503 *Les Châtiments*
2504 A la recherche du temps perdu
2505 George Orwell
2506 Françoise Sagan

2507 L'auteur de la pièce de théâtre *Pour un oui ou pour un non*
2508 Junichirô Tanizaki
2509 *Carrie*
2510 Bernard Werber
2511 Pierre Boulle
2512 Dan Brown
2513 Anne Rice
2514 *Chaque pas doit être un but*
2515 *Le Temps présidentiel*
2516 Des romans policiers
2517 Aucune
2518 Rudyard Kipling – *L'île au trésor*
2519 Gustave Flaubert – *Salàmmbô*
2520 *Ruy Blas, Cromwell, Hernani*
2521 *Salammbô, Colomba, Trois contes*
2522 *Anna Karénine, Guerre et Paix*
2523 Les Lettres persanes de Montesquieu
2524 Jacques Prévert
2525 Charles Baudelaire
2526 André Malraux
2527 Charles Baudelaire
2528 Paul Verlaine
2529 *Barbe bleue*
2530 *Du côté de chez Swann* de Marcel Proust
2531 Jean de la Fontaine
2532 Paul Valéry
2533 Henrik Ibsen
2534 *Pour qui sonne le glas*
2535 Frédéric Dard
2536 *La Dame de Montsoreau*
2537 *L'Etranger*
2538 *Anna Karénine*
2539 *Hernani*
2540 *Les Frères Karamazov, Tarass Boulba*
2541 *Pêcheur d'Islande*
2542 *La Chute*
2543 *La Consolante*
2544 *Truismes*
2545 *Hygiène de l'assassin*
2546 Harlan Coben
2547 Michel
2548 Renard
2549 Gavroche
2550 Jules Verne
2551 Edmond Dantès
2552 Stendhal
2553 Ivanhoé
2554 Lagardère
2555 Le vicomte de Valmont
2556 Honoré de Balzac
2557 Commissaire Maigret
2558 Bardamu
2559 Belge
2560 Patricia Comwell
2561 En Chine
2562 *Anges et démons, Da Vinci code*
2563 *Harry Potter et les reliques de la mort*
2564 *Don Quichote de la Manche*
2565 *Le Malade imaginaire*
2566 Molière
2567 *L'Imposteur*
2568 Pierre Corneille
2569 *Les Précieuses ridicules*
2570 *Les Fourberies de Scapin*

2571 En 1637
2572 *Fin de partie, En attendant Godot*
2573 William Shakespeare
2574 Jules Romains
2575 Garcià Lorca
2576 *La Cantatrice chauve*
2577 Bertolt Brecht
2578 William Shakespeare
2579 Bertolt Brecht
2580 *Le Bourgeois gentilhomme*
2581 Satirique
2582 *Macbeth*
2583 *Horace*
2584 *Tite et Bérénice*
2585 *L'Ile des esclaves*
2586 *On ne badine pas avec l'amour*
2587 Jean Anouilh
2588 *Le Chapeau de paille d'Italie*
2589 *Antigone*
2590 *Les Bas-Fonds*
2591 *Un tramway nommé désir*
2592 William Shakespeare
2593 Sganarelle
2594 Jean-Paul Sartre
2595 Knock
2596 L'honneur
2597 Vérone
2598 *L'Avare*
2599 Sganarelle
2600 *Médée*
2601 Léandre
2602 Agnès
2603 Chimène
2604 Colombine
2605 Alfred Jarry
2606 Sam Mendes
2607 Ettore Scola
2608 Le drame bourgeois
2609 XVIe siècle
2610 Le surréalisme
2611 Du structuralisme
2612 Le nouveau roman
2613 Le roman d'anticipation
2614 L'unité de lieu
2615 Jean-Paul Sartre
2616 La Commedia dell'arte, La comédie de mœurs, Le vaudeville, L'opéra-bouffe
2617 Eugene O'Neill
2618 L'ordre italien
2619 L'imbroglio
2620 Le filage
2621 La rampe
2622 Le machiniste
2623 Le brigadier
2624 Le côté droit de la scène
2625 L'après-midi du samedi ou du dimanche
2626 Le dénouement
2627 La parole
2628 De la Comédie-Française
2629 Le Cardinal de Richelieu
2630 Louis XIV
2631 Six coups
2632 D'une maison d'édition littéraire
2633 Les Humanoïdes Associés
2634 1953

2635 L'Odéon
2636 A la Cartoucherie de Vincennes
2637 Rennes
2638 Du Soleil
2639 Du théâtre du Châtelet
2640 Barbican Theatre
2641 Shakespeare
2642 Giorgio Strehler
2643 Jean Vilar
2644 Au Québec
2645 Jean-Baptiste Poquelin
2646 Louis XIV, Jean de la Fontaine, Jean-Baptiste Lully, Jules Mazarin
2647 Louis Aragon
2648 Victor Hugo
2649 Clément Marot et Pierre Corneille
2650 Chateaubriand – Zola – Rimbaud – Stendhal, Aragon – Apollinaire – Char – Eluard
2651 Voltaire
2652 Stendhal
2653 Amantine Aurore Lucile Dupin
2654 Frédérique Audoin-Rouzeau
2655 Dramaturge
2656 Un écrivain contesté
2657 Il a reçu le prix Nobel de littérature, Il a été journaliste
2658 La créatrice d'Harry Potter
2659 Au Japon
2660 Jacques-Bénigne Bossuet
2661 Jean Anouilh
2662 Françoise Sagan
2663 Auteur dramatique
2664 Dublin
2665 James Joyce
2666 Ernest Hemingway, John Steinbeck
2667 André Malraux
2668 Alexandre Dumas
2669 Le centenaire de la mort de Victor Hugo
2670 Marguerite Yourcenar
2671 Louis-Ferdinand Céline
2672 Philippe Caubère
2673 Madeleine Renaud
2674 Gérard Philippe
2675 Gérard Depardieu
2676 Juliette Binoche
2677 Robert Hossein
2678 Tintin
2679 *Blake et Mortimer*
2680 Astérix
2681 Electronix
2682 En Armorique
2683 Les Romains
2684 La potion magique
2685 Jo – jack – William – Averell
2686 La suppression de la cigarette
2687 Achille Talon
2688 Gaston Lagaffe
2689 Dilat-Laraht
2690 Iznogoud
2691 Les pieds-Nikelés
2692 Spirou
2693 Raymond Calbuth
2694 Donald Duck
2695 Gédéon
2696 Les biographies en BD

2697 Jason

2698 Claire Bretécher

2699 *Peanuts*

2700 Felix the cat

2701 Pecos Bill

2702 *Blueberry*

2703 Barnaby

2704 Jean-Marc Reiser

2705 Le professeur Choron

2706 Cellulite

2707 Du sida

2708 Conan

2709 Elmer

2710 *Barbarella*

2711 Pif le chien

2712 François Bourgeon

2713 Dick Tracy

2714 Lucien

2715 *Fluide glacial*

2716 Comics

2717 Michel Vaillant

2718 *La Famille Fenouillard*

2719 Le gardien-fossoyeur Pierre Tombal

2720 Les Bretons

2721 Des traits occidentaux avec de grands yeux

2722 Nestor Burma

2723 Hugo Pratt

13

2724 Plotin

2725 En 479 avant notre ère

2726 Platon

2727 *Phèdre*

2728 *Gorgias*

2729 *La République*

2730 *Ion*

2731 *Aristote*

2732 Michel Foucault

2733 Pyrrhon

2734 René Descartes

2735 Thomas More

2736 Italien

2737 René Descartes

2738 Montesquieu

2739 Denis Diderot et Jean le Rond d'Alembert

2740 Emil Cioran

2741 Le Christianisme dévoilé

2742 Friedrich Nietzsche

2743 Jean-Jacques Rousseau

2744 Jean le Rond d'Alembert, Pierre de Marivaux

2745 Laclos – Montesquieur – Crébillon – Voltaire

2746 *Du contrat social, La Nouvelle Héloïse*

2747 *Le Dictionnaire philosophique, Zadig*

2748 Discours sur l'origine de l'inégalité

2749 L'Etat et la révolution

2750 L'existentialisme

2751 Elle est connue pour ses travaux sur l'activité politique, le totalitarisme et la modernité, Elle s'inspire de nombreux autres penseurs pour construire sa philosophie, notamment Aristote, Augustin, Emmanuel Kant, Elle écrit *Les Origines du totalitarisme*

2752 Elle est agrégée de philosophie, Elle a écrit *La Condition ouvrière*, Elle s'ex-

REPONSES

prime avec beaucoup de lucidité sur la montée du nazisme et ses conséquences

2753 Michel Onfray

2754 Aristote

2755 Aristote, Saint Thomas

2756 Emmanuel Kant

2757 Zénon

2758 Une névrose obsessionnelle

2759 Dans l'*Evangile*

2760 Blaise Pascal

2761 Blaise Pascal

2762 Montesquieu

2763 Blaise Pascal

2764 François de la Rochefoucault

2765 François Rabelais

2766 *Les Ménines* de Diego Velasquez

2767 Celui qui sait obéir saura ensuite commander

2768 la vertu, la sagesse, L'exercice de la volonté et de la liberté, L'engagement dans la cité

2769 L'apathie, L'ataraxie, L'eudémonisme, L'amour de la retraite

2770 Est l'assimilation de Dieu à la nature

2771 La sophistique

2772 La *disputatio*, La scolastique

2773 Universaux

2774 Le réalisme, Le nominalisme

2775 La dialectique

2776 Le rationalisme

2777 L'humanisme

2778 Un mouvement qui intègre la préoccupation de la condition masculine à la préoccupation de la condition humaine en général

2779 Le spiritualisme

2780 Faire progresser le monde

2781 Au XXe siècle

2782 La psychanalyse

2783 La volonté de puissance

2784 Aucune affirmation n'est exacte

2785 Un moment de la recherche

2786 La sociologie cherche avant tout à analyser les grands problèmes de société, pas des situations concrètes, La sociologie s'occupe surtout des groupes, pas des individus

2787 Une pensée qui tend à expliquer les parties à partir du tout

2788 Pierre Bourdieu

2789 Il part étudier la démocratie américaine, Il défend la liberté individuelle et l'égalité politique

2790 Il est considéré comme le fondateur de la sociologie compréhensive, Il a écrit *L'Ethique protestante* et *L'Esprit du capitalisme*

2791 Le suicide

2792 Pierre Bourdieu

2793 Le capital économique, Le capital culturel, Le capital symbolique

2794 Pierre Bourdieu, Jean-Claude Passeron

2795 Marie Mendras

2796 Raymond Boudon

2797 Il est le chef de file de l'individualisme méthodologique, Il se réclame d'Emile Durkheim et d'Alexis de Tocqueville

2798 Il écrit *Le système technicien*, Ses thèmes de réflexion sont notamment la liberté et la technique, Sa devise est : « Exister, c'est résister »

2799 Carl Gustav Jung

2800 Carl Gustav Jung

2801 Une névrose
2802 David Wechsler
2803 Oral, anal, phallique
2804 L'ethnographie
2805 C'est une méthode pour décrypter les textes anciens
2806 L'étymologie
2807 Au sud de l'Amérique
2808 Un linguiste
2809 Les glyphes
2810 Un idéogramme
2811 L'alphabet latin
2812 Entre 3 000 et 7 000
2813 Le mandarin
2814 400 millions
2815 Environ 200 000
2816 Le portugais
2817 L'anglais, L'arabe
2818 Les Ugarits
2819 L'hébreu, L'arabe
2820 L'hébreu
2821 Afro-asiatique
2822 Des Grisons
2823 De Russie
2824 De l'esquimau
2825 A l'est du Canada

14

2826 En 1666
2827 Centre national de la recherche scientifique
2828 Un concours d'invention
2829 Conseil européen pour la recherche nucléaire
2830 Un radiotélescope
2831 Nice
2832 Le plus important pôle français de l'industrie aéronautique et spatiale
2833 De moteurs d'avions
2834 Condamnation de Galilei, dit Galilée, par l'église pour avoir soutenu la thèse du mouvement de la Terre autour du Soleil – Formulation de la théorie de l'attraction universelle par Isaac Newton – Publication de *L'Origine des espèces au moyen de la sélection naturelle* par Charles Darwin – Formulation de la théorie de la relativité générale par Albert Einstein
2835 La relativité restreinte
2836 La projection cylindrique
2837 L'héliocentrisme
2838 Louis Pasteur
2839 Galileo Galilei dit Galilée
2840 La pomme
2841 Vrai
2842 Albert Einstein
2843 Albert Einstein
2844 Irène Joliot-Curie, Frédéric Joliot-Curie
2845 William Roentgen
2846 300 000 000 m/s^{-1}
2847 m^3/seconde
2848 Aucune réponse ne convient
2849 Une théorie physique révolutionnaire
2850 Leur taille
2851 La houille blanche
2852 L'éthanol
2853 Le vent

2854 La chaleur de la terre
2855 Le soleil
2856 Enrico Fermi
2857 Alamogordo
2858 En URSS
2859 19
2860 Un découpe laser
2861 Traiter les combustibles irradiés
2862 Alessandro Volta
2863 Estelle Courtecuisse
2864 Tungstène
2865 Thomas Edison
2866 La tension électrique
2867 La France
2868 Le barrage des Trois Gorges
2869 La tour de forage
2870 Nicéphore Niepce
2871 Henri Bessemer
2872 Ernest Solvay
2873 John London McAdam
2874 Hydrogène et oxygène, Oxygène et carbone
2875 Le quark
2876 Le cuivre
2877 De fer et de carbone
2878 Le kaolin
2879 Le polyéthylène
2880 La neige carbonique
2881 En 1900
2882 Londres
2883 Le pantographe
2884 Les éclisses
2885 574,8 km/h
2886 Le ferroutage
2887 Dieter Daimler, Carl Benz
2888 La liquéfaction
2889 En France
2890 La Ford T
2891 Volvo
2892 0,736 kW
2893 Aux Etats-Unis
2894 La *Jamais Contente*
2895 John Boyd Dunlop
2896 Les frères Michelin
2897 L'ABS
2898 Convexe
2899 La montgolfière
2900 1907
2901 L'hélicoptère bombardier d'eau (HBE)
2902 Charles Lindbergh
2903 Spirit of Saint-Louis
2904 Clément Ader
2905 1 225 km/h
2906 Boeing 737, Airbus A320, DC-9, MD-80
2907 Envergure 80 m, longueur 73 m
2908 850 passagers
2909 Militaire de transport tactique et stratégie
2910 Galiléo
2911 Repérer les lignes de travail dans les champs
2912 Propulsion anaérobique
2913 Le sonar
2914 Le paquebot *France*
2915 *Charles de Gaulle*
2916 Le sabot à vapeur

2917 Le ballon-sonde
2918 *Spoutnik 1*
2919 1957
2920 Youri Gagarine
2921 Valentina Terechkova
2922 novembre 1965
2923 juillet 1969
2924 Neil Amstrong, Américain
2925 La découverte d'une importante quantité d'eau gelée
2926 1979
2927 La Chine
2928 Jean-Loup Chrétien
2929 Du centre spatial Kennedy en Floride
2930 Pluton
2931 *Ariane*
2932 Cinq versions principales
2933 A Kourou
2934 Le pas de tir
2935 L'observatoire du mont Paranal au Chili (le VLT)
2936 Le téléscope spatial *Herschel*
2937 Au Chili
2938 Aucune réponse ne convient
2939 La Chine
2940 La Chine
2941 1436
2942 Le cardan
2943 Léonard de Vinci
2944 Le baromètre
2945 Benjamin Franklin
2946 Alfred Nobel
2947 James Watt
2948 Barthélémy Thimonnier
2949 1854
2950 Samuel Morse
2951 1872
2952 1884
2953 Guglielmo Marconi
2954 L'installation du réseau d'égouts de la ville de Paris
2955 L'écossais John Baird
2956 1923
2957 Dans les années 1930
2958 1938
2959 Le radar
2960 1948
2961 Alfred Kastler
2962 Willis H. Carrier
2963 Couper les pages d'un document
2964 Le télésiège débrayable
2965 Les victimes d'avalanches
2966 Reflex
2967 Les fils de chaîne
2968 Prendre et guider le tissu
2969 Un stimulateur cardiaque
2970 Un passeport qui contient des informations numérisées ou électroniques à propos de son détenteur
2971 Des balles en caoutchouc et en plastique utilisées par la police
2972 Au roulement à billes
2973 1948
2974 1981
2975 Un support de stockage de données amovible
2976 1995

2977 Aux yeux de se substituer à la souris de l'ordinateur grâce à une petite caméra
2978 Le réseau téléphonique
2979 Le DVD
2980 Hylas
2981 Arpanet
2982 Des journaux intimes
2983 La Suède
2984 Un courrier électronique
2985 Une publicité non sollicitée sur Internet
2986 Copie carbone invisible
2987 Short Message Service
2988 Web 2.0
2989 Un ensemble de programme
2990 Hyper Text Transfert Protocol
2991 World wide web
2992 Word
2993 Un navigateur
2994 Environ 38 $
2995 Twitter
2996 Bing
2997 A un système d'exploitation pour smartphone
2998 L'accés, *via* Internet, à des programmes et des services non installés sur l'ordinateur client
2999 Picasso
3000 Une mise à jour

15

3001 25 %
3002 Environ 1000 grammes
3003 Zéro calorie
3004 60 % d'eau
3005 Environ 5 litres
3006 AB+
3007 Une artère
3008 Du cœur
3009 Le liquide céphalo-rachidien
3010 Cholédoque
3011 Le gros intestin
3012 De l'intestin grêle
3013 Pharynx – Larynx – Trachée – Bronche
3014 6 mètres
3015 Le suc gastrique
3016 Le pancréas
3017 De la face
3018 Un muscle
3019 Du bras
3020 Le tibia
3021 Un os
3022 Le fémur
3023 Le genou
3024 Les épiphyses
3025 12
3026 Le liquide synovial
3027 L'iris
3028 La trompe d'Eustache
3029 Les lipides
3030 46
3031 L'acide désoxyribonucléique
3032 La cellule
3033 Un génome
3034 Le cytoplasme
3035 Les protozoaires
3036 Rhizopodes

3037 Les plantes transgéniques
3038 200 mètres
3039 La kératine
3040 6 mois
3041 La maladie de Creutzfeldt-Jakob
3042 La maladie de la vache folle
3043 Gratte
3044 Un virus
3045 Alzheimer, Parkinson, Méningite
3046 Au gluten
3047 Une épidémie touchant une part très importante de la population
3048 De l'homme
3049 De l'estomac
3050 De sucre dans le sang
3051 La varicelle
3052 Le paludisme
3053 Une dépigmentation de la peau
3054 Un hématome
3055 Le glaucome
3056 Un œil qui ne voit pas très bien
3057 L'oreille
3058 L'hypothermie
3059 L'anorexie
3060 La malnutrition
3061 La raréfaction de la substance osseuse
3062 La sciatique
3063 Génétique
3064 Le foie
3065 Infection sexuellement transmissible
3066 Syndrome d'immuno-déficience acquise
3067 Qui touchent un nombre très faible de personne dans le monde
3068 Etre maniaco-dépressif
3069 Un infarctus du myocarde
3070 Une bactérie
3071 Des bacilles
3072 La trisomie
3073 La prophylaxie
3074 L'odorat
3075 Une atrophie et une faiblesse progressive des muscles
3076 Une maladie provoquée par des bactéries du groupe salmonella, Une maladie provoquée par des œufs, Une maladie provoquée par des aliments
3077 Un caillot de sang bloqué dans une artère pulmonaire
3078 Un calcul bloqué dans les voies urinaires
3079 La drépanocytose
3080 Qui survient au cours d'une autre
3081 L'absence de cheveux due à leur chute
3082 D'Hippocrate
3083 L'homéopathie
3084 Le stéthoscope
3085 Robert Koch
3086 Louis Pasteur
3087 Johann Mendel
3088 XVIIIe siècle
3089 Louis Pasteur
3090 De l'origine des espèces vivantes et de leur diversité
3091 Alexander Fleming
3092 Le clonage
3093 Une brebis
3094 1982
3095 Le 14 septembre 1990

REPONSES

3096 Christian Cabrol

3097 Le professeur Etienne-Emile Beaulieu

3098 Thomas Hunt Morgan

3099 A l'Institut Pasteur

3100 Réalisent le premier clonage d'un mammifère

3101 La fécondation in vitro

3102 A Lyon

3103 Ambroise Paré

3104 Résister à une maladie infectieuse

3105 A guérir les infections virales

3106 D'allergies

3107 Un virus

3108 La tuberculose

3109 Vétérinaire

3110 Les neuroleptiques

3111 Une attelle

3112 L'épuration du sang à travers une membrane

3113 Neutre que l'on substitue à un médicament

3114 Une IRM

3115 Un électroencéphalogramme

3116 La fibre de carbone-résine

3117 D'analyser l'activité du cœur

3118 Mesurer la pression artérielle

3119 Echographie

3120 Amniocentèse

3121 De médicaments sans prescription médicale

3122 Qui se prodiguent après une intervention chirurgicale

3123 Exerce un effet apaisant sur la peau et sur les muqueuses

3124 La psychiatrie

3125 Des patients âgés

3126 La phytothérapie

3127 Chinoise

3128 La génétique

3129 Des infections de la bouche et des dents

3130 Un médecin généraliste

3131 Des traitements médicamenteux des cancers

3132 Une médecine douce de tradition chinoise

3133 Des rides d'expression

3134 Les rhumatismes

3135 Courchevel

3136 26

3137 Sucré

3138 Les Entretiens de Bichat

3139 Journée sans tabac

3140 Environ 34 millions

3141 Le cancer du poumon

3142 Près de 100 millions de doses

3143 Le vaccin contre la coqueluche

3144 Le médecin conseil

3145 Banalisé au niveau de son coût et de sa consommation

3146 Résonance magnétique nucléaire

3147 Service d'aide médicale urgente

3148 Couverture maladie universelle

3149 L'organisation mondiale de la santé

3150 L'Allemagne

16

3151 Thulé

3152 Au Xᵉ siècle

3153 L'Amérique

3154 Guillaume de Rubrouck

3155 En Chine

3156 Trouver une nouvelle route vers l'Asie

3157 La République dominicaine et Haïti

3158 William Clark

3159 Vasco de Gama

3160 Un explorateur français du XVIe siècle

3161 Jacques Cartier

3162 Pedro Alvares Cabral

3163 Fernand de Magellan

3164 Portugais

3165 Fernand de Magellan

3166 Mungo Park

3167 En Australie

3168 Charles Le Maire

3169 Francis Drake

3170 Les chutes Victoria

3171 Robert Peary

3172 La physique, La littérature, La physiologie

3173 La Suède

3174 La médaille Fields

3175 Littéraire

3176 Littérature

3177 Littérature

3178 Français

3179 Le jury est entièrement composé de femmes

3180 Journaliste

3181 Un journaliste qui a écrit un roman

3182 Théâtre

3183 Les Tony

3184 Le prix Pulitzer récompense des artistes peintres

3185 De l'architecture

3186 1979

3187 Le prix France Culture-Télérama

3188 Le Conseil mondial de la culture

3189 Le meilleur album de bande dessinée

3190 1994

3191 1929

3192 La meilleure musique de film

3193 Les œuvres télévisuelles

3194 Les 7 d'or

3195 Les 7 d'or ont été créés par le magazine TéléStar

3196 Une femme d'affaires

3197 1993

3198 Un site Internet de qualité

3199 Les meilleurs acteurs canins

3200 Le prix Nobel de physique

3201 Luc Montagnier et Françoise Barré-Sinoussi

3202 Saint-John Perse

3203 Albert Camus

3204 Harold Pinter

3205 Herta Müller

3206 Mario Vargas Llosa

3207 Jean-Paul Sartre

3208 Le développement du microcrédit

3209 Liu Xiaobo

3210 Paul Krugman

3211 John Maynard Keynes

3212 James Tobin

3213 François Weyergans pour *Trois jours chez ma mère*

3214 Romain Gary
3215 Cormac Mac Carthy
3216 Bernard-Henri Lévy
3217 Anne Sibran
3218 Christophe Chabouté
3219 *Les Petits Ruisseaux*
3220 Jean Nouvel
3221 Clotilde Courau
3222 Mylène Farmer
3223 Francis Cabrel
3224 La cathédrale de Chartres
3225 1986
3226 1988
3227 Albi
3228 Vrai
3229 Vrai
3230 Les rives de la Seine
3231 Etre visité par plus d'1 million de personnes par an
3232 1984
3233 14 367
3234 Le lieu de naissance de Jésus

17

3235 Henri Desgrange
3236 Environ 3500 km
3237 Une vingtaine
3238 Jacques Villeneuve
3239 Allemande
3240 Raymond Poulidor
3241 Christopher Froome
3242 Miguel Indurain
3243 Lance Amstrong
3244 Lance Amstrong, Franck Schleck, Marco Pantani, Alberto Contador
3245 1950
3246 7 fois
3247 Mercedes
3248 Fernando Alonso
3249 Alain Prost, Ayrton Senna, Michael Schumacher
3250 1906
3251 Le circuit de Nevers Magny-Cours
3252 4411 mètres
3253 1911
3254 Thierry Sabine
3255 1978
3256 En Argentine, en Bolivie et au Chili
3257 42,195 km
3258 4
3259 La Gazelle des Antilles
3260 Jérôme Bortoluzzi
3261 Jamaïcaine
3262 3 essais
3263 4 kilogrammes
3264 En 1953
3265 29 ans
3266 Ingemar Stenmark
3267 En os
3268 Le salto
3269 La Route du Rhum
3270 Catherine Chabaud
3271 140 jours
3272 A San Francisco
3273 Le tour du monde à la voile le plus rapidement possible

3274 La nage indienne

3275 Ian Thorpe

3276 10 mètres

3277 Le surf

3278 En Polynésie

3279 Le tennis

3280 L'Open d'Australie

3281 Gazon

3282 Un aviateur

3283 6 fois

3284 Monica Seles

3285 Rafael Nadal

3286 17

3287 Jules Simon

3288 Environ 11 heures

3289 1,37 m

3290 L'open Australien

3291 Birdie, Par, Put, Fairway, Eagle

3292 Le golf

3293 Une escrimeuse

3294 La défilade

3295 Le XVIIIe siècle

3296 Mouche

3297 Marcel Cerdan

3298 Au judo

3299 Le Japon

3300 Le jiu-jitsu

3301 Il a remporté les championnats du monde sans interruption de 2007 à 2011

3302 Le wushu

3303 Le biathlon

3304 Natation – cyclisme – course à pied

3305 Le hockey sur glace

3306 Ironman

3307 La FIFA

3308 En 1930

3309 11 mètres

3310 La Tunisie

3311 Les Pays-Bas

3312 Au Real Madrid

3313 2

3314 L'Olympique de Marseille

3315 Le LOSC

3316 Ronaldo

3317 Le Brésil

3318 Laurent Blanc

3319 We are one

3320 Pelé

3321 Dans un collège anglais

3322 80 minutes

3323 All Blacks

3324 La France

3325 La Nouvelle-Zélande

3326 L'Angleterre

3327 Jonah Lomu

3328 Le wallaby

3329 5

3330 Les Knicks de New York

3331 L'équipe de basket des Etats-Unis championne olympique à Barcelone en 1992

3332 Dribbler à la main

3333 Baseball

3334 La crosse

3335 En 1896

3336 Treize

3337 Olympie

3338 « L'important c'est de participer »
3339 Jaune
3340 Le football, Le vélo tout terrain
3341 1998
3342 1908
3343 La pétanque
3344 Le bowling
3345 800 mètres quatre nages
3346 50 mètres
3347 6
3348 A Pékin en Chine
3349 A Vancouver, au Canada
3350 En 1960
3351 Les sourds
3352 Mark Spitz
3353 Sergueï Bubka
3354 Deux
3355 Natation
3356 Vrai
3357 Ski
3358 Paul Evans
3359 Les Etats-Unis
3360 28 disciplines olympiques
3361 Jean-Claude Killy
3362 Député des Yvelines
3363 La traversée de la Manche à la nage alors qu'il est amputé des deux bras et des deux jambes
3364 Le polo

18

3365 Jean Renoir
3366 Fritz Lang
3367 Jacques Tati
3368 *A bout de souffle*
3369 Marcel Pagnol
3370 Georges Lautner
3371 Etienne Chatiliez
3372 François Truffaut
3373 Cyril Collard
3374 Matthieu Kassovitz
3375 *Il était une fois dans l'ouest*
3376 Krystof Kieslowski
3377 Georges Lucas
3378 Paul Verhoeven
3379 Clint Eastwood
3380 Clint Eastwood
3381 Brian de Palma
3382 *Insomnia*
3383 Danny the dog
3384 *Fargo*
3385 *David Lynch*
3386 Maradona
3387 Scarlett Johansson
3388 Serbe
3389 Le nom du personnage joué par Louis De Funès est Stanislas Lefort, L'hôtel dans lequel Bourvil et Louis De Funès se trompent de chambre et se retrouvent dans celles des deux militaires allemands se situe à Meursault
3390 *L'Emmerdeur, Les Fugitifs, Le Dîner de cons*
3391 Son réalisateur est William Wyler, Ce film a été réalisé en 1959, Il a été couronné par 11 Oscars, Le Christ est un personnage du film
3392 6

3393 *India Jones et le royaume du Crâne de cristal*

3394 *The Social Network*

3395 *Slumdog Millionnaire*

3396 *Alice au pays des merveilles*

3397 Un homme d'affaires américain

3398 La dislocation de la croûte terrestre

3399 Les conséquences de l'assassinat terroriste des athlètes israéliens lors des Jeux olympiques de Munich de 1972

3400 *Midnight in Paris*

3401 ABBA

3402 *Top gun*

3403 En 1998

3404 *Arnold et Willy*

3405 *Le Père Noël est une ordure*

3406 La Cité de la peur

3407 *Quai de brumes*

3408 *Marche à l'ombre*

3409 Odile Deray

3410 28 ans

3411 Le doubitchou

3412 R2D2

3413 La guerre du Vietnam

3414 Des 7 péchés capitaux

3415 Marty McFly

3416 Sarah Connor

3417 *Le Projet Blair Witch*

3418 Les scènes sont montées en ordre antéchronologique

3419 *Ridicule*

3420 *Le Cerveau*

3421 *Le Cinquième élément*

3422 Jean Marais, Louis de Funès, Mylène Demongeot

3423 Bernard Giraudeau

3424 Tétraplégie

3425 *Les Vendanges de feu*

3426 Jacques Villeret

3427 Pierre Richard

3428 Fernandel

3429 Anouk Aimée

3430 Natalie Portman

3431 Mireille Darc

3432 *Viens chez moi j'habite chez une copine*

3433 Charlie Chaplin

3434 Colin Farell

3435 Scarlett Johansson

3436 Grace Kelly

3437 Eminem

3438 Clint Eastwood

3439 Jacky Chan

3440 Christina Ricci

3441 Sean Connery

3442 Madonna

3443 Morgan Freeman

3444 Orlando Bloom

3445 Tom Cruise

3446 Leonardo DiCaprio

3447 *Mamma Mia*

3448 Couleur pourpre

3449 *Le Prince et la Danseuse*

3450 Aucune des réponses proposées n'est bonne

3451 Aucune des réponses proposées n'est bonne

3452 Brad Pitt

3453 *Ghost*

3454 *Jumeaux*

3455 Johnny Depp

3456 Andrew Garfield

3457 Un réalisateur de cinéma

3458 Une maison de production cinématographique, Une maison fondée par Emile et Charles Pathé

3459 DreamWorks

3460 Etretat

3461 Deauville

3462 Film policier

3463 Los Angeles

3464 A la Mostra de Venise

3465 11

3466 Cinq

3467 4

3468 Laurence Olivier

3469 *Pacific Express*

3470 *Oncle Bonnmee, d'Apitchapong Weerasethakul*

3471 *Un prophète*

3472 Kathryn Bigelow

3473 Charlotte Gainsbourg

3474 *Inception*

3475 La nouvelle vague

3476 Le plan américain

3477 Auguste et Louis

3478 1888

3479 1927

19

3480 1949

3481 Roger Gicquel

3482 Pierre Sabbagh

3483 En 1964

3484 1987

3485 La première chaîne de télévision mondiale francophone

3486 Arabe

3487 *Le jour du seigneur*

3488 *Les Dossiers de l'écran*

3489 15 ans

3490 *Télé-Philatélie*

3491 1988

3492 Alain de Greef

3493 « Sans transition »

3494 La 25e heure

3495 Un débat en direct suite à la diffusion d'un film

3496 Elle est présentée par un artiste différent à chaque diffusion

3497 Arte

3498 Belgique

3499 Arte

3500 *Le Petit Journal*

3501 L'émission fut présentée par Guy Lux et Léon Zitrone, L'émission n'est plus diffusée depuis 2010

3502 Toutes les réponses proposées sont bonnes

3503 « Le tigre » est le surnom d'un homme politique de l'époque

3504 Didier Bourdon, Bernard Campan, Pascal Légitimus

3505 *L'heure de la vérité vraie, La télé empoisonnée, Le Cid*

3506 D'employés de bureau

3507 *Loft Story*

3508 *Opération séduction aux Caraïbes, Bachelor, le gentleman célibataire, Maman cherche l'amour*

3509 *Marjolaine et les millionnaires, La France a un incroyable talent, Qui veut épouser mon fils ?*

3510 10

3511 Hugh Laurie

3512 *Elle se passe à Seatle, Le lieu principal est le service de chirurgie d'un hôpital, Izzie et Alex se marient*

3513 Dr Preston Xavier Burke, Dr George O'Malley, Dr Isabel Katherine

3514 Chirurgiens esthétiques

3515 Ted Mosby, Marshall Eriksen

3516 La série a commencé à être diffusée en 2005 aux Etats-Unis, Les situations d'énonciation sont souvent imbriquées les unes dans les autres avec de fréquents retours en arrière

3517 *Prison Break*

3518 Antoine De Caunes

3519 Six

3520 Yves Calvi

3521 Patrick Poivre d'Arvor

3522 Laurent Romejko

3523 Carole Rousseau

3524 Jacques Martin

3525 Benjamin Castaldi

3526 Frédérique Lantiéri

3527 La présentatrice a décidé d'arrêter pour ne pas entraver la carrière politique de son mari

3528 Nikos Aliagas

3529 Alain Jérôme

3530 Night TV

3531 Trois heures et cinquante minutes

3532 Le président de la République

3533 1989

3534 2011

3535 Télévision numérique terrestre

3536 Un feuilleton télévisé comique

3537 Aux Etats-Unis

3538 Le fondateur de CNN

3539 En 1980

3540 A Atlanta

3541 Du sport

3542 TMC

3543 Al-Jazeera

3544 La télévision japonaise

3545 Un présentateur de talk-show

3546 *L'homme qui valait 3 milliards*

3547 Le lieutenant Columbo

3548 *Columbo*

3549 La vie des publicitaires new-yorkais des années 1960

3550 *Mulan*

3551 *Hercule*

3552 Finot

3553 De la guitare

3554 *Père Castor*

3555 Duff

3556 Gad Elmaleh

3557 Roger Carel

3558 Le Solaris

3559 Lee Bee Hive

3560 Le premier hebdomadaire français

3561 Théophraste Renaudot

3562 Des périodiques populaires vendus à la criée

REPONSES

3563 Les manœuvres de l'armée pour obtenir la condamnation du Capitaine Dreyfus

3564 Jean Jaurès

3565 Jean-Paul Sartre

3566 1944

3567 Hubert Beuve-Méry

3568 *L'Express*

3569 *France Soir*

3570 2002

3571 *Métro*

3572 Philippe Val

3573 Pierre Boulez

3574 Plantu

3575 Jean Plantureux

3576 *Le Canard enchaîné*

3577 *Charlie Hebdo*

3578 *L'Evènement du jeudi*

3579 *Aujourd'hui en France*

3580 *L'Expansion*

3581 *Le Canard enchaîné*

3582 *L'Aurore*

3583 *Le Figaro*

3584 *La Croix*

3585 *L'Osservatore Romano*

3586 Directeur de la rédaction de l'hebdomadaire *L'Express*

3587 *L'Humanité – Le Monde – Rivarol – Le Figaro*

3588 17 titres

3589 Parisien

3590 1,10 euro

3591 Nouvelles messageries de la presse parisienne

3592 Free News Associated

3593 Par son chiffre d'affaires, c'est la deuxième agence de presse au monde après Reuters

3594 Thomson Financial

3595 La Suède

3596 L'ours

3597 La possibilité pour lui de rompre son contrat de travail, tout en ayant droit aux indemnités dues en cas de licenciement, dans le cas d'un changement notable dans le caractère ou l'orientation du journal

3598 39e

3599 Un site d'information et de débat sur l'actualité

3600 *Nouvelles de France, Mediapart*

3601 LVMH

3602 *Libération*

3603 *Capital*

3604 *Be*

3605 Au groupe La Vie-Le Monde

3606 *Direct Soir*

3607 *Le Parisien*

3608 *La Tribune*

3609 Hubert Beuve-Méry, Nathalie Nougay-Rède et Claude Perdriel

3610 *Le Quotidien du peuple*

3611 La Vérité

3612 *The Daily Telegraph*

3613 L'affaire du Watergate en 1973

3614 *The Reader's Digest*

3615 Argentin

3616 Un prince saoudien

3617 1981

3618 France Inter, France Info, France Musique, France Culture

3619 99 %

3620 Radio Télévision Luxembourg

3621 La radio libre du pays réel et de la francophonie

3622 Europe 1

3623 Louis Merlin

3624 France Info

3625 15 ans

3626 Fun Radio

3627 RFM, Europe 1, Virgin Radio

3628 Le Mouv'

3629 Aucune réponse ne convient

3630 Radio Vatican

3631 France Inter

3632 *Le carrefour des livres*

3633 Audrey Pulvar

3634 RTL, I-Télé, Le Figaro, France 2

3635 Sébastien

3636 La voix off d'NRJ depuis 1993

3637 Florent Gautreau

3638 NRJ

3639 Difool

20

3640 En 1975

3641 12 semaines

3642 200 000

3643 La Colombie, L'Irlande

3644 En Chine

3645 Louise

3646 En 2001

3647 1999

3648 Pacte civil de solidarité

3649 Le rapport Rousso

3650 Pour adultère et complicité dans le meurtre de son mari

3651 Les enfants de Don Quichote

3652 L'interdiction de distribuer des contraceptifs d'urgence dans les lieux publics

3653 La Belgique, l'Espagne, l'Islande, la Norvège, le Royaume-Uni, la Suède

3654 La Californie, Le Maine, L'Alabama

3655 Interdite

3656 Les Pays-Bas

3657 Le 1er novembre et le 15 mars

3658 Fadela Amara

3659 La Ligue internationale contre le racisme et l'antisémitisme (LICRA)

3660 Peter Benenson

3661 Pour la paix dans le monde, Pour la défense de l'environnement

3662 Coluche

3663 Inférieur de 20 %

3664 Simone de Beauvoir

3665 13 %

3666 L'obligation, pour les partis politiques, de présenter des listes mixtes alternant candidats féminins et masculins pour tous les scrutins de la liste ; L'obligation, pour toutes les entreprises de plus de 20 salariés, d'employer au moins 6 % de personnes handicapées

3667 La réinsertion des prisonniers

3668 François Mitterrand

3669 12

3670 Calendrier grégorien

3671 4 ans

3672 Livret de développement durable

3673 Laver le linge à basse température

3674 Le vinaigre

3675 A l'eau

3676 Indique le programme choisi

3677 Un rossignol

3678 9

3679 1

3680 Sophie

3681 Le chat

3682 Un quart de notre vie

3683 Parce qu'au Moyen Age, les chevaliers, tenant leurs rênes de la main gauche, utilisaient la main droite pour dégainer leur épée en cas de combat face à un autre chevalier

3684 Napoléon l'a imposé à l'Europe pour harmoniser la circulation

3685 750 000

3686 Quatrième année suivant leur 1re mise en circulation

3687 18 pompiers – 15 SAMU – 17 police

3688 En 1996

3689 L'Espagne

3690 50 ans

3691 16

3692 Deux

3693 10 300

3694 Le mardi

3695 1 208

3696 L'assurance-maladie des personnes sans droits

3697 La carte Vitale

3698 A la mairie

3699 Le congé de présence parentale

3700 Dans les 24 heures

3701 Les trois jours qui suivent le jour de la naissance

3702 Aucune réponse n'est valable

3703 Economique et sociale (ES)

3704 Histoire

3705 Polytechnique

3706 10 ans

3707 Le service d'aide sociale

3708 A un recensement rénové

3709 De l'informatique et des libertés

3710 Elle a créé une page Facebook pour la famille royale

3711 18 ans

3712 3 mois

3713 Au Japon

3714 Un léger kimono d'été

3715 Maïs

3716 Un champignon des bois

3717 La comice

3718 Le Piémont

3719 L'asperge

3720 Le carpaccio

3721 Un petit crabe

3722 D'écrevisses

3723 Esturgeon

3724 Un fromage

3725 Du brie de Meaux

3726 Bufflonne

3727 En Savoie

3728 Le gouda

3729 Une charcuterie du Sud-Ouest

3730 Elle est alcoolisée

3731 La pâte d'amandes

3732 Alsacienne

3733 Apt

3734 Le crumble aux pommes

3735 Blancs d'œufs et sucre

3736 En pressant du jus de citron dessus

3737 La présure

3738 Un plat qui ne contient aucun produit d'origine animale

3739 Poivré

3740 Chinois

3741 Cuire sans évaporation

3742 Un vin blanc nantais

3743 1855

3744 Entre-deux-mers

3745 Le merlot

3746 Le Rioja

3747 Un vin blanc

3748 Le Beaujolais nouveau

3749 Le Chablis

3750 De Bourgogne

3751 Meursault

3752 L'absinthe

3753 Des grands chefs cuisiniers

3754 27

3755 Le Guide Rouge

3756 1931

3757 Le backgammon

3758 Le 421

3759 6

3760 64

3761 63

3762 41

3763 36

3764 Des dés

3765 Mario

3766 Depuis 1976

3767 Jacques Chirac

21

3768 Une bévue, un impair

3769 Chercher à l'obtenir

3770 Un article de loi

3771 Un insecte, une maladie

3772 En dire du mal

3773 Bizarre

3774 Des craintes imaginaires, Des propos vides de sens

3775 Une rupture de la continuité

3776 Un événement sur le point de se produire

3777 Une biographie consacrée à un saint, Une biographie excessivement élogieuse

3778 Le flatter par des éloges excessifs

3779 Priver de lucidité de manière obsédante

3780 La pauvreté du vocabulaire

3781 Un agent chargé d'une mission secrète, Une personne sur qui ont fait retomber les fautes des autres

3782 Des plaintes, Des reproches amers

3783 Une réapparition

3784 Une attitude méprisante

3785 Le dénigrer, Le critiquer

3786 Y être parfaitement exercé

3787 Le fait de se soustraire à une obligation

3788 Une raillerie cruelle

3789 S'efforcer d'établir l'égalité entre les personnes, Considérer que les personnes ont toutes la même valeur

3790 Un homme pédant, Un homme manquant de savoir-vivre

3791 Etre trompé

3792 La tendance à accorder des avantages aux membres de sa famille

3793 la croyance en un messie et l'attente de sa venue

3794 Une attaque, Une critique violente, Une diatribe

3795 Un journal polémique

3796 Un homme qui trahit ses engagements

3797 Un produit de remplacement

3798 La dire avec violence

3799 La pallier, Y remédier

3800 Des négociations, Des pourparlers

3801 Avoir des ennuis

3802 Accorder des droits exclusifs

3803 Une personne qui s'est élevée au sommet des dignités, de l'art ou des sciences

3804 Durer très peu

3805 Un avertissement, Un coup de feu à blanc

3806 Un désordre provenant d'une mauvaise gestion

3807 La satisfaction excessive de soi

3808 Contester avec force, Refuser d'obéir

3809 En souffrir

3810 Une entente secrète

3811 L'incompétence

3812 Etre dans un équilibre instable

3813 Une attente indéfinie et passive, Une attitude opportuniste

3814 Incapable de prendre des décisions, Hésitant

3815 Fourbe

3816 L'attaquer vivement

3817 Attendre

3818 Blesser, Taquiner

3819 S'exprimer sans détours

3820 Lui faire des remontrances

3821 Serein, Flegmatique

3822 L'étude des représentations plastiques, L'ensemble des illustrations d'un ouvrage

3823 Avare

3824 Un ordre

3825 Supposé

3826 Revenir sur une décision

3827 Draconiennes, Sévères

3828 Une manière d'exprimer sa pensée de façon indirecte

3829 Hautain

3830 L'évincer, Prendre sa place

3831 Un terme géographique de la Bretagne, Un estuaire de rivière en forme d'anse

3832 Mordant, Caustique

3833 Dans l'angoisse

3834 Une mesure de bannissement

3835 En Inde, un individu n'appartenant à aucune caste, Une personne méprisée

3836 Etre porté naturellement à

3837 L'état de dispersion d'un peuple

3838 Une conséquence nécessaire, Une suite naturelle

3839 Le nom de toute la famille

3840 Sélectionner avec grand soin

3841 Faire semblant de

3842 Manquer son but

3843 Chercher avec zèle à convertir autrui à ses idées

3844 Maintenir dans une situation médiocre, Maintenir dans un lieu à l'écart

3845 Une affirmation mal fondée

3846 Une anthologie, Un recueil de textes

3847 Avoir un penchant pour, Avoir tendance à

3848 Détourner l'attention

3849 Un rassemblement de militants politiques aux Etats-Unis

3850 Un détail, Une peccadille

3851 Des manœuvres, Des actions secrètes destinées à tromper

3852 Une idée non vérifiée, Une supposition

3853 Une discussion argumentée

3854 Un stéréotype, Un lieu commun

3855 Un changement brutal de direction, Une perte

3856 Un détail ornemental, Une surabondance d'ornements dans le style

3857 L'impatience, Le manque de jugement

3858 Une faute de chronologie

3859 Désagréable

3860 Des subventions, Des aides financières

3861 Atermoyer, Hésiter

3862 Compliqué

3863 Des conjectures

3864 Son sens

3865 L'imiter

3866 Un discours violent contre quelqu'un

3867 Faire des concessions

3868 Des lamentations sans fin

3869 Avoir un différend avec lui

3870 Exclure, Proscrire

3871 Faire acte de soumission

3872 Le refuser

3873 Des changements de bien en mal

3874 La rejeter

3875 Une division

3876 Apprécié, Estimé

3877 L'éviter

3878 Effarouché, Choqué

3879 Le critiquer violemment

3880 Son conseiller

3881 Avoir la liberté d'agir

3882 La déclarer indigne de l'estime des autres

3883 Perfide

3884 Susceptible, Méfiant

3885 De moyens honteux et malhonnêtes

3886 Sans honte, Sans scrupule

3887 Y remédier

3888 Se faner

3889 Courtois

3890 L'annuler

3891 La recherche de la faveur du peuple pour obtenir ses suffrages

3892 S'en débarrasser sans répondre à ses demandes

3893 Avoir du succès, Briller

3894 Subir une défaite, Etre humilié

3895 Des souhaits

3896 Un pamphlet

3897 Des aventures, Des négociations

3898 Une condamnation

3899 Le fait de suspendre une action

3900 Une crainte maladive, excessive

3901 Un dada, une activité à laquelle on s'adonne à côté de son activité principale

3902 Le fait de dire un mot à la place d'un autre

3903 Une habitude
3904 Une bambouseraie
3905 Un modèle sur lequel on s'appuie
3906 L'épreuve du feu ou de l'eau dont l'issue dépend de Dieu
3907 Le lien de parenté unissant un enfant à son père ou à sa mère
3908 Gravement humilié
3909 Un ouvrage imprimé entre 1450 et 1500
3910 Un arbre des îles Canaries
3911 Les membres de l'Académie française
3912 Une couleur, Un insecte
3913 Une statue sans ailes
3914 A l'improviste
3915 Etre à la situation la plus élevée
3916 La considérer comme impossible
3917 Rêvasser
3918 Selon les règles
3919 Qui s'ajoute inutilement, Superflu
3920 Etre intolérant à l'égard des opinions
3921 Accabler de mépris
3922 Sans circonlocutions, Sans détours
3923 De bonne condition sociale, De bonne qualité
3924 Eprouver une joie profonde
3925 Empêcher de se manifester, Enrayer
3926 Etre abandonné, Ne plus être en usage
3927 Qui met la vie en danger, Qui corrompt, Malsain
3928 Obéir sans discuter
3929 D'une extrême maigreur
3930 Agir en accord avec lui, Agir de conserve avec lui
3931 Dans toutes les directions
3932 Etre mis en demeure de, Etre incité avec insistance à
3933 Corruption
3934 Relatif au commerce, Motivé par la recherche d'un avantage
3935 Exploser sous l'effet de la colère
3936 L'éloigner moralement de soi
3937 L'accuser, Le traiter de
3938 Utiliser tous les moyens possibles
3939 Garder le silence
3940 Traîner dans la boue, Dénigrer
3941 Distribuer avec générosité, Tenir quitte de, Ne pas imposer
3942 Prendre une décision révolutionnaire, Prendre une décision irréversible
3943 Changer d'avis
3944 Ne pas tenir compte de
3945 Se croire supérieur aux autres
3946 A qui mieux mieux, En rivalisant
3947 Remarquable
3948 Renoncer à ce que l'on affirmait aimer ou croire
3949 Qualifier, Conférer la capacité juridique
3950 Avoir de la pitié
3951 Par l'importance de, Par l'entremise de
3952 Exhaustivement, Intégralement
3953 Qui ne peut être effacé
3954 Difficile à comprendre
3955 Soucieux du résultat de l'action plutôt que de la théorie
3956 Imprévu
3957 Hilarant
3958 Symbolique
3959 Maladie qui sévit de manière régulière

3960 Qui se soumet de manière excessive, Obséqieux
3961 Chiche, Médiocre
3962 Déplacé, Qui ne convient pas
3963 Etat de décadence avancée
3964 Perdre ses illusions
3965 Se désagréger
3966 Secrètement
3967 Se convertir, Trouver sa vocation
3968 Eliminer
3969 Ordonner expressément
3970 Qui est relatif à la terre
3971 Résister
3972 Qui est injuste de façon criante
3973 Qui manque de naturel, Superficiel
3974 Improvisé
3975 Bassesse
3976 Qui se refuse à toute concession
3977 Dire à voix haute
3978 Suspendre momentanément, Différer
3979 Très petit, De peu d'importance
3980 Avant-avant-dernière
3981 D'une recherche compliquée, Chargé d'ornements excessifs
3982 Exempter, Décharger
3983 Ne pas avoir de repos
3984 Qui lutte contre, Opposé, Qui opère un effet contraire
3985 Détester
3986 Le revendre au précédent propriétaire
3987 Ne pas s'y conformer, Leur manquer
3988 Salir, Tacher
3989 Contrôler, Organiser
3990 Se moquer
3991 Se prévaloir de, Se vanter de
3992 Inégalité, Contraste
3993 Tout de suite
3994 Approuver, Confirmer
3995 Avec discernement
3996 Montrer de la répugnance
3997 Mesure de la persistance aromatique du vin en bouche
3998 En cette circonstance
3999 Prendre prétexte de
4000 Lamentable, Mauvais
4001 Déposséder
4002 Action d'intervenir sans en avoir le droit, Ingérence
4003 Répétition
4004 Rétif, Rebelle
4005 Plainte, Protestation virulente
4006 Voyant
4007 Priorité dont jouit un acheteur
4008 Rétablir une situation financière compromise, Remettre à flot
4009 Ajourner, Retarder
4010 Discrètement
4011 Blâmer
4012 Nettoyer à fond
4013 Pénurie
4014 Etre réduit à la dernière extrémité
4015 Présomptueux, Impertinent
4016 Ordre formel, Indication
4017 Qui produit une lumière rouge en brûlant
4018 Tourmenter de manière lancinante
4019 Interloqué, Frappé de stupeur

4020 Energique, Guerrier
4021 Se laisser duper par de belles promesses
4022 Un maigre repas
4023 Paysan
4024 Etre irréfléchi
4025 Sibyllin
4026 Une discipline pratiquée en vue d'une élévation spirituelle
4027 Etre impassible
4028 Confirmées
4029 Furtivement
4030 Avoir un caractère instable
4031 Coué
4032 Un régime religieux
4033 Régicide
4034 Le paternalisme
4035 Un jeune homme d'une grande beauté
4036 La fin du jour
4037 Un vers de douze syllabes
4038 Une inscription gravée sur une tombe
4039 Aspic
4040 Entrer dans un autre pays que le sien pour y vivre
4041 Sans détour
4042 Des plus fortunés
4043 Prête de l'argent
4044 Une expression particulière à une langue qui n'a pas d'équivalent dans les autres langues
4045 Accordée bénévolement
4046 Indispensable
4047 Qui exercent une contrainte
4048 Vont à la ruine, Déclinent
4049 Prise par un groupe
4050 Qui redonne des forces
4051 Par imitation
4052 Avec douceur, Avec aménité
4053 Dans sa totalité
4054 Déclaré
4055 Réservé
4056 L'apathie
4057 Percutante
4058 D'un ton méprisant, De façon rude
4059 Héréditaire, Dû à des habitudes ancestrales
4060 Son contenu
4061 Avenante, Charmante
4062 Populaire, Qui ne montre que le bon côté d'une chose
4063 Avec compassion
4064 Qui n'a pas été encore rendue officielle
4065 De suspendre une action, un processus
4066 Qui empêche l'achat ou la vente, Trop élevé
4067 Qui cherche à induire en erreur, Qui dissimule un piège
4068 Méprise
4069 Tout de suite
4070 Une force qui attire vers le centre tout objet soumis à un mouvement de rotation
4071 Qui visent à obtenir un délai
4072 Dans l'espoir d'être remboursé
4073 Relatif aux prisons
4074 Qui se répète
4075 Rapide
4076 Faire renoncer, Décourager
4077 Malgré un traumatisme

4078 Le rapprochement de deux mots qui semblent s'opposer

4079 Se débarrasser d'une chose sans valeur et inutilisable

4080 Celui qui vit sur une île

4081 Une théorie de l'interprétation

4082 Le feuillage

4083 Un félin

4084 Le préfixe « hypo » signifie qui se rapporte au cheval

4085 Je vous saurais gré de bien vouloir...

4086 Un gouvernement où un seul gouverne, avec une autorité sans borne

4087 Le séjour des âmes avant la mort du Christ et de celles des enfants morts sans baptême

4088 La séparation des fidèles d'une religion qui reconnaissent une autorité différente

4089 Une autorité doctrinale, morale ou intellectuelle unanimement reconnue

4090 Des juifs

4091 Les premières lueurs du jour

4092 Le toucher

4093 Oligarchie

4094 Mystique

4095 Les chapeaux

4096 Est accordée bénévolement

4097 L'arachnophobie

4098 Déport

4099 L'exorde, La sophistique, La disputatio, La péroraison

4100 L'homme ne peut pas penser directement à la mort comme il ne peut pas regarder fixement le soleil

4101 Digne d'un homme libre, Activité intellectuelle non technique

4102 Un hôte qui offre à dîner

4103 Une voix retentissante

4104 Au caractère « sérieux » des sujets traité dans ces opéras

4105 Le désir et la mort

4106 Cassandre

4107 Léviathan

4108 Le Seigneur des Mouches

4109 Intempestif

4110 Fiduciaire

4111 Misanthrope

4112 Une diminution d'oxygène dans l'eau à la suite d'une prolifération d'algues par enrichissement du milieu en éléments nutritifs ; Une augmentation d'azote dans l'eau à la suite d'une prolifération d'algues

4113 D'un comique grotesque et absurde

4114 Le passage des âmes d'un corps dans un autre

4115 Le fait d'être incapable de lire ou d'écrire un texte simple même quand ont a été scolarisé

4116 Une procédure de contrôle

4117 La liturgie est l'étude du littoral

4118 Courage

4119 Connaissance

4120 Commentaire

4121 Ingénuité

4122 Haineux

4123 Poltron

4124 Clément

4125 Déshonneur

4126 Toujours en acte

4127 Générosité

4128 Conciliant

4129 Durable, Permanent
4130 Prétention, Supposition
4131 Flegmatique, Serein
4132 Altération
4133 Antagonisme
4134 Acclamer
4135 Contingent
4136 Discret, Opportun, Agréable
4137 Ininterrompu, Continu
4138 Dénigrer, Décrier
4139 Bon marché
4140 Naturel, Réel
4141 Xénophobe – xénophile
4142 Joie
4143 Intempestif
4144 Opportun
4145 Centripète
4146 Inclinaison
4147 Des rouge-gorges
4148 Accoustique
4149 Avoir de l'entregent
4150 Rafraîchir
4151 Aujourd'huis
4152 Polymère
4153 Les nezs
4154 Des timbres-poste
4155 Gentillement
4156 Ascenseur
4157 Conciliabule
4158 Etre plein d'allant
4159 Apparemment
4160 Barème
4161 Le for intérieur
4162 Tu descends
4163 Ils avanceraient
4164 Complément d'objet direct
4165 Se repentir
4166 Vanter
4167 Conjonctions de coordination
4168 Apostrophe
4169 Enfant
4170 Porte-clés
4171 Une référence à un passé prestigieux
4172 Le temps qui passe et dont il faut jouir
4173 Allez, la messe est dite
4174 A volonté, Au choix
4175 *Alea jacta est*
4176 L'erreur est humaine
4177 Au vocabulaire économique
4178 Le mot vient du latin *fortuna*, désignant une divinité qui symbolisait le sort
4179 Le nom de l'auteur dramatique Pierre Corneille en raison des dilemmes auxquels sont confrontés ses personnages
4180 Le gaulois
4181 Le mot *agônia* qui signifie lutte
4182 La langue anglo-saxonne
4183 Défendre
4184 Externalisation
4185 La ségrégation raciale
4186 L'étude du comportement, ramenant les conduites à une chaîne de stimulations et de réponses
4187 La base
4188 L'île
4189 Femme

22

4190 81 – 182
4191 29 – 37
4192 100 – 103 – 205
4193 J – Z
4194 C – E
4195 9
4196 7
4197 3
4198 (5 – 18)
4199 Pauvre
4200 Geler
4201 H
4202 0,1
4203 3
4204 3 600
4205 54
4206 Joachim visite New York et Dallas
4207 Jacques
4208 Tarik n'aime rien, c'est pourquoi il n'aime pas les plaisanteries
4209 52
4210 Le barbier ne se rase jamais lui-même
4211 11 jours
4212 Dans la boîte bleue
4213 Le nombre de touristes âgés de 50 à 77 ans a triplé entre 1950 et 1980
4214 TU
4215 P
4216 G – 8
4217 84
4218 E
4219 78
4220 9
4221 6
4222 54
4223 X
4224 0,000001
4225 CHIEN
4226 ATTACHER
4227 8
4228 Nage
4229 2
4230 BARBE
4231 Les personnes qui portent des chemises blanches sont barbues
4232 Au moins deux personnes ont tort
4233 Mardi
4234 Sébastien
4235 Alain et Ella disposent à eux deux d'une somme d'agent supérieure à celle dont disposent ensemble Davy et Faye
4236 La première tentative de création d'une armée de volontaires était conduite selon un plan identique à celui qui est actuellement proposé et dans des conditions identiques à celles qui existent aujourd'hui
4237 F, S, M
4238 Quarante-neuf
4239 243
4240 5
4241 DEFINIR • 246
4242 G
4243 8 • HTS
4244 8216
4245 Y
4246 343

4247 AM

4248 XII (D)

4249 578

4250 FILLE

4251 11 et 17

4252 42

4253 O

4254 5

4255 4

4256 7

4257 On ne peut pas savoir

4258 On ne peut pas le savoir

4259 Olivier, Nicolas, Thomas, Alexandre, Daniel

4260 L'affirmation 1 découle des affirmations 2 et 3

4261 13

4262 La sœur de ma grand-mère

4263 Le Britannique

4264 Z

4265 DLA

4266 NES

4267 3

4268 4

4269 4

23

4270 20 %

4271 262 144

4272 9 minutes et 45 secondes

4273 180°

4274 13,2

4275 $-1 < p < 1$

4276 44

4277 1 cm

4278 2 théières et une chaise

4279 2 000

4280 297

4281 24

4282 10 semaines

4283 192

4284 10

4285 1 h

4286 40 %

4287 75

4288 45

4289 10A

4290 575

4291 126

4292 362 880

4293 162

4294 5 h 12

4295 5

4296 192

4297 La racine carrée de 25

4298 4

4299 2 minutes

4300 50

4301 55

4302 1970

4303 89,1 dam^2

4304 2 150 €

4305 25

4306 125

4307 10

4308 5 km/h
4309 −4
4310 155 euros
4311 35
4312 39
4313 1/14
4314 −8 ou 8
4315 16
4316 3/(1 − 1/2)
4317 0,48 %
4318 3 125
4319 2,25
4320 2 %
4321 9
4322 2
4323 17,5
4324 13
4325 45
4326 30
4327 6M + 4
4328 523 747 434
4329 21
4330 3126
4331 7B/4
4332 76 kilomètres
4333 18
4334 9 h 36
4335 $115,08 \times 10^{-3}$
4336 552 m^2
4337 150
4338 100
4339 198
4340 15 poires
4341 17 %
4342 6
4343 6 000 euros
4344 5 h 06
4345 11
4346 10
4347 2 500 km
4348 33 %
4349 9
4350 Entre 6 et 8
4351 1/5
4352 $5\sqrt{105}$ cm
4353 1/8
4354 + 200 %
4355 Six cent treize
4356 + 27,5 %
4357 12
4358 1 045
4359 4 minutes
4360 72
4361 60
4362 570 €
4363 1/3 de Z
4364 400 % de A
4365 2
4366 1 600
4367 1806
4368 0,5 euro
4369 1/4
4370 1/4
4371 295

4372 4
4373 113
4374 5
4375 35 %
4376 25°
4377 8
4378 Le double de l'aire du cube de départ
4379 30 L
4380 10
4381 18
4382 12
4383 0,5 euro
4384 294 cm^2
4385 0,05 litre
4386 16
4387 36 minutes
4388 1,25
4389 200 mètres
4390 27
4391 347
4392 0,50
4393 25 €
4394 31 000 m
4395 Vrai
4396 1/4
4397 4
4398 100
4399 396
4400 $3b(3a - b) - 1$
4401 Vrai
4402 216
4403 300 km/h
4404 24 fois plus petit
4405 43 000 €

24

4406 AQMI
4407 Margaret Thatcher
4408 Leonardo DiCaprio
4409 L'Espagne
4410 *Washington Post*
4411 Dailymotion
4412 Jean-Claude Juncker (Luxembourg)
4413 Olivier Py
4414 Le sommet des B.R.I.C.S
4415 La dame de fer
4416 Du 50e anniversaire
4417 Un accident ferroviaire
4418 L'Organisation pour l'interdiction des armes chimiques
4419 Le Qatar
4420 L'allemand Thomas Bach
4421 Il a révélé l'existence d'un dispositif d'espionnage américain appelé « Prism »
4422 Commissaire européen aux affaires économiques
4423 La libération de 104 prisonniers palestiniens
4424 Jeroen Dijsselbloem
4425 Accord de libre-échange
4426 Du Pérou
4427 En Belgique
4428 Baz Luhrmann
4429 Hugo Chavez
4430 La Russie
4431 Les Soprano

4432 Hassan Rohani

4433 Boko Haram

4434 Stockholm

4435 Noami Watts

4436 Un compositeur de musique classique

4437 Un bijoutier mis en examen pour homicide volontaire après le braquage de sa bijouterie

4438 Forrest Whitaker

4439 Un chat

4440 Facebook

4441 Philemon

4442 La Poste

4443 Nairobi

4444 La construction de rame de TER de la SNCF

4445 Chuck Hagel

4446 Alberto Costa

4447 Jean-Luc Martinez

4448 Lion Air

4449 Le Front National

4450 Au Nigéria

4451 En gare de Bretigny

4452 Willem-Alexander

4453 Bo Xilai

4454 Tsarnaev

4455 Garde des sceaux

4456 Opération Serval

4457 Cubaine

4458 Bosco Ntaganda

4459 87 ans

4460 11 millions d'euros

4461 100 ans

4462 10,4 % de la population active

4463 *Le sud*

4464 Superman

4465 1999

4466 Bernard Cazeneuve

4467 Metteur en scène de théâtre

4468 Google

4469 En Irlande du Nord

4470 Baisse de plafond du quotient familiale

4471 ARCEP (Autorité de Régulation des Communications Electroniques et des Postes)

4472 Serge Ayoub

4473 A Montpellier

4474 Le Canada

4475 Le rachat d'un volume mensuel annoncé de bons du trésor et d'actifs titrisés

4476 L'Iran

4477 Jo-Wilfried Tsonga

4478 Alma

4479 Evo Morales

4480 Plus de 99 %

4481 L'Egypte

4482 *Inferno*

4483 Argentine

4484 Ashton Kutcher

4485 L'Arabie Saoudite

4486 Qu'il s'était volontairement dopé pour gagner

4487 130 milliards de dollars

4488 Waco

4489 *Vanity Fair*

4490 Reportées en 2014 par une loi votée par le parlement pour prolonger son mandat

4491 Gaston Flosse

4492 Club Med
4493 Ben Affleck
4494 Nicolás Maduro
4495 L'UMP
4496 La Corée du Nord
4497 Pierre Gattaz
4498 En Russie
4499 Lettonie
4500 Jacques Tardi
4501 Naomi Watts
4502 Boston
4503 Poids lourds – Plus de 100 kg
4504 Séléka
4505 Plus de 100 milliards de dollars
4506 Olivier Schramek
4507 Willem-Alexander
4508 The Doors
4509 Jack Lang
4510 Matthieu Ricard
4511 Samsung
4512 Delphine Batho, ministre de l'Ecologie, du Développement durable et de l'Energie
4513 Margaret Thatcher
4514 Samsung
4515 La Tour Montparnasse
4516 Kim Pong-ju
4517 Istanbul
4518 Jorge Mario Bergoglio
4519 François Bozizé
4520 Benyamin Netanyahou
4521 L'assassinat de Jean Jaurès
4522 Bank of England
4523 Laurent Jalabert
4524 4,8 milliards d'euros
4525 18 mai 2013
4526 Zao Wou Ki
4527 Tunisienne et Tunisie
4528 Troisième voie
4529 Rapport Moreau
4530 Droit constitutionnel
4531 Race
4532 La Direction Générale de la Sécurité Extérieure
4533 La Russie
4534 La sociologie
4535 La Croatie
4536 Le Parti de Gauche
4537 Pelouse de Reuilly
4538 Des policiers
4539 A l'hippodrome de Longchamp
4540 Pierre Bérégovoy
4541 Guingamp
4542 Nathalie Kosciusko-Morizet
4543 80 langues
4544 Le 11 novembre
4545 Jean-François Coppé
4546 « L'intrépide chevalier de la petite escouade centriste »
4547 Nicolas Dupont-Aignan
4548 Nicolas Sarkozy
4549 Il s'est abstenu
4550 Chasse, pêche, nature et traditions (CPNT)
4551 Argentine
4552 2016

4553 Des sous-marins
4554 MegaUpload
4555 Protection
4556 « Agir contre le harcèlement à l'école »
4557 Angoulême
4558 Le 60e anniversaire de son règne
4559 La Chine et la Russie
4560 1 400
4561 Whitney Houston
4562 17,8 millions
4563 66 centimes
4564 Darty
4565 19 milliards de dollars
4566 Kim Dotcom
4567 Jane Campion
4568 L'Illinois
4569 Suisse
4570 Roland Moreno
4571 Sean Penn
4572 3 %
4573 Le Coq sportif
4574 Le ministère de la Défense
4575 62 ans
4576 1 445,38 euros bruts
4577 L'Italie
4578 CGT-Force Ouvrière
4579 1 million d'euros par an
4580 La liberté d'expression
4581 L'armistice de la Seconde Guerre mondiale
4582 Rue de Solférino
4583 Groupama
4584 Liliane Bettencourt
4585 La loi sur le harcèlement sexuel
4586 Pierre-Olivier Sur
4587 81,13 %
4588 Joe Dalton
4589 L'Inde
4590 Scott Thompson
4591 Le néologisme
4592 21
4593 58 %
4594 Alain Robert
4595 231 mètres
4596 Le prix du président de la République
4597 Dostoïevski
4598 1992
4599 L'accord de Schengen
4600 L'élection de la plus belle fille du campus
4601 « E.T »
4602 La France
4603 Benjamin Millepied
4604 Hermès
4605 La Rochelle
4606 Le football
4607 468
4608 Le Nord-Est
4609 12 000 chercheurs
4610 Loulia Timochenko
4611 Avocat
4612 La Norvège
4613 51,6 %
4614 Citroën (la DS5 hybride)
4615 Elle se pilote toute seule
4616 La Norvège, l'Islande et le Japon

4617 Un célèbre résistant durant la Seconde Guerre mondiale

4618 Ahmed Ben Bella

4619 Avengers

4620 La Colombie

4621 Greenpeace

4622 Le statut de « donneur d'organes »

4623 En Italie

4624 En 1912

4625 Eric Cantona

4626 Chine

4627 De l'acier

4628 Mœbius

4629 La Journée internationale du droit des femmes

4630 Dien Bien Phu

4631 La boxe

4632 La Formule 1

4633 Aucun

4634 Jean Dujardin et Bérénice Béjo

4635 Homs

4636 Les Charlots

4637 Le Vatican

4638 Les abysses

4639 Réseau éducation sans frontières

4640 Cuba

4641 De confession juive

4642 Mohamed Merah

4643 Au Mexique

4644 Le Mali

4645 Macky Sall

4646 Levi's

4647 L'E-commerce

4648 Michael Phelps

4649 « La baleine de Londres »

4650 Desperates Housewives

4651 Le procès du Médiator

4652 15

4653 Pierre Lemaître

4654 L'Arc de Triomphe

4655 L'immunité diplomatique

4656 Anders Fogh Rasmussen

4657 240 milliards d'euros

4658 Kendji Girac

4659 Valérie Trierweiler

4660 Les codes d'accès nucléaires

4661 Un éthylotest

4662 Laura Flessel

4663 Une voie ferrée de plus de 4 kilomètres

4664 Viadéo

4665 Ross Levinsohn

4666 La Fairpride

4667 Pierre-René Lemas

4668 Air Côte d'Ivoire

4669 Laurent Fabius

4670 Marisol Touraine

4671 Sylvia Pinel

4672 Bernard Cazeneuve

4673 Le ministère des Finances et des Comptes publics

4674 François Rebsamen

4675 Le ministère de l'Ecologie, du Développement durable et de l'Energie

4676 Stéphane Le Foll

4677 Najat Vallaud-Belkacem

4678 Benoît Hamon

4679 Jean-Yves Le Drian

4680 Le ministère de l'Economie, du Redressement productif et numérique

4681 Marylise Lebranchu

4682 George Pau-Langevin

4683 Conchita Wurtz

4684 Les Twin Twin

4685 L'Afghanistan

4686 17

4687 40 %

4688 Montpellier

4689 *Welcome to New York* d'Abel Ferrara

4690 653 millions d'euros

4691 Les Bee Gees

4692 4. Le Royaume-Uni, la France, la Belgique et l'Espagne

4693 1298

4694 Disco

4695 Google Chrome

4696 Haim Korsia

4697 Motorola Mobility

4698 La Monster Party Chapitre 1

4699 L'Egypte

4700 La drachme

4701 145,5 %

4702 Mariano Rajoy

4703 Marc Aurel

4704 Environ 50 000

4705 Judo

4706 Absentéisme scolaire

4707 75 millions

4708 Dragon

4709 Larry Page

4710 Men In Black III

4711 L'Italie

4712 Le Canada

4713 Printemps érable

4714 66 milliards d'euros

4715 « Le Pouvoir »

4716 « La Conquête »

4717 Américaine

4718 Georges Plassat

4719 Lettonie

4720 La tuberculose

4721 Arnaud Montebourg

4722 60 ans

4723 91 ans

4724 Laurent Berger

4725 Le Barbier de Séville

4726 Jamie Dimon

4727 GDF Suez

4728 Michel Audiard

4729 Hermès

4730 BNP Paribas

4731 14

4732 Scarlett Johansson

4733 14 910 euros bruts par mois

4734 Tim Burton

4735 Mohammed VI

4736 Georges Clooney

4737 Vladimir Poutine

4738 Les diseux

4739 La Chine

4740 Le caïd mexicain de la drogue Joaquin « El Chapo » Guzman

4741 Un olivier âgé de 1400 ans

4742 21 %

4743 1,25 %

4744 Au Danemark

4745 Pavillon bleu

4746 Solar Impulse

4747 Andy Murray

4748 Stanislas Wawrinka

4749 La Haute-Vienne

4750 Raymond Depardon

4751 Grace Kelly

4752 Crimes contre l'humanité

4753 830 euros

4754 La Journée mondiale sans tabac

4755 Finlande

4756 Maria Sharapova

4757 Laurence Ferrari

4758 Sophie Hatt

4759 0,7 %

4760 6 milliards d'euros

4761 10 %

4762 Roméo Langlois

4763 Mitt Romney

4764 Mormone

4765 La Fête des voisins

4766 La reine Elisabeth II

4767 Georges V

4768 Harcèlement moral

4769 Thomas Enders

4770 8,2 milliards d'euros

4771 Lady Gaga

4772 Volkswagen

4773 You Tube

4774 Tintin en Amérique

4775 Le cinéma indépendant américain pour grand public

4776 Lambert Wilson

4777 Jérome Kerviel

4778 La Tamise

4779 Le procès Moubarak

4780 11 (Royaume-Uni, Grande-Bretagne, Irlande du Nord, Canada, Australie, Nouvelle-Zélande, Jamaïque, Barbade, Bahamas, Grenade et Papouasie-Nouvelle-Guinée)

4781 Pierre-Henri Gourgeon

4782 Paris Match

4783 Edison

4784 Henri Proglio

4785 Jamel Debbouze

4786 Vénus

4787 Le musée Grévin

4788 Le dépeceur de Montréal

4789 Thierry Brigaud

4790 La Californie

4791 Qatar Investment Authority

4792 14 régions

4793 Ministère de l'Agriculture

4794 L'anonymat

4795 Le chômage et la maternité

4796 Cour européenne des droits de l'homme

4797 Capitaine

4798 La chirurgie esthétique

4799 LinkedIn

4800 Ray Bradbury

4801 Le prix de la Baie des Anges

4802 Jacques-Antoine Granjon

4803 90 %

4804 Dallas

4805 114 ans

4806 Joseph Blatter

4807 Surcouf

4808 Amazon

4809 Hénin-Beaumont (11e circonscription du Pas-de-Calais)

4810 Chef du gouvernement espagnol

4811 Flame

4812 81053

4813 46,77 %

4814 Milan

4815 SFR

4816 La Journée mondiale contre le travail des enfants

4817 *Prometheus*

4818 BBB

4819 Les mascottes de l'Euro 2012

4820 Georges Mathieu

4821 Orelsan

4822 Hamid Karzaï

4823 13 ans

4824 Fonds stratégique d'investissement

4825 Igor et Grichka Bogdanov

4826 20 ans de prison

4827 Maître Gilbert Collard

4828 142,4 millions de dollars

4829 14 ans

4830 Jean-Paul Rouve

4831 Derrick

4832 Pyeongchang

4833 Vénus

4834 Les députés (Assemblée nationale)

4835 Un célèbre aviateur qui fut le 1er à traverser la Méditerranée en avion

4836 Journée mondiale contre la faim dans le monde

4837 Les chutes du Niagara

4838 Kev Adams

4839 Plus de 60 000

4840 Olivier Falorni

4841 L'Arabie Saoudite

4842 Le Luxembourg

4843 Le dictateur

4844 Nonce Paolini

4845 Danone

4846 30 ans

4847 0,13 euros TTC

4848 Médecins du monde

4849 Cécile Duflot

4850 Les écrevisses

4851 2008

4852 The Platters

4853 Carrefour

4854 A la galerie Azzedine Alaïa

4855 Auguste Rodin

4856 Bourgogne

4857 Oziris

4858 Gilles Bouleau

4859 Joan Miro

4860 7 000

4861 50 millions d'euros

4862 1498

4863 François Bayrou

4864 La Rochelle

4865 Sa nièce

4866 Johnny Hallyday

4867 Lambert Wilson

4868 L'appel du Général de Gaulle qui reste le symbole de la Résistance française

4869 3919

25

4870 La Fed

4871 Turquie

4872 Shinawatra

4873 Bangui

4874 130 000, Ahmed Djarba,

4875 Téhéran

4876 Matteo Renzi

4877 PSA, 5 milliards

4878 Sotchi

4879 Viktor Ianoukovitch

4880 Abstention, Jean-Marc Ayrault

4881 20 000, 11 mars, Tepco

4882 La Crimée

4883 Abdallah

4884 Morsi

4885 Le Liban

4886 Sangaris, Misca

4887 La Syrie

4888 14 et 18 milliards

4889 27 000

4890 Taavi Roivas

4891 Le yuan, Pékin

4892 7

4893 La Hongrie

4894 Crimée

4895 Vladimir Poutine

4896 Réchauffement climatique

4897 Senkaku, Spratleys

4898 7 %

4899 1 000, 12 000

4900 Boko Haram

4901 Guinée

4902 800 000, Paul Kagamé

4903 815, Narendra Modi

4904 Ehud Olmert

4905 Pervez Musharraf

4906 Nicolas Maduro

4907 Gabriel Gracia Marquez

4908 Jean XXIII et Jean-Paul II

4909 24,8 %, 58 %

4910 24

4911 Narenda Modi

4912 Abdel Al-Sissi

4913 Patrick Kron

4914 Petro Porochenko

4915 La Biélorussie, le Kazakhstan

4916 5 militaires

4917 Le Brésil, Sao Paulo

4918 Jérusalem

4919 88 %

4920 Tikrit, Mossoul

4921 Boko Haram

4922 Tiananmen

4923 70e, 6 juin, Elisabeth II

4924 BNP-Paribas

4925 2022

4926 Juan Carlos

4927 Al-Qaïda
4928 Abou Bakr Al Baghdadi
4929 Opération Serval
4930 26 août 2014, protectrice, 2 000, 70
4931 Donetsk, Malaysia Airlines
4932 Mikhaïl Gorbatchev
4933 Juncker
4934 5, 52 %
4935 Joko Widodo
4936 90
4937 Khmers, 2 millions
4938 Fergusson
4939 Arnaud Montebourg, Benoit Hamon
4940 L'Afghanistan
4941 Ali Abdallah Saleh
4942 Kurdes
4943 Les Américains
4944 50
4945 3 000
4946 Narenda Modi
4947 Xi Jinping, 20 milliards
4948 Shinzo Abe
4949 0,3
4950 Donald Tusk, Federica Mogherini
4951 L'Ecosse
4952 Dilma Roussef
4953 Bolivie
4954 Nidaa Tounes
4955 4
4956 Suharto
4957 10 000, 5 000
4958 130 000
4959 Kobané
4960 Ottawa
4961 107, 115, 85
4962 7,3
4963 Ségolène Royal
4964 40
4965 Patrick Modiano, Jean Tirole
4966 Malala Yousafzai, Kkailahs Satyarthi
4967 Démocrates, 6 %
4968 Yanick Lahens, 274
4969 8 %
4970 La Chine
4971 Béji Caïd Essebi
4972 321
4973 Pékin
4974 Shinzo Abe
4975 Tabaré Vazquez
4976 Donald Tusk
4977 50 %
4978 Raúl Castro
4979 Space X
4980 A350
4981 5 000
4982 Afghane
4983 La Lituanie
4984 La Lettonie
4985 Mme Grabar-Kitarovic
4986 7 janvier
4987 3,7
4988 Abdallah
4989 Le Yémen
4990 13

4991 Mahinda Rajapakse

4992 Boko Haram

4993 1 100

4994 Gazprom, Turquie

4995 11,5, 150

4996 Tsipras, 173

4997 1,7

4998 Xi Jinping, Ma Jian

4999 Standard and Poor's

5000 110, 45

34/38, rue Camille-Pelletan – 92309 Levallois-Perret Cedex
Imprimerie France Quercy – 46090 Mercuès - N° 50664/
Imprimé en France – 3e trimestre 2015

Service éditorial : Fanny Bouteiller, Marjorie Champetier, Deborah Lopez, Elodie Sebbah
Conception graphique : Dominique Papon

Dépôt légal à parution
ISBN 978-2-7590-3077-4